AF528009

अधि-नीतिशास्त्र के मुख्य सिद्धान्त

अधि-नीतिशास्त्र के मुख्य सिद्धांत

द्वितीय संस्करण

'उत्तर प्रदेश हिन्दी-संस्थान', लखनऊ
द्वारा पुरस्कृत

डॉ. वेद प्रकाश वर्मा

प्रोफेसर तथा भूतपूर्व विभागाध्यक्ष
दर्शनशास्त्र-विभाग
दिल्ली विश्वविद्यालय

ऍलाइड पब्लिशर्स प्राइवेट लिमिटेड

नई दिल्ली मुम्बई कोलकाता चेन्नई नागपुर
पुणे अहमदाबाद बंगलौर हैदराबाद लखनऊ

ऍलाइड पब्लिशर्स प्राइवेट लिमिटेड

1/13-14 आसफ अली रोड, **नई दिल्ली**-110002
Ph.: 011-23239001 • E-mail: delhi.books@alliedpublishers.com

खसरा नं. 168, प्लॉट नं. 12-ए, विज़्डम अकादमी स्कूल के सामने, कामता,
सुरेन्द्र नगर, **लखनऊ**-227105
Ph.: 09335202549 • E-mail: lko.books@alliedpublishers.com

17 चित्तरंजन एवेन्यू, **कोलकाता**-700072
Ph.: 033-22129618 • E-mail: cal.books@alliedpublishers.com

15 जे.एन. हेराडिया मार्ग, बैलार्ड एस्टेट, **मुंबई**-400001
Ph.: 022-42126969 • E-mail: mumbai.books@alliedpublishers.com

60 शिव सुन्दर अपार्टमेंट्स (ग्राउन्ड फ्लोर), सेन्ट्रल बाजार रोड,
बजाज नगर, **नागपुर**-440010
Ph.: 0712-2234210 • E-mail: ngp.books@alliedpublishers.com

एफ-1 सन हाउस (प्रथम मंजिल), सी.जी. रोड, नवरंगपुरा
एलीसब्रिज पो.ओ., **अहमदाबाद**-380009
Ph.: 079-26465916 • E-mail: ahmbd.books@alliedpublishers.com

751 अन्ना सलाई, **चेन्नई**-600002
Ph.: 044-28523938 • E-mail: chennai.books@alliedpublishers.com

पाँचवी मेन रोड, गाँधीनगर, **बंगलौर**-560009
Ph.: 080-22262081 • E-mail: bngl.books@alliedpublishers.com

3-2-844/6 और 7 काचीगुड़ा स्टेशन रोड, **हैदराबाद**-500027
Ph.: 040-24619079 • E-mail: hyd.books@alliedpublishers.com

Website: www.alliedpublishers.com

प्रथम संस्करण 1987
द्वितीय संस्करण 1995
पुनर्मुद्रण 1998, 2001, 2007, 2015 , 2016 **2023**

ISBN 81-7023-481-6

सुनील सचदेव द्वारा प्रकाशित व रवि सचदेव द्वारा ऍलाइड पब्लिशर्स प्राइवेट लिमिटेड,
प्रिंटिंग डिवीजन, ए-104, मायापुरी फेज़-II, नई दिल्ली-110 064 से मुद्रित।

श्रद्धेय श्री बृजमोहन नाथ कौल को सादर समर्पित
जिन्होंने मेरे सम्पूर्ण लेखन-कार्य में मुझे अपना
सक्रिय सहयोग तथा कृपापूर्ण मार्गदर्शन
प्रदान किया

आभार

मैं विश्वविद्यालय-अनुदान-आयोग का बहुत आभारी हूं जिसकी 'पुस्तक-लेखन-परियोजना' के अन्तर्गत प्रस्तुत पुस्तक लिखी गई है और जिसने इसे लिखने के लिए मुझे पर्याप्त आर्थिक सहायता प्रदान की है।

रामजस कॉलेज, दिल्ली, के भूतपूर्व दर्शन-विभागाध्यक्ष, श्री बी० एन० कौल ने इस पुस्तक की सम्पूर्ण पांडुलिपि को ध्यानपूर्वक पढ़ कर इसके सम्बन्ध में मुझे बहुत महत्त्वपूर्ण तथा उपयोगी सुझाव दिए हैं जिनके कारण मैं अनेक त्रुटियों अथवा दोषों से बच सका हूं। इस कृपापूर्ण सहायता और मार्गदर्शन के लिए मैं उनके प्रति अपना हार्दिक आभार व्यक्त करता हूं।

इस पुस्तक को लिखने के लिए मैंने अनेक दार्शनिकों के विचारों तथा सिद्धांतों से सहायता ली है। इन दार्शनिकों और उनकी रचनाओं का उल्लेख मैंने यथास्थान पाद टिप्पणियों में कर दिया है। मैं इन सभी दार्शनिकों के प्रति भी बहुत कृतज्ञ हूं जिनके विचारों या सिद्धांतों के अभाव में मेरे लिए इस पुस्तक की रचना करना सम्भव न होता।

"वल्लभ भाई पटेल चेस्ट इंस्टीच्यूट" दिल्ली विश्वविद्यालय में वरिष्ठ तकनीकी सहायक, अपने मित्र श्री मैंमनसिंह के प्रति मैं हार्दिक आभारी हूं, जिन्होंने इस पुस्तक के प्रूफ़्स को ध्यानपूर्वक पढ़कर उन्हें सुधारने में मेरी बहुत सहायता की है।

मेरे बेटे मनीष ने भी इस पुस्तक के कुछ प्रूफ़्स को पढ़कर उन्हें सुधारने में मुझे सहयोग दिया है जिसके लिए मैं उसका बहुत आभारी हूं।

मेरी पत्नी कृष्णा ने इस पुस्तक की रचना में मुझे अपना पूर्ण सहयोग प्रदान किया है जिसके लिए मैं उसका हार्दिक कृतज्ञ हूं।

प्राक्कथन

मानव-सभ्यता के आदि काल से ही मनुष्य सामाजिक प्राणी होने के कारण किसी न किसी रूप में स्वयं अपने आचरण तथा जीवन के उद्देश्य के विषय में विचार करता रहा है। प्रतिकूल प्राकृतिक परिस्थितियों में अपने अस्तित्व के लिए सतत संघर्ष करते हुए वह जीवन के इन मूल प्रश्नों का उत्तर खोजने का सदा प्रयास करता रहा है कि : उसके लिए शुभ क्या है और अशुभ क्या है ? उसका कौन-सा कर्म उचित है और कौन-सा अनुचित ? किन्हीं विशेष परि-स्थितियों में उसे क्या करना चाहिए और क्या नहीं करना चाहिए ? स्वयं अपने प्रति और दूसरों के प्रति उसके कर्तव्य क्या हैं ? उसके जीवन का परम ध्येय क्या है और वह उसे कैसे प्राप्त कर सकता है ? दर्शनशास्त्र की जो विधा मानव-जीवन से सम्बन्धित इन मूल प्रश्नों पर व्यवस्थित और तर्कसंगत रूप से विचार करती है उसे 'नीतिशास्त्र' अथवा 'नैतिक दर्शन' की संज्ञा दी जाती है। इस विधा के उपर्युक्त प्रश्नों से यह स्पष्ट है कि इसका उद्देश्य मनुष्य के चरित्र तथा आचरण के सभी पक्षों अथवा आयामों का तर्कसंगत मूल्यांकन करना है।

मानवीय आचरण और चरित्र के इस मूल्यांकन के लिए हम जिस भाषा का प्रयोग करते हैं उसे ही 'नैतिक भाषा' कहा जाता है। स्पष्टतः इसका अर्थ यह है कि नैतिक भाषा का मनुष्य के आचरण से अनिवार्य सम्बन्ध है। इस नैतिक भाषा के माध्यम से ही हम मनुष्यों तथा उनके कर्मों के विषय में अपने निर्णय देते हैं। यही कारण है कि नैतिक भाषा का अध्ययन, स्पष्टीकरण तथा विश्लेषण करना भी नीतिशास्त्र का एक मुख्य कार्य माना जाता है। जो विधा इस नैतिक भाषा के अर्थ और स्वरूप का स्पष्टीकरण तथा नैतिक तर्कना का विश्लेषण करती है उसे 'अधि-नीतिशास्त्र' की संज्ञा दी जाती है। अधि-नीतिशास्त्र का उद्देश्य मनुष्यों का मार्गदर्शन तथा उनके कर्मों का मूल्यांकन करना नहीं, अपितु उस नैतिक भाषा के सभी पक्षों का समुचित विश्लेषण करना है जिसके माध्यम से हम यह मार्गदर्शन और मूल्यांकन करते हैं। मनुष्यों के चरित्र तथा आचरण का मूल्यांकन करने और उनका मार्गदर्शन करने के लिए हम 'शुभ', 'अशुभ', 'अच्छा', 'बुरा', 'उचित', 'अनुचित', 'कर्तव्य', 'चाहिए' आदि जिन शब्दों का प्रयोग करते हैं अधि-नीतिशास्त्र उनका ठीक-ठीक अर्थ स्पष्ट करने का प्रयास

करता है। इस मूल्यांकन तथा मार्गदर्शन से सम्बन्धित जिन कथनों अथवा निर्णयों में इन शब्दों का प्रयोग किया जाता है उन्हें 'नैतिक निर्णय' कहा जाता है। अधि-नीतिशास्त्र इन्हीं नैतिक निर्णयों के अर्थ, स्वरूप तथा प्रमाणीकरण की सुव्यवस्थित और वस्तुपरक व्याख्या करता है। इन निर्णयों की व्याख्या करने के लिए अनेक अधि-नीतिशास्त्रियों ने वर्तमान शताब्दी में विभिन्न प्रकार के अधि-नैतिक सिद्धान्तों का प्रतिपादन किया है।

प्रस्तुत पुस्तक का उद्देश्य नैतिक निर्णयों के अर्थ, स्वरूप और प्रमाणीकरण की व्याख्या से सम्बन्धित अधि-नीतिशास्त्र के इन्हीं सिद्धांतों का विवेचन तथा मूल्यांकन करना है। इसमें अधि-नीतिशास्त्र के मुख्य सिद्धांतों की आधारभूत मान्यताओं तथा उनके प्रणेताओं अथवा प्रतिनिधि विचारकों के मत पर विस्तारपूर्वक विचार करने के पश्चात इन सिद्धांतों के गुण-दोषों की विवेचना करते हुए इनका आलोचनात्मक मूल्यांकन किया गया है। प्रथम अध्याय में अधि-नीतिशास्त्र के स्वरूप, क्षेत्र, उदय तथा विकास पर विचार किया गया है और दूसरे अध्याय में प्रमुख अधि-नैतिक सिद्धांतों की संक्षिप्त रूपरेखा प्रस्तुत की गई है। तीसरे अध्याय से नौवें अध्याय तक क्रमशः प्रकृतिवाद, निर्प्रकृतिवाद, अलौकिक या अतींद्रिय सत्ता सम्बन्धी सिद्धांतों, संवेगवाद, परामर्शवाद, उचित तर्क सम्बन्धी सिद्धांत तथा नव्य प्रकृतिवाद की विस्तृत विवेचना की गई है। दसवें अध्याय में तथ्यात्मक कथनों से नैतिक निर्णयों के निगमन की महत्त्वपूर्ण समस्या पर विस्तारपूर्वक विचार किया गया है जिसकी गत 30-35 वर्षों में समकालीन नैतिक दर्शन में पर्याप्त चर्चा होती रही है।

अन्तिम अध्याय—उपसंहार—में संपूर्ण पुस्तक के कुछ महत्त्वपूर्ण निष्कर्षों तथा नैतिक निर्णयों की अनिवार्य मूल विशेषताओं का संक्षेप में उल्लेख किया गया है। इस अध्याय के अन्त में मैंने एक ऐसे अधि-नैतिक सिद्धांत की संक्षिप्त रूपरेखा प्रस्तुत करने का प्रयास किया है जो अन्य सभी अधि-नैतिक सिद्धांतों की अपेक्षा अधिक व्यापक तथा सन्तुलित प्रतीत होता है और इसी कारण जिसके आधार पर नैतिक निर्णयों के अर्थ, स्वरूप एवं प्रमाणीकरण की अपेक्षाकृत अधिक संतोषप्रद व्याख्या की जा सकती है। इस नवीन अधि-नैतिक सिद्धांत में संज्ञानात्मक तथा असंज्ञानात्मक इन दोनों प्रकार के अधि-नैतिक सिद्धांतों के कुछ महत्त्वपूर्ण तत्त्वों का समुचित समावेश किया गया है जो मेरे विचार में नैतिक निर्णयों के अर्थ, स्वरूप और प्रमाणीकरण की सन्तोषजनक व्याख्या के लिए अनिवार्य हैं। मैं यह दावा नहीं करता कि मैंने इस अधि-नैतिक सिद्धांत के सभी आवश्यक आयामों को व्यवस्थित रूप में प्रस्तुत कर दिया है। वस्तुतः यह अत्यन्त कठिन कार्य है जिसे भलीभांति सम्पन्न करने के लिए एक नवीन ग्रन्थ

की आवश्यकता होगी। इसके अतिरिक्त किसी मौलिक अधि-नैतिक सिद्धांत का प्रतिपादन करना प्रस्तुत पुस्तक के क्षेत्र से बाहर है, क्योंकि इसका उद्देश्य अभी तक प्रतिपादित मुख्य अधि-नैतिक सिद्धांतों का विवेचन तथा मूल्यांकन करना ही है। परन्तु मुझे आशा है कि इस पुस्तक के अन्त में मैंने जिस नवीन अधि-नैतिक सिद्धांत की ओर संकेत किया है उसे आधार बनाकर भविष्य में नैतिक निर्णयों की अधिक संतुलित और संतोषप्रद व्याख्या के सम्बन्ध मे कुछ महत्त्वपूर्ण शोध-कार्य किया जा सकता है। इसी उद्देश्य को ध्यान में रखते हुए मैंने उपसंहार के अन्तर्गत उक्त अधि-नैतिक सिद्धांत की कुछ मूल विशेषताओं का संक्षेप में उल्लेख किया है।

पाठकों की सहायता के लिए पुस्तक के अन्त में पारिभाषिक हिन्दी शब्दों के अंग्रेजी पर्याय भी दे दिए गए हैं।

जहां तक मुझे ज्ञात है, हिन्दी भाषा में अधि-नीतिशास्त्र के सिद्धांतों के सम्बन्ध में अभी तक कोई पुस्तक उपलब्ध नहीं है। प्रस्तुत पुस्तक इसी अभाव की पूर्ति का एक लघु प्रयास है। मुझे आशा है कि भारत के विश्वविद्यालयों तथा महाविद्यालयों में हिन्दी भाषा के माध्यम से अधि-नीतिशास्त्र का अध्ययन करने वाले विद्यार्थियों और शिक्षकों के लिए यह पुस्तक उपयोगी एवं ज्ञानवर्धक सिद्ध हो सकेगी।

द्वितीय संस्करण की प्रस्तावना

इस पुस्तक का द्वितीय संस्करण पाठकों के समक्ष प्रस्तुत करते हुए मुझे बहुत हर्ष हो रहा है। 1987 में प्रकाशित होने के पश्चात इस की सैकड़ों प्रतियाँ विद्यार्थियों तथा शिक्षकों के हाथों में पहुँच चुकी हैं और अब इस के द्वितीय संस्करण की आवश्यकता अनुभव की जा रही है। इस से ज्ञात होता है कि विद्यार्थियों तथा शिक्षकों ने इस पुस्तक को पसंद किया है और यह उन के लिए उपयोगी एवं ज्ञानवर्धक सिद्ध हुई है।

पाठकों के इस स्वागत के अतिरिक्त 'उत्तर प्रदेश हिन्दी-संस्थान', लखनऊ ने भी इस पुस्तक को पुरस्कृत कर के इस की उपादेयता को स्वीकार किया है; परंतु किसी भी लेखक की कृति का उस के प्रबुद्ध पाठकों द्वारा किया गया स्वागत ही वस्तुतः उस के लिए सब से बड़ा पुरस्कार है जो मुझे पाठकों ने प्रदान किया है और जिस के लिए मैं उन का आभारी हूँ।

जहाँ तक मुझे ज्ञात है, नैतिक भाषा पर हिन्दी में उपलब्ध होने वाली यह प्रथम व्यापक पुस्तक है जिस ने राष्ट्र-भाषा में इस जटिल विषय से संबंधित सामग्री के अभाव की सफलतापूर्वक पूर्ति की है। मैं आशा करता हूँ कि प्रस्तुत पुस्तक का यह द्वितीय संस्करण भी हिन्दी के माध्यम से अधि-नीतिशास्त्र का अध्ययन करने वाले विद्यार्थियों और शिक्षकों के लिए उपयोगी तथा ज्ञानवर्धक सिद्ध हो सकेगा।

—वेद प्रकाश वर्मा

दर्शनशास्त्र-विभाग
दिल्ली विश्वविद्यालय
अगस्त 1995

विषय-सूची

अध्याय		पृष्ठ
1. अधि-नीतिशास्त्र का स्वरूप और क्षेत्र	...	1
1. अधि-नीतिशास्त्र की परिभाषा	...	1
2. अधि-नीतिशास्त्र और मानकीय नीतिशास्त्र	...	3
3. अधि-नीतिशास्त्र की मूल समस्याएं	...	5
4. अधि-नीतिशास्त्र का उदय और विकास	...	9
2. अधि-नैतिक सिद्धांतों का वर्गीकरण	...	14
1. संज्ञानवाद और असंज्ञानवाद	...	14
2. प्रकृतिवाद और निर्प्रकृतिवाद	...	17
3. अतींद्रिय सत्ता सम्बन्धी सिद्धांत	...	20
4. संवेगवाद और परामर्शवाद	...	22
3. प्रकृतिवाद	...	27
1. आधारभूत मान्यताएं	...	27
2. व्यक्तिनिष्ठ प्रकृतिवाद का स्वरूप और उसके प्रमुख समर्थक		31
3. व्यक्तिनिष्ठ प्रकृतिवाद की मुख्य कठिनाइयां	...	42
4. वस्तुनिष्ठ प्रकृतिवाद का स्वरूप और उसके प्रमुख समर्थक		52
5. मूल्यांकन	...	61
4. निर्प्रकृतिवाद	...	66
1. आधारभूत मान्यताएं	...	66
2. जी० ई० मूर	...	71
3. एच० ए० प्रिचर्ड	...	91
4. डब्ल्यू० डी० रॉस	...	101
5. मूल्यांकन	...	111
5. अलौकिक या अतींद्रिय सत्ता सम्बन्धी सिद्धांत	...	122
1. आधारभूत मान्यताएं	...	122
2. धर्मशास्त्रीय सिद्धांत	...	125
3. तत्त्वमीमांसीय सिद्धांत	...	131
4. मूल्यांकन	...	136

6. **संवेगवाद** ... 145
1. आधारभूत मान्यताएं ... 145
2. उदय और विकास ... 150
3. रुडोल्फ़ कार्नेप ... 155
4. ए० जे० एयर ... 160
5. सी० एल० स्टीवेन्सन ... 179
6. पॉल ऐडवर्ड्स ... 207
7. मूल्यांकन ... 228
7. **परामर्शवाद** ... 246
1. आधारभूत मान्यताएं ... 246
2. आर० एम० हेयर ... 252
3. पी० एच० नावल स्मिथ ... 287
4. मूल्यांकन ... 303
8. **उचित तर्क सम्बन्धी सिद्धांत** ... 319
1. आधारभूत मान्यताएं ... 319
2. एस० ई० टूलमिन ... 321
3. कर्ट बेयर ... 333
4. मूल्यांकन ... 341
9. **नव्य प्रकृतिवाद** ... 356
1. आधारभूत मान्यताएं ... 356
2. पी० टी० गीच ... 360
3. फ़िलिपा फ़ुट ... 370
4. जी० जे० वारनॉक ... 397
5. मूल्यांकन ... 412
10. **तथ्यात्मक कथनों से नैतिक निर्णयों के निगमन की समस्या** ... 419
1. पृष्ठभूमि ... 419
2. जी० हंटर ... 422
3. ए० सी० मैकिन्टायर ... 425
4. जे० आर० सर्ले ... 430
5. निष्कर्ष ... 443
11. **उपसंहार** ... 449
पारिभाषिक शब्दावली ... 471

अध्याय 1

अधि-नीतिशास्त्र का स्वरूप और क्षेत्र

1. अधि-नीतिशास्त्र की परिभाषा

हम अपने दैनिक जीवन में प्रायः ऐसे कथनों का प्रयोग करते हैं जिन्हें 'नैतिक कथन' अथवा 'नैतिक निर्णय' कहा जाता है। उदाहरणार्थ हम कहते हैं कि "सत्य बोलना 'उचित' है", "चोरी करना 'अनुचित' है", "वह बहुत 'अच्छा' मनुष्य है", "उस व्यक्ति का चरित्र बहुत 'उत्कृष्ट' है", "निर्दोष प्राणी को कष्ट पहुंचा कर तुमने बहुत 'बुरा' कर्म किया है", "संसार में सुख ही एकमात्र 'शुभ' और दुःख ही एकमात्र 'अशुभ' है", "अपने माता-पिता की सेवा करना मेरा 'कर्तव्य' है", "उसे अपने गुरु का निरादर नहीं करना 'चाहिए' था" इत्यादि। उपर्युक्त कथनों तथा इसी प्रकार के अन्य सभी कथनों को हम 'नैतिक कथन' या 'नैतिक निर्णय' कहते हैं जिनका स्पष्टीकरण और विश्लेषण करना अधि-नीतिशास्त्र का मुख्य उद्देश्य है।

नैतिक कथनों अथवा निर्णयों के संबंध में मुख्यतः तीन प्रकार के प्रश्न उठाए जा सकते हैं। सर्वप्रथम प्रश्न यह है कि इन नैतिक कथनों या निर्णयों का 'अर्थ' क्या है—अर्थात् जब हम इनका प्रयोग करते हैं तो हम इनके द्वारा क्या कहना चाहते हैं? इसी प्रश्न को हम इस प्रकार भी प्रस्तुत कर सकते हैं कि जब हम विभिन्न प्रसंगों तथा परिस्थितियों में 'शुभ', 'अशुभ', 'उचित', 'अनुचित', 'कर्तव्य' आदि नैतिक शब्दों अथवा प्रत्ययों का प्रयोग करते हैं तो हम इनका क्या अर्थ समझते हैं और ये निर्नैतिक शब्दों से किस अर्थ में भिन्न होते हैं। स्पष्ट है कि इस प्रश्न का सम्बन्ध नैतिक शब्दों की परिभाषा तथा भूमिका से है। नैतिक कथनों अथवा निर्णयों के सम्बन्ध में दूसरा महत्वपूर्ण प्रश्न यह है कि इनका 'स्वरूप' क्या है—अर्थात् क्या ये कथन या निर्णय तथ्यात्मक कथनों की भांति वर्णनात्मक अथवा संज्ञानात्मक होते हैं, अथवा क्या ये संवेगात्मक कथनों के समान मुख्यतः अवर्णनात्मक या असंज्ञानात्मक हैं? यदि नैतिक कथन तथ्यात्मक तथा संवेगात्मक कथनों से भिन्न हैं तो वह कौन-सा तत्व है जो इन नैतिक कथनों को अन्य दोनों प्रकार के कथनों से पृथक करता है? नैतिक कथनों या निर्णयों से संबंधित तीसरा प्रमुख प्रश्न यह है कि क्या तर्कों द्वारा इन निर्णयों को उचित सिद्ध किया

जा सकता है। यदि नैतिक निर्णयों का प्रमाणीकरण संभव है तो हम इनकी पुष्टि के लिए किस प्रकार के तर्क प्रस्तुत कर सकते हैं? क्या इन निर्णयों को उचित सिद्ध करने के लिए उसी प्रकार के तर्क दिए जा सकते हैं जिस प्रकार के तर्कों द्वारा तथ्यात्मक निर्णयों को सत्य अथवा मिथ्या प्रमाणित किया जाता है?

उपर्युक्त सभी प्रश्नों का सम्बन्ध नैतिक दर्शन की उस नवीनतम विधा से है जिसे 'अधि-नीतिशास्त्र' 'आलोचनात्मक नीतिशास्त्र' अथवा 'विश्लेषणात्मक नीतिशास्त्र' की संज्ञा दी जाती है और जिसका उदय तथा विकास वर्तमान शताब्दी में ही हुआ है। इन प्रश्नों पर ध्यानपूर्वक विचार करने से यह स्पष्ट हो जाता है कि अधि-नीतिशास्त्र का मुख्य उद्देश्य नैतिक शब्दों अथवा प्रत्ययों के अर्थ का विश्लेषण करके नैतिक निर्णयों के स्वरूप को स्पष्ट करना तथा उनके प्रमाणीकरण की विधियों का विवेचन करना है। हम अपने दैनिक जीवन में जिन नैतिक कथनों का प्रयोग करते हैं अधि-नीतिशास्त्र उनका स्पष्टीकरण तथा तार्किक विश्लेषण करता है। इस प्रकार हम यह कह सकते हैं कि अधि-नीतिशास्त्र नैतिक दर्शन की वह विधा है जो नैतिक भाषा के सभी पक्षों का व्यवस्थित रूप से अध्ययन, स्पष्टीकरण तथा विश्लेषण करती है।

यहां यह उल्लेखनीय है कि नैतिक भाषा का विश्लेषण करते समय अधि-नीतिशास्त्री यथासम्भव तटस्थ रहता है—अर्थात् वह किसी विशेष मानकीय नैतिक सिद्धान्त का समर्थन या खंडन नहीं करता। वह तटस्थ प्रेक्षक तथा आलोचक के रूप में नैतिक भाषा की मूल विशेषताओं को स्पष्ट करने का प्रयास करता है। इस दृष्टि से अधि-नीतिशास्त्री की तुलना ऐसे वैज्ञानिक के साथ की जा सकती है जिसका उद्देश्य किसी समस्या के कारणों का तटस्थतापूर्वक और निष्पक्ष रूप से स्पष्टीकरण तथा विश्लेषण करना ही होता है। अधिनैतिक सिद्धांतों की इसी तटस्थता का उल्लेख करते हुए संवेगवाद के प्रमुख प्रणेता ए० जे० एयर कहते हैं कि "दार्शनिक सिद्धांतों के रूप में सभी नैतिक सिद्धांत—अंतःप्रज्ञावाद, प्रकृतिवाद, वस्तुनिष्ठवाद, संवेगवाद तथा अन्य सिद्धांत—वास्तविक आचरण के सम्बन्ध में तटस्थ हैं।[1]" इसी प्रकार संवेगवाद के एक अन्य मुख्य समर्थक सी०एल० स्टीवैन्सन ने भी मानवीय आचरण की दृष्टि से अधि-नीतिशास्त्र को पूर्णतः तटस्थ माना है। अधि-नीतिशास्त्र के विषय में उनका कथन है कि "इससे किसी व्यक्ति को यह जानने की आशा नहीं करनी चाहिए कि कौन-सा आचरण उचित है और कौन-सा अनुचित। विश्लेषणात्मक अध्ययन का उद्देश्य सदैव अप्रत्यक्ष होता है—फिर चाहे वह विज्ञान का हो अथवा

1. ए० जे० एयर, 'फिलॉसॉफिकल एसेज़', पृ० 246।

नीतिशास्त्र का। यह दूसरों को इस योग्य बनाने की आशा करता है कि वे समय और शक्ति नष्ट किए बिना अधिक स्पष्टता से जांच करने का कार्य कर सकें[2]।" इन उद्धरणों से यह स्पष्ट है कि अधि-नीतिशास्त्री आचरण की दृष्टि से अधि-नीतिशास्त्र को तटस्थ मानते हैं। इस प्रकार संक्षेप में यह कहा जा सकता है कि अधि-नीतिशास्त्र नैतिक भाषा के सभी पक्षों के स्पष्टीकरण एवं तटस्थ तार्किक विश्लेषण का शास्त्र है जो उन सभी प्रश्नों का व्यवस्थित रूप से उत्तर देने का प्रयास करता है जिनका उल्लेख ऊपर किया गया है, इसी कारण इसे 'विश्लेषणात्मक नीतिशास्त्र' की संज्ञा भी दी जाती है।

2. अधि-नीतिशास्त्र और मानकीय नीतिशास्त्र

अधि-नीतिशास्त्र के स्वरूप को भली-भांति समझने के लिए मानकीय नीतिशास्त्र के साथ उसकी तुलना करना वांछनीय होगा। हम देख चुके हैं कि व्यावहारिक जीवन में मनुष्य का मार्गदर्शन करना अधि-नीतिशास्त्र का उद्देश्य नहीं है, अतः यह मानवीय आचरण के लिए किसी मानकीय सिद्धांत का प्रतिपादन नहीं करता। वास्तव में यह कार्य मानकीय नीतिशास्त्र का ही है। मानकीय नीतिशास्त्र हमें यह बताता है कि मनुष्य के लिए स्वतः साध्य शुभ क्या है, उसके कौन-से कर्म उचित हैं और कौन-से अनुचित, अपने प्रति और दूसरों के प्रति उसका कर्तव्य क्या है, शुभ, अशुभ, तथा उचित-अनुचित अथवा कर्तव्य का निर्धारण किन नैतिक सिद्धांतों के आधार पर किया जा सकता है, इत्यादि। मानव-जीवन के लिए परम शुभ तथा कर्तव्य के सम्बन्ध में सामान्य एवं सार्वभौमिक नैतिक सिद्धांतों का प्रतिपादन करना और समुचित तर्कों द्वारा इन सिद्धांतों को युक्तिसंगत सिद्ध करना मानकीय नीतिशास्त्र का उद्देश्य है। इन सार्वभौमिक नैतिक सिद्धांतों द्वारा मानकीय नीतिशास्त्र व्यावहारिक जीवन में मनुष्य का मार्गदर्शन करता है। उदाहरणार्थ सुखवाद एक मानकीय नैतिक सिद्धांत है जो हमें बताता है कि सुख ही मनुष्य के लिए परम शुभ है, अतः सुख के आधार पर ही उसके कर्मों के औचित्य तथा कर्तव्य का निर्णय किया जा सकता है। इस विवेचन से स्पष्ट है कि मानकीय नीतिशास्त्र की समस्याएं अधि-नीतिशास्त्र की समस्याओं से भिन्न हैं।

मानकीय नीतिशास्त्र तथा अधि-नीतिशास्त्र के अन्तर को हम इस प्रकार स्पष्ट कर सकते हैं। मानकीय नीतिशास्त्र हमें यह बताता है कि हमारे लिए शुभ क्या है और हमें क्या करना चाहिए, जबकि अधि-नीतिशास्त्र "अमुक वस्तु

2. सी० एल० स्टीवेन्सन, 'ऐथिक्स एण्ड लैंग्वेज', पृ० 1।

हमारे लिए शुभ है" तथा "अमुक कर्म करना हमारा कर्तव्य है" इन नैतिक निर्णयों के अर्थ एवं स्वरूप का स्पष्टीकरण तथा विश्लेषण करता है। मानकीय नीतिशास्त्र मनुष्य का मार्गदर्शन करने के लिए प्रतिपादित नैतिक सिद्धांतों के समर्थन में तर्क प्रस्तुत करता है, जबकि अधि-नीतिशास्त्र इन तर्कों के स्वरूप तथा इनकी विधियों पर विचार करता है और इन तर्कों की प्रामाणिकता की निष्पक्ष रूप से परीक्षा करता है। इस प्रकार उपर्युक्त अन्तर से नैतिक दर्शन की इन दोनों विधाओं का भिन्न स्वरूप तथा क्षेत्र भली भांति स्पष्ट हो जाता है। इससे यह भी स्पष्ट हो जाता है कि अधि-नीतिशास्त्र वास्तव में मानकीय नीतिशास्त्र का पूरक है। हम देख चुके हैं कि अधि-नीतिशास्त्र उन नैतिक निर्णयों के अर्थ और स्वरूप का स्पष्टीकरण तथा विश्लेषण करता है जो हम मानकीय नीतिशास्त्र के सिद्धांतों के अनुसार अपने व्यावहारिक जीवन में करते हैं। इसी प्रकार अधि-नीतिशास्त्र उन तर्कों के स्वरूप को स्पष्ट करता है जो मानकीय नीतिशास्त्र अपने नैतिक सिद्धांतों की पुष्टि के लिए प्रस्तुत करता है। इन सभी तथ्यों को ध्यान में रखते हुए हम यह कह सकते हैं कि अधि-नीतिशास्त्र वास्तव में मानकीय नीतिशास्त्र का सहायक अथवा पूरक है। मानकीय नीतिशास्त्र के निर्णयों तथा तर्कों के अर्थ और स्वरूप को समझने के लिए अधि-नीतिशास्त्र का ज्ञान बहुत आवश्यक है। इस दृष्टि से मानकीय नीतिशास्त्र के पूरक के रूप में अधि-नीतिशास्त्र का विशेष महत्त्व है।

परन्तु यहां यह उल्लेखनीय है कि केवल अधि-नीतिशास्त्र को ही सम्पूर्ण नैतिक दर्शन मान लेना अनुचित एवं एकांगी दृष्टिकोण है जिसका कुछ समकालीन दार्शनिकों ने समर्थन किया है। उदाहरणार्थ ए० जे० एयर अधि-नीतिशास्त्र को ही नैतिक दर्शन मानते हैं, मानकीय नीतिशास्त्र को नहीं। पी० एच० नावलस्मिथ की पुस्तक 'ऐथिक्स' के विषय में अपना मत व्यक्त करते हुए वे कहते हैं कि "नीतिज्ञ तथा नैतिक दार्शनिक के कार्य में अन्तर है जिसकी ओर पर्याप्त ध्यान नहीं दिया गया है। नीतिज्ञ नैतिक नियमों का प्रतिपादन करता है अथवा उनका पालन करने के लिए लोगों को प्रोत्साहित करता है, परन्तु नैतिक दार्शनिक का मुख्य कार्य नैतिक निर्णय देना नहीं, अपितु उनके स्वरूप का विश्लेषण करना है[3]।" अपने इसी मत को और अधिक स्पष्ट करते हुए एयर ने अपनी पुस्तक 'फिलॉसॉफिकल एसेज़' में लिखा है कि "नैतिक दर्शन के लिए प्रश्न यह नहीं है कि कोई विशेष कर्म उचित है या अनुचित, अपितु प्रश्न यह है कि किसी कर्म को उचित अथवा अनुचित कहने का अर्थ क्या है[4]।" इन उद्धरणों

3. ए० जे० एयर, पी० एच० नावलस्मिथ की पुस्तक 'ऐथिक्स', पृ० 1 ।
4. ए० जे० एयर, 'फिलॉसॉफिकल एसेज', पृ० 235 ।

से यह स्पष्ट है कि एयर के अनुसार अधि-नीतिशास्त्र ही वास्तव में सम्पूर्ण नैतिक दर्शन है। कुछ अन्य दार्शनिकों ने भी उनके इस मत का समर्थन किया है। उदाहरणार्थ नीतिशास्त्र की परिभाषा करते हुए अपनी पुस्तक 'दि लैंग्वेज ऑफ मॉरल्स' की प्रस्तावना में आर० एम० हेयर कहते हैं कि "नीतिशास्त्र नैतिक भाषा का तार्किक अध्ययन है।"

परन्तु मेरे विचार में अधि-नीतिशास्त्र के सम्बन्ध में इन दार्शनिकों का उपर्युक्त दृष्टिकोण एकांगी होने के कारण अनुचित एवं अमान्य है। हम देख चुके हैं कि अधि-नीतिशास्त्र का कार्य मानकीय नीतिशास्त्र के निर्णयों के स्वरूप का विश्लेषण करना है जिससे उन्हें भली-भांति समझा जा सके। इसका अर्थ यह है कि अधि-नीतिशास्त्र वास्तव में मानकीय नीतिशास्त्र को समझने का एक महत्त्वपूर्ण साधन है। मानकीय नीतिशास्त्र के निर्णयों तथा सिद्धांतों के अभाव में अधि-नीतिशास्त्र की कोई आवश्यकता ही नहीं रह जाती, अतः इस दृष्टि से वह अपने अस्तित्व और अपनी सार्थकता के लिए अंततः मानकीय नीतिशास्त्र पर ही निर्भर है। ऐसी स्थिति में अधि-नीतिशास्त्र को ही अपने आप में साध्य तथा सम्पूर्ण नैतिक दर्शन मान लेना हमारी बहुत बड़ी भूल होगी। जो दार्शनिक ऐसा मानते हैं वे स्पष्टतः तथ्यों की उपेक्षा करते हैं। वस्तुतः अधि-नीतिशास्त्र स्वतः साध्य तथा सम्पूर्ण नैतिक दर्शन न होकर नैतिक दर्शन की एक बहुत महत्त्वपूर्ण विधा है जिसकी सहायता से हम नैतिक भाषा के अर्थ और स्वरूप को भली-भांति समझ सकते हैं। मानकीय नीतिशास्त्र की समस्याओं के समुचित एवं संतोषप्रद समाधान में अधि-नीतिशास्त्र निश्चय ही हमारी बहुत सहायता कर सकता है, अतः इस दृष्टि से—मानकीय नीतिशास्त्र के पूरक अथवा सहायक के रूप में—अधि-नीतिशास्त्र का हमारे लिए अत्यधिक महत्त्व है।

3. अधि-नीतिशास्त्र की मूल समस्याएं

अधि-नीतिशास्त्र की परिभाषा तथा मानकीय नीतिशास्त्र के साथ उसके सम्बंध पर विचार करने के पश्चात अब अधि-नीतिशास्त्र की कुछ मूल समस्याओं का भी उल्लेख कर देना आवश्यक है। प्रथम खंड के आरम्भ में नैतिक निर्णयों से सम्बंधित जिन तीन प्रश्नों की चर्चा की गयी है उन्हें ही अधि-नीतिशास्त्र की मूल समस्याएं माना जाता है। नैतिक शब्दों अथवा निर्णयों का अर्थ, इन निर्णयों का स्वरूप तथा प्रमाणीकरण—ये तीन समस्याएं अधि-नीतिशास्त्र की मूल समस्याएं हैं। अब क्रमशः अधि-नीतिशास्त्र की इन तीनों मूल समस्याओं पर विचार किया जायेगा।

(1) हम देख चुके हैं कि अधि-नीतिशास्त्र का उद्देश्य नैतिक भाषा का

स्पष्टीकरण तथा विश्लेषण करना है। इस उद्देश्य की पूर्ति के लिये सर्वप्रथम नैतिक शब्दों या प्रत्ययों के अर्थ अथवा उनकी परिभाषा पर विचार किया जाता है। हम अपने दैनिक जीवन में 'शुभ', 'उचित', 'कर्त्तव्य' आदि जिन नैतिक शब्दों का प्रयोग करते हैं वे हमें सामान्यत: बहुत ही सरल प्रतीत होते हैं। साधारण व्यक्ति प्राय: यह दावा करता है कि वह इन शब्दों का अर्थ भली-भांति जानता है। परन्तु दार्शनिक दृष्टि से इन नैतिक शब्दों का विश्लेषण करने से ज्ञात होता है कि इनका कोई स्पष्ट' निश्चित और सर्वमान्य अर्थ बताना लगभग असम्भव है। अनेक महान दार्शनिक दीर्घकाल से 'शुभ', 'उचित', 'कर्त्तव्य' आदि नैतिक शब्दों के अर्थ पर गम्भीरतापूर्वक विचार करते रहे हैं, किन्तु फिर भी वे अभी तक इन में से किसी शब्द की कोई निश्चित एवं सर्वमान्य परिभाषा नहीं दे सके। इसका कारण यह है कि विभिन्न प्रसंगों तथा परिस्थितियों में इन शब्दों का अर्थ भिन्न-भिन्न हो सकता है। ऐसी स्थिति में दार्शनिक दृष्टि से यह कहना अत्यंत कठिन है कि इनका ठीक-ठीक और निश्चित अर्थ क्या है। हम अगले अध्यायों में देखेंगे कि अधि-नीतिशास्त्र के अंतर्गत इस समस्या पर विस्तारपूर्वक विचार किया गया है। अनेक दार्शनिकों ने अपने-अपने सिद्धांतों के अनुरूप इन नैतिक शब्दों तथा इन से सम्बद्ध अन्य नैतिक शब्दों की परिभाषा दी है और हमारे व्यावहारिक जीवन में इनके महत्व को स्पष्ट किया है। इन दार्शनिकों ने यह भी स्पष्ट करने का प्रयास किया है कि विभिन्न प्रसंगों तथा परिस्थितियों में इन शब्दों के नैतिक और निर्नैतिक उपयोग में क्या अंतर होता है। उदाहरणार्थ हम 'अच्छा' शब्द का प्रयोग मनुष्य तथा उसके चरित्र के लिये भी करते हैं और भौतिक वस्तुओं के लिए भी। हम कहते हैं कि "वह 'अच्छा' मनुष्य है" अथवा "उस व्यक्ति का चरित्र बहुत अच्छा है"। परन्तु हम यह भी कहते हैं कि "वह 'अच्छा' घर है" अथवा "यह अच्छा सेब है"। प्रथम दो कथनों में 'अच्छा' शब्द का प्रयोग नैतिक अर्थ में तथा अंतिम दो कथनों में इस शब्द का प्रयोग निर्नैतिक अर्थ में किया गया है। इसी प्रकार अन्य अनेक नैतिक शब्दों का प्रयोग भी नैतिक तथा निर्नैतिक दोनों अर्थों में किया जाता है। अधि-नीतिशास्त्र ही हमें यह बताता है कि इन शब्दों के उक्त दोनों अर्थों में क्या आधारभूत अंतर है और इस अंतर का कारण क्या है। इस प्रकार नैतिक शब्दों के अर्थ अथवा उनकी परिभाषा से सम्बंधित समस्या अधि-नीतिशास्त्र की बहुत महत्वपूर्ण समस्या है।

(2) अधि-नीतिशास्त्र की दूसरी समस्या का सम्बंध नैतिक कथनों अथवा निर्णयों के स्वरूप से है। क्या नैतिक निर्णय वैज्ञानिक कथनों की भांति तथ्यात्मक अथवा वर्णनात्मक होते हैं ? अथवा क्या ये निर्णय हमारी भावनाओं को व्यक्त करने तथा अन्य व्यक्तियों में इन भावनाओं को जागृत करने वाले संवेगात्मक

कथन मात्र हैं ? अथवा क्या ये नैतिक निर्णय आदेशात्मक या परामर्शात्मक वाक्य हैं ? अथवा क्या ये निर्णय केवल हमारी व्यक्तिगत इच्छाओं को अभिव्यक्त करने वाले व्यक्तिनिष्ठ कथन हैं ? इन सभी प्रश्नों तथा ऐसे ही अन्य अनेक प्रश्नों पर अधि-नीतिशास्त्र की उपर्युक्त दूसरी समस्या के अंतर्गत विचार किया जाता है। यह स्पष्ट है कि इन प्रश्नों का सम्बंध नैतिक निर्णयों के स्वरूप तथा उद्देश्य से है। इन निर्णयों के स्वरूप का विश्लेषण करते हुए अधि-नीतिशास्त्री हमें यह बताता है कि हमारे व्यावहारिक जीवन में इनका वास्तविक उपयोग अथवा कार्य क्या है और हम इन का प्रयोग किस उद्देश्य की पूर्ति के लिये करते हैं। हम अगले अध्यायों में देखेंगे कि नैतिक निर्णयों के स्वरूप तथा उद्देश्य के विषय में दार्शनिकों में तीव्र मतभेद है। कुछ दार्शनिक इन निर्णयों को तथ्यात्मक अथवा संज्ञानात्मक कथन मानते हैं और कुछ अन्य दार्शनिक इन्हें संवेगात्मक, आदेशात्मक अथवा परामर्शात्मक कथन। इस प्रकार नैतिक निर्णयों के अर्थ के साथ-साथ उनके स्वरूप पर भी अधि-नीतिशास्त्र के अंतर्गत विस्तारपूर्वक विचार किया गया है।

(3) अधि-नीतिशास्त्र की तीसरी महत्वपूर्ण समस्या नैतिक निर्णयों के प्रमाणीकरण से सम्बंधित है। इस समस्या के अंतर्गत जिन प्रश्नों पर विचार किया जाता है उनमें से कुछ मुख्य प्रश्न इस प्रकार हैं :—क्या हम अपने नैतिक निर्णयों को उचित सिद्ध करने के लिये कुछ युक्तियां अथवा तर्क दे सकते हैं ? दूसरे शब्दों में क्या हमारे नैतिक निर्णय बुद्धिसंगत अथवा तर्कसंगत होते हैं ? यदि हम इन निर्णयों को उचित सिद्ध करने के लिये तर्क दे सकते हैं तो इन तर्कों का स्वरूप क्या है ? क्या ये उसी प्रकार के तर्क हैं जिस प्रकार के तर्क हम अपने तथ्यात्मक निर्णयों की पुष्टि के लिये देते हैं ? यदि ये तर्क भिन्न प्रकार के हैं तो वे कौन-से तत्व हैं जो इन तर्कों को तथ्यात्मक निर्णयों के समर्थन में दिये जाने वाले तर्कों से पृथक करते हैं ? क्या निगमनात्मक तथा आगमनात्मक तर्कों द्वारा नैतिक निर्णयों का प्रमाणीकरण सम्भव है ? यदि नहीं तो इन निर्णयों को उचित सिद्ध करने के लिये किस प्रकार के विशेष तर्क दिये जा सकते हैं ? अधि-नीतिशास्त्र इन सभी प्रश्नों तथा ऐसे ही अन्य अनेक प्रश्नों का संतोषप्रद उत्तर देने का प्रयास करता है। नैतिक निर्णयों के प्रमाणीकरण की इस समस्या को दार्शनिक विशेष महत्व देते हैं, क्योंकि प्रमाणीकरण के अभाव में इन निर्णयों को तर्कसंगत या बौद्धिक नहीं माना जा सकता। जैसा कि हम आगे देखेंगे, अन्य दो समस्याओं की भांति अधि-नीतिशास्त्र की इस समस्या का समाधान भी विभिन्न दार्शनिकों ने अपने-अपने सिद्धांतों के अनुरूप भिन्न-भिन्न प्रकार से करने का प्रयास किया है।

यहां यह उल्लेखनीय है कि केवल अध्ययन की दृष्टि से ही अधि-नीतिशास्त्र की उपर्युक्त तीनों समस्याओं का पृथक-पृथक विवेचन किया गया है; वास्तव में ये तीनों समस्याएं अलग-अलग न होकर परस्पर घनिष्ठ रूप से सम्बद्ध हैं। इसका कारण यह है कि नैतिक निर्णयों का अर्थ, स्वरूप तथा प्रमाणीकरण ये तीनों पक्ष एक-दूसरे से पृथक न होकर अन्योन्याश्रित हैं। इनमें से किसी एक समस्या के समाधान के विषय में किसी दार्शनिक के विचार जान लेने के पश्चात हम यह भली-भांति समझ सकते हैं कि वह अन्य दो समस्याओं का समाधान किस प्रकार करेगा। उदाहरणार्थ यदि कोई दार्शनिक यह कहता है कि 'शुभ' का अर्थ 'सुखद' है तो 'शुभ' सम्बंधी नैतिक निर्णय के स्वरूप के विषय में हम उसके मत को भली-भांति जान सकते हैं—वह यही कहेगा कि 'शुभ' सम्बंधी नैतिक निर्णय 'सुखद' सम्बंधी मनोवैज्ञानिक निर्णय से भिन्न नहीं है। ऐसा दार्शनिक नैतिक निर्णयों को वस्तुतः तथ्यात्मक निर्णय ही मानेगा और इन निर्णयों की पुष्टि के लिये उसी प्रकार के तर्क देगा जिस प्रकार के तर्क तथ्यात्मक निर्णयों के समर्थन में दिये जाते हैं। इसी प्रकार यदि कोई दार्शनिक नैतिक निर्णयों के स्वरूप की व्याख्या करते हुए यह कहता है कि ये निर्णय पूर्णतः संवेगात्मक होते हैं तो हम यह जान सकते हैं कि वह इन निर्णयों में प्रयुक्त नैतिक शब्दों का क्या अर्थ स्वीकार करेगा—वह यही कहेगा कि इन नैतिक शब्दों का अर्थ संवेगात्मक शब्दों के अर्थ से भिन्न नहीं है। नैतिक शब्दों के अर्थ के विषय में उसका यही मत होगा कि संवेगात्मक शब्दों की भांति ये शब्द भी केवल हमारी भावनाओं को अभिव्यक्त और जागृत करते हैं। ऐसा दार्शनिक नैतिक निर्णयों को उचित सिद्ध करने के लिए तथ्यात्मक निर्णयों के समर्थन में दिये जाने वाले तर्कों से पूर्णतः भिन्न प्रकार के तर्क देगा। यदि कोई दार्शनिक यह कहता है कि "उचित कर्म वह है जो अधिकतम शुभ को उत्पन्न करता है" और "शुभ का अर्थ सुख है" तो हम यह भली-भांति जान सकते हैं कि वह "अमुक कर्म उचित है" इस नैतिक निर्णय के प्रमाणीकरण के लिये किस प्रकार का तर्क प्रस्तुत करेगा। वह यही सिद्ध करने का प्रयास करेगा कि वह विशेष कर्म उन सभी कर्मों की अपेक्षा अधिक सुख उत्पन्न कर सकता है जो उस परिस्थिति में कर्त्ता के लिये सम्भव हैं। इन उदाहरणों से यह स्पष्ट है कि अधि-नीतिशास्त्र की उपर्युक्त तीनों समस्याएं एक-दूसरे से पूर्णतः सम्बद्ध हैं, अतः इन सभी समस्याओं के समाधान के लिये किसी एक विशेष अधि-नैतिक सिद्धांत का आधार लेना अनिवार्य हो जाता है। अगले अध्यायों में जब हम विभिन्न अधि-नैतिक सिद्धांतों का विवेचन करेंगे तब यह तथ्य और अधिक स्पष्ट हो जायेगा। यहां इतना कह देना ही पर्याप्त है कि उपर्युक्त समस्याओं से हम अधि-नीतिशास्त्र के स्वरूप, क्षेत्र तथा उद्देश्य को भली-भांति समझ सकते हैं।

4. अधि-नीतिशास्त्र का उदय और विकास

जैसा कि इस अध्याय के प्रथम खंड में संकेत किया गया है, नैतिक दर्शन की एक व्यवस्थित एवं स्वतंत्र विधा के रूप में अधि-नीतिशास्त्र का उदय तथा विकास वर्तमान शताब्दी में ही हुआ है। परन्तु नैतिक भाषा के विश्लेषण से सम्बंधित अधि-नीतिशास्त्र की मूल समस्या का पूर्वाभास हमें दो महान अनुभववादी अंग्रेज़ दार्शनिकों जार्ज बर्कले तथा डेविड ह्यूम की कृतियों में प्राप्त होता है। इन दोनों दार्शनिकों ने अपनी अनुभववादी विचारधारा के अनुरूप नैतिक भाषा के प्रयोजन का उल्लेख किया है। उदाहरणार्थ 1710 में प्रकाशित अपनी पुस्तक ए ट्रिटाइज़ कन्सरनिंग दि प्रिन्सिपल्ज़ ऑफ ह्यूमन नॉलेज की प्रस्तावना में भाषा के उद्देश्यों की चर्चा करते हुए बर्कले ने कहा है कि अपने विचारों को व्यक्त करना तथा दूसरा तक पहुंचाना अपनी भावनाओं को अभिव्यक्त करना और अन्य व्यक्तियों में इन भावनाओं को जागृत करना, दूसरों को कोई कार्य करने अथवा न करने के लिये प्रेरित करना आदि भाषा के मुख्य उद्देश्य हैं। भाषा के इन उद्देश्यों से यह स्पष्ट है कि इन में से प्रथम उद्देश्य संज्ञानात्मक है और अन्य दो उद्देश्य संवेगात्मक तथा परामर्शात्मक हैं। 'शुभ' शब्द के अर्थ पर विचार करते हुए बर्कले ने स्वयं नैतिक भाषा के संवेगात्मक उद्देश्य का उल्लेख किया है। उनका कथन है कि 'शुभ' शब्द का प्रयोग किसी वस्तु के विषय में अपनी भावनाओं को व्यक्त करने तथा अन्य व्यक्तियों में इन भावनाओं को उत्पन्न करने के लिये किया जा सकता है। नैतिक भाषा से सम्बंधित बर्कले के इन विचारों में एक प्रमुख अधि-नैतिक सिद्धांत संवेगवाद का पूर्वाभास स्पष्टतः प्राप्त होता है। इसी प्रकार डेविड ह्यूम ने 1739-40 में प्रकाशित अपनी सुविख्यात कृति 'ए ट्रिटाइज़ ऑफ ह्यूमन नेचर' के दूसरे और तीसरे भाग में संवेगों, नैतिकता तथा नैतिक निर्णयों के विषय में जो कुछ कहा है उस से यह स्पष्ट हो जाता है कि वे दो मुख्य अधि-नैतिक सिद्धांतों व्यक्तिनिष्ठवाद और संवेगवाद का मूलतः समर्थन करते हैं। उनकी उपर्युक्त कृति में इन दोनों अधि-नैतिक सिद्धांतों की आधारभूत मान्यताओं का स्पष्ट और विस्तृत उल्लेख प्राप्त होता है। हम आगे देखेंगे कि इन दोनों सिद्धांतों के प्रमुख समर्थकों पर ह्यूम के नैतिकता विषयक विचारों का पर्याप्त प्रभाव पड़ा है। इस प्रकार उपर्युक्त विवेचन से स्पष्ट है कि अधि-नीतिशास्त्र का उद्गम अठारहवीं शताब्दी के दो महान अनुभववादी दार्शनिकों बर्कले और ह्यूम के विचारों में खोजा जा सकता है, अतः यह कहना शायद अनुचित न होगा कि अधि-नीतिशास्त्र का मूल स्रोत अनुभववादी विचारधारा में ही निहित है।

परन्तु वर्तमान शताब्दी से पूर्व नैतिक दर्शन की स्वतन्त्र विधा के रूप में अधि-नीतिशास्त्र का उदय नहीं हो सका, क्योंकि तब तक दार्शनिकों ने नैतिक

भाषा के अर्थ और स्वरूप के विश्लेषण की ओर कोई विशेष ध्यान नहीं दिया। इस शताब्दी में अधि-नीतिशास्त्र के उद्गम का श्रेय जी० ई० मूर को दिया जा सकता है। 1903 में प्रकाशित अपनी सुप्रसिद्ध पुस्तक 'प्रिन्सिपिया ऐथिका' में सर्वप्रथम उन्होंने ही 'शुभ', 'उचित', कर्तव्य आदि नैतिक शब्दों के अर्थ के विषय में प्रश्न उठाकर नैतिक दर्शन में एक नवीन युग का सूत्रपात किया। मूर से पूर्व नीतिशास्त्री "हमारा कर्तव्य क्या है"; "हमारे कौन-से कर्म उचित या अनुचित हैं", "कौन-सी वस्तुएँ हमारे लिये शुभ अथवा अशुभ हैं" आदि मानकीय नीतिशास्त्र सम्बन्धी प्रश्नों पर ही प्रायः विचार किया करते थे। परन्तु इन प्रश्नों के साथ-साथ मूर ने सर्वप्रथम अधि-नीतिशास्त्र सम्बन्धी यह प्रश्न भी उठाया कि 'शुभ', 'अशुभ' आदि नैतिक शब्दों का अर्थ क्या है—अर्थात् हम इनकी परिभाषा किस प्रकार कर सकते हैं। इतना ही नहीं, उन्होंने इस प्रश्न को नीतिशास्त्र का मूल प्रश्न माना और यह कहा कि इसकी ओर हमें विशेष ध्यान देना चाहिये। नीतिशास्त्र के सम्बन्ध में उपर्युक्त प्रश्न के महत्त्व को स्पष्ट करते हुए वे कहते हैं कि "यह हमारा प्रथम प्रश्न है—शुभ क्या है और अशुभ क्या है? इस प्रश्न (अथवा इन प्रश्नों) के विवेचन को मैं 'नीतिशास्त्र' की संज्ञा देता हूं, क्योंकि इस विज्ञान में उक्त प्रश्न पर अवश्य विचार किया जाना चाहिये।···हम केवल यही नहीं पूछना चाहते कि कौन-सी वस्तु अथवा वस्तुएँ शुभ हैं, अपितु हम यह भी पूछना चाहते हैं कि 'शुभ' की परिभाषा कैसे दी जा सकती है। इस प्रश्न का सम्बन्ध केवल नीतिशास्त्र से है।···यह वह प्रश्न है जिसकी ओर विशेष रूप से सर्वाधिक ध्यान दिया जाना चाहिये, क्योंकि यह प्रश्न—'शुभ' की परिभाषा कैसे दी जा सकती है—सम्पूर्ण नीतिशास्त्र का सर्वाधिक मौलिक प्रश्न है[5]।" नैतिक शब्दों के अर्थ के विषय में मूर के उपर्युक्त विचारों से यह स्पष्ट है कि वे इन शब्दों के अर्थ और स्वरूप के विश्लेषण से सम्बन्धित अधि-नीतिशास्त्र की समस्या को नैतिक दर्शन के लिए सबसे अधिक महत्त्वपूर्ण समस्या मानते हैं। ऐसी स्थिति में यह कहना शायद अनुचित न होगा कि उनके इन्हीं विचारों के फलस्वरूप वर्तमान शताब्दी में अधि-नीतिशास्त्र का उदय हुआ। हम आगे देखेंगे कि मूर के इन विचारों से मूल प्रेरणा ग्रहण करते हुए इस शताब्दी के बहुत-से परवर्ती दार्शनिकों ने अधि-नीतिशास्त्र के विकास में अपना महत्त्वपूर्ण योगदान किया है। आज भी अधि-नीतिशास्त्र की मूल समस्याओं का विवेचन करने वाले दार्शनिकों के लिए मूर के उपर्युक्त विचारों का बहुत महत्त्व है। इस प्रकार मूर को अधि-नीतिशास्त्र का जनक अथवा प्रणेता माना जा सकता है।

5. जी० ई० मूर, 'प्रिन्सिपिया ऐथिका', पृ० 3, 5 ।

नैतिक शब्दों की परिभाषा से सम्बन्धित मूर के उपर्युक्त विचारों के अतिरिक्त वर्तमान शताब्दी के दूसरे और तीसरे दशक में तार्किक प्रत्यक्षवाद तथा भाषा-विश्लेषण विषयक विचारधारा के उदय के फलस्वरूप भी अधि-नीतिशास्त्र का पर्याप्त विकास हुआ है। समकालीन दर्शन के अध्येयता इस तथ्य से भलीभांति अवगत हैं कि इन दोनों विचारधाओं के कारण पाश्चात्य दर्शन में महान क्रांति हुई है जिसका दर्शन की लगभग सभी विधाओं पर बहुत व्यापक प्रभाव पड़ा है। इस शताब्दी के प्रथम दशक तक यह माना जाता था कि जीवन, जगत्, ईश्वर, आत्मा, धर्म, नैतिकता, सत्य, ज्ञान, सौंदर्य आदि से सम्बन्धित समस्याओं पर विचार करना और उनके समाधान के लिए प्रयास करना ही दर्शन का मुख्य कार्य है। परन्तु प्रथम विश्व-युद्ध के पश्चात् दर्शन विषयक इस परम्परागत विचारधारा के स्थान पर पाश्चात्य दर्शन में एक नवीन विचारधारा का उदय हुआ जिसे 'विश्लेषणवादी विचारधारा' अथवा 'विश्लेषणात्मक दर्शन' की संज्ञा दी जाती है। तार्किक प्रत्यक्षवाद तथा भाषा-विश्लेषणवाद इस विश्लेषणात्मक दर्शन के दो प्रमुख भाग अथवा पक्ष हैं। इन दोनों का उद्देश्य विज्ञान तथा दर्शन की विभिन्न विधाओं की भाषा के अर्थ को स्पष्ट करने के लिए उसका विश्लेषण करना ही है, किन्तु इन दोनों की विश्लेषण-विधि एक-दूसरे से भिन्न है।

तार्किक प्रत्यक्षवाद का मूल सिद्धांत सत्यापन का सिद्धांत है जिसके अनुसार केवल उसी कथन को तथ्यात्मक दृष्टि से सार्थक माना जा सकता है जिसे प्रत्यक्ष अथवा परोक्ष रूप से कम-से-कम सिद्धांततः इन्द्रिजन्य अनुभव द्वारा सत्यापित करना सम्भव हो। जिस कथन को इस प्रकार सत्यापित नहीं किया जा सकता वह संज्ञानात्मक दृष्टि से सार्थक नहीं है—अर्थात् वह हमें किन्हीं तथ्यों का बोध नहीं कराता। वर्तमान शताब्दी के तीसरे और चौथे दशक में योरोप तथा अमेरिका में इस तार्किक प्रत्यक्षवाद का बहुत व्यापक प्रभाव था और मारिट्ज़ शिलक, रुडोल्फ कार्नेप, ए० जे० एयर आदि अनेक दार्शनिक इसी विचारधारा के प्रबल समर्थक थे। लुडविग विटगिन्स्टाइन ने 1921 में जर्मन भाषा में प्रकाशित अपनी पुस्तक 'ट्रैक्टेटस-लॉजिको-फिलॉसॉफिकस' में भाषा के अर्थ से सम्बन्धित जो विचार व्यक्त किये थे उन्हीं से प्रभावित तथा प्रेरित होकर इन दार्शनिकों ने तार्किक प्रत्यक्षवाद का प्रतिपादन किया था। इस दृष्टि से विटगिन्स्टाइन की उक्त पुस्तक को इस विचारधारा का प्रेरणास्रोत माना जा सकता है। हम छठे अध्याय में देखेंगे कि इसी तार्किक प्रत्यक्षवाद के सत्यापन-सिद्धांत के परिणामस्वरूप अधि-नीतिशास्त्र में एक महत्त्वपूर्ण अधि-नैतिक सिद्धांत संवेगवाद का उदय और विकास हुआ।

यहां यह उल्लेखनीय है कि अपने सत्यापन-सिद्धांत के आधार पर ही तार्किक

प्रत्यक्षवादियों ने तत्त्वमीमांसा, नीतिशास्त्र, धर्मशास्त्र तथा सौंदर्यशास्त्र के कथनों को संज्ञानात्मक दृष्टि से निरर्थक माना था, क्योंकि उनके अनुसार दर्शन की इन सभी विधाओं के कथनों को इंद्रियजन्य अनुभव द्वारा सत्यापित करना सम्भव नहीं है। परन्तु परवर्ती विश्लेषणवादी दार्शनिकों ने तार्किक प्रत्यक्षवादियों की इस मान्यता को स्वीकार नहीं किया। इन दार्शनिकों के अनुसार किसी कथन का अर्थ उसके सत्यापन द्वारा नहीं, अपितु भाषा में उसके 'उपयोग' द्वारा ही निश्चित किया जा सकता है। किसी भी कथन के विषय में हमें यह नहीं पूछना चाहिये कि उसका अर्थ क्या है, अपितु हमें यह पूछना चाहिये कि भाषा में उसका 'उपयोग' क्या है। कोई कथन वास्तव में सार्थक है अथवा नहीं यह जानने के लिये हमें भाषा में उसके 'उपयोग' पर ही ध्यान देना चाहिये, इन्द्रियजन्य अनुभव द्वारा उसके सत्यापन पर नहीं। इस प्रकार इन परवर्ती भाषा-विश्लेषणवादी दार्शनिकों के अनुसार प्रत्येक कथन की सार्थकता अंततः उसके 'उपयोग' में ही निहित रहती है, अतः इन दार्शनिकों के सिद्धांत को 'उपयोग-सिद्धांत' की संज्ञा दी गयी है। जॉन विज़डम, गिल्बर्ट रायल, डी० जेड० फिलिप्स आदि अनेक दार्शनिकों ने सत्यापन-सिद्धांत के स्थान पर इसी उपयोग-सिद्धांत का समर्थन किया है। यहां विशेष रूप से इस बात का उल्लेख कर देना आवश्यक है कि तार्किक प्रत्यक्षवाद के सत्यापन-सिद्धांत की भांति इस उपयोग-सिद्धांत का उदय भी विटगिन्स्टाइन के भाषा-विश्लेषण सम्बन्धी विचारों के फलस्वरूप ही हुआ। भाषा के अर्थ के विषय में विटगिन्स्टाइन ने अपनी प्रथम पुस्तक 'ट्रैक्टेटस लॉजिको-फिलॉसॉफिकस' में जो विचार व्यक्त किये थे कालांतर में अपने उन विचारों को उन्होंने स्वयं ही अस्वीकार कर दिया। अपनी इस पुस्तक में उन्होंने सत्यापन-सिद्धांत को ही भाषा की सार्थकता का आधार माना था। परन्तु अपनी दूसरी पुस्तक 'फिलॉसॉफिकल इन्वैस्टिगैशन्स' में इस सिद्धांत को अस्वीकार करते हुए उन्होंने विभिन्न प्रकार के कथनों के अर्थ-निरुपण के लिए 'उपयोग-सिद्धांत' का प्रतिपादन किया। विटगिन्स्टाइन ने अपनी यह दूसरी पुस्तक 1949 में ही पूरी कर ली थी, किन्तु इसका प्रकाशन उनकी मृत्यु के पश्चात् 1953 में ही हो सका। भाषा के अर्थ-निरूपण के विषय में परवर्ती विश्लेषणवादी दार्शनिकों के विचारों पर इस पुस्तक का बहुत व्यापक प्रभाव पड़ा। इसी पुस्तक से प्रभावित होकर ये दार्शनिक केवल उपयोग-सिद्धांत के आधार पर दर्शन की सभी विधाओं के कथनों की सार्थकता का निर्णय करने लगे। इस दृष्टि से हम विटगिन्स्टाइन को ही उपयोग सिद्धांत का प्रवर्तक मान सकते हैं जिसका समकालीन विश्लेषणवादी दर्शन में आज भी बहुत महत्त्व है।

दर्शन की अन्य विधाओं की भांति अधि-नीतिशास्त्र पर भी इस उपयोग-

सिद्धांत का पर्याप्त प्रभाव पड़ा है। हम सातवें अध्याय में देखेंगे कि पी० एच० नॉवलस्मिथ, जी० जे० वार्नाक आदि अनेक दार्शनिकों ने इसी सिद्धांत से प्रभावित होकर नैतिक शब्दों के अर्थ की व्याख्या करने का प्रयास किया है। इस प्रकार यह कहना अनुचित न होगा कि भाषा के अर्थ-निरूपण के विषय में विटगिन्स्टाइन के विचारों का अधि-नीतिशास्त्र के विकास में बहुत महत्त्वपूर्ण योगदान रहा है। विटगिन्स्टाइन के अतिरिक्त कार्नेप, एयर, स्टीवेन्सन, हेयर, नॉवलस्मिथ, टूलमिन आदि अनेक दार्शनिकों ने भी नैतिक भाषा के सम्बन्ध में अपने विचारों द्वारा इस नवीन विधा के विकास में पर्याप्त योगदान किया है। इस समय अंग्रेज़ी भाषा में अधि-नीतिशास्त्र पर विपुल साहित्य विद्यमान है और आज भी बहुत-से दार्शनिक इसके विभिन्न पक्षों पर लेख तथा पुस्तकें लिख रहे हैं। अधि-नीतिशास्त्र की विभिन्न समस्याओं के सम्बन्ध में ये दार्शनिक अब भी परस्पर विचार-विमर्श कर रहे हैं, अतः यह निश्चित् रूप से कहा जा सकता है कि नैतिक दर्शन की इस विधा का निरन्तर विकास हो रहा है। नैतिक निर्णयों के अर्थ, स्वरूप तथा प्रमाणीकरण की व्याख्या करने के लिये इन दार्शनिकों ने गत साठ वर्षों में विभिन्न अधि-नैतिक सिद्धांतों का प्रतिपादन किया है जिनका संक्षिप्त विवेचन हम अगले अध्याय में करेंगे। यहां इतना कह देना ही पर्याप्त होगा कि यद्यपि अधि-नीतिशास्त्र अपेक्षाकृत एक नवीन विधा है जिसका उदय वर्तमान शताब्दी में ही हुआ है, फिर भी गत छः दशकों में इसका बहुत अधिक विकास हो चुका है और इसी कारण आज इसे नैतिक दर्शन की एक स्वतन्त्र तथा बहुत महत्वपूर्ण विधा माना जाता है।

अध्याय 2

अधि-नैतिक सिद्धान्तों का वर्गीकरण

1. संज्ञानवाद ग्रौर असंज्ञानवाद

पिछले अध्याय में हम अधि-नीतिशास्त्र के स्वरूप और क्षेत्र पर विस्तार-पूर्वक विचार कर चुके हैं। हम यह देख चुके हैं कि अधि-नीतिशास्त्र की मूल समस्याएं क्या हैं, मानकीय नीतिशास्त्र के साथ उसका क्या सम्बन्ध है और वर्तमान शताब्दी में एक नवीन तथा स्वतन्त्र विधा के रूप में उसका विकास किस प्रकार हुआ है। प्रस्तुत अध्याय में हम संक्षेप में कुछ महत्त्वपूर्ण अधि-नैतिक सिद्धांतों पर विचार करेंगे जिनका प्रतिपादन विभिन्न दार्शनिकों ने अधि-नीतिशास्त्र की उन तीन मूल समस्याओं का समाधान करने के लिए किया है जिनकी चर्चा हम पिछले अध्याय के तीसरे खंड में कर चुके हैं। यहां हम इन अधि-नैतिक सिद्धान्तों के गुण-दोषों पर विचार किये बिना केवल इनकी संक्षिप्त रूपरेखा ही प्रस्तुत करेंगे जिससे पाठकों को इन सिद्धांतों के सम्बन्ध में कुछ प्रारम्भिक आवश्यक जानकारी प्राप्त हो जाये। इन सभी अधि-नैतिक सिद्धांतों के महत्व तथा इनके गुण-दोषों का विस्तृत विवेचन हम इस पुस्तक के अगले अध्यायों में करेंगे। यहां सर्वप्रथम यह स्पस्ट कर देना आवश्यक है कि सभी अधि-नैतिक सिद्धांत नैतिक निर्णयों के अर्थ तथा स्वरूप का विश्लेषण करते हैं और इन निर्णयों के समर्थन में दिये जाने वाले तर्कों के स्वरूप तथा इनके प्रमाणीकरण की विधियों पर विचार करते हैं।

नैतिक भाषा के सम्बन्ध में अभी तक जिन अधि-नैतिक सिद्धान्तों का प्रतिपादन किया गया है उन्हें मुख्य दो वर्गों में विभाजित किया जा सकता है—(1) संज्ञानात्मक सिद्धांत तथा (2) असंज्ञानात्मक सिद्धांत। इन दोनों प्रकार के अधि-नैतिक सिद्धांतों को क्रमश: वर्णनात्मक सिद्धांत तथा अवर्णनात्मक सिद्धांत भी कहा जाता है। इन दोनों प्रकार के अधि-नैतिक सिद्धांतों का समर्थन करने वाले दार्शनिकों ने दो मूलत: भिन्न दृष्टिकोणों के आधार पर अधि-नीतिशास्त्र की मूल समस्याओं का समाधान करने का प्रयास किया है। संज्ञानात्मक सिद्धांतों के अनुसार नैतिक निर्णय तथ्यात्मक निर्णयों के समान ही संज्ञानात्मक अथवा वर्णनात्मक होते हैं—अर्थात् ये निर्णय तथ्यात्मक निर्णयों की भांति किन्हीं

तथ्यों का वर्णन मात्र करते हैं। इन सिद्धान्तों के समर्थकों का कथन है कि नैतिक निर्णयों और तथ्यात्मक निर्णयों में कोई मूल भेद नहीं है, क्योंकि ये दोनों प्रकार के निर्णय हमें कुछ तथ्यों का बोध कराते हैं और इस दृष्टि से ये दोनों समान रूप से संज्ञानात्मक हैं। उदाहरणार्थ "दुःखी और असहाय मनुष्य की सहायता करना उचित है" यह नैतिक निर्णय "पृथ्वी गोल है" इस तथ्यात्मक निर्णय के समान ही वर्णनात्मक अथवा संज्ञानात्मक है। स्पष्टतः इसका अर्थ यही है कि नैतिक निर्णयों के अर्थ, स्वरूप तथा प्रमाणीकरण सम्बन्धी समस्याएँ तथ्यात्मक निर्णयों की इन समस्याओं से मूलतः भिन्न नहीं हैं, अतः दोनों प्रकार के निर्णयों की इन समस्याओं का समाधान भी समान विधियों द्वारा ही किया जा सकता है। नैतिक निर्णयों के सम्बंध में दार्शनिकों के इसी दृष्टिकोण को 'संज्ञानवाद' की संज्ञा दी गयी है।

परन्तु जो दार्शनिक असंज्ञानात्मक अधि-नैतिक सिद्धातों का समर्थन करते हैं उनका दृष्टिकोण नैतिक निर्णयों के विषय में उपर्युक्त संज्ञानात्मक दृष्टिकोण के ठीक विपरीत है। इन असंज्ञानवादी दार्शनिकों के मतानुसार नैतिक निर्णयों का उद्देश्य किन्हीं तथ्यों का वर्णन मात्र करना अथवा केवल किन्हीं तथ्यों का बोध कराना नहीं होता, अतः ये निर्णय मुख्यतः वर्णनात्मक नहीं होते। तथ्यात्मक निर्णयों के विपरीत ये नैतिक निर्णय वक्ता की भावनाओं को अभिव्यक्त करते हैं, अन्य व्यक्तियों में इन भावनाओं को जागृत करते हैं और उन्हें कोई कार्य करने या न करने का आदेश अथवा परामर्श देते हैं। इसी कारण इन निर्णयों को संवेगात्मक या परामर्शात्मक ही कहा जा सकता है, वर्णनात्मक नहीं। नैतिक निर्णयों द्वारा हमें किसी प्रकार के तथ्यों का ज्ञान प्राप्त नहीं होता, अतः तथ्यात्मक निर्णयों के विपरीत इन्हें असंज्ञानात्मक ही माना जा सकता है। वर्णनात्मकता और संज्ञानात्मकता के अतिरिक्त निर्णीत वस्तु के प्रति वक्ता की तटस्थता भी तथ्यात्मक निर्णयों की मुख्य विशेषता है, परन्तु असंज्ञानवादियों के अनुसार, यह विशेषता भी नैतिक निर्णयों में नहीं पाई जाती। जब हम किसी वस्तु के विषय में तथ्यात्मक निर्णय देते हैं तो हम सामान्यतः उसके प्रति तटस्थ रहते हैं—अर्थात् हम उसके पक्ष या विपक्ष में अपनी भावनाएं अभिव्यक्त नहीं करते। उदाहरणार्थ जब हम कहते हैं कि "पृथ्वी सूर्य की परिक्रमा करती है" तो हम इस तथ्यात्मक निर्णय द्वारा पृथ्वी की उक्त प्राकृतिक क्रिया के सम्बन्ध में एक तथ्य का वर्णन मात्र करते हैं; हम इसके पक्ष या विपक्ष में अपनी भावनाओं को अभिव्यक्त नहीं करते। इसके विपरीत जब हम कहते हैं कि "चोरी करना अनुचित है" तो उक्त नैतिक निर्णय द्वारा हम चोरी करने के कर्म के विरुद्ध अपना मत अथवा अपनी भावनाएं

व्यक्त करते हैं, अतः इस कर्म के सम्बन्ध में हमारा यह निर्णय तटस्थ नहीं माना जा सकता। अन्य सभी नैतिक निर्णयों के सम्बन्ध में भी यही बात कही जा सकती है। नैतिक निर्णयों के अर्थ और स्वरूप की भांति उनका प्रमाणीकरण भी तथ्यात्मक निर्णयों के प्रमाणीकरण से भिन्न प्रकार का होता है। इसका कारण यह है कि नैतिक निर्णयों के समर्थन में हम उसी प्रकार के तर्क नहीं दे सकते जिस प्रकार के तर्क हम तथ्यात्मक निर्णयों की पुष्टि के लिए देते हैं। वस्तुतः नैतिक निर्णयों को तथ्यात्मक निर्णयों के समान ही वर्णनात्मक अथवा संज्ञानात्मक मान कर हम उनके अर्थ, स्वरूप तथा प्रमाणीकरण की समुचित व्याख्या कभी नहीं कर सकते। इस प्रकार यह स्पष्ट है कि असंज्ञानात्मक सिद्धांतों के समर्थकों के अनुसार नैतिक निर्णय तथ्यात्मक निर्णयों से मूलतः भिन्न होते हैं, अतः इन दोनों प्रकार के निर्णयों के अर्थ, स्वरूप तथा प्रमाणीकरण सम्बन्धी समस्याओं का समाधान भी समान विधियों द्वारा सम्भव नहीं है। नैतिक निर्णयों के विषय में दार्शनिकों की इसी विचारधारा को 'असंज्ञानवाद' कहा जाता है।

यहां यह स्पष्ट कर देना आवश्यक है कि नैतिक निर्णयों के अर्थ, स्वरूप तथा प्रमाणीकरण के अतिरिक्त नैतिक ज्ञान की सम्भावना के सम्बन्ध में भी संज्ञानवादियों और असंज्ञानवादियों में तीव्र मतभेद है। संज्ञानवादियों का मत है कि नैतिक निर्णय तथ्यात्मक निर्णयों के समान ही हमें किन्हीं तथ्यों का बोध कराते हैं और इसी कारण ये निर्णय तथ्यात्मक निर्णयों की भाँति सत्य अथवा असत्य हो सकते हैं। इसका अर्थ यह है कि इन दार्शनिकों के मतानुसार वस्तुनिष्ठ तथ्यात्मक ज्ञान की भांति तथ्यपरक नैतिक ज्ञान भी सम्भव है। जिस प्रकार तथ्यात्मक निर्णय हमें वस्तुनिष्ठ तथ्यपरक ज्ञान प्रदान करते हैं उसी प्रकार नैतिक निर्णय भी हमें तथ्यात्मक नैतिक ज्ञान प्रदान करते हैं। यही कारण है कि तथ्यात्मक निर्णयों के समान ही नैतिक निर्णयों को भी वस्तुनिष्ठ तर्कों द्वारा सत्य अथवा असत्य प्रमाणित किया जा सकता है। जब संज्ञानवादी दार्शनिक यह कहते हैं कि नैतिक निर्णय सत्य या असत्य होते हैं तो इससे उनका अभिप्राय यह है कि तथ्यात्मक निर्णयों की भांति ये निर्णय भी किन्हीं वस्तुपरक तथ्यों अथवा तथ्यपरक स्थितियों का अनिवार्यतः वर्णन करते हैं। परंतु असंज्ञानवादी दार्शनिक नैतिक निर्णयों के विषय में संज्ञानवादियों के उपर्युक्त मत का खंडन करते हैं। इन दार्शनिकों का विचार है कि तथ्यात्मक निर्णयों से मूलतः भिन्न होने के कारण नैतिक निर्णय हमें किसी प्रकार का वस्तुपरक ज्ञान प्रदान नहीं करते अतः वस्तुनिष्ठ नैतिक ज्ञान की कोई सम्भावना नहीं है। इसी प्रकार तथ्यों से सम्बद्ध न होने के कारण ये नैतिक निर्णय वस्तुनिष्ठ रूप से

न तो सत्य हो सकते हैं और न असत्य। तथ्यात्मक निर्णयों के विपरीत ये निर्णय केवल हमारी भावनाओं को अभिव्यक्त तथा अन्य व्यक्तियों में इन भावनाओं को जागृत करते हैं और इसी कारण वस्तुनिष्ठ रूप से इनके सत्य अथवा असत्य होने का प्रश्न ही नहीं उठता। इन नैतिक निर्णयों के प्रमाणीकरण के लिये हम किसी प्रकार के वस्तुनिष्ठ तर्क भी प्रस्तुत नहीं कर सकते। इस प्रकार संज्ञानवादी दार्शनिकों के विपरीत असंज्ञानवादी दार्शनिक नैतिक निर्णयों को मूलतः असंज्ञानात्मक मानते हैं और इसी आधार पर वे वस्तुनिष्ठ नैतिक ज्ञान की सम्भावना को भी पूर्णतः अस्वीकार करते हैं।

2. प्रकृतिवाद और निर्प्रकृतिवाद

गत साठ वर्षों में समकालीन नैतिक दर्शन का विकास उपर्युक्त दोनों प्रकार के अधि-नैतिक सिद्धांतों के प्रणेताओं तथा समर्थकों में परस्पर वाद-विवाद और विचार-विमर्श के परिणामस्वरूप ही हुआ है। विभिन्न दार्शनिकों ने नैतिक निर्णयों के अर्थ, स्वरूप तथा प्रमाणीकरण का विश्लेषण करने के लिए इन दोनों अधि-नैतिक सिद्धांतों के भिन्न-भिन्न रूपों का विस्तृत विवेचन किया है। यहां हम संक्षेप में संज्ञानात्मक और असंज्ञानात्मक इन दोनों अधि-नैतिक सिद्धांतों के कुछ प्रमुख रूपों का उल्लेख करेंगे।

संज्ञानात्मक अधि-नैतिक सिद्धांतों को मुख्य दो वर्गों में विभाजित किया जा सकता है—(1) प्रकृतिवादी सिद्धांत तथा (2) निर्प्रकृतिवादी सिद्धांत।

(1) प्रकृतिवादी सिद्धांतों के अनुसार नैतिक निर्णयों की परिभाषा अथवा व्याख्या प्राकृतिक निर्णयों के आधार पर की जा सकती है जो अनिवार्यतः निर्नैतिक होते हैं। प्राकृतिक निर्णय ऐसे गुणों या तथ्यों का वर्णन करते हैं जिनका ज्ञान हमें इंद्रियजन्य अनुभव अथवा अंतः निरीक्षण द्वारा प्राप्त होता है। प्रकृतिवादियों के विचार में नैतिक निर्णय भी ऐसे ही प्राकृतिक गुणों का वर्णन करते हैं। इसी कारण वे यह मानते हैं कि नैतिक निर्णय के अर्थ में किसी प्रकार का परिवर्तन किए बिना हम उसकी परिभाषा मनोवैज्ञानिक, सामाजिक अथवा किसी अन्य निर्नैतिक प्राकृतिक निर्णय के आधार पर कर सकते हैं। उदाहरणार्थ "अमुक कर्म उचित है" इस नैतिक निर्णय के अर्थ की व्याख्या करते हुए हम यह कह सकते हैं कि "वह कर्म सुखद है"। इसी प्रकार "अमुक वस्तु शुभ है" इस नैतिक निर्णय का अर्थ स्पष्ट करते हुए हम यह कह सकते हैं कि "वह वस्तु हमारी इच्छा की पूर्ति करती है"। स्पष्ट है कि उपर्युक्त दोनों उदाहरणों में नैतिक निर्णयों को तथ्यात्मक मनोवैज्ञानिक निर्णयों के समान ही माना गया है। इसका अर्थ यह है कि प्रकृतिवादी सिद्धांतों के अनुसार नैतिक निर्णयों और

तथ्यात्मक प्राकृतिक निर्णयों में कोई मौलिक अंतर नहीं है, अतः हम नैतिक निर्णय के अर्थ में कोई परिवर्तन किए बिना ही उसकी व्याख्या किसी प्राकृतिक तथ्यात्मक निर्णय के आधार पर भली-भांति कर सकते हैं। प्रकृतिवाद के समर्थकों ने इसी मूल सिद्धांत के आधार पर समस्त नैतिक निर्णयों की परिभाषा अथवा व्याख्या की है।

प्रकृतिवादी सिद्धांत मुख्यतः दो प्रकार के हैं—(क) व्यक्ति निष्ठवादी सिद्धांत तथा (ख) वस्तुनिष्ठवादी सिद्धांत।

(क) प्रथम प्रकार के सिद्धांतों के अनुसार नैतिक निर्णयों की व्याख्या व्यक्ति अथवा समुदाय की अभिवृत्तियों, भावनाओं, इच्छाओं या रुचियों के आधार पर की जा सकती है। इसका अर्थ यह है कि नैतिक निर्णय वास्तव में किसी व्यक्ति या समुदाय की कुछ विशेष मनोदशाओं का वर्णन मात्र करते हैं, अतः इन निर्णयों को वस्तुनिष्ठ निर्णय नहीं माना जा सकता। उदाहरणार्थ "सत्य बोलना उचित है" इस नैतिक निर्णय का अर्थ व्यक्तिनिष्ठवाद के अनुसार केवल यही है कि "मैं इस कर्म का अनुमोदन करता हूँ" अथवा "समाज इसका अनुमोदन करता है"। यह नैतिक निर्णय सत्य बोलने के कर्म के विषय में कुछ न कहकर उसके प्रति मेरे अथवा समाज के अनुमोदन का वर्णन मात्र करता है। इसी प्रकार "चोरी करना अनुचित है" इस नैतिक निर्णय का अर्थ केवल यही है कि "मैं इस कर्म का अननुमोदन करता हूं" अथवा "समाज इसका अननुमोदन करता है"। अन्य सभी नैतिक निर्णयों के अर्थ के संबन्ध में भी यही बात कही जा सकती है।

इस प्रकार व्यक्तिनिष्ठवादियों के विचार में नैतिक निर्णय वस्तुनिष्ठ नहीं होते, क्योंकि ये निर्णय वस्तुओं अथवा कर्मों के विषय में कुछ न कह कर किसी व्यक्ति या समुदाय की कुछ विशेष मनोदशाओं का वर्णन मात्र करते हैं। डेविड ह्यूम, ऐडवर्ड वैस्टरमार्क, बरट्रैंड रसल आदि अनेक दार्शनिकों ने किसी न किसी रूप में इसी व्यक्तिनिष्ठ प्रकृतिवादी सिद्धांत का समर्थन किया है।

(ख) परन्तु उपर्युक्त व्यक्तिनिष्ठ प्रकृतिवाद के विपरीत वस्तुनिष्ठ प्रकृतिवाद के समर्थकों का मत है कि नैतिक निर्णय व्यक्तिनिष्ठ न होकर वास्तव में वस्तुनिष्ठ ही होते हैं। इसका कारण यह है कि ये निर्णय निर्णीत वस्तुओं अथवा कर्मों का वस्तुपरक मूल्यांकन करते हैं, किसी व्यक्ति या समुदाय की मनोदशाओं का वर्णन नहीं। उपयोगितावाद, सुखवाद, विकासवाद आदि सिद्धांत इसी अर्थ में वस्तुनिष्ठवादी सिद्धांत हैं। उपयोगितावाद के अनुसार जब हम यह कहते हैं कि "अमुक कर्म शुभ है" तो इस नैतिक निर्णय का अर्थ यह है कि "वह कर्म अधिकतम व्यक्तियों के लिए अधिकतम सुख उत्पन्न करता है"। यह नैतिक

निर्णय किसी व्यक्ति अथवा समुदाय की किसी मनोदशा का वर्णन नहीं करता। इस दृष्टि से यह नैतिक निर्णय वस्तुनिष्ठ निर्णय है। अन्य सभी नैतिक निर्णयों के विषय में भी हम यही बात कह सकते हैं। ये निर्णय किसी की मनोदशाओं का वर्णन न करके वस्तुत: मनुष्यों तथा उनके कर्मों का वस्तुपरक मूल्यांकन करते हैं और इस अर्थ में ये वस्तुनिष्ठ निर्णय हैं। उपयोगितावादियों की भांति सुखवादी तथा विकासवादी भी इसी आधार पर नैतिक निर्णयों को वस्तुनिष्ठ निर्णय मानते हैं। इस प्रकार सभी वस्तुनिष्ठवादी नैतिक निर्णयों के अर्थ, स्वरूप तथा प्रमाणीकरण के विषय में व्यक्तिनिष्ठवादियों के मत का खंडन करते हैं। फिलिपा फुट, पी० टी० गीच, जी० जे० वारनॉक आदि अनेक समकालीन दार्शनिकों ने किसी न किसी रूप में नैतिक निर्णयों के सम्बन्ध में इसी वस्तुनिष्ठ प्रकृतिवाद को स्वीकार किया है। परन्तु यहां यह उल्लेखनीय है कि नैतिक निर्णयों के विषय में इस तीव्र मतभेद के होते हुए भी उपर्युक्त दोनों सिद्धान्तों का समर्थन करने वाले सभी दार्शनिक मूलत: प्रकृतिवाद में ही विश्वास करते हैं।

(2) परन्तु कुछ अन्य संज्ञानवादी दार्शनिक इस प्रकृतिवाद के घोर विरोधी हैं। इन दार्शनिकों ने जिस सिद्धान्त के आधार पर नैतिक निर्णयों की व्याख्या की है उसे निर्प्रकृतिवादी सिद्धांत कहा जाता है। इस सिद्धांत के अनुसार नैतिक निर्णयों की व्याख्या प्राकृतिक निर्णयों अथवा किन्हीं अन्य निर्नैतिक निर्णयों के आधार पर नहीं की जा सकती। इसका कारण यह है कि नैतिक निर्णय ऐसे अनन्य अथवा अद्वितीय निर्णय हैं जिन्हें हम किसी प्रकार के निर्नैतिक निर्णयों द्वारा कभी भी परिभाषित नहीं कर सकते। ये निर्णय न तो किसी व्यक्ति या समुदाय की किन्हीं मनोदशाओं का वर्णन करते हैं और न अन्य किसी प्रकार के प्राकृतिक तथ्यों का। ऐसी स्थिति में इन निर्णयों के सम्बंध में प्रकृतिवादियों के मत को स्वीकार नहीं किया जा सकता। निर्प्रकृतिवादी सिद्धान्त का समर्थन करने वाले दार्शनिकों के विचार में ये नैतिक निर्णय वस्तुत: कुछ विशेष निर्प्राकृतिक गुणों अथवा सम्बन्धों का वर्णन करते हैं। जिन वस्तुओं के विषय में हम ये नैतिक निर्णय देते हैं उनमें ये निर्प्राकृतिक गुण या सम्बन्ध पाए जाते हैं। इन निर्प्राकृतिक गुणों अथवा सम्बन्धों का ज्ञान हम इंद्रियजन्य अनुभव या तर्कबुद्धि द्वारा नहीं, अपितु अपनी एक विशेष शक्ति 'अंत: प्रज्ञा' द्वारा ही प्रत्यक्षत: प्राप्त करते हैं। इस मान्यता पर आधारित होने के कारण निर्प्रकृतिवादी सिद्धांत को 'अन्त:प्रज्ञावादी सिद्धान्त' भी कहा जाता है।

इस निर्प्रकृतिवादी अथवा अन्त:प्रज्ञावादी सिद्धान्त के समर्थकों के अनुसार प्रत्येक मनुष्य में 'अन्त:प्रज्ञा' नामक एक विशेष शक्ति होती है जो उसे शुभ-अशुभ, उचित-अनुचित और कर्तव्य-अकर्तव्य का प्रत्यक्षत: ज्ञान कराती है। इस

ज्ञान के लिए इंद्रियजन्य अनुभव, तर्कबुद्धि तथा किसी प्रकार के प्रमाण की कोई आवश्यकता नहीं होती। इस दृष्टि से शुभ, उचित, कर्तव्य आदि से सम्बन्धित हमारा नैतिक ज्ञान अनुभव अथवा प्रमाणों पर आधारित न होकर वास्तव में स्वयंसिद्ध ही होता है। अन्तःप्रज्ञा द्वारा प्राप्त इस स्वयंसिद्ध नैतिक ज्ञान से सम्बद्ध नैतिक निर्णयों को निर्प्रकृतिवादी दार्शनिक सभी प्रकार के निर्नैतिक निर्णयों से पूर्णतः भिन्न तथा स्वतन्त्र मानते हैं, अतः वे प्रकृतिवादियों के इस मत को स्वीकार नहीं करते कि नीतिशास्त्र किसी प्राकृतिक विज्ञान की शाखा मात्र है। वस्तुतः इन निर्प्रकृतिवादी दार्शनिकों के मतानुसार नीतिशास्त्र का अन्य सभी विज्ञानों से भिन्न और स्वतन्त्र अस्तित्व है। इसके नियमों तथा निर्णयों की व्याख्या हम किसी अन्य विज्ञान के नियमों के आधार पर कभी नहीं कर सकते। इस प्रकार निर्प्रकृतिवादी दार्शनिक नैतिक निर्णयों के विषय में प्रकृतिवादी दार्शनिकों की अधिकतर आधारभूत मान्यताओं को अस्वीकार करते हैं। वर्तमान शताब्दी में जी० ई० मूर, डब्ल्यू० डी० रॉस, एच० ए० प्रिचर्ड, सी० डी० ब्रोड आदि बहुत से दार्शनिकों ने किसी न किसी रूप में निर्प्रकृतिवादी अथवा अन्तः-प्रज्ञावादी सिद्धान्त का समर्थन किया है। परन्तु यहां यह स्पष्ट कर देना आवश्यक है कि प्रकृतिवादी तथा निर्प्रकृतिवादी दोनों ही यह मानते हैं कि नैतिक निर्णय तथ्यात्मक अथवा संज्ञानात्मक होते हैं और इसी कारण इन निर्णयों द्वारा हमें तथ्यपरक नैतिक ज्ञान प्राप्त होता है। वे यह भी मानते हैं कि तथ्यात्मक निर्णयों की भांति ये नैतिक निर्णय भी सत्य या असत्य हो सकते हैं। नैतिक निर्णयों के विषय में उक्त समान मान्यताओं को स्वीकार करने के कारण ही प्रकृतिवादी तथा निर्प्रकृतिवादी इन दोनों सिद्धान्तों को 'संज्ञानात्मक सिद्धान्त' कहा गया है जिनके अनुसार ये निर्णय किन्हीं विशेष प्राकृतिक अथवा निर्प्राकृतिक तथ्यों का वर्णन मात्र करते हैं।

3. अतींद्रिय सत्ता सम्बन्धी सिद्धान्त

उपर्युक्त प्रकृतिवादी तथा निर्प्रकृतिवादी संज्ञानात्मक सिद्धान्तों के अतिरिक्त नैतिक निर्णयों के अर्थ, स्वरूप एवं प्रमाणीकरण की व्याख्या करने के लिए कुछ दार्शनिकों ने दो अन्य प्रकार के संज्ञानात्मक सिद्धान्तों का भी प्रतिपादन किया है जिन्हें 'धर्मशास्त्रीय सिद्धान्त' और 'तत्वमीमांसीय सिद्धान्त' कहा जाता है। इन दोनों प्रकार के संज्ञानात्मक सिद्धान्तों की एक सामान्य विशेषता यह है कि इनके समर्थक किसी अतींद्रिय सत्ता से सम्बन्धित कथनों के आधार पर ही नैतिक निर्णयों की व्याख्या करते हैं। उनके मतानुसार इन निर्णयों की व्याख्या प्राकृतिक निर्णयों के आधार पर नहीं की जा सकती। इन सिद्धान्तों के समर्थक यह भी

नहीं मानते कि नैतिक निर्णय किन्हीं विशेष निर्प्राकृतिक गुणों या सम्बन्धों का वर्णन करते हैं और हमें अन्त:प्रज्ञा द्वारा प्रत्यक्षत: स्वयं-सिद्ध नैतिक ज्ञान प्राप्त होता है। इस दृष्टि से ये संज्ञानात्मक सिद्धान्त प्रकृतिवाद तथा निर्प्रकृतिवाद दोनों से भिन्न हैं।

जो दार्शनिक धर्मशास्त्रीय सिद्धान्तों का समर्थन करते हैं उनका मत है कि नैतिक निर्णयों की व्याख्या ईश्वर विषयक धार्मिक कथनों के आधार पर ही की जा सकती है। उदाहरणार्थ जब हम यह कहते हैं कि "अमुक कर्म शुभ है" तो इस नैतिक निर्णय का अर्थ यही है कि "वह कर्म ईश्वर की इच्छा अथवा आज्ञा के अनुरूप है"। इसी प्रकार जब हम यह कहते हैं कि "चोरी करना अनुचित है" तो इस नैतिक निर्णय का अर्थ यह है कि "चोरी करना ईश्वर की इच्छा अथवा आज्ञा के विरुद्ध है"। अन्य सभी नैतिक निर्णयों की व्याख्या भी हम इसी प्रकार कर सकते हैं। स्पष्ट है कि उक्त धर्मशास्त्रीय सिद्धान्तों के समर्थक नैतिक निर्णयों को धार्मिक निर्णयों से भिन्न और स्वतन्त्र नहीं मानते। उनके विचार में प्रत्येक नैतिक निर्णय का अर्थ केवल धार्मिक निर्णय के आधार पर ही स्पष्ट किया जा सकता है, क्योंकि इन दोनों प्रकार के निर्णयों में कोई मौलिक भेद नहीं है। जॉन लॉक, विलियम पैले, कार्ल बार्थ, ऐमील ब्रूनर आदि अनेक दार्शनिकों ने किसी न किसी रूप में इन्हीं धर्मशास्त्रीय सिद्धान्तों का समर्थन किया है।

परन्तु कुछ अन्य दार्शनिक नैतिक निर्णयों की व्याख्या करने के लिए उपर्युक्त धर्मशास्त्रीय सिद्धान्तों के स्थान पर तत्वमीमांसीय सिद्धान्तों को स्वीकार करते हैं। इन दार्शनिकों के अनुसार हम ईश्वर के स्थान पर किसी अन्य तत्वमीमांसात्मक अलौकिक या अतींद्रिय सत्ता के स्वरूप से सम्बन्धित कथनों के आधार पर नैतिक निर्णयों का अर्थ स्पष्ट कर सकते हैं। इन तत्व-मीमांसीय सिद्धान्तों के समर्थकों का विचार है कि तत्वमीमांसा ही नीतिशास्त्र का मूल आधार है और तत्वमीमांसा के कथन अनिवार्यत: किसी अतींद्रिय सत्ता का वर्णन करते हैं। नैतिक निर्णय तत्वमीमांसा के कथनों से मूलत: भिन्न नहीं हैं, अत: हम तत्वमीमांसीय कथनों द्वारा ही इन निर्णयों की परिभाषा कर सकते हैं। इन सिद्धान्तों के समर्थकों के अनुसार उच्चतम शुभ अनिवार्यत: तत्वमीमां-सात्मक अलौकिक अथवा अतींद्रिय सत्ता से ही सम्बद्ध होता है। उदाहरणार्थ "अमुक कर्म शुभ है" का अर्थ यह है कि "वह कर्म आत्मसिद्धि में सहायक है।" उक्त तत्वमीमांसीय सिद्धान्तों के स्वरूप को स्पष्ट करते हुए मूर ने लिखा है कि "इन नैतिक सिद्धान्तों की सामान्य विशेषता यह है कि ये किसी तत्वमीमांसीय कथन के आधार पर नीतिशास्त्र के किसी मूल कथन को अनुमित करते हैं।

इन सिद्धान्तों के अनुसार नैतिक सत्यों को तार्किक दृष्टि से तत्वमीमांसीय सत्यों के द्वारा समझा जा सकता है, अतः नीतिशास्त्र तत्वमीमांसा पर आधारित होना चाहिए। इसका परिणाम यह है कि ये सभी सिद्धान्त उच्चतम शुभ की व्याख्या तत्वमीमांसीय शब्दों में करते हैं।...मैं 'तत्वमीमांसीय' शब्द की परिभाषा अतींद्रिय सत्ता के आधार पर करता हूं।...तत्वमीमांसीय नीतिशास्त्र की प्रमुख विशेषता यह है कि इसके अनुसार पूर्ण शुभ का अस्तित्व है किन्तु वह प्राकृतिक नहीं है; उसमें अतींद्रिय सत्ता का गुण विद्यमान रहता है।"[1] इस प्रकार स्पष्ट है कि तत्वमीमांसीय सिद्धान्तों के अनुसार नैतिक निर्णय वास्तव में किसी अतींद्रिय सत्ता से सम्बन्धित तत्वमीमांसा के कथनों से मूलतः भिन्न नहीं हैं। स्पिनोजा, हीगल, ब्रैडले, ग्रीन आदि अनेक दार्शनिकों ने नैतिक निर्णयों के सम्बन्ध में किसी न किसी रूप में उक्त तत्वमीमांसीय सिद्धान्तों का समर्थन किया है। धर्मशास्त्रीय और तत्वमीमांसीय सिद्धान्तों के उपर्युक्त विवेचन से यह स्पष्ट है कि प्रकृतिवादी सिद्धान्तों की भांति ये दोनों प्रकार के सिद्धान्त भी कुछ विशेष निर्नैतिक निर्णयों के आधार पर ही नैतिक निर्णयों की व्याख्या करते हैं, किन्तु ये निर्नैतिक निर्णय प्राकृतिक न होकर अलौकिक अथवा अतींद्रिय सत्ता से सम्बद्ध होते हैं और यही तथ्य इन सिद्धान्तों को प्रकृतिवादी तथा निर्प्रकृतिवादी सिद्धान्तों से पृथक् करता है।

4. संवेगवाद और परामर्शवाद

संज्ञानात्मक अधि-नैतिक सिद्धान्तों का विवेचन करने के पश्चात् अब असंज्ञानात्मक अधि-नैतिक सिद्धान्तों के प्रमुख रूपों पर विचार करना आवश्यक है। हम पहले ही यह स्पष्ट कर चुके हैं कि संज्ञानवादियों के विपरीत असंज्ञानवादी नैतिक निर्णयों को ऐसे असंज्ञानात्मक निर्णय मानते हैं जो वस्तुनिष्ठ रूप से सत्य अथवा असत्य नहीं हो सकते और इसी कारण जो हमें किसी प्रकार का वस्तुपरक नैतिक ज्ञान भी प्रदान नहीं करते। इन असंज्ञानवादी दार्शनिकों के मतानुसार नैतिक निर्णय मुख्यतः किन्ही तथ्यों का वर्णन न करके वक्ता की भावनाओं को अभिव्यक्त करते हैं, अन्य व्यक्तियों में इन भावनाओं को जागृत करते हैं अथवा उन्हें कोई कर्म करने या न करने का परामर्श देते हैं। इन दार्शनिकों द्वारा प्रतिपादित असंज्ञानात्मक सिद्धान्तों के मुख्य दो रूप हैं—(1) संवेगवाद तथा (2) परामर्शवाद। अब हम संक्षेप में असंज्ञानात्मक सिद्धान्तों के इन दोनों रूपों पर क्रमशः विचार करेंगे।

1. जी० ई० मूर, 'प्रिन्सिपिया ऐथिका', पृ० 110, 112, 113 ।

(1) संवेगवाद के अनुसार नैतिक निर्णयों का मुख्य उद्देश्य भावनाओं, अभिवृत्तियों अथवा संवेगों को अभिव्यक्त और जागृत करना ही है, अतः ये निर्णय मूलतः भावनात्मक या संवेगात्मक होते हैं। ये निर्णय निर्णीत वस्तु या कर्म के विषय में कुछ न कहकर निर्णयकर्त्ता की भावनाओं को व्यक्त करते हैं और श्रोता में इन भावनाओं को जागृत करते हैं। यही कारण है कि नैतिक निर्णय असंज्ञानात्मक होते हैं और हम इन्हें वस्तुनिष्ठ रूप से सत्य या असत्य नहीं मान सकते। उदाहरणार्थ जब कोई व्यक्ति यह कहता है कि "हत्या करना अनुचित है" तो वह हत्या करने के कर्म के सम्बन्ध में कुछ न कहकर इस कर्म के प्रति अपना अननुमोदन अथवा इसके विरुद्ध अपनी अप्रसन्नता की भावना को ही अभिव्यक्त करता है। वह अपने इस कथन द्वारा अन्य व्यक्तियों में भी इस अननुमोदन या अप्रसन्नता की भावना को जागृत करने का प्रयास करता है। इसी प्रकार जब कोई व्यक्ति यह कहता है कि "सत्य बोलना उचित है" तो वह अपने इस कथन द्वारा सत्य बोलने के सम्बन्ध में कुछ न कहकर इसके प्रति अपना अनुमोदन व्यक्त करता है और अन्य व्यक्तियों में भी इसी अनुमोदन को उत्पन्न करने का प्रयास करता है। स्पष्ट है कि भावनाओं, अभिवृत्तियों या संवेगों की अभिव्यक्तियां मात्र होने के कारण ये निर्णय संज्ञानात्मक अथवा वस्तुनिष्ठ रूप से सत्य अथवा असत्य नहीं हो सकते। अन्य सभी नैतिक निर्णयों के विषय में भी यही बात कही जा सकती है। कार्नेप, एयर, स्टीवेन्सन आदि अनेक दार्शनिकों ने इसी संवेगवाद द्वारा नैतिक निर्णयों की व्याख्या की है। इन दार्शनिकों का विचार है कि मूलतः संवेगात्मक होने तथा वस्तुनिष्ठ रूप से सत्य या असत्य न होने के कारण इन निर्णयों की पुष्टि के लिए तथ्यात्मक तर्क प्रस्तुत नहीं किये जा सकते। आदेशों के साथ नैतिक निर्णयों की तुलना करते हुए ये दार्शनिक कहते हैं कि आज्ञाओं अथवा आदेशों की भांति इन निर्णयों को भी वस्तुनिष्ठ तर्कों द्वारा सत्य या असत्य प्रमाणित नहीं किया जा सकता। इस प्रकार संवेगवादी नैतिक निर्णयों की संज्ञानात्मकता और वस्तुनिष्ठता को पूर्णतः अस्वीकार करते हैं।

(2) परंतु कुछ समकालीन दार्शनिकों ने नैतिक निर्णयों के विषय में असंज्ञानवाद को स्वीकार करते हुए भी उपर्युक्त संवेगवाद का खंडन किया है। इन दार्शनिकों में आर० एम० हेयर तथा पी० एच० नावलस्मिथ के नाम विशेष रूप से उल्लेखनीय हैं। ये दार्शनिक जिस सिद्धांत द्वारा नैतिक निर्णयों के अर्थ, स्वरूप तथा प्रमाणीकरण की व्याख्या करते हैं उसे 'परामर्शवाद' की संज्ञा दी गई है। संवेगवाद की भांति परामर्शवाद भी असंज्ञानात्मक सिद्धांत है, क्योंकि इस सिद्धांत के अनुसार भी नैतिक निर्णय संज्ञानात्मक तथा वस्तुनिष्ठ रूप से सत्य या असत्य नहीं

होते। परन्तु इस सिद्धांत के समर्थक नैतिक निर्णयों को मुख्यत: संवेगों या भावनाओं की अभिव्यक्तियां नहीं मानते जैसा कि संवेगवादियों का विचार है। परामर्शवादियों के मतानुसार नैतिक निर्णय केवल हमारी भावनाओं को अभिव्यक्त और अन्य व्यक्तियों में इन भावनाओं को जागृत नहीं करते। वास्तव में ये निर्णय स्वयं हमें अथवा दूसरों को कोई कर्म करने या न करने का परामर्श देते हैं और इस प्रकार हमारा अथवा अन्य व्यक्तियों का मार्ग दर्शन करते हैं। भावनाओं की अभिव्यक्ति के स्थान पर मार्गदर्शन करना ही नैतिक निर्णयों का मुख्य उद्देश्य होता है, अत: ये निर्णय संवेगात्मक न होकर मुख्यत: परामर्शात्मक होते हैं। संवेगात्मक निर्णयों के विपरीत नैतिक निर्णयों को तर्कों अथवा युक्तियों द्वारा उचित या अनुचित सिद्ध किया जा सकता है और इसी कारण हम इन निर्णयों को 'युक्तिसंगत निर्णय' मान सकते हैं। किसी को कुछ करने या न करने का परामर्श देना संवेगात्मक क्रिया न होकर मुख्यत: बौद्धिक क्रिया है जिसे हम अपने नैतिक निर्णयों द्वारा युक्तिसंगत रूप से सम्पन्न करते हैं। उदाहरणार्थ जब हम कहते हैं कि 'अमुक कर्म उचित या अनुचित है' तो हम अपने इस नैतिक निर्णय द्वारा स्वयं अपने आपको अथवा अन्य व्यक्तियों को वह कर्म करने या न करने का परामर्श देते हैं। अन्य सभी नैतिक निर्णयों की व्याख्या भी इसी प्रकार की जा सकती है। इस प्रकार परामर्शवादियों के अनुसार नैतिक निर्णय संवेगात्मक न होकर मुख्यत: परामर्शात्मक अथवा मार्ग दर्शक होते हैं और यही इन निर्णयों की प्रमुख विशेषता है जो इन्हें तथ्यात्मक निर्णयों तथा संवेगों या भावनाओं को अभिव्यक्त तथा जागृत करने वाले वाक्यों से पृथक करती है।

अभी तक हमने प्रमुख संज्ञानात्मक तथा असंज्ञानात्मक अधि-नैतिक सिद्धांतों की संक्षिप्त रूपरेखा प्रस्तुत की है। हमने इन सिद्धांतों की सभी महत्त्वपूर्ण विशेषताओं तथा इनके गुण-दोषों का विवेचन नहीं किया, क्योंकि इन पर हम इस पुस्तक के अगले अध्यायों में विस्तारपूर्वक विचार करेंगे। इन सिद्धांतों की उपर्युक्त संक्षिप्त रूपरेखा का उद्देश्य पाठकों को इनकी कुछ आधारभूत मान्यताओं तथा मूल विशेषताओं के सम्बन्ध में प्रारंभिक जानकारी देना ही था। इस रूपरेखा से यह स्पष्ट है कि नैतिक निर्णयों के अर्थ, स्वरूप तथा प्रमाणीकरण के विषय में संज्ञानात्मक और असंज्ञानात्मक सिद्धांतों के समर्थकों में तीव्र एवं आधारभूत मतभेद है। संज्ञानवादी नैतिक निर्णयों को प्राकृतिक, निर्प्राकृतिक अथवा अतींद्रिय तथ्यों का वर्णन करने वाले तथ्यात्मक निर्णय ही मानते हैं जिन्हें कुछ तर्कों द्वारा उचित या अनुचित सिद्ध किया जा सकता है। उनके मतानुसार मूलत: संज्ञानात्मक होने के कारण ये निर्णय हमें तथ्यपरक

नैतिक ज्ञान प्रदान करते हैं, अतः तथ्यात्मक निर्णयों की भांति ये निर्णय भी सत्य अथवा असत्य हो सकते हैं। परंतु संज्ञानवादियों के विपरीत असंज्ञानवादी नैतिक निर्णयों को मुख्यत. संवेगात्मक अथवा परामर्शात्मक ही मानते हैं जिनका प्रमुख उद्देश्य किन्हीं तथ्यों का वर्णन नहीं, अपितु भावनाओं को अभिव्यक्त तथा जागृत करना अथवा परामर्श देना या मार्गदर्शन करना ही होता है। यही कारण है कि ये निर्णय सत्य अथवा असत्य नहीं होते और इन्हें वस्तुपरक युक्तियों द्वारा उचित या अनुचित सिद्ध नहीं किया जा सकता। मूलतः असंज्ञानात्मक होने के कारण ये निर्णय हमें किसी प्रकार का वस्तुपरक नैतिक ज्ञान भी प्रदान नहीं करते, अतः इन निर्णयों और तथ्यात्मक निर्णयों में ओधारभूत अंतर है जिसकी उपेक्षा करके हम इन निर्णयों की समुचित व्याख्या कभी नहीं कर सकते। इस प्रकार यह स्पष्ट है कि संज्ञानवादी और असंज्ञानवादी दार्शनिक दो विभिन्न दृष्टिकोणों से नैतिक निर्णयों के अर्थ, स्वरूप तथा प्रमाणीकरण की व्याख्या करते हैं। इन निर्णयों की व्याख्या के सम्बन्ध में आज भी उक्त दोनों प्रकार के दार्शनिकों में परस्पर विचार-विमर्श तथा पर्याप्त वादविवाद हो रहा है। हम अगले अध्यायों में देखेंगे कि नैतिक निर्णयों के सम्बन्ध में उपर्युक्त इन दो दृष्टिकोणों में से कौन-सा दृष्टिकोण अधिक संतोषप्रद है।

प्रस्तुत अध्याय को समाप्त करने से पूर्व यहां संक्षेप में इस प्रश्न पर विचार करना आवश्यक है कि किसी अधि-नैतिक सिद्धांत को संतोषप्रद मानने का आधार क्या है। वस्तुतः हम उसी अधि-नैतिक सिद्धांत को संतोषजनक मान सकते हैं जिसके सम्बन्ध में निम्नलिखित प्रश्नों का उत्तर 'हां' में दिया जा सके—(1) क्या वह सिद्धांत नैतिक निर्णयों के अर्थ तथा स्वरूप के विषय में हमारे तथ्यात्मक ज्ञान में वृद्धि करता है और क्या यह ज्ञान व्यावहारिक जीवन में प्रयुक्त इन निर्णयों के अर्थ के अनुरूप है? (2) क्या वह हमें नैतिक भाषा के विश्लेषण की ऐसी विधियां बताता है जिनके द्वारा हम इस भाषा की अस्पष्टता तथा अनिश्चतता को भली-भांति समझकर उसे दूर कर सकें और यह जान सकें कि नैतिक भाषा का प्रयोग किन विशेष उद्देश्यों के लिये किया जाता है? (3) क्या वह हमें अपने व्यावहारिक जीवन में नैतिक भाषा का अधिक स्पष्ट तथा समुचित प्रयोग करने में समर्थ बनाता है? (4) क्या वह हमें नैतिक निर्णयों के प्रमाणीकरण के लिये उचित तर्कों के नियमों से अवगत कराता है और क्या वह हमें यह बताता है कि ये तर्क तथ्यात्मक निर्णयों तथा विश्लेषणात्मक प्रतिज्ञप्तियों की पुष्टि के लिये प्रस्तुत तर्कों से कहां तक तथा किस अर्थ में भिन्न होते हैं? (5) क्या वह हमें इस योग्य बनाता है कि हम नैतिक तर्कों से सम्बन्धित नियमों का अपने दैनिक जीवन में किये जाने वाले नैतिक निर्णयों के विषय में

प्रयोग कर सकें और इस प्रकार इन निर्णयों को तर्क संगत रूप से उचित सिद्ध कर सकें ? जिस अधि-नैतिक सिद्धांत के सम्बन्ध में हम उपर्युक्त सभी प्रश्नों का उत्तर 'हां' में दे सकते हैं उसे निश्चय ही उचित एवं संतोषप्रद सिद्धांत माना जा सकता है। हम अगले अध्यायों में देखेंगे कि इस दृष्टि से कौन-सा अधि-नैतिक सिद्धांत कहां तक सतोषप्रद है।

अध्याय 3

प्रकृतिवाद

1. आधारभूत मान्यताएं

पिछले दो अध्यायों में हम अधि-नीतिशास्त्र के स्वरूप, क्षेत्र तथा उद्देश्य, उसकी मूल समस्याओं और उसके उदय, विकास एवं प्रमुख सिद्धांतों की रूपरेखा का संक्षिप्त विवेचन कर चुके हैं। दूसरे अध्याय में अधि-नैतिक सिद्धांतों की रूपरेखा प्रस्तुत करते हुए हम यह बता चुके हैं कि इन सिद्धांतों को मुख्यतः संज्ञानात्मक' तथा 'असंज्ञानात्मक' इन दो वर्गों में विभाजित किया जा सकता है। प्रस्तुत अध्याय तथा अगले दो अध्यायों में हम संज्ञानात्मक सिद्धांतों पर विस्तारपूर्वक विचार करेंगे। हम सभी सिद्धांतों की मुख्य आधारभूत मान्यताओं, इनके प्रणेताओं अथवा प्रमुख समर्थकों के विचारों और इनके गुण-दोषों का सविस्तार विवेचन करेंगे।

पिछले अध्ययाय में हम यह स्पष्ट कर चुके हैं कि संज्ञानात्मक अधि-नैतिक सिद्धांत वे हैं जिनके अनुसार नैतिक निर्णय तथ्यात्मक निर्णयों की भांति मुख्यतः वर्णनात्मक अथवा संज्ञानात्मक होते हैं और इसी कारण ये निर्णय तथ्यात्मक निर्णयों के समान ही सत्य या असत्य हो सकते हैं। हम देख चुके हैं कि प्रकृतिवाद ऐसा ही संज्ञानात्मक सिद्धांत है जो नैतिक निर्णयों को तथ्यात्मक निर्णयों से मूलतः भिन्न नहीं मानता। प्रस्तुत अध्याय में हम इसी सिद्धांत पर विस्तार-पूर्वक विचार करेंगे। जैसा कि इस सिद्धांत के नाम से ही स्पष्ट है, इसके समर्थक नैतिक निर्णयों की परिभाषा निर्नैतिक प्राकृतिक तथ्यों के आधार पर ही करते हैं। उनका मत है कि इंद्रियजन्य अनुभव पर आधारित जैविक, सामाजिक अथवा मनोवैज्ञानिक तथ्यों द्वारा हम सभी नैतिक निर्णयों की ठीक-ठीक व्याख्या कर सकते हैं। इसका कारण यह है कि अनुभवमूलक प्राकृतिक तथ्यात्मक निर्णयों तथा नैतिक निर्णयों में कोई आधारभूत अंतर नहीं है। जब हम कोई नैतिक निर्णय देते हैं तो हम सुख, इच्छा, भावना, रुचि, विकास आदि प्राकृतिक तथ्यों के आधार पर उसके अर्थ को भली-भांति स्पष्ट कर सकते हैं। उदाहरणार्थ "अमुक कर्म (यथा, सत्य बोलना, दूसरों की सहायता करना आदि) उचित है" इस नैतिक निर्णय का अर्थ स्पष्ट करते हुए हम यह

कह सकते हैं कि वह कर्म स्वयं वक्ता के लिये अथवा अन्य व्यक्तियों के लिये सुखद है, उनकी किसी इच्छा की तृप्ति करता है या उनकी रुचि के अनुरूप है। इसी प्रकार "अमुक कर्म (यथा, झूठ बोलना, चोरी करना आदि) अनुचित है" इस नैतिक निर्णय के अर्थ की व्याख्या करते हुए हम यह कह सकते हैं कि वह कर्म स्वयं वक्ता के लिये या दूसरों के लिये दुखद है, उनकी इच्छा-पूर्ति में बाधक है अथवा उनकी रुचि के विरुद्ध है। अन्य सभी नैतिक निर्णयों के अर्थ की व्याख्या भी हम इसी प्रकार कुछ प्राकृतिक तथ्यों के आधार पर कर सकते हैं।

उपर्युक्त उदाहरणों से यह स्पष्ट है कि प्रकृतिवादियों के मतानुसार हम 'उचित', 'शुभ', 'कर्तव्य' आदि नैतिक शब्दों की परिभाषा करने के लिये उनके अर्थ में किसी प्रकार का परिवर्तन किये बिना उनके स्थान पर मनोविज्ञान, समाजशास्त्र, जीवविज्ञान आदि सामाजिक अथवा प्राकृतिक विज्ञानों के शब्दों का प्रयोग कर सकते हैं। इन विज्ञानों में प्रयुक्त प्राकृतिक शब्दों की भांति ये नैतिक शब्द भी कुछ प्राकृतिक गुणों की ओर संकेत करते हैं जिनकी उपस्थिति का ज्ञान अनुभव तथा निरीक्षण द्वारा प्राप्त किया जा सकता है। ये प्राकृतिक गुण उन कर्मों, अनुभवों तथा मनुष्यों में पाए जाते हैं जिनके विषय में हम नैतिक निर्णय देते हैं। इन प्राकृतिक गुणों पर आधारित होने के कारण नैतिक निर्णय भी वास्तव में अनुभवात्मक एवं तथ्यात्मक होते हैं और इसी कारण तथ्यात्मक निर्णयों की भांति इन निर्णयों की परीक्षा भी प्रयोग तथा निरीक्षण सम्बन्धी वैज्ञानिक विधियों द्वारा की जा सकती है। नैतिक शब्दों तथा निर्णयों के विषय में प्रकृतिवादियों के उक्त विचारों से यह स्पष्ट है कि उनके अनुसार नीतिशास्त्र भी सामाजिक और प्राकृतिक विज्ञानों की भांति अनुभव-मूलक वर्णनात्मक विज्ञान है। इस प्रकार प्रकृतिवादी पृथक एवं स्वतंत्र मानकीय विज्ञान के रूप में नीतिशास्त्र के अस्तित्व को स्वीकार नहीं करते। रिचर्ड बी० ब्रान्ट के शब्दों में, "प्रकृतिवाद यह मानता है कि नैतिक कथन तथा विज्ञान के कथन में वस्तुतः कोई अंतर नहीं है, नीतिशास्त्र अनुभवात्मक विज्ञान का ही एक भाग है। प्रकृतिवादी यह मानते हैं कि किसी भी नैतिक कथन के अर्थ में कोई परिवर्तन किये बिना उसका अनुवाद अनुभवात्मक विज्ञान की भाषा में किया जा सकता है।"[1] संक्षेप में प्रकृतिवाद की यह आधारभूत मान्यता है कि नैतिक निर्णय-तथ्यात्मक निर्णयों के समान ही अनुभव द्वारा सत्यापनीय होते हैं और इसी कारण हम नैतिक समस्याओं का समाधान अनुभव पर आधारित वैज्ञानिक विधियों द्वारा ही कर सकते हैं।

1. रिचर्ड बी० ब्रान्ट, 'ऐथिकल थ्योरी', पृ० 155 ।

प्रकृतिवाद की उपर्युक्त आधारभूत मान्यताओं की मूर तथा हेयर ने तीव्र आलोचना की है। इस सिद्धांत के विरुद्ध इन दोनों दार्शनिकों की मुख्य आपत्तियों पर हम प्रस्तुत अध्याय के अंतिम खंड में विचार करेंगे। यहां प्रकृतिवाद के स्वरूप के विषय में इन दार्शनिकों के मत का उल्लेख कर देना आवश्यक है। मूर का विचार है कि प्रकृतिवाद 'शुभ' की परिभाषा सुख, इच्छा, विकास आदि कुछ प्राकृतिक गुणों के आधार पर ही करता है। 'शुभ' अथवा किसी अन्य नैतिक प्रत्यय को इस प्रकार परिभाषित करने के फलस्वरूप एक विशेष प्रकार के दोष की उत्पत्ति होती है जिसे वे 'प्रकृतिवादी दोष' की संज्ञा देते हैं और जिसके स्वरूप पर हम इस अध्याय के अन्तिम खंड में विचार करेंगे। यहां यह स्पष्ट कर देना आवश्यक है कि मूर के अनुसार प्रकृतिवाद नीतिशास्त्र के सम्बन्ध में एक विशेष दृष्टिकोण है जो 'शुभ' तथा अन्य नैतिक प्रत्ययों की परिभाषा अनुभवात्मक प्रत्ययों द्वारा करता है। अनुभवात्मक प्रत्यय चाहे कोई भी हो, यदि उसके आधार पर किसी नैतिक प्रत्यय की परिभाषा की जाती है तो उसे हम 'प्रकृतिवाद' की संज्ञा दे सकते हैं। प्रकृतिवाद के स्वरूप के विषय में अपने इसी मत को स्पष्ट करते हुए मूर कहते हैं कि "शुभ को परिभाषित करते हुए उसे चाहे पीला या हरा कहा जाये अथवा नीला, तीव्र ध्वनि वाला कहा जाये या कोमल, गोल कहा जाये अथवा चौरस, मीठा कहा जाये या कड़वा, जीवनोत्पादक कहा जाये अथवा सुखोत्पादक, उसे संकल्प का विषय माना जाये अथवा इच्छा या भावना का—इनमें से किसी वस्तु के द्वारा अथवा संसार में अन्य किसी वस्तु के आधार पर यदि 'शुभ' का अर्थ स्पष्ट किया जाये तो जो सिद्धांत 'शुभ' का ऐसा अर्थ बताता है वह प्रकृतिवादी सिद्धांत ही होगा। मैंने ऐसे सिद्धांत को प्रकृतिवादी कहा है, क्योंकि ये सभी शब्द किसी सरल-अथवा जटिल प्राकृतिक वस्तु के सरल या जटिल गुणों का बोध कराते हैं।"[2] यहां यह प्रश्न उठाया जा सकता है कि 'प्रकृति' शब्द से मूर का क्या तात्पर्य है। इस प्रश्न का उत्तर देते हुए वे स्वयं कहते हैं कि 'प्रकृति' शब्द से उनका तात्पर्य ऐसी प्रत्येक वस्तु से है जो प्राकृतिक विज्ञानों तथा मनोविज्ञान की विषयवस्तु हो सकती है। इसमें वह सब कुछ सम्मिलित है जिसका काल के अन्तर्गत अस्तित्व है अथवा हो सकता है।[3] इस प्रकार प्रकृतिवाद के सम्बन्ध में मूर के उपर्युक्त विचारों से इस सिद्धांत का स्वरूप भली-भांति स्पष्ट हो जाता है।

मूर के अतिरिक्त हेयर ने भी प्रकृतिवाद के स्वरूप के विषय में अपना मत

2. जी० ई० मूर, 'प्रिन्सिपिया ऐथिका', पृ० 40।
3. वही पुस्तक, पृ० 40।

व्यक्त किया है जिसका यहां संक्षेप में उल्लेख कर देना आवश्यक है। मूर की भांति हेयर भी यह कहते हैं कि प्रकृतिवाद प्राकृतिक तथ्यात्मक निर्णयों द्वारा नैतिक निर्णयों की परिभाषा करता है और इस प्रकार निर्नैतिक निर्णयों तथा नैतिक निर्णयों में कोई भेद स्वीकार नहीं करता। प्रकृतिवाद की परिभाषा करते हुए उन्होंने लिखा है कि "किसी नैतिक सिद्धांत को प्रकृतिवादी सिद्धान्त तभी कहा जा सकता है जब वह यह मानता है कि नैतिक निर्णयों का अर्थ निर्नैतिक तथ्य विषयक कथनों के अर्थ के समान है।"[4] इस परिभाषा से यह स्पष्ट है कि नैतिक सिद्धांत के रूप में प्रकृतिवाद के स्वरूप के विषय में हेयर मूर के मत का समर्थन करते हैं। परन्तु हेयर का कथन है कि प्रकृतिवाद केवल नैतिक निर्णयों की व्याख्या तक ही सीमित नहीं है; अन्य मूल्यात्मक निर्णयों की व्याख्या भी इसके आधार पर की जा सकती है। जब हम 'शुभ' शब्द का प्रयोग निर्नैतिक अर्थ में करते हैं तो इसके इस अर्थ की व्याख्या भी हम प्रकृतिवाद द्वारा कर सकते हैं। उदाहरणार्थ "अमुक चित्र अच्छा है" इस कथन का अर्थ स्पष्ट करते हुए प्रकृतिवादी यह कह सकता है कि "उस चित्र में 'क', 'ख', 'ग' आदि गुण हैं"। ऐसी स्थिति में प्रकृतिवादी के मतानुसार "अमुक चित्र अच्छा है" और "उस चित्र में 'क', 'ख', 'ग' आदि गुण हैं" ये दोनों कथन पूर्णतः समानार्थक होंगे। इसी प्रकार प्रकृतिवाद द्वारा अन्य निर्नैतिक मूल्यात्मक निर्णयों की व्याख्या भी की जा सकती है। इसी कारण हेयर यह कहते हैं कि प्रकृतिवाद के अनुसार वस्तुतः सभी प्रकार के मूल्यात्मक निर्णयों और तथ्यात्मक निर्णयों में कोई अन्तर नहीं है।[5] परन्तु वे प्रकृतिवाद की इस आधारभूत मान्यता को स्वीकार नहीं करते। इस मान्यता के विरुद्ध उन्होंने जो आपत्ति उठाई है उस पर हम इस अध्याय के अन्तिम खण्ड में विचार करेंगे।

यहां इस बात का उल्लेख कर देना आवश्यक है कि हेयर की भांति मूर भी प्रकृतिवाद को नैतिक निर्णयों की व्याख्या तक ही सीमित नहीं मानते। उन्होंने स्पष्ट कहा है कि नैतिक शब्दों की भांति सौंदर्यात्मक शब्दों की भी प्रकृतिवादी परिभाषा दी जा सकती है और दी गई है। जब कोई व्यक्ति यह कहता है कि "अमुक वस्तु सुन्दर है" इस सौंदर्यात्मक कथन का अर्थ यही है कि "वह वस्तु मेरे मन में एक विशेष भावना उत्पन्न करती है" तो वह उक्त सौंदर्यात्मक कथन की प्रकृतिवादी परिभाषा देता है। अनेक दार्शनिकों ने नैतिक निर्णयों की भांति सौंदर्यात्मक निर्णयों की भी इस प्रकृतिवादी सिद्धान्त के अनुसार व्याख्या

4. आर० एम० हेयर का लेख 'ऐथिक्स', 'दि कन्साइज ऐन्साइक्लोपीडिया ऑफ वैस्टर्न फिलॉसॉफी एण्ड फिलॉसॉफर्स, सम्पादक, जे० ओ० अर्मसन, पृ० 139।

5. आर० एम० हेयर, 'दि लैंग्वेज ऑफ मॉरल्ज', पृ० 84-85।

की है। इसी तथ्य को ध्यान में रखते हुए मूर ने कहा है कि "प्रकृतिवादी दोष सम्बन्धी भूल 'सुन्दर' की परिभाषा के विषय में भी उतनी ही की गई है जितनी 'शुभ' की परिभाषा के सम्बन्ध में, इसके कारण सौंदर्यशास्त्र में भी उतनी ही गलतियां की गई हैं जितनी नीतिशास्त्र में। यह और भी अधिक माना जाता रहा है कि सुन्दर वह है जो विशेष प्रकार से हमारी भावनाओं को प्रभावित करता है। इससे प्रायः यह निष्कर्ष निकाला गया है कि सौंदर्यात्मक निर्णय व्यक्तिनिष्ठ ही हैं—अर्थात् परिस्थितियों के अनुसार एक ही वस्तु सुन्दर भी हो सकती है और असुन्दर भी।"[6] इस प्रकार यह स्पष्ट है कि हेयर के समान ही मूर भी प्रकृतिवाद को केवल नैतिक शब्दों की परिभाषा तक ही सीमित नहीं मानते।

प्रकृतिवाद की उपर्युक्त आधारभूत मान्यताओं से यह स्पष्ट है कि इस सिद्धांत में अलौकिक अथवा अतींद्रिय सत्ता के लिए कोई स्थान नहीं है। हम देख चुके हैं कि इस सिद्धांत के समर्थक ऐसी किसी भी सत्ता से सम्बन्धित कथनों के आधार पर नैतिक निर्णयों की व्याख्या नहीं करते। वे केवल प्राकृतिक कथनों द्वारा ही इन निर्णयों की परिभाषा करते हैं। वे नैतिक निर्णयों को प्राकृतिक तथ्यात्मक निर्णय मान कर इन निर्णयों के समर्थन में वैसे ही तर्क देते हैं जैसे अनुभवमूलक तथ्यात्मक निर्णयों की पुष्टि के लिए प्रस्तुत किए जाते हैं। इसका अर्थ यह है कि वे नैतिक निर्णयों को ईश्वर विषयक धार्मिक और तत्वमीमांसीय कथनों से मूलतः भिन्न मानते हैं। परन्तु मूर के मतानुसार इन तत्वमीमांसीय सिद्धांतों में भी वही प्रकृतिवादी दोष विद्यमान रहता है जो प्रकृतिवादी सिद्धांतों में पाया जाता है।[7] इन दोनों प्रकार के सिद्धांतों में आधारभूत अन्तर यह है कि प्रकृतिवादी सिद्धांत केवल मानवीय अनुभव पर आधारित हैं जबकि तत्वमीमांसीय सिद्धांतों का मूल आधार कोई अलौकिक या अतींद्रिय सत्ता ही है जिसका मनुष्य के अनुभव से कोई सम्बन्ध नहीं है। दोनों प्रकार के सिद्धांतों में इस आधारभूत अन्तर को ध्यान में रखते हुए यही कहा जा सकता है कि तत्वमीमांसीय सिद्धांत वास्तविक अर्थ में प्रकृतिवादी सिद्धांत नहीं हैं। पांचवें अध्याय में जब हम तत्वमीमांसीय सिद्धांतों का विस्तृत विवेचन करेंगे तो हमारा यह मत और अधिक स्पष्ट हो जाएगा।

2. व्यक्तिनिष्ठ प्रकृतिवाद का स्वरूप और उसके प्रमुख समर्थक

जैसा कि हम पिछले अध्याय में बता चुके हैं, प्रकृतिवाद के मुख्य दो रूप

6. जी० ई० मूर, 'प्रिन्सिपिया ऐथिका', पृ० 201।
7. वही पुस्तक, 38-39।

हैं—व्यक्तिनिष्ठ प्रकृतिवाद तथा वस्तुनिष्ठ प्रकृतिवाद। इस खंड में हम प्रकृतिवाद के प्रथम रूप और उसके कुछ प्रमुख समर्थकों के मत पर विस्तार से विचार करेंगे। प्रकृतिवाद के इस प्रथम रूप को हम संक्षेप में 'व्यक्तिनिष्ठवाद' कह सकते हैं। जैसा कि हम दूसरे अध्याय में देख चुके हैं, व्यक्तिनिष्ठवाद वह प्रकृतिवादी सिद्धांत है जो नैतिक शब्दों तथा निर्णयों के अर्थ की व्याख्या किसी व्यक्ति अथवा समुदाय की भावनाओं, अभिवृत्तियों, इच्छाओं या रुचियों के आधार पर ही करता है। इस सिद्धांत के अनुसार जब कोई व्यक्ति यह कहता है कि "अमुक वस्तु शुभ है" अथवा "अमुक कर्म उचित है" तो इन नैतिक निर्णयों का अर्थ यही है कि स्वयं वक्ता अथवा कोई समुदाय उस वस्तु या कर्म को पसन्द करता है अथवा उसका अनुमोदन करता है। इसी प्रकार जब वह यह कहता है कि "अमुक वस्तु अशुभ है" अथवा "अमुक कर्म अनुचित है" तो इन नैतिक निर्णयों का अर्थ केवल यही है कि वह स्वयं अथवा कोई समुदाय उस वस्तु या कर्म को पसंद नहीं करता अथवा उसका अनुमोदन नहीं करता। सभी नैतिक निर्णयों के अर्थ की व्याख्या हम इसी प्रकार किसी व्यक्ति या समुदाय की भावनाओं, अभिवृत्तियों अथवा इच्छाओं के आधार पर ही कर सकते हैं। स्पष्टतः इसका अर्थ यह है कि जब हम किन्हीं मनुष्यों तथा उनके कर्मों के विषय में नैतिक निर्णय देते हैं तो व्यक्तिनिष्ठवाद के अनुसार हम उन मनुष्यों और उनके कर्मों के सम्बन्ध में कुछ न कह कर किसी व्यक्ति या समुदाय की कुछ विशेष मनोदशाओं का वर्णन मात्र करते हैं। दूसरे शब्दों में, हमारे नैतिक निर्णयों के विषय निर्णीत वस्तुएं या कर्म न होकर किसी व्यक्ति अथवा समुदाय की कुछ मनोदशाएं ही हैं। उदाहरणार्थ जब मैं यह कहता हूं कि "महात्मा गांधी एक श्रेष्ठ मनुष्य थे" तो मैं अपने इस नैतिक निर्णय द्वारा गांधी जी के विषय में कुछ न कह कर उनके प्रति अपने अनुमोदन की भावना का वर्णन मात्र करता हूं, अतः मेरा उक्त नैतिक निर्णय व्यक्तिनिष्ठ ही है, वस्तुनिष्ठ नहीं। व्यक्तिनिष्ठवाद के अनुसार इसी अर्थ में हमारे समस्त नैतिक निर्णय वस्तुनिष्ठ न होकर केवल व्यक्तिनिष्ठ ही होते हैं। वस्तुतः व्यक्तिनिष्ठवादियों की आधारभूत मान्यता यह है कि प्रत्येक नैतिक शब्द या प्रत्यय की परिभाषा किसी व्यक्ति अथवा समुदाय की भावना, इच्छा, रुचि, अभिवृत्ति अथवा किसी अन्य मनोदशा के आधार पर ही की जा सकती है। ऐसी स्थिति में हमारे नैतिक निर्णयों के वस्तुनिष्ठ होने का प्रश्न ही नहीं उठता। इन निर्णयों को मूलतः व्यक्तिनिष्ठ मान कर ही हम इनके अर्थ को भली-भांति स्पष्ट कर सकते हैं।

यहां यह उल्लेखनीय है कि व्यक्तिनिष्ठवाद के अनुसार नैतिक निर्णय वस्तुनिष्ठ न होते हुए भी सत्य या असत्य हो सकते हैं। इन निर्णयों के सत्य

या असत्य होने का आधार किसी व्यक्ति या समुदाय में उन मनोदशाओं की उपस्थिति अथवा अनुपस्थिति है जिनका ये निर्णय वर्णन करते हैं। यदि किसी व्यक्ति अथवा समुदाय में वह मनोदशा विद्यमान है जिसका नैतिक निर्णय वर्णन करता है तो वह निर्णय सत्य है, इसके विपरीत यदि उसमें वह मनोदशा विद्यमान नहीं है तो इस मनोदशा का वर्णन करने वाला नैतिक निर्णय असत्य है। स्पष्ट है कि व्यक्तिनिष्ठवाद के अनुसार इसी आधार पर हम नैतिक निर्णयों के प्रमाणीकरण के लिए व्यक्ति या समुदाय की कुछ विशेष मनोदशाओं से सम्बन्धित तथ्यात्मक तर्क प्रस्तुत कर सकते हैं। इस प्रकार व्यक्तिनिष्ठवादी नैतिक निर्णयों को किसी व्यक्ति अथवा समुदाय की कुछ विशेष मनोदशाओं का वर्णन करने वाले तथ्यात्मक निर्णय मानते हैं और मुख्यतः इसी आधार पर उनके अर्थ और स्वरूप की व्याख्या तथा उनके प्रमाणीकरण की सम्भावना को स्वीकार करते हैं।

व्यक्तिनिष्ठवाद के स्वरूप के विषय में ऊपर जो कुछ कहा गया है उससे यह स्पष्ट है कि इस सिद्धांत के मुख्य दो रूप हैं जिन्हें हम 'व्यक्तिपरक' तथा 'समुदायपरक' रूप कह सकते हैं। इस सिद्धांत के 'व्यक्तिपरक रूप' के अनुसार "क शुभ या उचित है" का अर्थ यह है कि "मैं (अर्थात् स्वयं वक्ता) 'क' को पसंद करता हूँ अथवा 'क' के प्रति अनुमोदन की भावना का अनुभव करता हूं"। इसी प्रकार "क अशुभ या अनुचित है" का अर्थ यह है कि "मैं 'क' को पसन्द नहीं करता अथवा मैं उसके प्रति अननुमोदन की भावना का अनुभव करता हूं"। स्पष्ट है कि व्यक्तिनिष्ठवाद के इस रूप के अनुसार समस्त नैतिक निर्णय स्वयं वक्ता की मनोदशाओं का ही वर्णन करते हैं। परन्तु इस सिद्धांत के व्यक्तिपरक रूप का एक अन्य प्रकार भी है जिसके अनुसार नैतिक निर्णय वक्ता के स्थान पर किसी अन्य व्यक्ति की भावनाओं, अभिवृत्तियों अथवा इच्छाओं का वर्णन करते हैं। उदाहरणार्थ "क शुभ या उचित है" इसका अर्थ स्पष्ट करते हुए यदि कोई व्यक्ति यह कहता है कि "राजा अथवा कोई अन्य महान व्यक्ति 'क' के प्रति अनुमोदन की भावना का अनुभव करता है" तो वह व्यक्तिनिष्ठवाद के इस दूसरे व्यक्तिपरक रूप को ही स्वीकार करता है। वह यह मानता है कि नैतिक निर्णय स्वयं वक्ता की मनोदशाओं का वर्णन न करके किसी अन्य व्यक्ति की मनोदशाओं का वर्णन करते हैं। उपर्युक्त व्यक्तिपरक दोनों रूपों की सामान्य विशेषता यह है कि इन दोनों रूपों के समर्थक नैतिक निर्णयों को किसी व्यक्ति की मनोदशाओं का वर्णन करने वाले व्यक्तिनिष्ठ तथ्यात्मक निर्णय मानते हैं।

परन्तु व्यक्तिनिष्ठवाद का समुदायपरक रूप उक्त व्यक्तिपरक दोनों रूपों से भिन्न है। इस समुदायपरक रूप के अनुसार "क शुभ या उचित है" का अर्थ यह

है कि "किसी समुदाय के सभी अथवा अधिकतर सदस्य 'क' को पसन्द करते हैं अथवा उसके प्रति अनुमोदन की भावना का अनुभव करते हैं" इसी प्रकार "क अशुभ या अनुचित है" का अर्थ यह है कि "किसी समुदाय के सभी अथवा अधिकतर सदस्य 'क' को पसन्द नहीं करते अथवा उसके प्रति अननुमोदन की भावना का अनुभव करते हैं"। यह स्पष्ट है कि समुदायपरक रूप के समर्थक नैतिक निर्णयों को व्यक्ति के स्थान पर किसी समुदाय के सभी या अधिकतर सदस्यों की भावनाओं, अभिवृत्तियों अथवा इच्छाओं का वर्णन करने वाले तथ्यात्मक निर्णय मानते हैं। यह समुदाय बहुत सीमित एवं छोटा भी हो सकता है और विश्वव्यापी तथा बहुत बड़ा भी। इस समुदायपरक रूप को व्यक्तिनिष्ठ-वाद का ही एक रूप इसलिए माना जाता है कि व्यक्तिपरक दोनों रूपों की भांति यह भी नैतिक निर्णयों को किसी समुदाय के सदस्यों की कुछ विशेष मनो-दशाओं तक ही सीमित मानता है और इस प्रकार इन निर्णयों की वस्तुनिष्ठता को अस्वीकार करता है। इसके अनुसार जब हम किसी कर्म को उचित या अनुचित कहते हैं तो हम उस कर्म के विषय में कुछ न कह कर उसके सम्बन्ध में किसी समुदाय की भावनाओं अथवा इच्छाओं का वर्णन मात्र करते हैं। दूसरे शब्दों में, कोई भी कर्म अपने आप में उचित या अनुचित नहीं होता; उस कर्म के सम्बन्ध में किसी समुदाय की भावनाएं अथवा इच्छाएं ही उसे उचित या अनु-चित बना देती हैं। अपनी इसी मान्यता के आधार पर उक्त समुदायपरक रूप नैतिक निर्णयों की वस्तुनिष्ठता का निषेध करता है। वस्तुतः यही बात उपर्युक्त दोनों व्यक्तिपरक रूपों के विषय में भी कही जा सकती है, क्योंकि इन दोनों रूपों के अनुसार किसी व्यक्ति की भावनाएं अथवा इच्छाएं ही किसी कर्म को उचित अथवा अनुचित बनाती हैं। इस प्रकार यह स्पष्ट है कि व्यक्तिनिष्ठवाद के सभी रूप नैतिक निर्णयों को व्यक्तिनिष्ठ मान कर उनकी वस्तुनिष्ठता को अस्वीकार करते हैं, अतः इसे हम उक्त सिद्धांत की सर्वप्रथम विशेषता मान सकते हैं।

यहां कुछ विस्तार से इस तथ्य की चर्चा करना आवश्यक है कि पाश्चात्य नैतिक दर्शन के इतिहास में अनेक दार्शनिकों ने किसी न किसी रूप में व्यक्ति-निष्ठवाद के उपर्युक्त प्रमुख रूपों का समर्थन किया है। इन दार्शनिकों में डेविड ह्यूम, ऐडवर्ड वैस्टरमार्क, बरट्रैंड रसल तथा आर० बी० पैरी के नाम विशेष रूप से उल्लेखनीय हैं। इन सभी दार्शनिकों ने नैतिक निर्णयों के स्वरूप तथा प्रमाणी-करण के विषय में व्यक्तिनिष्ठवाद के किसी एक रूप अथवा उसके अनेक रूपों को स्वीकार किया है। हम प्रथम अध्याय में यह बता चुके हैं कि ह्यूम के नैतिक दर्शन में हमें व्यक्तिनिष्ठवाद तथा संवेगवाद इन दोनों अधि-नैतिक सिद्धांतों का

पूर्वाभास प्राप्त होता है। यह सत्य है कि ह्यूम ने विशेष रूप से नैतिक भाषा के स्वरूप पर विस्तारपूर्वक विचार नहीं किया, क्योंकि तब नैतिक दर्शन की स्वतंत्र विधा के रूप में अधि-नीतिशास्त्र का उदय नहीं हुआ था। परन्तु उन्होंने नैतिकता के मूल आधार तथा सद्गुणों के अर्थ को स्पष्ट करते हुए तर्कबुद्धि और भावना के विषय में जो विचार व्यक्त किये हैं उनसे यह स्पष्ट है कि वे किसी न किसी रूप में व्यक्तिनिष्ठवाद का समर्थन करते हैं। कडवर्थ, क्लार्क, रीड आदि बुद्धिवादी दार्शनिकों के विपरीत ह्यूम का मत है कि नैतिकता का मूल आधार तर्कबुद्धि न होकर संवेग अथवा भावनाएं ही हैं और इसी कारण हमारे नैतिक निर्णय मुख्यत: संवेगात्मक या भावनात्मक ही होते हैं, बौद्धिक नहीं। बुद्धिवादी दार्शनिक नैतिक निर्णयों को तर्कबुद्धि पर आधारित मानने के कारण उन्हें गणित सम्बंधी निर्णयों की भांति वस्तुनिष्ठ मानते थे। परन्तु हचिसन और शेफ्ट्सबरी के मत का अनुसरण करते हुए ह्यूम ने नैतिक दर्शन में इस बुद्धिवादी विचार-धारा का खंडन किया है। उनका कथन है कि नैतिक निर्णय गणित के निर्णयों की भांति बौद्धिक तथा वस्तुनिष्ठ न होकर सौंदर्यात्मक निर्णयों के समान ही भावनात्मक और व्यक्तिनिष्ठ होते हैं। जब हम किसी कर्म को उचित या अनुचित कहते हैं तो हम उस कर्म के गुणों अथवा परिणामों के विषय में कुछ न कह कर उसके सम्बंध में अपने अनुमोदन या अननुमोदन की भावना का वर्णन करते हैं। अपने इसी मत को स्पष्ट करते हुए ह्यूम ने लिखा है कि "जब आप किसी कर्म या चरित्र को बुरा कहते हैं तो आपका तात्पर्य इसके अतिरिक्त और कुछ नहीं होता कि उसके विषय में विचार करने पर आप उसके प्रति निन्दा की भावना का अनुभव करते हैं[8]।"

ह्यूम ने सभी नैतिक निर्णयों की व्याख्या इसी प्रकार मानवीय भावनाओं के आधार पर ही की है। इस सम्बंध में वे तर्कबुद्धि को बहुत गौण स्थान देते हैं, क्योंकि उनके अनुसार तर्कबुद्धि का कार्य संवेगों या भावनाओं द्वारा निर्धारित लक्ष्यों की पूर्ति में केवल सहायता करना ही है। वह न तो हमारे लक्ष्यों को निर्धारित कर सकती है और न हमें कोई कर्म करने के लिये प्रेरित कर सकती है। इस दृष्टि से हमारी तर्कबुद्धि निष्क्रिय तत्त्व है। ह्यूम इस सामान्य मत को भी स्वीकार नहीं करते कि तर्कबुद्धि का कार्य हमारी भावनाओं को नियंत्रित करना है। इसके विपरीत तर्कबुद्धि को भावनाओं के अधीन मानते हुए वे कहते हैं कि "तर्कबुद्धि केवल भावनाओं की दासी है और होनी चाहिये; उनकी सेवा

8. डेविड ह्यूम, 'ए ट्रिटाइज आफ ह्यूमन नेचर', बुक 3, पृ० 468।

तथा आज्ञा में रहने के अतिरिक्त उसका और कोई कार्य नहीं हो सकता।"[9] तर्कबुद्धि और भावनाओं के विषय में ह्यूम के इन विचारों से यह स्पष्ट है कि वे भावनाओं या संवेगों को ही नैतिक निर्णयों के मूल स्रोत मानते हैं, तर्कबुद्धि को नहीं। वस्तुतः व्यक्तिनिष्ठवाद नैतिक निर्णयों के सम्बंध में उनकी इस आधारभूत मान्यता का अनिवार्य परिणाम है। यदि हमारे नैतिक निर्णय केवल भावनाओं अथवा संवेगों पर आधारित हैं जैसा कि ह्यूम का मत है तो निश्चय ही वे वस्तुनिष्ठ नहीं हो सकते—अर्थात् वे हमारी भावनाओं का वर्णन करने के अतिरिक्त निर्णीत वस्तुओं के विषय में कुछ नहीं कहते।

हम ऊपर देख चुके हैं कि ह्यूम अपने नैतिक सिद्धांत के उक्त अनिवार्य परिणाम को पूर्णतः स्वीकार करते हैं। उनका स्पष्ट कथन है कि जब हम किसी कर्म (उदाहरणार्थ निर्दोष मनुष्य की हत्या) को अनुचित एवं निंदनीय कहते हैं तो हम उस कर्म से सम्बंधित किसी तथ्य का वर्णन न कर के उसके विषय में स्वयं अपने संवेगों तथा विचारों को ही व्यक्त करते हैं। हम उस कर्म में अपनी भावनाओं से पृथक ऐसे किसी तत्त्व को नहीं खोज पाते जिसे 'बुराई' कहा जाता है।[10] ह्यूम के इन विचारों से यह निष्कर्ष निकालना अनुचित नहीं होगा कि वे मुख्यतः व्यक्तिनिष्ठवाद का समर्थन करते हैं। परन्तु निश्चयपूर्वक यह कहना बहुत कठिन है कि वे इस सिद्धांत के किस रूप को स्वीकार करते हैं। उन्होंने मुख्यतः सामाजिक उपयोगिता के आधार पर न्याय, उदारता, ईमानदारी आदि सद्‌गुणों की जो व्याख्या की है उस से ऐसा प्रतीत होता है कि वे व्यक्तिनिष्ठवाद के समुदायपरक रूप का समर्थन करते हैं। 'दुर्गुण' तथा 'सद्‌गुण' का अर्थ स्पष्ट करते हुए वे कहते हैं कि जो वस्तु अधिकतर व्यक्तियों को कष्ट देती है उसे 'बुराई' कहा जाता है और इसी प्रकार जो वस्तु अधिकतर व्यक्तियों को सुख या संतोष प्रदान करती है उसे 'सद्‌गुण' की संज्ञा दी जाती है।[11] दूसरे शब्दों में, ह्यूम के अनुसार किसी वस्तु को शुभ या अशुभ कहने का अर्थ सम्भवतः यही है कि अधिकतर व्यक्ति उस वस्तु के प्रति अनुमोदन अथवा अननुमोदन की भावना का अनुभव करते हैं। इस दृष्टि से ह्यूम को व्यक्तिनिष्ठवाद के समुदायपरक रूप का समर्थक माना जा सकता है। परन्तु उनकी नैतिकता विषयक कृतियों में व्यक्तिनिष्ठवाद के अतिरिक्त संवेगवाद की आधारभूत मान्यताओं का भी पूर्वाभास मिलता है जिस पर हम इस पुस्तक के छठे अध्याय में विचार करेंगे।

9. वही पुस्तक, पृ० 415।
10. वही पुस्तक, पृ० 468।
11. वही पुस्तक, पृ० 499।

ह्यूम के अतिरिक्त वैस्टरमार्क ने भी व्यक्तिनिष्ठवाद का समर्थन किया है। परन्तु उनका मत ह्यूम के मत से भिन्न है, क्योंकि वे व्यक्तिनिष्ठवाद के समुदायपरक रूप के स्थान पर इसके व्यक्तिपरक रूप को ही स्वीकार करते हैं। उनके अनुसार "क शुभ या उचित है" का अर्थ यही है कि "मैं स्वयं 'क' के प्रति अनुमोदन की भावना का अनुभव करता हूं।" इसी प्रकार "क अनुचित या अशुभ है" का अर्थ यही है कि "मैं स्वयं 'क' के प्रति अननुमोदन की भावना का अनुभव करता हूं।" दूसरे शब्दों में समस्त नैतिक निर्णय वक्ता अथवा निर्णयकर्ता की कुछ विशेष भावनाओं का वर्णन करते हैं जो वह स्वयं उन कर्मों या व्यक्तियों के प्रति अनुभव करता है जिनके सम्बंध में वह ये निर्णय देता है।[12] वैस्टरमार्क के इन विचारों से यह स्पष्ट है कि वे नैतिक निर्णयों को पूर्णतः व्यक्तिनिष्ठ मानते हैं। इसी कारण उन्होंने इन निर्णयों के सम्बंध में वस्तुनिष्ठवाद का दृढ़तापूर्वक खंडन किया है।

वैस्टरमार्क अपनी पुस्तक 'ऐथिकल रिलेटिविटी' का आरम्भ ही वस्तुनिष्ठवाद के खंडन से करते हैं। वस्तुनिष्ठता की परिभाषा करते हुए वे कहते हैं कि "नैतिक मूल्यों की वस्तुनिष्ठता का अर्थ यह है कि मानव-मन से स्वतंत्र उनका वास्तविक अस्तित्व हैं; जिसे शुभ या अशुभ, उचित या अनुचित कहा जाता है उसकी परिभाषा केवल इसी आधार पर नहीं की जा सकती कि लोग उसे शुभ या अशुभ, उचित या अनुचित समझते हैं।"[13] वैस्टरमार्क द्वारा की गयी वस्तुनिष्ठवाद की यह परिभाषा बहुत ही अस्पष्ट है, क्योंकि इसमें उन्होंने वस्तुनिष्ठवाद के उन दो रूपों को एक ही मान लिया है जो वास्तव में एक-दूसरे से पूर्णतः भिन्न हैं। नैतिक मूल्यों का मनुष्य के मन अथवा उसकी अंतश्चेतना से स्वतंत्र अस्तित्व होना और लोगों के संवेगों या विचारों के आधार पर शुभ-अशुभ एवं उचित-अनुचित की परिभाषा करना—ये दो पूर्णतः भिन्न बातें हैं। परन्तु वैस्टरमार्क इन दोनों में कोई भेद नहीं करते। यही कारण है कि जिस वस्तुनिष्ठवाद का वे खंडन करना चाहते हैं उसके स्वरूप के विषय में उनका मत पूर्णतः स्पष्ट नहीं है। वस्तुतः ऐसे बहुत ही कम वस्तुनिष्ठवादी हैं जो नैतिक मूल्यों का मनुष्य के मन अथवा उसकी अंतश्चेतना से भिन्न और स्वतंत्र अस्तित्व स्वीकार करते हैं। लगभग सभी वस्तुनिष्ठवादी यह मानते हैं कि मानव के अस्तित्व के अभाव में नैतिक मूल्यों का कोई अर्थ और महत्त्व नहीं हो सकता। ऐसी स्थिति में वैस्टरमार्क के लिये वस्तुनिष्ठवाद के प्रथम रूप का खंडन करना निरर्थक हो जाता है। इसका अर्थ यह है कि वे वास्तव में वस्तुनिष्ठवाद के उस

12. ऐडवर्ड वैस्टरमार्क; 'ऐथिकल रिलेटिविटी', पृ० 116।
13. वही पुस्तक, पृ० 3।

रूप का खंडन करना चाहते हैं जिसके अनुसार लोगों के संवेगों अथवा विचारों के आधार पर ही शुभ-अशुभ तथा उचित-अनुचित की परिभाषा नहीं की जा सकती। हम इस अध्याय के चौथे खंड में देखेंगे कि बेन्थम, स्पेंसर आदि अनेक दार्शनिकों ने किसी न-किसी रूप में वस्तुनिष्ठवाद के इस रूप का समर्थन किया है।

परन्तु वैस्टरमार्क वस्तुनिष्ठवाद के इस दूसरे रूप को भी केवल भ्रम मानते हैं। उन्होंने स्पष्ट कहा है कि "मानकीय विज्ञान के सिद्धांतों में से किसी ने भी यह प्रमाणित नहीं किया है कि नैतिक निर्णयों में वस्तुनिष्ठ प्रामाणिकता होती है, कोई भी वस्तु वास्तव में शुभ या अशुभ, उचित या अनुचित है, नैतिक नियम उन लोगों के विचारों के अतिरिक्त कुछ और व्यक्त करते हैं जो इन नियमों में विश्वास करते हैं।...सामान्य व्यक्तियों के इस विचार को कि नैतिक निर्णयों में वस्तुनिष्ठ प्रामाणिकता पाई जाती है इन निर्णयों की इस प्रामाणिकता का स्वयं ही प्रमाण मान लिया गया है।...परन्तु इस से यह सिद्ध नहीं होता कि नैतिक निर्णय वस्तुनिष्ठ हैं; यह वस्तुनिष्ठता केवल भ्रम हो सकती है।...इस प्रकार मैं इसी निष्कर्ष पर पहुंचा हूं कि नैतिक निर्णयों की वस्तुनिष्ठ प्रामाणिकता को सिद्ध करने के लिये दार्शनिकों अथवा धर्मशास्त्रियों द्वारा किये गये प्रयास तथा इस सम्बंध में सामान्य लोगों की मान्यता हमें यह अधिकार बिल्कुल नहीं देते कि हम इस प्रामाणिकता को एक तथ्य के रूप में स्वीकार कर लें।...मैं यह कहता हूं कि यह प्रामाणिकता सम्भव नहीं है। इसका कारण यह है कि मेरे विचार में सभी नैतिक निर्णय तथा समस्त नैतिक अवधारणाएं अंततः संवेगों पर ही आधारित हैं, और जैसा कि प्रायः माना जाता है, संवेगों से वस्तुनिष्ठता को प्राप्त नहीं किया जा सकता।"[14] इस उद्धरण से यह स्पष्ट है कि वैस्टरमार्क नैतिक निर्णयों की वस्तुनिष्ठता का निषेध करते हुए उन्हें पूर्णतः व्यक्तिनिष्ठ निर्णय मानते हैं। इसका अर्थ यह है कि उनके मतानुसार ये निर्णय मनुष्यों तथा उनके कर्मों के विषय में कुछ न कह कर स्वयं वक्ता अथवा निर्णयकर्ता के संवेगों का वर्णन मात्र करते हैं। ऐसी स्थिति में इन निर्णयों के प्रमाणीकरण का अंतिम आधार भी स्वयं निर्णयकर्ता के संवेग ही हो सकते हैं। वस्तुतः यह व्यक्तिनिष्ठवाद का अनिवार्य परिणाम है जिसे वैस्टरमार्क अपने सिद्धांत में आत्मसंगति बनाए रखते हुए अस्वीकार नहीं कर सकते। इस प्रकार वैस्टरमार्क नैतिक निर्णयों की वस्तुनिष्ठता का खंडन करते हुए उनके अर्थ स्वरूप तथा प्रमाणीकरण की व्याख्या व्यक्तिनिष्ठवाद के व्यक्तिपरक रूप के अनुसार ही करते हैं।

14. वही पुस्तक, पृ० 44, 46, 60।

ह्यूम तथा वैस्टरमार्क की भांति बरट्रैंड रसल भी अपनी कुछ कृतियों में व्यक्तिनिष्ठवाद का समर्थन करते रहे हैं। यह सत्य है कि सर्वप्रथम वे 'शुभ' की अपरिभाष्यता के विषय में मूर के विचारों से बहुत प्रभावित हुए थे और तब वे नैतिक निर्णयों की व्याख्या करने के लिये वस्तुनिष्ठवाद को ही स्वीकार करते थे, व्यक्तिनिष्ठवाद को नहीं। उदाहरणार्थ मूर की पुस्तक 'प्रिन्सिपिया ऐथिका' के प्रकाशन के सात वर्ष पश्चात् 1910 में प्रकाशित अपने एक लेख 'दि ऐलिमेंट्स ऑफ ऐथिक्स' में व्यक्तिनिष्ठवाद को अस्वीकार करते हुए उन्होंने अंतः-प्रज्ञात्मक वस्तुनिष्ठवाद के आधार पर ही नैतिक शब्दों के अर्थ की व्याख्या की है! अपने इस लेख में उन्होंने मूर की इस मान्यता का पूर्णतः समर्थन किया है कि 'शुभ' की ठीक-ठीक परिभाषा नहीं दी जा सकती, क्योंकि वह अद्वितीय तथा सरल प्रत्यय होने के कारण अविश्लेष्य है। इसी प्रकार अपने उक्त लेख में उन्होंने मूर के इस मत को भी स्वीकार किया है कि 'शुभ' शब्द एक निर्प्राकृतिक गुण की ओर संकेत करता है जो उस वस्तु में विद्यमान रहता है जिसे हम शुभ कहते हैं। नैतिक शब्दों के अर्थ के विषय में मूर की इन आधारभूत मान्यताओं का पूर्णतः समर्थन करते हुए रसल ने लिखा है कि "यह समझना बहुत आवश्यक है कि जब हम किसी वस्तु को अन्य वस्तु के साधन के रूप में शुभ न मानकर अपने आप में शुभ मानते हैं तो हम उस वस्तु में एक ऐसे गुण को प्रत्या-रोपित करते हैं जो हमारी अपनी तथा दूसरों की मान्यताओं एवं इच्छाओं पर निर्भर न होकर स्वतन्त्र रूप से उस वस्तु में पाया जाता है। इस प्रकार गोल तथा चौरस की भांति शुभ एवं अशुभ भी ऐसे गुण हैं जो वस्तुओं में विद्यमान रहते हैं और हमारी मान्यताओं से स्वतन्त्र होते हैं।"[15] इस प्रकार यह स्पष्ट है कि वर्तमान शताब्दी के प्रथम दशक तक रसल नैतिक निर्णयों के अर्थ की व्याख्या के सम्बन्ध में मूर के अन्तःप्रज्ञात्मक वस्तुनिष्ठवाद का ही समर्थन करते थे।

परन्तु अपने उपर्युक्त लेख के प्रकाशन के पश्चात् शीघ्र ही रसल मूर के इस प्रभाव से मुक्त हो गये और वे वस्तुनिष्ठवाद के स्थान पर व्यक्तिनिष्ठवाद का समर्थन करने लगे। नैतिक निर्णयों के अर्थ स्वरूप तथा प्रमाणीकरण के विषय में उनके विचारों में आमूल परिवर्तन हुआ और उन्होंने मूर की उन सभी महत्त्वपूर्ण मान्यताओं का दृढ़तापूर्वक खण्डन करना आरम्भ कर दिया जिनका वे अभी तक समर्थन कर रहे थे। मूर के विपरीत वे अब यह विश्वास करने लगे कि 'शुभ' की ठीक-ठीक परिभाषा दी जा सकती है और नैतिक निर्णयों के सम्बन्ध में वस्तुनिष्ठता असम्भव है। अपने विचारों में इस आमूल परिवर्तन का

15. बरट्रैंड रसल का लेख 'दि ऐलिमैंट्स ऑफ ऐथिक्स', डब्ल्यू सैलर्ज और जे० हॉसपर्ज द्वारा सम्पादित 'रीडिंग्ज इन ऐथिकल थ्योरी' में संकलित, पृ० 6।

उल्लेख करते हुए रसल ने स्वयं कहा है कि "मेरा निबन्ध 'दि ऐलिमैंट्स ऑफ ऐथिक्स' मूर की पुस्तक 'प्रिन्सिपिया ऐथिका' से प्रभावित होकर लिखा गया था। परन्तु इस निबन्ध के प्रकाशन के पश्चात् शीघ्र ही मैं उक्त पुस्तक में प्रतिपादित सिद्धान्त की कुछ महत्त्वपूर्ण मान्यताओं से असहमत होने लगा। अब मैं यह नहीं मानता कि 'शुभ' की परिभाषा नहीं दी जा सकती और मेरा यह भी विश्वास है कि 'शुभ' नामक नैतिक प्रत्यय में तार्किक दृष्टि से किसी प्रकार की वस्तुनिष्ठता नही है।"[16] इस प्रकार यह स्पष्ट है कि प्रारम्भ में कुछ समय तक मूर के विचारों से अत्यधिक प्रभावित होते हुए भी बाद में रसल ने नैतिक निर्णयों के अर्थ के विषय में उनकी महत्त्वपूर्ण मान्यताओं को अस्वीकार कर दिया।

मूर के प्रभाव से मुक्त होने के उपरान्त रसल मुख्यतः व्यक्तिनिष्ठवाद का समर्थन करने लगे। इस सिद्धान्त के अनुसार नैतिक निर्णयों की व्याख्या करने के लिये उन्होंने संवेगों अथवा भावनाओं की अपेक्षा मानवीय इच्छाओं को अधिक महत्त्व दिया है। वे मनुष्य की इच्छओं की तृप्ति के आधार पर ही शुभ-अशुभ तथा उचित-अनुचित की परिभाषा करते हैं। उनका मत है कि हमारी इच्छाएं ही समस्त नैतिक आचरण का अन्तिम आधार तथा प्रेरणा-स्रोत हैं। इनके अभाव में शुभ-अशुभ तथा उचित-अनुचित का नैतिक भेद निरर्थक हो जाता है। अपनी इसी मान्यता के अनुसार इच्छाओं को ही सम्पूर्ण नैतिक आचरण का मूल आधार बताते हुए रसल कहते हैं कि "इच्छाओं को प्रभावित करने के कारण ही नैतिक प्रत्ययों का महत्त्व है, क्योंकि समस्त मानवीय व्यवहार की प्रेरक शक्ति इच्छा ही है। मानवीय इच्छा से पृथक् कोई नैतिक मानदंड नहीं है।"[17] मानवीय आचरण की दृष्टि से इच्छाओं के महत्त्व के सम्बन्ध में अपने इसी मत को और अधिक स्पष्ट करते हुए उन्होंने लिखा है कि "यदि हम में इच्छाएं न होतीं तो हम शुभ और अशुभ के विषय में कभी सोच भी नहीं सकते थे।···यदि हम अपने प्रति उदासीन होते तो हम शुभ-अशुभ, उचित-अनुचित तथा प्रशंसनीय एवं निदंनीय के द्वैत में विश्वास न करते और हमें अपने आपको केवल भाग्य के भरोसे पर छोड़ देने में कोई कठिनाई न होती। निर्जीव विश्व में कुछ भी शुभ या अशुभ नहीं होता।···मैं यह मानता हूं कि जब कोई घटना अथवा वस्तु हमारी इच्छा को तृप्त करती है तो वह शुभ है। यह कहना अधिक ठीक होगा कि हम 'इच्छा की तृप्ति' के आधार पर ही 'शुभ' की परिभाषा कर सकते हैं।"[18] रसल के इन विचारों को ध्यान में रखते हुए सम्भवतः यह कहना अनुचित न होगा कि वे

16. वही पुस्तक, पृ० 1।
17. बरट्रेंड रसल, ह्वट आइ बिलीव', पृ० 30।
18. बरट्रेंड रसल, 'ह्यूमन सोसाइटी इन ऐथिक्स एण्ड पॉलिटिक्स', पृ० 55।

मुख्यत: व्यक्तिनिष्ठवाद में विश्वास करते हैं और इसी सिद्धांत के आधार पर नैतिक निर्णयों के अर्थ, स्वरूप तथा प्रमाणीकरण की व्याख्या करते हैं।

रसल की भांति एक अन्य समकालीन दार्शनिक आर० बी० पैरी ने भी नैतिक निर्णयों की व्याख्या के लिये व्यक्तिनिष्ठवाद का ही समर्थन किया है। वे नैतिक शब्दों का अर्थ स्पष्ट करने के लिए 'भावना' और 'इच्छा' के स्थान पर 'रुचि' शब्द का प्रयोग करते हैं। उनका विचार है कि जब कोई व्यक्ति अथवा समुदाय किसी वस्तु में रुचि लेता है तो वह वस्तु मूल्यवान हो जाती है। इसका अर्थ यह है कि किसी वस्तु का मूल्यवान होना या न होना केवल इसी बात पर निर्भर है कि कोई व्यक्ति अथवा समुदाय उस वस्तु में रुचि लेता है या नहीं। कोई भी वस्तु अपने आप में मूल्यवान नहीं होती; उसके प्रति किसी व्यक्ति या समुदाय की रुचि ही उसे मूल्यवान बना देती है। यदि किसी विशेष वस्तु में कोई भी रुचि नहीं लेता तो उसका कोई मूल्य नहीं हो सकता। क्रमश: 1926 और 1954 में प्रकाशित अपनी दो प्रमुख पुस्तकों 'जनरल थ्योरी ऑफ़ वैल्यू' तथा 'रैल्म्ज़ ऑफ़ वैल्यू' में पैरी ने मुख्यत: इसी सिद्धांत के आधार पर नैतिक शब्दों एवं निर्णयों की व्याख्या की है। रुचि को ही मूल्य का एक मात्र आधार मानते हुए वे कहते हैं कि "यहाँ प्रस्तावित 'मूल्य' की परिभाषा के अनुसार वास्तविक तथा सामान्य अर्थ में कोई भी वस्तु तभी मूल्यवान होती है जब वह किसी की रुचि का विषय बनती है।···जो वस्तु रुचि का विषय है वही वास्तव में मूल्यवान् है।"[19]

यहां यह प्रश्न किया जा सकता है कि 'रुचि' से पैरी का ठीक-ठीक तात्पर्य क्या है। इस प्रश्न का उत्तर देते हुए वे कहते हैं कि 'रुचि' का अर्थ किसी वस्तु के प्रति हमारी विशेष अभिवृत्ति है। जब हम किसी वस्तु को पसन्द करते हैं, उसकी इच्छा तथा आशा करते हैं तो यह कहा जा सकता है कि हम उसमें रुचि लेते हैं। स्पष्ट है कि जो वस्तु हमें अच्छी लगती है उसी के प्रति हम रुचि रखते हैं और पैरी के मतानुसार वही वस्तु मूल्यवान है। अपनी इसी मान्यता के आधार पर उन्होंने 'शुभ', 'उचित' आदि नैतिक शब्दों की परिभाषा की है। उदाहरणार्थ 'शुभ' की परिभाषा करते हुए वे कहते हैं कि "सर्वाधिक सामान्य अर्थ में 'शुभ' का अर्थ वह गुण है जिसे कोई वस्तु किसी सकारात्मक रुचि का विषय होने के फलस्वरूप प्राप्त करती है। जिसकी इच्छा की जाती है, जिसे पसन्द किया जाता है, जिसका आनन्द लिया जाता है, जिसे प्राप्त करने का संकल्प किया जाता है अथवा जिसकी आशा की जाती है वही शुभ है।"[20] इस उद्धरण से स्पष्ट है कि पैरी

19. आर० बी० पैरी, 'रैल्म्ज़ ऑफ वैल्यू', पृ० 2-3।
20. वही पुस्तक, पृ० 101।

के विचार में किसी वस्तु के शुभ या अशुभ होने का एकमात्र आधार यही है कि वह किसी की रुचि का विषय है अथवा नहीं। उनकी इस मान्यता के अनुसार "अमुक वस्तु शुभ है" इस नैतिक निर्णय का अर्थ यही हो सकता है कि "कोई व्यक्ति या समुदाय उस वस्तु में रुचि लेता है"। इस प्रकार पैरी व्यक्तिनिष्ठवाद के व्यक्तिपरक और समुदायपरक इन दोनों रूपों का समर्थन करते हैं। वस्तुतः नैतिक निर्णयों के अर्थ, स्वरूप तथा प्रमाणीकरण के विषय में उनका मत वैस्टरमार्क और रसल के मत से मूलतः भिन्न नहीं है।

व्यक्तिनिष्ठवाद के समर्थक इन सभी दार्शनिकों के उपर्युक्त विचारों से यह स्पष्ट है कि वे नैतिक निर्णयों की वस्तुनिष्ठता, निर्वैयक्तिकता और निष्पक्षता का पूर्णतः निषेध करते हैं। हम अगले खंड में व्यक्तिनिष्ठवाद की कठिनाइयों का विवेचन करते हुए देखेंगे कि इसी कारण इन दार्शनिकों के विचारों में अनेक विसंगतियां आ गई हैं जो इनके सिद्धांत को दोषपूर्ण तथा असंतोषप्रद बना देती हैं।

3. व्यक्तिनिष्ठ प्रकृतिवाद की मुख्य कठिनाइयां

पिछले दो खंडों में हमने व्यक्तिनिष्ठवाद की मुख्य आधारभूत मान्यताओं, उसके प्रमुख रूपों तथा इस सिद्धांत के कुछ महत्त्वपूर्ण समर्थकों के मत का विवेचन किया है। अब इस प्रश्न पर कुछ विस्तार से विचार करना आवश्यक है कि नैतिक निर्णयों के अर्थ, स्वरूप तथा प्रमाणीकरण की व्याख्या के संबंध में यह सिद्धांत कहां तक उचित एवं संतोषप्रद है। इस सिद्धांत में निश्चय ही आंशिक सत्य विद्यमान है। हम देख चुके हैं कि तथ्यात्मक निर्णयों के विपरीत नैतिक निर्णय पूर्णतः वर्णनात्मक और तटस्थ नहीं होते। इसका कारण यह है कि नैतिक निर्णयों का मनुष्य की भावनाओं तथा इच्छाओं से घनिष्ठ सम्बन्ध होता है। जब हम किसी कर्म को उचित या अनुचित कहते हैं तो हम उसके प्रति अपने अनुमोदन अथवा अननुमोदन की भावना अवश्य व्यक्त करते हैं। इसी प्रकार यदि किसी वस्तु का मनुष्य की इच्छाओं पर कोई प्रभाव नहीं पड़ता और कोई भी मनुष्य कभी उसकी इच्छा नहीं करता तो उसे शुभ नहीं कहा जा सकता। इसका अर्थ यह है कि नैतिकता मनुष्य की भावनाओं तथा इच्छाओं से अनिवार्यतः सम्बद्ध है, अतः हम ऐसी किसी वस्तु अथवा ऐसे किसी कर्म को शुभ या उचित नहीं कह सकते जिसका मानवीय भावनाओं, अभिवृत्तियों एवं इच्छाओं से कोई सम्बन्ध नहीं है। व्यक्तिनिष्ठवाद नैतिकता और नैतिक निर्णयों से सम्बन्धित उपर्युक्त महत्त्वपूर्ण तथ्य की ओर हमारा ध्यान आकृष्ट करता है। यह सिद्धांत हमें बताता है कि नैतिक निर्णयों की व्याख्या करते समय हम मनुष्य की भावनाओं, अभिवृत्तियों,

इच्छाओं तथा रुचियों की उपेक्षा नहीं कर सकते। ऐसी स्थिति में यह कहना अनुचित न होगा कि यह सिद्धांत आंशिक रूप से उचित एवं मान्य है।

परन्तु अंशतः सत्य होते हुए भी व्यक्तिनिष्ठवाद नैतिक निर्णयों के अर्थ, स्वरूप तथा प्रमाणीकरण की संतोषप्रद व्याख्या नहीं कर पाता। इस सिद्धांत के व्यक्तिपरक और समुदायपरक इन दोनों रूपों के विरुद्ध अनेक गम्भीर आपत्तियां उठाई जा सकती हैं जिन पर हम यहां क्रमशः विस्तारपूर्वक विचार करेंगे। हम देख चुके हैं कि इस सिद्धांत के व्यक्तिपरक रूप के अनुसार नैतिक निर्णय निर्णीत वस्तु के विषय में कुछ न कह कर स्वयं निर्णयकर्ता अथवा किसी अन्य व्यक्ति की कुछ विशेष मनोदशाओं का वर्णन मात्र करते हैं। व्यक्तिनिष्ठवाद के इस रूप के विरुद्ध प्रथम आपत्ति यह है कि यदि इसे सत्य मान लिया जाये तो हमें यह स्वीकार करना पड़ेगा कि कोई भी व्यक्ति नैतिक निर्णय देते समय कभी भूल नहीं कर सकता। इसका कारण यह है कि जब कोई व्यक्ति किसी कर्म को उचित कहता है तो इस सिद्धांत के अनुसार वह इस कर्म के प्रति केवल अपने अनुमोदन की भावना का वर्णन करता है और यदि उसमें यह भावना सचमुच विद्यमान है तो उसका यह निर्णय भी उचित है। अन्य कोई भी व्यक्ति किसी तर्क द्वारा उसके इस निर्णय को तब तक अनुचित सिद्ध नहीं कर सकता जब तक उसमें अनुमोदन की यह भावना विद्यमान रहती है। परन्तु नैतिक निर्णयों के विषय में व्यक्तिनिष्ठवाद का यह निष्कर्ष हमारी सामान्य धारणा के विरुद्ध है। इस सिद्धांत के विपरीत हम सामान्यतः यह मानते हैं कि कोई भी व्यक्ति नैतिक निर्णयों के सम्बन्ध में भूल कर सकता है। उदाहरणार्थ यदि कोई व्यक्ति किसी दुष्कर्म (हत्या, बलात्कार, चोरी, झूठ आदि) के प्रति अनुमोदन की भावना का अनुभव करने के कारण उसे उचित कहता है तो हम यह कह सकते हैं और कहते हैं कि ऐसा कहना निश्चय ही उसकी भूल है, क्योंकि उस कर्म के प्रति अनुमोदन की भावना का अनुभव करना ही नैतिक दृष्टि से अनुचित है। इसी आधार पर हम अत्याचारियों के उन सभी दुष्कर्मों को नैतिक दृष्टि से अनुचित एवं निंदनीय मानते हैं जिनके प्रति वे स्वयं अनुमोदन की भावना का अनुभव करते हैं। इसका अर्थ यही है कि किसी कर्म के प्रति किसी व्यक्ति द्वारा अनुमोदन या अननुमोदन की भावना का अनुभव करना ही उसे उचित अथवा अनुचित नहीं बना देता जैसा कि व्यक्तिनिष्ठवादी मानते हैं। वस्तुतः हम प्रत्येक भावना, इच्छा, रुचि तथा अभिवृत्ति को नैतिक दृष्टि से उचित या अनुचित कह सकते हैं, अतः वह कभी भी नैतिकता का मूल आधार नहीं हो सकती। परन्तु व्यक्तिनिष्ठवाद नैतिकता के सम्बन्ध में इस महत्त्वपूर्ण तथ्य की उपेक्षा करता है।

उक्त सिद्धांत के व्यक्तिपरक रूप के विरुद्ध दूसरी आपत्ति यह है कि इसे

स्वीकार कर लेने पर नैतिक निर्णयों तथा स्वाद और पसंद सम्बंधी वैयक्तिक निर्णयों में कोई अंतर नहीं रह जाता। इसका कारण यह है कि यदि नैतिक निर्णय व्यक्ति की भावनाओं अथवा इच्छाओं पर ही आधारित हैं जैसा कि व्यक्ति-निष्ठवादी मानते हैं तो वे निश्चय ही पसंद और स्वाद विषयक वैयक्तिक निर्णयों से भिन्न नहीं हो सकते। परन्तु वास्तव में हम नैतिक निर्णयों को वैयक्तिक निर्णयों से मूलत: भिन्न मानते हैं, क्योंकि वैयक्तिक निर्णयों के विपरीत ये निर्णय वस्तुनिष्ठ निष्पक्ष, तर्कसंगत एवं सार्वभौमिक होते हैं। नैतिक निर्णयों की पुष्टि के लिये हम ऐसे तर्कों की मांग करते हैं अथवा कर सकते हैं जो समान परिस्थितियों में सभी व्यक्तियों द्वारा दिये जा सकें, किन्तु वैयक्तिक निर्णयों के सम्बंध में हम कभी भी इस प्रकार के तर्कों की मांग नहीं करते। उदाहरणार्थ यदि कोई व्यक्ति यह कहता है कि उसे आइस्क्रीम अच्छी नहीं लगती तो हम उससे यह नहीं कहते कि वह अपने इस कथन के समर्थन में निष्पक्ष एवं वस्तुनिष्ठ तर्क प्रस्तुत करे। किसी प्रकार का तर्क किये बिना हम उसके इस कथन को स्वीकार कर लेते हैं कि उसे आइस्क्रीम का स्वाद पसंद नहीं है। पसंद और स्वाद सम्बंधी अन्य सभी वैयक्तिक निर्णयों के विषय में भी यही बात कही जा सकती है। परन्तु नैतिक निर्णयों के सम्बन्ध में हम ऐसा नहीं कह सकते। उदाहरणार्थ यदि कोई व्यक्ति यह कहता है कि वह सत्य नहीं बोलेगा तो इस निर्णय के समर्थन में हम उसके इस तर्क को उचित एवं पर्याप्त नहीं मानते कि सत्य बोलना उसे पसंद नहीं है। इस निर्णय के लिये हम कोई ऐसा वस्तुनिष्ठ और निर्वैयक्तिक तर्क चाहते हैं जो समान परिस्थितियों में सभी व्यक्तियों द्वारा प्रस्तुत किया जा सके और यदि वह ऐसा तर्क नहीं दे पाता तो हम उसके इस निर्णय को उचित नहीं मानते। परन्तु व्यक्तिनिष्ठवाद नैतिक निर्णयों को व्यक्ति की भावनाओं अथवा उसके संवेगों पर ही आधारित मान कर इन निर्णयों तथा वैयक्तिक निर्णयों के भेद को ही समाप्त कर देता है, अत: इस सिद्धांत को संतोषप्रद नहीं माना जा सकता।

इस सिद्धांत के व्यक्तिपरक रूप के विरुद्ध तीसरी आपत्ति यह है कि इसे स्वीकार कर लेने पर नैतिक निर्णयों के सम्बन्ध में मतभेद की सम्भावना समाप्त हो जाती है। यदि 'क' किसी कर्म को उचित कहता है और 'ख' उसी कर्म को अनुचित कहता है तो इस सिद्धांत के अनुसार वे दोनों उस कर्म के विषय में कुछ न कह कर उसके प्रति अपनी विरोधी भावनाओं का वर्णन मात्र करते हैं। ऐसी स्थिति में वे दोनों वस्तुत: उस कर्म के सम्बंध में एक दूसरे के निर्णय का खंडन नहीं करते और उन दोनों के निर्णयों को सत्य मानना हमारे लिये अनिवार्य हो जाता है। इसका कारण यह है कि 'ख' द्वारा उस कर्म के प्रति अननुमोदन की भावना का अनुभव करना उतना ही सत्य है जितना 'क' द्वारा उसके प्रति

अनुमोदन की भावना का अनुभव करना। इसका अर्थ यह है कि उस कर्म के औचित्य के विषय में वस्तुत: उन दोनों में कोई मतभेद नहीं है। परन्तु नैतिक निर्णयों के सम्बन्ध में व्यक्तिनिष्ठवाद के इस निष्कर्ष को स्वीकार नहीं किया जा सकता, क्योंकि सामान्यत: हम यह मानते हैं कि इन निर्णयों के विषय में वास्तविक मतभेद सम्भव है। जब एक व्यक्ति किसी कर्म को उचित कहता है और उसी समय तथा उन्हीं परिस्थितियों में दूसरा व्यक्ति उसी कर्म को अनुचित कहता है तो हम यह निश्चित रूप से मानते हैं कि उन दोनों में वास्तविक मतभेद है और उस कर्म के विषय में उन दोनों के निर्णय सत्य नहीं हो सकते। इसी कारण हम उन दोनों से यह आग्रह करना उचित और आवश्यक समझते हैं कि वे उस कर्म के सम्बन्ध में अपने विरोधी निर्णयों की पुष्टि के लिये पर्याप्त वस्तुनिष्ठ तर्क प्रस्तुत करें। परन्तु व्यक्तिनिष्ठवाद नैतिक निर्णयों को व्यक्ति की भावनाओं पर ही आधारित मान कर हमारे इस आग्रह को अनावश्यक तथा निरर्थक बना देता है। इस प्रकार स्पष्ट है कि यह सिद्धांत नैतिक निर्णयों के सम्बन्ध में वास्तविक मतभेद की सम्भावना के साथ-साथ उनके वस्तुनिष्ठ प्रमाणीकरण की सम्भावना को भी पूर्णत: समाप्त कर देता है, अत: इसे उचित एवं संतोषप्रद सिद्धांत नहीं माना जा सकता।

उक्त सिद्धांत के व्यक्तिपरक रूप के विरुद्ध चौथी आपत्ति यह है कि इसके अनुसार पूर्णतया समान परिस्थितियों में एक ही कर्म उचित भी हो सकता है और अनुचित भी। यदि 'क' किसी कर्म के प्रति अनुमोदन की भावना का अनुभव करता है तो वह कर्म उसके लिये उचित होगा और यदि उसी समय तथा उन्हीं परिस्थितियों में 'ख' उसी कर्म के प्रति अननुमोदन की भावना का अनुभव करता है तो उसके लिये वही कर्म अनुचित होगा। इतना ही नहीं, इस सिद्धांत के अनुसार एक ही व्यक्ति के लिये वही कर्म कभी उचित हो सकता है और कभी अनुचित, क्योंकि वह कभी उस कर्म के प्रति अनुमोदन की भावना का अनुभव कर सकता है और कभी अननुमोदन की भावना का। परन्तु व्यक्तिनिष्ठवाद के ये दोनों निष्कर्ष नैतिक निर्णयों के सम्बंध में हमारी सामान्य मान्यताओं के विरुद्ध हैं। साधारणत: हम यह मानते हैं कि एक ही कर्म समान परिस्थितियों में एक व्यक्ति के लिये उचित और दूसरे व्यक्ति के लिये अनुचित नहीं हो सकता, क्योंकि किसी व्यक्ति की भावनाओं के स्थान पर वास्तव में प्रत्येक कर्म की कुछ विशेषताएं ही उसे समान परिस्थितियों में सभी व्यक्तियों के लिये उचित या अनुचित बनाती हैं। इसी आधार पर हम यह भी मानते हैं कि कोई भी कर्म समान परिस्थितियों में एक ही व्यक्ति के लिये कभी उचित और कभी अनुचित नहीं हो सकता। परन्तु व्यक्तिनिष्ठवाद नैतिक निर्णयों को व्यक्ति की भावनाओं अथवा इच्छाओं

तक ही सीमित मान कर उनके सम्बंध में इस आधारभूत तथ्य की उपेक्षा करता है। ऐसी स्थिति में इन निर्णयों के विषय में इस सिद्धांत की व्याख्या को उचित एवं संतोषप्रद नहीं माना जा सकता।

इस सिद्धांत के व्यक्तिपरक रूप के विरुद्ध अंतिम आपत्ति यह है कि इसके अनुसार नैतिक निर्णय निर्णीत वस्तुओं—अर्थात् मनुष्यों, उनके चरित्र, अनुभवों तथा कर्मों—के विषय में कुछ भी नहीं कहते। हम देख चुके हैं कि इस सिद्धांत के अनुसार ये निर्णय किसी व्यक्ति की कुछ विशेष मनोदशाओं का वर्णन मात्र करते हैं। उदाहरणार्थ जब कोई व्यक्ति यह कहता है कि "नीरो एक बुरा मनुष्य था" तो वह नीरो के विषय में कुछ न कह कर उसके प्रति स्वयं अपने अननुमोदन की भावना का वर्णन मात्र करता है। परन्तु व्यक्तिनिष्ठवादियों की यह मान्यता हमारे इस सामान्य मत का पूर्णतः निषेध करती है कि नैतिक निर्णयों का विषय निर्णीत वस्तुएं ही होती हैं, निर्णयकर्ता अथवा किसी अन्य व्यक्ति की मनोदशाएं नहीं। हम इन निर्णयों में अपनी भावनाएं अथवा इच्छाएं अवश्य व्यक्त करते हैं, किन्तु इसका अर्थ यह नहीं है कि हम निर्णीत वस्तुओं के विषय में कुछ भी नहीं कहते। वस्तुतः हमारे नैतिक निर्णयों का मुख्य उद्देश्य किसी व्यक्ति, उसके चरित्र अथवा कर्म का मूल्यांकन करना ही होता है, हमारी अपनी या किसी अन्य व्यक्ति की भावनाओं अथवा इच्छाओं का वर्णन मात्र करना नहीं जैसाकि व्यक्तिनिष्ठवादी मानते हैं। उदाहरणार्थ जब हम कहते हैं कि "अमुक व्यक्ति अच्छा मनुष्य है" अथवा "अमुक कर्म उचित है" तो हम अपने इन नैतिक निर्णयों द्वारा मुख्यतः उस मनुष्य अथवा कर्म का मूल्यांकन करते हैं, उसके विषय में अपनी किसी इच्छा या भावना का वर्णन मात्र नहीं। स्पष्ट है कि हमारे नैतिक निर्णयों के विषय हमारी अपनी अथवा किसी अन्य व्यक्ति की इच्छाएं या भावनाएं न होकर वे मनुष्य तथा उनके कर्म और अनुभव ही होते हैं जिनके सम्बंध में हम ये निर्णय देते हैं। व्यक्तिनिष्ठवाद के विपरीत हम यह निश्चित रूप से मानते हैं कि "क शुभ या उचित है" इस नैतिक निर्णय का अर्थ यह नहीं है कि "मैं स्वयं 'क' को पसंद करता हूं या उसकी इच्छा करता हूं" अथवा "कोई अन्य व्यक्ति 'क' को पसन्द करता है या उसकी इच्छा करता है।" दूसरे शब्दों में, हम अपनी अथवा अन्य व्यक्तियों की मनोदशाओं को व्यक्त करने वाले कथनों को नैतिक निर्णयों से मूलतः भिन्न मानते हैं और इसी कारण उन्हें इन निर्णयों के पर्यायवाची कथनों के रूप में कभी स्वीकार नहीं करते। मनोदशाओं को व्यक्त करने वाले व्यक्तिनिष्ठ कथनों के विपरीत हम नैतिक निर्णयों की पुष्टि के लिये अनिवार्यतः पर्याप्त कारणों अथवा समुचित तर्कों की मांग करते हैं। हमारी इस मांग से यही प्रमाणित होता है कि नैतिक निर्णय व्यक्तिनिष्ठ कथनों के समानार्थक न होकर वास्तव में

उनसे मूलतः भिन्न होते हैं। परन्तु व्यक्तिनिष्ठवाद नैतिक निर्णयों के अर्थ, स्वरूप तथा उनकी प्रामाणिकता से सम्बंधित इस महत्वपूर्ण तथ्य की उपेक्षा करते हुए उन्हें पूर्णतः व्यक्तिनिष्ठ कथनों के समान ही मान लेता है, अतः यह सिद्धांत इन निर्णयों की युक्तिसंगत तथा संतोषप्रद व्याख्या नहीं कर पाता।

अभी तक हमने व्यक्तिनिष्ठवाद के प्रथम रूप के विरुद्ध कुछ प्रमुख आपत्तियों का उल्लेख किया है। परन्तु इस सिद्धांत के व्यक्तिपरक रूप की भांति इसके समुदायपरक रूप के विरुद्ध भी अनेक गम्भीर आपत्तियां उठाई जा सकती हैं जिन पर यहां विचार करना आवश्यक है। हम देख चुके हैं कि व्यक्तिनिष्ठवाद के समुदायपरक रूप के अनुसार "क शुभ या उचित है" का अर्थ केवल यही है कि "किसी समुदाय के सभी या अधिकतर सदस्य 'क' के प्रति अनुमोदन की भावना का अनुभव करते हैं।" कोई भी कर्म अपनी विशेषताओं अथवा अपने परिणामों के कारण उचित या अनुचित नहीं होता; किसी समुदाय के सभी या अधिकतर सदस्यों की भावनाएं ही उसे उचित या अनुचित बना देती हैं। परन्तु नैतिक निर्णयों के स्वरूप के विषय में व्यक्तिनिष्ठवादियों की यह मान्यता उचित एवं तर्कसंगत नहीं है। समुदायपरक व्यक्तिनिष्ठवाद के विरुद्ध प्रथम आपत्ति यह है कि यह सिद्धांत कर्मों अथवा प्रथाओं के औचित्य या अनौचित्य का निर्णय करने के लिये किसी विशेष समुदाय के मत को स्वीकार करने का कोई युक्ति संगत आधार प्रस्तुत नहीं करता। इस सम्बंध में हम किसी विशेष समुदाय के सभी या अधिकतर सदस्यों के मत को ही उचित क्यों मान लें—इस महत्वपूर्ण प्रश्न का यह सिद्धांत कोई संतोषप्रद उत्तर नहीं देता। सम्पूर्ण विश्व में ही नहीं, अपितु एक ही देश में विभिन्न समुदाय किसी कर्म अथवा प्रथा के औचित्य या अनौचित्य के विषय में भिन्न-भिन्न भावनाएं अथवा इच्छाएं व्यक्त कर सकते हैं। ऐसी स्थिति में हमारे लिये इस जटिल समस्या का समाधान करना लगभग असम्भव हो जाता है कि हम इन विभिन्न समुदायों में से किसकी इच्छाओं अथवा भावनाओं के आधार पर कर्मों या प्रथाओं को उचित या अनुचित मानें और क्यों। स्पष्ट है कि इस समस्या का संतोषजनक समाधान किये बिना हम कभी भी तर्कसंगत नैतिक निर्णय नहीं दे सकते। परन्तु समुदायपरक व्यक्तिनिष्ठवाद को सत्य मान लेने पर वास्तव में इस समस्या का कोई संतोषप्रद और युक्तिसंगत समाधान सम्भव प्रतीत नहीं होता, अतः इस सिद्धांत के समर्थकों द्वारा की गयी नैतिक निर्णयों की व्याख्या को स्वीकार नहीं किया जा सकता।

समुदायपरक व्यक्तिनिष्ठवाद के विरुद्ध दूसरी आपत्ति यह है कि यह सिद्धांत ऐसे प्रत्येक कर्म को नैतिक दृष्टि से उचित मान लेता है जिसके प्रति किसी समुदाय के सभी या अधिकतर सदस्य अनुमोदन की भावना का अनुभव करते

हैं, परन्तु वास्तव में ऐसे कर्म का उचित होना अनिवार्य नहीं है। यह सम्भव है कि किसी कर्म के प्रति एक समुदाय के सभी या अधिकतर सदस्य अनुमोदन की भावना का अनुभव करते हों किंतु फिर भी वह कर्म नैतिक दृष्टि से अनुचित और निंदनीय हो। उदाहरणार्थ अठारहवीं शताब्दी तक हिन्दू समाज के अधिकतर सदस्य सती प्रथा का समर्थन करते थे जिसके अनुसार विधवा को उसके मृत पति के साथ जीवित जला दिया जाता था। राजा राम मोहन राय जैसे कुछ समाज-सुधारक इस क्रूर प्रथा का विरोध करते थे, किंतु उनकी संख्या बहुत कम थी। यदि समुदायपरक व्यक्तिनिष्ठवाद को स्वीकार कर लिया जाये तो यह मानना पड़ेगा कि सती-प्रथा उचित थी और कुछ थोड़े से समाज सुधारकों द्वारा इसका विरोध करना अनुचित तथा अवांछनीय था। परन्तु इस सिद्धांत के विपरीत आज हम यह निश्चित रूप से मानते हैं कि इस प्रथा के विरुद्ध थोड़े से समाज सुधारकों का मत ही उचित था। इसी प्रकार दो या ढाई सौ वर्ष पूर्व योरोप तथा अमेरिका में दास प्रथा प्रचलित थी जिसके अनुसार एशिया और अफ्रीका के निर्धन मनुष्यों को बलपूर्वक दास-दासियां बना कर उनके साथ अत्यंत निर्दयतापूर्ण व्यवहार किया जाता था। उस समय योरोप और अमेरिका के अधिकतर निवासी इस अमानवीय प्रथा का पूर्णतः समर्थन करते थे। अब्राहम लिंकन जैसे कुछ थोड़े से समाज सुधारक ही इस प्रथा के विरोधी थे और इसे समाप्त करना चाहते थे। स्पष्ट है कि यदि हम समुदायपरक व्यक्तिनिष्ठवाद को स्वीकार करें तो हमें इन थोड़े से समाज सुधारकों के मत को अनुचित मान कर उक्त निर्दयतापूर्ण दास प्रथा को उचित एवं वांछनीय मानना पड़ेगा। परन्तु इस सिद्धांत के विपरीत आज हम यह मानते हैं कि वास्तव में इन समाज सुधारकों का मत ही उचित था और दास प्रथा नैतिक दृष्टि से निंदनीय थी।

इसी प्रकार वर्तमान युग में हमारे भारतीय समाज के अधिकतर सदस्य दहेज-प्रथा का समर्थन करते हैं जिसके कारण सुयोग्य तथा गुणवती निर्धन लड़कियों का विवाह बहुत कठिन हो गया है। इतना ही नहीं, दहेज की कमी के कारण कभी-कभी लड़कियों को जीवित जला दिया जाता है अथवा उन्हें आत्म-हत्या करने के लिए बाध्य होना पड़ता है। कुछ थोड़े-से विचारशील व्यक्ति ही आज इस प्रथा का वास्तव में विरोध कर रहे हैं। ऐसी स्थिति में समुदायपरक व्यक्तिनिष्ठवाद के अनुसार हमारे लिए इस प्रथा को उचित एवं वांछनीय मानना अनिवार्य हो जाता है। परन्तु समाज के लिए इस प्रथा के दुष्परिणामों को देखते हुए हम इसे उचित और वांछनीय नहीं मान सकते। उपर्युक्त सभी उदाहरणों से यह पूर्णतः स्पष्ट है कि समुदायपरक व्यक्तिनिष्ठवाद की यह मान्यता दोषपूर्ण है कि वही कर्म या प्रथा उचित है जिसके प्रति किसी समुदाय के अधिकतर

सदस्य अनुमोदन की भावना का अनुभव करते हैं। इतना ही नहीं, यदि किसी समुदाय के सभी सदस्य किसी भी कर्म अथवा प्रथा के प्रति अनुमोदन की भावना का अनुभव करें तो भी उसका उचित होना आवश्यक नहीं है। उदाहरण के लिए, यदि किसी समुदाय के सभी सदस्य एक निर्दोष व्यक्ति की हत्या के प्रति अनुमोदन की भावना का अनुभव करते हैं तो भी उसकी हत्या को नैतिक दृष्टि से न्यायोचित नहीं माना जा सकता। इस प्रकार समुदायपरक व्यक्तिनिष्ठवाद नैतिक निर्णयों की व्याख्या करने के लिए हमें कोई युक्तिसंगत आधार प्रदान नहीं करता। वस्तुतः यह सिद्धांत सभी कर्मों अथवा प्रथाओं के औचित्य को केवल समुदाय की भावनाओं या इच्छाओं पर आधारित मान कर नैतिक दृष्टि से समाज-सुधार की सम्भावना को ही पूर्णतः समाप्त कर देता है। इसी कारण तर्कसंगत रूप से इस सिद्धांत का समर्थन करना सम्भव प्रतीत नहीं होता।

उपर्युक्त आपत्तियों के अतिरिक्त व्यक्तिनिष्ठवाद के समुदायपरक रूप के विरुद्ध कुछ भिन्न प्रकार से वे सभी आपत्तियां भी उठाई जा सकती हैं जो इस सिद्धांत के व्यक्तिपरक रूप के विरुद्ध उठाई गयी हैं। उदाहरणार्थ समुदायपरक व्यक्तिनिष्ठवाद को स्वीकार कर लेने पर हमारे लिए यह मानना अनिवार्य हो जाता है कि कोई भी समुदाय नैतिक निर्णयों के सम्बन्ध में कभी भूल नहीं कर सकता, क्योंकि इस सिद्धांत के अनुसार यदि किसी समुदाय के सभी या अधिकतर सदस्य किसी कर्म अथवा प्रथा के प्रति अनुमोदन की भावना का अनुभव करते हैं तो वह उचित है। परन्तु, जैसा कि हम अनेक उदाहरणों द्वारा ऊपर स्पष्ट कर चुके हैं, इस सिद्धांत की यह मान्यता दोषपूर्ण तथा अनुचित है। इसी प्रकार समुदायपरक व्यक्तिनिष्ठवाद नैतिक निर्णयों के सम्बन्ध में विभिन्न समुदायों में वास्तविक मतभेद की सम्भावना को भी समाप्त कर देता है। इसका कारण यह है कि यदि एक समुदाय किसी कर्म को उचित और दूसरा समुदाय उसी कर्म को अनुचित कहता है तो इस सिद्धांत के अनुसार वे उस कर्म के विषय में कुछ न कह कर उसके प्रति अपनी-अपनी भावनाओं का वर्णन मात्र करते हैं जो स्वतोव्याघात के बिना समान रूप से सत्य हो सकता है। इसके अतिरिक्त समुदायपरक व्यक्तिनिष्ठवाद के अनुसार एक ही कर्म उसी समय तथा समान परिस्थितियों में एक समुदाय के लिए उचित और दूसरे समुदाय के लिए अनुचित हो सकता है, क्योंकि एक समुदाय उस कर्म के प्रति अनुमोदन की भावना का और दूसरा समुदाय उसके प्रति अननुमोदन की भावना का अनुभव कर सकता है। यही नहीं, एक ही समुदाय के लिए वही कर्म कभी उचित और कभी अनुचित हो सकता है, क्योंकि वह उसके प्रति कभी अनुमोदन की भावना का तथा कभी अननुमोदन की भावना का अनुभव कर सकता है। इसी प्रकार समुदायपरक व्यक्तिनिष्ठवाद

भी नैतिक निर्णयों की प्रामाणिकता को समाप्त कर देता है। इसका कारण यह है कि जब दो विभिन्न समुदायों के सदस्य समान परिस्थितियों में एक ही कर्म को उचित तथा अनुचित कहते हैं तो वे अपने नैतिक निर्णयों की पुष्टि के लिए इसके अतिरिक्त और कोई तर्क नहीं दे सकते कि उनके समुदाय के सभी या अधिकतर सदस्य उस कर्म के प्रति अनुमोदन की भावना तथा अननुमोदन की भावना का अनुभव करते हैं। परन्तु, जैसा कि हम पहले बता चुके हैं, इस तर्क के आधार पर किसी नैतिक निर्णय को उचित सिद्ध नहीं किया जा सकता। वस्तुत: किसी मनुष्य अथवा कर्म के विषय में नैतिक निर्णय देते समय उसके गुणों तथा परिणामों को ध्यान में रखना अनिवार्य है, किंतु समुदायपरक व्यक्तिनिष्ठवाद इस महत्त्वपूर्ण तथ्य की उपेक्षा करता है। यही कारण है कि इस सिद्धांत को स्वीकार कर लेने पर नैतिक निर्णयों के समर्थन में निष्पक्ष तथा वस्तुनिष्ठ तर्क प्रस्तुत करना असम्भव हो जाता है। समुदायपरक व्यक्तिनिष्ठवाद के विरुद्ध उपर्युक्त सभी आपत्तियों को ध्यान में रखते हुए यही निष्कर्ष निकाला जा सकता है कि यह सिद्धांत भी नैतिक निर्णयों के स्वरूप तथा प्रमाणीकरण की कोई संतोषप्रद और युक्तिसंगत व्याख्या नहीं कर पाता।

व्यक्तिनिष्ठवादके प्रमुख दोनों रूपों के विरुद्ध ऊपर जिन गम्भीर आप॰ का उल्लेख किया गया है उनसे यह स्पष्ट है कि यह सिद्धांत नैतिक नि॰ वस्तुनिष्ठता, सार्वभौमिकता तथा निष्पक्ष प्रामाणिकता का निषेध करता है वास्तव में यही इसका मूल दोष है। यदि नैतिक निर्णय निर्णीत वस्तुओं के विष॰ में कुछ न कहकर किसी व्यक्ति अथवा समुदाय की कुछ विशेष मनोदशाओं का वर्णन मात्र करते हैं तो निश्चय ही ये निर्णय वस्तुनिष्ठ तथा सार्वभौमिक नहीं हो सकते और इन्हें निर्वैयक्तिक एवं निष्पक्ष तर्कों द्वारा उचित सिद्ध नहीं किया जा सकता। स्पष्टत: इसका अर्थ यही है कि व्यक्तिनिष्ठवाद के अनुसार नैतिक निर्णयों और स्वाद तथा पसन्द सम्बन्धी वैयक्तिक निर्णयों में कोई मूल भेद नहीं है। परन्तु जैसा कि हम देख चुके हैं, व्यक्तिनिष्ठवाद की यह आधारभूत मान्यता उचित एवं युक्तिसंगत नहीं है। वस्तुत: इसी दोषपूर्ण मान्यता के कारण व्यक्तिनिष्ठवादियों के विचारों में अनेक गम्भीर विसंगतियां आ गई हैं। ह्यूम, वैस्टरमार्क, रसल आदि सभी व्यक्तिनिष्ठवादियों के विचारों में ये विसंगतियां स्पष्टत: देखी जा सकती हैं। ये व्यक्तिनिष्ठवादी नैतिक निर्णयों को अपने मूल सिद्धांत के विपरीत सार्वभौमिक तथा निष्पक्ष मानते हैं।

उदाहरणार्थ ह्यूम नैतिक निर्णयों को भावनाओं पर आधारित तथा व्यक्तिनिष्ठ मानते हुए भी यह कहते हैं कि "शत्रु के अच्छे गुणों से हमें आघात पहुंचता है, किन्तु फिर भी हम उन गुणों का आदर करते हैं।...हम यह विचार नहीं

करते कि इन गुणों से प्रभावित होने वाले व्यक्ति हमारे मित्र हैं या अपरिचित, हमारे अपने देश वासी हैं अथवा विदेशी। इन सामान्य निर्णयों में हम अपने हित पर ध्यान नहीं देते और अपने निर्णयों का विरोध करने के लिए उस व्यक्ति की निन्दा नहीं करते जो स्वयं अपने हित की रक्षा कर रहा है।"[21] इस उद्धरण से स्पष्ट है कि ह्यूम नैतिक निर्णयों की निष्पक्षता को बहुत महत्त्व देते हैं, किन्तु उनके व्यक्तिनिष्ठवाद के साथ उनके इस मत की संगति स्थापित करना अत्यन्त कठिन है।

ह्यूम की भांति वैस्टरमार्क भी नैतिक निर्णयों को व्यक्तिनिष्ठ और संवेगों पर आधारित मानते हुए भी उन्हें निष्पक्ष मानते हैं। इस सम्बंध में उन्होंने स्पष्ट कहा है कि "नैतिक निर्णय में सदैव निष्पक्षता का गुण होता है। जब मैं किसी कर्म को शुभ या अशुभ कहता हूं तो इससे मेरा तात्पर्य यह होता है कि मेरी अपनी व्यक्तिगत इच्छाओं से पूर्णतः स्वतंत्र वह कर्म वास्तव में शुभ या अशुभ है।"[22] वैस्टरमार्क यह भी कहते हैं कि वास्तव में नैतिक संवेगों की निष्पक्षता ही उन्हें अन्य वैयक्तिक संवेगों से पृथक करती है। नैतिक निर्णयों की निष्पक्षता के सम्बंध में उनका उपर्युक्त मत निश्चय ही उचित है, किन्तु इससे उनके अपने सिद्धान्त व्यक्तिनिष्ठवाद का खंडन होता है। यदि नैतिक निर्णय मनुष्य की भावनाओं पर आधारित हैं जैसा कि वैस्टरमार्क मानते हैं तो वे निष्पक्ष और सार्वभौमिक नहीं हो सकते।

ह्यूम और वैस्टरमार्क की भांति रसल के विचारों में भी आत्मसंगति का अभाव है। हम देख चुके हैं कि वे नैतिक निर्णयों को अंततः व्यक्ति की इच्छाओं पर ही आधारित मानते हैं और व्यक्ति की इच्छा-तृप्ति के आधार पर ही 'शुभ' की परिभाषा करते हैं। परन्तु इसके साथ ही वे व्यक्ति की कुछ इच्छाओं को शुभ और कुछ अन्य इच्छाओं को अशुभ भी मानते हैं। उनका कथन है कि "सामान्यतः वे इच्छाएं जो ··मुझे समाज के हित में कर्म करने के लिये प्रेरित करती हैं 'शुभ इच्छाएं' अथवा 'उचित इच्छाएं' मानी जा सकती हैं। ऐसी इच्छाओं का नैतिक दृष्टि से उन इच्छाओं की अपेक्षा कहीं अधिक सम्मान किया जाना चाहिये जो समाज के व्यापक हित के विरुद्ध हैं।"[23] रसल के इन विचारों से यह पूर्णतः स्पष्ट है कि उनके व्यक्तिनिष्ठवादी नैतिक सिद्धांत में भी आत्मसंगति नहीं है।

इस प्रकार उपर्युक्त सम्पूर्ण विवेचन के आधार पर यही निष्कर्ष निकाला जा

21. डेविड ह्यूम, 'ए ट्रिटाइज़ ऑफ ह्यूमन नेचर', बुक 3, पृ० 472, 582।
22. ऐडवर्ड वैस्टरमार्क, 'ऐथिकल रिलेटिविटी', पृ० 90।
23. बर्ट्रेंड रसल, 'ह्यूमन सोसाइटी इन ऐथिक्स ऐण्ड पॉलिटिक्स', पृ० 85।

सकता है कि व्यक्तिनिष्ठवाद वास्तव में सुसंगत सिद्धांत नहीं है और आत्मसंगति बनाए रखते हुए इस सिद्धांत द्वारा नैतिक निर्णयों के अर्थ, स्वरूप तथा प्रमाणीकरण की युक्तिसंगत एवं संतोषप्रद व्याख्या नहीं की जा सकती; इसी कारण आज अधिकतर दार्शनिक इन निर्णयों की व्याख्या के लिये इस सिद्धांत को स्वीकार नहीं करते।

4. वस्तुनिष्ठ प्रकृतिवाद का स्वरूप और उसके प्रमुख समर्थक

प्रकृतिवाद के प्रथम रूप—व्यक्तिनिष्ठवाद का विस्तृत विवेचन करने के पश्चात अब इसके द्वितीय रूप—वस्तुनिष्ठवाद पर विचार करना आवश्यक है। व्यक्तिनिष्ठवाद के विरुद्ध ऊपर जो गम्भीर आपत्तियां उठाई गयी हैं उन्हें ध्यान में रखते हुए एक ऐसे सिद्धांत की आवश्यकता स्पष्ट हो जाती है जो नैतिक निर्णयों को किसी व्यक्ति या समुदाय की कुछ विशेष मनोदशाओं का वर्णन मात्र करने वाले व्यक्तिनिष्ठ निर्णय न मान कर उन्हें वस्तुनिष्ठ, निष्पक्ष तथा सार्वभौमिक निर्णयों के रूप में स्वीकार करे। वस्तुनिष्ठ प्रकृतिवाद ऐसा ही सिद्धांत है जो व्यक्तिनिष्ठवाद के दोनों रूपों का खंडन करता है। इस सिद्धांत को हम संक्षेप में 'वस्तुनिष्ठवाद' की संज्ञा दे सकते हैं। इस सिद्धांत की आधारभूत मान्यताओं का विवेचन करने से पूर्व यहां यह स्पष्ट कर देना आवश्यक है कि व्यक्तिनिष्ठवाद की भांति यह सिद्धांत भी नैतिक निर्णयों को तथ्यात्मक प्राकृतिक निर्णयों के समान संज्ञानात्मक अथवा वर्णनात्मक ही मानता है और इसी कारण इसे भी प्रकृतिवाद का ही एक रूप माना जाता है। इस दृष्टि से व्यक्तिनिष्ठवाद तथा वस्तुनिष्ठवाद इन दोनों प्रकृतिवादी सिद्धांतों में पूर्ण समानता है। परन्तु इस आधारभूत समानता के होते हुए भी ये दोनों सिद्धांत एक दूसरे से बहुत भिन्न हैं। व्यक्तिनिष्ठवाद के विपरीत वस्तुनिष्ठवाद नैतिक निर्णयों को किसी व्यक्ति अथवा समुदाय की भावनाओं, इच्छाओं या रुचियों का वर्णन मात्र करने वाले व्यक्तिनिष्ठ निर्णय नहीं मानता। इस सिद्धांत के अनुसार नैतिक निर्णय वस्तुनिष्ठ, निष्पक्ष तथा सार्वभौमिक होते हैं, अतः ये निर्णय स्वाद और पसंद सम्बंधी वैयक्तिक निर्णयों से भिन्न हैं।

वस्तुनिष्ठवाद की आधारभूत मान्यता यह है कि नैतिक निर्णय किसी व्यक्ति या समुदाय की मनोदशाओं का वर्णन मात्र न करके वास्तव में निर्णीत वस्तुओं—अर्थात्, मनुष्यों, उनके चरित्र, अनुभवों तथा कर्मों—की विशेषताओं अथवा उनके गुणों के आधार पर उनका निष्पक्ष मूल्यांकन करते हैं। जब हम किसी कर्म को उचित या अनुचित कहते हैं तो हम उसके प्रति अपनी अथवा अपने समुदाय की भावनाओं, रुचियों या इच्छाओं का वर्णन नहीं करते जैसा कि व्यक्ति-

निष्ठवादी मानते हैं; हम उस कर्म के कुछ विशेष गुणों के आधार पर उसका मूल्यांकन करते हैं जो हमारी अपनी अथवा हमारे समुदाय की इच्छाओं, रुचियों या भावनाओं से स्वतंत्र होने के कारण निर्वैयक्तिक तथा निष्पक्ष होता है। इस दृष्टि से नैतिक निर्णय व्यक्तिनिष्ठ न होकर वास्तव में वस्तुनिष्ठ होते हैं जिन्हें निर्णीत वस्तुओं के कुछ गुणों के आधार पर उचित या अनुचित सिद्ध किया जा सकता है। निर्णीत वस्तुओं के इन गुणों का ज्ञान हमें इंद्रियजन्य अनुभव अथवा अंतर्निरीक्षण द्वारा ही प्राप्त होता है, अतः इन्हें 'प्राकृतिक गुण' कहा जाता है। ये प्राकृतिक गुण ही किसी मनुष्य तथा कर्म को शुभ या अशुभ, उचित या अनुचित बनाते हैं, किसी व्यक्ति अथवा समुदाय की मनोदशाएं नहीं। इसी कारण नैतिक निर्णयों की प्रामाणिकता भी किसी व्यक्ति या समुदाय की भावनाओं अथवा इच्छाओं पर निर्भर न होकर निर्णीत वस्तुओं में विद्यमान इन प्राकृतिक गुणों पर ही आधारित होती है। इस प्रकार उपर्युक्त विवेचन से यह स्पष्ट है कि यद्यपि वस्तुनिष्ठवाद तथा व्यक्तिनिष्ठवाद दोनों ही मूलतः प्रकृतिवाद में विश्वास करते हैं, फिर भी वस्तुनिष्ठवाद व्यक्तिनिष्ठवाद से बहुत भिन्न सिद्धांत है।

यहां यह प्रश्न उठाया जा सकता है कि जब वस्तुनिष्ठवादी नैतिक निर्णयों को "वस्तुनिष्ठ' कहते हैं तो इस 'वस्तुनिष्ठता' का ठीक-ठीक अर्थ क्या है। वस्तुतः इस प्रश्न का कोई निश्चित और सर्वमान्य उत्तर देना बहुत कठिन है, क्योंकि नैतिक दर्शन में 'वस्तुनिष्ठता' शब्द का प्रयोग अनेक अर्थों में किया गया है। इस अध्याय के दूसरे खंड में वैस्टरमार्क के मत का उल्लेख करते हुए हम यह बता चुके हैं कि नैतिक निर्णयों तथा मूल्यों के सम्बंध में 'वस्तुनिष्ठता' के दो भिन्न-भिन्न अर्थ हो सकते हैं। किसी नैतिक निर्णय को 'वस्तुनिष्ठ' कहने का एक अर्थ यह हो सकता है कि वह किसी वस्तु के ऐसे गुणों का वर्णन करता है जिनका मनुष्य के अस्तित्व और उसकी अंतश्चेतना से कोई सम्बंध नहीं है। वस्तुनिष्ठता के इस अर्थ के अनुसार वस्तुओं का शुभ या अशुभ होना मनुष्य की इच्छाओं तथा भावनाओं से ही नहीं, अपितु उसके अस्तित्व से भी स्वतंत्र है—अर्थात इस विश्व में मनुष्य का अस्तित्व रहे या न रहे, कुछ वस्तुएं शुभ तथा कुछ अशुभ बनी रहेंगी और उनसे सम्बंधित निर्णय भी वस्तुनिष्ठ रूप से सदैव सत्य होंगे। स्पष्ट है कि वस्तुनिष्ठता के इस अर्थ को स्वीकार करने वाले दार्शनिक जब नैतिक निर्णयों को वस्तुनिष्ठ कहते हैं तो वे इन निर्णयों को मानव के अस्तित्व और उसकी अंतश्चेतना से पूर्णतः स्वतंत्र मानते हैं। वर्तमान शताब्दी के आरम्भ में जी० ई० मूर वस्तुनिष्ठता के इसी अर्थ को स्वीकार करते थे। तब वे यह मानते थे कि इस पृथ्वी पर मनुष्य का अस्तित्व न रहने पर भी वस्तुओं की सुन्दरता

तथा कुरूपता बनी रहेगी[और सुन्दर वस्तुओं का संसार कुरूप वस्तुओं के संसार की अपेक्षा निश्चय ही अधिक उत्कृष्ट होगा। अपनी पुस्तक 'प्रिन्सिपिया ऐथिका' के अंतिम अध्याय में उन्होंने वस्तुनिष्ठता का यही अर्थ स्वीकार किया है। परन्तु आज सम्भवत: कोई भी दार्शनिक वस्तुनिष्ठता के इस अर्थ का समर्थन नहीं करता। उक्त पुस्तक लिखने के कुछ वर्ष पश्चात स्वयं मूर ने भी यह स्वीकार किया था कि वस्तुनिष्ठता का यह अर्थ उचित नहीं है, क्योंकि मनुष्य का अस्तित्व समाप्त हो जाने पर अन्य सभी विचारों तथा मूल्यों की भांति सौंदर्यात्मक और नैतिक मूल्यों का भी कोई अर्थ एवं महत्त्व नहीं रह जाता। इस प्रकार यह स्पष्ट है कि वस्तुनिष्ठता के उपर्युक्त अर्थ का तर्कसंगत रूप से समर्थन करना सम्भव नहीं है। ऐसी स्थिति में वस्तुनिष्ठता के किसी अन्य अर्थ को स्वीकार करना आवश्यक हो जाता है।

वस्तुनिष्ठता का दूसरा अर्थ यह हो सकता है कि जब हम नैतिक निर्णयों को वस्तुनिष्ठ कहते हैं तो हम इन निर्णयों द्वारा निर्णीत वस्तुओं के कुछ ऐसे प्राकृतिक गुणों का वर्णन करते हैं जो मनुष्य की भावनाओं, इच्छाओं तथा रुचियों से सम्बद्ध होते हुए भी पूर्णत: उन पर निर्भर नहीं हैं। वस्तुनिष्ठता के इस अर्थ के अनुसार नैतिक निर्णयों का मनुष्य की अंतश्चेतना से अनिवार्य सम्बंध अवश्य है, किन्तु ये निर्णय किसी व्यक्ति या समुदाय की मनोदशाओं का वर्णन मात्र नहीं करते। व्यक्तिनिष्ठ निर्णयों के विपरीत ये नैतिक निर्णय स्वयं निर्णीत वस्तुओं की कुछ विशेषताओं अथवा उनके गुणों के आधार पर ही उनका मूल्यांकन करते हैं जो किसी व्यक्ति या समुदाय की मनोदशाओं पर निर्भर नहीं होता। इस अर्थ में जब हम नैतिक निर्णयों को वस्तुनिष्ठ कहते हैं तो हमारा तात्पर्य यह होता है कि वस्तुत: ये निर्णय निर्णीत वस्तुओं के विषय में ही दिये जाते हैं, किसी व्यक्ति अथवा समुदाय की भावनाओं, इच्छाओं या रुचियों के सम्बंध में नहीं। परन्तु इसका यह अर्थ नहीं है कि मानवीय भावनाओं अथवा इच्छाओं से नैतिक निर्णयों का कोई सम्बंध नहीं होता। इन निर्णयों को वस्तुनिष्ठ कहने का अर्थ केवल यही है कि ये निर्णय किसी व्यक्ति या समुदाय की भावनाओं अथवा इच्छाओं का वर्णन मात्र नहीं करते जैसा कि व्यक्तिनिष्ठवादी मानते हैं। हम इन निर्णयों द्वारा निर्णीत वस्तुओं के शुभ या अशुभ तथा उचित या अनुचित होने के विषय में अपना निष्पक्ष मत व्यक्त करते हैं जो इन वस्तुओं की अपनी कुछ विशेषताओं पर ही आधारित होता है। आज अधिकतर दार्शनिक नैतिक निर्णयों की वस्तुनिष्ठता का यही अर्थ स्वीकार करते हैं। वे जब नैतिक निर्णयों को वस्तुनिष्ठ कहते हैं तो इससे उनका अभिप्राय केवल यही होता है कि अन्य तथ्यात्मक निर्णयों की भांति ये निर्णय भी किसी व्यक्ति या समुदाय की मनो-

दशाओं का वर्णन मात्र न करके निर्णीत वस्तुओं का वस्तुनिष्ठ मूल्यांकन करते हैं। इस अर्थ में वस्तुनिष्ठवाद निश्चय ही व्यक्तिनिष्ठवाद का निषेध करता है जिसके अनुसार नैतिक निर्णय केवल व्यक्तिनिष्ठ होते हैं। वास्तव में नैतिक निर्णयों की वस्तुनिष्ठता का उपर्युक्त अर्थ ही उचित एवं तर्कसंगत प्रतीत होता है।

अभी तक हमने वस्तुनिष्ठ प्रकृतिवाद के स्वरूप तथा इसकी कुछ आधारभूत मान्यताओं का विवेचन किया है। अब संक्षेप में इस सिद्धांत के कुछ प्रमुख समर्थकों के मत पर विचार करना आवश्यक है। हम दूसरे अध्याय में यह बता चुके हैं कि जो दार्शनिक विकासवाद, सुखवाद तथा उपयोगितावाद में विश्वास करते हैं वे मुख्यतः इसी वस्तुनिष्ठ प्रकृतिवाद के समर्थक हैं। इन दार्शनिकों में हरबर्ट स्पेंसर तथा जरमी बैन्थम के नाम विशेष रूप से उल्लेखनीय हैं। इन दार्शनिकों के अतिरिक्त वर्तमान युग में 'आदर्श प्रेक्षक-सिद्धांत' के समर्थक एफ० सी० शार्प, रोड्रिक फर्थ, आर० बी० ब्रांट आदि विचारकों ने भी वस्तुनिष्ठ प्रकृतिवाद का ही समर्थन किया है। ये सभी दार्शनिक नैतिक निर्णयों को व्यक्तिनिष्ठ न मान कर मानवीय आचरण का मूल्यांकन करने वाले वस्तुनिष्ठ निर्णय ही मानते हैं। उदाहरणार्थ सुखमूलक विकासवाद के समर्थक स्पेंसर 'विकसित आचरण' के आधार पर 'शुभ आचरण' की परिभाषा करते हैं। उनके मतानुसार "अमुक आचरण अधिक उत्कृष्ट है" इस नैतिक निर्णय का अर्थ यह है कि "वह आचरण अधिक विकसित है।" इस परिभाषा से यह स्पष्ट है कि स्पेंसर के विचार में 'अधिक उत्कृष्ट' तथा 'अधिक विकसित' पर्यायवाची शब्द हैं, अतः नैतिक निर्णयों और प्राकृतिक तथ्यात्मक निर्णयों में कोई मूल भेद नहीं है। मानवीय आचरण को शुभ या अशुभ कहना तथा उसे विकसित अथवा अविकसित कहना मूलतः एक ही बात है। 'शुभ' तथा 'अशुभ' मानवीय आचरण के अर्थ के विषय में अपने इसी मत को स्पष्ट करते हुए स्पेंसर ने लिखा है कि "जिस आचरण को हम 'शुभ' कहते हैं वह अपेक्षाकृत 'अधिक विकसित' आचरण होता है और जिस आचरण को हम 'अशुभ' की संज्ञा देते हैं वह अपेक्षाकृत 'कम विकसित' आचरण होता है।[24]" इस प्रकार स्पेंसर के विचार में आचरण के शुभत्व का निर्णय उसके विकसित होने के अनुपात के आधार पर किया जा सकता है।

परन्तु यहां यह उल्लेखनीय है कि स्पेंसर विकासवाद के साथ-साथ सुखवाद तथा उपयोगितावाद के भी समर्थक हैं और इसी कारण वे 'विकास' के समान ही 'सुख' एवं 'उपयोगिता' को भी आचरण के शुभत्व का आधार मानते हैं। उनका विचार है कि 'शुभ' का अर्थ 'विकसित' के साथ-साथ 'सुखद' अथवा

24. हरबर्ट स्पेंसर, 'दि प्रिन्सिपल्ज ऑफ़ ऐथिक्स', पृ० 15।

'सुखोत्पादक' भी है और 'सद्गुण' की परिभाषा 'सुख' के आधार पर ही की जा सकती है। स्पेंसर के विचारों से ऐसा प्रतीत होता है कि वे 'सुख', 'उपयोगिता', 'आनंद' आदि शब्दों को समानार्थक शब्द ही मानते हैं। उनके अनुसार ये सभी शब्द हमारी संतोषपूर्ण मनःस्थिति को ही व्यक्त करते हैं। इसी व्यापक अर्थ में 'सुख' को नैतिकता का अंतिम साध्य मानते हुए उन्होंने लिखा है कि "यदि हम जीवन के लिये सहायक आचरण को 'शुभ' कहते हैं तो ऐसा हम इसी अर्थ में कह सकते हैं कि यह दुःख की अपेक्षा सुख की अधिक वृद्धि करता है।···कोई भी सिद्धांत वांछनीय मनोदशाओं को अंतिम नैतिक ध्येय माने बिना नहीं रह सकता—फिर चाहे इस मनोदशा को 'तृप्ति' कहा जाये अथवा 'सुख' या 'आनन्द'। किसी समय, किसी प्राणी अथवा किन्हीं प्राणियों के लिये सुख-प्राप्ति इस अवधारणा का अनिवार्य तत्त्व है।"[25] स्पेंसर के उपर्युक्त उद्धरण के आधार पर सम्भवतः यह निष्कर्ष निकालना अनुचित न होगा कि उनके मतानुसार "अमुक आचरण शुभ है" इस नैतिक निर्णय का अर्थ यह है कि "वह आचरण व्यक्ति अथवा समाज के लिये सुखद या उपयोगी है" और "अमुक आचरण अशुभ है" इसका अर्थ यह है कि "वह आचरण व्यक्ति या समाज के लिये दुखद अथवा हानिकारक है।" यदि यह निष्कर्ष उचित है तो हम यह कह सकते हैं कि स्पेंसर 'विकास', 'सुख', 'उपयोगिता' आदि प्राकृतिक अवधारणाओं के आधार पर नैतिक निर्णयों की व्याख्या करते हैं और इन निर्णयों के प्रमाणीकरण के लिये भी वे इन्हीं प्राकृतिक अवधारणाओं पर आधारित तर्क प्रस्तुत करते हैं। इसी कारण उनके सिद्धांत को वस्तुनिष्ठ प्रकृतिवादी सिद्धांत कहना युक्तिसंगत ही प्रतीत होता है।

अब इस प्रश्न पर विचार करना आवश्यक है कि नैतिक निर्णयों की व्याख्या के सम्बन्ध में स्पेंसर का उपर्युक्त सिद्धांत कहां तक उचित एवं सन्तोषप्रद है। उक्त प्रश्न पर विचार करते समय हमें इस बात की ओर विशेष रूप से ध्यान देना होगा कि स्पेंसर मानवीय आचरण के सम्बन्ध में वस्तुतः मानकीय सिद्धांत का ही प्रतिपादन कर रहे थे, नैतिक निर्णयों के अर्थ, स्वरूप तथा प्रमाणीकरण के विषय में अधि-नैतिक सिद्धांत का नहीं। उनका मुख्य उद्देश्य यह बताना था कि किस प्रकार का आचरण शुभ या अशुभ है और क्यों। जिस समय वे अपने सुखमूलक अथवा उपयोगिता मूलक विकासवाद का प्रतिपादन कर रहे थे तब नैतिक दर्शन की स्वतन्त्र विधा के रूप में अधि-नीतिशास्त्र का उदय नहीं हुआ था। परन्तु, जैसाकि हम देख चुके हैं, स्पेंसर ने 'शुभ', 'अशुभ' आदि नैतिक शब्दों के अर्थ के विषय में भी अपने विचार व्यक्त किये हैं और उनके

25. वही पुस्तक, पृ० 45-46।

इन विचारों से यह स्पष्ट है कि वे मुख्यत: वस्तुनिष्ठवाद के समर्थक हैं। वे नैतिक निर्णयों को प्राकृतिक तथ्यात्मक निर्णयों की भांति निर्वैयक्तिक एवं वस्तु निष्ठ निर्णय ही मानते हैं। परन्तु इन निर्णयों की व्याख्या के सम्बन्ध में उनका सिद्धांत उचित और संतोषप्रद प्रतीत नहीं होता। उनके सिद्धांत के विरुद्ध प्रथम आपत्ति यह है कि वे हमें 'विकास' का कोई स्पष्ट और निश्चित अर्थ नहीं बताते। जब वे कहते हैं कि "विकसित आचरण शुभ आचरण है" तो यह स्पष्ट नहीं है कि 'विकसित आचरण' से उनका क्या तात्पर्य है। सम्भवत: उनका विचार है कि समय की दृष्टि से बाद में आने वाला आचरण 'विकसित आचरण' है। परन्तु ऐसे आचरण का नैतिक दृष्टि से अधिक उत्कृष्ट होना अनिवार्य नहीं है। कालांतर में आने वाला आचरण नैतिक दृष्टि से निष्कृट भी हो सकता है, क्योंकि समयावधि नैतिक उत्कृष्टता की कोई कसौटी नहीं है। स्पेंसर के सिद्धांत के विरुद्ध दूसरी आपत्ति यह है कि जब हम आचरण को शुभ या अशुभ कहते हैं तो सामान्यत: इससे हमारा तात्पर्य यह नहीं होता कि वह आचरण विकसित अथवा अविकसित है। जब हम किसी मनुष्य के आचरण के विषय में नैतिक निर्णय देते हैं तो हम इस बात पर विचार नहीं करते कि उसका आचरण समय की दृष्टि से परवर्ती या विकसित है। इसका कारण यह है कि आचरण का नैतिक दृष्टि से उत्कृष्ट या निकृष्ट होना इस बात पर निर्भर नहीं है कि वह परवर्ती है अथवा पूर्ववर्ती। इस प्रकार स्पेंसर ने आचरण की नैतिक उत्कृष्टता का निर्णय करने के लिए विकास सम्बन्धी जो मानदण्ड प्रस्तुत किया है वह उचित नहीं है।

हम ऊपर बता चुके हैं कि स्पेंसर विकास के अतिरिक्त सुख अथवा आनन्द को भी आचरण की उत्कृष्टता का मापदण्ड मानते हैं, किन्तु वे हमें स्पष्ट तथा निश्चित रूप से यह नहीं बताते कि विकास और आनन्द में परस्पर क्या सम्बन्ध है। यदि सुख या आनन्द ही नैतिकता का अन्तिम साध्य है जैसा कि स्पेंसर मानते हैं तो 'शुभ आचरण' का अर्थ 'सुखद आचरण' ही हो सकता है, 'परवर्ती अथवा विकसित आचरण' नहीं। परन्तु हम देख चुके हैं कि उनके मतानुसार 'शुभ आचरण' का अर्थ 'विकसित आचरण' भी है। इससे निश्चय ही उनके सिद्धांत में बहुत अस्पष्टता आ जाती है। अन्त में स्पेंसर के सिद्धांत के विरुद्ध यह गंभीर आपत्ति भी उठाई जा सकती है कि वे तथ्यात्मक निर्णयों और नैतिक निर्णयों को पूर्णत: समान मान लेते हैं। 'विकसित', 'सुखद' आदि शब्द केवल तथ्यात्मक हैं, अत: इनके आधार पर ही 'शुभ', 'अशुभ' आदि नैतिक शब्दों की परिभाषा करना उचित और युक्तिसंगत प्रतीत नहीं होता। हम अगले खण्ड में देखेंगे कि यह आपत्ति प्रकृतिवाद के विरुद्ध सामान्य और आधारभूत आपत्ति है जो इस सिद्धांत के सभी रूपों के विरुद्ध उठाई जा सकती है। इस प्रकार उपर्युक्त सभी

आपत्तियों के आधार पर यह कहा जा सकता है कि स्पेंसर का वस्तुनिष्ठ प्रकृतिवाद नैतिक निर्णयों की संतोषप्रद व्याख्या नहीं कर पाता।

हरबर्ट स्पेंसर के अतिरिक्त जरमी बैन्थम ने भी मुख्यत: वस्तुनिष्ठ प्रकृतिवाद का समर्थन किया है। इस सम्बन्ध में बेंथम के मत पर विचार करने से पूर्व यहां यह स्पष्ट कर देना आवश्यक है कि स्पेंसर की भांति उनका मुख्य उद्देश्य भी मानवीय आचरण के विषय में मानकीय सिद्धांत का प्रतिपादन करना ही था, नैतिक निर्णयों की व्याख्या करने के लिए किसी विशेष अधि-नैतिक सिद्धांत का प्रतिपादन करना नहीं। परन्तु अपने प्रमुख मानकीय सिद्धांत उपयोगितावाद की व्याख्या करते हुए उन्होंने 'शुभ', 'उचित' आदि नैतिक शब्दों के अर्थ के संबंध में भी अपने विचार व्यक्त किये हैं। उनके इन विचारों को ध्यान में रखते हुए यह कहा जा सकता है कि वे वस्तुनिष्ठ प्रकृतिवाद के समर्थक हैं। उदाहरणार्थ बेंथम का मत है कि 'उचित', 'अनुचित', 'शुभ', 'अशुभ' इन शब्दों के अर्थ को उपयोगितावाद का आधार माना जा सकता है। नैतिक प्रसंगों में हम सामान्यत: इन शब्दों का जो अर्थ समझते हैं उसी के आधार पर हम उपयोगितावाद की पुष्टि कर सकते हैं। अपने इसी मत को सोदाहरण स्पष्ट करते हुए बैन्थम ने कहा है कि "जो कर्म उपयोगिता के सिद्धांत के अनुरूप है उसके सम्बन्ध में सदैव यह कहा जा सकता है कि वह ऐसा कर्म है जो किया जाना चाहिए, अथवा कम से कम वह ऐसा कर्म नहीं है जो नहीं किया जाना चाहिए। यह भी कहा जा सकता है कि वह उचित कर्म है और इसलिए किया जाना चाहिए; कम से कम वह अनुचित कर्म नहीं है, अत: उसे किया जाना चाहिए।...जब हम 'चाहिए', 'उचित', 'अनुचित' तथा इसी प्रकार के अन्य शब्दों की ऐसी व्याख्या करते हैं तभी वे सार्थक हो सकते हैं, अन्यथा नहीं।"[26] इसी प्रकार बैन्थम का यह भी कथन है कि 'शुभ' तथा 'अशुभ' इन शब्दों की सार्थकता अंतत: इसी बात पर निर्भर है कि हम सुख को ही अनिवार्यत: अपने आप में शुभ और दु:ख को ही अनिवार्यत: अपने आप में अशुभ कहते हैं; अन्यथा इन शब्दों का हमारे लिए कोई अर्थ नहीं हो सकता।[27] इस प्रकार बैन्थम के अनुसार किसी कर्म को 'उचित' कहने का अर्थ यह है कि वह उपयोगितावादी सिद्धांत के अनुरूप है और किसी कर्म को 'अनुचित' कहने का अर्थ यह है कि वह इस सिद्धांत के विरुद्ध है। इन तथा ऐसे ही अन्य नैतिक शब्दों की सार्थकता इसी आधार पर निश्चित की जा सकती है। बैन्थम के इन विचारों से यह भली-भांति स्पष्ट हो जाता है कि वे

26. जरमी बैन्थम, 'इन्ट्रोडक्शन टु दि प्रिन्सिपल्ज़ ऑफ़ मॉरल्ज़ ऐंड लेजिस्लेशन' पृ० 4।
27. वही पुस्तक, पृ० 102

नैतिक शब्दों के अर्थ के विषय में मुख्यत: वस्तुनिष्ठ प्रकृतिवाद को ही स्वीकार करते हैं।

परन्तु स्पेंसर की भांति बैन्थम भी अपने इस सिद्धान्त द्वारा नैतिक निर्णयों की सन्तोषप्रद व्याख्या नहीं कर पाते। उनके सिद्धान्त के विरुद्ध मुख्य आपत्ति यह है कि जब हम किसी कर्म को उचित या अनुचित कहते हैं तो इससे हमारा तात्पर्य सदैव और अनिवार्यत: यह नहीं होता कि वह कर्म उपयोगिता के सिद्धान्त के अनुरूप है अथवा इस सिद्धान्त के विरुद्ध। इसी प्रकार किसी कर्म को उचित या अनुचित कहने का अर्थ अनिवार्यत: यह भी नहीं होता कि वह कर्म सुखद है अथवा दु:खद। इससे स्पष्ट है कि केवल 'उपयोगिता' अथवा 'सुख' के आधार पर 'उचित', 'शुभ' आदि नैतिक शब्दों की परिभाषा नहीं की जा सकती। परन्तु, जैसा कि हम ऊपर देख चुके हैं, बैन्थम ने इसी प्रकार इन नैतिक शब्दों की परिभाषा करने का प्रयास किया है। ऐसी स्थिति में नैतिक निर्णयों की व्याख्या के विषय में उनके उपर्युक्त मत को स्वीकार नहीं किया जा सकता।

स्पेंसर और बैन्थम के अतिरिक्त कुछ समकालीन दार्शनिकों ने भी वस्तुनिष्ठ प्रकृतिवाद का समर्थन किया है। इन दार्शनिकों में एफ० सी० शार्प, रौड्रिक फ़र्थ और आर० बी० ब्रांट के नाम उल्लेखनीय हैं। ये दार्शनिक जिस वस्तुनिष्ठ प्रकृतिवादी सिद्धान्त को स्वीकार करते हैं उसे 'आदर्श प्रेक्षक-सिद्धान्त' कहा जाता है। इस सिद्धान्त के अनुसार निष्पक्ष आदर्श प्रेक्षक किसी कर्म के समस्त प्रासंगिक परिणामों पर निर्वैयक्तिक एवं वस्तुनिष्ठ रूप से विचार करने के पश्चात् ही समान परिस्थितियों में उसे सभी व्यक्तियों के लिये उचित या अनुचित कहता है। इसी सिद्धान्त के आधार पर 'उचित कर्म' का अर्थ स्पष्ट करते हुए शार्प ने कहा है कि "हम उचित आचरण की परिभाषा ऐसे आचरण के रूप में कर सकते हैं जिसकी इच्छा तभी की जाती है जब उस पर निर्वैयक्तिक दृष्टि से विचार किया जाता है।"[28] शार्प के अनुसार जब कोई व्यक्ति यह कहता है कि "अमुक कर्म उचित है" तो इसका अर्थ यह है कि समान परिस्थितियों में वह कर्म उन सभी व्यक्तियों में अनुमोदन की भावना उत्पन्न करता है जो उसके सभी प्रासंगिक परिणामों से भली-भांति अवगत हैं और उन परिणामों पर निष्पक्ष रूप से विचार करते हैं। स्पष्ट है कि कर्म के परिणामों पर आधारित होने के कारण अनुमोदन की यह भावना निर्वैयक्तिक होती है, अत: यह व्यक्तिगत पसंद से मूलत: भिन्न है। निष्पक्ष अनुमोदन की इस भावना से प्रेरित होकर

28. एफ० सी० शार्प, 'ऐथिक्स', पृ० 109।

जब कोई व्यक्ति किसी कर्म को उचित कहता है तो इसके परिणामस्वरूप वह यह भी चाहता है कि समान परिस्थितियों में अन्य सभी व्यक्ति भी वह कर्म करें। यही कारण है कि इस प्रकार का निष्पक्ष निर्णय करने वाले व्यक्ति को 'आदर्श प्रेक्षक' की संज्ञा दी जाती है। इस 'आदर्श प्रेक्षक' के अनिवार्य गुणों का उल्लेख करते हुए फ़र्थ कहते हैं कि (1) उसे निर्णीत कर्म से सम्बन्धित सभी प्रासंगिक तथ्यों एवं परिणामों से भली-भांति अवगत होना चाहिये; (2) उसे इन तथ्यों तथा परिणामों पर पूर्णत: निष्पक्ष रूप से विचार करना चाहिये; (3) अपना निर्णय देते समय उसे व्यक्तिगत भावनाओं अथवा संवेगों मे प्रभावित नहीं होना चाहिए और (4) उसके नैतिक निर्णय संगतिपूर्ण होने चाहियें—अर्थात् समान परिस्थितियों में किये जाने वाले समान कर्मों के विषय में उसे समान निर्णय ही देने चाहियें।[29] वस्तुत: ऐसा आदर्श प्रेक्षक जिस कर्म का अनुमोदन अथवा अननुमोदन करता है उसे ही उचित या अनुचित कर्म कहा जा सकता है।

शार्प और फ़र्थ की भांति ब्रांट भी उपर्युक्त आदर्श प्रेक्षक-सिद्धान्त के समर्थक हैं। इस सिद्धान्त को स्वीकार करने के प्रमुख लाभों का वर्णन करते हुए वे कहते हैं कि (1) यह सिद्धान्त हमें नैतिक दृष्टि से प्रासंगिक सभी आवश्यक तथ्यों पर निष्पक्ष रूप से विचार करने के लिये प्रेरित करता है; (2) यह सिद्धान्त उचित तथा अनुचित कर्मों में विद्यमान अन्तर की तर्कसंगत व्याख्या करता है; (3) यह हमें बताता है कि नैतिक निर्णय सत्य या असत्य हो सकते हैं और इस दृष्टि से इन निर्णयों का वस्तुनिष्ठ मूल्यांकन सम्भव हैं; (4) यह इस बात की व्याख्या करता है कि हम अपने व्यक्तिगत स्वार्थपूर्ण नैतिक निर्णयों के स्थान पर किसी विशेषज्ञ तथा निष्पक्ष व्यक्ति के वस्तुनिष्ठ एवं तर्कसंगत नैतिक परामर्श को क्यों स्वीकार करते हैं; (5) यह नैतिक निर्णयों का तर्कसंगत विश्लेषण करता है और इस दृष्टि से यह संवेगवाद की अपेक्षा अधिक संतोषप्रद सिद्धान्त है।[30] इस प्रकार ब्रांट द्वारा वर्णित आदर्श प्रेक्षक-सिद्धान्त के उपर्युक्त लाभों से यह स्पष्ट है कि वे इस सिद्धान्त का समर्थन करते हैं। वे यह मानते हैं कि यह सिद्धान्त नैतिक निर्णयों की समुचित एवं तर्कसंगत व्याख्या करता है, अत: अन्य सिद्धान्तों की अपेक्षा यह अधिक सन्तोषप्रद है।

परन्तु मेरे विचार में आदर्श प्रेक्षक-सिद्धान्त के विरुद्ध यह आपत्ति

29. रोड्रिक फ़र्थ, 'ऐथिकल एब्सोल्यूटिज्म ऐण्ड दि आइडियल ऑब्ज़रवर', पृ० 343-344।
30. आर० बी० ब्रांट, "दि डेफ़िनिशन ऑफ़ ऐन 'आइडियल ऑब्जरवर' थ्योरी ऑफ़ ऐथिक्स", 'फिलॉसॉफी ऐण्ड फिनॉमिनॉलॉजिकल रिसर्च', मार्च 1955, पृ० 407-408।

उठाई जा सकती है कि इसके समर्थक निष्पक्ष एवं वस्तुनिष्ठ नैतिक निर्णयों के लिए जिन आदर्श प्रेक्षकों की कल्पना करते हैं उनका अस्तित्व इस ससार में सम्भव प्रतीत नहीं होता। इस विश्व में ऐसा व्यक्ति शायद ही कोई होगा जिसमें आदर्श प्रेक्षक के उपर्युक्त सभी गुण विद्यमान हों। ऐसी स्थिति में आदर्श प्रेक्षक-सिद्धान्त को स्वीकार कर लेने पर भी हमारे लिये यह जानना बहुत कठिन है कि वास्तव में कौन-से कर्म उचित हैं और कौन-से अनुचित। परन्तु इस सिद्धान्त के समर्थन में यह अवश्य कहा जा सकता है कि यदि आदर्श प्रेक्षकों का अस्तित्व सम्भव हो तो यह नैतिक निर्णयों की निष्पक्षता और वस्तुनिष्ठता के लिए सैद्धान्तिक दृष्टि से समुचित आधार प्रस्तुत करता है। हमने अभी तक जिन प्रकृतिवादी सिद्धान्तों का विवेचन किया है उन सबमें यह आदर्श प्रेक्षक-सिद्धान्त ही सर्वश्रेष्ठ प्रतीत होता है।

5. मूल्यांकन

पिछले खण्डों में हम प्रकृतिवाद की आधारभूत मान्यताओं तथा उसके प्रमुख रूपों के गुण-दोषों पर विस्तारपूर्वक विचार कर चुके हैं। हम देख चुके हैं कि इस सिद्धान्त के मुख्य दोनों रूपों—व्यक्तिनिष्ठवाद और वस्तुनिष्ठवाद—के विरुद्ध बहुत-सी गम्भीर आपत्तियां उठाई जा सकती हैं। इनमें से कुछ आपत्तियां केवल व्यक्तिनिष्ठवाद के विरुद्ध और कुछ अन्य आपत्तियां केवल वस्तुनिष्ठवाद के विरुद्ध हैं जिन पर हम पिछले दो खंडों में विचार कर चुके हैं। इन आपत्तियों के अतिरिक्त प्रकृतिवाद के विरुद्ध कुछ ऐसी सामान्य आपत्तियां भी हैं जो इस सिद्धांत के सभी रूपों पर लागू होती हैं। प्रस्तुत खण्ड में प्रकृतिवाद के विरुद्ध इन्हीं सामान्य आपत्तियों पर विचार किया जायेगा। परन्तु इन सामान्य आपत्तियों की चर्चा करने से पूर्व यहां यह स्पष्ट कर देना आवश्यक है कि प्रकृतिवाद में आंशिक सत्य अवश्य विद्यमान है। यह सिद्धान्त इस महत्त्वपूर्ण तथ्य की ओर हमारा ध्यान आकृष्ट करता है कि अन्य विज्ञानों के निर्णयों की भांति नैतिक निर्णयों का भी मानवीय अनुभव और तथ्यों से अनिवार्य सम्बन्ध है। मनुष्य ही कुछ तथ्यों के आधार पर मनुष्य तथा उसके कर्मों के विषय में नैतिक निर्णय देता है, अतः इन्हें मानवीय अनुभव से पृथक नहीं किया जा सकता। इस दृष्टि से प्रकृतिवाद की यह मान्यता उचित ही प्रतीत होती है कि ईश्वर अथवा किसी अन्य दैवी शक्ति की अवधारणा नैतिक निर्णयों का आधार नहीं हो सकती। वस्तुतः मानवीय अनुभव ही इन निर्णयों का अन्तिम आधार है, क्योंकि ये निर्णय मनुष्य के व्यक्तित्व और उसके आचरण के विषय में ही दिये जाते हैं। प्रकृतिवाद नैतिक निर्णयों की इस अनिवार्य और आधारभूत विशेषता से हमें

अवगत कराता है, अतः इस तथ्य को अस्वीकार नहीं किया जा सकता कि उक्त सिद्धान्त में आंशिक सत्य विद्यमान है।

परन्तु, जैसा कि हम पिछले खण्डों में देख चुके हैं, अंशतः सत्य होते हुए भी प्रकृतिवाद नैतिक निर्णयों की पूर्णतया सन्तोषप्रद व्याख्या नहीं कर पाता। पूर्वोक्त आपत्तियों के अतिरिक्त प्रकृतिवाद के विरुद्ध प्रथम सामान्य आपत्ति यह है कि यह सिद्धान्त नैतिक शब्दों को प्राकृतिक गुणों का बोध कराने वाले तथ्यात्मक शब्द मान लेता है। हम देख चुके हैं कि इस सिद्धान्त के अनुसार 'शुभ', 'उचित' आदि नैतिक शब्द 'इच्छित', 'रुचिकर', 'सुखद', 'विकसित' आदि तथ्यात्मक शब्दों के समान हैं जिनके द्वारा हमें 'इच्छा', 'रुचि', 'सुख', 'विकास' आदि प्राकृतिक गुणों का बोध होता है। जैसा कि हम इस अध्याय के प्रथम खण्ड में स्पष्ट कर चुके हैं, प्राकृतिकगुण वे गुण हैं जिनका ज्ञान हम इन्द्रियजन्य अनुभव अथवा अन्तर्निरीक्षण द्वारा प्राप्त कर सकते हैं और प्रकृतिवादियों के विचार में नैतिक शब्द हमें ऐसे ही प्राकृतिक गुणों का बोध कराते हैं। परन्तु प्रकृतिवादियों की यह मान्यता उचित नहीं है, क्योंकि नैतिक शब्द वस्तुतः गुणबोधक शब्द नहीं होते। तथ्यात्मक शब्दों के विपरीत नैतिक शब्दों का उद्देश्य निर्णीत वस्तुओं के किन्हीं प्राकृतिक गुणों का वर्णन मात्र करना नहीं होता जैसा कि प्रकृतिवादी मानते हैं। इन दोनों प्रकार के शब्दों को पूर्णतः समानार्थक मान लेने के कारण ही उस गम्भीर दोष की उत्पत्ति होती है जिसे मूर ने 'प्रकृतिवादी दोष' की संज्ञा दी है और जिसके आधार पर उन्होंने प्रकृतिवाद का दृढ़तापूर्वक खण्डन किया है।

इस प्रकृतिवादी दोष के स्वरूप को स्पष्ट करते हुए मूर कहते हैं कि यदि कोई व्यक्ति निर्प्राकृतिक गुण का बोध कराने वाले 'शुभ' शब्द को किसी प्राकृतिक गुण के बोधक शब्द के समान ही मान लेता है तो इसे 'प्रकृतिवादी दोष' कहा जा सकता है।[31] दूसरे शब्दों में, मूर के अनुसार किसी प्राकृतिक गुणबोधक शब्द के आधार पर 'शुभ' की परिभाषा करने के परिणामस्वरूप प्रकृतिवादी दोष की उत्पत्ति होती है, क्योंकि 'शुभ' प्राकृतिक गुण का बोध कराने वाला शब्द नहीं है। जो दार्शनिक 'इच्छा', 'सुख', 'विकास' आदि प्राकृतिक गुणों के आधार पर 'शुभ' की परिभाषा करते हैं उनके सिद्धान्तों में अनिवार्यतः यही प्रकृतिवादी दोष पाया जाता है। मूर के विचार में इस प्रकार की प्रत्येक परिभाषा दोषपूर्ण है, क्योंकि जिस प्राकृतिक गुण के आधार पर 'शुभ' की परिभाषा की जाती है उसके सम्बन्ध में हम सार्थकतापूर्वक यह प्रश्न

31. जी० ई० मूर, 'प्रिन्सिपिया ऐथिका' पृ० 13।

कर सकते हैं कि क्या वह गुण शुभ है। उदाहरणार्थ यदि कोई सुखवादी 'सुख' के आधार पर 'शुभ' की परिभाषा करते हुए यह कहता है कि 'शुभ' का अर्थ 'सुख' है तो हम उससे यह पूछ सकते हैं कि क्या सुख शुभ है। हमारे इस प्रश्न को निरर्थक नहीं माना जा सकता, क्योंकि 'सुख' तथा 'शुभ' समानार्थक शब्द नहीं हैं और प्रत्येक सुख का शुभ होना अनिवार्य नहीं है। 'शुभ' की परिभाषा के लिए अन्य किसी प्राकृतिक गुण का प्रयोग किए जाने पर भी हम सार्थकता-पूर्वक इसी प्रकार का प्रश्न कर सकते हैं।[32] इस प्रकार मूर 'शुभ' को निर्प्राकृतिक गुण का बोध कराने वाला शब्द मानकर प्रकृतिवाद का खण्डन करते हैं। उनका यह मत कहां तक उचित एवं युक्तिसंगत है इस प्रश्न पर हम अगले अध्याय में विस्तारपूर्वक विचार करेंगे। यहां इतना कह देना ही पर्याप्त है कि 'शुभ', 'उचित' आदि नैतिक शब्द गुणबोधक नहीं हैं, अतः मूर का यह मत उचित है कि 'शुभ' किसी प्राकृतिक गुण का बोध नहीं कराता और इसी कारण ऐसे किसी गुण के आधार पर उसकी परिभाषा नहीं की जा सकती। यही बात अन्य नैतिक शब्दों की परिभाषा के विषय में भी कही जा सकती है। इस प्रकार नैतिक शब्दों को प्राकृतिक गुणों का बोध कराने वाले तथ्यात्मक शब्दों के समान वर्णनात्मक शब्द मानकर प्रकृतिवादियों ने बहुत बड़ी भूल की है जिसके कारण उनका सिद्धान्त नैतिक निर्णयों की सन्तोषप्रद व्याख्या नहीं कर पाता।

प्रकृतिवाद के विरुद्ध दूसरी आपत्ति यह है कि इस सिद्धान्त को स्वीकार कर लेने पर उस मूल उद्देश्य की पूर्ति असम्भव हो जाती है जिसके लिए हम नैतिक भाषा का प्रयोग करते हैं। यह आपत्ति मुख्यतः आर० एम० हेयर ने उठाई है, किन्तु कुछ अन्य समकालीन दार्शनिक भी इसका समर्थन करते हैं। प्रकृतिवाद के विरुद्ध हेयर का कथन है कि यह सिद्धान्त नैतिक शब्दों को तथ्यात्मक शब्दों के समान ही पूर्णतः वर्णनात्मक मान लेता है और इस प्रकार इन शब्दों को मूल्यांकन तथा परामर्श सम्बन्धी उनके मुख्य कार्य से वंचित कर देता है। तथ्यात्मक शब्दों का प्रयोग हम कुछ तथ्यों का वर्णन करने के लिये ही करते हैं, किन्तु नैतिक शब्दों का प्रयोग हम केवल इसी उद्देश्य के लिये नहीं करते। हेयर के अनुसार तथ्यात्मक शब्दों के विपरीत नैतिक शब्दों का मुख्य उद्देश्य निर्णीत वस्तुओं का मूल्यांकन करना तथा हमें परामर्श देना अथवा हमारा मार्गदर्शन करना है। यही कारण है कि तथ्यात्मक शब्दों के आधार पर नैतिक शब्दों की परिभाषा करना सम्भव नहीं है। वस्तुतः इन दोनों प्रकार के शब्दों का मुख्य उद्देश्य भिन्न-भिन्न है, किन्तु यदि प्रकृतिवाद को स्वीकार कर

32. वही पुस्तक, पृ० 15-16।

लिया जाये तो इन शब्दों के उद्देश्य में कोई अन्तर नहीं रह जाता। प्रकृतिवाद के विरुद्ध हेयर अपनी इस आपत्ति को मूर की उस आपत्ति का संशोधित रूप ही मानते हैं जिस पर हम ऊपर विचार कर चुके हैं। हेयर का मत है कि केवल नैतिक शब्दों की ही नहीं, अपितु सभी प्रकार के मूल्यात्मक शब्दों की परिभाषा तथ्यात्मक शब्दों के आधार पर करना असम्भव है। इसका कारण यह है कि मूल्यात्मक शब्दों और तथ्यात्मक शब्दों के मुख्य उद्देश्य में आधारभूत अन्तर है जिसकी प्रकृतिवाद पूर्णतया उपेक्षा करता है। इस प्रकार हेयर के मतानुसार केवल नीतिशास्त्र में ही नहीं, अपितु सम्पूर्ण मूल्य मीमांसा में प्रकृतिवाद के लिये कोई स्थान नहीं है।

प्रकृतिवाद के विरुद्ध अपनी इस आपत्ति को सोदाहरण स्पष्ट करते हुए हेयर कहते हैं कि "प्रकृतिवादी सिद्धान्तों का दोष यह है कि वे तथ्यात्मक कथनों के आधार पर मूल्यात्मक निर्णयों की परिभाषा करके इन निर्णयों के परामर्शात्मक अथवा प्रशंसात्मक तत्व को समाप्त कर देते हैं।...मान लीजिए एक अच्छे चित्र के कुछ अनिवार्य गुण हैं। इस बात का कोई महत्व नहीं है कि ये गुण किस प्रकार के हैं।...हम इन गुणों के समूह को 'ग' कह सकते हैं। तब 'च एक अच्छा चित्र है' का अर्थ केवल यही होगा कि 'च एक चित्र है और च ग है'।...यदि हम इस परिभाषा को स्वीकार कर लें तो हम अपने आपको वह कहने से वंचित कर देते हैं जो हम कभी-कभी अवश्य कहना चाहते हैं।...इस प्रकार हमारी परिभाषा ने हमें उस वस्तु की प्रशंसा करने से वंचित कर दिया है जिसकी हम प्रशंसा करना चाहते हैं। इस परिभाषा का यही दोष है।...यदि 'च एक अच्छा चित्र है' का अर्थ केवल यही मान लिया जाये कि 'च एक चित्र है और च ग है' तो 'ग' होने के लिए चित्रों की प्रशंसा करना असम्भव हो जायेगा; केवल यही कहना सम्भव होगा कि वे 'ग' हैं।"[33] इस प्रकार प्रकृतिवाद के विरुद्ध हेयर की मुख्य आपत्ति यही है कि यह सिद्धान्त मूल्यात्मक शब्दों (जिनमें नैतिक शब्द भी सम्मिलित हैं) और तथ्यात्मक शब्दों को पूर्णतः समानार्थक मानकर मूल्यात्मक शब्दों के मूल्यांकन तथा मार्गदर्शन सम्बन्धी तत्व की उपेक्षा करता है। इस सिद्धान्त को स्वीकार कर लेने पर हम नैतिक निर्णयों द्वारा मनुष्यों तथा उनके कर्मों का मूल्यांकन—अर्थात् उनकी प्रशंसा अथवा निंदा—नहीं कर सकते और न उनका मार्गदर्शन कर सकते हैं जो इन निर्णयों का प्रमुख उद्देश्य है। मुख्यतः इसी आधार पर हेयर ने प्रकृतिवाद का खण्डन किया है और इस सिद्धान्त के विरुद्ध उनकी यह आपत्ति उचित एवं तर्कसंगत प्रतीत होती है।

33. आर० एम० हेयर, 'दि लैंग्वेज ऑफ़ मॉरल्ज़', पृ० 82, 84, 85।

प्रकृतिवाद के विरुद्ध उपर्युक्त सामान्य आपत्तियों तथा पिछले खण्डों में इस सिद्धान्त के प्रमुख दोनों रूपों—व्यक्तिनिष्ठवाद और वस्तुनिष्ठवाद—के विरुद्ध उठाई गई सभी गम्भीर आपत्तियों के आधार पर यही निष्कर्ष निकाला जा सकता है कि अशंतः सत्य होते हुए भी यह सिद्धान्त वास्तव में नैतिक निर्णयों के अर्थ, स्वरूप तथा प्रमाणीकरण की सन्तोषप्रद एवं युक्तिसंगत व्याख्या नहीं कर पाता ।

अध्याय 4

निर्प्रकृतिवाद

1. आधारभूत मान्यताएं

पिछले अध्याय में हम यह देख चुके हैं कि प्रकृतिवाद किस प्रकार नैतिक निर्णयों के अर्थ, स्वरूप तथा प्रमाणीकरण की व्याख्या करता है और किन कठिनाइयों अथवा दोषों के कारण उसकी यह व्याख्या उचित एवं संतोषप्रद नहीं है। इस सिद्धांत के प्रमुख रूपों के विरुद्ध पिछले अध्याय में जो गंभीर आपत्तियां उठाई गई हैं उन्हें ध्यान में रखते हुए अनेक दार्शनिकों ने नैतिक निर्णयों की व्याख्या करने के लिए इसके स्थान पर एक अन्य सिद्धांत का प्रतिपादन किया है जिसे 'निर्प्रकृतिवाद' अथवा 'अंत:प्रज्ञावाद' की संज्ञा दी गई है। यह सिद्धांत प्रकृतिवाद से किस प्रकार भिन्न है इस प्रश्न पर विचार करने से पूर्व यहां यह स्पष्ट कर देना आवश्यक है कि प्रकृतिवाद की भांति निर्प्रकृतिवाद या अंत:प्रज्ञावाद भी संज्ञानात्मक सिद्धांत है। यह सिद्धांत भी प्रकृतिवाद की इस आधारभूत मान्यता को स्वीकार करता है कि नैतिक निर्णय तथ्यात्मक निर्णयों के समान ही संज्ञानात्मक अथवा वर्णनात्मक होते हैं—अर्थात् हम इन निर्णयों द्वारा किन्हीं विशेष तथ्यों का वर्णन मात्र करते हैं। प्रकृतिवादियों की भांति निर्प्रकृतिवादी भी यह मानते हैं कि 'शुभ', 'उचित', 'कर्तव्य' आदि नैतिक शब्द गुणबोधक या संबंध बोधक हैं, क्योंकि ये शब्द हमें कुछ विशेष गुणों अथवा संबंधों का बोध कराते हैं। परन्तु निर्प्रकृतिवादियों के अनुसार ये विशेष गुण या संबंध प्राकृतिक न होकर निर्प्राकृतिक ही होते हैं। इन निर्प्राकृतिक गुणों अथवा संबंधों का स्वरूप क्या है और ये गुण या संबंध प्राकृतिक गुणों अथवा संबंधों से किस प्रकार भिन्न हैं इस प्रश्न पर हम आगे विस्तार से विचार करेंगे। यहां इतना कह देना ही पर्याप्त है कि प्रकृतिवाद तथा निर्प्रकृतिवाद इन दोनों संज्ञानात्मक सिद्धांतों के अनुसार नैतिक शब्द तथ्यात्मक और गुणबोधक या संबंध बोधक हैं।

वस्तुत: प्रकृतिवाद और निर्प्रकृतिवाद ये दोनों सिद्धांत शब्दार्थ विषयक एक विशेष सिद्धांत पर आधारित हैं जिसे 'निर्देशात्मक सिद्धांत' कहा जाता है। इस निर्देशात्मक सिद्धांत के समर्थकों का विचार है कि प्रत्येक शब्द हमें अनिवार्यत: किसी वस्तु, तथ्य, स्थिति, गुण या संबंध का बोध कराता है। वे भाषा को मुख्यत:

वर्णनात्मक ही मानते हैं, क्योंकि उनके विचार में उसका प्रमुख उद्देश्य किन्हीं वस्तुओं, तथ्यों, स्थितियों, गुणों अथवा संबंधों का केवल वर्णन करना है। 1921 में प्रकाशित अपनी प्रथम पुस्तक 'ट्रैक्टेटस लॉजिको-फ़िलॉसॉफ़िकस' में लुडविग विटगिन्स्टाइन ने शब्दार्थ संबंधी इसी निर्देशात्मक सिद्धांत का समर्थन किया था और इसे 'चित्र-सिद्धांत' की संज्ञा दी थी, क्योंकि तब वे यह मानते थे कि प्रत्येक शब्द वास्तव में किसी वस्तु या स्थिति का चित्र प्रस्तुत करता है। परन्तु कालांतर में उन्होंने स्वयं ही अपने इस सिद्धांत का खंडन किया और 1953 में प्रकाशित अपनी दूसरी पुस्तक 'फ़िलॉसॉफ़िकल इन्वैस्टिगेशन्स' में इस सिद्धांत के स्थान पर 'उपयोग-सिद्धांत' का प्रतिपादन किया जिसके अनुसार प्रत्येक शब्द के अर्थ का निरूपण किसी विशेष प्रसंग अथवा परिस्थिति में उसके उपयोग के आधार पर ही किया जा सकता है, अत: सभी प्रसंगों या परिस्थितियों में किसी शब्द का कोई एक अर्थ निश्चित कर देना संभव नहीं है। यहां हमारा उद्देश्य भाषा के अर्थ से संबंधित इन सिद्धांतों के गुण-दोषों का विवेचन करना नहीं, अपितु केवल यही स्पष्ट करना है कि प्रकृतिवाद और निर्प्रकृतिवाद इन दोनों संज्ञानात्मक सिद्धांतों का मूल आधार निर्देशात्मक सिद्धांत ही है जिसके कारण इन दोनों सिद्धांतों की आधारभूत मान्यताओं में पर्याप्त समानता है।

परन्तु प्रकृतिवाद और निर्प्रकृतिवाद में उपर्युक्त समानताओं के होते हुए भी ये दोनों सिद्धांत वास्तव में एक-दूसरे से बहुत भिन्न हैं। निर्प्रकृतिवाद नैतिक निर्णयों के अर्थ, स्वरूप तथा प्रमाणीकरण के संबंध में प्रकृतिवाद की अनेक मान्यताओं का दृढ़तापूर्वक खंडन करता है। सर्वप्रथम वह प्रकृतिवाद की इस आधारभूत मान्यता को स्वीकार नहीं करता कि निर्नैतिक तथ्यात्मक शब्दों के आधार पर नैतिक शब्दों की परिभाषा की जा सकती है। निर्प्रकृतिवाद के अनुसार नैतिक शब्द अनन्य तथा अपरिभाष्य हैं, अत: हम निर्नैतिक तथ्यात्मक शब्दों द्वारा कभी भी नैतिक निर्णयों की व्याख्या नहीं कर सकते। 'भावना', 'इच्छा', 'रुचि', 'सुख', 'विकास' आदि निर्नैतिक तथ्यात्मक शब्दों के आधार पर 'शुभ', 'उचित', 'कर्तव्य', आदि नैतिक शब्दों की परिभाषा करने का प्रयास प्रकृतिवादियों की बहुत बड़ी भूल है जिसके फलस्वरूप 'प्रकृतिवादी दोष' की उत्पत्ति होती है। इस प्रकृतिवादी दोष के स्वरूप पर हम पिछले अध्याय में संक्षेप में विचार कर चुके हैं। प्रस्तुत अध्याय के अगले खंड में हम इस पर कुछ विस्तार से विचार करेंगे। यहां इतना कह देना ही पर्याप्त है कि निर्प्रकृतिवादियों के मतानुसार प्रकृतिवादियों द्वारा की गई नैतिक शब्दों की सभी परिभाषाओं में अनिवार्यत: यह प्रकृतिवादी दोष पाया जाता है। इस दोष के कारण प्रकृतिवादी नैतिक निर्णयों की समुचित एवं संतोषप्रद व्याख्या नहीं कर पाते। वे नैति-

शास्त्र को पृथक और स्वतंत्र विज्ञान न मान कर उसे किसी प्राकृतिक विज्ञान अथवा सामाजिक विज्ञान का ही एक भाग मान लेते हैं। परन्तु प्रकृतिवादियों के इस मत को अस्वीकार करते हुए निर्प्रकृतिवादी नीतिशास्त्र को पूर्णतः स्वतंत्र विज्ञान मानते हैं जिसके निर्णयों के अर्थ को किसी अन्य विज्ञान के कथनों द्वारा कभी स्पष्ट नहीं किया जा सकता। इस प्रकार विज्ञान के रूप में नीतिशास्त्र की पूर्ण स्वतंत्रता और नैतिक शब्दों की अनन्यता और अपरिभाष्यता निर्प्रकृतिवाद की प्रमुख विशेषता है जो उसे प्रकृतिवाद से पृथक करती है।

उपर्युक्त विशेषता के अतिरिक्त निर्प्रकृतिवाद की एक अन्य महत्त्वपूर्ण विशेषता यह है कि प्रकृतिवाद के विपरीत यह सिद्धांत नैतिक शब्दों को निर्प्राकृतिक गुणों अथवा संबंधों का बोध कराने वाले शब्द मानता है। इस सिद्धांत के समर्थकों का विचार है कि 'शुभ', 'उचित', 'कर्तव्य' आदि नैतिक शब्द हमें किन्हीं प्राकृतिक गुणों या संबंधों के स्थान पर कुछ विशेष निर्प्राकृतिक गुणों अथवा संबंधों का बोध कराते हैं और नैतिक शब्दों की यह विशेषता ही उन्हें सभी निर्नैतिक शब्दों से पृथक करती है। वस्तुतः नैतिक शब्दों की इसी विशेषता के कारण निर्प्रकृतिवादी इन शब्दों को अनन्य तथा अपरिभाष्य मानते हैं। उनका मत है कि हम निर्नैतिक शब्दों द्वारा नैतिक शब्दों की परिभाषा नहीं कर सकते, क्योंकि निर्प्राकृतिक गुणों या संबंधों का बोध कराने के कारण नैतिक शब्द निर्नैतिक शब्दों से मूलतः भिन्न होते हैं।

यहां स्वभावतः यह प्रश्न उठता है कि निर्प्राकृतिक गुणों या संबंधों का ठीक-ठीक अर्थ क्या है। इस प्रश्न का कोई निश्चित और सर्वमान्य उत्तर देना बहुत कठिन है, क्योंकि इन गुणों अथवा संबंधों के स्वरूप के विषय में निर्प्रकृतिवादियों का मत पूर्णतः स्पष्ट नहीं है। वे केवल यही कहते हैं कि ये गुण या संबंध प्राकृतिक गुणों अथवा संबंधों से मूलतः भिन्न हैं जिनका ज्ञान हमें इंद्रियजन्य अनुभव तथा अंतर्निरीक्षण द्वारा प्राप्त होता है। स्पष्टतः इसका अर्थ यही है कि निर्प्राकृतिक गुणों या संबंधों को इंद्रियजन्य अनुभव और अंतर्निरीक्षण द्वारा नहीं जाना जा सकता। इसी कारण इनके ज्ञान के लिए निर्प्रकृतिवादियों ने मनुष्य में एक विशेष मानसिक शक्ति की कल्पना की है जिसे वे 'अंतःप्रज्ञा' की संज्ञा देते हैं। उनका विचार है कि यह अंतःप्रज्ञा प्रत्येक व्यक्ति में अनिवार्यतः विद्यमान रहती है और इसी के फलस्वरूप उसे निर्प्राकृतिक गुणों अथवा संबंधों का साक्षात ज्ञान प्राप्त होता है जो मानवीय अनुभवों, कर्मों तथा नियमों को नैतिक दृष्टि से शुभ अथवा अशुभ, उचित या अनुचित बनाते हैं। दूसरे शब्दों में, हम अपनी अंतःप्रज्ञा द्वारा साक्षात रूप से यह जान लेते हैं कि कुछ विशेष निर्प्राकृतिक गुणों या संबंधों के कारण कौन-सा कर्म तथा नियम नैतिक दृष्टि से

शुभ, अथवा अशुभ, उचित या अनुचित है। इस साक्षात ज्ञान के लिए हमें इंद्रियजन्य अनुभव तथा किसी प्रकार के प्रमाण की आवश्यकता नहीं होती, अतः यह अतः-प्रज्ञात्मक ज्ञान अनुभवात्मक ज्ञान से मूलतः भिन्न है। अनुभव और प्रमाण पर आधारित न होने के कारण यह साक्षात ज्ञान स्वतःसिद्ध होता है। अपने इसी स्वतःसिद्ध साक्षात ज्ञान द्वारा हम यह निर्णय करने में समर्थ होते हैं कि क्या शुभ या अशुभ तथा उचित या अनुचित है। इस प्रकार स्पष्ट है कि शुभ-अशुभ तथा उचित-अनुचित के ज्ञान के लिए निर्प्रकृतिवादी 'अंतःप्रज्ञा' को विशेष महत्व देते हैं। यही कारण है कि उनके सिद्धांत को अंतःप्रज्ञावाद' भी कहा जाता है। संक्षेप में निर्प्राकृतिक गुणों या संबंधों का अस्तित्व और अंतःप्रज्ञा द्वारा उनका साक्षात ज्ञान निर्प्रकृतिवाद अथवा अंतःप्रज्ञावाद की आधारभूत मान्यताएं हैं, जो उसे प्रकृतिवाद से पृथक् करती हैं।

यहां यह उल्लेखनीय है कि निर्प्रकृतिवाद के समर्थकों के मतानुसार हम अपनी अंतःप्रज्ञा द्वारा शुभ-अशुभ तथा उचित-अनुचित का जो साक्षात एवं स्वतःसिद्ध नैतिक ज्ञान प्राप्त करते हैं वह गणित संबंधी ज्ञान की भांति पूर्णतः निश्चित या असंदिग्ध होता है। इसका अर्थ यह है कि अंतःप्रज्ञा हमें कभी भी संदिग्ध अथवा मिथ्या नैतिक ज्ञान प्रदान नहीं करती। इसके अतिरिक्त निर्प्रकृति-वादी यह भी मानते हैं कि हमें अपनी अंतःप्रज्ञा द्वारा प्राप्त होने वाला नैतिक ज्ञान व्यक्तिनिष्ठ न होकर वस्तुनिष्ठ ही होता है। इसका कारण यह है कि उक्त अंतःप्रज्ञात्मक नैतिक ज्ञान किसी व्यक्ति अथवा समुदाय की भावनाओं, इच्छाओं, अभिवृत्तियों या रुचियों पर आधारित नहीं होता। इस नैतिक ज्ञान का एकमात्र आधार अंतःप्रज्ञा है जो किसी न किसी रूप में सभी व्यक्तियों में अवश्य विद्यमान रहती है। निर्प्रकृतिवादियों का दावा है कि यह अंतःप्रज्ञा हमें निश्चय ही वस्तु-निष्ठ नैतिक ज्ञान प्रदान करती है जो गणित विषयक ज्ञान के समान ही पूर्णतः असंदिग्ध तथा स्वतः सिद्ध होता है।

एक उदाहरण द्वारा उपर्युक्त अंतःप्रज्ञात्मक नैतिक ज्ञान के स्वरूप को भली-भांति स्पष्ट किया जा सकता है। जिस प्रकार घास को देखते ही हम तुरन्त और प्रत्यक्षतः यह जान लेते हैं कि वह हरी है उसी प्रकार किसी व्यक्ति द्वारा निर्दोष मनुष्य अथवा किसी अन्य प्राणी को अकारण भयंकर यातना देते हुए देख कर हम तुरन्त और प्रत्यक्ष रूप से यह जान लेते हैं कि उस व्यक्ति का वह कर्म अनुचित है। जिस प्रकार हमारे नेत्र हमें रंग संबंधी प्रत्यक्ष अनुभवात्मक वस्तुनिष्ठ ज्ञान प्रदान करते हैं उसी प्रकार हमारी अंतःप्रज्ञा हमें शुभ-अशुभ तथा उचित-अनुचित संबंधी साक्षात एवं वस्तुनिष्ठ नैतिक ज्ञान प्रदान करती है। जैसे घास में पाया जाने वाला एक विशेष प्राकृतिक गुण (हरियाली) उसे हरी बनाता है वैसे ही

निर्दयतापूर्ण कर्म में विद्यमान एक विशेष निर्प्राकृतिक गुण उसे नैतिक दृष्टि से अनुचित बनाता है। जिस प्रकार हम अपने नेत्रों द्वारा घास के प्राकृतिक गुण (हरियाली) को प्रत्यक्षतः तुरन्त जान लेते हैं उसी प्रकार हम अपनी अंतःप्रज्ञा द्वारा क्रूरतापूर्ण कर्म के विशेष निर्प्राकृतिक गुण को भी प्रत्यक्ष रूप से तुरन्त जान लेते हैं। इस दृष्टि से अंत प्रज्ञात्मक साक्षात वस्तुनिष्ठ नैतिक ज्ञान प्रत्यक्ष वस्तुनिष्ठ अनुभवात्मक ज्ञान के समान ही है। इन दोनों में अंतर केवल यही है कि अनुभवात्मक ज्ञान हमारी ज्ञानेंद्रियों पर आधारित होता है और साक्षात नैतिक ज्ञान हमारी अंतःप्रज्ञा पर।

उपर्युक्त विवेचन से यह स्पष्ट है कि निर्प्रकृतिवादी अपने सिद्धांत को व्यक्तिनिष्ठ प्रकृतिवाद के विपरीत वस्तुनिष्ठ सिद्धांत मानते हैं, क्योंकि इस सिद्धांत के अनुसार नैतिक निर्णय व्यक्तिनिष्ठ न होकर वस्तुनिष्ठ ही होते हैं। नैतिक निर्णयों के संबंध में अपनी इसी आधारभूत मान्यता के कारण सभी निर्प्रकृतिवादी व्यक्तिनिष्ठवाद की समस्त मान्यताओं का दृढ़तापूर्वक खंडन करते हैं। परन्तु यहां यह स्पष्ट कर देना आवश्यक है कि निर्प्रकृतिवादियों का यह वस्तुनिष्ठवाद प्रकृतिवादियों के वस्तुनिष्ठवाद से भिन्न है। हम पिछले अध्याय में देख चुके हैं कि वस्तुनिष्ठ प्रकृतिवाद के अनुसार किसी वस्तु के प्राकृतिक गुण ही उसे शुभ या अशुभ तथा उचित या अनुचित बनाते हैं। इसके विपरीत निर्प्रकृतिवादियों का विचार है कि वस्तुओं में विद्यमान विशेष निर्प्राकृतिक गुण अथवा संबंध ही उन्हें शुभ या अशुभ तथा उचित या अनुचित बनाते हैं, क्योंकि प्राकृतिक गुणों से संबंधित नि नैतिक निर्णयों के आधार पर नैतिक निर्णयों की व्याख्या कभी नहीं की जा सकती। इस प्रकार प्रकृतिवादियों के वस्तुनिष्ठवाद के विपरीत निर्प्रकृतिवादियों का वस्तुनिष्ठवाद अंतःप्रज्ञा द्वारा प्रत्यक्षतः ज्ञात कुछ विशेष निर्प्राकृतिक गुणों अथवा संबंधों पर ही आधारित है और यही इन दोनों में मूल अंतर है।

यद्यपि सभी निर्प्रकृतिवादी वस्तुनिष्ठ साक्षात नैतिक ज्ञान के लिए अंतःप्रज्ञा को अनिवार्य मानते हैं, फिर भी अंतःप्रज्ञा के स्वरूप तथा उसकी सीमा के विषय में उनमें परस्पर मतभेद है। रैल्फ़ कडवर्थ, सैम्यूअल क्लार्क आदि कुछ दार्शनिक अंतःप्रज्ञा को पूर्णतः बौद्धिक मानते हैं। इसके विपरीत फ्रांसिस हचिसन, शैफ्ट्सबरी आदि कुछ दार्शनिक अंतःप्रज्ञा को केवल भावनात्मक शक्ति के रूप में ही स्वीकार करते हैं। शैफ्ट्सबरी तथा हचिसन ने इसे 'नैतिक संवित्ति' की संज्ञा दी है। अंतःप्रज्ञा के स्वरूप की भांति इसकी सीमा के संबंध में भी इन दार्शनिकों के विचार भिन्न-भिन्न हैं। कुछ दार्शनिकों का मत है कि हमें अंतःप्रज्ञा द्वारा वस्तुओं और कर्मों के शुभ या अशुभ तथा उचित या अनुचित होने का साक्षात ज्ञान प्राप्त होता है। इन दार्शनिकों को 'कर्मवादी' कहा जाता है।

जैसा कि हम आगे देखेंगे, एच० ए० प्रिचर्ड इसी मत को स्वीकार करते हैं। परन्तु कुछ अन्य दार्शनिकों का विचार है कि हमें अंत:प्रज्ञा द्वारा केवल कुछ आधारभूत नैतिक नियमों के औचित्य या अनौचित्य का ही साक्षात ज्ञान प्राप्त होता है। इन दार्शनिकों को 'नियमवादी' कहा जाता है। हम इस अध्याय के चौथे खंड में देखेंगे कि डब्ल्यू० डी० रॉस० इसी मत का समर्थन करते हैं। इस प्रकार निर्प्रकृतिवादी अथवा अंत:प्रज्ञावादी होते हुए भी उपर्युक्त दार्शनिक अंत:प्रज्ञा की सीमा अथवा भूमिका के संबंध में परस्पर सहमत नहीं हैं।

निर्प्रकृतिवाद अथवा अंत:प्रज्ञावाद की उपर्युक्त सभी प्रमुख विशेषताओं तथा आधारभूत मान्यताओं से यह पूर्णत: स्पष्ट है कि प्रकृतिवाद के समान ही मूलत: संज्ञानात्मक सिद्धांत होते हुए भी निर्प्रकृतिवाद उससे बहुत भिन्न है। हम अगले खंडों में देखेंगे कि प्रकृतिवाद की आधारभूत मान्यताओं की भांति निर्प्रकृतिवाद की अधिकतर आधारभूत मान्यताएं भी उचित एव युक्तिसंगत नहीं हैं।

2. जी० ई० मूर

निर्प्रकृतिवाद अथवा अंत: प्रज्ञावाद की मुख्य विशेषताओं और आधारभूत मान्यताओं का विवेचन करने के पश्चात अब इस सिद्धांत के कुछ प्रमुख समर्थकों के मत पर विचार करना आवश्यक है। सत्रहवीं शताब्दी से वर्तमान युग तक अनेक दार्शनिकों ने किसी न किसी रूप में इस सिद्धांत का समर्थन किया है। इन दार्शनिकों में रैल्फ़ कडवर्थ, सैम्युल क्लार्क, टॉमस रीड, रिचर्ड प्राइस, शैफ्ट्सबरी फ़्रांसिस हचिसन, जोज़ेफ़ बटलर, जी०ई० मूर, एच०ए० प्रिचर्ड, डब्ल्यू०डी० रॉस, सी० डी० ब्रोड, ई० एफ़० कैरिट आदि के नाम विशेष रूप से उल्लेखनीय हैं। हम पिछले खंड में इस तथ्य का उल्लेख कर चुके हैं कि अंत:प्रज्ञा के स्वरूप के विषय में अंत:प्रज्ञावादियों में मतभेद है। उपर्युक्त दार्शनिकों में से कडवर्थ, क्लार्क, रीड तथा प्राइस अंत:प्रज्ञा को बौद्धिक शक्ति मानते हैं, अत: उनके सिद्धांत को 'बौद्धिक अंत:प्रज्ञावाद' कहा जाता है। इसके विपरीत शैफ्ट्सबरी और हचिसन अंत:प्रज्ञा को भावनात्मक शक्ति के रूप में ही स्वीकार करते हैं; इसी कारण उनके सिद्धांत को 'भावनात्मक अंत:प्रज्ञावाद' की संज्ञा दी जा सकती है। मूर, प्रिचर्ड, रॉस, ब्रोड, कैरिट आदि वर्तमान शताब्दी के अंत:प्रज्ञावादी दार्शनिक भावनात्मक अंत:प्रज्ञावाद के स्थान पर बौद्धिक अंत:प्रज्ञावाद का ही समर्थन करते हैं। यह कहना संभवत: अनुचित न होगा कि ये सभी दार्शनिक नैतिक निर्णयों के अर्थ स्वरूप तथा प्रमाणीकरण के विषय में कडवर्थ, क्लार्क, रीड, प्राइस आदि बौद्धिक अंत: प्रज्ञावादियों के विचारों से विशेष रूप से प्रभावित

हुए हैं। ये बौद्धिक अंत:प्रज्ञावादी दार्शनिक नैतिक निर्णयों को गणित के निर्णयों की भांति पूर्णत: बौद्धिक, अपरिवर्तनशील तथा परिणामनिरपेक्ष ही मानते थे। इन दार्शनिकों का यह निश्चित मत था कि नैतिक निर्णय किसी व्यक्ति या समुदाय की भावनाओं अथवा इच्छाओं पर आधारित न होकर निर्णीत वस्तुओं के विशेष निर्प्राकृतिक गुणों या संबंधों पर ही आधारित होते हैं जिन्हें अंत:प्रज्ञा द्वारा साक्षात रूप से जाना जा सकता है। इसी कारण इन निर्णयों को गणित के निर्णयों के समान ही वस्तुनिष्ठ, सार्वभौमिक, शाश्वत और परिणाम निरपेक्ष मानना अनिवार्य है। जिस प्रकार हम निश्चित रूप से यह जानते हैं कि दो पूर्णत: समान रेखाओं में से एक छोटी और दूसरी बड़ी नहीं हो सकती अथवा दो और दो पाँच नहीं हो सकते उसी प्रकार हम यह भी निश्चित रूप से जानते हैं कि हत्या करना, झूठ बोलना, चोरी करना आदि कर्म कभी भी उचित और अपने कर्तव्य का पालन करना, सत्य बोलना, परोपकार करना आदि कर्म कभी भी अनुचित नहीं हो सकते। इस प्रकार बौद्धिक अंत:प्रज्ञा-वादियों के मतानुसार वस्तुनिष्ठता, सार्वभौमिकता, अपरिवर्तनशीलता, परिणाम निरपेक्षता आदि विशेषताएं गणित के निर्णयों की भांति नैतिक निर्णयों में भी अनिवार्यत: विद्यमान रहती हैं, अत: इन दोनों प्रकार के निर्णयों के स्वरूप में कोई आधारभूत अंतर नहीं है। नैतिक निर्णय गणित के निर्णयों के समान ही अनुभवनिरपेक्ष होने के कारण स्वत:सिद्ध होते हैं—अर्थात् इन दोनों को सत्य प्रमाणित करने के लिये किसी प्रकार के तर्कों या प्रमाणों की आवश्यकता नहीं होती। हम आगे देखेंगे कि वर्तमान शताब्दी के अंत:प्रज्ञावादी दार्शनिकों पर नैतिक निर्णयों के संबंध में बौद्धिक अंत:प्रज्ञावादियों के उपर्युक्त विचारों का पर्याप्त प्रभाव पड़ा है।

जैसा कि हम ऊपर बता चुके हैं, इस शताब्दी में बहुत से दार्शनिकों ने निर्प्रकृतिवाद अथवा अंत:प्रज्ञावाद का समर्थन किया है। परन्तु यहां स्थानाभाव के कारण इन सभी दार्शनिकों के मत पर विचार करना संभव नहीं है, अत: हम इनमें से कुछ प्रमुख दार्शनिकों के मत का ही विवेचन करेंगे। प्रस्तुत खंड में मूर के मत पर और अगले दो खंडों में क्रमश: प्रिचर्ड तथा रॉस के मत पर विचार किया जाएगा।

प्रथम अध्याय में अधि-नीतिशास्त्र के उदय और विकास की चर्चा करते हुए हम इस सम्बन्ध में मूर के महत्त्वपूर्ण योगदान का उल्लेख कर चुके हैं। हम देख चुके हैं कि वर्तमान शताब्दी में सर्वप्रथम उन्होंने ही 'शुभ', 'उचित', 'कर्तव्य' आदि नैतिक शब्दों के अर्थ के विषय में प्रश्न उठाया और इसे ही नीतिशास्त्र का मूल प्रश्न माना। यही कारण है कि अपनी पुस्तक 'प्रिंसिपिया ऐथिका' में उन्होंने

इन नैतिक शब्दों के अर्थ पर विस्तारपूर्वक विचार किया है। इसी प्रकार 1912 में प्रकाशित अपनी दूसरी पुस्तक 'ऐथिक्स' में भी उन्होंने नैतिक शब्दों और निर्णयों के अर्थ का विस्तृत विवेचन किया है। परन्तु इन शब्दों तथा निर्णयों के अर्थ के सम्बन्ध में मूर के मत का उल्लेख करने से पूर्व यहां संक्षेप में इस प्रश्न पर विचार करना आवश्यक है कि क्या वे वास्तव में अंत:प्रज्ञावादी थे। 'प्रिंसिपिया ऐथिका' की प्रस्तावना में उन्होंने स्वयं ही यह प्रश्न उठाया है। वे कहते हैं कि "इस बात पर ध्यान देना आवश्यक है कि मैं सामान्य अर्थ में अंत:प्रज्ञावादी नहीं हूं।···वास्तविक अंत:प्रज्ञावादी यह मानता है कि जिन निर्णयों में यह कहा जाता है कि अमुक कर्म 'उचित' अथवा 'कर्त्तव्य' है उन्हें इन कर्मों के परिणामों की परीक्षा के आधार पर प्रमाणित या अप्रमाणित नहीं किया जा सकता। इसके विपरीत मैं यह मानता हूं कि इस प्रकार के कथन अंत:-प्रज्ञात्मक नहीं हैं।"[1] इस प्रकार मूर 'उचित' और 'कर्त्तव्य' के अर्थ के विषय में अंत:प्रज्ञावाद को स्वीकार नहीं करते। परंतु इससे यह निष्कर्ष निकालना उचित नहीं होगा कि वास्तव में वे अंत:प्रज्ञावादी नहीं हैं। जैसा कि हम आगे अधिक विस्तार से स्पष्ट करेंगे, वे निश्चित रूप से यह मानते हैं कि 'शुभ' जिस निर्प्राकृतिक गुण का बोध कराता है उसका साक्षात ज्ञान हमें केवल अंत:प्रज्ञा द्वारा ही प्राप्त होता है। इसी प्रकार वे यह भी कहते हैं कि सौंदर्यात्मक आनन्द और पारस्परिक व्यक्तिगत स्नेह इन स्वत: शुभ वस्तुओं का ज्ञान हम केवल अंत:प्रज्ञा द्वारा ही प्राप्त कर सकते हैं। वस्तुत: मूर का यह निश्चित मत है कि नैतिकता विषयक मूल सत्यों के ज्ञान का अन्तिम और एकमात्र आधार अंत:प्रज्ञा ही है। ऐसी स्थिति में यह कहना अनुचित न होगा कि वे इस विशेष अर्थ में अंत:-प्रज्ञावाद को अवश्य स्वीकार करते हैं।

मूर ने 'प्रिंसिपिया' ऐथिका' की प्रस्तावना में मानकीय नीतिशास्त्र सम्बन्धी ये दो प्रश्न उठाए हैं कि हमें कौन-से कर्म करने चाहियें और कौन-सी वस्तुएं अपने आप में शुभ अथवा मूल्यवान हैं। इस पुस्तक के अंतिम दो अध्यायों में उन्होंने इन्हीं दोनों प्रश्नों का सविस्तार उत्तर देने का प्रयास किया है। परन्तु इन प्रश्नों का उत्तर देने से पूर्व उन्होंने अपनी पुस्तक के प्रथम अध्याय में उस प्रश्न पर विस्तारपूर्वक विचार किया है जिसे वे नीतिशास्त्र का सर्वाधिक महत्त्व-पूर्ण और मूल प्रश्न मानते हैं। जैसा कि हम प्रथम अध्याय में बता चुके हैं, वह प्रश्न यह है कि 'शुभ' का अर्थ क्या है और उसकी ठीक-ठीक परिभाषा कैसे दी जा सकती है? इस प्रश्न का उत्तर देते हुए मूर कहते हैं कि 'शुभ' की परिभाषा

1. जी० ई० मूर, 'प्रिंसिपिया ऐथिका' की प्रस्तावना, पृ० 10।

देना असंभव है, क्योंकि वह सरल तथा अविश्लेष्य निर्प्राकृतिक गुण है। हम किसी प्राकृतिक, अतींद्रिय अथवा अलौकिक गुण के आधार पर कभी भी 'शुभ' को परिभाषित नहीं कर सकते। 'शुभ' की अपरिभाष्यता के विषय में अपने इसी मत को स्पष्ट करते हुए उन्होंने लिखा है कि "यदि मुझ से पूछा जाए कि 'शुभ क्या है' तो मेरा उत्तर यही है कि 'शुभ शुभ है' और यही इस प्रश्न का अन्तिम उत्तर है।...यदि मुझसे पूछा जाए कि 'शुभ की परिभाषा कैसे की जा सकती है' तो मेरा उत्तर यही है कि 'इसकी परिभाषा नहीं की जा सकती' और इस सम्बन्ध में मैं केवल यही कह सकता हूं। परन्तु निराशाजनक प्रतीत होते हुए भी ये उत्तर बहुत महत्त्वपूर्ण हैं।"[2] इस प्रकार यह स्पष्ट है कि मूर के विचार में 'शुभ' अपरिभाष्य है, अतः किसी अन्य वस्तु या गुण के आधार पर उसकी परिभाषा करने का प्रयास अनुचित और व्यर्थ है। यहां इस तथ्य का उल्लेख कर देना आवश्यक है कि 'शुभ' से उनका तात्पर्य केवल 'स्वतः शुभ' से ही है जिसे वे नीतिशास्त्र का मूल प्रत्यय मानते हैं।

'शुभ' की अपरिभाष्यता से सम्बन्धित मूर के उपर्युक्त मत के विषय में यहां दो महत्त्वपूर्ण प्रश्नों पर विचार करना आवश्यक है। पहला प्रश्न यह है कि वे 'शुभ' को किस अर्थ में अपरिभाष्य मानते हैं और दूसरा प्रश्न यह है कि 'शुभ' की अपरिभाष्यता के समर्थन में वे कौन-से तर्क या कारण प्रस्तुत करते हैं। मूर स्पष्ट रूप से यह कहते हैं कि 'शुभ' की 'शाब्दिक' अथवा 'उपयोगात्मक' परिभाषा दी जा सकती है। 'शुभ' शब्द का अर्थ स्पष्ट करने के लिए हम इसके स्थान पर किसी अन्य शब्द का प्रयोग कर सकते हैं। इसी प्रकार हम अनेक उदाहरणों द्वारा किसी अन्य व्यक्ति को यह बता सकते हैं कि 'शुभ' शब्द का प्रयोग कैसे किया जाता है। स्पष्ट है कि मूर के विचार में इस दृष्टि से 'शुभ' अपरिभाष्य नहीं है। परन्तु उनका मत है कि दार्शनिक दृष्टि से इस प्रकार की परिभाषाओं का कोई महत्त्व नहीं है। जब हम किसी वस्तु के विभिन्न भागों अथवा तत्त्वों का विश्लेषण करके उसके स्वरूप को भली-भांति स्पष्ट करते हैं तभी यह कहा जा सकता है कि हमने वास्तविक अर्थ में उसकी परिभाषा की है। किसी वस्तु के विश्लेषण के आधार पर की गई ऐसी परिभाषा ही मूर के अनुसार दार्शनिक दृष्टि से महत्त्वपूर्ण है। परन्तु ऐसी परिभाषा केवल उन्हीं वस्तुओं की हो सकती है जिनके अनेक भाग या तत्त्व हों। हम केवल उसी वस्तु के गुणों या तत्त्वों का विश्लेषण कर सकते हैं जिसे विभिन्न भागों में विभाजित करना संभव हो। परन्तु मूर का मत है कि 'शुभ' कोई ऐसी वस्तु नहीं है जिसका विश्लेषण

2. वही पुस्तक, पृ० 6।

किया जा सके। वस्तुतः 'शुभ' एक ऐसा सरल गुण है जिसके भाग अथवा तत्त्व नहीं होते। ऐसे सरल गुण का विश्लेषण करना असंभव है और अविश्लेष्य होने के कारण ही हम 'शुभ' की दार्शनिक दृष्टि से महत्त्वपूर्ण परिभाषा नहीं कर सकते। 'शुभ' के विषय में अपनी इस मान्यता को स्पष्ट करने के लिए मूर ने पीले रंग के साथ उसकी तुलना की है। वे कहते हैं कि पीले रंग की भांति 'शुभ' भी एक सरल गुण है। यदि किसी व्यक्ति ने स्वयं कभी भी पीले रंग का अनुभव नहीं किया है तो हम उसे किसी भी उपाय द्वारा यह नहीं समझा सकते कि पीला रंग कैसा होता है। इसी प्रकार जिस व्यक्ति ने 'शुभ' का स्वयं साक्षात् ज्ञान प्राप्त नहीं किया है उसे किसी भी उपाय द्वारा यह समझाना संभव नहीं है कि 'शुभ' का अर्थ क्या है। इसका कारण यह है कि पीला रंग और 'शुभ' दोनों ही सरल गुण हैं जिनके भाग या तत्त्व नहीं होते, अतः इन सरल गुणों का विश्लेषण करना हमारे लिए सम्भव नहीं है। इसी आधार पर मूर यह कहते हैं कि हम पीले रंग की भांति 'शुभ' की भी परिभाषा नहीं कर सकते।[3] संक्षेप में उनके मतानुसार 'शुभ' के अपरिभाष्य होने का अर्थ यह है कि वह एक अविश्लेष्य सरल गुण है जिसका साक्षात ज्ञान केवल अंतःप्रज्ञा द्वारा ही प्राप्त किया जा सकता है।

यहां यह स्पष्ट कर देना आवश्यक है कि मूर 'शुभ' को ही अपरिभाष्य मानते हैं, 'शुभ वस्तु' को नहीं। उनका मत है कि केवल वह सरल गुण ही अपरिभाष्य है जिसका हमें 'शुभ' शब्द द्वारा बोध होता है; परन्तु हम ऐसी प्रत्येक वस्तु की परिभाषा कर सकते हैं जिसे हम शुभ कहते हैं और जिसमें वह सरल गुण पाया जाता है जो उसे शुभ बनाता है। जैसा कि हम जानते हैं, 'शुभ' एक विशेषण है जिसका प्रयोग हम किसी वस्तु की विशेषता बताने के लिए ही करते हैं। इसका अर्थ यह है कि 'शुभ' नामक सरल गुण से 'शुभ वस्तु' भिन्न है जिसमें उसे शुभ बनाने वाले सरल गुण के अतिरिक्त अन्य गुण भी पाए जाते हैं। ऐसी स्थिति में 'शुभ' के विपरीत 'शुभ वस्तु' का विभिन्न भागों या तत्त्वों में विश्लेषण करना संभव है और इसी कारण उसकी परिभाषा की जा सकती है। हम जिस वस्तु को शुभ कहते हैं उसका भिन्न-भिन्न भागों अथवा तत्त्वों में विश्लेषण करके हम उसके स्वरूप को भली-भांति स्पष्ट कर सकते हैं। इस दृष्टि से 'शुभ' के विपरीत 'शुभ वस्तु' की परिभाषा करना हमारे लिए संभव है। परन्तु मूर के विचार में इस तथ्य को समझ लेना बहुत आवश्यक है कि 'शुभ वस्तु' की परिभाषा करने का अर्थ 'शुभ' की परिभाषा करना नहीं है। जब हम यह कहते हैं कि अमुक वस्तु शुभ है तो इससे उस सरल गुण की परिभाषा नहीं हो जाती जिसका बोध हमें 'शुभ' शब्द द्वारा होता है। वस्तुतः 'शुभ' और

3. वही पुस्तक, पृ० 7-8 ।

'शुभ वस्तु' इन दोनों में स्पष्ट भेद करना बहुत आवश्यक है, क्योंकि ऐसा किए बिना हम 'शुभ' की अपरिभाष्यता का ठीक-ठीक अर्थ नहीं समझ सकते। मूर का कथन है कि इस भेद को न समझने के कारण बहुत-से दार्शनिकों ने यह मान लिया है कि जब वे किसी शुभ वस्तु की परिभाषा करते हैं तो वास्तव में वे 'शुभ' की ही परिभाषा करते हैं। उदाहरणार्थ जब वे यह कहते हैं कि सुख, बुद्धिमत्ता अथवा इच्छा-तृप्ति शुभ है तो वे यह मान लेते हैं कि ऐसा कह कर वे 'शुभ' की परिभाषा कर रहे हैं। परन्तु मूर का यह स्पष्ट और निश्चित मत है कि इन दार्शनिकों की यह मान्यता बहुत बड़ी भूल है जिसके कारण 'शुभ' का ठीक-ठीक अर्थ समझना असंभव हो जाता है। किसी 'शुभ वस्तु' अथवा, उसके किसी गुण और 'शुभत्व' इन दोनों में पूर्ण तादात्म्य स्थापित करने अथवा इन्हें एक ही मान लेने की इस भूल को मूर ने 'प्रकृतिवादी दोष' की संज्ञा दी है जिसका संक्षिप्त उल्लेख हम पिछले अध्याय में कर चुके हैं। यहां इस प्रकृतिवादी दोष के स्वरूप के विषय में कुछ अधिक विस्तार से विचार करना आवश्यक है।

मूर कुछ दार्शनिकों की उस मान्यता को 'प्रकृतिवादी दोष' की संज्ञा देते हैं जिसके अनुसार किसी प्राकृतिक, अतींद्रिय या अलौकिक वस्तु के आधार पर 'शुभ' की ठीक-ठीक परिभाषा की जा सकती है। उनका कथन है कि ये दार्शनिक 'शुभ वस्तु' तथा 'शुभ' में कोई भेद नहीं करते और इसी कारण वे किसी प्राकृतिक, अतींद्रिय या अलौकिक शुभ वस्तु के आधार पर 'शुभ' की परिभाषा करने का दावा करते हैं। परन्तु उनका यह दावा उचित नहीं है, क्योंकि इसी के फलस्वरूप प्रकृतिवादी दोष की उत्पत्ति होती है। इस दोष के स्वरूप को स्पष्ट करते हुए मूर कहते हैं कि जब कोई व्यक्ति एक प्राकृतिक वस्तु के आधार पर दूसरी प्राकृतिक वस्तु की परिभाषा करता है तो इसे प्रकृतिवादी दोष नहीं कहा जा सकता; इस दोष की उत्पत्ति तभी होती है जब किसी प्राकृतिक, अतींद्रिय अथवा अलौकिक वस्तु के आधार पर 'शुभ' जैसे निर्प्राकृतिक गुण की परिभाषा की जाती है। दूसरे शब्दों में, मूर के अनुसार किसी प्राकृतिक, अतींद्रिय या अलौकिक वस्तु के साथ निर्प्राकृतिक गुण 'शुभ' का पूर्ण तादात्म्य स्थापित करना—अर्थात् इन दोनों को एक ही मान लेना—'प्रकृतिवादी दोष' है।[4] दार्शनिकों द्वारा की गई 'शुभ' सम्बन्धी ऐसी सभी परिभाषाओं में अनिवार्यतः यही प्रकृतिवादी दोष पाया जाता है। इसका कारण यह है कि ये दार्शनिक 'शुभ' नामक निर्प्राकृतिक गुण का किसी ऐसे गुण के साथ पूर्ण तादात्म्य स्थापित करने का प्रयास करते हैं जो निर्प्राकृतिक गुण नहीं है। उदाहरणार्थ वे 'सुख', 'विकास',

4. वही पुस्तक, पृ० 13।

'रुचि', 'इच्छा-तृप्ति', 'आत्मसिद्धि' अथवा 'ईश्वरादेश' के साथ 'शुभ' का पूर्ण तादात्म्य स्थापित करते हुए इनमें से किसी एक के आधार पर उसकी परिभाषा करने का प्रयत्न करते हैं जिसके परिणामस्वरूप उनकी इस परिभाषा में अनिवार्यतः प्रकृतिवादी दोष आ जाता है। मूर के अनुसार : "यह सत्य हो सकता है कि वे सभी वस्तुएं जो शुभ हैं कुछ और भी हैं।...यह भी एक तथ्य है कि नीतिशास्त्र का उद्देश्य ऐसे अन्य गुणों की खोज करना है जो सभी शुभ वस्तुओं में पाए जाते हैं। परन्तु बहुत-से दार्शनिक यह सोचते हैं कि जब वे इन अन्य गुणों की चर्चा करते हैं तो वे वास्तव में 'शुभ' की परिभाषा कर रहे हैं; वे यह सोचते हैं कि ये गुण 'अन्य गुण' न होकर वस्तुतः शुभत्व से अभिन्न हैं—अर्थात् ये अन्य गुण स्वयं शुभत्व ही हैं। इसी विचार या मान्यता को मैं 'प्रकृतिवादी दोष' की संज्ञा देता हूं।"5

मूर द्वारा की गई प्रकृतिवादी दोष की उपर्युक्त व्याख्या से यह स्पष्ट है कि वे 'शुभ' को सरल तथा निर्प्राकृतिक गुण मानने के साथ ही उसे एक ऐसा अद्वितीय या अनन्य गुण भी मानते है जिसकी परिभाषा किसी भी अन्य वस्तु अथवा गुण के आधार पर नहीं की जा सकती। उनके अनुसार इसी अर्थ में 'शुभ' नितांत अपरिभाष्य है। हम पिछले अध्याय में देख चुके हैं कि प्रकृतिवादी दोष संबंधी अपनी इसी मान्यता के आधार पर मूर ने सभी प्रकृतिवादी सिद्धांतों का खंडन किया है। इन सिद्धांतों के अतिरिक्त वे अलौकिक अथवा अतींद्रिय सत्ता से संबंधित धर्मशास्त्रीय तथा तत्त्वमीमांसीय सिद्धांतों को भी 'प्रकृतिवादी दोष' से युक्त मानते हैं और इसी आधार पर इन सभी सिद्धांतों का भी खंडन करते हैं। इन अलौकिक अथवा अतींद्रिय सत्ता संबंधी सिद्धांतों के विषय में उनके मत पर हम अगले अध्याय में विचार करेंगे। यहां इतना कह देना ही पर्याप्त है कि 'शुभ' को अपरिभाष्य मानने के कारण मूर उपर्युक्त प्रकृतिवादी दोष विषयक अपनी मान्यता के आधार पर ऐसे प्रत्येक सिद्धांत का खंडन करते हैं जो किसी अन्य वस्तु या गुण के आधार पर (शुभ) की परिभाषा करता है।

मूर का कथन है कि यदि 'शुभ' की अपरिभाष्यता को स्वीकार न किया जाए तो हमारे समक्ष केवल दो ही विकल्प रह जाते हैं। प्रथम विकल्प यह है कि 'शुभ' शब्द एक मिश्रित समष्टि का बोध कराता है जिसके उचित विश्लेषण के संबंध में मतभेद हो सकता है। दूसरा विकल्प यह है कि 'शुभ' शब्द पूर्णतः निरर्थक है और ऐसा कोई विषय ही नहीं है जिसे हम 'नीतिशास्त्र' कहते हैं। मूर 'शुभ' की अपरिभाष्यता के उक्त दोनों विकल्पों को अस्वीकार करते हैं। उनका मत

5. वही पुस्तक, पृ० 10।

है कि जो दार्शनिक 'शुभ' की परिभाषा करने का प्रयास करते हैं वे इन दोनों में से किसी विकल्प का स्पष्टतः और गंभीरतापूर्वक समर्थन नहीं करते। वस्तुतः हम तथ्यों के आधार पर इन दोनों विकल्पों का खंडन कर सकते हैं। प्रथम विकल्प के विरुद्ध मूर की आपत्ति यह है कि जिस मिश्रित समष्टि के आधार पर 'शुभ' की परिभाषा की जाती है उसके संबंध में हम सदैव सार्थकतापूर्वक यह प्रश्न कर सकते हैं कि क्या वह शुभ है। 'शुभ' की अपरिभाष्यता के समर्थन में मूर का यह बहुत प्रबल तथा प्रभावशाली तर्क है जिसे 'सार्थक प्रश्न संबंधी तर्क' कहा जा सकता है और जिस पर हम आगे विस्तार से विचार करेंगे। दूसरे विकल्प के विरुद्ध मूर का कथन है कि 'शुभ' शब्द निरर्थक नहीं हो सकता, क्योंकि जब कोई व्यक्ति यह कहता है कि 'अमुक वस्तु शुभ है' तो वह निश्चय ही अपने इस कथन को सार्थक मानता है। वह यह भली भांति जानता है कि 'शुभ' संबंधी प्रश्न अन्य सभी प्रश्नों से भिन्न प्रकार का होता है। जब वह यह पूछता है कि क्या अमुक वस्तु शुभ है तो उसके मन के समक्ष एक विशेष निप्राकृतिक गुण विद्यमान रहता है जो उसके इस प्रश्न को अन्य सभी प्रश्नों—यथा 'क्या वह वस्तु सुखद है?' 'क्या वह वस्तु किसी इच्छा की तृप्ति करती है?' आदि—से पृथक करता है। इससे यह स्पष्टतः प्रमाणित होता है कि 'शुभ' शब्द प्राकृतिक गुणबोधक सभी शब्दों से भिन्न तथा सार्थक है, अतः दूसरे विकल्प को भी उचित नहीं माना जा सकता। इस प्रकार मूर ने 'शुभ' की अपरिभाष्यता के उपर्युक्त दोनों विकल्पों को अस्वीकार किया है।[6]

'शुभ' की अपरिभाष्यता के समर्थन में हमने ऊपर मूर के जिस सार्थक प्रश्न संबंधी तर्क की चर्चा की है उसका संक्षिप्त उल्लेख हम पिछले अध्याय में कर चुके हैं। यहां उनके इस महत्त्वपूर्ण तर्क पर कुछ विस्तार से विचार करना आवश्यक है, क्योंकि परवर्ती समकालीन नैतिक दर्शन पर इसका पर्याप्त और व्यापक प्रभाव पड़ा है। अपना यह तर्क प्रस्तुत करते हुए मूर कहते हैं कि हम जिस वस्तु या गुण के आधार पर 'शुभ' की परिभाषा करते हैं उसके विषय में सदैव यह प्रश्न पूछा जा सकता है कि 'क्या वह स्वयं शुभ है' और हमारा यह प्रश्न निश्चय ही सार्थक होगा। उदाहरणार्थ यदि कोई सुखवादी सुख के आधार पर 'शुभ' की परिभाषा करते हुए यह कहता है कि " 'शुभ' का अर्थ 'सुखद' है तो हम उससे यह पूछ सकते हैं कि "क्या 'सुखद' 'शुभ' है ?" क्या 'सुखद' और 'शुभ' पूर्णतः अभिन्न अथवा एक ही हैं ?" क्या 'शुभ' का अर्थ 'सुखद' के अतिरिक्त और कुछ भी नहीं है ? यदि इस प्रश्न के उत्तर में सुखवादी यह कहता है कि 'शुभ'

6. वही पुस्तक, पृ० 15-16।

और 'सुखद' पूर्णतः अभिन्न अथवा एक ही हैं तो उसके द्वारा दी गई 'शुभ' की उपर्युक्त परिभाषा सार्थक कथन न होकर निरर्थक पुनरुक्ति मात्र हो जाती है। इसका कारण यह है कि यदि 'शुभ' और 'सुखद' पूर्णतः अभिन्न अथवा एक ही हैं तो 'शुभ' के विषय में सुखवादी की उपर्युक्त परिभाषा का अर्थ यही हो सकता है कि "जो सुखद है वही सुखद है"। यह निश्चयपूर्वक कहा जा सकता है कि जब सुखवादी सुख के आधार पर 'शुभ' की परिभाषा देता है तो उसका उद्देश्य इस प्रकार की निरर्थक पुनरुक्ति प्रस्तुत करना नहीं होता। "शुभ का अर्थ सुखद है" अपने इस कथन को वह निश्चय ही महत्त्वपूर्ण तथा सार्थक कथन मानता है। परन्तु, जैसा कि हम ऊपर देख चुके हैं, यदि 'शुभ' और 'सुखद' को अभिन्न या एक ही मान लिया जाए तो सुखवादी का यह कथन निरर्थक पुनरुक्ति मात्र रह जाता है। इससे यह स्पष्ट है कि 'शुभ', 'सुखद' से निश्चय ही भिन्न है, अतः इन दोनों को अभिन्न अथवा एक ही मान लेना सुखवादी की बहुत बड़ी भूल है जिसके कारण उसके द्वारा दी गई 'शुभ' की परिभाषा में प्रकृतिवादी दोष आ जाता है और वह निरर्थक हो जाती है।

मूर का कथन है कि उपर्युक्त आपत्ति 'विकास','रुचि', 'इच्छा-तृप्ति', 'आत्म-सिद्धि' 'ईश्वरादेश' आदि के आधार पर दी जाने वाली 'शुभ' की सभी परिभाषाओं के विरुद्ध भी उठाई जा सकती है। इन सभी परिभाषाओं का समर्थन करने वाले दार्शनिकों से हम सार्थकतापूर्वक यह प्रश्न कर सकते हैं कि क्या 'विकास', 'रुचि' 'इच्छा-तृप्ति', 'आत्मसिद्धि' 'ईश्वरादेश' आदि शुभ हैं। हमारे इस प्रश्न के उत्तर में यदि वे यह कहते हैं कि ये सभी अवधारणाएं शुभ हैं और उनकी परिभाषाएं निरर्थक पुनरुक्तियां मात्र नहीं हैं तो स्पष्टतः इसका अर्थ यही है कि 'शुभ' इन सभी अवधारणाओं से भिन्न है। यदि ये दार्शनिक 'शुभ' को इन सभी अव-धारणाओं से भिन्न नहीं मानते तो उनकी परिभाषाओं को महत्त्वहीन पुनरुक्तियों के अतिरिक्त और कुछ भी नहीं माना जा सकता। अपने इस तर्क द्वारा मूर ने यह प्रमाणित करने का प्रयास किया है कि 'सुख', 'विकास', 'रुचि', 'इच्छा-तृप्ति' 'आत्मसिद्धि' 'ईश्वरादेश' आदि किसी भी अन्य अवधारणा के आधार पर 'शुभ' की सार्थक परिभाषा नहीं दी जा सकती, अतः वह वास्तव में अपरिभाष्य है। इन अवधारणाओं के आधार पर 'शुभ' की परिभाषा देने वाले दार्शनिकों की भूल यह है कि एक ओर तो वे 'शुभ' को इन अवधारणाओं से अभिन्न मानते हैं और दूसरी ओर वे यह भी दावा करते हैं कि उनकी परिभाषाएं महत्त्वपूर्ण एवं सार्थक कथन हैं। परन्तु मूर के मतानुसार उनके इन दोनों दावों को एक ही साथ तर्कसंगत रूप से स्वीकार नहीं किया जा सकता। इसका कारण यह है कि यदि

'शुभ' इन सब अवधारणाओं से भिन्न नहीं है तो इन पर आधारित उसकी परिभाषाओं को भी सार्थक तथा महत्त्वपूर्ण कथन नहीं माना जा सकता। वस्तुत: मूर का विचार है कि 'शुभ' संबंधी समस्त कथन विश्लेषणात्मक न होकर संश्लेषणात्मक ही होते हैं—अर्थात् जब हम किसी वस्तु को शुभ कहते हैं तो हम उसके विषय में एक नवीन तथ्य का वर्णन करते हैं; हम उसके संबंध में पुनरुक्ति प्रस्तुत नहीं करते।[7] ऐसी स्थिति में किसी भी अन्य वस्तु या गुण के साथ 'शुभ' का तादात्म्य स्थापित करते हुए उसकी परिभाषा नहीं दी जा सकती। इस प्रकार उपर्युक्त तर्कों द्वारा मूर ने अपनी इस आधारभूत मान्यता को प्रमाणित करने का प्रयास किया है कि 'शुभ' एक ऐसे सरल, अविश्लेष्य तथा अनन्य निर्प्राकृतिक गुण का बोध कराता है जिसकी परिभाषा देना संभव नहीं है।

यहां यह उल्लेखनीय है कि 'शुभ' की अपरिभाष्यता के विषय में मूर के उपर्युक्त 'सार्थक प्रश्न संबंधी तर्क' का पूर्वाभास हमें अठारहवीं शताब्दी के अनेक अंत:प्रज्ञावादियों के विचारों में स्पष्टत: प्राप्त होता है। प्राइस, कडवर्थ, शैफ़्ट्सबरी, हचिसन आदि अंत:प्रज्ञावादियों ने इसी तर्क के आधार पर यह सिद्ध करने का प्रयत्न किया था कि 'उचित', 'कर्तव्य' तथा 'शुभ' सरल गुणों का बोध कराते हैं और इसी कारण ये नैतिक शब्द अपरिभाष्य हैं। इन दार्शनिकों की नैतिकता विषयक कृतियों का अध्ययन करने से यह ज्ञात होता है कि वे उस दोष से भी भली-भांति अवगत थे जो निर्नैतिक शब्दों के आधार पर नैतिक शब्दों की परिभाषा करने के कारण उत्पन्न होता है और जिसे मूर ने 'प्रकृतिवादी दोष' की संज्ञा दी है। उदाहरणार्थ 'उचित' और 'अनुचित' को अपरिभाष्य मानते हुए रिचर्ड प्राइस कहते हैं कि हम 'ईश्वरादेश' अथवा 'सुख की उत्पत्ति' के आधार पर इन शब्दों की परिभाषा नहीं कर सकते—अर्थात् हम यह नहीं कह सकते कि 'उचित' का अर्थ केवल 'ईश्वरादेश को मानना' और 'अनुचित' का अर्थ केवल 'ईश्वरादेश का उल्लंघन करना' ही है अथवा 'उचित' का अर्थ केवल 'सुख की उत्पत्ति' तथा 'अनुचित' का अर्थ केवल 'दु:ख की उत्पत्ति' ही है। यदि हम ऐसा कहते हैं तो हमारे वे कथन निरर्थक पुनरुक्तियां मात्र हो जाते हैं जिनमें हम इन नैतिक शब्दों का प्रयोग करते हैं।[8] इसी प्रकार शैफ्ट्सबरी भी 'उचित' और 'अनुचित' को अपरिभाष्य मानते हैं। इस संबंध में उनका कथन है कि "यदि 'उचित' या 'अनुचित' का अर्थ ईश्वर की इच्छा, आज्ञा अथवा उसके कानून के अतिरिक्त

7. वही पुस्तक, पृ० 7।
8. रिचर्ड प्राइस, 'ए रिव्यू ऑफ़ दि प्रिंसिपल क्वश्चन्ज़ इन मॉरल्ज़', सम्पादक, डी० डी० रैफेल, पृ० 16-17।

और कुछ नहीं है तो ये शब्द पूर्णतः महत्त्वहीन हो जाते हैं।"[9] हचिसन भी नैतिक शब्दों की अपरिभाष्यता के विषय में शैफ्ट्सबरी के इन विचारों का समर्थन करते हैं। उनका मत है कि ईश्वर के कानून अथवा उसकी इच्छा के आधार पर ही 'शुभ' तथा 'न्यायोचित' की परिभाषा करने—अर्थात् इन दोनों को एक ही मान लेने से ये नैतिक शब्द महत्त्वहीन पुनरुक्तियां मात्र हो जाते हैं।[10]

अठारहवीं शताब्दी के उपर्युक्त अंत:प्रज्ञावादियों के इन विचारों से यह स्पष्ट है कि मूर से बहुत पहले ही वे अपना यह मत प्रस्तुत कर चुके थे कि निर्नैतिक शब्दों के आधार पर नैतिक शब्दों की परिभाषा करना संभव नहीं है और इसी कारण नैतिक शब्द अपरिभाष्य हैं। उस समय इन अंत:प्रज्ञावादियों ने टॉमस हाब्ज़ के प्रकृतिवादी सिद्धांत का उसी प्रकार खंडन किया था जिस प्रकार वर्तमान शताब्दी में मूर ने स्पैन्सर, बैन्थम, मिल आदि दार्शनिकों के नैतिक सिद्धांत का खंडन किया है। इस प्रकार उक्त विवेचन के आधार पर यह निष्कर्ष निकालना संभवत: अनुचित न होगा कि नैतिक शब्दों की अपरिभाष्यता से सबंधित सिद्धांत वास्तव में मूर का कोई नवीन तथा मौलिक सिद्धांत नहीं है और यही बात सार्थक प्रश्न संबंधी उस तर्क के विषय में भी कही जा सकती है जो उन्होंने इस सिद्धांत की पुष्टि के लिए प्रस्तुत किया है। परन्तु, जैसा कि हम आगे देखेंगे, वर्तमान शताब्दी के नैतिक दर्शन पर मूर के इस तर्क का बहुत व्यापक प्रभाव पड़ा है।

हम ऊपर इस तथ्य का उल्लेख कर चुके हैं कि मूर के विचार में 'शुभ' शब्द जिस विशेष गुण का बोध कराता है वह सरल तथा अविश्लेष्य होने के साथ-साथ निर्प्राकृतिक भी है। हम पहले ही यह स्पष्ट कर चुके हैं कि वे किस अर्थ में इस गुण को सरल और अविश्लेष्य मानते हैं। अब यहां इस प्रश्न पर विचार करना आवश्यक है कि 'निर्प्राकृतिक गुण' से मूर का ठीक-ठीक तात्पर्य क्या है। परन्तु इस प्रश्न का कोई स्पष्ट और निश्चित उत्तर देना कठिन है, क्योंकि इस संबंध में उनका मत बहुत अस्पष्ट है। वे यह तो निश्चित रूप से मानते हैं कि जब कोई व्यक्ति किसी वस्तु को शुभ कहता है तो 'शुभ' शब्द उसे अनन्य गुण का बोध कराता है जो सभी प्राकृतिक गुणों से भिन्न है। इसी कारण वे इस विशेष गुण को 'निर्प्राकृतिक गुण' की संज्ञा देते हैं। उनका विचार है कि प्राकृतिक गुणों के विपरीत इस निर्प्राकृतिक गुण को इंद्रियजन्य अनुभव या अंतर्निरीक्षण द्वारा नहीं जाना जा सकता जिसका साक्षात ज्ञान हमें केवल अंत:प्रज्ञा द्वारा ही प्राप्त होता

9. शैफ्ट्सबरी, 'इन्क्वाएरी कन्सर्निंग वर्च्यू ऑर मैरिट', बुक 1।

10. फ्रांसिस हचिसन, 'इंक्वाएरी कन्सर्निंग वर्च्यू ऑर मॉरल गुड', 'ब्रिटिश मारेलिस्ट्स' में संकलित, सम्पादक, एल० ए० सैल्बी-बिग्गे, पृ० 173।

है। निर्प्राकृतिक गुण के स्वरूप तथा प्राकृतिक गुणों से उसके अंतर को स्पष्ट करते हुए मूर कहते हैं कि प्राकृतिक गुण वे हैं जिनका समय के अंतर्गत उन वस्तुओं से पृथक और स्वतंत्र अस्तित्व संभव है जिनमें वे पाए जाते हैं; परन्तु निर्प्राकृतिक गुण 'शुभ' के संबंध में ऐसा नहीं कहा जा सकता—अर्थात् उसका उन वस्तुओं से पृथक तथा स्वतंत्र अस्तित्व संभव नहीं है जिनमें वह विद्यमान रहता है। अपनी इस मान्यता के समर्थन में उन्होंने निम्नलिखित तर्क प्रस्तुत किया है—"क्या हम यह कल्पना कर सकते हैं कि 'शुभ' किसी प्राकृतिक वस्तु के रूप में न रह कर समय के अंतर्गत अपने आप बना रह सकता है ? जहां तक मेरा संबंध है, मैं इसके विषय में ऐसी कल्पना नहीं कर सकता; परन्तु जिन्हें मैं प्राकृतिक गुण कहता हूं उनके संबंध में मुझे ऐसा अवश्य प्रतीत होता है कि उनका अस्तित्व ऐसी वस्तुओं के अस्तित्व से स्वतंत्र है जिनके वे गुण हैं।"[11] इस प्रकार मूर के विचार में प्राकृतिक गुणों तथा निर्प्राकृतिक गुण 'शुभ' में मूल भेद यही है कि प्राकृतिक गुणों का वस्तुओं से पृथक और स्वतंत्र अस्तित्व संभव है, किन्तु निर्प्राकृतिक गुण के विषय में हम ऐसा नहीं कह सकते।

यहां इस तथ्य का उल्लेख कर देना आवश्यक है कि 'प्रिन्सिपिया ऐथिका' के प्रकाशन के कुछ वर्ष पश्चात मूर ने निर्प्राकृतिक गुणों के स्वरूप के विषय में अपने उपर्युक्त मत का स्वयं ही खंडन किया था। वस्तुतः उनके इस मत की तीव्र आलोचना करते हुए सी० डी० ब्रोड ने यह प्रमाणित करने का प्रयास किया था कि प्राकृतिक गुणों तथा निर्प्राकृतिक गुणों में मूर ने जो अन्तर बताया है वह नितांत अनुचित और दोषपूर्ण है। मूर के उक्त मत के विरुद्ध ब्रोड का मुख्य तर्क यही था कि किसी वस्तु का कोई भी गुण—चाहे वह प्राकृतिक हो या निर्प्राकृतिक—उससे पृथक और स्वतन्त्र नहीं रह सकता। हम वस्तु से पृथक और स्वतन्त्र उसके किसी भी गुण के अस्तित्व की कल्पना नहीं कर सकते। उदाहरणार्थ किसी सिक्के का गोलाकार तथा रंग ये दोनों प्राकृतिक गुण हैं और स्वयं मूर भी इन्हें प्राकृतिक गुण ही मानते हैं। परन्तु हम कभी यह कल्पना भी नहीं कर सकते कि सिक्के से पृथक और स्वतन्त्र होकर ये गुण बने रह सकते हैं। यही बात अन्य सभी प्राकृतिक गुणों के विषय में भी कही जा सकती है। ब्रोड के अनुसार यदि मूर के मत को स्वीकार किया जाए तो कोई भी गुण प्राकृतिक नहीं रह जाता और सभी गुणों को निर्प्राकृतिक मानना हमारे लिए अनिवार्य हो जाता है।[12] निर्प्राकृतिक गुणों के स्वरूप के विषय में अपने मत के विरुद्ध ब्रोड की इस आपत्ति

11. जी० ई० मूर, 'प्रिंसिपिया ऐथिका', पृ० 41।
12. सी० डी० ब्रोड का लेख, 'सर्टन फ़ीचर्ज इन मूर्स ऐथिकल डॉक्ट्रिनज़', पी० ए० शिल्प द्वारा सम्पादित 'फ़िलॉसॉफ़ी ऑफ़ जी० ई० मूर' में संकलित पृ० 59।

का उत्तर देते हुए मूर ने स्पष्टत: यह स्वीकार किया है कि उनकी उक्त आपत्ति पूर्णत: उचित एवं युक्तिसंगत है। ब्रोड के उपर्युक्त मत का समर्थन करते हुए वे कहते हैं कि "मैं इस सम्बन्ध में ब्रोड से पूर्णतया सहमत हूं। मैं यह विश्वास नहीं करता कि प्राकृतिक गुणों का समय के अन्तर्गत पृथक् अस्तित्व सम्भव है; मैं यह निश्चित रूप से मानता हूं कि ऐसा नहीं हो सकता। मैंने 'प्रिन्सिपिया' में जो मत व्यक्त किया था वह अब मुझे नितांत मूर्खतापूर्ण और विसंगत प्रतीत होता है।"[13] इस प्रकार यह स्पष्ट है कि निर्प्राकृतिक गुणों के स्वरूप के संबंध में मूर स्वयं अपने मत से संतुष्ट नहीं थे और वे इस प्रश्न का कोई सन्तोषप्रद एवं तर्कसंगत उत्तर नहीं दे सके कि निर्प्राकृतिक गुणों से उनका वास्तविक तात्पर्य क्या है।

उपर्युक्त कठिनाई के अतिरिक्त 'शुभ' की अपरिभाष्यता से सम्बन्धित मूर की आधारभूत मान्यता के विरुद्ध अन्य अनेक आपत्तियाँ भी उठाई जा सकती हैं जिन पर यहां विचार करना आवश्यक है। उनकी उक्त मान्यता के विरुद्ध प्रथम मुख्य आपत्ति यह है कि वे शब्दार्थ विषयक निर्देशात्मक सिद्धान्त का अनुसरण करते हुए 'शुभ' को अनिवार्यत: गुणबोधक शब्द मान लेते हैं। हम देख चुके हैं कि उनके अनुसार 'शुभ' शब्द विशेषण होने के कारण हमें अवश्य ही एक विशेष गुण का बोध कराता है जिसे वे सरल, अविश्लेश्य, अनन्य तथा निर्प्राकृतिक गुण कहते हैं। परन्तु उनकी यह मान्यता उचित नहीं है, क्योंकि सभी शब्द गुणबोधक नहीं होते। अनेक शब्दों का कार्य हमें किन्हीं गुणों का बोध कराना अथवा वस्तुओं का वर्णन करना नहीं, अपितु हमारी भावनाओं को अभिव्यक्त करना और वस्तुओं का मूल्यांकन करना ही होता है। 'शुभ' तथा अन्य नैतिक शब्द ऐसे ही शब्द हैं जिन्हें हम 'मूल्यात्मक शब्द' कह सकते हैं और जो गुणबोधक अथवा वर्णनात्मक शब्दों से भिन्न प्रकार के हैं। परन्तु 'शुभ' को अनिवार्यत: गुणबोधक शब्द मानकर मूर उसके सम्बन्ध में इस महत्वपूर्ण तथ्य की उपेक्षा करते हैं। यहां यह उल्लेखनीय है कि 'प्रिन्सिपिया ऐथिका' के प्रकाशन के कुछ वर्ष पश्चात् वे स्वयं भी अपने सिद्धान्त में इस कठिनाई का अनुभव करने लगे थे। उदाहरणार्थ अपने सिद्धान्त के विरुद्ध सी० एल० स्टीवॅन्सन की कुछ आपत्तियों का उत्तर देते हुए वे कहते हैं: "मैं सोचता हूं कि 'उचित', 'अनुचित', 'चाहिए' तथा 'कर्त्तव्य' नैतिक अर्थ में गुणों के नाम बिलकुल नहीं हैं; इन शब्दों का अर्थ संज्ञानात्मक न होकर केवल संवेगात्मक है। यदि यह बात इन शब्दों के विषय में सत्य है तो अवश्य ही 'शुभ' के सम्बन्ध में भी यही कहा जा सकता है।···मैं सोचता हूं कि

13. जी० ई० मूर, 'ए रिप्लाई टु माई क्रिटिक्स', वही पुस्तक, पृ० 581।

ऐसा ही है, किन्तु मैं यह भी सोचता हूं कि ऐसा नहीं है; मैं यह नहीं जानता कि इस सम्बन्ध में मेरा निश्चित मत क्या है।"[14] इस उद्धरण से यह स्पष्ट है कि 'प्रिन्सिपिया ऐथिका' लिखने के पश्चात् मूर स्वयं अपने 'शुभ' सम्बन्धी सिद्धान्त से पूर्णतः सन्तुष्ट नहीं थे और इसके विरुद्ध आलोचकों की अनेक आपत्तियों के कारण वे इसका निश्चित रूप से समर्थन करने में अपने आपको असमर्थ अनुभव करने लगे थे। समकालीन नैतिक दर्शन में संवेगवाद का उदय और विकास होने के पश्चात मूर यह सोचने लगे थे कि 'शुभ', 'उचित', 'कर्तव्य' आदि नैतिक शब्दों को गुणबोधक मानकर उन्होंने शायद भूल की है।

मूर के 'शुभ' सम्बन्धी सिद्धान्त के विरुद्ध दूसरी प्रमुख आपत्ति—जो उपर्युक्त आपत्ति से अनिवार्यतः सम्बद्ध है—यह है कि वे 'शुभ' को अपरिभाष्य सिद्ध करने के लिए उसे सरल और अविश्लेष्य गुण का बोध कराने वाला वर्णनात्मक शब्द ही मान लेते हैं। हम पहले ही यह बता चुके हैं कि वे पीले रंग के साथ 'शुभ' की तुलना करते हैं, क्योंकि उनके विचार में ये दोनों हमें सरल तथा अविश्लेष्य गुणों का बोध कराते हैं। परन्तु 'शुभ' के विषय में उनकी यह मान्यता भी अनुचित और दोषपूर्ण है। इसका कारण यह है कि उक्त मान्यता को स्वीकार कर लेने पर हमारे लिए 'शुभ' को केवल वर्णनात्मक शब्द मानना अनिवार्य हो जाता है। इसका अर्थ यह है कि जब हम किसी वस्तु को शुभ कहते हैं तो हम उस वस्तु में विद्यमान किसी विशेष गुण का वर्णन मात्र करते हैं। परन्तु, जैसा कि हम ऊपर देख चुके हैं, अन्य नैतिक शब्दों की भांति 'शुभ' भी वास्तव में केवल वर्णनात्मक शब्द नहीं है। उसके द्वारा हमें किसी सरल और अविश्लेष्य गुण का बोध नहीं होता जैसा कि मूर का विचार है। ऐसी स्थिति में 'शुभ' के स्वरूप को स्पष्ट करने के लिए पीले रंग के साथ उसकी तुलना करना बहुत भ्रामक है। जब हम किसी वस्तु को पीली कहते हैं तो हम उसके एक विशेष प्राकृतिक गुण का वर्णन मात्र करते हैं। इसके विपरीत जब हम किसी वस्तु को शुभ कहते हैं तो हम उसके किसी विशेष गुण का वर्णन मात्र न करके वास्तव में उसका मूल्यांकन करते हैं जो उसमें विद्यमान कुछ गुणों पर ही आधारित होता है। इससे यह स्पष्ट है कि 'शुभ' तथा अन्य नैतिक शब्दों का कार्य गुणबोधक वर्णनात्मक शब्दों के कार्य से बहुत भिन्न है। मूर यह तो स्वीकार करते हैं कि 'शुभ' किसी प्राकृतिक गुण का बोध नहीं कराता और इसी कारण वह प्राकृतिक गुणों का बोध कराने वाले सभी शब्दों से भिन्न है। परन्तु, जैसा

14. जी० ई० मूर, 'ए रिप्लाई टु माई क्रिटिक्स', फ़िलिपा फ़ुट द्वारा सम्पादित थ्योरीज ऑफ़ ऐथिक्स' में संकलित, पृ० 48-49।

कि हम देख चुके हैं, उनका मत है कि 'शुभ' एक सरल, अविश्लेष्य, अनन्य तथा निर्प्राकृतिक गुण का बोध कराता है। स्पष्टतः इसका अर्थ यही है कि प्राकृतिक गुणबोधक शब्दों की भांति 'शुभ' भी मूलतः वर्णनात्मक शब्द ही है। दोनों में अन्तर केवल यही है कि 'शुभ' एक विशेष निर्प्राकृतिक गुण का बोध कराता है जबकि अन्य वर्णनात्मक शब्द प्राकृतिक गुणों का बोध कराते हैं। इस प्रकार मूर 'शुभ' को भी केवल गुणबोधक तथा वर्णनात्मक शब्द ही मानते हैं जो अन्य सभी वर्णनात्मक शब्दों से मूलतः भिन्न नहीं है। परन्तु 'शुभ' के प्रमुख मूल्यात्मक अर्थ को ध्यान में रखते हुए उनकी इस व्याख्या को उचित एवं तर्कसंगत नहीं माना जा सकता।

मूर के 'शुभ' विषयक सिद्धान्त के विरुद्ध तीसरी मुख्य आपत्ति यह है कि उनकी इस मान्यता को भी किन्हीं तथ्यों अथवा तर्कों द्वारा प्रमाणित करना असम्भव है कि जब हम किसी वस्तु को शुभ कहते हैं तो सदैव हमारे मन के समक्ष एक विशेष निर्प्राकृतिक गुण अनिवार्यतः उपस्थित होता है जिसका साक्षात ज्ञान हमें अपनी अन्तःप्रज्ञा द्वारा तुरन्त प्राप्त हो जाता है। अपनी इस मान्यता की पुष्टि के लिए उन्होंने किसी प्रकार के तथ्य या तर्क प्रस्तुत नहीं किए। वस्तुतः इस सम्बन्ध में किसी प्रकार के वस्तुगत तथ्य अथवा तर्क प्रस्तुत करना सम्भव भी नहीं है, क्योंकि अन्तःप्रज्ञा पूर्णतया व्यक्तिनिष्ठ मानसिक शक्ति है जिसका कोई वस्तुनिष्ठ आधार नहीं है। ऐसी स्थिति में यदि कोई व्यक्ति यह दावा करता है कि जब वह किसी वस्तु को शुभ कहता है तो उसके मन के समक्ष ऐसा कोई निर्प्राकृतिक गुण उपस्थित नहीं होता जिसका साक्षात ज्ञान उसे अन्तःप्रज्ञा द्वारा प्राप्त हो सके तो निश्चय ही मूर तर्कसंगत रूप से उसके इस दावे का खंडन नहीं कर सकते। इसका कारण यह है कि अन्तःप्रज्ञा तथा उसके द्वारा प्राप्त साक्षात् ज्ञान के विषय में वस्तुनिष्ठ रूप से कुछ भी कहना सम्भव नहीं है, क्योंकि वह पूर्णतः व्यक्तिनिष्ठ मानसिक शक्ति है।

सम्भवतः अपने 'शुभ' सम्बन्धी सिद्धान्त की उपर्युक्त कठिनाई को ध्यान में रखते हुए ही मूर ने यह कहा है कि 'शुभ' के विषय में किसी प्रकार के तर्क प्रस्तुत नहीं किए जा सकते।[15] इसका अर्थ यही है कि जब हम किसी वस्तु को शुभ कहते हैं तो उसके सम्बन्ध में हम अपने इस कथन को तर्कसंगत रूप से कभी भी प्रमाणित नहीं कर सकते। परन्तु मूर की इस मान्यता को स्वीकार कर लेने पर हमारे समक्ष एक बहुत गम्भीर समस्या उपस्थित हो जाती है जिसका सन्तोषप्रद समाधान असम्भव है। वह समस्या यह है कि यदि किसी वस्तु को एक व्यक्ति

15. जी० ई० मूर, 'प्रिंसिपिया ऐथिका' की प्रस्तावना, पृ० 8, 10।

शुभ कहता है और उसी समय तथा समान परिस्थितियों में दूसरा व्यक्ति उसी वस्तु को अशुभ कहता है तो हमारे लिए तर्कसंगत रूप से यह जानना सम्भव नहीं है कि उस वस्तु के विषय में उन दोनों में से किसका मत उचित है और क्यों। वस्तुतः यह एक ऐसी आपत्ति है जो सभी अन्तःप्रज्ञावादियों के मत के विरुद्ध उठाई जा सकती है, अतः इस आपत्ति पर हम प्रस्तुत अध्याय के अन्तिम खंड में विस्तारपूर्वक विचार करेंगे। यहां इतना कह देना ही पर्याप्त है कि इस गम्भीर आपत्ति के कारण मूर का 'शुभ' सम्बन्धी सिद्धान्त बहुत दोषपूर्ण तथा असन्तोषप्रद हो जाता है। इस प्रकार उपर्युक्त सभी आपत्तियों को ध्यान में रखते हुए यही कहा जा सकता है कि मूर 'शुभ' के स्वरूप की उचित और युक्ति-संगत व्याख्या नहीं कर सके।

परन्तु यहां इस तथ्य का उल्लेख कर देना आवश्यक है कि 'शुभ' की अपरिभाष्यता के समर्थन में मूर ने जो 'सार्थक प्रश्न सम्बन्धी तर्क' प्रस्तुत किया है वह अवश्य ही उचित प्रतीत होता है और इसी कारण बहुत से दार्शनिक आज भी इस तर्क को स्वीकार करते हैं। उक्त तर्क के आधार पर वे मूर के इस मत का समर्थन करते हैं कि किसी भी प्राकृतिक, अतीन्द्रिय या अलौकिक गुण द्वारा 'शुभ' की ठीक-ठीक परिभाषा नहीं दी जा सकती। हम 'सुख', 'विकास', 'इच्छा-तृप्ति', ईश्वरादेश' आदि निर्नैतिक अवधारणाओं के आधार पर 'शुभ' का ठीक-ठीक अर्थ कभी स्पष्ट नहीं कर सकते। इसका कारण यह है कि किसी वस्तु को शुभ कहना उसे सुखद, विकसित, तृप्तिदायक, ईश्वरादेश के अनुरूप आदि कहने से नितान्त भिन्न है। 'शुभ' के स्वरूप के विषय में इस महत्त्वपूर्ण तथ्य की ओर दार्शनिकों का ध्यान आकृष्ट करके मूर ने वर्तमान शताब्दी में नैतिक दर्शन को निश्चय ही एक नई दिशा प्रदान की है। आज अधिकतर दार्शनिक यह मानते हैं कि 'शुभ', 'उचित', 'कर्त्तव्य' आदि नैतिक शब्द सभी निर्नैतिक शब्दों से भिन्न प्रकार के हैं। इन दोनों प्रकार के शब्दों में जो मूल अन्तर है उसे किसी भी प्राकृतिक अथवा अलौकिक अवधारणा द्वारा समाप्त नहीं किया जा सकता। परन्तु इस अन्तर का कारण यह नहीं है कि नैतिक शब्द हमें किन्हीं विशेष निर्प्राकृतिक गुणों का बोध कराते हैं जैसा कि मूर तथा अन्य अन्तःप्रज्ञावादियों का विचार है। हम पहले ही यह स्पष्ट कर चुके हैं कि गुणबोधक न होने के कारण नैतिक शब्द वास्तव में प्राकृतिक या निर्प्राकृतिक गुणों का वर्णन नहीं करते। इस दृष्टि से प्रकृतिवाद तथा निर्प्रकृतिवाद ये दोनों ही संज्ञानात्मक सिद्धान्त समान रूप से दोषपूर्ण हैं, क्योंकि ये दोनों सिद्धान्त नैतिक शब्दों को कुछ विशेष प्राकृतिक या निर्प्राकृतिक गुणों का बोध कराने वाले वर्णनात्मक शब्द ही मान लेते हैं। वस्तुतः नैतिक तथा वर्णनात्मक शब्दों में जो आधारभूत अन्तर है उसका मूल

कारण इन दोनों के भिन्न-भिन्न उद्देश्यों में ही निहित है। वर्णनात्मक शब्दों का एकमात्र उद्देश्य किन्हीं तथ्यों अथवा वस्तुओं का वर्णन करना ही होता है जबकि नैतिक शब्दों का मुख्य उद्देश्य मनुष्यों तथा उनके आचरण का मूल्यांकन करना है। इसी कारण इन दोनों प्रकार के शब्दों के प्रयोग से सम्बन्धित तार्किक नियम भी भिन्न-भिन्न होते हैं। परन्तु प्रकृतिवादी तथा निर्प्रकृतिवादी दोनों ही इस महत्वपूर्ण तथ्य की उपेक्षा करते हैं, अत: वे नैतिक शब्दों के अर्थ और स्वरूप की सन्तोषप्रद व्याख्या नहीं कर पाते।

अभी तक हमने 'शुभ' के अर्थ से सम्बन्धित मूर की प्रमुख मान्यताओं का ही विवेचन किया है। अब कुछ अन्य नैतिक शब्दों के अर्थ के विषय में भी उनके मत पर विचार करना आवश्यक है। 'प्रिन्सिपिया ऐथिका' के पांचवें अध्याय में मूर ने—'उचित', 'कर्त्तव्य', तथा 'सद्गुण' इन नैतिक शब्दों के अर्थ के सम्बन्ध में अपना स्पष्ट मत प्रस्तुत किया है। मनुष्य के कौन-से कर्म उचित हैं अथवा उसका कर्त्तव्य क्या है—मानकीय नीतिशास्त्र के इस महत्त्वपूर्ण प्रश्न का उत्तर देने के लिए उन्होंने उक्त नैतिक शब्दों के अर्थ की व्याख्या की है। यहां यह उल्लेखनीय है कि इन नैतिक शब्दों के अर्थ के सम्बन्ध में मूर का मत 'शुभ' के अर्थ के विषय में उनके मत से बहुत भिन्न है। इन शब्दों के अर्थ के विषय में उनका दृष्टिकोण पूर्णत: उपयोगितावादी है। किसी कर्म अथवा नियम की उपयोगिता के आधार पर ही वे उसे उचित मानते हैं और इसी आधार पर वे 'कर्त्तव्य' तथा 'सद्गुण' की भी व्याख्या करते हैं। यही कारण है कि वे 'शुभ' के विपरीत इन शब्दों को अपरिभाष्य भी नहीं मानते। इसके अतिरिक्त मूर के अनुसार 'शुभ' तथा इन शब्दों के अर्थ में एक अन्य महत्त्वपूर्ण अन्तर यह है कि किसी वस्तु को अपने आप में शुभ कहने के लिए हम तर्क नहीं दे सकते, क्योंकि 'शुभ' विषयक हमारा ज्ञान केवल अन्त:प्रज्ञा पर ही आधारित होता है; परन्तु हमारा कौन-सा कर्म उचित है अथवा हमारा कर्त्तव्य क्या है इसे हम तर्क द्वारा अवश्य प्रमाणित कर सकते हैं, क्योंकि इस प्रश्न का उत्तर केवल कर्मों की उपयोगिता के आधार पर ही दिया जा सकता है। इस प्रश्न का हमारी अन्त:प्रज्ञा से कोई सम्बन्ध नहीं है। स्पष्ट है कि 'शुभ' के विपरीत 'उचित', 'कर्त्तव्य' और 'सद्गुण' के ज्ञान के लिए मूर के सिद्धान्त में अन्त:प्रज्ञा का कोई स्थान नहीं है। यही कारण है कि वे अपने आपको सामान्य अर्थ में अन्त:प्रज्ञावादी नहीं मानते।

मूर 'उचित' तथा 'कर्त्तव्य' का प्रयोग लगभग समानार्थक शब्दों के रूप में ही करते हैं और वे इन दोनों शब्दों के अर्थ में कोई आधारभूत अन्तर स्वीकार नहीं करते। उनका विचार है कि इन दोनों शब्दों की परिभाषा 'शुभ' के आधार पर ही दी जा सकती है। हम उसी कर्म को उचित अथवा कर्त्तव्य मान सकते हैं

जिससे सर्वाधिक शुभ परिणाम उत्पन्न होते हैं। इन दोनों शब्दों के अर्थ के सम्बन्ध में अपनी उपर्युक्त मान्यता को स्पष्ट करते हुए मूर कहते हैं कि "जो उचित है अथवा जो हमारा कर्त्तव्य है उसकी परिभाषा अवश्य ही शुभ के साधन के रूप में की जानी चाहिए।...हमारा कर्तव्य केवल वह है जो सर्वश्रेष्ठ सम्भव परिणाम का साधन है।....'कर्त्तव्य' शब्द का प्रयोग सामान्यतः केवल उन्हीं कर्मों के लिए किया जाता है जो नैतिक अनुमोदन की भावना उत्पन्न करते हैं अथवा जिन्हें न करने के फलस्वरूप नैतिक अननुमोदन की भावना उत्पन्न होती है। विशेषतः हम उन कर्मों के लिए 'कर्त्तव्य' शब्द का प्रयोग करते हैं जिन्हें न करना हमारे मन में नैतिक अननुमोदन की भावना उत्पन्न करता है।"[16] 'कर्त्तव्य' की उपर्युक्त विशेषता के अतिरिक्त मूर ने उसकी दो अन्य विशेषताएं भी बताई हैं जो इस प्रकार हैं। हम उन्हीं कर्मों को 'कर्त्तव्य' की संज्ञा देते हैं जिन्हें अधिकतर व्यक्ति स्वयं अपनी इच्छा से नहीं करना चाहते और जिन्हें करने के लिए उनको बाध्य किया जाता है। दूसरे शब्दों में, किसी प्रकार की बाध्यता 'कर्त्तव्य' की अनिवार्य विशेषता है। इसके अतिरिक्त 'कर्त्तव्य' की दूसरी विशेषता यह है कि इसका पालन न करना सामान्यतः अन्य व्यक्तियों के लिए दुःखद परिणाम उत्पन्न करता है। इस प्रकार 'कर्त्तव्य' वह कर्म है जिसका प्रभाव प्रायः दूसरों पर पड़ता है।[17]

'उचित' और 'कर्त्तव्य' की भांति 'सद्‌गुण' के अर्थ की व्याख्या भी मूर ने उपयोगिता के आधार पर ही की है। वे अरस्तू द्वारा दी गई 'सद्‌गुण' की इस परिभाषा को स्वीकार करते हैं कि 'सद्‌गुण कुछ कर्मों को करने की स्वभावगत् प्रवृत्ति है।" परन्तु मूर का निश्चित मत है कि हम मनुष्य की उसी प्रवृत्ति को 'सद्‌गुण' कह सकते हैं जो व्यक्ति और समाज के लिए उपयोगी है। जो प्रवृत्ति व्यक्ति और समाज के लिए हानिकारक है अथवा हितकर नहीं है उसे 'सद्‌गुण' की संज्ञा नहीं दी जा सकती। मूर के शब्दों में : "यदि सामान्यतः सद्‌गुणात्मक मानी जाने वाली किसी विशेष प्रवृत्ति के सम्बन्ध में यह सिद्ध कर दिया जाए कि वह अधिकतर व्यक्तियों के लिए हानिकारक है तो हम तुरन्त यही कहेंगे कि वह वास्तव में सद्‌गुणात्मक नहीं है। ऐसी स्थिति में सद्‌गुण की परिभाषा उन कर्मों को करने की स्वभावगत प्रवृत्ति के रूप में की जा सकती है जो सामान्यतः यथासम्भव सर्वाधिक शुभ परिणाम उत्पन्न करते हैं।...इस दृष्टि से सद्‌गुणों के विषय में भी वही कहा जा सकता है जो कर्त्तव्यों के विषय में कहा गया है। यदि

16. वही पुस्तक, पृ० 167-168।
17. वही पुस्तक, पृ० 168-169।

वे वास्तव में सद्गुण हैं तो वे अवश्य ही सामान्यत: शुभ परिणामों को उत्पन्न करने के साधन होंगे।"[18] मूर द्वारा की गई 'सद्गुणों' की उपर्युक्त व्याख्या से यह स्पष्ट है कि वे उन दार्शनिकों से सहमत नहीं हैं जो 'सद्गुणों को स्वत: शुभ मानते हैं। इन दार्शनिकों के विपरीत मूर का विचार है कि 'सद्गुण' स्वत:-शुभ न होकर उसके साधन मात्र हैं। इस सम्बन्ध में वे ह्यूम के मत को पूर्णत: स्वीकार करते हैं जिन्होंने 'सद्गुणों' को अपने आप में शुभ न मानकर सामाजिक उपयोगिता के आधार पर उनके अर्थ की व्याख्या की है और जिनके मत का उल्लेख हम पिछले अध्याय में कर चुके हैं।

मूर ने 'सद्गुण' की इस उपयोगितामूलक व्याख्या के अतिरिक्त एक अन्य दृष्टि से भी इस शब्द की व्याख्या की है जिसका यहां उल्लेख कर देना आवश्यक है। वे कहते हैं कि 'सद्गुण' और 'दुर्गुण' मूल्यात्मक शब्द भी हैं—अर्थात् हम इन शब्दों का प्रयोग किन्हीं वस्तुओं की प्रशंसा तथा निंदा करने के लिए भी करते हैं। जब हम किसी वस्तु को सद्गुण युक्त कहते हैं तो हम उसकी प्रशंसा करते हैं। इसी प्रकार जब हम किसी वस्तु को दुर्गुणयुक्त कहते हैं तो हम उसकी निंदा करते हैं। मूर ने इसी अर्थ में 'सद्गुण' और 'दुर्गुण' को 'नैतिक शब्द' कहा है।[19] उनका कथन है कि किसी वस्तु की प्रशंसा करने का अर्थ यही है कि वह या तो अपने आपमें शुभ है अथवा वह शुभ परिणाम उत्पन्न करने का साधन है। जैसाकि हम ऊपर देख चुके हैं, वे सद्गुणों को शुभ परिणाम उत्पन्न करने के साधन के रूप में ही प्रशंसनीय मानते हैं, स्वत: शुभ के रूप में नहीं। इस प्रकार मूर ने 'उचित', 'कर्त्तव्य' और 'सद्गुण' इन तीनों नैतिक शब्दों की पूर्णत: उपयोगिता मूलक व्याख्या की है, क्योंकि उनके विचार में किसी कर्म, नियम तथा प्रवृत्ति के शुभ या अशुभ परिणामों के आधार पर ही हम यह कह सकते हैं कि वह 'उचित', 'कर्तव्य' और 'सद्गुण' है अथवा नहीं।

यहां यह उल्लेखनीय है कि मूर 'उचित' और 'कर्तव्य' के अर्थ के विषय में व्यक्तिनिष्ठवाद के सभी रूपों का दृढ़तापूर्वक खंडन करते हैं। अपनी दूसरी पुस्तक 'ऐथिक्स' में उन्होंने सविस्तार अनेक तर्कों द्वारा यह प्रमाणित करने का प्रयास किया है कि किसी कर्म को 'उचित' या 'अनुचित' कहने का अर्थ यह नहीं है कि कोई व्यक्ति अथवा समुदाय उस कर्म के प्रति अनुमोदन या अननुमोदन की भावना का अनुभव करता है। वस्तुत: कर्मों के औचित्य अथवा अनौचित्य का निर्णय उनके शुभ या अशुभ परिणामों के आधार पर ही किया जा

18. वही पुस्तक, पृ० 171-172।
19. वही पुस्तक, पृ० 171।

सकता है जो किसी व्यक्ति अथवा समुदाय की भावनाओं, इच्छाओं तथा अभिवृत्तियों पर निर्भर नहीं होते। व्यक्तिनिष्ठवाद के विरुद्ध इस गम्भीर आपत्ति पर हम पिछले अध्याय में विस्तारपूर्वक विचार कर चुके हैं, अत: यहां इसके सम्बन्ध में कुछ और कहने की आवश्यकता नहीं है।

'उचित', 'कर्तव्य' और 'सद्गुण' का अर्थ स्पष्ट करते हुए मूर ने मानकीय नीतिशास्त्र के इस महत्त्वपूर्ण प्रश्न पर भी विस्तारपूर्वक विचार किया है कि हमारे कौन-से कर्म उचित हैं, हमें क्या करना चाहिए अथवा हमारा कर्तव्य क्या है। इस प्रश्न के उत्तर में उनका कथन है कि मनुष्य के उसी कर्म को 'उचित' कहा जा सकता है जिसके परिणाम उन्हीं परिस्थितियों में उसके लिए सम्भव अन्य सभी कर्मों के परिणामों की अपेक्षा अधिक शुभ हों। परन्तु किसी भी व्यक्ति के लिए यह जानना असम्भव है कि उसके किस कर्म के परिणाम उन्हीं परिस्थितियों में उसके लिए सम्भव अन्य सभी कर्मों के परिणामों की अपेक्षा अधिक शुभ होंगे। इसका कारण यह है कि मनुष्य का ज्ञान बहुत ही सीमित है और वह सुदूर तथा निकट भविष्य में अपने समस्त कर्मों के सम्भावित एवं वास्तविक सभी परिणामों की ठीक-ठीक तुलना कभी नहीं कर सकता। मनुष्य की इसी कठिनाई को ध्यान में रखते हुए मूर कहते हैं कि सामान्यत: हमें उन सभी नियमों तथा कर्तव्यों का पालन करना चाहिए जो अधिकतर व्यक्तियों के लिए उपयोगी—अर्थात् शुभ परिणामों को उत्पन्न करने वाले हैं और जिनका पालन सामान्यत: अधिकतर व्यक्ति करते हैं। जो नियम समाज के लिए सामान्यत: उपयोगी नहीं हैं अथवा जिनका अधिकतर व्यक्ति सामान्यत: पालन नहीं करते उनके अनुरूप आचरण करने के लिए किसी व्यक्ति को बाध्य नहीं किया जा सकता।[20] इस प्रकार यह स्पष्ट है कि मूर सामान्यत: समाज में प्रचलित नैतिकता का ही समर्थन करते हैं।

'प्रिन्सिपिया ऐथिका' के अंतिम अध्याय में मूर ने मानकीय नीतिशास्त्र के इस आधारभूत प्रश्न पर भी विस्तार से विचार किया है कि कौन-सी वस्तुएं—अर्थात् मानवीय अनुभव तथा मनोदशाएं—अपने आप में शुभ और कौन-सी वस्तुएं अपने आप में अशुभ हैं। इस प्रश्न के प्रथम भाग का उत्तर देते हुए वे कहते हैं कि मनुष्य के आनंदपूर्ण सौंदर्यात्मक अनुभव और व्यक्तियों का पारस्परिक स्नेह ये दोनों निश्चय ही स्वत: शुभ हैं। अन्य सभी शुभ वस्तुओं को इन दोनों के साधन के रूप में ही शुभ माना जा सकता है। इसके अतिरिक्त मनुष्य के समस्त कर्तव्य और उचित कर्म अंतत: इन्हीं स्वत: शुभ वस्तुओं की

20. वही पुस्तक, पृ० 164।

उत्पत्ति तथा वृद्धि के साधन मात्र हैं। मूर का विचार है कि अशुभ एवं कुरूप वस्तुओं का आनन्द प्राप्त करना, शुभ तथा सुन्दर वस्तुओं से घृणा करना और तीव्र पीड़ा का अनुभव—ये तीनों अपने आप में अशुभ हैं। अन्य सभी अशुभ वस्तुओं को हम इन तीनों में से स्वतः अशुभ वस्तुओं के साधन के रूप में ही अशुभ मान सकते हैं।

मूर के मतानुसार हम उपर्युक्त वस्तुओं को तर्कों अथवा युक्तियों द्वारा स्वतः शुभ या अशुभ प्रमाणित नहीं कर सकते। हमें अपनी अंतःप्रज्ञा द्वारा ही इस बात का साक्षात् ज्ञान प्राप्त होता है कि कौन-सी वस्तु अपने आप में शुभ तथा कौन-सी वस्तु अपने आप में अशुभ है। इस प्रकार के साक्षात् ज्ञान के लिए अंतःप्रज्ञा के अतिरिक्त हमारे पास अन्य कोई साधन नहीं है। स्वतः शुभ तथा अशुभ वस्तुओं से सम्बन्धित ज्ञान को केवल अंतःप्रज्ञात्मक मानने के कारण भी मूर को अंतःप्रज्ञावादी कहा जाता है। परन्तु वास्तव में ऐसे व्यक्तिनिष्ठ ज्ञान के आधार पर निर्विवाद रूप से यह सिद्ध करना सम्भव नहीं है कि कौन-सी वस्तु अपने आप में शुभ और कौन-सी वस्तु अपने आप में अशुभ है। हम इस अध्याय के चौथे खंड में देखेंगे कि स्वतः शुभ वस्तुओं के स्वरूप और उनकी संख्या के सम्बन्ध में एक अन्य अंतःप्रज्ञावादी दार्शनिक डब्ल्यू० डी० रॉस का मत मूर के उपर्युक्त मत से पूर्णतः भिन्न है। वे मूर द्वारा बताई गई वस्तुओं को स्वतः शुभ न मानकर उन वस्तुओं को अपने आप में शुभ मानते हैं जो मूर के विचार में केवल साधन के रूप में ही शुभ हो सकती हैं। स्वतः शुभ वस्तुओं के विषय में इन दोनों अंतःप्रज्ञावादी दार्शनिकों के इस तीव्र मतभेद से यह स्पष्ट है कि केवल अंतःप्रज्ञा द्वारा निर्विवाद रूप से किसी वस्तु को अपने आप में शुभ या अशुभ प्रमाणित करना असम्भव है। वस्तुतः अंतःप्रज्ञावाद के लिए यह एक ऐसी गम्भीर समस्या है जिसका कोई सन्तोषप्रद समाधान सम्भव प्रतीत नहीं होता। इस समस्या पर हम प्रस्तुत अध्याय के अन्तिम खण्ड में अधिक विस्तार से विचार करेंगे।

3. एच० ए० प्रिचर्ड

मूर के अतिरिक्त कुछ अन्य समकालीन दार्शनिकों ने भी निर्प्रकृतिवाद अथवा अंतःप्रज्ञावाद का समर्थन किया है। इन दार्शनिकों में एच० ए० प्रिचर्ड तथा डब्ल्यू० डी० रॉस के नाम विशेष रूप से उल्लेखनीय हैं। प्रस्तुत खण्ड में हम प्रिचर्ड के मत पर तथा अगले खण्ड में रॉस के मत पर विचार करेंगे। परन्तु इन दोनों दार्शनिकों के मत का अलग-अलग विवेचन करने से पूर्व यहां यह स्पष्ट कर देना आवश्यक है कि मूर के विपरीत ये दोनों दार्शनिक 'उचित' और 'कर्तव्य' के

स्वरूप के विषय में परिणाम निरपेक्षवाद का ही समर्थन करते हैं। हम पिछले खण्ड में देख चुके हैं कि मूर के मतानुसार कर्मों के शुभ अथवा अशुभ परिणामों के आधार पर ही उन्हें 'उचित' या 'अनुचित' कहा जा सकता है और इसी आधार पर 'कर्त्तव्य' की भी परिभाषा की जा सकती है। उनकी इस मान्यता से स्पष्ट है कि 'उचित' और 'कर्तव्य' के सम्बन्ध में वे परिणामसापेक्षवाद में ही विश्वास करते हैं। परन्तु प्रिचर्ड और रॉस दोनों ही मूर के इस परिणामसापेक्षवाद को स्वीकार नहीं करते। इन दोनों दार्शनिकों का विचार है कि हम जिन कर्मों को 'उचित' अथवा 'कर्तव्य' कहते हैं वे 'शुभ' की उत्पत्ति और वृद्धि के साधन नहीं हैं। ऐसे कर्म अपने आप में उचित अथवा हमारे कर्तव्य हैं, अतः 'शुभ' के आधार पर 'उचित' और 'कर्तव्य' की परिभाषा नहीं की जा सकती। वस्तुतः 'शुभ' की भांति 'उचित तथा 'कर्तव्य' भी अविश्लेष्य, अनन्य और अपरिभाष्य हैं, क्योंकि ये दोनों भी 'शुभ' के समान ही नीतिशास्त्र के मूल प्रत्यय हैं। किसी भी कर्म के शुभ परिणामों के आधार पर उसके उचित अथवा कर्तव्य होने का निर्णय नहीं किया जा सकता। इस प्रकार प्रिचर्ड तथा रॉस दोनों ही परिणाम निरपेक्षवाद के समर्थक हैं और इस दृष्टि से उनका सिद्धांत मूर के सिद्धांत से बहुत भिन्न है।

प्रिचर्ड ने नैतिक दर्शन के सम्बन्ध में अनेक महत्वपूर्ण लेख लिखे हैं जो उनकी दो पुस्तकों में संकलित हैं। ये पुस्तकें हैं 1949 में प्रकाशित 'मॉरल ऑब्लिगेशन' तथा 1968 में प्रकाशित और जे० ओ० अर्मसन द्वारा संपादित 'मॉरल ऑब्लिगेशन ऐंड ड्यूटी ऐंड इन्टरेस्ट'। उनका सर्वप्रथम और सर्वाधिक विख्यात लेख 1912 में दर्शन विषयक मासिक पत्रिका 'माइंड' में प्रकाशित हुआ था जिसका शीर्षक था 'डज़ मॉरल फ़िलॉसॉफ़ी रैस्ट ऑन ए मिस्टेक?' अर्थात् 'क्या नैतिक दर्शन एक भूल पर आधारित है?' जैसाकि प्रिचर्ड के इस लेख के शीर्षक से ही स्पष्ट है, इसमें उन्होंने यह प्रश्न उठाया है कि क्या सम्पूर्ण नैतिक दर्शन एक भूल पर ही आधारित है। उन्होंने अपने इस प्रश्न का उत्तर 'हां' में दिया है और अनेक तर्कों द्वारा इस उत्तर को उचित सिद्ध करने का भी प्रयास किया है। उनका कथन है कि प्राचीन काल से ही नीतिशास्त्री इस प्रश्न का उत्तर खोजने का प्रयत्न करते रहे हैं कि जो कर्म उचित अथवा हमारा कर्तव्य है उसे करने के लिए हम कौन-से कारण या तर्क प्रस्तुत कर सकते हैं। दूसरे शब्दों में, वे सामान्य व्यक्ति के इस प्रश्न का उत्तर देने का प्रयास करते रहे हैं कि उसे अपने कर्तव्य का पालन क्यों करना चाहिए। परन्तु प्रिचर्ड के विचार म कर्तव्य-पालन के कारणों को खोजने का उक्त प्रयास करके इन नीतिशास्त्रियों ने वस्तुतः बहुत बड़ी भूल की है, क्योंकि यह प्रश्न ही अनुचित और अनावश्यक है कि हम अपने कर्तव्य का पालन करने के लिए कौन-से कारण अथवा तर्क प्रस्तुत कर

सकते हैं।[21] जब हम यह कहते हैं कि अमुक कर्म उचित अथवा हमारा कर्तव्य है तो इसका अर्थ यही है कि वह कर्म हमें करना चाहिए। ऐसे कर्म के विषय में हमारा यह प्रश्न नितांत अनुचित और निरर्थक है कि हमें वह कर्म क्यों करना चाहिए।

प्रिचर्ड के विचार में हमारे कर्तव्य-पालन का औचित्य अथवा उसकी बाध्यता स्वतः सिद्ध है; उसे किसी युक्ति या तर्क द्वारा उचित सिद्ध करना न तो सम्भव है और न आवश्यक। स्पष्टतः इसका अर्थ यही है कि हमें अपने कर्तव्य का पालन केवल इसलिए करना चाहिए कि वह हमारा कर्तव्य है। कर्तव्य-पालन से उत्पन्न होने वाले वास्तविक अथवा सम्भावित परिणामों का हमारे लिए कोई महत्व नहीं है। केवल कर्तव्य के लिए कर्तव्य का पालन करने की इच्छा अथवा चेतना को ही हमारे उस कर्म का एकमात्र उचित कारण माना जा सकता है जो हमारा कर्तव्य है। यहां प्रिचर्ड के मत पर कांट के नैतिक सिद्धांत 'कर्तव्य के लिए कर्तव्य' का प्रभाव स्पष्ट रूप से दिखाई देता है। कांट के समान ही वे भी निश्चित रूप से यह मानते हैं कि अपने कर्तव्य का पालन करते समय हमें उसके वास्तविक अथवा सम्भावित परिणामों की इच्छा से प्रेरित नहीं होना चाहिए। हमारे लिए कर्तव्य-पालन की बाध्यता स्वतःसिद्ध है, अतः उसे कर्तव्य के परिणामों द्वारा प्रमाणित करने की आवश्यकता नहीं है। इस प्रकार प्रिचर्ड कर्तव्य-पालन के सम्बन्ध में कांट के मत का पूर्णतः समर्थन करते हैं।

अपने उपर्युक्त सिद्धांत के आधार पर प्रिचर्ड ने उन सभी दार्शनिकों के मत का खंडन करने का प्रयास किया है जो कर्तव्य-पालन के लिए कुछ विशेष कारण या तर्क प्रस्तुत करते हैं। प्रिचर्ड का कथन है कि इन दार्शनिकों ने इस प्रश्न के मुख्य दो उत्तर दिए हैं कि हमें अपने कर्तव्य का पालन क्यों करना चाहिए। उनके अनुसार इस प्रश्न का प्रथम उत्तर यह दिया गया है कि कर्तव्य-पालन के कारण स्वयं व्यक्ति का या दूसरों का हित होता है अथवा उन्हें सुख प्राप्त होता है। इस मत के समर्थकों का कथन है कि हमें स्वयं अपने अथवा अन्य व्यक्तियों के हित या सुख के लिए ही कर्तव्य का पालन करना चाहिए। प्रिचर्ड का विचार है कि प्लेटो, हचिसन, विलियम पैले, जे० एस० मिल आदि दार्शनिकों ने किसी न किसी रूप में इसी मत का समर्थन किया है। परन्तु, जैसाकि हम ऊपर देख चुके हैं, प्रिचर्ड इस मत को स्वीकार नहीं करते, क्योंकि उनके अनुसार कर्तव्य-पालन

21. एच० ए० प्रिचर्ड का लेख, 'डज़ मॉरल फ़िलॉसॉफ़ी रैस्ट ऑन ए मिस्टेक', कैनेथ पहेल और मार्विन शिल्नर द्वारा सम्पादित 'रीडिंग्ज इन कन्टैम्प्रेरी ऐथिकल थ्योरी' में संकलित, पृ० 402।

स्वयं व्यक्ति अथवा दूसरों के लिए वास्तविक संभावित परिणामों के विचार पर आधारित नहीं होता। इस प्रकार वे परिणामसापेक्षवादी सभी सिद्धान्तों का दृढ़तापूर्वक खंडन करते हैं।

प्रिचर्ड के विचार में कर्तव्य-पालन सम्बन्धी उपर्युक्त प्रश्न का दूसरा उत्तर यह दिया गया है कि कर्म के स्वतः शुभत्व के कारण ही हमें वह कर्म करना चाहिए। इस मत के समर्थकों के अनुसार हमारे कर्तव्य-पालन का कारण स्वयं व्यक्ति अथवा दूसरों के लिए किसी कर्म के शुभ परिणाम नहीं, अपितु उस कर्म का अपने आप में शुभ होना ही है। प्रिचर्ड यह स्वीकार करते हैं कि यह मत उपयोगितावादी मत की अपेक्षा कम आपत्तिजनक है, किन्तु वे इसे भी उचित एवं संतोषप्रद नहीं मानते। इस मत के विरुद्ध उनका कथन है कि जब हम किसी कर्म के स्वतः शुभत्व की बात करते हैं तो वास्तव में यह शुभत्व स्वयं कर्म का न होकर उसके मूल में निहित हमारी कर्तव्य-पालन सम्बन्धी अभिप्रेरणा का ही होता है। जिस कर्म को हम स्वतः शुभ मानते हैं उसे हम इसलिए नहीं करते कि वह अपने आप में शुभ है, अपितु हम उसे इसलिए करते हैं कि वह उचित है अथवा उसे करना हमारा कर्तव्य है। इसका अर्थ यह है कि जब हम किसी स्वतः शुभ कर्म को अपना कर्तव्य समझकर करते हैं तो कर्तव्य-पालन सम्बन्धी हमारी यह अभिप्रेरणा उस कर्म के स्वतः शुभत्व पर निर्भर नहीं होती; इसके विपरीत उस कर्म का स्वतः शुभत्व ही हमारी इस अभिप्रेरणा पर आधारित रहता है। ऐसी स्थिति में उपर्युक्त मत के समर्थकों की यह मान्यता उचित नहीं है कि किसी कर्म का स्वतः शुभत्व हमें उस कर्म को अपना कर्तव्य समझकर उसे करने के लिए प्रेरित करता है। वास्तव में स्थिति ठीक इसके विपरीत है।[22] इस प्रकार प्रिचर्ड कर्तव्य-पालन सम्बन्धी प्रश्न के प्रथम उत्तर की भांति उपर्युक्त दूसरे उत्तर को भी अनुचित और असंतोषप्रद मानते हैं। उनका कथन है कि कर्तव्य-पालन के कारणों के विषय में ऊपर जिन दो मतों का उल्लेख किया गया है वे दोनों ही भ्रामक तथा अमान्य हैं, क्योंकि वे एक ऐसे प्रश्न का उत्तर देने का प्रयास करते हैं जो वास्तव में 'अनुचित प्रश्न' है। जब हम किसी कर्म को अपना कर्तव्य मान लेते हैं तो उसके विषय में हमारा यह पूछना नितांत अनुचित है कि हमें वह कर्म क्यों करना चाहिए। वस्तुतः ऐसे कर्म को करने से पूर्व उसके परिणामों पर विचार करना हमारे लिए न तो आवश्यक है और न उचित। इसका कारण यह है कि कर्तव्य-पालन करने की हमारी अभिप्रेरणा या चेतना पूर्णतः परिणामनिरपेक्ष है जिसका औचित्य स्वतःसिद्ध है और जिसे हम अपनी

22. वही पुस्तक, पृ० 406।

अंत:प्रज्ञा द्वारा प्रत्यक्षत: जान लेते हैं। व्यक्ति अथवा समाज के लिए सुखद या हितकर परिणामों के कारण कोई कर्म हमारा कर्तव्य नहीं हो जाता, क्योंकि हमारी कर्तव्य-चेतना का किसी प्रकार के परिणामों से कोई सम्बन्ध नहीं है।

प्रिचर्ड का विचार है कि कर्तव्य-बाध्यता एक ऐसा अनन्य, अविश्लेष्य तथा निर्प्राकृतिक गुण है जिसकी किसी अन्य गुण के आधार पर परिभाषा नहीं दी जा सकती। इस गुण के सम्बन्ध में यह प्रश्न उठाया जा सकता है कि यह कर्तव्य समझे जाने वाले कर्म में विद्यमान रहता है अथवा इस कर्तव्य का पालन करने वाले व्यक्ति में। इस प्रश्न के उत्तर में प्रिचर्ड का कथन है कि कर्तव्य-बाध्यता का यह विशेष गुण वस्तुत: कर्तव्य-पालन करने वाले व्यक्ति में ही निहित रहता है, किसी कर्म में नहीं। अपनी इस मान्यता के लिए उन्होंने निम्नलिखित तर्क प्रस्तुत किया है। जो कर्म हमारा कर्तव्य माना जाता है वह ऐसा कर्म है जिसे हमने अभी तक किया ही नहीं है। इसका अर्थ यह है कि किए जाने से पूर्व ऐसे कर्म का वास्तव में अस्तित्व ही नहीं है। स्पष्ट है कि जिस कर्म का अस्तित्व ही नहीं है उसमें कर्तव्य-बाध्यता का गुण विद्यमान नहीं हो सकता। ऐसी स्थिति में हमारे लिए यह मानना अनिवार्य हो जाता है कि यह विशेष गुण कर्तव्य का पालन करने वाले व्यक्ति में ही विद्यमान रहता है। वस्तुत: स्वयं व्यक्ति ही किसी विशेष परिस्थिति में कर्तव्यबाध्यता का अनुभव करता है।

परन्तु प्रिचर्ड का विचार है कि जब कोई मनुष्य इस कर्तव्य-बाध्यता से प्रेरित होकर कर्म करता है तो उसका कोई उद्देश्य नहीं होता—अर्थात् वह इस कर्म के द्वारा स्वयं अपने लिए अथवा दूसरों के लिए कुछ विशेष परिणाम प्राप्त नहीं करना चाहता। ऐसा मनुष्य केवल कर्तव्य-पालन के लिए ही उस कर्म को करता है जिसे वह अपना कर्तव्य मानता है। अपनी इसी मान्यता को स्पष्ट करते हुए प्रिचर्ड कहते हैं कि "जब हम कर्तव्य-चेतना से प्रेरित होकर कर्म करते हैं तो हमारा कोई उद्देश्य अथवा साध्य नहीं होता। 'उद्देश्य' अथवा 'साध्य' से हमारा तात्पर्य वास्तव में किसी ऐसी वस्तु से है जिसके अस्तित्व की हम इच्छा करते हैं और जिसकी इच्छा हमें कर्म करने के लिए प्रेरित करती है।"[23] स्पष्टत: इसका अर्थ यही है कि प्रिचर्ड के अनुसार कर्तव्य-बाध्यता एक ऐसी अभिप्रेरणा है जो किसी अन्य उद्देश्य की पूर्ति के लिए साधन न होकर स्वत:साध्य होती है।

यहां यह उल्लेखनीय है कि प्रिचर्ड कर्तव्य-बाध्यता को अनन्य और अविश्लेष्य गुण मानने के साथ ही उसे निर्प्राकृतिक गुण भी मानते हैं। उनका

23. वही पुस्तक, पृ० 410।

मत है कि हमें अपनी अंत:प्रज्ञा द्वारा ही इस विशेष गुण का साक्षात् ज्ञान प्राप्त होता है, अत: यह गुण प्राकृतिक गुणों से मूलत: भिन्न है। कर्तव्य-बाध्यता से सम्बन्धित हमारा यह साक्षात ज्ञान अनुभव और तर्क पर आधारित न होकर स्वत:सिद्ध होता है। किसी विशेष परिस्थिति में मनुष्य का कर्तव्य क्या है इसका साक्षात् ज्ञान उसे अपनी अंत:प्रज्ञा द्वारा ही प्राप्त हो सकता है, अनुभव तथा तर्कबुद्धि द्वारा नहीं। प्रिचर्ड ने इस ज्ञान की तुलना गणित सम्बन्धी प्रत्ययों अथवा सिद्धान्तों के ज्ञान से की है। उनका कथन है कि जिस प्रकार हम त्रिकोण को देखकर उसकी तीन भुजाओं के कारण प्रत्यक्षत: यह जान लेते हैं कि उसके तीन कोण हैं उसी प्रकार किसी विशेष परिस्थिति में दूसरों के साथ अपने विशेष सम्बन्धो के कारण हम प्रत्यक्ष रूप से तुरन्त यह जान लेते हैं कि उस परिस्थिति में हमारा कर्तव्य क्या है। हमारा कर्तव्य विषयक यह ज्ञान गणित सम्बन्धी प्रत्ययों के ज्ञान के समान ही स्वत:सिद्ध होता है जिसके लिए किसी प्रमाण की आवश्यकता नहीं होती।[24] अपने इस मत को प्रिचर्ड ने दो उदाहरणों द्वारा इस प्रकार स्पष्ट किया है। यदि हम यह जानते हैं कि किसी व्यक्ति ने हमारी सेवा या सहायता की है तो हमें तुरन्त इस बात का ज्ञान हो जाता है कि उसकी सेवा अथवा सहायता करना हमारा कर्तव्य है। इसके लिए हमें किसी तर्क का आधार लेने की आवश्यकता नहीं होती। उस व्यक्ति के प्रति हमारा यह कर्तव्य-ज्ञान उसके साथ हमारे विशेष सम्बन्ध पर ही आधारित है। इसी प्रकार यदि हमें यह स्मरण है कि किसी व्यक्ति ने हम पर कृपा की है तो हम तुरन्त प्रत्यक्षत: यह जान लेते हैं कि उसे उपहार देना हमारा कर्तव्य है।[25] इन उदाहरणों से यह स्पष्ट है कि प्रिचर्ड के अनुसार हमारा कर्तव्य-ज्ञान कर्मों के परिणामों पर नहीं, अपितु दूसरों के साथ हमारे कुछ विशेष सम्बन्धों पर आधारित होता है और हमारे लिए इस साक्षात् ज्ञान का एकमात्र साधन हमारी अंत:प्रज्ञा ही है।

प्रिचर्ड का विचार है कि हमारे विभिन्न कर्तव्यों का आधार दूसरों के साथ हमारे भिन्न-भिन्न प्रकार के सम्बन्ध तथा स्वयं हमारे अपने भूतकालीन कर्म होते हैं। उदाहरणार्थ हमारे कुछ कर्तव्य हमारे लिए दूसरों द्वारा किए गये कुछ विशेष कर्मों पर आधारित रहते हैं। यदि किसी व्यक्ति ने हमारा उपकार किया है तो उसके प्रति कृतज्ञता का अनुभव करना और अवसर आने पर उसे उसके उपकार का उचित प्रतिदान देना हमारा ऐसा ही कर्तव्य है। हमारे कुछ कर्तव्य स्वयं हमारे अपने कर्मों के परिणामस्वरूप उत्पन्न होते हैं। उदाहरण के लिए यदि

24. वही पुस्तक, पृ० 408।
25. वही पुस्तक, पृ० 408।

हमने किसी व्यक्ति से कोई वस्तु या सेवा प्राप्त करने पर उसे पारिश्रमिक देने का वादा किया है तो उसे यथासमय उचित पारिश्रमिक देना हमारा कर्तव्य है। परन्तु हमारे कुछ कर्तव्यों का आधार इस प्रकार के विशेष सम्बन्ध अथवा कर्म न होकर केवल सामान्य मानवीय सम्बन्ध ही होते हैं। सत्य बोलना और दूसरों के हृदय को आघात न पहुंचाना हमारे ऐसे ही कर्तव्य हैं। सत्य बोलने से संबंधित हमारे कर्तव्य का आधार यह है कि अन्य व्यक्ति हम पर विश्वास करते हैं और हमसे सत्य बोलने की आशा करते हैं। इसी प्रकार दूसरों के हृदय को आघात न पहुंचाने से सम्बन्धित हमारे कर्तव्य का आधार यही है कि हम सब एक ही संसार में रहने वाले मनुष्य हैं। इन कर्तव्यों के अतिरिक्त प्रिचर्ड के विचार में हमारे कुछ कर्तव्य ऐसे भी हैं जो दूसरों के साथ हमारे किसी प्रकार के सम्बन्धों पर आधारित नहीं होते। स्वयं अपनी कायरता अथवा लालच पर विजय प्राप्त करने से सम्बन्धित हमारा कर्तव्य ऐसा ही कर्तव्य है। यह कर्तव्य स्वयं हमारे अपने प्रति है, अतः यह अन्य व्यक्तियों के साथ हमारे सम्बन्धों के परिणामस्वरूप उत्पन्न नहीं होता। अपनी दुष्प्रवृत्तियों को नियंत्रित करने का उत्तरदायित्व मुख्यतः स्वयं हमारा अपना ही है, किसी अन्य व्यक्ति का नहीं। यही कारण है कि हमारे इस प्रकार के कर्तव्य अन्य व्यक्तियों के साथ हमारे सम्बन्धों पर आधारित नहीं होते।[26] इस विवेचन से स्पष्ट है कि प्रिचर्ड के मतानुसार मनुष्य के अधिकतर कर्तव्य दूसरों के साथ उसके सम्बन्धों से ही उत्पन्न होते हैं, किन्तु उसके कुछ कर्त्तव्य ऐसे भी हैं जो उसके स्वयं अपने प्रति होने के कारण इन सम्बन्धों से मुक्त हैं। प्रिचर्ड का विचार है कि हमें अपनी अंतःप्रज्ञा द्वारा ही इन सभी कर्त्तव्यों का तुरन्त और साक्षात् ज्ञान प्राप्त हो जाता है। हम अगले खंड में देखेंगे कि रॉस ने भी मानवीय कर्तव्यों का ऐसा ही विवेचन किया है और उपर्युक्त सभी कर्तव्यों को 'मूल कर्तव्य' कहा है।

कर्तव्य-बाध्यता तथा कर्तव्यों के विषय में ऊपर जो कुछ कहा गया है उससे यह स्पष्ट है कि प्रिचर्ड नैतिकता की दृष्टि से 'उचित' अथवा 'कर्तव्य' के प्रत्यय को विशेष महत्त्व देते हैं और इसे नीतिशास्त्र का मूल प्रत्यय मानते हैं। परन्तु इसका यह अर्थ नहीं है कि वे 'शुभ' के महत्व की उपेक्षा करते हैं। वस्तुतः प्रिचर्ड के विचार में 'उचित' अथवा 'कर्तव्य' की भांति 'शुभ' भी अविश्लेष्य, अनन्य तथा अपरिभाष्य है और वह भी नीतिशास्त्र का मूल प्रत्यय है। हम किसी अन्य प्रत्यय या गुण के आधार पर 'शुभ' की परिभाषा नहीं कर सकते। 'कर्त्तव्य' के समान ही 'शुभ' का ज्ञान भी हमें प्रत्यक्षतः अंतःप्रज्ञा द्वारा ही प्राप्त होता है,

26. वही पुस्तक, पृ० 408-410

अनुभव या तर्कबुद्धि द्वारा नहीं। इस प्रकार प्रिचर्ड 'कर्तव्य' और 'शुभ' इन दोनों को समान रूप से नीतिशास्त्र के मूल प्रत्यय मानते हैं। उनका मत है कि हम इन दोनों प्रत्ययों में से किसी एक की परिभाषा दूसरे के आधार पर नहीं कर सकते। इस दृष्टि से प्रिचर्ड का सिद्धान्त मूर के सिद्धान्त से भिन्न है जो केवल 'शुभ' को ही नीतिशास्त्र का मूल प्रत्यय मानते हैं और इसी के आधार पर 'उचित' तथा 'कर्तव्य' की परिभाषा करते हैं। परन्तु प्रिचर्ड 'शुभ' तथा 'कर्तव्य' इन दोनों को समान रूप से अपरिभाष्य मानते हुए इन दोनों के ज्ञान को केवल अंत:प्रज्ञा का विषय मानते हैं। स्पष्टत: इसका अर्थ यह है कि मूर के नैतिक सिद्धांत की अपेक्षा प्रिचर्ड के नैतिक सिद्धांत में अंत:प्रज्ञा का कहीं अधिक महत्त्व है। हम पिछले खंड में देख चुके हैं कि मूर केवल 'शुभ' के विषय में ही अंत:प्रज्ञा की अनिवार्यता को स्वीकार करते हैं, 'उचित' और 'कर्तव्य' के विषय में नहीं। उनके अनुसार हम कर्मों के औचित्य या कर्तव्यों के विषय में शुभ परिणामों से सम्बन्धित तर्क प्रस्तुत कर सकते हैं। इन परिणामों के ज्ञान तथा कर्मों के औचित्य अथवा कर्तव्य का निर्णय करने के लिए अंत:प्रज्ञा का आधार लेना अनावश्यक है। परन्तु, जैसा कि हम पहले ही स्पष्ट कर चुके हैं, प्रिचर्ड मूर के इस मत का दृढ़तापूर्वक खडन करते हैं। इस प्रकार यद्यपि मूर और प्रिचर्ड दोनों ही मूलत: अंत:प्रज्ञावाद को स्वीकार करते हैं, फिर भी 'उचित' तथा 'कर्तव्य' के अर्थ की व्याख्या के सम्बन्ध में इन दोनों दार्शनिकों में पर्याप्त मतभेद है।

अभी तक हमने प्रिचर्ड के नैतिक सिद्धान्त की प्रमुख मान्यताओं का उल्लेख किया है। अब इस प्रश्न पर विचार करना आवश्यक है कि उनका यह सिद्धान्त कहां तक उचित एवं सन्तोषप्रद है। नैतिक शब्दों के विषय में मूर की भांति प्रिचर्ड की भी यह मान्यता निश्चय ही उचित है कि किसी प्रकार के निर्नैतिक शब्दों के आधार पर इन शब्दों की परिभाषा नहीं की जा सकती। प्रिचर्ड के समर्थन में शायद यह भी कहा जा सकता है कि हम सदैव केवल परिणामों के आधार पर अपने सभी कर्मों के औचित्य तथा कर्तव्यों का निर्णय नहीं करते। इस दृष्टि से उनके सिद्धान्त में आंशिक सत्य विद्यमान है। परन्तु अंशत: सत्य होते हुए भी प्रिचर्ड का सिद्धान्त 'कर्तव्य' के अर्थ और हमारे कर्तव्यों के निर्धारण की सन्तोषप्रद व्याख्या नहीं कर पाता। इस सिद्धान्त के विरुद्ध प्रथम आपत्ति यह है कि यदि इसे स्वीकार कर लिया जाए तो कर्तव्यों के सम्बन्ध में विभिन्न व्यक्तियों के मतभेद का निराकरण असंभव हो जाता है। इसका कारण यह है कि प्रिचर्ड 'शुभ' के साथ-साथ 'कर्तव्य' सम्बन्धी ज्ञान को भी पूर्णत: अंत:प्रज्ञात्मक ही मानते हैं और अंत:प्रज्ञा केवल व्यक्तिनिष्ठ मानसिक शक्ति है जिसकी वस्तुपरक रूप से परीक्षा करना संभव नहीं है। यह ऐसी आपत्ति है जो सभी अंत:प्रज्ञावादियों के

विरुद्ध समान रूप से उठाई जा सकती है, अतः इस आपत्ति पर हम प्रस्तुत अध्याय के अंतिम खण्ड में विचार करेंगे। यहां इतना कह देना ही पर्याप्त है कि एक ओर तो प्रिचर्ड कर्तव्यों के ज्ञान को स्वतःसिद्ध मानते हैं और दूसरी ओर वे यह भी स्वीकार करते हैं कि मनुष्यों के नैतिक विकास के स्तर में अन्तर होता है जिसके कारण कुछ व्यक्ति अपने कर्तव्यों को भली-भांति नहीं समझ पाते। प्रिचर्ड के इन विचारों में असंगति स्पष्ट है, क्योंकि यदि कर्तव्य विषयक हमारा ज्ञान अंतः-प्रज्ञात्मक तथा स्वतःसिद्ध है जैसा कि वे मानते हैं तो सभी व्यक्तियों को यह ज्ञान समान रूप से प्राप्त होना चाहिए और कर्तव्यों के सम्बन्ध में उनमें कोई मतभेद नहीं होना चाहिए।

प्रिचर्ड के उक्त सिद्धान्त के विरुद्ध दूसरी मुख्य आपत्ति यह है कि इसे स्वीकार कर लेने पर कर्तव्यों में संघर्ष से सम्बन्धित गम्भीर समस्या का समाधान करना हमारे लिए असंभव हो जाता है। यह अनुभवसिद्ध तथ्य है कि कई बार हमारे दो या दो से अधिक कर्तव्यों में संघर्ष होता है और हमारे लिए यह निर्णय करना अत्यंत कठिन हो जाता है कि हम अपने इन कर्तव्यों में से किस कर्तव्य का पालन करें। सामान्यतः हम इस समस्या का समाधान विभिन्न कर्तव्यों के शुभ-अशुभ परिणामों की तुलना के आधार पर ही करते हैं। परन्तु प्रिचर्ड के सिद्धान्त में कर्तव्यों के परिणामों की ऐसी तुलना के लिए कोई स्थान नहीं है, क्योंकि वे कर्तव्य पालन के लिए परिणामों पर विचार करना अनुचित और अनावश्यक मानते हैं। ऐसी स्थिति में जब हमारे किन्हीं दो कर्तव्यों में संघर्ष होता है और हम उनमें से किसी एक कर्तव्य का ही पालन कर सकते हैं तो प्रिचर्ड का सिद्धान्त हमारी कोई सहायता नहीं कर पाता। उनका सिद्धान्त हमें यह नहीं बताता कि इस प्रकार की कठिन स्थिति में हमें अपने किस कर्तव्य का पालन करना चाहिए और क्यों। यह स्पष्ट है कि इस जटिल समस्या का समाधान करने के लिए अतःप्रज्ञा हमारी कोई सहायता नहीं कर सकती, क्योंकि वह हमें अपने विभिन्न कर्तव्यों की तुलना के लिए कोई वस्तुगत एवं तर्कसंगत आधार प्रदान नहीं करती।

इसके अतिरिक्त यदि हम अपने सभी कर्तव्यों को स्वतःसिद्ध मान लें जैसा कि प्रिचर्ड का विचार है तो हमारे लिए कर्तव्यों के संघर्ष की उक्त समस्या और भी अधिक जटिल हो जाती है। इसका कारण यह है कि यदि हमारे सभी कर्तव्य स्वतःसिद्ध हैं और उनका पालन करने की दृष्टि से हमारे लिए उनके परिणामों का कोई महत्त्व नहीं है तो इन कर्तव्यों में संघर्ष होने पर हम युक्तिसंगत रूप से यह निर्णय कभी नहीं कर सकते कि हमें अपने कौन से कर्तव्य का पालन करना चाहिए। इस सम्बन्ध में कर्तव्यों का अंतःप्रज्ञात्मक साक्षात् ज्ञान भी हमारी

सहायता करने में नितांत असमर्थ है। वस्तुतः प्रिचर्ड अंत:प्रज्ञा के आधार पर मानवीय कर्तव्य-निर्धारण के मार्ग को जितना सरल समझते हैं वह उतना सरल नहीं है। यदि उनके अंत:प्रज्ञात्मक सिद्धान्त को स्वीकार कर लिया जाए तो कर्तव्य-पालन करने के लिए लिए हमारे पास कोई तर्कसंगत आधार नहीं रह जाता। हम देख चुके हैं कि प्रिचर्ड ऐसे किसी आधार की संभावना को ही स्वीकार नहीं करते। ऐसी स्थिति में मनुष्य के कर्तव्यों के निर्धारण से सम्बन्धित उनके उक्त सिद्धान्त का युक्तिसंगत रूप से समर्थन करना संभव प्रतीत नहीं होता। हम अगले खण्ड में देखेंगे कि रॉस के कर्तव्य-पालन सम्बन्धी सिद्धान्त के विरुद्ध भी यही आपत्ति उठाई जा सकती है।

प्रिचर्ड के अंत:प्रज्ञात्मक सिद्धान्त के विरुद्ध तीसरी आपत्ति यह है कि इसमें नैतिक निर्णयों से सम्बन्धित मतभेद के निराकरण तथा इन निर्णयों की वस्तुपरक प्रामाणिकता के लिए कोई स्थान नहीं है। हम देख चुके हैं कि प्रिचर्ड 'उचित', 'कर्तव्य' तथा 'शुभ' को अपरिभाष्य मानते हुए इनसे सम्बन्धित समस्त नैतिक निर्णयों को केवल अंत:प्रज्ञा पर ही आधारित मानते हैं। उनका स्पष्ट और निश्चित मत है कि इन निर्णयों की पुष्टि के लिए किसी प्रकार के तर्क प्रस्तुत नहीं किए जा सकते। इसका अर्थ यही है कि प्रिचर्ड के सिद्धान्त को स्वीकार कर लेने पर नैतिक निर्णयों के विषय में मतभेद के निराकरण की संभावना के साथ-साथ इन निर्णयों के वस्तुपरक प्रमाणीकरण की संभावना भी पूर्णतः समाप्त हो जाती है। हम स्वयं अपने तथा दूसरों के नैतिक निर्णयों को किन्हीं तर्कों द्वारा कभी भी उचित या अनुचित सिद्ध नहीं कर सकते, क्योंकि इन निर्णयों का एकमात्र और अंतिम आधार प्रत्येक व्यक्ति की अंत:प्रज्ञा है जो पूर्णतः व्यक्तिनिष्ठ मानसिक शक्ति है। वस्तुतः नैतिक निर्णयों की प्रामाणिकता की दृष्टि से प्रिचर्ड का सिद्धान्त मूर के सिद्धान्त से भी कहीं अधिक असंतोषप्रद है। हम देख चुके हैं कि मूर केवल 'शुभ' सम्बन्धी नैतिक निर्णयों को ही अंत:प्रज्ञा पर आधारित और सभी तर्कों से परे मानते हैं। 'उचित' तथा 'कर्तव्य' से सम्बन्धित नैतिक निर्णयों के विषय में वे न केवल तर्कों के महत्त्व को स्वीकार करते हैं, अपितु यह भी कहते हैं कि इन निर्णयों का तर्कों द्वारा प्रमाणित किया जाना आवश्यक है। परन्तु प्रिचर्ड 'शुभ' के साथ-साथ 'उचित' और 'कर्तव्य' सम्बन्धी नैतिक निर्णयों के लिए भी किसी प्रकार के तर्क देना अनावश्यक तथा अनुचित मानते हैं। उनके अनुसार किसी प्रकार के नैतिक निर्णयों के लिए अंत:प्रज्ञा के अतिरिक्त अन्य कोई भी आधार या प्रमाण नहीं हो सकता। इस प्रकार प्रिचर्ड का सिद्धान्त समस्त नैतिक निर्णयों को अंततः प्रत्येक व्यक्ति की अंत:प्रज्ञा पर आधारित केवल व्यक्तिनिष्ठ निर्णय बना देता

है। अंतःप्रज्ञावाद के विरुद्ध इस गम्भीर आपत्ति पर हम प्रस्तुत अध्याय के अंतिम खंड में अधिक विस्तार से विचार करेंगे।

हमने पिछले खंड में मूर के सिद्धान्त के विरुद्ध जिन आपत्तियों का उल्लेख किया है उनमें से कुछ आपत्तियां प्रिचर्ड के सिद्धान्त के विरुद्ध भी उठाई जा सकती हैं, क्योंकि कुछ मतभेद के होते हुए भी इन दोनों दार्शनिकों के विचारों में पर्याप्त समानता है। उदाहरणार्थ मूर की भांति प्रिचर्ड भी निर्प्राकृतिक गुणों के अस्तित्व में विश्वास करते हैं। हम ऊपर बता चुके हैं कि वे शुभत्व के साथ-साथ कर्तव्य बाध्यता को भी निर्प्राकृतिक गुण मानते हैं। ऐसी स्थिति में प्रिचर्ड के सिद्धान्त के विरुद्ध भी निर्प्राकृतिक गुणों के स्वरूप की अस्पष्टता से सम्बन्धित वही आपत्ति उठाई जा सकती है जो पिछले खंड में मूर के सिद्धान्त के विरुद्ध उठाई गई है। मूर की भांति प्रिचर्ड भी इन निर्प्राकृतिक गुणों के स्वरूप तथा वस्तुओं में विद्यमान प्राकृतिक गुणों के साथ इनके सम्बन्ध को स्पष्ट नहीं कर सके। वे भी हमें यह नहीं बताते कि निर्प्राकृतिक गुणों से उनका ठीक-ठीक तात्पर्य क्या है और प्राकृतिक गुणों के साथ इन गुणों का क्या सम्बन्ध है। इसके अतिरिक्त मूर के समान ही प्रिचर्ड भी नैतिक शब्दों को निर्प्राकृतिक गुणों का बोध कराने वाले वर्णनात्मक शब्द ही मानते हैं, अतः उनके विरुद्ध भी यह गम्भीर आपत्ति उठाई जा सकती है कि वे इन शब्दों की सन्तोषप्रद व्याख्या नहीं कर पाते। इन सभी आपत्तियों पर हम मूर के संदर्भ में पहले ही विस्तारपूर्वक विचार कर चुके हैं, अतः यहां इनकी पुनरावृत्ति अनावश्यक है। प्रिचर्ड के सिद्धान्त के विरुद्ध उठाई गई उपर्युक्त सभी आपत्तियों के आधार पर यह निष्कर्ष निकाला जा सकता है कि मूर के सिद्धान्त की भांति उनका सिद्धान्त भी नैतिक निर्णयों के अर्थ, स्वरूप तथा प्रमाणीकरण की समुचित एवं युक्तिसंगत व्याख्या नहीं कर पाता।

4. डब्ल्यू० डी० रॉस

मूर तथा प्रिचर्ड के अतिरिक्त वर्तमान शताब्दी के एक अन्य दार्शनिक डब्ल्यू० डी० रॉस ने भी निर्प्रकृतिवाद अथवा अंतःप्रज्ञावाद का ही समर्थन किया है। नैतिक दर्शन की विभिन्न महत्त्वपूर्ण समस्याओं के सम्बन्ध में उन्होंने अपने विचार दो प्रमुख पुस्तकों 'दि राइट एण्ड दि गुड' तथा 'फ़ाउंडेशन्ज़ ऑफ़ ऐथिक्स' में विस्तारपूर्वक प्रस्तुत किए हैं जो क्रमशः 1930 और 1939 में प्रकाशित हुई थीं। इन पुस्तकों में उन्होंने 'उचित', 'कर्तव्य', 'शुभ' आदि नैतिक शब्दों के अर्थ एवं स्वरूप के साथ-साथ मानकीय नीतिशास्त्र के इन प्रश्नों पर भी विस्तार से विचार किया है कि हमें कौन से कर्म करने चाहिएं अथवा हमारे मूल कर्तव्य क्या

हैं और कौन सी वस्तुएं अपने आप में शुभ या मूल्यवान हैं। यहां हम मुख्यतः नैतिक शब्दों के अर्थ और स्वरूप के विषय में उनके मत पर विचार करेंगे।

जैसाकि हम पिछले खंड में बता चुके हैं, प्रिचर्ड की भांति रॉस भी 'उचित', 'कर्तव्य' एवं 'शुभ' को अपरिभाष्य तथा अविश्लेष्य मानते हैं और इन शब्दों के अर्थ के सम्बन्ध में वे भी परिणामनिरपेक्षवाद को ही स्वीकार करते हैं। वे भी यह मानते हैं कि कर्मों के शुभ-अशुभ परिणामों के आधार पर 'उचित' और 'कर्तव्य' की परिभाषा नहीं की जा सकती। प्रिचर्ड की भांति रॉस ने भी 'उचित' तथा 'कर्तव्य' इन दोनों शब्दों का प्रयोग लगभग समानार्थक शब्दों के रूप में ही किया है। 'उचित' शब्द का अर्थ स्पष्ट करते हुए वे कहते हैं कि नैतिक दृष्टि से हम इस शब्द का प्रयोग मानवीय कर्मों के संदर्भ में ही करते हैं। जब हम किसी व्यक्ति के कर्म को 'उचित' या 'अनुचित' कहते हैं तभी यह कहा जा सकता है कि इन शब्दों का प्रयोग नैतिक अर्थ में किया गया है। परन्तु जब हम किसी तर्क अथवा समाधान को 'उचित' या 'अनुचित' कहते हैं तो हम इन शब्दों का प्रयोग निर्नैतिक अर्थ में ही करते हैं। रॉस के मतानुसार नैतिक अर्थ में 'उचित' शब्द का 'चाहिए' और 'कर्तव्य' इन दोनों नैतिक शब्दों के साथ अनिवार्य सम्बन्ध है। किसी कर्म को 'उचित' कहने का अर्थ यही है कि वह ऐसा कर्म है जो हमें करना चाहिए अथवा जो हमारा कर्तव्य है।[27]

प्रिचर्ड की भांति रॉस भी मूर के इस मत का दृढ़तापूर्वक खंडन करते हैं कि 'शुभ' के आधार पर 'उचित' की परिभाषा की जा सकती है। मूर के इस मत के विरुद्ध रॉस का कथन है कि 'शुभ' की परिभाष्यता का खंडन करने के लिए मूर ने जो तर्क प्रस्तुत किए हैं वे ही तर्क 'उचित' की परिभाष्यता का भी खंडन करते हैं। किसी कर्म के उचित होने का अर्थ यह नहीं है कि वह शुभ परिणाम उत्पन्न करता है। इसका कारण यह है कि किसी कर्म का उचित होना उसके शुभ परिणाम उत्पन्न करने से मूलतः भिन्न है। मूर के मत के विरुद्ध 'उचित' के अर्थ के विषय में अपनी इसी मान्यता को एक उदाहरण द्वारा स्पष्ट करते हुए रॉस ने लिखा है कि "जब एक सामान्य व्यक्ति यह कहता है कि वचनों का पालन करना उचित है तो वह इस कर्म के समस्त परिणामों के सम्बन्ध में जरा भी विचार नहीं करता; वह इन परिणामों के विषय में कुछ भी नहीं जानता और न इनकी चिंता करता है।···यदि यह स्पष्ट है कि 'उचित' का अर्थ 'यथासंभव अधिकतम शुभ की उत्पत्ति' नहीं है तो यह भी स्पष्ट है कि इसका अर्थ 'कर्त्ता के लिए अथवा मानव-जाति के लिए यथासंभव अधिकतम सुख की उत्पत्ति' भी नहीं है।···जब

27. डब्ल्यू॰ डी॰ रॉस, 'दि राइट ऐण्ड दि गुड', पृ॰ 3।

एक साधारण मनुष्य वचन का पालन करता है क्योंकि वह सोचता है कि उसे ऐसा करना चाहिए तो यह स्पष्ट प्रतीत होता है कि वह इसके समस्त परिणामों पर विचार किए बिना ही ऐसा करता है; वह इस बात का बिल्कुल विचार नहीं करता कि ये परिणाम यथासंभव सर्वोत्तम होंगे।...जिस बात के कारण वह यह कर्म करना उचित समझता है वह यही तथ्य है कि उसने ऐसा करने का वादा किया है—सामान्यत: इसके अतिरिक्त और कुछ नहीं। वह अपने कर्म को इस लिए उचित नहीं कहता कि यह कर्म यथासंभव सर्वोत्तम परिणाम उत्पन्न करेगा।"[28] 'उचित' के अर्थ के विषय में रॉस के उपर्युक्त विचारों से यह स्पष्ट है कि प्रिचर्ड की भांति वे भी परिणाम निरपेक्षवाद का ही समर्थन करते हैं।

'उचित' के अर्थ से सम्बन्धित मूर के मत के अतिरिक्त रॉस ने उन दार्शनिकों के मत का भी खंडन किया है जो किसी निर्नैतिक प्रत्यय या अवधारणा के आधार पर 'उचित' की परिभाषा करते हैं। हम पिछले अध्याय में देख चुके हैं कि व्यक्ति निष्ठवाद के अनुसार किसी व्यक्ति अथवा समुदाय के अनुमोदन की भावना के आधार पर ही 'उचित' की परिभाषा की जा सकती है। परन्तु रॉस व्यक्तिनिष्ठ-वादियों के इस मत का समर्थन नहीं करते। वे यह स्वीकार करते हैं कि जब हम किसी कर्म को 'उचित' कहते हैं तो हमारे मन में उसके प्रति अनुमोदन की भावना अवश्य विद्यमान रहती है। इस सम्बन्ध में उनका स्पष्ट कथन है कि "अनुमोदन की भावना का अनुभव किए बिना हम किसी कर्म को कभी भी उचित नहीं कह सकते।"[29] परन्तु रॉस के मतानुसार इसका अर्थ यह नहीं है कि अनुमोदन की भावना के आधार पर 'उचित' की परिभाषा की जा सकती है। हम ऐसी वस्तुओं के प्रति भी अनुमोदन की भावना का अनुभव करते हैं जिनका नैतिक औचित्य अथवा कर्तव्यबाध्यता से कोई सम्बन्ध नहीं है। साहित्य और कला सम्बन्धी कृतियां इस बात के स्पष्ट उदाहरण हैं। इसका अर्थ यह है कि किसी कर्म को 'उचित' कहना उसके प्रति अनुमोदन की भावना का अनुभव करने के अतिरिक्त कुछ और भी है। इस बात को रॉस ने यह कह कर स्पष्ट किया है कि जब हम किसी कर्म को 'उचित' कहते हैं तो हम उसके प्रति केवल अनुमोदन की भावना का ही अनुभव नहीं करते; हम उस कर्म के स्वरूप पर विचार करने के पश्चात ही उसे 'उचित' कहते हैं और उसके प्रति हमारे अनुमोदन की भावना इसी विचार पर आधारित होती है। "यदि नैतिक अनुमोदन की भावना का आधार हमारा यह विचार है कि कोई कर्म उचित है तो इससे यही सिद्ध होता है कि उस

28. वही पुस्तक, पृ० 9, 11, 17।
29. डब्ल्यू० डी० रॉस, 'फ़ाउंडेशंज ऑफ़ ऐथिक्स', पृ० 22।

कर्म को उचित कहने का अर्थ यह नहीं है कि वह हमारे मन में यह भावना उत्पन्न करता है। इसका कारण यह है कि उक्त भावना का अनुभव करने के लिए हमारे मन में इस विचार का होना आवश्यक है कि वह कर्म उचित है।"[30] इस प्रकार यह स्पष्ट है कि रॉस 'उचित' के अर्थ के सम्बन्ध में मूर के मत के साथ-साथ व्यक्तिनिष्ठवादियों के मत को भी अस्वीकार करते हैं।

वस्तुतः रॉस ने 'उचित' के अर्थ की जो व्याख्या की है वह मूर तथा व्यक्ति-निष्ठवादियों द्वारा की गई इस शब्द के अर्थ की व्याख्या से भिन्न है। रॉस का विचार है कि 'उचित' का अर्थ व्यक्ति की विशेष परिस्थिति के अनुसार उसके कर्म की 'नैतिक उपयुक्तता' है। उदाहरणार्थ अपने वचन का पालन करना नैतिक दृष्टि से उपयुक्त और उसे भंग करना नैतिक दृष्टि से अनुपयुक्त है। अपने ऋण का भुगतान करना नैतिक दृष्टि से उपयुक्त और उसका भुगतान न करना नैतिक दृष्टि से अनुपयुक्त है। इसी प्रकार सत्य बोलना नैतिक दृष्टि से उपयुक्त तथा झूठ बोलना नैतिक दृष्टि से अनुपयुक्त है। निर्दोष व्यक्ति को दंड न देना नैतिक दृष्टि से उपयुक्त और उसे दंडित करना नैतिक दृष्टि से अनुपयुक्त है। इस प्रकार रॉस किसी कर्म की नैतिक उपयुक्तता के आधार पर उसके औचित्य की व्याख्या करते हैं। उनका मत है कि किसी विशेष परिस्थिति में व्यक्ति के लिए जो कर्म नैतिक दृष्टि से उपयुक्त है उसे ही उचित कर्म कहा जा सकता है।[31] इस नैतिक उपयुक्तता का ज्ञान हमें अपनी अंतःप्रज्ञा द्वारा ही प्रत्यक्षतः प्राप्त होता है।

यहां यह प्रश्न उठाया जा सकता है कि 'नैतिक उपयुक्तता' का ठीक-ठीक अर्थ क्या है। जहां तक मुझे ज्ञात है, रॉस ने इस प्रश्न का कोई स्पष्ट और निश्चित उत्तर नहीं दिया है। वे यह अवश्य कहते हैं कि नैतिक उपयुक्तता कोई भावना या इच्छा नहीं है। परन्तु इस सम्बन्ध में रॉस का मत स्पष्ट नहीं है कि नैतिक उपयुक्तता का वास्तविक स्वरूप क्या है। इसके अतिरिक्त उक्त नैतिक उपयुक्तता के विषय में यह प्रश्न भी उठाया जा सकता है कि इसका आधार क्या है। हम किस आधार पर यह कहते हैं कि अमुक परिस्थिति में अमुक कर्म ही नैतिक दृष्टि से उपयुक्त है? इस महत्त्वपूर्ण प्रश्न का भी रॉस ने कोई स्पष्ट और सन्तोषप्रद उत्तर नहीं दिया। हम देख चुके हैं कि वे किसी कर्म के शुभ परिणामों को उसके औचित्य का आधार नहीं मानते, अतः यह स्पष्ट है कि उनके अनुसार शुभ परिणामों के आधार पर नैतिक उपयुक्तता का निर्णय नहीं किया जा सकता। ऐसी स्थिति में किसी कर्म की नैतिक उपयुक्तता को प्रमाणित करने और उसके

30. वही पुस्तक, पृ० 23।
31. वही पुस्तक, पृ० 146।

सम्बन्ध में विभिन्न व्यक्तियों के मतभेद का निराकरण करने के लिए हमारे पास कोई तर्कसंगत आधार नहीं रह जाता। यहां संभवत: रॉस यह कह सकते हैं कि हम अपनी अंत:प्रज्ञा द्वारा ही किसी कर्म की नैतिक उपयुक्तता का निर्णय कर सकते हैं। परन्तु, जैसा कि हम पहले ही बता चुके हैं, वास्तव में अंत:प्रज्ञा हमें इसके लिए कोई वस्तुगत और तर्कसंगत आधार प्रदान नहीं करती। इस प्रकार रॉस ने नैतिक उपयुक्तता के आधार पर 'उचित' के अर्थ की जो व्याख्या की है वह पूर्णत: स्पष्ट और सन्तोषप्रद नहीं है।

'उचित' के अर्थ के साथ-साथ रॉस ने नैतिक दृष्टि से 'शुभ' के अर्थ पर भी विस्तारपूर्वक विचार किया है। प्रिचर्ड के समान ही वे भी 'उचित' और 'शुभ' इन दोनों को ऐसे मूल नैतिक प्रत्यय मानते हैं जिनमें से किसी एक की परिभाषा दूसरे के आधार पर नहीं की जा सकती। परन्तु इन दोनों को समान रूप से मूल प्रत्यय मानते हुए भी रॉस यह कहते हैं कि 'शुभ' का अर्थ 'उचित' के अर्थ से बहुत भिन्न है। इन दोनों के अर्थ की यह भिन्नता इस बात से स्पष्ट हो जाती है कि हम सामान्यत: अपने नैतिक निर्णयों में 'शुभ' के स्थान पर 'उचित' का सार्थकतापूर्वक प्रयोग नहीं कर सकते। 'शुभ' और 'उचित' के अंतर के सम्बन्ध में रॉस का यह मत युक्तिसंगत प्रतीत होता है। हिन्दी में हम 'शुभ' के पर्यायवाची शब्द के रूप में 'अच्छा' शब्द का प्रयोग करते हैं जिसका अर्थ 'उचित' के अर्थ से निश्चय ही भिन्न है। उदाहरणार्थ "वह एक अच्छा व्यक्ति है" के स्थान पर हम सार्थकतापूर्वक यह नहीं कह सकते कि "वह एक उचित व्यक्ति है"। इसी प्रकार "उस व्यक्ति का चरित्र अच्छा है" के स्थान पर भी हम सार्थक रूप से यह नहीं कह सकते कि "उस व्यक्ति का चरित्र उचित है"। इन उदाहरणों से यह स्पष्ट है कि 'अच्छा' या 'शुभ' का अर्थ 'उचित' के अर्थ से भिन्न है। इसी कारण रॉस यह कहते हैं कि नैतिक दृष्टि से 'शुभ' तथा उचित' के अर्थ में पर्याप्त अंतर है।[32]

'शुभ' और 'उचित' के अर्थ में पाए जाने वाले उक्त अंतर को रॉस ने एक अन्य तर्क द्वारा भी प्रमाणित किया है। उनका कथन है कि केवल वे ही कर्म नैतिक दृष्टि से शुभ माने जाते हैं जो किसी शुभ अभिप्रेरणा से प्रेरित होकर किए जाते हैं। इसका अर्थ यह है कि किसी कर्म के शुभत्व का निर्णय उस अभिप्रेरणा के आधार पर ही किया जा सकता है जिससे प्रेरित होकर मनुष्य वह कर्म करता है। परन्तु रॉस के अनुसार जब हम किसी कर्म को 'उचित' कहते हैं तो इससे हमारा तात्पर्य यह नहीं होता कि वह कर्म शुभ अभिप्रेरणा से प्रेरित होकर किया गया है। इसी कारण यह संभव है कि उचित कर्म नैतिक दृष्टि से अशुभ हो और अनुचित

32. डब्ल्यू० डी० रॉस, 'दि राइट एण्ड दि गुड', पृ० 3।

कर्म नैतिक दृष्टि से शुभ हो।[33] उदाहरणार्थ यदि कोई व्यक्ति किसी भिखारी से छुटकारा पाने के लिए उसे दान देता है तो उसका यह कर्म उचित होते हुए भी नैतिक दृष्टि से अशुभ माना जाएगा। इस प्रकार अपने वचन का पालन करना उचित कर्म है, किन्तु यदि यह कर्म भय अथवा प्रलोभन से प्रेरित होकर किया गया है तो इसे नैतिक दृष्टि से शुभ नहीं माना जा सकता। यह भी संभव है कि कोई कर्म नैतिक दृष्टि से शुभ हो किन्तु वह उचित न हो। उदाहरणार्थ यदि कोई शिक्षक ज्ञान-वृद्धि तथा अनुसंधान के लिए निरन्तर कार्य करता है और ऐसा करते हुए वह कक्षाओं में अपने अध्यापन कार्य की उपेक्षा करता है तो उसका यह कर्म नैतिक दृष्टि से शुभ होते हुए भी कर्तव्य की उपेक्षा के कारण अनुचित ही माना जाएगा। इन उदाहरणों से यह स्पष्ट है कि उचित कर्म का शुभ होना और शुभ कर्म का उचित होना अनिवार्य नहीं है। वस्तुत: रॉस यह मानते हैं कि किसी कर्म का उचित या अनुचित होना मनुष्य की अभिप्रेरणा पर निर्भर न होकर किसी नियम के अनुसार अथवा उसके विरुद्ध होने पर निर्भर है और यही तथ्य कर्मों के औचित्य को उनके शुभत्व से पृथक करता है। कर्मों के शुभत्व का निर्णय करते समय हम इन कर्मों को करने वाले व्यक्तियों की अभिप्रेरणाओं पर अनिवार्यत: विचार करते हैं, किन्तु कर्मों के औचित्य का निर्णय करते समय हम इन अभिप्रेरणाओं पर ध्यान नहीं देते। इससे यही प्रमाणित होता है कि नैतिक दृष्टि से 'शुभ' का अर्थ 'उचित' के अर्थ से भिन्न है।

'शुभ' और 'उचित' के अर्थ में अंतर स्पष्ट करने के अतिरिक्त रॉस ने इस प्रश्न पर भी विचार किया है कि हम किस अर्थ में 'शुभ' के प्रयोग को नैतिक दृष्टि से महत्त्वपूर्ण मानते हैं। उनका कथन है कि 'शुभ' का अर्थ बहुत ही व्यापक है, क्योंकि इस शब्द का प्रयोग हम विविध प्रसंगों में विभिन्न वस्तुओं, व्यक्तियों तथा उनके कर्मों के लिए करते हैं। यह स्पष्ट है कि इन सभी प्रसंगों में हम 'शुभ' का प्रयोग नैतिक अर्थ में नहीं करते। जब हम भौतिक वस्तुओं तथा व्यावसायिक दृष्टि से व्यक्तियों की प्रशंसा करने के लिए 'शुभ' या 'अच्छा' शब्द का प्रयोग करते हैं तो इन सभी प्रसंगों में इस शब्द का अर्थ निर्नैतिक ही होता है। 'शुभ दिन', 'शुभ अवसर', 'अच्छा घर', 'अच्छी कविता', 'अच्छी पुस्तक', 'अच्छा वकील', 'अच्छा चिकित्सक' आदि उदाहरण इस शब्द के निर्नैतिक अर्थ के ही उदाहरण हैं। इन सभी निर्नैतिक प्रसंगों में हम 'शुभ' या 'अच्छा' शब्द का प्रयोग स्वत:साध्य के अर्थ में न करके किसी विशेष उद्देश्य की पूर्ति के साधन के अर्थ में ही करते हैं, अत: इन प्रसंगों में इस शब्द के प्रयोग का नैतिक दृष्टि से

33. वही पुस्तक, पृ० 3।

कोई महत्त्व नहीं है। वस्तुत: रॉस का मत है कि केवल उन्हीं प्रसंगों में 'शुभ' का नैतिक अर्थ होता है जिनमें हम इस शब्द का प्रयोग केवल स्वतं:साध्य के अर्थ में करते हैं। उदाहरणार्थ जब हम यह कहते हैं कि "अमुक कर्म शुभ कर्म है" अथवा "अमुक व्यक्ति अच्छा मनुष्य है" तो हम उस कर्म तथा व्यक्ति को अपने आप में साध्य मानते हैं, किसी अन्य वस्तु या उद्देश्य की प्राप्ति का साधन नहीं। ऐसे प्रसंगों में ही हम 'शुभ' या 'अच्छा' शब्द का प्रयोग नैतिक अर्थ में करते हैं। इस दृष्टि से नीतिशास्त्र के लिए 'शुभ' की अवधारणा के महत्त्व को स्पष्ट करते हुए रॉस कहते हैं कि "अंतिम शुभ की अवधारणा—अर्थात् ऐसी वस्तु की अवधारणा जो अपने परिणामों के कारण नहीं, अपितु केवल अपने आप में शुभ है—सर्वाधिक महत्त्वपूर्ण तथा मूल अवधारणा है।...जो अंतिम शुभ है वह स्वत: शुभ भी है—अर्थात् वह अपने परिणामों के कारण शुभ न होकर केवल अपने आप में ही शुभ है।"[34] रॉस के अनुसार जब हम इस अर्थ में 'शुभ' या 'अच्छा' शब्द का प्रयोग करते हैं तभी हमारे लिए नैतिक दृष्टि से उसका महत्व होता है और इसी अर्थ में 'शुभ' की अवधारणा नैतिक दर्शन के लिए मूल अवधारणा है।

प्रिचर्ड के समान ही रॉस भी यह मानते हैं कि 'उचित', 'कर्तव्य', 'शुभ' आदि नैतिक शब्द विशेष निर्प्राकृतिक गुणों की ओर संकेत करते हैं जो अनन्य तथा अविश्लेष्य हैं और जिनका ज्ञान हमें केवल अपनी अंत:प्रज्ञा द्वारा ही प्रत्यक्षत: प्राप्त होता है। हम अपनी अंत:प्रज्ञा द्वारा ही प्रत्यक्ष रूप से तुरन्त यह जान लेते हैं कि किसी विशेष परिस्थिति में हमारा मूल कर्तव्य क्या है, हमारा कौन-सा कर्म उचित है और कौन-सी वस्तु नैतिक दृष्टि से शुभ है। हमारा यह अंत:-प्रज्ञात्मक प्रत्यक्ष ज्ञान गणित सम्बन्धी ज्ञान की भांति पूर्णत: निश्चित एवं स्वत:-सिद्ध होता है, अत: इसके लिए किसी प्रकार के तर्क या प्रमाण की आवश्यकता नहीं होती। परन्तु यहां यह उल्लेखनीय है कि रॉस हमारे सभी कर्तव्यों को स्वत:सिद्ध नहीं मानते। उनका कथन है कि हमारे कुछ विशेष प्रकार के कर्तव्य ही स्वत:सिद्ध हैं जिनका ज्ञान हमें प्रत्यक्षत: अंत:प्रज्ञा द्वारा प्राप्त होता है। इन कर्तव्यों को रॉस ने 'मूल कर्तव्य' कहा है जिनका सामान्य परिस्थितियों में पालन करना उनके अनुसार प्रत्येक मनुष्य के लिए अनिवार्य है। ये 'मूल कर्तव्य' निम्नलिखित हैं—(1) हमारे कुछ कर्तव्य ऐसे हैं जो भूतकाल में किए गए स्वयं हमारे अपने कर्मों के फलस्वरूप उत्पन्न होते हैं। अपने वचन का पालन करना, झूठ न बोलना तथा दूसरों को पहुंचाई गई क्षति की पूर्ति करना ऐसे ही कर्तव्य हैं। (2) हमारे कुछ कर्तव्य भूतकाल में हमारे लिए दूसरों द्वारा किए गए कर्मों

34. वही पुस्तक, पृ० 74।

के कारण उत्पन्न होते हैं। उदाहरणार्थ दूसरों की सेवा और सहायता के लिए कृतज्ञता का अनुभव करना हमारा ऐसा ही कर्तव्य है। (3) हमारे कुछ कर्तव्यों का सम्बन्ध सुख और उसके साधनों के न्यायपूर्ण वितरण से है। इन्हें 'न्याय सम्बन्धी कर्तव्य' कहा जा सकता है। (4) हमारे कुछ कर्तव्य इस तथ्य पर निर्भर हैं कि संसार में हमारे अतिरिक्त अन्य प्राणी भी हैं जिनकी स्थिति में हम सुधार कर सकते हैं। इन कर्तव्यों को 'परोपकार सम्बन्धी कर्तव्य' कहा जा सकता है। (5) हमारे कुछ कर्तव्यों का सम्बन्ध सद्गुण और ज्ञान की दृष्टि से स्वयं अपना सुधार करने से है। इन कर्तव्यों को हम 'आत्म-सुधार सम्बन्धी कर्तव्य' कह सकते हैं। (6) हमारे कुछ कर्तव्यों का सम्बन्ध जान-बूझ कर दूसरों को किसी प्रकार की हानि या क्षति न पहुंचाने से है। ये कर्तव्य परोपकार सम्बन्धी कर्तव्यों के पूरक हैं।[35] रॉस यह स्वीकार करते हैं कि मूल कर्तव्यों की उपर्युक्त सूची पूर्ण और अंतिम नहीं है, किन्तु उनका मत है कि ये सभी मूल कर्तव्य गणित के नियमों की भांति स्वतःसिद्ध हैं जिनका साक्षात् ज्ञान हमें अपनी अंतःप्रज्ञा द्वारा अनायास ही प्राप्त होता है। इन सभी मूल कर्तव्यों के परिणामों पर ध्यान दिए बिना हमारे लिए इनका पालन करना आवश्यक है। परन्तु जहां तक मुझे ज्ञात है, प्रिचर्ड की भांति रॉस ने भी इस महत्वपूर्ण प्रश्न का कोई सन्तोषप्रद उत्तर नहीं दिया कि किन्हीं दो या दो से अधिक मूल कर्तव्यों में संघर्ष होने पर हमें किस कर्तव्य का पालन करना चाहिए और क्यों। वे केवल इतना ही कहते हैं कि किसी विशेष परिस्थिति में हमारा मूल कर्तव्य क्या है, इसका ज्ञान हमें अपनी अंतःप्रज्ञा द्वारा प्रत्यक्ष रूप से तुरन्त प्राप्त हो जाता है। हम अगले खंड में विस्तार से यह स्पष्ट करेंगे कि मूल कर्तव्यों में संघर्ष से सम्बन्धित उक्त जटिल समस्या के समाधान के लिए प्रिचर्ड की भांति रॉस का भी यह मत उचित एवं सन्तोषप्रद नहीं है।

मनुष्य के मूल कर्तव्यों के अतिरिक्त रॉस ने मानकीय नीतिशास्त्र के इस महत्वपूर्ण प्रश्न पर भी विचार किया है कि कौन-सी वस्तुएं अपने आप में शुभ हैं। इस प्रश्न के सम्बन्ध में उनका दृष्टिकोण मूर के दृष्टिकोण से बहुत भिन्न है। हम देख चुके हैं कि मूर सौंदर्यात्मक आनन्द तथा पारस्परिक व्यक्तिगत स्नेह को ही स्वतः शुभ मानते हैं। परन्तु रॉस का विचार है कि स्वतः शुभ वस्तुओं की संख्या इतनी सीमित नहीं है। उन्होंने जिन वस्तुओं को अपने आप में शुभ माना है वे मूर द्वारा बताई गई स्वतः शुभ वस्तुओं की अपेक्षा अधिक ही नहीं, अपितु उनसे भिन्न भी हैं। रॉस के मतानुसार सद्गुण, सुख, सुख का

35. वही पुस्तक, पृ॰ 20-21।

न्यायपूर्ण वितरण तथा ज्ञान ये चारों वस्तुएं अपने आप में शुभ हैं। 'सद्गुण' से उनका तात्पर्य शुभ अभिप्रेरणा से है जिससे प्रेरित होकर मनुष्य कर्म करता है। अपने कर्तव्य का पालन करने की इच्छा तथा दूसरों को सुख देने अथवा उनके दु:ख का निवारण करने की इच्छा ऐसी ही शुभ अभिप्रेरणाएं हैं जिन्हें रॉस सद्गुण मानते हैं। उनका कथन है कि ये अभिप्रेरणाएं तथा इनसे प्रेरित होकर किए गए कर्म अपने आप में शुभ हैं।[36] सद्गुण के साथ-साथ सुख को भी रॉस ने स्वत: शुभ माना है, किन्तु वे यह स्वीकार करते हैं कि सुख सदैव शुभ और दु:ख सदैव अशुभ नहीं होता। उनका मत है कि मनुष्य जिस सुख का अधिकारी है वही शुभ है; इसी प्रकार जो दु:ख मनुष्य को अकारण प्राप्त होता है वही अशुभ है। इसका अर्थ यही है कि कुछ परिस्थितियों में सुख अशुभ तथा दु:ख शुभ होता है और रॉस इस तथ्य को स्पष्टत: स्वीकार करते हैं।[37] इससे स्पष्ट है कि वे सुखवाद के समर्थक नहीं हैं। वे यह मानते हैं कि कुछ सुख—यथा, वासना और अत्याचार से प्राप्त सुख-अशुभ हैं। ऐसी स्थिति में रॉस का यह मत उचित और तर्कसंगत प्रतीत नहीं होता कि सुख अपने आप में शुभ है। इस सम्बन्ध में मूर की यह मान्यता उचित है कि जो वस्तु अपने आप में शुभ है वह कभी भी अशुभ नहीं हो सकती—अर्थात् उसका सदैव स्वत: शुभ होना अनिवार्य है। सद्गुण और सुख के अतिरिक्त रॉस सुख के न्यायपूर्ण वितरण को भी अपने आप में शुभ मानते हैं। उनका विचार है कि सद्गुणयुक्त व्यक्ति को उसके सद्गुणों के अनुपात में सुख की प्राप्ति और दुर्गुणयुक्त व्यक्ति को उसके दुर्गुणों के अनुपात में दु:ख की प्राप्ति का होना अपने आप में शुभ है। वस्तुत: हमारे न्याय सम्बन्धी कर्तव्य इसी तथ्य पर आधारित हैं। अंत में रॉस ज्ञान को भी स्वत: शुभ के रूप में स्वीकार करते हैं। उनके अनुसार हमारा उचित विचार ज्ञान में ही सम्मिलित है, अत: वह भी अपने आप में शुभ है। परन्तु रॉस का यह मत भी उचित प्रतीत नहीं होता, क्योंकि ज्ञान का प्रयोग अशुभ उद्देश्यों की पूर्ति के लिए किया जा सकता है। ऐसी स्थिति में ज्ञान को भी स्वत:-शुभ नहीं माना जा सकता।

यहां यह उल्लेखनीय है कि मूर उपर्युक्त चारों वस्तुओं में से किसी को भी स्वत: शुभ नहीं मानते। परन्तु रॉस का कथन है कि "मैं ऐसी किसी स्वत:-शुभ वस्तु को खोजने में असमर्थ हूं जो या तो इन वस्तुओं में से एक नहीं

36. वही पुस्तक, पृ० 134।

37. वही पुस्तक, पृ० 136।

है अथवा इनमें से दो या दो से अधिक का सम्मिलित रूप नहीं है।"[38] इस प्रकार यह स्पष्ट है कि स्वतः शुभ वस्तुओं की संख्या तथा उनके स्वरूप के विषय में मूर और रॉस में तीव्र मतभेद है। यहां इस तथ्य का विशेष रूप से उल्लेख कर देना आवश्यक है कि स्वतः शुभ वस्तुओं के सम्बन्ध में उक्त दोनों दार्शनिकों के इस तीव्र मतभेद को उनके अपने सिद्धांत अंतःप्रज्ञावाद के विरुद्ध एक प्रबल तर्क के रूप में प्रस्तुत किया जा सकता है, क्योंकि ये दोनों दार्शनिक निश्चित रूप से यह मानते हैं कि हमें अपनी अंतःप्रज्ञा द्वारा स्वतः शुभ वस्तुओं का प्रत्यक्ष ज्ञान प्राप्त होता है जो स्वतःसिद्ध है। यदि इन दोनों दार्शनिकों की उपर्युक्त मान्यता उचित है तो तर्कसंगत रूप से इस प्रश्न का उत्तर देना असम्भव हो जाता है कि उनके इस तीव्र मतभेद का क्या कारण है और इसे कैसे समाप्त किया जा सकता है। हम अगले खंड में देखेंगे कि अंतः-प्रज्ञावाद के विरुद्ध यह भी एक गम्भीर आपत्ति है जिसका कोई संतोषप्रद उत्तर देना सम्भव प्रतीत नहीं होता।

हम ऊपर बता चुके हैं कि रॉस शुभत्व तथा औचित्य को ऐसे अविश्लेष्य, अनन्य और निर्प्राकृतिक गुण मानते हैं जिनका स्वतः सिद्ध ज्ञान हमें प्रत्यक्ष रूप मे अपनी अंत;प्रज्ञा द्वारा ही प्राप्त होता है। वे यह भी मानते हैं कि इन्हीं विशेष निर्प्राकृतिक गुणों के कारण हम किसी वस्तु या कर्म को शुभ अथवा उचित कहते हैं। परन्तु उनका मत है कि ये विशेष निर्प्राकृतिक गुण वास्तव में उस वस्तु अथवा कर्म के कुछ प्राकृतिक गुणों पर निर्भर होते हैं जिसे शुभ या उचित कहा जाता है। इस दृष्टि से शुभत्व तथा औचित्य इन निर्प्राकृतिक गुणों का शुभ वस्तुओं और उचित कर्मों के कुछ प्राकृतिक गुणों के साथ अनिवार्य सम्बन्ध है जिसे 'निर्भरता का सम्बन्ध' कहा जा सकता है। वस्तुओं तथा कर्मों के प्राकृतिक गुणों पर आधारित होने के कारण शुभत्व एवं औचित्य को रॉस ने 'निर्भर गुण' कहा है। इसका अर्थ यह है कि किसी वस्तु या कर्म को शुभ अथवा उचित कहने के लिए केवल यह जानना ही पर्याप्त नहीं है कि उसमें शुभत्व या औचित्य नामक निर्प्राकृतिक गुण हैं; इसके लिए उस वस्तु अथवा कर्म के कुछ प्राकृतिक गुणों को जानना भी आवश्यक है। परन्तु रॉस के विचार में शुभत्व तथा औचित्य निर्प्राकृतिक गुण होने के कारण प्राकृतिक गुणों से मूलतः भिन्न हैं, अतः इन गुणों को प्राकृतिक गुणों के समान मानना और प्राकृतिक गुणों के आधार पर इनकी परिभाषा करना उचित नहीं है। परन्तु औचित्य के सम्बन्ध में मूर का मत रॉस के मत से भिन्न है, क्योंकि उनके अनुसार औचित्य अपरिभाष्य नहीं है।

38. वही पुस्तक, पृ० 140।

यदि रॉस के इस मत को स्वीकार कर लिया जाए कि शुभत्व एवं औचित्य निर्प्राकृतिक गुण होते हुए भी प्राकृतिक गुणों पर ही निर्भर हैं तो अनिवार्यतः यह प्रश्न उठता है कि इन दोनों प्रकार के गुणों में क्या सम्बन्ध है और हम इस सम्बन्ध को कैसे जानते हैं। यही प्रश्न हम प्रिचर्ड के सिद्धांत पर विचार करते हुए भी उठा चुके हैं। परन्तु प्रिचर्ड की भांति रॉस भी इस महत्त्वपूर्ण प्रश्न का कोई युक्तिसंगत और संतोषप्रद उत्तर नहीं दे सके। वे केवल यही कहते हैं कि हम अपनी अंतःप्रज्ञा द्वारा निर्प्राकृतिक तथा प्राकृतिक गुणों के विशेष सम्बन्ध को प्रत्यक्षतः तुरन्त जान लेते हैं। परन्तु उनका यह उत्तर बहुत अस्पष्ट होने के कारण संतोषप्रद नहीं है। उदाहरणार्थ रॉस यह मानते हैं कि वचन का पालन करने का कर्म अनिवार्यतः उचित है, किन्तु वे हमें यह नहीं बताते कि वचन का पालन करने तथा उसके उचित होने में किस प्रकार का अनिवार्य सम्बन्ध है और क्यों। अतःप्रज्ञावाद की इस गम्भीर समस्या पर हम मूर के सिद्धांत के सन्दर्भ में पहले ही विस्तारपूर्वक विचार कर चुके हैं, अतः यहां इसकी पुनरावृत्ति अनावश्यक है। वस्तुतः उपर्युक्त गम्भीर समस्या के कारण अंतःप्रज्ञावाद का तर्कसंगत रूप से समर्थन करना बहुत कठिन है।

रॉस के अंतःप्रज्ञावादी सिद्धांत के विषय में ऊपर जो कुछ कहा गया है उससे यह स्पष्ट है कि उनका सिद्धांत प्रिचर्ड के सिद्धांत से बहुत भिन्न नहीं है। हम देख चुके हैं कि 'उचित', 'कर्तव्य' तथा 'शुभ' के अर्थ और निर्प्राकृतिक गुणों के स्वरूप एवं उनके अंतःप्रज्ञात्मक ज्ञान के सम्बन्ध में इन दोनों दार्शनिकों के विचारों में पर्याप्त समानता है। ऐसी स्थिति में यह कहना अनुचित न होगा कि पिछले खंड में हमने प्रिचर्ड के सिद्धांत के विरुद्ध जिन आपत्तियों का उल्लेख किया है वे सभी रॉस के सिद्धांत पर भी लागू होती हैं, अतः यहां इन आपत्तियों की पुनः चर्चा करना अनावश्यक है। इन आपत्तियों के अतिरिक्त रॉस के सिद्धांत के सम्बन्ध में जो विशेष कठिनाइयां हैं उन पर हम प्रसंगानुसार पहले ही विचार कर चुके हैं। संक्षेप में इन सभी आपत्तियों तथा कठिनाइयों को ध्यान में रखते हुए हम यह कह सकते हैं कि मूर और प्रिचर्ड के सिद्धांतों की भांति रॉस का सिद्धांत भी नैतिक शब्दों और निर्णयों के अर्थ एवं स्वरूप की उचित तथा तर्कसंगत व्याख्या नहीं कर पाता।

5. मूल्यांकन

पिछले खंडों में हम निर्प्रकृतिवाद अथवा अंतःप्रज्ञावाद की मुख्य आधारभूत मान्यताओं तथा इस सिद्धांत के कुछ प्रमुख समर्थकों के मत का विस्तृत विवेचन कर चुके हैं। अब इस प्रश्न पर विचार करना आवश्यक है कि नैतिक

निर्णयों के अर्थ, स्वरूप तथा प्रमाणीकरण की व्याख्या की दृष्टि से यह सिद्धांत कहां तक उचित और संतोषप्रद है। मूर, प्रिचर्ड तथा रॉस के विचारों को प्रस्तुत करते हुए हम प्रसंगानुसार पहले ही इस सिद्धांत की कुछ प्रमुख कठिनाइयों अथवा समस्याओं का उल्लेख कर चुके हैं। इन विशेष कठिनाइयों अथवा समस्याओं के अतिरिक्त इस सिद्धांत के विरुद्ध कुछ ऐसी सामान्य आपत्तियां भी हैं जो इसके सभी समर्थकों के विरुद्ध समान रूप से लागू होती हैं और जिन पर यहां कुछ विस्तार से विचार करना आवश्यक है। परन्तु इन सामान्य आपत्तियों पर विचार करने से पूर्व यहां यह स्पष्ट कर देना आवश्यक है कि अन्य सिद्धांतों की भांति निर्प्रकृतिवाद अथवा अंतःप्रज्ञावाद में भी आंशिक सत्य अवश्य विद्यमान हैं। इस सिद्धांत के समर्थकों का यह मत निश्चय ही उचित है कि नैतिक निर्णयों का सभी निर्नैतिक निर्णयों से पृथक और स्वतन्त्र महत्व है, अतः किसी प्रकार के निर्नैतिक निर्णयों के आधार पर इन निर्णयों की परिभाषा अथवा व्याख्या नहीं की जा सकती। नैतिक निर्णयों को इस अर्थ में अनन्य या अद्वितीय कहा जा सकता है कि वे अभिवृत्तियों, भावनाओं अथवा संवेगों की अभिव्यक्तियों, आदेशों, अनुभवाश्रित तथ्यात्मक कथनों और सौंदर्यात्मक निणयों से भिन्न होते हैं। नैतिक निर्णयों को इनमें से किसी के समान मान कर उनके अर्थ और स्वरूप को स्पष्ट नहीं किया जा सकता। इस दृष्टि से नीतिशास्त्र सभी विज्ञानों तथा शास्त्रों से पृथक और स्वतन्त्र विधा है। निर्प्रकृतिवादियों ने इस महत्वपूर्ण तथ्य की ओर हमारा ध्यान आकृष्ट करके नैतिक निर्णयों के अर्थ और स्वरूप को समझने में हमारी बहुत सहायता की है। प्रकृतिवाद के विरुद्ध उनकी यह आपत्ति उचित है कि यह सिद्धांत निर्नैतिक कथनों के आधार पर नैतिक निर्णयों की परिभाषा करके इन निर्णयों के अपने पृथक और स्वतन्त्र महत्त्व को समाप्त कर देता है। प्रिचर्ड तथा रॉस जैसे परिणामनिरपेक्षवादियों के समर्थन में शायद यह भी कहा जा सकता है कि हम सभी कर्मों और नियमों के उचित या अनुचित होने का निर्णय केवल उनके परिणामों के आधार पर ही नहीं करते; हम कुछ विशेष कर्मों को उनके परिणामों पर विचार किए बिना भी उचित या अनुचित मानते हैं। इतना ही नहीं, हम यह भी मानते हैं कि केवल शुभ परिणामों के आधार पर ही किसी कर्म को सदैव तथा अनिवार्यतः उचित नहीं कहा जा सकता। उदाहरणार्थ यदि हमें यह विश्वास हो जाए कि किसी निर्दोष व्यक्ति को दंड देने से समाज का हित होगा तो भी हम उसे दंडित करना न्यायोचित नहीं मानते। इससे यह स्पष्ट है कि सभी कर्मों और नियमों का औचित्य केवल उनके शुभ परिणामों पर ही निर्भर नहीं है। निर्प्रकृतिवादियों ने इस महत्त्वपूर्ण तथ्य की ओर भी हमारा ध्यान आकृष्ट किया है। इस प्रकार उपर्युक्त विवेचन के आधार

पर यह कहा जा सकता है कि निर्प्रकृतिवाद में आंशिक सत्य निश्चय ही विद्यमान है।

परन्तु, जैसाकि हम पिछले खंडों में बता चुके हैं, अंशतः सत्य होते हुए भी निर्प्रकृतिवाद अथवा अंतःप्रज्ञावाद नैतिक निर्णयों के अर्थ, स्वरूप तथा प्रमाणीकरण की समुचित एवं संतोषप्रद व्याख्या नहीं कर पाता। मूर, प्रिचर्ड तथा रॉस के मत के विरुद्ध पूर्वोल्लिखित कठिनाइयों अथवा समस्याओं के अतिरिक्त इस सिद्धांत के विरुद्ध कुछ अन्य गम्भीर आपत्तियां भी उठाई जा सकती हैं जो इसे दोषपूर्ण और असन्तोषप्रद सिद्धांत बना देती हैं। इनमें से कुछ प्रमुख आपत्तियां निम्नलिखित हैं :—

(1) प्रकृतिवाद की भांति निर्प्रकृतिवाद भी शब्दार्थ विषयक निर्देशात्मक सिद्धान्त को स्वीकार करते हुए सभी नैतिक शब्दों को अनिवार्यतः गुणबोधक ही मान लेता है। हम देख चुके हैं कि इस सिद्धान्त के समर्थकों के मतानुसार 'शुभ', 'उचित', 'कर्तव्य' आदि नैतिक शब्द हमें कुछ विशेष निर्प्राकृतिक गुणों या सम्बन्धों का बोध कराते हैं जो अनन्य, अविश्लेष्य तथा अपरिभाष्य हैं और जिनका ज्ञान हमें प्रत्यक्षतः अपनी अंतःप्रज्ञा द्वारा ही प्राप्त होता है। परन्तु निर्प्रकृतिवादियों की यह मान्यता अनुचित और दोषपूर्ण है, क्योंकि नैतिक शब्दों का कार्य हमें किन्हीं गुणों अथवा सम्बन्धों का बोध कराना नहीं है। इस तथ्य का उल्लेख हम पिछले अध्याय तथा प्रस्तुत अध्याय के पिछले खंडों में कर चुके हैं, अतः यहां इस पर पुनः विचार करने की आवश्यकता नहीं है। इस सम्बन्ध में यहां इतना कह देना ही पर्याप्त है कि उक्त दोषपूर्ण मान्यता पर आधारित होने के कारण निर्प्रकृतिवाद भी प्रकृतिवाद की भांति नैतिक निर्णयों के अर्थ और स्वरूप को भलीभांति स्पष्ट नहीं कर पाता। प्रकृतिवाद के समान ही यह सिद्धान्त भी इन निर्णयों को केवल वर्णनात्मक अथवा तथ्यात्मक मानने की गम्भीर भूल करता है।

(2) निर्प्रकृतिवाद का मूल आधार 'अंतःप्रज्ञा' बहुत ही संदिग्ध तथा विवादास्पद है। पिछले खंडों में हम देख चुके हैं कि इस सिद्धान्त के समर्थक अंतःप्रज्ञा को निर्प्राकृतिक गुणों या सम्बन्धों के साक्षात् ज्ञान के लिए अनिवार्य मानते हुए उसे विशेष महत्त्व देते हैं। परन्तु अंतःप्रज्ञा के अस्तित्व और स्वरूप के सम्बन्ध में हमारे समक्ष अनेक गम्भीर समस्याएं उपस्थित होती हैं जिनका सन्तोषप्रद समाधान असंभव है। सर्वप्रथम मनुष्य के मन में ऐसी रहस्यमयी विशेष मानसिक शक्ति का अस्तित्व अत्यंत संदिग्ध है जिसे निर्प्रकृतिवादी 'अंतःप्रज्ञा' कहते हैं। हमारे पास यह स्वीकार करने का कोई वस्तुगत और तर्कसंगत आधार नहीं है कि प्रत्येक व्यक्ति के मन में यह अंतःप्रज्ञा विद्यमान रहती है जो उसे शुभ-अशुभ और उचित-अनुचित का साक्षात् ज्ञान प्रदान करती है।

जिसे निर्प्रकृतिवादी 'अंत:प्रज्ञा' की संज्ञा देते हैं वह वास्तव में मनुष्य की ऐसी मनोवृत्ति है जो पारिवारिक तथा सामाजिक वातावरण के फलस्वरूप उत्पन्न होती है और जिसका स्वरूप इस वातावरण के अनुसार विभिन्न समुदायों के व्यक्तियों में अलग-अलग हो सकता है। इसी भिन्नता के कारण यह अंत:प्रज्ञा अलग-अलग वातावरण में रहने वाले व्यक्तियों को शुभ-अशुभ तथा उचित-अनुचित के विषय में पृथक्-पृथक् ही नहीं, अपितु कभी-कभी परस्पर विरोधी आदेश भी देती है। ऐसी स्थिति में यदि अंत:प्रज्ञा के अस्तित्व को स्वीकार कर भी लिया जाए तो भी इस वैयक्तिक मनोवृत्ति को नैतिकता का तर्कसंगत आधार नहीं माना जा सकता। इसके अतिरिक्त हम यह देख चुके हैं कि अंत:प्रज्ञा के स्वरूप के सम्बन्ध में भी स्वयं अंत:प्रज्ञावादियों में पर्याप्त मतभेद है जिसके कारण इसकी वस्तुनिष्ठता और सार्वभौमिकता समाप्त हो जाती है। यह समझना कठिन नहीं है कि ऐसी व्यक्तिनिष्ठ अंत:प्रज्ञा हमें कभी भी वस्तुनिष्ठ नैतिक ज्ञान प्रदान नहीं कर सकती जिसका अंत:प्रज्ञावादी दावा करते हैं। तथा-कथित अंत:प्रज्ञात्मक ज्ञान को वास्तव में 'ज्ञान' की संज्ञा नहीं दी जा सकती, क्योंकि ऐसे व्यक्तिनिष्ठ ज्ञान को सत्य प्रमाणित करने के लिए हमारे पास कोई वस्तुनिष्ठ कसौटी नहीं है। अंत:प्रज्ञा मनुष्य को जो ज्ञान प्रदान करती है उसे 'व्यक्तिगत विश्वास' के अतिरिक्त और कुछ नहीं माना जा सकता। स्पष्ट है कि यह वैयक्तिक विश्वास नैतिकता का तर्कसंगत आधार नहीं हो सकता। इस प्रकार यह कहना अनुचित न होगा कि अंत:प्रज्ञा की प्राक्कल्पना—जो निर्प्रकृतिवाद का मूल आधार है—बहुत ही दोषपूर्ण तथा असन्तोषप्रद है।

(3) व्यक्तिनिष्ठवाद की भांति निर्प्रकृतिवाद भी नैतिक निर्णयों के विषय में विभिन्न व्यक्तियों के मतभेद के निराकरण तथा इन निर्णयों की प्रामाणिकता की संभावना को समाप्त कर देता है। हम सविस्तार यह स्पष्ट कर चुके हैं कि निप्रकृतिवादियों के अनुसार हमारे नैतिक ज्ञान का अंतिम आधार अंत:प्रज्ञा ही है और हम यह भी देख चुके हैं कि यह अंत:प्रज्ञा व्यक्तिनिष्ठ मानसिक शक्ति है। इसका अर्थ यही है कि नैतिक ज्ञान के सत्य या असत्य होने की जांच करने के लिए हमारे पास अंत:प्रज्ञा के अतिरिक्त अन्य कोई उपाय नहीं है। यदि एक व्यक्ति 'क' को शुभ अथवा उचित कहता है और दूसरा व्यक्ति उसी समय तथा उन्हीं परिस्थितियों में उसे अशुभ या अनुचित कहता है तो वे दोनों ये नैतिक निर्णय अपनी-अपनी अंत:प्रज्ञा के आधार पर ही देते हैं। ऐसी स्थिति में इन दोनों व्यक्तियों के मतभेद का निराकरण करने के लिए हमारे पास कोई तर्कसंगत तथा वस्तुगत कसौटी नहीं रह जाती, क्योंकि केवल अंत:प्रज्ञा द्वारा हम यह कभी नहीं जान सकते कि इन दोनों व्यक्तियों में से किसका नैतिक निर्णय सत्य है

और क्यों। इस प्रकार यह स्पष्ट है कि अंत:प्रज्ञावाद को स्वीकार कर लेने पर नैतिक निर्णयों के सम्बन्ध में मतभेद का निराकरण करना हमारे लिए असंभव हो जाता है।

यही बात नैतिक निर्णयों की प्रामाणिकता के विषय में भी कही जा सकती है। हम देख चुके हैं कि मूर के अनुसार किसी वस्तु के स्वत: शुभत्व के सम्बन्ध में और प्रिचर्ड तथा रॉस के अनुसार कर्मों के औचित्य एवं मूल कर्तव्यों के सम्बन्ध में किसी प्रकार के तर्क देना संभव नहीं है। इसका कारण यह है कि मूर स्वत: शुभत्व को और प्रिचर्ड तथा रॉस कर्मों के औचित्य एवं कर्तव्य-बाध्यता को स्वत:सिद्ध मानते हैं। यदि इन दार्शनिकों की उक्त मान्यता उचित है तो हमें अनिवार्यत: यह स्वीकार करना पड़ेगा कि हम नैतिक निर्णयों को कभी भी तर्कसंगत रूप से सत्य या असत्य प्रमाणित नहीं कर सकते। ऐसी स्थिति में अलग-अलग व्यक्तियों की अंत:प्रज्ञा पर आधारित परस्पर विरोधी नैतिक निर्णयों को समान रूप से सत्य मानना हमारे लिए अनिवार्य हो जाता है। परन्तु नैतिक निर्णयों की प्रामाणिकता के विषय में निर्प्रकृतिवाद के इस अनिवार्य परिणाम का तर्कसंगत रूप से समर्थन करना संभव नहीं है। वस्तुत: इसे एक विचित्र विडंबना ही कहा जाएगा कि जो निर्प्रकृतिवादी दृढ़तापूर्वक व्यक्तिनिष्ठवाद का खंडन करते हैं स्वयं उन्हीं के अपने सिद्धान्त का अंतिम तथा अनिवार्य निष्कर्ष यही है कि मतभेद के निराकरण और प्रामाणिकता की दृष्टि से नैतिक निर्णय व्यक्तिनिष्ठ निर्णयों से मूलत: भिन्न नहीं हैं।

(4) निर्प्रकृतिवाद के समर्थकों ने नैतिक निर्णयों तथा निर्नैतिक निर्णयों में पाए जाने वाले अंतर की जो व्याख्या की है वह उचित एवं युक्तिसंगत नहीं है। उनका यह मत निश्चय ही उचित है कि नैतिक निर्णय निर्नैतिक निर्णयों से भिन्न होते हैं, किन्तु इस भिन्नता का उन्होंने जो कारण बताया है उसे स्वीकार नहीं किया जा सकता। हम देख चुके हैं कि निर्प्रकृतिवादियों के अनुसार वस्तुओं एवं कर्मों के अनन्य तथा अविश्लेष्य निर्प्राकृतिक गुणों का वर्णन करना नैतिक निर्णयों की अनिवार्य और आधारभूत विशेषता है जो उन्हें अन्य सभी प्रकार के निर्णयों से पृथक करती है। परन्तु उनकी यह मान्यता नैतिक निर्णयों और निर्नैतिक निर्णयों के अंतर को स्पष्ट नहीं कर पाती, क्योंकि वास्तव में इन दोनों प्रकार के निर्णयों में वह अंतर नहीं है जो निर्प्रकृतिवादी बताते हैं। हम पहले ही यह स्पष्ट कर चुके हैं कि गुणबोधक न होने के कारण नैतिक शब्द हमें किसी प्रकार के प्राकृतिक या निर्प्राकृतिक गुणों का बोध नहीं कराते। ऐसी स्थिति में इस आधार पर नैतिक निर्णयों को अन्य निर्णयों से भिन्न मानने का कोई औचित्य नहीं है। इसके अतिरिक्त निर्प्राकृतिक गुणों का अस्तित्व भी अत्यंत संदिग्ध है। हमारे

पास यह स्वीकार करने का कोई पर्याप्त और विश्वसनीय कारण नहीं है कि वास्तव में इन रहस्यमय गुणों का अस्तित्व है। फिर यदि इन गुणों के अस्तित्व को स्वीकार कर भी लिया जाए तो भी हमारे समक्ष इनके स्वरूप की जटिल समस्या बनी रहती है। हम पिछले खंडों में यह बता चुके हैं कि स्वयं निर्प्रकृति-वादी इन निर्प्राकृतिक गुणों के स्वरूप को भली-भांति स्पष्ट नहीं कर सके। इतना ही नहीं, वे हमें यह भी नहीं बताते कि इन निर्प्राकृतिक गुणों तथा प्राकृतिक गुणों में परस्पर क्या सम्बन्ध है और निर्प्राकृतिक गुण प्राकृतिक गुणों पर किस प्रकार निर्भर हैं। वे केवल यही कहते हैं कि हम निर्प्राकृतिक गुणों के अस्तित्व और प्राकृतिक गुणों के साथ उनके सम्बन्ध को अपनी अंतःप्रज्ञा द्वारा प्रत्यक्षतः तुरन्त जान लेते हैं। परन्तु उनका यह कथन बहुत-ही अस्पष्ट है और इसकी सत्यता एवं प्रामाणिकता भी अत्यंत संदिग्ध तथा विवादास्पद है। इस प्रकार उपर्युक्त सभी अस्पष्टताओं और अनिश्चितताओं के कारण निर्प्रकृतिवादी नैतिक निर्णयों तथा निर्नैतिक निर्णयों के अंतर को स्पष्ट करने में असफल रहे हैं।

(5) इसके अतिरिक्त निर्प्रकृतिवादी नैतिक शब्दों के अर्थ की भी ठीक-ठीक व्याख्या नहीं कर सके। सामान्य व्यक्ति उनसे यह जानना चाहता है कि नैतिक शुभत्व, औचित्य तथा कर्तव्य बाध्यता क्या है। परन्तु उसके इस प्रश्न के उत्तर में वे केवल यही कहते हैं कि ये सभी गुण निर्प्राकृतिक, अनन्य और अपरिभाष्य हैं। यह समझना कठिन नहीं है कि निर्प्रकृतिवादियों के इस उत्तर से सामान्य व्यक्ति को बहुत निराशा होती है और हम देख चुके हैं कि मूर ने स्वयं इस तथ्य को स्वीकार किया है। वस्तुतः 'शुभ', 'उचित', 'कर्त्तव्य' आदि नैतिक शब्दों का अर्थ हम यह कह कर स्पष्ट नहीं कर सकते कि ये शब्द हमें निर्प्राकृतिक, अनन्य तथा अपरिभाष्य गुणों का बोध कराते हैं। ऐसे अस्पष्ट कथन द्वारा सामान्य व्यक्ति इन शब्दों के अर्थ को कभी नहीं समझ सकता। परन्तु निर्प्रकृतिवादी इन शब्दों के अर्थ के विषय में उसे इसके अतिरिक्त और कुछ भी नहीं बताते। वे नैतिक शब्दों को रहस्यमय निर्प्राकृतिक गुणों का बोध कराने वाले ऐसे वर्णनात्मक शब्द मान लेते हैं जिनका अर्थ बहुत ही अस्पष्ट है और इसी कारण जो मनुष्य के लिए नितांत अबोधगम्य हो जाते हैं। ऐसी स्थिति में उनके सिद्धांत से सामान्य व्यक्ति को अत्यधिक निराशा तथा असंतोष का होना स्वाभाविक और अनिवार्य है। वस्तुतः नैतिक शब्दों के अर्थ की व्याख्या की दृष्टि से निर्प्रकृतिवाद के विरुद्ध भी हेयर की वही आपत्ति उठाई जा सकती है जिसका उल्लेख हम पिछले अध्याय में प्रकृतिवाद के विरुद्ध कर चुके हैं। इस आपत्ति की पुनरावृत्ति न करते हुए यहां इतना कह देना ही पर्याप्त है कि प्रकृतिवाद की भांति निर्प्रकृति-

वाद भी नैतिक निर्णयों के मूल्यात्मक कार्य की उपेक्षा करता है जो वास्तव में उनका प्रमुख कार्य है।

(6) निर्प्रकृतिवाद नैतिक निर्णयों तथा मानवीय आचरण के संबंध की भी उचित एवं युक्तिसंगत व्याख्या नहीं कर पाता। हम देख चुके हैं कि इस सिद्धात के अनुसार शुभत्व, औचित्य, कर्तव्य-बाध्यता आदि निर्प्राकृतिक गुण हैं जो वस्तुओं, व्यक्तियों अथवा कर्मों में पाए जाते हैं। जब हम किसी वस्तु और कर्म को शुभ तथा उचित कहते हैं तो हम प्रत्यक्षत: यह जानते हैं कि उस वस्तु तथा कर्म में शुभत्व एवं औचित्य नामक निर्प्राकृतिक गुण हैं। दूसरे शब्दों में, नैतिक निर्णयों द्वारा हमें एक विशेष प्रकार का तथ्यात्मक ज्ञान ही प्राप्त होता है। परन्तु प्रश्न यह है कि इस विशेष तथ्यात्मक ज्ञान का हमारे आचरण से क्या संबंध है—अर्थात् यह ज्ञान हमारे आचरण को किस प्रकार प्रभावित कर सकता है। मान लीजिए हम अपनी अंत:प्रज्ञा द्वारा यह जान लेते हैं कि किसी कर्म में 'औचित्य' नामक निर्प्राकृतिक गुण है। इससे हमारे तथ्यात्मक ज्ञान में तो वृद्धि होती है, किंतु इस तथ्यात्मक ज्ञान के आधार पर हम यह निष्कर्ष कैसे निकाल सकते हैं कि हमें वह कर्म करना चाहिए? किसी कर्म या वस्तु के विषय में एक विशेप तथ्य को जान लेने से यह सिद्ध नहीं होता कि वह वस्तु 'शुभ' है अथवा वह कर्म हमें करना चाहिए। इसका कारण यह है कि तथ्यात्मक ज्ञान और हमारे नैतिक आचरण में कोई अनिवार्य संबंध नहीं है। यदि निर्प्रकृतिवादियों के सिद्धांत को स्वीकार कर लिया जाए तो भी इसके आधार पर केवल यही कहा जा सकता है कि कुछ वस्तुओं एवं कर्मों में 'शुभत्व' तथा 'औचित्य' नामक निर्प्राकृतिक गुण पाए जाते हैं जिनका हमें प्रत्यक्षत: अंत:प्रज्ञात्मक ज्ञान प्राप्त होता है; इससे आचरण संबंधी हमारी मूल समस्या का समाधान नहीं होता। निर्प्रकृतिवादी हमें यह नहीं बताते कि निर्प्राकृतिक गुणों के अंत:प्रज्ञात्मक ज्ञान का हमारे आचरण से क्या संबंध है। यही कारण है कि वे नैतिक निर्णयों तथा मानवीय आचरण के पारस्परिक संबंध को स्पष्ट करने में सफल नहीं हो सके। प्रकृतिवादियों की भांति वे भी नैतिक निर्णयों को तथ्यात्मक निर्णयों के समान ही केवल वर्णनात्मक मान लेते हैं जिनका हमारे आचरण से कोई अनिवार्य संबंध नहीं है। निर्प्रकृतिवादियों के सिद्धांत में यह निश्चय ही गंभीर दोष है जिसके कारण उनका सिद्धांत बहुत असंतोषप्रद हो जाता है।

(7) ऊपर हमने जिन गंभीर आपत्तियों की चर्चा की है वे किसी न किसी रूप में सभी निर्प्रकृतिवादियों के विरुद्ध उठाई जा सकती हैं। अब अंत में यहां उन दो आपत्तियों पर भी विचार करना आवश्यक है जो विशेष रूप से प्रिचर्ड,

गॅस आदि परिणामनिरपेक्षवादी दार्शनिकों के मत के विरुद्ध प्रस्तुत की जा सकती हैं। पिछले दो खंडों में हम यह बता चुके हैं कि इन दार्शनिकों के अनुसार हमारे कर्मों का औचित्य तथा हमारे मूल कर्तव्य उनसे उत्पन्न होने वाले वास्तविक अथवा संभावित परिणामों पर आधारित नहीं हैं, अत: हमें यह प्रश्न नहीं उठाना चाहिए कि हमारा कोई कर्म क्यों उचित है और हम अपने कर्तव्य का पालन क्यों करें। स्पष्टत: इसका अर्थ यही है कि हमारे कर्मों के औचित्य और कर्तव्य का शुभ-अशुभ परिणामों से कोई संबंध नहीं है। परन्तु औचित्य एवं कर्तव्य के विषय में परिणामनिरपेक्षवादियों के इस मत को पूर्णत: स्वीकार करना बहुत कठिन है। यह सत्य है कि हम कुछ विशेष कर्मों को उनके परिणामों पर विचार किए बिना ही उचित या अनुचित मानते हैं, किन्तु इसका अर्थ यह नहीं है कि हमारे कर्मों के औचित्य तथा हमारे कर्तव्यों का उनके शुभ-अशुभ परिणामों से कोई संबंध नहीं है। वास्तव में (कुछ विशेष कर्मों को छोड़कर) हमारा कोई कर्म उचित है या नहीं इस प्रश्न पर विचार करते समय हम उसके वास्तविक अथवा संभावित शुभ-अशुभ परिणामों की उपेक्षा नहीं कर सकते। हम जिन विशेष कर्मों को परिणामों पर विचार किए बिना उचित मानते हैं उनके औचित्य का अंतिम आधार भी संपूर्ण मानव-समाज के लिए अंतत: उनके शुभ परिणाम ही हैं। इसी तथ्य को ध्यान में रखते हुए हम अपने वचन का पालन करना, ऋण का भुगतान करना, सत्य बोलना, उपकार करने वाले व्यक्ति के प्रति कृतज्ञता का अनुभव करना, निर्दोष व्यक्ति को दंडित न करना आदि उन सभी कर्मों को उचित मानते हैं जो परिणाम निरपेक्षवादियों के अनुसार अपने आप में उचित हैं। इसका अर्थ यही है कि हमारे कर्मों के औचित्य तथा कर्तव्यों के पालन के साथ उनके शुभ-अशुभ परिणामों का अनिवार्य संबंध है जिसकी उपेक्षा करना हमारे लिए संभव नहीं है।

यदि हम परिणामों पर विचार किए बिना ही कर्मों के औचित्य तथा कर्तव्य पालन का निर्णय करें तो हमें यह स्वीकार करना पड़ेगा कि कोई भी कर्म हमारे लिए उचित अथवा हमारा कर्तव्य हो सकता है—फिर चाहे उसके परिणाम कुल मिलाकर अंतत: संपूर्ण मानव-समाज के लिए अत्यधिक हानिकारक और पूर्णत: अशुभ ही क्यों न हों। यह कहना बहुत कठिन है कि स्वयं परिणाम-निरपेक्षवादी दार्शनिक भी अपने सिद्धांत के इस अनिवार्य निष्कर्ष को स्वीकार करने के लिए उद्यत होंगे। ऐसी स्थिति में इन दार्शनिकों की इस मान्यता का समर्थन करना संभव नहीं है कि सामान्य व्यक्ति का यह प्रश्न अनुचित तथा निरर्थक है कि उसका कोई कर्म क्यों उचित है और उसे अपने कर्तव्य का पालन क्यों करना चाहिए। वस्तुत: जब कोई सामान्य व्यक्ति उक्त प्रश्न उठाता है तो वह

यह जानना चाहता है कि अमुक कर्म करने अथवा अमुक कर्तव्य का पालन करने के फलस्वरूप कुछ परिणाम उत्पन्न होंगे या नहीं। उसका यह प्रश्न निश्चय ही अनुचित और निरर्थक नहीं है जैसा कि परिणामनिरपेक्षवादी मानते हैं। इस प्रश्न के उत्तर में हम युक्तिसंगत रूप से यह कह सकते हैं कि सामान्यतः उन्हीं कर्मों को उचित और कर्तव्य माना जाता है जिनके परिणाम कुल मिलाकर अंततः संपूर्ण मानव-समाज के लिए शुभ अथवा हितकर होते हैं। हमारे कर्तव्यों तथा उचित कर्मों के विषय में यह उत्तर उन्हें केवल स्वतःसिद्ध या अपने आप में उचित मानने की अपेक्षा कहीं अधिक तर्कसंगत प्रतीत होता है।

यदि परिणामनिरपेक्षवादियों का यह मत स्वीकार लिया जाए कि हमारे कर्मों का औचित्य स्वतःसिद्ध है तो हमारे लिए संभव अनेक कर्मों में से किसी एक कर्म को करने का हमारे पास कोई युक्तिसंगत आधार नहीं रह जाता। ऐसी स्थिति में हम किसी ऐसे कर्म को भी उचित और अपना कर्तव्य मान सकते हैं जिसके परिणाम स्वयं हमारे लिए तथा दूसरों के लिए अशुभ अथवा हानिकारक हैं। यदि कर्मों के परिणामों का उनके औचित्य से कोई संबंध नहीं है तो हमें यह मानना पड़ेगा कि अशुभ परिणाम उत्पन्न करने वाले कर्मों का भी हमारे लिए उतना ही महत्व है जितना शुभ परिणाम उत्पन्न करने वाले कर्मों का। यह स्पष्ट है कि कोई भी विवेकशील व्यक्ति परिणामनिरपेक्षवाद के उक्त अनिवार्य निष्कर्षों को स्वीकार नहीं करना चाहेगा। वस्तुतः ये सभी निष्कर्ष नैतिकता के सम्बन्ध में जनसाधारण की इस मान्यता के विरुद्ध हैं कि कर्मों के औचित्य तथा अनौचित्य को उनके शुभ और अशुभ परिणामों से पृथक नहीं किया जा सकता। परिणाम-निरपेक्षवाद के विरुद्ध इस मान्यता को अस्वीकार करने का हमारे पास कोई पर्याप्त और तर्कसंगत कारण नहीं है। इस प्रकार कर्मों के औचित्य तथा कर्त्तव्यों के पालन के सम्बन्ध में परिणामनिरपेक्षवादियों के मत का युक्तिसंगत रूप से समर्थन करना सम्भव प्रतीत नहीं होता।

(8) इसके अतिरिक्त कडवर्थ, क्लार्क, प्रिचर्ड, रॉस आदि परिणामनिरपेक्ष-वादी दार्शनिकों ने गणित सम्बन्धी निर्णयों के साथ नैतिक निर्णयों की जो तुलना की है वह भी उचित और युक्तिसंगत नहीं है। हम देख चुके हैं कि ये दार्शनिक गणित विषयक निर्णयों के समान ही नैतिक निर्णयों को भी पूर्णतः निश्चित, स्वतःसिद्ध तथा परिणामनिरपेक्ष मानते हैं। परन्तु नैतिक निर्णयों के स्वरूप पर विचार करने से स्पष्टतः ज्ञात होता है कि इन निर्णयों में गणित सम्बन्धी निर्णयों की उक्त विशेषताएँ नहीं पाई जातीं। सर्वप्रथम नैतिक निर्णयों में वह निश्चयात्मकता अथवा असंदिग्धता नहीं होती जो गणित के प्रत्ययों में विद्यमान रहती है। उदाहरणार्थ हम यह निश्चित रूप से जानते हैं कि दो और दो सदैव

चार होते हैं, त्रिकोण के अनिवार्यतः तीन कोण होते हैं और चतुर्भुज की अनिवार्यतः चार भुजाएँ होती हैं। गणित के इन निर्णयों पर देश-काल का कोई प्रभाव नहीं पड़ता, अतः ये पूर्णतः निश्चित या असंदिग्ध होते हैं। इन्हें कभी भी मिथ्या प्रमाणित नहीं किया जा सकता। परन्तु नैतिक निर्णयों के सम्बन्ध में हम ऐसा नहीं कह सकते। सामान्यतः हम यह मानते हैं कि झूठ बोलना तथा चोरी करना अनुचित है, किन्तु हम यह दावा नहीं कर सकते कि हमारे ये निर्णय सभी परिस्थितियों में असंदिग्ध रूप से सत्य हैं। इसका कारण यह है कि कुछ विशेष परिस्थितियों में—यथा, अपने अथवा दूसरों के जीवन की रक्षा के लिए—झूठ बोलना या चोरी करना उचित हो सकता है। अन्य सभी नैतिक निर्णयों के विषय में भी यही बात कही जा सकती है। वस्तुतः गणित के निर्णयों के विपरीत नैतिक निर्णयों का मनुष्य के हित अथवा कल्याण से अनिवार्य सम्बन्ध है, अतः ये निर्णय गणित सम्बन्धी निर्णयों के समान कभी भी अपवादरहित नहीं हो सकते। इसी कारण नैतिक निर्णयों में उस निश्चयात्मकता या असंदिग्धता का अभाव रहता है जो गणित के निर्णयों में अनिवार्यतः पाई जाती है।

इसके अतिरिक्त नैतिक निर्णयों में वह परिणामनिरपेक्षता भी नहीं पाई जाती जो गणित सम्बन्धी निर्णयों की अनिवार्य विशेषता है। यह सर्वविदित तथ्य है कि गणित के निर्णयों पर देश-काल का कोई प्रभाव नहीं पड़ता और इन निर्णयों का मनुष्य के सुख-दुःख से भी कोई सम्बन्ध नहीं होता, अतः ये निर्णय पूर्णतः परिणामनिरपेक्ष होते हैं। जब हम यह कहते हैं कि "दो और दो चार होते हैं" तो हम अपने इस निर्णय के परिणामों की ओर ध्यान नहीं देते, क्योंकि ऐसे निर्णयों की सत्यता के लिए उनके परिणाम पूर्णतः अप्रासंगिक हैं। परन्तु, जैसा कि हम ऊपर बता चुके हैं, नैतिक निर्णय सदैव परिणामनिरपेक्ष नहीं होते। देश-काल की परिस्थितियों और मनुष्य के सुख-दुःख से अनिवार्यतः सम्बद्ध होने के कारण ये निर्णय प्रायः परिणामसापेक्ष ही होते हैं। अधिकतर नैतिक निर्णयों की सत्यता अथवा प्रामाणिकता को निश्चित करने के लिए हमें उनके शुभ-अशुभ परिणामों पर अवश्य विचार करना पड़ता है। हम देख चुके हैं कि झूठ बोलना और चोरी करना सामान्यतः अनुचित कर्म होते हुए भी कुछ विशेष परिस्थितियों में शुभ परिणाम उत्पन्न करने के कारण उचित एवं वांछनीय माने जाते हैं। वस्तुतः अधिकतर नैतिक निर्णयों का सम्बन्ध मनुष्य के कर्मों से होता है जिनके परिणामों का हमारे लिए बहुत महत्व है, अतः इन निर्णयों को इनके शुभ-अशुभ परिणामों से पृथक करके इन पर विचार नहीं किया जा सकता। ऐसी स्थिति में गणित सम्बन्धी परिणामनिरपेक्ष निर्णयों के साथ नैतिक निर्णयों की तुलना करना निश्चय ही उचित नहीं है।

अन्त में इस तथ्य का उल्लेख कर देना भी आवश्यक है कि पूर्ण तटस्थता—जो गणित के निर्णयों की अनिवार्य विशेषता है—भी नैतिक निर्णयों में नहीं पाई जाती। गणित सम्बन्धी निर्णय संवेगात्मक दृष्टि से पूर्णतः तटस्थ होते हैं, क्योंकि इन निर्णयों में मानवीय भावनाओं अथवा संवेगों के लिए कोई स्थान नहीं है। इन निर्णयों द्वारा हम अपनी कोई अभिवृत्ति या भावना व्यक्त नहीं करते। परन्तु जैसा कि हम पिछले अध्यायों में स्पष्ट कर चुके हैं, नैतिक निर्णयों के विषय में इस प्रकार की तटस्थता सम्भव नहीं है। यह सत्य है कि नैतिक निर्णय निष्पक्ष, वस्तुनिष्ठ तथा सार्वभौमिक होते हैं, किन्तु ये निर्णय देते समय निर्णयकर्ता निर्णीत वस्तुओं के सम्बन्ध में संवेगात्मक दृष्टि से तटस्थ नहीं होता। वह अपने नैतिक निर्णयों में उन वस्तुओं के प्रति अपनी भावनाएं अवश्य अभिव्यक्त करता है जिनके विषय में वह ये निर्णय देता है। हम देख चुके हैं कि नैतिक निर्णयों की यह विशेषता उन्हें तथ्यात्मक निर्णयों से पृथक करती है। इस प्रकार गणित सम्बन्धी निर्णयों के विपरीत नैतिक निर्णयों में निश्चयात्मकता, परिणामनिरपेक्षता और तटस्थता का अभाव होता है, अतः परिणामनिरपेक्षवादियों का यह मत उचित एवं तर्कसंगत नहीं है कि ये निर्णय गणित के निर्णयों के समान हैं।

निर्प्रकृतिवाद के विरुद्ध उपर्युक्त सभी गम्भीर आपत्तियों तथा पिछले खण्डों में उल्लिखित इसकी अनेक कठिनाइयों एवं समस्याओं को ध्यान में रखते हुए यही कहा जा सकता है कि अंशतः सत्य होते हुए भी प्रकृतिवाद की भांति यह सिद्धान्त भी नैतिक निर्णयों के अर्थ, स्वरूप और प्रमाणीकरण की पूर्णतः संतोषप्रद व्याख्या नहीं कर पाता।

अध्याय 5

अलौकिक या अतींद्रिय सत्ता सम्बन्धी सिद्धान्त

1. आधारभूत मान्यताएं

पिछले दो अध्यायों में हम देख चुके हैं कि कुछ दार्शनिकों ने नैतिक निर्णयों को ऐसे तथ्यात्मक अथवा संज्ञानात्मक कथन माना है जो निर्णीत वस्तुओं के कुछ विशेष प्राकृतिक या निर्प्राकृतिक गुणों का वर्णन करते हैं। इसी कारण इन दार्शनिकों के सिद्धान्तों—प्रकृतिवाद और निर्प्रकृतिवाद—को 'संज्ञानात्मक सिद्धान्त' कहा जाता है। हम यह भी स्पष्ट कर चुके हैं कि प्रकृतिवाद कुछ विशेष प्राकृतिक तथ्यों के आधार पर और निर्प्रकृतिवाद कुछ कल्पित निर्प्राकृतिक गुणों या सम्बन्धों के आधार पर नैतिक निर्णयों की परिभाषा अथवा व्याख्या करता है। ये दोनों सिद्धान्त नैतिक निर्णयों के अर्थ, स्वरूप तथा प्रमाणीकरण को स्पष्ट करने के लिए किसी विशेष अलौकिक या अतींद्रिय सत्ता का आधार नहीं लेते। परन्तु कुछ दार्शनिकों ने ऐसे संज्ञानात्मक सिद्धान्तों का भी प्रतिपादन किया है जो किसी अलौकिक या अतींद्रिय सत्ता के आधार पर नैतिक निर्णयों की परिभाषा अथवा व्याख्या करते हैं। इन सिद्धान्तों को हम 'अलौकिक या अतींद्रिय सत्ता सम्बन्धी सिद्धान्त' कह सकते हैं। नैतिक निर्णयों के विषय में धर्मशास्त्रीय सिद्धांत और तत्वमीमांसीय सिद्धान्त ऐसे ही अलौकिक या अतींद्रिय सत्ता सम्बन्धी सिद्धान्त हैं। दूसरे अध्याय में अधि-नैतिक सिद्धांतों के वर्गीकरण पर विचार करते हुए हम इन सिद्धान्तों की संक्षिप्त चर्चा कर चुके हैं। प्रस्तुत अध्याय में इन अलौकिक अथवा अतींद्रिय सत्ता सम्बन्धी सिद्धान्तों पर कुछ विस्तार से विचार किया जाएगा। परन्तु धर्मशास्त्रीय और तत्वमीमांसीय सिद्धान्तों का पृथक्-पृथक् विवेचन करने से पूर्व यहां इन दोनों प्रकार के सिद्धान्तों की कुछ सामान्य आधारभूत मान्यताओं का संक्षेप में उल्लेख कर देना आवश्यक है।

उपर्युक्त अलौकिक या अतींद्रिय सत्ता सम्बन्धी सिद्धान्तों की प्रथम आधारभूत मान्यता यह है कि किन्हीं प्राकृतिक अथवा अनुभवाश्रित तथ्यों के आधार पर नैतिक निर्णयों के अर्थ और स्वरूप को भली-भांति स्पष्ट नहीं किया जा सकता। हम मनुष्य के कुछ प्राकृतिक गुणों अथवा उसकी भावनाओं, इच्छाओं या अभिवृत्तियों के आधार पर इन निर्णयों की ठीक-ठीक व्याख्या नहीं कर

सकते। इसका कारण यह है कि नैतिक निर्णयों का मूल आधार मानवीय अनुभव न होकर कोई विशेष अलौकिक या तत्वमीमांसीय सत्ता ही है। मनुष्य के अनुभव और उसकी तर्कबुद्धि से परे यह अलौकिक सत्ता ही वास्तव में नैतिकता का मूल स्रोत है, प्राकृतिक जगत् अथवा मानव का स्वभाव नहीं। इस अलौकिक अथवा तत्वमीमांसीय सत्ता को 'ईश्वर', 'प्रकृति', 'आत्मा' आदि विभिन्न संज्ञाएं प्रदान की गई हैं। इन सिद्धान्तों के समर्थकों के मतानुसार नैतिकता और नैतिक निर्णयों को इस अलौकिक सत्ता से पृथक करके कभी नहीं समझा जा सकता। इसी प्रकार निर्प्राकृतिक गुणों अथवा सम्बन्धों की प्राक्कल्पना भी इन निर्णयों के अर्थ और स्वरूप को समझने में हमारे लिए सहायक नहीं हो सकती। अपनी इसी मान्यता के कारण अलौकिक या अतींद्रिय सत्ता सम्बन्धी सिद्धान्तों के समर्थक नैतिक निर्णयों की व्याख्या करने के लिए इन विशेष गुणों या सम्बन्धों की चर्चा नहीं करते। वे अन्तःप्रज्ञा और उस पर आधारित शुभ-अशुभ तथा उचित-अनुचित के साक्षात् नैतिक ज्ञान के अस्तित्व में भी विश्वास नहीं करते। इस प्रकार यह स्पष्ट है कि इन दार्शनिकों द्वारा प्रतिपादित अलौकिक या अतींद्रिय सत्ता सम्बन्धी सिद्धान्त प्रकृतिवाद और निर्प्रकृतिवाद दोनों से मूलतः भिन्न हैं।

अलौकिक या अतींद्रिय सत्ता सम्बन्धी सिद्धान्तों की दूसरी प्रमुख आधारभूत मान्यता यह है कि नैतिक निर्णय तथ्यात्मक अथवा संज्ञानात्मक होने के साथ-साथ वस्तुनिष्ठ भी होते हैं। इन सिद्धान्तों के समर्थक संज्ञानवाद के इस मूल सिद्धान्त को स्वीकार करते हैं कि नैतिक निर्णय किन्हीं विशेष तथ्यों का वर्णन मात्र करते हैं, अतः तथ्यात्मक कथनों की भांति ये निर्णय भी केवल वर्णनात्मक होते हैं। परन्तु ये निर्णय जिन तथ्यों का वर्णन करते हैं वे अनुभवाश्रित तथ्य अथवा निर्प्राकृतिक गुण या सम्बन्ध न होकर ईश्वर, आत्मा आदि किसी अलौकिक या अतीन्द्रिय सत्ता से ही सम्बन्धित होते हैं। हम ऊपर देख चुके हैं कि अलौकिक या अतींद्रिय सत्ता सम्बन्धी सिद्धान्तों के समर्थकों की यह मान्यता उनके सिद्धान्तों को अन्य संज्ञानात्मक सिद्धान्तों से पृथक करती है। ये दार्शनिक नैतिक निर्णयों को संज्ञानात्मक मानने के साथ ही उन्हें वस्तुनिष्ठ भी मानते हैं। उनके मतानुसार ये निर्णय किसी व्यक्ति अथवा समुदाय की भावनाओं, इच्छाओं या अभिवृत्तियों का वर्णन नहीं करते और न उनपर आधारित होते हैं। उदाहरणार्थ "क उचित है" का अर्थ यह हो सकता है कि "वह ईश्वर की इच्छा के अनुरूप है"। इसी प्रकार "क शुभ है" इस नैतिक निर्णय का अर्थ यह कहकर स्पष्ट किया जा सकता है कि "क 'प्रकृति' के अनुरूप है" अथवा "क मनुष्य की 'आत्मोपलब्धि' या 'आत्मसिद्धि' में सहायक है"। अन्य सभी नैतिक निर्णयों की व्याख्या भी इसी प्रकार किसी अलौकिक अथवा तत्वमीमांसीय सत्ता से सम्बन्धित

कथनों द्वारा ही की जा सकती है। इन उदाहरणों से यह स्पष्ट है कि अलौकिक या अतींद्रिय सत्ता सम्बन्धी सिद्धान्तों के अनुसार नैतिक निर्णय किसी व्यक्ति या समुदाय की किन्हीं मनोदशाओं पर आधारित नहीं होते, अतः इन निर्णयों को व्यक्तिनिष्ठ निर्णय नहीं माना जा सकता। वस्तुतः ईश्वर, आत्मा आदि किसी अलौकिक या अतींद्रिय सत्ता पर आधारित होने के कारण ये निर्णय वस्तुनिष्ठ ही होते हैं। यदि "क उचित है" का अर्थ यह है कि "वह ईश्वर की इच्छा के अनुरूप है" तो निश्चय ही 'क' का औचित्य उसके सम्बन्ध में किसी व्यक्ति या समुदाय की भावनाओं, इच्छाओं अथवा अभिवत्तियों द्वारा निर्धारित या प्रभावित नहीं हो सकता। यही बात अन्य सभी नैतिक निर्णयों के विषय में भी कही जा सकती है। इस प्रकार अलौकिक सत्ता सम्बन्धी सिद्धान्तों के समर्थक नैतिक निर्णयों के अर्थ और स्वरूप के सम्बन्ध में व्यक्तिनिष्ठवाद के स्थान पर वस्तुनिष्ठवाद को ही स्वीकार करते हैं, अतः इन निर्णयों की संज्ञानात्मकता के साथ-साथ इनकी वस्तुनिष्ठता भी उनके सिद्धान्तों की प्रमुख विशेषता है।

अलौकिक या अतींद्रिय सत्ता सम्बन्धी सिद्धान्तों की आधारभूत मान्यताओं के विषय में अभी तक ऊपर जो कुछ कहा गया है उससे यह स्पष्ट है कि ये सिद्धान्त दो प्रकार के हैं—धर्मशास्त्रीय सिद्धान्त और तत्वमीमांसीय सिद्धांत। धर्मशास्त्रीय सिद्धान्त के समर्थक 'शुभ', 'उचित', 'कर्त्तव्य' आदि नैतिक शब्दों की परिभाषा ईश्वर की इच्छा अथवा आज्ञा के आधार पर ही करते हैं, अतः इस सिद्धान्त को 'ईश्वरपरक सिद्धान्त' भी कहा जा सकता है। ईश्वरवादी धर्मपरायण दार्शनिकों का ईश्वर के अस्तित्व से सम्बन्धित विश्वास इस सिद्धान्त का मूल आधार है। हम आगे देखेंगे कि ये दार्शनिक नैतिकता तथा नैतिक निर्णयों की व्याख्या अपने इसी विश्वास के आधार पर करते हैं और उनका निश्चित मत है कि नीतिशास्त्र का धर्मशास्त्र से पृथक एवं स्वतंत्र अस्तित्व नहीं है। परन्तु तत्वमीमांसीय सिद्धान्त उक्त धर्मशास्त्रीय सिद्धान्त से कुछ भिन्न हैं। इन तत्वमीमांसीय सिद्धान्तों के समर्थक ईश्वर के स्थान पर 'प्रकृति', 'आत्मा' आदि किसी तत्वमीमांसीय सत्ता को ही नैतिकता और नैतिक निर्णयों का मूल आधार मानते हैं। वे ऐसी ही तत्वमीमांसीय सत्ता के आधार पर नैतिक शब्दों की परिभाषा करते हैं। यह स्पष्ट है कि इन दार्शनिकों का ईश्वरवादी तथा धर्मपरायण होना अनिवार्य नहीं है। परन्तु धर्मशास्त्रीय सिद्धान्त के समर्थकों की भांति ये दार्शनिक भी नीतिशास्त्र का स्वतन्त्र महत्त्व स्वीकार नहीं करते। इन दार्शनिकों के मतानुसार नीतिशास्त्र तत्वमीमांसा से पृथक और स्वतन्त्र विधा नहीं है। नैतिक निर्णयों की व्याख्या केवल तत्वमीमांसीय कथनों के आधार पर

ही की जा सकती है। प्रस्तुत अध्याय के अगले दो खण्डों में हम क्रमशः इन धर्मशास्त्रीय और तत्वमीमांसीय सिद्धान्तों पर विचार करेंगे।

2. धर्मशास्त्रीय सिद्धान्त

जैसा कि हम पिछले खंड में बता चुके हैं, अनेक ईश्वरवादी दार्शनिक तथा धर्मपरायण व्यक्ति ईश्वर की इच्छा अथवा आज्ञा के आधार पर ही नैतिक निर्णयों की व्याख्या करते हैं। उनके अनुसार "अमुक कर्म शुभ या उचित है" इस नैतिक निर्णय का अर्थ यह है कि "वह कर्म ईश्वर की इच्छा अथवा आज्ञा के अनुरूप है"। अन्य सभी नैतिक निर्णयों का अर्थ भी हम इसी प्रकार ईश्वर की इच्छा या ईश्वरादेश के आधार पर ही स्पष्ट कर सकते हैं। जो दार्शनिक इस धार्मिक मान्यता के आधार पर नैतिक निर्णयों की व्याख्या करते हैं उनके सिद्धान्त को ही 'धर्मशास्त्रीय सिद्धान्त' कहा जाता है। पाश्चात्य नैतिक दर्शन के इतिहास का अध्ययन करने से यह ज्ञात होता है कि पिछली कई शताब्दियों से अनेक दार्शनिक इसी धर्मशास्त्रीय सिद्धान्त का समर्थन करते रहे हैं। मध्य युग में दर्शन की अन्य महत्त्वपूर्ण विधाओं की भांति नीतिशास्त्र को भी धर्मशास्त्र का ही—एक अभिन्न अंग माना जाता था और ईश्वर विषयक धार्मिक कथनों द्वारा ही नैतिक निर्णयों के अर्थ तथा स्वरूप को स्पष्ट किया जाता था। इसके पश्चात् पुनर्जागरण-काल में भी अनेक दार्शनिक नैतिक निर्णयों की व्याख्या के सम्बन्ध में इसी धर्मशास्त्रीय विचारधारा का समर्थन करते रहे। इन दार्शनिकों में जॉन लॉक तथा विलियम पैले के नाम विशेष रूप से उल्लेखनीय हैं। उदाहरणार्थ पैले के विचार में सद्गुण "ईश्वर की इच्छानुसार मानव-जाति का उपकार करना है।···सर्वशक्तिमान ईश्वर प्राणियों के सुख की इच्छा करता है, अतः जो कर्म उसकी इस इच्छा की पूर्ति करते हैं वे उसे अवश्य ही स्वीकार्य होंगे।"[1]

वर्तमान शताब्दी में भी अनेक दार्शनिकों ने इसी धर्मशास्त्रीय सिद्धान्त के अनुसार नैतिक निर्णयों की व्याख्या की है। इन दार्शनिकों में कार्ल बार्थ, ऐमिल ब्रनर तथा रीनोल्ड नीबुर इस विचारधारा के प्रमुख समर्थक हैं जिनके मत पर हम यहां संक्षेप में विचार करेंगे। ये सभी दार्शनिक ईश्वर को सर्वशक्तिमान मानते हैं और यह कहते हैं कि उसकी कृपा के बिना मनुष्य नितान्त असहाय है। वे शुभ-अशुभ सम्बन्धी नैतिक ज्ञान की प्राप्ति के लिए श्रुति को विशेष महत्त्व देते हैं, क्योंकि उनके अनुसार श्रुति की सहायता के बिना अपनी तर्कबुद्धि द्वारा

1. विलियम पैले, 'दि प्रिंसिपल्ज़ ऑफ़ मॉरल एण्ड पॉलिटिकल फ़िलॉसॉफ़ी', पृ० 9, 14।

मनुष्य यह ज्ञान कभी प्राप्त नहीं कर सकता। ईसाई विचारधारा का अनुसरण करते हुए ये दार्शनिक मनुष्य को पूर्णत: पापमय तथा अत्यन्त तुच्छ प्राणी मानते हैं और इस मान्यता का दृढ़तापूर्वक विरोध करते हैं कि वह स्वभावत: अच्छा है। उनका निश्चित मत है कि ईश्वर की कृपा के फलस्वरूप ही मनुष्य अपने पाप से मुक्त हो सकता है और केवल श्रुति के माध्यम से ही वह शुभ-अशुभ विषयक नैतिक ज्ञान प्राप्त कर सकता है।

कार्ल बार्थ वर्तमान शताब्दी में उक्त धर्मशास्त्रीय सिद्धान्त के सम्भवत: प्रमुखतम प्रतिनिधि हैं। यद्यपि वे धर्मशास्त्री थे और नैतिक दर्शन पर उन्होंने कोई पुस्तक नहीं लिखी, फिर भी धर्मशास्त्र सम्बन्धी अनेक पुस्तकों में उन्होंने नैतिकता तथा नैतिक निर्णयों के विषय में विस्तारपूर्वक अपने विचार व्यक्त किए हैं। बार्थ की जिन पुस्तकों में हमें उनके ये विचार उपलब्ध होते हैं उनमें 'दि डॉक्ट्रिन ऑफ़ दि वर्ड आफ़ गॉड', 'दि नॉलेज ऑफ़ गॉड एण्ड दि सर्विस ऑफ़ गॉड' तथा 'दि वर्ड ऑफ़ गॉड एण्ड दि वर्ड ऑफ़ मैन' विशेष रूप से उल्लेखनीय हैं। उनकी अन्तिम पुस्तक में नैतिक दर्शन से सम्बन्धित उनका महत्त्वपूर्ण भाषण 'दि प्राब्लम ऑफ़ ऐथिक्स टुडे' भी संकलित है। वास्तव में बार्थ मुख्यत: ईसाई धर्म के प्रचारक थे, अत: उन्होंने धर्मशास्त्र की दृष्टि से ही नैतिक दर्शन की समस्याओं पर विचार किया है। वे नैतिक दर्शन को स्वतन्त्र विधा न मानते हुए उसे धर्मशास्त्र का ही एक भाग मानते हैं।

बार्थ का निश्चित मत है कि मनुष्य अपनी तर्कबुद्धि द्वारा परम सत्य को कभी नहीं जान सकता। इस परम सत्य का ज्ञान उसे केवल श्रुति द्वारा ही प्राप्त हो सकता है जो ईश्वर के अनुग्रह के बिना संभव नहीं है। यह श्रुति ईश्वर के अनुग्रह के परिणामस्वरूप ही कुछ महान संतों को प्राप्त होती है। नैतिक सत्यों का ज्ञान भी अंतत: इसी श्रुति पर आधारित है, मानवीय अनुभव और तर्कबुद्धि पर नहीं। इसी कारण हमारे लिए यह मानना अनिवार्य हो जाता है कि नीतिशास्त्र धर्मशास्त्र से पृथक न होकर वास्तव में उसी का अभिन्न अंग है। नीतिशास्त्र के विषय में अपनी इसी मान्यता को स्पष्ट करते हुए बार्थ कहते हैं कि "मैं नीतिशास्त्र को ईश्वरादेश का सिद्धांत मानता हूं और उसे धर्मशास्त्र का अभिन्न भाग मानने के अतिरिक्त कुछ और मानना उचित नहीं समझता।"[2] अनुभव और तर्कबुद्धि पर आधारित मनुष्य का ज्ञान अत्यंत सीमित है, अत: वह ईश्वरीय कृपा तथा सहायता के बिना अंतिम नैतिक सत्यों को जानने में नितांत असमर्थ है। यही कारण है कि मानव-समाज में प्रचलित समस्त नैतिक नियम तथा

2. कार्ल बार्थ, 'दि डॉक्ट्रिन ऑफ़ दि वर्ड ऑफ़ गॉड', पृ० 14।

सिद्धांत शाश्वत और अपरिवर्तनीय न होकर सापेक्ष ही हैं। ऐसा कोई नैतिक नियम अथवा सिद्धांत नहीं है जो सर्वत्र और सर्वदा सभी मनुष्यों के लिए सत्य हो। इस प्रकार बार्थ मनुष्य के नैतिक ज्ञान की सापेक्षता में पूर्णतः विश्वास करते हैं। उनका मत है कि इस संसार में वस्तुनिष्ठ रूप से किसी भी नैतिक नियम या सिद्धांत को सार्वभौमिक रूप से सत्य प्रमाणित करना अथवा उसकी निष्पक्ष परीक्षा करना मनुष्य के लिए संभव नहीं है।[3] ऐसी स्थिति में कुछ दार्शनिकों का यह दावा निरर्थक हो जाता है कि नैतिकता और मूल नैतिक सत्यों का कोई निरपेक्ष आधार है। बार्थ के अनुसार मानव का संपूर्ण जीवन भावनाओं अथवा संवेगों द्वारा ही शासित होता है, अतः उसमें वह संकल्प-स्वातंत्र्य भी नहीं है जिसे अधिकतर दार्शनिक नैतिकता का अनिवार्य मूल आधार मानते हैं।[4] इस प्रकार यह स्पष्ट है कि समस्त नैतिक नियमों तथा सिद्धांतों के विषय में पूर्ण सापेक्षता बार्थ के धर्मशास्त्रीय सिद्धांत की प्रमुख विशेषता है।

मनुष्य को जो सापेक्ष नैतिक ज्ञान प्राप्त होता है उसका अंतिम आधार अथवा मूल स्रोत बार्थ के विचार में स्वयं ईश्वर के प्रवचन ही हैं। यद्यपि हम ईश्वर को कभी नहीं जान सकते क्योंकि वह मानवीय अनुभव और तर्कबुद्धि से परे है, फिर भी हम अपना संपूर्ण नैतिक ज्ञान मूलतः उसी के प्रवचनों से प्राप्त करते हैं। इन प्रवचनों के माध्यम से हमें ईश्वर का जो आदेश या अनुमोदन प्राप्त होता है उसी में 'शुभ' तथा 'उचित' का अर्थ निहित है। बार्थ का विचार है कि ईश्वर के ये प्रवचन हमारे समक्ष मुख्यतः तीन रूपों में अभिव्यक्त होते हैं और ये तीन रूप हैं धर्मग्रंथ, धर्मोपदेशकों द्वारा किया गया प्रचार तथा श्रुति। इन तीनों में श्रुति का ही सर्वाधिक महत्त्व है, क्योंकि वही ईश्वरीय प्रवचनों का अंतिम अथवा मूल स्रोत है। अन्य दोनों रूप अंततः इसी श्रुति पर आधारित हैं। हम इस श्रुति को किन्हीं विशेष नियमों अथवा सिद्धांतों के रूप में संगठित करके शास्त्रबद्ध नहीं कर सकते।[5] इसका कारण यह है कि ईश्वरीय प्रवचनों पर आधारित यह श्रुति मनुष्य की तर्कबुद्धि का विषय नहीं है। इसका एकमात्र आधार आस्था है जो मनुष्य को ईश्वर की कृपा के परिणामस्वरूप ही प्राप्त हो सकती है। स्वयं ईश्वर ही यह निर्णय करता है कि वह अपने अनुग्रह द्वारा किन व्यक्तियों में यह आस्था उत्पन्न करेगा। इसके लिए मनुष्य किसी प्रकार का प्रयास नहीं कर सकता। ईश्वर अपनी इच्छानुसार किन्हीं विशेष व्यक्तियों में यह आस्था उत्पन्न

3. कार्ल बार्थ, 'दि वर्ड ऑफ़ गॉड एण्ड दि वर्ड ऑफ़ मैन', पृ० 138, 292-293।
4. वही पुस्तक, पृ० 157, 166।
5. वही पुस्तक, पृ० 159।

करता है जिसके द्वारा वे ईश्वरीय प्रवचनों को ग्रहण करने में समर्थ होते हैं।[6] इस प्रकार बार्थ के मतानुसार मनुष्य का नैतिक ज्ञान केवल सापेक्ष ही नहीं, अपितु वह पूर्णतः ईश्वरीय अनुग्रह पर भी निर्भर है।

कार्ल बार्थ की भांति ऐमिल ब्रूनर भी नैतिकता और नैतिक निर्णयों की व्याख्या के संबंध में धर्मशास्त्रीय सिद्धांत का पूर्णतः समर्थन करते हैं। उन्होंने अपनी पुस्तक 'दि डिवाइन इम्पैरेटिव' में नैतिक दर्शन संबंधी समस्याओं पर व्यवस्थित रूप से तथा विस्तारपूर्वक विचार किया है। इस पुस्तक के अतिरिक्त अपनी एक अन्य पुस्तक 'जस्टिस ऐंड दि सोश्यल ऑर्डर' में भी उन्होंने नैतिकता के विषय में अपने विचार व्यक्त किए हैं। ब्रूनर के इन विचारों पर बार्थ के मत का पर्याप्त प्रभाव पड़ा है। बार्थ के समान ही वे भी इसाई धर्म के दृढ़ अनुयायी थे, अतः नीतिशास्त्र की समस्याओं पर उन्होंने भी ईसाई धर्म के दृष्टिकोण से ही विचार किया है। वे भी सभी नैतिक सिद्धांतों को सापेक्ष मानते हैं और यह कहते हैं कि ये सिद्धांत वास्तव में नैतिकता की समुचित व्याख्या नहीं कर पाते। उदाहरणार्थ प्रकृतिवादी सिद्धांत हमें यह नहीं बताते कि 'उचित' और 'कर्तव्य' का ठीक-ठीक अर्थ क्या है। इसी प्रकार तत्त्वमीमांसीय सिद्धांत हमें यह नहीं बताते कि व्यावहारिक जीवन में हमारे वास्तविक कर्तव्य क्या हैं। इन सभी सिद्धांतों का प्रमुख दोष यही है कि ये नैतिकता को ईश्वरादेश से स्वतंत्र मान कर उसकी व्याख्या करते हैं। परंतु वास्तव में ईश्वरादेश से पृथक नैतिकता का कोई अर्थ और महत्व नहीं हो सकता, क्योंकि अंततः ईश्वर ही उसका मूल स्रोत है।[7] ईश्वरादेश के स्थान पर मानवीय अनुभव एवं तर्कबुद्धि पर आधारित होने के कारण सभी नैतिक सिद्धांत सापेक्ष हैं और इन सिद्धांतों की सत्यता के विषय में विभिन्न व्यक्तियों तथा समुदायों में तीव्र मतभेद है। इस तीव्र मतभेद का उल्लेख करते हुए ब्रूनर कहते हैं कि "ऐसा एक भी नैतिक आदेश नहीं है जिसे सर्वत्र अंतिम आदेश के रूप में स्वीकार किया जाता हो; इसके विपरीत विभिन्न राष्ट्रों तथा सभ्यताओं की नैतिक प्रणालियां केवल व्यावहारिक दृष्टि से ही नहीं अपितु सैद्धांतिक दृष्टि से भी एक दूसरे का पूर्णतः विरोध करती हैं।"[8] ऐसी स्थिति में हमारे लिए यह जानना असंभव है कि कौन-सा नैतिक सिद्धांत सत्य है। इस प्रकार बार्थ की भांति ब्रूनर भी समस्त नैतिक सिद्धांतों की सापेक्षता को पूर्णतः स्वीकार करते हैं।

6. कार्ल बार्थ, 'दि डॉक्ट्रिन ऑफ़ दि वर्ड ऑफ़ गॉड', पृ० 181।
7. ऐमिल ब्रूनर, 'दि डिवाइन इम्पैरेटिव', पृ० 28।
8. वही पुस्तक, पृ० 32-33।

नैतिक सिद्धांतों को सापेक्ष मानने के साथ-साथ ब्रूनर भी बार्थ के समान ही नैतिकता को ईश्वर की इच्छा अथवा आज्ञा पर ही निर्भर मानते हैं। उनका मत है कि नीतिशास्त्र पूर्ण रूप से धर्मशास्त्र पर ही आधारित है; धर्मशास्त्र से पृथक उसका कोई अस्तित्व नहीं है। समस्त नैतिक नियमों तथा सिद्धांतों का एकमात्र अंतिम आधार ईश्वर की इच्छा अथवा आज्ञा है। ब्रूनर के अनुसार, "कोई भी वस्तु अपने आप में शुभ नहीं है। ईश्वर जो कुछ करता है और चाहता है वही शुभ है, जो ईश्वर की इच्छा के विरुद्ध है वही अशुभ है। 'शुभ' का आधार और अस्तित्व केवल ईश्वर की इच्छा में ही निहित है।···किसी विशेष समय में ईश्वर जिसकी इच्छा करता है वही कर्म करना सदैव शुभ है।"[9] इस उद्धरण से स्पष्ट है कि ब्रूनर के विचार में 'शुभ' के अर्थ की व्याख्या मानवीय अनुभव द्वारा नहीं, अपितु ईश्वर की इच्छा के आधार पर ही की जा सकती है। अन्य नैतिक शब्दों के अर्थ की व्याख्या भी वे इसी प्रकार करते हैं। वे बार्थ के इस मत का भी समर्थन करते हैं कि नैतिक ज्ञान का अंतिम आधार स्वयं ईश्वर के प्रवचन ही हैं जिन्हें मनुष्य उसकी कृपा के परिणामस्वरूप ही समझ सकता है। ईश्वर के अनुग्रह के बिना वह अपनी तर्कबुद्धि द्वारा ईश्वर की इच्छा को कभी नहीं जान सकता। इसका अर्थ यही है कि नैतिक ज्ञान की प्राप्ति के लिए ईश्वर का अनुग्रह अनिवार्य है। ईश्वरवादी दार्शनिक होने के कारण ब्रूनर यह मानते हैं कि यह जगत् ईश्वर की ही रचना है, अतः वह निश्चय ही इस जगत् का हित चाहता है। इसका तात्पर्य यह है कि ईश्वर सभी प्राणियों के सुख की इच्छा करता है, अतः उसकी इस इच्छा का अनुसरण करते हुए हमें ऐसा आचरण करना चाहिए जिससे सभी प्राणियों को सुख प्राप्त हो। जिस कर्म के कारण किसी प्राणी को दुःख प्राप्त होता है उसका दृढ़तापूर्वक विरोध करना हमारा कर्तव्य है, क्योंकि ऐसा कर्म ईश्वर की इच्छा के प्रतिकूल है।[10] इस प्रकार ब्रूनर के विचार में 'शुभ' की भांति 'कर्तव्य' का मूल आधार भी ईश्वर की इच्छा अथवा उसका आदेश ही है।

बार्थ और ब्रूनर के अतिरिक्त अमेरिकन दार्शनिक रीनोल्ड नीबुर ने भी उक्त धर्मशास्त्रीय सिद्धान्त के आधार पर ही नैतिकता तथा नैतिक निर्णयों की व्याख्या की है। अपनी दो पुस्तकों—'ऐन इंटरप्रेटेशन ऑफ क्रिश्चियन ऐथिक्स' तथा 'दि नेचर एण्ड डेस्टिनी ऑफ मैन'—में उन्होंने नैतिकता और नैतिक दर्शन की समस्याओं के विषय में विस्तारपूर्वक अपने विचार प्रस्तुत किए हैं। उनकी

9. वही पुस्तक, पृ० 53, 58, 83।
10. वही पुस्तक, पृ० 338।

उपर्युक्त पुस्तकों का अध्ययन करने से यह स्पष्ट हो जाता है कि नैतिकता तथा नैतिक निर्णयों के अर्थ एवं स्वरूप के सम्बन्ध में उनका मत बार्थ और ब्रूनर के मत से अधिक भिन्न नहीं है। उक्त दोनों दार्शनिकों की भांति नीबुर भी समस्त नैतिक नियमों तथा सिद्धान्तों को केवल सापेक्ष ही मानते हैं और ईश्वर की इच्छा अथवा आज्ञा के आधार पर ही 'शुभ', 'उचित', 'कर्तव्य' आदि नैतिक शब्दों के अर्थ की व्याख्या करते हैं। उनका कथन है कि नैतिक सिद्धान्तों की सापेक्षता एक ही समस्या के विषय में विभिन्न व्यक्तियों, समुदायों तथा राष्ट्रों के अलग-अलग और परस्पर विरोधी विचारों में स्पष्टतः देखी जा सकती है। उनके इन विचारों पर उनकी भिन्न-भिन्न परिस्थितियों का अत्यधिक प्रभाव पड़ता है। इसी कारण किसी भी व्यक्ति अथवा समुदाय के लिए पूर्णतः निष्पक्ष होकर किसी समस्या पर विचार करना संभव नहीं है। इस सम्बन्ध में मनुष्य की निष्पक्षता को पूर्णतः अस्वीकार करते हुए नीबुर कहते हैं कि "प्रत्येक निर्णय व्यक्ति के स्वार्थ से प्रभावित होता है और निष्पक्षता का प्रत्येक दावा अंततः उस विशेष स्वार्थपूर्ण दृष्टिकोण को छिपाने में असमर्थ रहता है जिससे यह दावा प्रेरित अथवा विकृत होता है।...विवाद में भाग लेने वाले किसी भी पक्ष का दृष्टिकोण इतना ऊँचा या निष्पक्ष नहीं होता कि वह अपने विरोधी के मत की श्रेष्ठ बातों का निर्णय कर सके। इस प्रकार नैतिक प्रतिमानों पर आधारित प्रत्येक युक्ति प्रतिद्वंद्वी के विरुद्ध स्वयं अपने मत के नैतिक औचित्य को सिद्ध करने का साधन मात्र बन जाती है।"[11] नीबुर के इन विचारों से यह स्पष्ट है कि उनके मतानुसार नैतिक विवाद में मनुष्य के लिए निष्पक्षता असंभव है, अतः समस्त नैतिक नियमों तथा सिद्धान्तों का सापेक्ष होना अनिवार्य है। किसी भी समस्या पर हम सब केवल स्वार्थ से प्रेरित होकर विचार करते हैं और इसी आधार पर उसके विषय में अपना निर्णय देते हैं। इसी कारण नीबुर यह कहते हैं कि अपने किसी भी नैतिक नियम या सिद्धान्त को पूर्णतः सत्य एवं सार्वभौमिक मानना मनुष्य के लिए पाप अथवा ईश्वर के विरुद्ध अपराध है। उन्हीं के शब्दों में, "मनुष्य द्वारा अपने अस्तित्व की सीमाओं को जानबूझ कर अस्वीकार करना ही पाप का मूल स्रोत है।"[12] इस प्रकार बार्थ तथा ब्रूनर की भांति नीबुर भी निश्चित रूप से यह मानते हैं कि अनुभव और तर्कबुद्धि द्वारा अंतिम नैतिक सत्यों का ज्ञान प्राप्त करना मनुष्य के लिए असंभव है।

11. रीनोल्ड नीबुर, 'ऐन इन्टरप्रेटेशन ऑफ़ क्रिश्चियन एथिक्स', चतुर्थ संस्करण, पृ० 124, 126।

12. रीनोल्ड नीबुर, 'दि नेचर ऐंड डेस्टिनी ऑफ मैन', पृ० 177।

मनुष्य की असमर्थता को ध्यान में रखते हुए बार्थ और ब्रूनर के समान ही नीबुर ने भी ईश्वर द्वारा प्राप्त श्रुति को नैतिक ज्ञान का मूल स्रोत माना है। उनका मत है कि इस श्रुति के माध्यम से ही ईश्वर शुभ-अशुभ के विषय में हमारे समक्ष अपनी इच्छा व्यक्त करता है। हमारा समस्त नैतिक ज्ञान अंततः इसी श्रुति पर आधारित है। नीबुर के मतानुसार इस श्रुति के मुख्य दो रूप हैं—व्यक्तिगत और सार्वजनिक श्रुति जिन्हें वे क्रमशः 'विशेष' तथा 'सामान्य' श्रुति भी कहते हैं। उनके विचार में सामान्य श्रुति ही विशेष श्रुति का मूल आधार है, किन्तु ईश्वर की इच्छा और उसके आदेश को हम विशेष श्रुति द्वारा ही जान सकते हैं।[13] परन्तु नीबुर ने श्रुति के इन दोनों रूपों के अंतर को पूर्णतः स्पष्ट नहीं किया। श्रुति के अतिरिक्त प्रेम के आधार पर भी वे कभी-कभी नैतिकता की व्याख्या करते हैं, किन्तु उनके अनुसार नैतिकता का अंतिम आधार ईश्वर की इच्छा ही है जिसे वह श्रुति के माध्यम से हमारे समक्ष प्रस्तुत करता है।

यहां इस तथ्य का उल्लेख कर देना आवश्यक है कि बार्थ और ब्रूनर की भांति नीबुर भी ईश्वर को अनिवार्यतः शुभ मानते हैं जिसकी इच्छा नैतिकता का मूल आधार है। परन्तु उनका मत है कि ईश्वर की इच्छा पर नैतिकता के आधारित होने का कारण उसका शुभत्व नहीं है। यह मानना कि ईश्वर के शुभ होने के कारण ही नैतिकता उसकी इच्छा पर आधारित होती है एक मानवीय अवधारणा 'शुभत्व' को ईश्वर की अपेक्षा कहीं अधिक महत्व देना है जो अनुचित है। वस्तुतः ईश्वर समस्त मानवीय अवधारणाओं से परे और स्वतन्त्र है, अतः कोई भी मानवीय अवधारणा उसकी इच्छा का आधार नहीं हो सकती। इसका अर्थ यही है कि ईश्वर के शुभत्व पर विचार किए बिना ही उसकी इच्छा को नैतिकता का अंतिम आधार मानना हमारे लिए अनिवार्य है।[14] इस प्रकार बार्थ तथा ब्रूनर के मत का अनुसरण करते हुए नीबुर भी केवल ईश्वर की इच्छा के आधार पर नैतिकता और नैतिक निर्णयों की व्याख्या करते हैं इन दार्शनिकों का यह धर्मशास्त्रीय सिद्धान्त कहां तक उचित एवं सन्तोषप्रद है इस प्रश्न पर हम प्रस्तुत अध्याय के अन्तिम खंड में विस्तारपूर्वक विचार करेंगे।

3. तत्त्वमीमांसीय सिद्धान्त

जैसाकि हम प्रथम खंड में बता चुके हैं, अलौकिक या अतींद्रिय सत्ता सम्बन्धी

13. वही पुस्तक, पृ० 125।
14. वही पुस्तक, पृ० 28-29।

सिद्धान्तों को मुख्य दो वर्गों में विभाजित किया जा सकता है—धर्मशास्त्रीय सिद्धान्त और तत्त्वमीमांसीय सिद्धान्त। पिछले खंड में हमने धर्मशास्त्रीय सिद्धान्त के स्वरूप का विवेचन किया है। अब यहां संक्षेप में तत्त्वमीमांसीय सिद्धान्तों पर भी विचार करना आवश्यक है। इन सिद्धान्तों की प्रमुख विशेषता—जो इन्हें धर्मशास्त्रीय सिद्धान्त से पृथक करती है—यह है कि ये ईश्वर के स्थान पर किसी अन्य अलौकिक या अतींद्रिय सत्ता को नैतिकता का आधार मानते हैं और इसी सत्ता के आधार पर नैतिक निर्णयों की व्याख्या करते हैं। उदाहरणार्थ कुछ दार्शनिक 'प्रकृति' को और कुछ अन्य दार्शनिक 'आत्मा' (या 'सैल्फ़') को ही नैतिकता का आधार मानते हैं। ये दार्शनिक 'प्रकृति' तथा 'आत्मा' दोनों को अतींद्रिय सत्ताओं के रूप में ही स्वीकार करते हैं और इनमें से किसी एक सत्ता के आधार पर नैतिक शब्दों की परिभाषा करते हैं। इस दृष्टि से हम तत्त्वमीमांसीय सिद्धान्तों को दो वर्गों में विभाजित कर सकते हैं—'प्रकृति' सम्बन्धी सिद्धान्त और 'आत्मोपलब्धि' सम्बन्धी सिद्धान्त। परन्तु ये दोनों प्रकार के सिद्धान्त केवल तत्वमीमांसीय कथनों द्वारा ही नैतिक निर्णयों के अर्थ और स्वरूप को स्पष्ट करते हैं। जी० ई० मूर ने अपनी पुस्तक 'प्रिन्सिपिया ऐथिका' के चौथे अध्याय में इन तत्त्वमीमांसीय सिद्धान्तों पर विस्तार से विचार किया है। 'तत्त्वमीमांसीय' शब्द का अर्थ क्या है?—इस प्रश्न का उत्तर देते हुए वे कहते कि "मैं इस शब्द का प्रयोग 'प्राकृतिक' के विपरीतार्थक शब्द के रूप में करता हूं।"[15] मूर के इस मत का तात्पर्य यह है कि जो 'प्राकृतिक' नहीं है—अर्थात् जिसकी कालिकसत्ता नहीं है और इसी कारण जो हमारे अनुभव तथा अंतर्निरीक्षण का विषय नहीं हो सकता—उसे ही 'तत्त्वमीमांसीय' कहा जा सकता है। 'प्रकृति' तथा 'आत्मा' को इसी अर्थ में तत्त्वमीमांसीय सत्ताएं माना जाता है और जो सिद्धान्त इन सत्ताओं के आधार पर नैतिक निर्णयों की व्याख्या करते हैं उन्हें 'तत्त्वमीमांसीय सिद्धान्त' कहा जाता है।

इन तत्त्वमीमांसीय सिद्धान्तों के स्वरूप को स्पष्ट करते हुए मूर ने लिखा है कि "इन नैतिक सिद्धान्तों की सामान्य विशेषता यह है कि ये सिद्धान्त नीतिशास्त्र के किसी मूल कथन की व्याख्या के आधार के रूप में किसी तत्त्वमीमांसीय कथन का प्रयोग करते हैं। ये सभी सिद्धान्त यह मानते हैं कि नैतिक सत्य तार्किक दृष्टि से तत्त्वमीमांसीय सत्यों से ही निगमित होते हैं, अतः नीतिशास्त्र तत्त्वमीमांसा पर ही आधारित होना चाहिए। इसका परिणाम यह है कि ये सभी सिद्धान्त तत्वमीमांसीय शब्दों द्वारा ही उच्चतम शुभ की व्याख्या करते हैं।...तत्त्वमीमांसीय

15. जी० ई० मूर, 'प्रिंसिपिया ऐथिका, पृ० 110।

नीतिशास्त्र की विशेषता यह है कि इसके अनुसार जो पूर्णत: शुभ है उसका अस्तित्व तो है किन्तु वह प्राकृतिक नहीं है; उसमें वह गुण पाया जाता है जो अतींद्रिय सत्ता में होता है। स्टॉइक्स ने ऐसी ही बात कही थी जब उन्होंने यह विचार व्यक्त किया था कि 'प्रकृति' के अनुरूप जीवन ही सर्वोत्तम है। 'प्रकृति' से उनका तात्पर्य वह नहीं था जो मैंने बताया है; वे 'प्रकृति' को ऐसी अतींद्रिय सत्ता मानते थे जिसका अस्तित्त्व है और जो पूर्णत: शुभ है।···कांट भी यही बात कहते हैं जब वे हमें बताते हैं कि 'साध्यों का साम्राज्य' सर्वोच्च आदर्श है। अंत में वे आधुनिक लेखक भी यही बात कहते हैं जो हमें बताते हैं कि हमारा अतिम तथा सर्वोच्च लक्ष्य वास्तविक आत्मा की सिद्धि है—वह आत्मा जो उन सभी वस्तुओं से भिन्न है जिनका प्रकृति और दिक्-काल के अंतर्गत अस्तित्व है"[16] तत्त्वमीमांसीय सिद्धान्तों के विषय में मूर के उपर्युक्त विचारों से इन सिद्धान्तों का स्वरूप भली-भांति स्पष्ट हो जाता है। उन्होंने इन सिद्धान्तों के सम्बन्ध में जो कुछ कहा है उससे यही निष्कर्ष निकाला जा सकता है कि ये सिद्धान्त नीतिशास्त्र को स्वतन्त्र विधा न मान कर तत्त्वमीमांसा का ही एक भाग मानते हैं और इसी कारण वे समस्त नैतिक निर्णयों की व्याख्या तत्त्वमीमांसीय कथनों के आधार पर ही करते हैं। हम प्रथम खंड में देख चुके हैं कि नीतिशास्त्र को स्वतन्त्र विधा न मानने की दृष्टि से धर्मशास्त्रीय और तत्त्वमीमांसीय सिद्धान्तों में पूर्ण सहमति है।

प्राचीन काल से वर्तमान युग तक अनेक दार्शनिक किसी न किसी रूप में तत्त्वमीमांसीय सिद्धांतों का समर्थन करते रहे हैं। इन सिद्धान्तों के विषय में मूर के उपर्युक्त उद्धरण से यह स्पष्ट है कि प्राचीन युग में स्टॉइक्स इन्हीं सिद्धान्तों के अनुसार नैतिकता की व्याख्या करते थे। वे यह मानते थे कि जो कुछ 'प्रकृति' के अनुरूप है वही 'शुभ' है और जो 'प्रकृति' के विरुद्ध है वही 'अशुभ' है। जैसाकि हम ऊपर देख चुके हैं, वे 'प्रकृति' शब्द को उसके सामान्य अर्थ में ग्रहण न करके उसका विशेष अर्थ स्वीकार करते थे। सामान्यत: हम यह मानते हैं कि जो घटनाएं, वस्तुएं या तथ्य हमारे अनुभव के विषय हैं अथवा हो सकते हैं वे सभी 'प्राकृतिक' हैं। इस दृष्टि से सामान्य अर्थ में 'प्रकृति' का सम्बन्ध अनिवार्यत: हमारे अनुभव से है। परन्तु हमारी इस सामान्य मान्यता के विपरीत स्टॉइक्स 'प्रकृति' को एक तत्त्वमीमांसीय अथवा अतींद्रिय सत्ता मानते थे। इसी कारण जब वे यह कहते हैं कि "प्रकृति के अनुरूप जीवन ही शुभ है" तो इससे उनका तात्पर्य यही है कि हमारा जीवन उक्त तत्त्वमीमांसीय या

16. वही पुस्तक, पृ० 110, 113।

अतोंद्रिय सत्ता के अनुरूप होना चाहिए। स्टॉइक्स की इस मान्यता से यह स्पष्ट है कि वे नैतिकता की व्याख्या करने के लिए प्रकृति संबंधी तत्त्वमीमांसीय सिद्धांत को ही स्वीकार करते हैं। वर्तमान शताब्दी में जे० मार्टिन, ई० गिलसन आदि कुछ दार्शनिकों ने भी मूलतः इसी सिद्धांत के अनुसार नैतिकता तथा नैतिक निर्णयों की व्याख्या की है। इस प्रकार समकालीन नैतिक दर्शन में भी प्रकृति संबंधी तत्त्वमीमांसीय सिद्धांत के कुछ समर्थक विद्यमान हैं।

जैसा कि हम इस खंड के प्रारम्भ में ही बता चुके हैं, उपर्युक्त प्रकृति सम्बन्धी तत्त्वमीमांसीय सिद्धांत के अतिरिक्त एक अन्य तत्वमीमांसीय सिद्धांत भी है जिसे 'आत्मोपलब्धि का सिद्धांत' कहा जाता है। हीगेल, ग्रीन, ब्रैडले, म्यूरहेड आदि अनेक दार्शनिकों ने इसी सिद्धांत के आधार पर नैतिकता की व्याख्या की है। यह सिद्धांत 'प्रकृति' के स्थान पर 'आत्मा' को ही परम सत्ता के रूप में स्वीकार करता है। परन्तु इस सिद्धांत के समर्थकों के अनुसार यह आत्मा अनुभवगम्य न होकर तत्त्वमीमांसीय अथवा अतींद्रिय सत्ता है और इसी आत्मा की उपलब्धि या सिद्धि मनुष्य का अन्तिम ध्येय है। 'शुभ', 'उचित', 'कर्त्तव्य' आदि नैतिक शब्दों के अर्थ की व्याख्या हम इस आत्मोपलब्धि अथवा आत्मसिद्धि के आधार पर ही कर सकते हैं। "अमुक कर्म शुभ या उचित है" का अर्थ यही है कि "वह हमारी आत्मोपलब्धि में सहायक है"। इसी प्रकार किसी कर्म को 'अशुभ' अथवा 'अनुचित' कहने का अर्थ यही है कि वह कर्म हमारी आत्मोपलब्धि में बाधक है। इस सिद्धांत के अनुसार अन्य सभी नैतिक निर्णयों की व्याख्या भी हम इसी आत्मोपलब्धि के आधार पर कर सकते हैं। उक्त सिद्धांत की इसी आधारभूत मान्यता को स्वीकार करते हुए जे० एच० म्यूरहेड कहते हैं कि नैतिक शब्दों का अर्थ अन्ततः आत्मोपलब्धि की अवधारणा में ही निहित है। यह आत्मोपलब्धि ही नीतिशास्त्र का मूल आधार है और यही हमारे नैतिक कर्त्तव्य को आत्मारोपित कर्तव्य बनाती है।[17] म्यूरहेड के विचार में मनुष्य एक बौद्धिक तथा सामाजिक प्राणी के रूप में ही यह आत्मोपलब्धि अथवा आत्मसिद्धि प्राप्त कर सकता है। इस आत्मसिद्धि के लिए निम्न कोटि की इच्छाओं अथवा वासनाओं को नियंत्रित करना आवश्यक है। परन्तु मानव-समाज से पृथक होकर मनुष्य यह आत्मसिद्धि कभी प्राप्त नहीं कर सकता; समाज के एक अभिन्न अंग के रूप में ही उसके लिए यह आत्मसिद्धि संभव है।[18] इस प्रकार यह स्पष्ट है कि हीगेल, ग्रीन और ब्रैडले की भांति म्यूरहेड भी नैतिकता की व्याख्या आत्मसिद्धि अथवा आत्मोपलब्धि के आधार पर ही करते

17. जे० एच० म्यूरहेड, 'दि ऐलिमैंट्स ऑफ ऐथिक्स', चतुर्थ संस्करण, पृ० 38
18. वही पुस्तक, पृ० 178

हैं। परन्तु ये दार्शनिक हमें यह नहीं बताते कि 'आत्मा' शब्द का ठीक-ठीक अर्थ क्या है। वस्तुतः यह इन दार्शनिकों के सिद्धान्त की प्रमुख समस्या है जिस पर हम प्रस्तुत अध्याय के अगले खंड में विचार करेंगे।

यहां इस तथ्य का उल्लेख कर देना आवश्यक है कि मूर के विचार में प्रकृतिवादी सिद्धांतों के समान ही उपर्युक्त दोनों प्रकार के तत्त्वमीमांसीय सिद्धांतों में भी 'प्रकृतिवादी दोष' पाया जाता है। इसका कारण यह है कि प्रकृतिवादी सिद्धांतों की भांति ये सिद्धांत भी 'शुभ' की परिभाषा करने का प्रयास करते हैं जो वास्तव में अपरिभाष्य है। इन दोनों प्रकार के सिद्धांतों में अंतर केवल यही है कि प्रकृतिवादी सिद्धांत कुछ प्राकृतिक गुणों या अवधारणाओं के आधार पर 'शुभ' की परिभाषा करते हैं जबकि तत्वमीमांसीय सिद्धांत किसी अलौकिक सत्ता के आधार पर इसकी परिभाषा करते हैं। इससे स्पष्ट है कि ये दोनों प्रकार के सिद्धांत 'शुभ' को अपरिभाष्य नहीं मानते और इसी कारण मूर के अनुसार इन सिद्धांतों में समान रूप से प्रकृतिवादी दोष पाया जाता है जो इन्हें नितांत अनुचित तथा असन्तोषप्रद बना देता है। अपनी इसी मान्यता के आधार पर मूर ने तत्त्वमीमांसीय सिद्धांतों के विरुद्ध भी वही मूल आपत्ति उठाई है जो उन्होंने प्रकृतिवादी सिद्धांतों के विरुद्ध उठाई थी और जिस पर हम पिछले दो अध्यायों में सविस्तार विचार कर चुके हैं। प्रकृतिवादी सिद्धांतों की भांति तत्त्वमीमांसीय सिद्धांतों के विरुद्ध अपनी इसी आपत्ति को स्पष्ट करते हुए वे कहते हैं कि "यह मानना कि 'सत्ता का स्वरूप इस प्रकार का है' ऐसे कथन से हम 'यह अपने आप में शुभ है' इस कथन का अनुमान कर सकते हैं प्रकृतिवादी दोष संबंधी भूल करना है। जो व्यक्ति तत्त्वमीमांसीय शब्दों द्वारा उच्चतम शुभ की परिभाषा करते हैं वे सभी या तो परोक्ष रूप से यह मानते हैं अथवा स्पष्ट रूप से यह कहते हैं कि यथार्थ सत्ता का ज्ञान किन्हीं वस्तुओं को शुभ मानने का कारण है। यह मत इस मान्यता में निहित है कि नीतिशास्त्र तत्त्वमीमांसा पर आधारित होना चाहिए।...ऐसे कथन में प्रकृतिवादी दोष पाया जाता है। यह इस तथ्य को न समझने का परिणाम है कि ऐसा सत्य जिसमें यह कहा जाता है कि 'यह अपने आप में शुभ है' पूर्णतः अद्वितीय है— इसकी परिभाषा सत्ता के विषय में किसी कथन द्वारा नहीं की जा सकती और इसलिए सत्ता के स्वरूप के सम्बन्ध में हम जिन निष्कर्षों पर पहुंचते हैं उनसे यह निश्चय ही अप्रभावित रहता है। नैतिक सत्यों के अद्वितीय स्वरूप के विषय में यह भ्रांति उन सभी नैतिक सिद्धांतों में पाई जाती है जिन्हें मैंने तत्त्वमीमांसीय कहा है। यह स्पष्ट है कि यदि इस प्रकार की भ्रांति न होती तो कोई भी व्यक्ति तत्त्वमीमांसीय शब्दों द्वारा उच्चतम शुभ की व्याख्या करना उचित न मानता।"[19]

19. जी० इ० मूर, 'प्रिंसिपिया ऐथिका', पृ० 114

इस प्रकार मूर यह निश्चित रूप से मानते हैं कि प्रकृतिवादी सिद्धांतों की भांति तत्त्वमीमांसीय सिद्धांतों में भी प्रकृतिवादी दोष अनिवार्यतः विद्यमान रहता है। परन्तु, जैसा कि हम दूसरे अध्याय में बता चुके हैं, अलौकिक या अतींद्रिय सत्ता सम्बन्धी तत्त्वमीमांसीय सिद्धांतों को अनुभवाश्रित प्रकृतिवादी सिद्धांतों के समान ही मान लेना उचित प्रतीत नहीं होता। इन दोनों प्रकार के सिद्धांतों के विषय में हमने अभी तक जो कुछ कहा है उससे यह पूर्णतः स्पष्ट हो जाता है कि इनके स्वरूप तथा इनकी आधारभूत मान्यताओं में पर्याप्त अंतर है। यही कारण है कि प्रकृतिवादी सिद्धांतों के समर्थक तत्त्वमीमांसीय सिद्धांतों को और तत्त्वमीमांसीय सिद्धांतों के समर्थक प्रकृतिवादी सिद्धांतों को पूर्णतः अस्वीकार करते हैं। ऐसी स्थिति में इन दोनों प्रकार के सिद्धांतों में एक ही प्रकृतिवादी दोष के विद्यमान होने की बात करना तर्कसंकत प्रतीत नहीं होता। वस्तुतः इस दृष्टि से मूर द्वारा किया गया 'प्रकृतिवादी' शब्द का प्रयोग निश्चय ही भ्रामक है। इसी कारण प्रकृतिवादी और तत्त्वमीमांसीय इन दोनों प्रकार के सिद्धांतों का खंडन करने के लिए उन्होंने 'प्रकृतिवादी' शब्द की जो अत्यधिक व्यापक व्याख्या की है उसका तर्कसंगत रूप से समर्थन करना बहुत कठिन है।

4 मूल्यांकन

अलौकिक या अतींद्रिय सत्ता संबंधी सिद्धांतों की आधारभूत मान्यताओं तथा इन सिद्धांतों के कुछ प्रमुख समर्थकों के मत का विवेचन करने के पश्चात् अब इस प्रश्न पर विचार करना आवश्यक है कि नैतिक निर्णयों के अर्थ, स्वरूप तथा प्रमाणीकरण की व्याख्या की दृष्टि से ये सिद्धांत कहां तक उचित एवं संतोषप्रद हैं। जैसा कि हम पिछले खंडों में बता चुके हैं, ये अलौकिक या अतींद्रिय सत्ता संबंधी सिद्धांत दो प्रकार के हैं—धर्मशास्त्रीय सिद्धांत तथा तत्त्वमीमांसीय सिद्धांत। प्रस्तुत खंड में हम क्रमशः इन दोनों प्रकार के सिद्धांतों की कुछ मुख्य समस्याओं अथवा कठिनाइयों पर विचार करेंगे। इन सिद्धांतों के पक्ष में शायद यह कहा जा सकता है कि इनके समर्थक नैतिक निर्णयों को किसी व्यक्ति या समुदाय की मनोदशाओं पर आरधारित न मानकर इन निर्णयों की वस्तुनिष्ठता को स्वीकार करते हैं। हम देख चुके हैं कि इन सिद्धांतों के समर्थक ईश्वर, आत्मा आदि अलौकिक सत्ताओं के आधार पर नैतिक निर्णयों की व्याख्या करते हैं जिसके कारण यह कहा जा सकता है कि इन निर्णयों की वस्तुनिष्ठता बनी रहती है। परन्तु यह वस्तुनिष्ठता तभी संभव है जब उक्त अलौकिक सत्ताओं के अस्तित्व को निर्विवाद रूप से प्रमाणित किया जा सके

और ऐसा करना निश्चय ही दार्शनिक दृष्टि से संभव नहीं है। इस प्रकार नैतिक निर्णयों की उक्त वस्तुनिष्ठता का कोई महत्व नहीं रह जाता। वास्तव में इन सिद्धांतों को अंशत: सत्य मानना भी बहुत कठिन प्रतीत होता है, क्योकि ये सिद्धांत नैतिकता और नैतिक निर्णयों को मानवीय अनुभव तथा तर्कबुद्धि पर आधारित न मानकर कुछ कल्पित अतींद्रिय सत्ताओं पर ही आधारित मानते हैं जिनका अस्तित्व अत्यंत संदिग्ध एवं विवादास्पद है। अब हम धर्मशास्त्रीय और तत्त्वमीमांसीय सिद्धांतों की कुछ प्रमुख कठिनाइयों पर अलग-अलग विचार करेंगे।

धर्मशास्त्रीय सिद्धांत के विरुद्ध बहुत-सी गम्भीर आपत्तियां उठाई जा सकती हैं जिनमें से कुछ निम्नलिखित हैं—

(1) जैसा कि धर्मशास्त्रीय सिद्धांत के स्वरूप से स्पष्ट है, यह सिद्धांत इस मान्यता पर आधारित है कि ईश्वर का अस्तित्व है और वह सर्वशक्तिमान, सर्वज्ञ तथा शुभ है। परन्तु यह सर्वविदित तथ्य है कि इस मान्यता को तार्किक दृष्टि से सत्य प्रमाणित करना संभव नहीं है। ईश्वर की सत्ता और उसके विशेष स्वरूप को प्रमाणित करने के लिए अभी तक जो युक्तियां दी गई हैं वे सभी दोषपूर्ण होने के कारण अत्यंत दुर्बल तथा अविश्वसनीय सिद्ध हुई हैं। इन युक्तियों द्वारा कोई भी ईश्वरवादी दार्शनिक निर्विवाद रूप से ईश्वर के अस्तित्व को प्रमाणित करने में सफल नहीं हो सका। ऐसी स्थिति में धर्मशास्त्रीय नैतिक सिद्धांत का मूल आधार ही समाप्त हो जाता है। यदि ईश्वर की सत्ता ही संदिग्ध तथा विवादास्पद है तो उसकी इच्छा अथवा आज्ञा के आधार पर नैतिक निर्णयों की व्याख्या का संपूर्ण प्रयास स्वत: निरर्थक हो जाता है। इस प्रकार धर्मशास्त्रीय सिद्धांत एक ऐसी मान्यता पर निर्भर है जिसका कोई तर्कसंगत आधार नहीं है।

(2) परन्तु यदि उपर्युक्त आधारभूत कठिनाई पर ध्यान न देते हुए ईश्वर के अस्तित्व को स्वीकार कर भी लिया जाए तो भी धर्मशास्त्रीय सिद्धांत के समर्थकों के समक्ष ऐसे अनेक जटिल प्रश्न उपस्थित होते हैं जिनका वे कोई सन्तोषप्रद और तर्कसंगत उत्तर नहीं दे पाते। इस सम्बन्ध में सर्वप्रथम प्रश्न यह है कि हमें ईश्वर की इच्छा अथवा आज्ञा का ज्ञान कैसे प्राप्त होता है और इस ज्ञान की प्रमाणिकता का आधार क्या है। हम यह कैसे जान सकते हैं कि किसी विशेष कर्म के विषय में ईश्वर की इच्छा या आज्ञा क्या है? यदि इस संबंध में दो या दो से अधिक व्यक्तियों के परस्पर विरोधी विचार हों तो क्या उनके इस तीव्र मतभेद का निराकरण करने के लिए हमारे पास कोई विश्वसनीय और तर्कसंगत आधार है? फिर यदि हम ईश्वर की इच्छा को ठीक-

ठीक जान लें तो भी यह प्रश्न शेष रह जाता है कि हमें उसकी इच्छा के अनुसार आचरण क्यों करना चाहिए ? क्या ईश्वरीय दंड के भय अथवा पुरस्कार के प्रलोभन से प्रेरित होकर हमें ऐसा करना चाहिए ? क्या ऐसी बाह्य अभिप्रेरणाओं पर आधारित नैतिकता को वास्तव में 'नैतिकता' की संज्ञा दी जा सकती है ?

जहां तक मुझे ज्ञात है, धर्मशास्त्रीय सिद्धांत के समर्थकों ने उपर्युक्त महत्वपूर्ण प्रश्नों का कोई संतोषजनक और युक्तिसंगत उत्तर नहीं दिया। हम देख चुके हैं कि उनके मतानुसार ईश्वर की इच्छा को हम श्रुति के माध्यम से ही जान सकते है जो उसकी कृपा के फलस्वरूप कुछ महान संतों को प्राप्त होती है। परन्तु यहां कठिनाई यह है कि इस श्रुति की प्रामाणिकता के विषय में निर्णय करने के लिए हमारे पास कोई तर्कसंगत आधार नहीं है। जीवन और जगत् के संबंध में ये महान संत जो विचार व्यक्त करते हैं वे उनके अपने व्यक्तिगत विचार हैं अथवा श्रुति के माध्यम से प्राप्त ईश्वर के विचार—इस बात का निर्णय करने के लिए हमारे पास कोई विश्वसनीय उपाय या विधि नहीं है। ऐसी स्थिति में हमारें लिए यह जानना असंभव हो जाता है कि किसी कर्म के विषय में ईश्वर की इच्छा या आज्ञा क्या है। यदि हम ईश्वर की इच्छा को जान ही नहीं सकते तो उसके अनुरूप आचरण करने तथा उसके आधार पर शुभ-अशुभ का निर्णय करने का प्रश्न ही नहीं उठता। परन्तु इस गम्भीर कठिनाई की उपेक्षा करते हुए यदि हम यह मान लें कि हम ईश्वर की इच्छा को ठीक-ठीक जान सकते हैं तो भी इससे यह सिद्ध नहीं होता कि हमें अनिवार्यत: उसकी इच्छा के अनुसार आचरण करना चाहिए। अधिकतर दार्शनिक यह मानते हैं कि सच्ची नैतिकता वही है जिसका अन्तिम आधार कोई बाह्य शक्ति न होकर मनुष्य का अपना अन्तर्विवेक ही है। परंतु धर्मशास्त्रीय सिद्धांत नैतिकता को ईश्वर की इच्छा पर आधारित मानकर उसके विषय में इस महत्वपूर्ण तथ्य की उपेक्षा करता है। इस सिद्धांत में मनुष्य के अंतर्विवेक के लिए कोई स्थान नहीं है जो वास्तव में नैतिकता का अनिवार्य मूल स्रोत है।

(3) प्रकृतिवादियों की भांति धर्मशास्त्रीय सिद्धांत के समर्थक भी स्वतंत्र विधा के रूप में नीतिशास्त्र के अस्तित्व को स्वीकार नहीं करते। हम देख चुके हैं कि वे नीतिशास्त्र को एक पृथक और स्वतंत्र विधा न मानकर धर्मशास्त्र का ही अभिन्न अंग मानते हैं। परंतु उनके इस मत का समर्थन करना संभव नहीं है, क्योंकि यह मनुष्य के नैतिक अनुभव के स्वतंत्र अस्तित्व को समाप्त कर देता है। इसके अनुसार मनुष्य का नैतिक अनुभव वास्तव में उसके धार्मिक अनुभव से पृथक् नहीं है। नीतिशास्त्र पूर्णतः धर्मशास्त्र पर ही निर्भर है

और ईश्वर की इच्छा अथवा आज्ञा से पृथक् नैतिकता का कोई अस्तित्व नहीं है। स्पष्टतः इसका अर्थ यही है कि जो व्यक्ति ईश्वर में विश्वास नहीं करता उसके लिए नैतिक अनुभव प्राप्त करना और नैतिकता के अनुरूप आचरण करना संभव नहीं है। परंतु मनुष्य के नैतिक अनुभव और नैतिकता के विषय में धर्मशास्त्रीय सिद्धांत के समर्थकों के उक्त निष्कर्ष उचित एवं युक्तिसंगत नहीं हैं। वस्तुतः ईश्वर विषयक विश्वास से नैतिकता का कोई अनिवार्य संबंध नहीं है ; ईश्वर में विश्वास किए बिना भी मनुष्य नैतिक दृष्टि से अत्यन्त उत्कृष्ट जीवन व्यतीत कर सकता है। गौतम बुद्ध, वृहस्पति, कपिल, डेविड, ह्यूम, बरट्रैंड रसल, ज़िया पाल सार्त्र आदि महान निरीश्वरवादी विचारकों का जीवन इस बात का स्पष्ट प्रमाण है। इन विचारकों के आचरण से यही प्रमाणित होता है कि ईश्वर सम्बन्धी विश्वास नैतिकता का आधार नहीं है। वास्तव में हमारा नैतिक अनुभव धार्मिक अनुभव से मूलतः भिन्न होता है, अतः इन दोनों प्रकार के अनुभवों को एक ही मान लेना धर्मशास्त्रीय सिद्धांत के समर्थकों की बहुत बड़ी भूल है। नैतिक दर्शन का मुख्य कार्य मनुष्य के नैतिक अनुभव पर विचार करना है, उसके धार्मिक अनुभव पर नहीं। अपना यह कार्य वह ईश्वर विषयक विश्वास को स्वीकार किए बिना भी भली-भांति संपन्न कर सकता है। नैतिक शब्दों, प्रत्ययों अथवा अवधारणाओं के अर्थ को समझने के लिए यह आवश्यक नहीं है कि हम ईश्वर की सता में विश्वास करें। इस प्रकार धर्मशास्त्रीय सिद्धांत के समर्थकों की यह आधारभूत मान्यता उचित एवं तर्क-संगत प्रतीत नहीं होती कि नीतिशास्त्र धर्मशास्त्र का ही अभिन्न अंग है और हमारा नैतिक अनुभव धार्मिक अनुभव से पृथक् तथा स्वतंत्र नहीं है।

(4) हम देख चुके हैं कि धर्मशास्त्रीय सिद्धांत के समर्थकों के मतानुसार मनुष्य अपनी तर्कबुद्धि द्वारा नैतिक सत्यों का ज्ञान प्राप्त करने में नितांत असमर्थ है। अपनी इसी मान्यता के कारण उन्होंने समस्त नैतिक सिद्धांतों और नियमों को पूर्णतः सापेक्ष माना है। परंतु कठिनाई यह है कि वे स्वयं अपने धर्मशास्त्रीय सिद्धांत तथा श्रुति पर आधारित नीतिशास्त्र को पूर्णतया सत्य मानते हैं जिससे उनके सापेक्षवाद का उल्लंधन होता है और उनके विचारों में स्पष्टतः विरोधाभास उत्पन्न हो जाता है। यदि मनुष्य की तर्क-बुद्धि शाश्वत और अन्तिम सत्यों को ग्रहण करने में असमर्थ है तो अन्य नैतिक सिद्धांतों की भांति धर्मशास्त्रीय सिद्धांत को भी केवल सापेक्ष ही माना जा सकता है। परन्तु बार्थ, ब्रूनर आदि दार्शनिक अपने सिद्धांत को असंदिग्ध रूप से सत्य मानकर इस तथ्य की पूर्णतः उपेक्षा करते हैं। यह सत्य है कि मनुष्य की तर्कबुद्धि की अनिवार्य सीमाएं हैं, किन्तु इसके साथ ही हमें यह भी

स्वीकार करना पड़ेगा कि अपने ज्ञान और चिंतन की प्रामाणिकता के लिए वह अन्ततः इसी तर्कबुद्धि पर निर्भर है। अपने सिद्धांत की सत्यता के समर्थन में तर्क देकर और इन तर्कों को पूर्णतः विश्वसनीय मान कर धर्मशास्त्रीय सिद्धांत के समर्थकों ने भी स्वयं इसी तथ्य की पुष्टि की है। इस प्रकार असंदिग्ध ज्ञान की प्राप्ति में मनुष्य को नितांत असमर्थ मानते हुए भी स्वयं अपने सिद्धांत को पूर्णतः सत्य मानने के कारण बार्थ, ब्रूनर आदि धर्मशास्त्रियों के विचारों में गम्भीर असंगति आ गई है जो उनके सिद्धांत को बहुत दुर्बल बना देती है। यहां यह स्पष्ट कर देना भी आवश्यक है कि धर्म परायण व्यक्ति तो नैतिक नियमों को श्रुति पर आधारित मानने के कारण निरपेक्ष मान सकता है, किंतु इन नियमों की विवेचना करने वाला दार्शनिक तर्कसंगत रूप से ऐसा नहीं कर सकता।

(5) धर्मशास्त्रीय सिद्धांत के समर्थकों ने नैतिक निर्णयों के अर्थ की जो व्याख्या की है वह निश्चय ही उचित एवं युक्तिसंगत नहीं है। हम देख चुके हैं कि उनके अनुसार "अमुक कर्म शुभ या उचित है" का अर्थ यही है कि "वह कर्म ईश्वर की इच्छा अथवा आज्ञा के अनुरूप है"। परन्तु धर्मशास्त्रियों के अतिरिक्त अन्य कोई भी व्यक्ति नैतिक निर्णयों की इस व्याख्या को स्वीकार नहीं करता। जब कोई साधारण व्यक्ति किसी कर्म को शुभ या उचित कहता है तो सामान्यतः उसका तात्पर्य यह नहीं होता कि वह कर्म ईश्वर की इच्छा अथवा आज्ञा के अनुसार है। यदि नैतिक निर्णयों का वही अर्थ स्वीकार कर लिया जाए जो बार्थ, ब्रूनर आदि धर्मशास्त्री बताते हैं तो निरीश्वरवादियों के लिए ये निर्णय निश्चय ही निरर्थक हो जाते हैं। परन्तु, जैसा कि हम पहले ही स्पष्ट कर चुके हैं, नैतिक निर्णयों की सार्थकता का ईश्वर विषयक विश्वास से कोई संबंध नहीं है।

इसके अतिरिक्त ईश्वर की इच्छा के आधार पर की गई नैतिक निर्णयों के अर्थ की व्याख्या को स्वीकार कर लेने पर हमारे लिए यह कहना निरर्थक हो जाता है कि ईश्वर जो इच्छा करता है वह शुभ है। यदि "क शुभ है" का अर्थ केवल यही है कि "ईश्वर 'क' की इच्छा करता है"—अर्थात यदि ये दोनों कथन एक दूसरे से भिन्न न होकर पूर्णतः समानार्थक या अभिन्न हैं—तो हम सार्थकतापूर्वक यह नहीं कह सकते कि "क शुभ है, क्योंकि ईश्वर क की इच्छा करता है"। यदि हम ऐसा कहते हैं तो उक्त दोनों कथनों के पूर्णतः समानार्थक अथवा अभिन्न होने के कारण हम केवल यही कहेंगे कि "ईश्वर 'क' की इच्छा करता है, क्योंकि ईश्वर 'क' की इच्छा करता है"। यह स्पष्ट है कि जब धर्मशास्त्री किसी कर्म को शुभ कहते हैं तो उनका उद्देश्य निश्चय

ही इस प्रकार की महत्वहीन पुनरुक्ति प्रस्तुत करना नहीं होता। परन्तु यदि उनके सिद्धांत को स्वीकार कर लिया जाए तो वे ऐसी महत्वहीन पुनरुक्तियां प्रस्तुत करने के अतिरिक्त और कुछ नहीं कर सकते। वे इस कठिनाई से तभी बच सकते हैं जब वे यह स्वीकार करें कि "अमुक कर्म शुभ है" का अर्थ "ईश्वर अमुक कर्म की इच्छा करता है" से भिन्न है। इस अनिवार्य तथ्य को स्वीकार किए बिना वे सार्थक नैतिक कथनों का प्रयोग नहीं कर सकते। यह समझना कठिन नहीं है कि उपर्युक्त आपत्ति वस्तुत: उसी 'सार्थक प्रश्न सम्बन्धी तर्क' पर आधारित है जिसका प्रयोग मूर ने प्रकृतिवाद के विरुद्ध किया है और जिस पर हम पिछले अध्याय में विस्तारपूर्वक विचार कर चुके हैं। "क शुभ है, क्योंकि ईश्वर उसकी इच्छा करता है" यह कथन तभी सार्थक हो सकता है जब 'शुभ' का अर्थ 'ईश्वर की इच्छा' से भिन्न हो। इन दोनों को एक ही मान लेने पर उपर्युक्त कथन निरर्थक पुनरुक्ति मात्र रह जाता है। स्पष्टत: इसका अर्थ यही है कि 'ईश्वर की इच्छा' के आधार पर 'शुभ' या 'उचित' की परिभाषा नहीं की जा सकती। परन्तु बार्थ, ब्रूनर आदि धर्मशास्त्री इसी आधार पर इन नैतिक शब्दों की परिभाषा करते हैं। इसी कारण मूर यह कह सकते हैं कि धर्मशास्त्रीय सिद्धांत में भी वही प्रकृतिवादी दोष विद्यमान है जो प्रकृतिवादी सिद्धांतों में पाया जाता है। इस सिद्धांत में यह प्रकृतिवादी दोष हो या न हो, इतना निश्चित है कि ईश्वर की इच्छा अथवा आज्ञा के आधार पर 'शुभ', 'उचित' आदि नैतिक शब्दों की परिभाषा करना संभव नहीं है।

(6) हम देख चुके हैं कि धर्मशास्त्रीय सिद्धांत के समर्थक ईश्वर की इच्छा को ही कर्मों के शुभ होने का एकमात्र आधार मानते हैं। परन्तु प्रश्न यह है कि उनकी इस मान्यता का कारण क्या है। क्या इसका कारण स्वयं ईश्वर का शुभत्व है—अर्थात् क्या ईश्वर का शुभ होना उसकी इच्छा को कर्मों के शुभत्व का आधार बनाता है? मेरे विचार में धर्मशास्त्रियों के लिए इस प्रश्न का उत्तर 'हां' में देना अनिवार्य है। इसका कारण यह है कि वे ईश्वर को अनिवार्यत: शुभ ही मानते हैं। इसी आधार पर वे यह कहते हैं कि पूर्णत: शुभ ईश्वर जिसकी इच्छा करता है वही शुभ है। इसका अर्थ यह है कि स्वयं शुभ होने के कारण ईश्वर ऐसी किसी वस्तु की इच्छा नहीं कर सकता जो अशुभ हो। यदि धर्मशास्त्रियों के इस मत को स्वीकार कर लिया जाए तो इससे यही निष्कर्ष निकलता है कि कर्मों के शुभ होने का कारण ईश्वर की इच्छा नहीं, अपितु उनका शुभत्व ही है। यदि ईश्वर स्वयं शुभ न होता और वह ऐसे कर्मों की इच्छा करता जो अशुभ हैं तो उसकी इच्छा को कर्मों के शुभत्व का आधार नहीं माना जा सकता था। इससे स्पष्ट है कि ईश्वर की इच्छा का कर्मों के शुभत्व से कोई अनिवार्य

संबंध नहीं है। ऐसी स्थिति में कर्मों के शुभ या अशुभ होने का निर्णय ईश्वर की इच्छा के आधार पर नहीं किया जा सकता। फिर यदि यह कहा जाए कि ईश्वर के शुभ होने के कारण ही उसकी इच्छा हमारे कर्मों के शुभत्व का आधार है तो शुभत्व की अवधारणा को ही नैतिकता का मूल आधार मानना पड़ेगा, ईश्वर की इच्छा को नहीं। परन्तु इस महत्वपूर्ण तथ्य की उपेक्षा करते हुए बार्थ, ब्रूनर आदि धर्मशास्त्री ईश्वर की इच्छा को ही कर्मों के शुभत्व का एकमात्र अंतिम आधार मानते हैं। साथ ही वे यह भी कहते हैं कि स्वयं पूर्ण रूप से शुभ होने के कारण ईश्वर कभी भी अशुभ कर्मों की इच्छा नहीं कर सकता। इस प्रकार धर्मशास्त्रीय सिद्धांत के समर्थक ईश्वर की इच्छा और उसके पूर्ण शुभत्व दोनों को ही समान रूप से नैतिकता का एकमात्र मूल आधार मान लेते हैं जिसके फलस्वरूप उनके विचारों में गम्भीर असंगति उत्पन्न हो जाती है। वस्तुतः इन दार्शनिकों की मुख्य कठिनाई यह है कि ये नैतिकता को पूर्णतः शुभ ईश्वर के विश्वास पर ही आधारित मानते हैं जबकि यह विश्वास स्वयं शुभत्व की नैतिक अवधारणा पर आधारित है। इसका स्पष्ट प्रमाण यह है कि उक्त नैतिक अवधारणा के अभाव में हमारे लिए ईश्वर को शुभ कहना ही सम्भव नहीं है। इस प्रकार शुभत्व की नैतिक अवधारणा-ईश्वर विषयक विश्वास से भिन्न ही नहीं, अपितु इस विश्वास का एकमात्र मूल आधार भी है। परंतु बार्थ, ब्रूनर आदि दार्शनिक इस महत्वपूर्ण तथ्य की पूर्णतः उपेक्षा करते हैं।

धर्मशास्त्रीय सिद्धांत के विरुद्ध उपर्युक्त सभी आपत्तियों के आधार पर यही निष्कर्ष निकाला जा सकता है कि यह सिद्धांत नैतिकता और नैतिक निर्णयों की संतोषप्रद तथा युक्तिसंगत व्याख्या करने में असमर्थ है।

धर्मशास्त्रीय सिद्धांत की भांति तत्त्वमीमांसीय सिद्धांतों के विरुद्ध भी अनेक गंभीर आपत्तियां उठाई जा सकती हैं जिन पर यहां संक्षेप में विचार करना आवश्यक है। हम देख चुके हैं कि तत्त्वमीमांसीय सिद्धांत दो प्रकार के हैं —'प्रकृति' संबंधी सिद्धांत तथा 'आत्मोपलब्धि' सम्बन्धी सिद्धांत। प्रथम प्रकार के तत्त्वमीमांसीय सिद्धांत के विरुद्ध मुख्य आपत्ति यह है कि इसके समर्थक हमें 'प्रकृति' शब्द का स्पष्ट और ठीक-ठीक अर्थ नहीं बताते। वे इस शब्द का प्रयोग सामान्य अर्थ में न करके एक विशेष तत्त्वमीमांसीय अर्थ में करते हैं जिसके अनुसार 'प्रकृति' अलौकिक अथवा अतींद्रिय सत्ता है। परन्तु 'प्रकृति' शब्द का यह अर्थ बहुत ही अस्पष्ट और विवादास्पद है, क्योंकि हमारे लिए यह जानना संभव नहीं है कि इस तथाकथित अलौकिक सत्ता का स्वरूप क्या है। 'प्रकृति' सम्बन्धी तत्त्वमीमांसीय सिद्धांत के समर्थक हमें इस अलौकिक सत्ता

के स्वरूप के विषय में कुछ नहीं बताते। फिर यदि हम इस सत्ता के स्वरूप को जान लें तो भी यह प्रश्न शेष रह जाता है कि हमारे नैतिक आचरण के साथ इसका क्या सम्बन्ध है। किसी अलौकिक सत्ता का ज्ञान हमारे लिए केवल तथ्यात्मक ज्ञान ही हो सकता है जिसके द्वारा हमारे नैतिक आचरण का प्रभावित होना अनिवार्य नहीं है। ऐसी स्थिति में उक्त सिद्धांत के समर्थकों के इस कथन का अर्थ समझना बहुत कठिन है कि "प्रकृति के अनुरूप जीवन ही सर्वोत्तम है"। ऐसे अस्पष्ट कथन द्वारा हम निश्चय ही नैतिकता तथा नैतिक निर्णयों की कोई संतोषप्रद व्याख्या नहीं कर सकते। संभवत: यही कारण है कि बहुत कम दार्शनिक 'प्रकृति' संबंधी तत्त्वमीमांसीय सिद्धांत का समर्थन करते हैं। परन्तु जो दार्शनिक इस सिद्धांत के समर्थक हैं वे उपर्युक्त आपत्ति के उत्तर में शायद यह कह सकते हैं कि 'प्रकृति' शब्द से उनका तात्पर्य 'मानव-प्रकृति' या 'मानव-स्वभाव' से है। यदि वे ऐसा कहते हैं तो उनके सिद्धांत को 'तत्त्वमीमांसीय सिद्धांत' नहीं कहा जा सकता, क्योंकि 'मानव-प्रकृति' कोई अलौकिक सत्ता नहीं है। संक्षेप में यह कहा जा सकता है कि 'प्रकृति' संबंधी तत्त्वमीमांसीय सिद्धांत के समर्थक हमें नैतिकता के लिए कोई संतोषप्रद और युक्तिसंगत आधार प्रदान नहीं करता।

'आत्मोपलब्धि' सम्बन्धी तत्त्वमीमांसीय सिद्धांत के विरुद्ध भी इसी प्रकार की आपत्ति उठाई जा सकती है। इस सिद्धांत के समर्थक भी हमें स्पष्ट रूप से यह नहीं बताते कि 'आत्मा' तथा 'आत्मोपलब्धि' का ठीक-ठीक अर्थ क्या है। हम देख चुके हैं कि वे 'आत्मा' को मनुष्य की समस्त अनुभवात्मक मनोदशाओं से पूर्णत: भिन्न एक तत्त्वमीमांसीय सत्ता मानते हैं। परन्तु वे इस सत्ता के स्वरूप के सम्बन्ध में हमें कुछ नहीं बताते। ऐसी स्थिति में जब वे 'आत्मोपलब्धि' या 'आत्मसिद्धि' की बात करते हैं तो हमारे लिए यह समझना अत्यन्त कठिन हो जाता है कि इससे उनका वास्तविक तात्पर्य क्या है। इस सम्बन्ध में उन्होंने जो कुछ कहा है उससे हमें इस प्रश्न का कोई संतोषजनक उत्तर नहीं मिलता कि 'आत्मा' की उपलब्धि या सिद्धि से मनुष्य को क्या प्राप्त होता है और उसका मनुष्य के नैतिक आचरण के साथ क्या सम्बन्ध है। इस प्रश्न के समुचित उत्तर के अभाव में हमारे लिए यह जानना संभव नहीं है कि "जो कर्म आत्मोपलब्धि में सहायक है वही शुभ या उचित है" इस कथन का ठीक-ठीक अर्थ क्या है। फिर यदि हम इस कथन का ठीक-ठीक अर्थ जान लें तो भी इसे नैतिक निर्णयों की व्याख्या का आधार नहीं माना जा सकता। इसका कारण यह है कि जब कोई साधारण व्यक्ति किसी कर्म को शुभ या उचित कहता है तो सामान्यत: इससे उसका तात्पर्य यह नहीं होता कि वह कर्म आत्मोपलब्धि

में सहायक है। इससे स्पष्ट है कि केवल 'आत्मोपलब्धि' के आधार पर नैतिक शब्दों की परिभाषा नहीं की जा सकती। यही आपत्ति 'प्रकृति' संबंधी तत्व-मीमांसीय सिद्धांत के विरुद्ध भी उठाई जा सकती है। हम 'प्रकृति' के आधार पर नैतिक शब्दों की परिभाषा नहीं कर सकते।

इस प्रकार निष्कर्ष के रूप में यह कहा जा सकता है कि धर्मशास्त्रीय सिद्धांत की भांति उपर्युक्त दोनों प्रकार के तत्त्वमीमांसीय सिद्धांतों द्वारा भी हमारे लिए नैतिकता तथा नैतिक निर्णयों की समुचित और युक्तिसंगत व्याख्या करना संभव नहीं है।

अध्याय 6

संवेगवाद

1. आधारभूत मान्यताएं

पिछले तीन अध्यायों में हम नैतिक निर्णयों के अर्थ, स्वरूप और प्रमाणीकरण के विषय में कुछ प्रमुख संज्ञानात्मक सिद्धांतों का विवेचन कर चुके हैं। हम देख चुके हैं कि ये सभी सिद्धांत नैतिक निर्णयों को मूलतः संज्ञानात्मक अथवा तथ्यात्मक कथन ही मानते हैं जिनके द्वारा हमें विशेष प्रकार का नैतिक ज्ञान प्राप्त होता है और जिन्हें कुछ तर्कों द्वारा सत्य या मिथ्या प्रमाणित किया जा सकता है। इसका अर्थ यही है कि इन सिद्धांतों के समर्थकों के अनुसार नैतिक निर्णयों का मुख्य कार्य किन्हीं विशेष तथ्यों अथवा प्राकृतिक या निप्राकृतिक गुणों या सम्बन्धों का वर्णन करना है। इन संज्ञानात्मक सिद्धांतों के विरुद्ध उठाई जाने वाली प्रमुख आपत्तियों पर भी हम विस्तारपूर्वक विचार कर चुके हैं जिनके कारण ये सिद्धांत नैतिक निर्णयों की युक्ति संगत एवं संतोषप्रद व्याख्या नहीं कर पाते। संज्ञानात्मक सिद्धांतों की इस असफलता को ध्यान में रखते हुए अनेक समकालीन दार्शनिकों ने कुछ ऐसे अधि-नैतिक सिद्धांतों का प्रतिपादन किया है जिन्हें 'असंज्ञानात्मक सिद्धांत' अथवा 'अवर्णनात्मक सिद्धांत' कहा जाता है। संवेगवाद तथा परामर्शवाद ऐसे ही असंज्ञानात्मक सिद्धांत हैं। इन असंज्ञानात्मक सिद्धांतों का स्वरूप तथा इनकी मुख्य विशेषताएं क्या हैं और ये सिद्धांत संज्ञानात्मक सिद्धांतों से किस प्रकार भिन्न हैं—इन प्रश्नों पर हम दूसरे अध्याय में विचार कर चुके हैं। यहां इन असंज्ञानात्मक सिद्धांतों की उक्त विशेषताओं की पुनरावृत्ति न करते हुए संक्षेप में इतना कह देना ही पर्याप्त है कि इन सिद्धांतों के अनुसार नैतिक निर्णय सभी प्रकार के तथ्यात्मक कथनों से भिन्न, मुख्यतः असंज्ञानात्मक या अवर्णनात्मक होते हैं और इसी कारण इन्हें सत्य अथवा मिथ्या प्रमाणित नहीं किया जा सकता। इसका अनिवार्य परिणाम यह है कि इन सिद्धांतों के समर्थकों के विचार में नैतिक निर्णयों द्वारा हमारे लिए किसी प्रकार का तथ्यात्मक ज्ञान प्राप्त करना संभव नहीं है। यही कारण है कि इन सिद्धांतों को 'असंज्ञानात्मक सिद्धांत' कहा जाता है। समकालीन नैतिक दर्शन में इन असंज्ञानात्मक सिद्धांतों के क्रमिक विकास को ध्यान में रखते हुए

हम प्रस्तुत अध्याय में संवेगवाद पर और अगले अध्याय में परामर्शवाद पर विचार करेंगे।

जैसाकि हम दूसरे अध्याय में बता चुके हैं, संवेगवाद के अनुसार नैतिक निर्णयों का मुख्य उद्देश्य वक्ता के संवेगों अथवा उसकी भावनाओं या अभिवृत्तियों को व्यक्त करना और अन्य व्यक्तियों में इन्हीं संवेगों, भावनाओं या अभिवृत्तियों को उत्पन्न करना है। जब हम नैतिक निर्णय देते हैं तो हम निर्णीत वस्तु के विषय में अपने इस निर्णय द्वारा किसी विशेष संवेग, भावना या अभिवृत्ति को व्यक्त करते हैं और दूसरों में इसी संवेग, भावना अथवा अभिवृत्ति को जागृत करने का प्रयास करते हैं। उदाहरणार्थ जब हम यह कहते हैं कि "किसी निर्दोष मनुष्य की हत्या करना अनुचित है" तो अपने इस कथन द्वारा हम हत्या के सम्बन्ध में अननुमोदन की भावना व्यक्त करते हैं और अन्य व्यक्तियों में भी अननुमोदन की इसी भावना को उत्पन्न करने का प्रयास करते हैं। इसी प्रकार जब हम यह कहते हैं कि "सत्य बोलना उचित है" तो हम अपने इस कथन द्वारा सत्य बोलने के प्रति अनुमोदन की भावना अभिव्यक्त करते हैं और दूसरों में भी इसी अनुमोदन की भावना को उत्पन्न करने का प्रयत्न करते हैं। अन्य सभी नैतिक निर्णयों की व्याख्या भी इसी आधार पर की जा सकती है। जैसाकि ऊपर दिए गए उदाहरणों से स्पष्ट है, संवेगवाद के अनुसार नैतिक निर्णयों के दो प्रमुख कार्य हैं—वक्ता की कुछ विशेष भावनाओं को अभिव्यक्त करना और दूसरों में इन भावनाओं को उत्पन्न करना। यह समझना कठिन नहीं है कि नैतिक निर्णयों के उक्त दोनों कार्य संवेगात्मक अथवा भावनात्मक ही हैं, जिनके द्वारा ये निर्णय स्वयं हमारे अपने तथा अन्य व्यक्तियों के आचरण को प्रभावित करते हैं। इन निर्णयों के सम्बन्ध में वक्ता और श्रोता दोनों ही निर्णीत वस्तु के प्रति कभी भी पूर्णतः तटस्थ या उदासीन नहीं रह सकते। इसका कारण यह है कि 'शुभ', 'उचित', 'कर्त्तव्य' आदि सभी नैतिक शब्द मुख्यतः संवेगात्मक होते हैं और ये हमारे आचरण पर कुछ प्रभाव अवश्य डालते हैं। इस प्रकार संवेगवाद की प्रथम आधारभूत मान्यता यह है कि नैतिक निर्णय मुख्यतः संवेगात्मक अथवा भावनात्मक होते हैं और यह संवेगात्मकता इन निर्णयों की अनिवार्य विशेषता है जो इन्हें सभी प्रकार के तथ्यात्मक अथवा संज्ञानात्मक कथनों से पृथक करती है।

संवेगवाद की उपर्युक्त मान्यता से अनिवार्यतः सम्बद्ध इस सिद्धांत की दूसरी आधारभूत मान्यता यह है कि नैतिक निर्णय किन्हीं तथ्यों, गुणों अथवा सम्बन्धों का वर्णन मात्र नहीं करते। मुख्यतः संवेगात्मक होने के कारण ये निर्णय हमें केवल अनुभवात्मक या अतींद्रिय किसी प्रकार के तथ्यों की जानकारी प्रदान

नहीं करते, अतः इन्हें वर्णनात्मक अथवा संज्ञानात्मक ही नहीं माना जा सकता। अपनी इसी मान्यता के आधार पर संवेगवादियों ने प्रकृतिवाद, निर्प्रकृतिवाद आदि सभी संज्ञानात्मक सिद्धांतों का खंडन किया है। उनका कथन है कि इन सिद्धांतों के समर्थक नैतिक निर्णयों को तथ्यात्मक अथवा संज्ञानात्मक मानकर इन निर्णयों की अनिवार्य मूल विशेषता—अर्थात् संवेगात्मकता—की उपेक्षा करते हैं। मुख्यतः इसी कारण उनके द्वारा की गई नैतिक निर्णयों की व्याख्या दोषपूर्ण तथा असंतोषप्रद हो जाती है। संवेगवादियों के मतानुसार संज्ञानवादियों की सबसे बड़ी भूल यह है कि वे नैतिक शब्दों को प्राकृतिक गुणों अथवा संबंधों का बोध कराने वाले वर्णनात्मक शब्द मान लेते हैं। वास्तव में इन नैतिक शब्दों का मुख्य कार्य किसी प्रकार के गुणों या सम्बन्धों का बोध कराना नहीं, अपितु संवेगों अथवा भावनाओं को अभिव्यक्त और जागृत करना है। नैतिक शब्दों की यह संवेगात्मकता ही उन्हें सभी प्रकार के तथ्यात्मक शब्दों से पृथक करती है और इसी संवेगात्मकता के कारण हम उन कथनों को 'नैतिक निर्णय' कहते हैं जिनमें इन नैतिक शब्दों का प्रयोग किया जाता है। इस संवेगात्मकता के अभाव में कोई कथन केवल तथ्यात्मक कथन ही हो सकता है, 'नैतिक निर्णय' नहीं। तथ्यात्मक कथनों के विपरीत नैतिक निर्णय अनिवार्यतः हमारे आचरण को प्रभावित करते हैं; वे हमें केवल तथ्यपरक ज्ञान प्रदान नहीं करते। यही कारण है कि नैतिक निर्णय सत्य अथवा मिथ्या नहीं हो सकते; वे केवल हमारे आचरण को प्रभावित करने में सफल या असफल हो सकते हैं। इस प्रकार संज्ञानवादियों के विपरीत संवेगवादी नैतिक निर्णयों को तथ्यात्मक न मानकर मुख्यतः संवेगात्मक ही मानते हैं और इसी कारण वे वस्तुनिष्ठ नैतिक ज्ञान की संभावना को भी अस्वीकार करते हैं।

संवेगवाद की तीसरी मुख्य आधारभूत मान्यता यह है कि नैतिक निर्णय संवेगात्मक होने के साथ-साथ अनिवार्यतः आज्ञात्मक अथवा अभिप्रेरक भी होते हैं। जब हम नैतिक निर्णय देते हैं तो हम इन निर्णयों द्वारा स्वयं अपने आपको अथवा दूसरों को कुछ विशेष कर्म करने या न करने के लिए अभिप्रेरित करते हैं। इसका अर्थ यह है कि स्वयं निर्णयकर्ता अथवा अन्य व्यक्तियों के आचरण को विशेष प्रकार से प्रभावित करना नैतिक निर्णयों की अनिवार्य विशेषता है जो उन्हें तथ्यात्मक कथनों से पृथक करती है। नैतिक निर्णयों की इसी विशेषता को एक प्रमुख संवेगवादी सी० एल० स्टीवैंसन ने इन निर्णयों का 'गत्यात्मक लक्षण' कहा है जिससे उनका तात्पर्य यह है कि ये निर्णय वक्ता अथवा श्रोता को किसी विशेष प्रकार का आचरण करने के लिए गतिशील या प्रेरित करते हैं। रुडोल्फ कार्नैप, ए० जे० एयर आदि अन्य संवेगवादियों ने भी नैतिक निर्णयों की इसी विशेषता को स्वीकार करते हुए उन्हें आज्ञाओं अथवा आदेशोंके समान माना

है। हम आगे देखेंगे कि इन दोनों दार्शनिकों के अनुसार नैतिक निर्णय संवेगात्मक अभिव्यक्तियां होने के साथ-साथ प्रछन्न आदेश अथवा आज्ञाएं भी हैं। नैतिक निर्णयों की इस अनिवार्य विशेषता के कारण भी संवेगवादी उन सभी संज्ञानात्मक सिद्धांतों का खण्डन करते हैं जो इन निर्णयों को केवल तथ्यात्मक या वर्णनात्मक मानते हैं। संवेगवादियों का विचार है कि तथ्यात्मक कथनों के विपरीत नैतिक निर्णय हमारे मन में एक विशेष प्रकार का आचरण करने की प्रतिबद्धता उत्पन्न करते हैं। वास्तव में किसी नैतिक निर्णय को स्वीकार करने का अर्थ यह है कि हम उपयुक्त परिस्थितियों में अपनी सामर्थ्यानुसार यथासंभव उसके अनुरूप अवश्य आचरण करेंगे। यदि हम अपने किसी नैतिक निर्णय के अनुरूप आचरण करने का यथासंभव प्रयास नहीं करते तो इसका अर्थ यही है कि हमने उस निर्णय को वस्तुतः स्वीकार ही नहीं किया। उदाहरणार्थ यदि मैं यह मानता हूं कि अमुक कर्म अनुचित है तो मेरे लिए यह पूछना कुछ विचित्र प्रतीत होता है कि क्या मैं वह कर्म करूं। इसी प्रकार यदि मैं यह स्वीकार करता हूं कि अमुक वस्तु शुभ है तो मेरे लिए यह प्रश्न करना विचित्र ही होगा कि क्या मैं उस वस्तु की उत्पत्ति और वृद्धि के लिए प्रयास करूं। इन उदाहरणों से स्पष्ट है कि संवेगवादियों के मतानुसार तथ्यात्मक कथनों के विपरीत नैतिक निर्णयों का हमारे आचरण के साथ अनिवार्य सम्बन्ध है। परन्तु जैसाकि हम पिछले अध्यायों में देख चुके हैं, प्रकृतिवाद, निर्प्रकृतिवाद आदि संज्ञानात्मक सिद्धांतों के समर्थक नैतिक निर्णयों को तथ्यात्मक मानकर इन निर्णयों की उक्त अनिवार्य विशेषता की भी उपेक्षा करते हैं, अतः वे इनके अर्थ की संतोषप्रद व्याख्या नहीं कर पाते। इस दृष्टि से संवेगवाद को संज्ञानात्मक सिद्धांतों की अपेक्षा अधिक संतोषजनक माना जा सकता है।

उपर्युक्त आधारभूत मान्यताओं के अतिरिक्त संवेगवाद की चौथी प्रमुख आधारभूत मान्यता यह है कि नैतिक निर्णयों के समर्थन में वस्तुनिष्ठ बौद्धिक तर्क अथवा युक्तियां प्रस्तुत करना संभव नहीं है। हम केवल उन्हीं कथनों का वस्तुनिष्ठ तर्कों द्वारा समर्थन या खंडन कर सकते हैं जो हमें किसी प्रकार का तथ्यात्मक ज्ञान प्रदान करते हैं। परन्तु जैसा कि हम ऊपर बता चुके हैं, नैतिक निर्णयों का उद्देश्य हमें तथ्यपरक ज्ञान प्रदान करना नहीं है। संज्ञानात्मक कथनों के विपरीत ये निर्णय भावनाओं को अभिव्यक्त और जागृत करते हैं। ऐसी स्थिति में इन नैतिक निर्णयों का समर्थन या खण्डन करने के लिए किसी प्रकार के वस्तुनिष्ठ तर्क देने का प्रश्न ही नहीं उठता। वास्तव में ये निर्णय वस्तुनिष्ठ रूप से सत्य अथवा मिथ्या होने के स्थान पर केवल प्रभावोत्पादक या प्रभावहीन हो सकते हैं। यही कारण है कि इन नैतिक निर्णयों की प्रभावशीलता की पुष्टि

अन्य व्यक्तियों पर पड़ने वाले उस मनोवैज्ञानिक प्रभाव के आधार पर ही की जा सकती है जिसे उत्पन्न करना इनका मुख्य उद्देश्य होता है। इसका अर्थ यह है कि जो नैतिक निर्णय दूसरों पर वांछित प्रभाव डालने में सफल होता है वही उचित अथवा युक्तिसंगत निर्णय है। इस प्रकार संवेगवादियों—विशेषतः स्टीवेंसन—के अनुसार केवल मनोवैज्ञानिक प्रभाव द्वारा ही नैतिक निर्णयों का समर्थन या खण्डन किया जा सकता है, वस्तुनिष्ठ तथ्यात्मक तर्कों द्वारा नहीं। हम आगे देखेंगे कि अधिकतर संवेगवादी अपनी इसी मान्यता के आधार पर नैतिक निर्णयों के पक्ष या विपक्ष में वस्तुनिष्ठ बौद्धिक तर्कों अथवा युक्तियों की संभावना को अस्वीकार करते हैं।

ऊपर संवेगवाद की जिन आधारभूत मान्यताओं का उल्लेख किया गया है उनसे यह स्पष्ट है कि इस सिद्धांत के समर्थक भाषा के अर्थ से संबंधित उस निर्देशात्मक सिद्धांत को स्वीकार नहीं करते जिसके आधार पर संज्ञानवादियों ने नैतिक निर्णयों के अर्थ की व्याख्या की है। हम पिछले अध्यायों में देख चुके हैं कि प्रकृतिवाद, निर्प्रकृतिवाद आदि संज्ञानात्मक सिद्धान्तों के समर्थकों ने इसी निर्देशात्मक सिद्धांत के अनुसार सभी नैतिक शब्दों को कुछ प्राकृतिक अथवा निप्राकृतिक गुणों या सम्बन्धों का बोध कराने वाले शब्द ही माना है। परन्तु संवेगवादियों का मत है कि यह निर्देशात्मक सिद्धांत अपूर्ण तथा एकांगी होने के कारण नैतिक भाषा के अर्थ की ठीक-ठीक व्याख्या करने में असमर्थ है। तथ्यात्मक शब्दों के विपरीत नैतिक शब्द वास्तव में संज्ञानात्मक तथा गुणबोधक न होकर मुख्यतः संवेगात्मक या भावनात्मक होते हैं, अतः हम निर्देशात्मक सिद्धांत के आधार पर इन शब्दों का अर्थ स्पष्ट नहीं कर सकते। अपनी इसी मान्यता को ध्यान में रखते हुए संवेगवादियों ने नैतिक शब्दों के अर्थ की व्याख्या करने के लिए निर्देशात्मक सिद्धांत के स्थान पर भाषा के अर्थ से सम्बन्धित अन्य दो सिद्धांतों को स्वीकार किया है। ये दो सिद्धांत हैं सत्यापन सम्बन्धी सिद्धांत और मनोवैज्ञानिक प्रभाव सम्बन्धी सिद्धांत। प्रथम सिद्धांत के अनुसार हम इन्द्रियजन्य अनुभव द्वारा कथनों के सत्यापन के आधार पर ही उनका अर्थ समझ सकते हैं। हम आगे देखेंगे कि कार्नेप और एयर ने इसी सिद्धांत के अनुसार नैतिक निर्णयों के अर्थ की व्याख्या की है। इस सिद्धांत के स्वरूप तथा इसके आधार पर कुछ संवेगादियों द्वारा की गई नैतिक निर्णयों की व्याख्या पर हम अगले खण्ड में विस्तारपूर्वक विचार करेंगे।

इस सत्यापन-सिद्धांत के अतिरिक्त भाषा के अर्थ के विषय में मनोवैज्ञानिक सिद्धांत द्वारा भी कुछ संवेगवादियों ने नैतिक निर्णयों का अर्थ स्पष्ट करने का प्रयास किया है। इस मनोवैज्ञानिक सिद्धांत के अनुसार किसी कथन का अर्थ

वक्ता और श्रोता पर पड़ने वाले उसके मनोवैज्ञानिक प्रभाव में ही निहित रहता है। जब कोई व्यक्ति कुछ कहता है तो उसका उद्देश्य स्वयं अपने विचारों तथा संवेगों को अभिव्यक्त करना और अपने इस कथन द्वारा अन्य व्यक्तियों को मनोवैज्ञानिक दृष्टि से प्रभावित करना ही होता है। यदि वह अपने इस उद्देश्य में सफल हो जाता है तो उसके कथन को सार्थक माना जा सकता है, अन्यथा नहीं। स्पष्ट है कि मनोवैज्ञानिक सिद्धांत के अनुसार किसी कथन की सार्थकता का निर्णय वक्ता और श्रोता पर पड़ने वाले उसके मनोवैज्ञानिक प्रभाव के आधार पर ही किया जा सकता है। हम इस अध्याय के पांचवें खण्ड में देखेंगे कि स्टीवेंसन ने इसी सिद्धांत के अनुसार नैतिक निर्णयों के अर्थ की व्याख्या की है। इस प्रकार संवेगवादी नैतिक निर्णयों के अर्थ की व्याख्या के लिए भाषा के अर्थ से सम्बन्धित जिन दो सिद्धांतों को स्वीकार करते हैं वे संज्ञानवादियों द्वारा मान्य निर्देशात्मक सिद्धांत से बहुत भिन्न हैं और यह महत्त्वपूर्ण तथ्य भी संवेगवाद को सभी संज्ञानात्मक सिद्धांतों से पृथक करता है।

2. उदय और विकास

समकालीन नैतिक दर्शन में इस संवेगवाद का उदय वर्तमान शताब्दी के चौथे दशक में तर्कीय प्रत्यक्षवाद के व्यापक प्रभाव के परिणामस्वरूप ही हुआ। परंतु, जैसाकि हम प्रथम अध्याय में बता चुके हैं, संवेगवाद की कुछ प्रमुख आधारभूत मान्यताओं का पूर्वाभास हमें दो महान अनुभववादी दार्शनिकों बर्कले और ह्यूम के दर्शन में स्पष्टतः प्राप्त होता है। इस सम्बन्ध में हम भाषा के मुख्य उद्देश्यों के विषय में बर्कले के विचारों का उल्लेख पहले ही कर चुके हैं जिनकी पुनरावृत्ति यहां अनावश्यक है। बर्कले के इन विचारों के अतिरिक्त ह्यूम के अनुभववादी दर्शन का भी संवेगवाद के विकास में बहुत महत्वपूर्ण योगदान रहा है। अपनी पुस्तक 'ए ट्रिटाइज़ आफ ह्यूमन नेचर' के तीसरे भाग में उन्होंने स्पष्ट कहा है कि नैतिक निर्णयों द्वारा हम निर्णीत वस्तुओं के विषय में कुछ न कहकर वास्तव में अपनी भावनाओं को अभिव्यक्त करते हैं और अन्य व्यक्तियों में इन भावनाओं को उत्पन्न करने का प्रयास करते हैं। नैतिक निर्णयों के स्वरूप के संबंध में ह्यूम के इन विचारों का उल्लेख हम तीसरे अध्याय में कर चुके हैं। हम आगे देखेंगे कि दो प्रमुख संवेगवादियों एयर और स्टीवेंन्सन के संवेगात्मक सिद्धांत पर ह्यूम के इन विचारों का बहुत प्रभाव पड़ा है। इस प्रकार उपर्युक्त विवेचन से यह स्पष्ट है कि संवेगवाद का पूर्वाभास हमें बर्कले और ह्यूम की अनुभववादी विचारधारा में प्राप्त होता है, अतः इस सिद्धान्त का मूल आधार यही विचारधारा है जिसके परिणामस्वरूप वर्तमान शताब्दी में तर्कीय प्रत्यक्षवाद का उदय तथा विकास हुआ।

यह सत्य है कि एयर तथा स्टीवैन्सन संवेगवाद के प्रमुख प्रतिनिधि हैं, परन्तु उनके द्वारा इस सिद्धांत का विस्तृत और व्यवस्थित विवेचन करने से पूर्व ही वर्तमान शताब्दी के तीसरे दशक में कुछ दार्शनिकों ने इसका समर्थन करना आरम्भ कर दिया था। इन दार्शनिकों में सी० के० ऑग्डन और आई० ए० रिचर्ड्स् के नाम विशेष रूप से उल्लेखनीय हैं। 1923 में प्रकाशित अपनी पुस्तक 'दि मीनिंग आफ मीनिंग' में इन दोनों दार्शनिकों ने स्पष्ट रूप से संवेग-वाद की कुछ प्रमुख आधारभूत मान्यताओं की चर्चा की है और इस सिद्धांत का पूर्णतः समर्थन किया है। उदाहरणार्थ 'शुभ' शब्द का अर्थ स्पष्ट करते हुए वे कहते हैं कि यह हमें किसी वस्तु के प्राकृतिक या निष्प्राकृतिक गुण का बोध नहीं कराता अपितु उसके सम्बन्ध में हमारे अनुमोदन की भावना को अभिव्यक्त करता है और अन्य व्यक्तियों में इसी भावना को जागृत करता है। इसी कारण यह शब्द उन सभी वर्णनात्मक शब्दों से भिन्न प्रकार का है जो हमें किन्हीं तथ्यों अथवा गुणों का बोध कराते हैं। अपने इस मत को स्पष्ट करने के लिए ऑग्डन और रिचर्ड्स ने वर्णनात्मक तथा गुणबोधक शब्द 'लाल' के साथ 'शुभ' की तुलना की है। उनका कथन है कि जब हम किसी वस्तु को 'लाल' कहते हैं तो हम अनिवार्यतः उसके एक प्राकृतिक गुण का वर्णन करते हैं, किन्तु जब हम किसी वस्तु को 'शुभ' कहते हैं तो हम उसके गुण का वर्णन नहीं करते, क्योंकि 'शुभ' शब्द 'लाल' शब्द की भांति वर्णनात्मक नहीं है। वर्णनात्मक शब्दों के विपरीत यह 'शुभ' शब्द वास्तव में संवेगात्मक है।

अपनी उपर्युक्त मान्यता के आधार पर ऑग्डन और रिचर्ड्स ने 'शुभ' के विषय में मूर के मत का खंडन किया है। मूर के निष्प्राकृतिवाद के विरुद्ध संवेगात्मक सिद्धांत के अनुसार 'शुभ' के अर्थ की व्याख्या करते हुए उन्होंने लिखा है :—"यह कहा जाता है कि 'शुभ' एक अद्वितीय तथा अविश्लेष्य अव-धारणा है जो नीतिशास्त्र का विषय है। परन्तु जब 'शुभ' का इस प्रकार से प्रयोग किया जाता है तो यह शब्द किसी वस्तु का बोध नहीं कराता और इसका कोई अर्थ नहीं होता। उदाहरणार्थ जब हम इस शब्द का प्रयोग 'यह वस्तु शुभ है' इस वाक्य में करते हैं तो हम उस वस्तु की ओर संकेत करते हैं और उसके संबंध में 'शुभ है' कहने से हमारे वाक्य के अर्थ में कोई अन्तर नहीं आता। इसके विपरीत जब हम यह कहते हैं कि 'यह वस्तु लाल है' तो इसके विषय में 'लाल है' यह कहने से हमारे इस वाक्य के अर्थ में अवश्य ही विस्तार होता है·— अर्थात् हम इस वस्तु के एक विशेष गुण 'लालिमा' का वर्णन करते हैं। परन्तु 'शुभ है' का ऐसा कोई वर्णनात्मक कार्य नहीं है। यह केवल एक संवेगात्मक शब्द है जो शुभ कही जाने वाली वस्तु के प्रति हमारी अभिवृत्ति को व्यक्त करता है

और शायद अन्य व्यक्तियों में इसी प्रकार की अभिवृत्तियों को जागृत करता है अथवा उन्हें कुछ विशेष कर्म करने के लिए प्रेरित करता है।"[1] जैसा कि हम आगे देखेंगे, उपर्युक्त उद्धरण में कार्नैप और एयर के संवेगात्मक सिद्धांत का स्पष्ट रूप से पूर्वाभास प्राप्त होता है। वस्तुतः समकालीन नैतिक दर्शन में सर्वप्रथम ऑग्डन और रिचर्ड्स ने ही नैतिक निर्णयों के संबंध में 'संवेगात्मक' शब्द का प्रयोग किया है।

उपर्युक्त दोनों दार्शनिकों के अतिरिक्त कुछ अन्य दार्शनिकों ने भी कार्नैप और एयर से पूर्व संवेगवाद के आधार पर नैतिक निर्णयों के अर्थ की व्याख्या की थी। इन दार्शनिकों में डब्ल्यू० एफ० एच० बारनेस तथा ए० ई० डंकनजोन्स के नाम उल्लेखनीय हैं। ऐनालिसिस' नामक दर्शन विषयक पत्रिका के 1933-34 के अंक में प्रकाशित अपने एक लेख, 'ए सजेशन अबाउट वैल्यू' में बारनेस कहते हैं कि हमारे मूल्यात्मक निर्णयों का उद्‌गम अनुमोदन, आनन्द तथा प्रेम की भावनाओं की अभिव्यक्तियों में ही खोजा जा सकता है। संवेगवाद का समर्थन करने के लिए उन्होंने व्यक्तिनिष्ठवाद तथा मूर के निर्प्रकृतिवाद का खंडन किया है। उनका कथन है कि नैतिक निर्णय वक्ता की भावनाओं का वर्णन नहीं, अपितु उन्हें अभिव्यक्त करते हैं। इसी प्रकार डंकनजोन्स ने भी नैतिक निर्णयों को वक्ता की भावनाओं की अभिव्यक्तियां मात्र मानकर संवेगवाद का ही समर्थन किया है। उनका मत है कि जो वाक्य व्याकरण की दृष्टि से तथ्यात्मक प्रतीत होता है वह वास्तव में विस्मयबोधक अथवा आदेशात्मक हो सकता है। ऐसे वाक्य का प्रयोग वक्ता की किसी भावना को अभिव्यक्त करने तथा अन्य व्यक्तियों में इसी भावना को जागृत करने के लिए किया जा सकता है। डंकनजोन्स के विचार में नैतिक निर्णय इसी प्रकार के संवेगात्मक वाक्य हैं। 'प्रोसीडिंग्ज ऑफ दि ऐरिस्टोटेलियन सोसाइटी' नामक दर्शन सम्बन्धी पत्रिका के 1933-34 के अंक में प्रकाशित अपने एक लेख, "इज़ 'गुडनेस' ए नेम ऑफ ए सिम्पल नॉन-नैचरल क्वालिटी" में सी० डी० ब्रोड ने नैतिक निर्णयों के स्वरूप के विषय में डंकनजोन्स के उपर्युक्त विचारों का विस्तार से उल्लेख किया है। इस प्रकार उपर्युक्त विवेचन से यह स्पष्ट है कि कार्नैप और एयर से पूर्व ही वर्तमान शताब्दी के तीसरे तथा चौथे दशक में अनेक दार्शनिक नैतिक निर्णयों के संबंध में संवेगवाद का समर्थन करने लगे थे।

यहां इस तथ्य का उल्लेख कर देना आवश्यक है कि यह संवेगवाद वास्तव में तर्कीय प्रत्यक्षवाद या अनुभववाद का अनिवार्य परिणाम था जिसका उदय इस शताब्दी के तीसरे और चौथे दशक में हुआ। मॉरिट्ज़ श्लिक, रूडोल्फ

1. सी० के० ऑग्डन और आई० ए० रिचर्ड्स, 'दि मीनिंग ऑफ़ मीनिंग', पृ० 125

कार्नेप, ए० जे० एयर आदि दार्शनिक इस तर्कीय प्रत्यक्षवाद के प्रमुख प्रणेता माने जाते हैं। ये अनुभववादी दार्शनिक इन्द्रियजन्य अनुभव को ही ज्ञान का मूल आधार मानते थे, अतः वे विज्ञान को विशेष महत्व देते थे और ईश्वर, आत्मा आदि अतींद्रिय या अलौकिक सत्ताओं से संबंधित तत्त्वमीमांसा तथा धर्मशास्त्र की सभी आधारभूत मान्यताओं को पूर्णतः अस्वीकार करते थे। इन मान्यताओं के विरुद्ध उनका मुख्य तर्क यही था कि मानवीय अनुभव द्वारा सिद्धाततः भी इनकी पुष्टि करना सम्भव नहीं है। इसी तर्क के आधार पर इन दार्शनिकों ने जीवन और जगत् के सम्बन्ध में तत्त्वमीमांसीय तथा धर्मशास्त्रीय चिंतनपरक सभी सिद्धान्तों का खंडन किया है। नैतिक निर्णयों के विषय में इन तर्कीय प्रत्यक्षवादियों ने जिस संवेगवाद का समर्थन किया है उसका आधार भी मानवीय ज्ञान के सम्बन्ध में उनका उपर्युक्त अनुभववादी दृष्टिकोण ही है। इन दार्शनिकों द्वारा प्रतिपादित सत्यापन-सिद्धांत—जिसे तर्कीय प्रत्यक्षवाद का सर्वाधिक महत्त्वपूर्ण सिद्धांत माना जाता है—उनके इसी अनुभववादी दृष्टिकोण का अनिवार्य परिणाम है। इस सिद्धांत के अनुसार केवल वही कथन तथ्यबोधक अथवा तथ्यात्मक दृष्टि से सार्थक हो सकता है जिसे प्रत्यक्ष या परोक्ष रूप से कम से कम सिद्धांततः इन्द्रियजन्य अनुभव द्वारा सत्यापित करना सम्भव हो। जिन कथनों को इस प्रकार सत्यापित नहीं किया जा सकता वे तथ्यात्मक दृष्टि से सार्थक नहीं हो सकते और इसी कारण ऐसे कथन सत्य अथवा मिथ्या भी नहीं हो सकते। इसका अर्थ यही है कि तर्कीय प्रत्यक्षवादियों के अनुसार हमारे तथ्यात्मक ज्ञान का एकमात्र अंतिम आधार हमारा अनुभव ही है। जो कथन प्रत्यक्ष या परोक्ष रूप से हमारे अनुभव से संबंधित हैं अथवा हो सकते हैं और इसी कारण जो कम से कम सिद्धान्ततः सत्यापनीय हैं वे ही हमें जीवन तथा जगत के विषय में तथ्यपरक ज्ञान प्रदान कर सकते हैं। ऐसे तथ्यात्मक कथनों को तर्कीय प्रत्यक्षवादियों ने 'संश्लेषणात्मक प्रतिज्ञप्तियां' कहा है। "पृथ्वी गोल है और सूर्य की परिक्रमा करती है", "पुस्तक मेज पर है", "सीता राम की पत्नी थी" आदि कथन तथ्यात्मक कथन अथवा संश्लेषणात्मक प्रतिज्ञप्तियां हैं। सामाजिक तथा प्राकृतिक विज्ञानों और अपने व्यावहारिक जीवन में हम प्रायः ऐसे ही तथ्यात्मक कथनों का प्रयोग करते हैं जिनका उद्देश्य हमें तथ्यपरक ज्ञान प्रदान करना ही होता है। तर्कीय प्रत्यक्षवादी ऐसे कथनों को ही तथ्यात्मक दृष्टि से सार्थक कथन मानते हैं। उनका मत है कि ये कथन अनिवार्यतः सत्य तथा पूर्ण रूप से निश्चित न होकर केवल प्रायिक ही होते हैं, क्योंकि इन्हें भावी अनुभव द्वारा कभी भी मिथ्या प्रमाणित किया जा सकता है।

तथ्यपरक ज्ञान से सम्बन्धित इन अनुभवात्मक कथनों के अतिरिक्त विश्लेषणात्मक कथनों को भी तर्कीय प्रत्यक्षवादियों ने पुनरुक्तियों के रूप में सार्थक कथन माना है। विश्लेषणात्मक कथन वे कथन हैं जिनकी सार्थकता भाषा के तार्किक नियमों तथा शब्दों की परिभाषाओं पर ही आधारित होती है। ये कथन पुनरुक्तियां मात्र होते हैं, अतः ये हमें जगत के विषय में कोई नवीन या तथ्यपरक ज्ञान प्रदान नहीं करते। "दो और दो चार होते हैं", "कुमारी अविवाहिता नारी होती है", "त्रिकोण के तीन कोण होते हैं" आदि कथन विश्लेषणात्मक कथन हैं। केवल शब्दार्थों पर आधारित होने के कारण ये कथन पूर्णतः निश्चित और सर्वदा सत्य होते हैं—अर्थात् अनुभव द्वारा इन्हें कभी भी मिथ्या प्रमाणित नहीं किया जा सकता है। यही कारण कि अनुभव द्वारा इ कथनों के सत्यापन की भी आवश्यकता नहीं होती। इस प्रकार तर्कीय प्रत्यक्षवादियों के विचार में उपर्युक्त दोनों प्रकार के कथन ही ज्ञान की दृष्टि से सार्थक हो सकते हैं। दूसरे शब्दों में, ज्ञान की दृष्टि से सार्थक कथन वे हैं जो या तो अनुभवात्मक होने के कारण कम से कम सिद्धान्ततः इंद्रियजन्य अनुभव द्वारा सत्यापनीय होते हैं अथवा जो शब्दों की परिभाषाओं पर आधारित होने के कारण पुनरुक्तियां मात्र हैं। ज्ञानमीमांसा सम्बन्धी यह सिद्धान्त तर्कीय प्रत्यक्षवाद का अनिवार्य आधारभूत सिद्धांत है।

अब विचारणीय प्रश्न यह है कि तर्कीय प्रत्यक्षवाद के ज्ञानमीमांसा विषयक उपर्युक्त आधारभूत सिद्धांत को ध्यान में रखते हुए नैतिक निर्णयों को किस प्रकार के कथन माना जा सकता है और इन निर्णयों की सार्थकता कैसे निश्चित की जा सकती है। वस्तुतः इसी प्रश्न का उत्तर देने के लिए शिलक, कार्नेप, एयर आदि तर्कीय प्रत्यक्षवादियों ने नैतिक दर्शन में संवेगवाद का प्रतिपादन किया है। प्रायः यह स्वीकार किया जाता है कि नैतिक निर्णय न तो अनुभवात्मक अथवा संश्लेषणात्मक कथन हैं और न विश्लेषणात्मक कथन। उदाहरणार्थ जब हम यह कहते हैं कि "झूठ बोलना अनुचित है" तो हम झूठ बोलने के कर्म में अनौचित्य के गुण का उस प्रकार इन्द्रियजन्य अनुभव प्राप्त नहीं कर सकते जिस प्रकार हम किसी लाल वस्तु की लालिमा का इन्द्रियजन्य अनुभव प्राप्त करते हैं। अन्य सभी नैतिक निर्णयों के विषय में भी यही बात कही जा सकती है, क्योंकि 'शुभ', 'उचित', 'कर्तव्य' आदि नैतिक शब्द गुणबोधक नहीं हैं। इस प्रकार स्पष्ट है कि नैतिक निर्णय संश्लेषणात्मक कथन नहीं होते और इसी कारण इनका अनुभव द्वारा सत्यापन संभव नहीं है। परन्तु ये निर्णय विश्लेषणात्मक कथन या पुनरुक्तियां भी नहीं हैं जब हम किसी मनुष्य या उसके कर्म के विषय में कोई नैतिक निर्णय देते हैं तो निश्चय ही यह निर्णय पुन-

रुक्ति मात्र नहीं होता। इस दृष्टि से नैतिक निर्णय विश्लेषणात्मक कथनों से बहुत भिन्न होते हैं। उदाहरणार्थ "परोपकार करना उचित है" यह नैतिक निर्णय "त्रिकोण के तीन कोण होते हैं" इस विश्लेषणात्मक कथन के समान पुनरुक्तिमात्र नहीं है। अन्य सभी नैतिक निर्णयों के संबंध में भी हम यही बात कह सकते हैं। इस प्रकार यह स्पष्ट है कि नैतिक निर्णयों को विश्लेषणात्मक कथन या पुनरुक्तियां नहीं माना जा सकता। हम ऊपर देख चुके हैं कि ये निर्णय संश्लेषणात्मक कथन भी नहीं हैं। ऐसी स्थिति में तर्कीय प्रत्यक्षवादियों के समक्ष समस्या यह थी कि इन निर्णयों की व्याख्या किस प्रकार की जाए। वस्तुतः इसी समस्या का समाधान करने के लिए उन्होंने संवेगवाद का प्रतिपादन किया था और यह कहा था कि नैतिक निर्णय किन्हीं तथ्यों का वर्णन मात्र न करके वक्ता की भावनाओं को अभिव्यक्त करते हैं, तथा अन्य व्यक्तियों में इन भावनाओं को जागृत करते हैं, अतः ये निर्णय संज्ञानात्मक नहीं, अपितु संवेगात्मक होते हैं। हम आगे देखेंगे कि कार्नेप, एयर आदि तर्कीय प्रत्यक्षवादियों ने इसी संवेगात्मक सिद्धांत के आधार पर नैतिक निर्णयों की व्याख्या की है। इस प्रकार निष्कर्ष के रूप में हम यह कह सकते हैं कि संवेगवाद वास्तव में तर्कीय प्रत्यक्षवाद की अनुभवमूलक ज्ञानमीमांसा का अनिवार्य परिणाम था।

3. रुडोल्फ कार्नेप

संवेगवाद की मुख्य आधारभूत मान्यताओं तथा उसके उदय और विकास का विवेचन करने के पश्चात् अब नैतिक निर्णयों के अर्थ, स्वरूप एवं प्रमाणीकरण के विषय में कुछ प्रमुख संवेगवादियों के मत पर विचार करना आवश्यक है। यों तो वर्तमान शताब्दी के पूर्वार्द्ध में बहुत-से दार्शनिक किसी न किसी रूप में संवेगवाद का समर्थन करते रहे हैं, किन्तु यहां हम स्थानाभाव के कारण इस सिद्धांत के कुछ मुख्य प्रतिनिधि विचारकों के मत का ही उल्लेख करेंगे। इन विचारकों में रूडोल्फ कार्नेप, ए० जे० एयर, सी० एल० स्टीवेंन्सन तथा पॉल ऐडवर्ड्स के नाम विशेष रूप से उल्लेखनीय हैं। प्रस्तुत खंड में हम कार्नेप के मत पर और अगले तीन खंडों में क्रमशः एयर, स्टीवेन्सन तथा ऐडवर्ड्स के मत पर विचार करेंगे।

रुडोल्फ कार्नेप अनुभववादी विचारकों के उस समुदाय के बहुत महत्त्वपूर्ण तथा सक्रिय सदस्य थे जिसे 'वियाना सर्कल' कहा जाता है और जिसने मॉरिट्ज़ श्लिक के नेतृत्व में तर्कीय प्रत्यक्षवाद का प्रतिपादन किया था। तत्त्वमीमांसा और नैतिक दर्शन में कार्नेप को संवेगवाद का प्रथम मुख्य समर्थक माना जा

सकता है। 1935 में प्रकाशित अपनी पुस्तक, 'फिलॉसॉफी एण्ड लॉजिकल सिंटैक्स' में उन्होंने इसी सिद्धांत के आधार पर तत्त्वमीमांसीय कथनों तथा नैतिक निर्णयों की व्याख्या की है। अन्य तर्कीय प्रत्यक्षवादियों की भांति वे भी यह मानते हैं कि किसी कथन की तथ्यात्मक सार्थकता का निर्णय करने के लिए यह जानना आवश्यक है कि उसका अनुभवात्मक सत्यापन संभव है अथवा नहीं। जिस कथन को प्रत्यक्ष या परोक्ष रूप से कम से कम सिद्धांततः इन्द्रियजन्य अनुभव द्वारा सत्यापित करना सम्भव है केवल वही कथन तथ्यात्मक दृष्टि से सार्थक हो सकता है और ऐसे कथन को ही सत्य अथवा मिथ्या प्रमाणित किया जा सकता है। इससे स्पष्ट है कि कथनों की तथ्यात्मक सार्थकता का निर्णय करने के लिए कार्नेप सत्यापन-सिद्धांत को ही महत्त्व देते हैं। इस सम्बन्ध में उन्होंने स्पष्ट कहा है कि "किसी कथन के तार्किक विश्लेषण का एक मुख्य कार्य उस कथन के सत्यापन की विधि मालूम करना है। प्रश्न यह है कि इस कथन या वाक्य को कहने के क्या कारण हो सकते हैं अथवा हम इसके सत्य या मिथ्या होने के विषय में कैसे निर्णय कर सकते हैं।"[2] कार्नेप का मत है कि कथनों की तथ्यात्मक सार्थकता को निश्चित करने के लिए उक्त प्रश्न पर विचार करना अनिवार्य है। इसका कारण यह है कि यदि हम किसी कथन के सत्यापन की विधि नहीं जानते—अर्थात् यदि हम यह नहीं जानते कि उसे किस प्रकार अनुभव द्वारा सत्यापित किया जा सकता है—तो वह कथन हमारे लिए तथ्यात्मक दृष्टि से निरर्थक है। कार्नेप के शब्दों में, "ऐसा कथन किसी वस्तु के विषय में कुछ भी नहीं कहता; वह निरर्थक शब्दों के समूह के अतिरिक्त और कुछ नहीं है; उसका कोई अर्थ नहीं हो सकता।"[3] इस प्रकार कार्नेप के अनुसार कथनों की तथ्यात्मक सार्थकता को निश्चित करने तथा उन्हें सत्य या मिथ्या प्रमाणित करने का एकमात्र आधार सत्यापन का सिद्धान्त ही है।

अपने इसी सत्यापन-सिद्धान्त के आधार पर कार्नेप ने नैतिक निर्णयों की तथ्यात्मक सार्थकता को अस्वीकार किया है और उन्हें पूर्णतः संवेगात्मक माना है। इन निर्णयों के अर्थ और उद्देश्य की व्याख्या करने के लिए उन्होंने नीतिशास्त्र को दो वर्गों में विभाजित किया है—अनुभवात्मक नीतिशास्त्र तथा मानकीय नीतिशास्त्र। उनका कथन है कि अनुभवात्मक नीतिशास्त्र मनोवैज्ञानिक तथा समाजशास्त्रीय दृष्टि से मनुष्य के कर्मों की अभिप्रेरणाओं और उनके परिणामों की व्याख्या करता है। इसका उद्देश्य मानवीय आचरण के मनोवैज्ञानिक तथा सामाजिक कारणों और अन्य व्यक्तियों पर उनके प्रभाव का

2. रुडोल्फ कार्नेप, 'फिलॉसॉफी ऍंड लॉजिकल सिंटैक्स', पृ० 9
3. वही पुस्तक, पृ० 14

यथातथ्य वर्णन करना ही है, अतः इसके कथन वर्णनात्मक अथवा तथ्यात्मक ही होते हैं। इस दृष्टि से अनुभवात्मक नीतिशास्त्र को एक तथ्यपरक विज्ञान ही माना जा सकता है, क्योंकि यह मानवीय आचरण संबंधी कुछ विशेष तथ्यों का वर्णन करता है।

परन्तु कार्नैप का मत है कि मानकीय नीतिशास्त्र उक्त अनुभवात्मक नीतिशास्त्र से मूलतः भिन्न है। मानकीय नीतिशास्त्र का उद्देश्य मनुष्य के आचरण से सम्बन्धित किन्हीं तथ्यों का वर्णन करना नहीं, अपितु उसका मूल्यांकन करने के लिए कुछ मानकों को निश्चित करना अथवा सिद्धांतों का प्रतिपादन करना ही है। यह मानवीय आचरण का यथातथ्य वर्णन न करके उसे उचित या अनुचित सिद्ध करने के लिए हमें कुछ विशेष मानक अथवा प्रतिमान प्रदान करता है। इसी कारण कार्नैप ने मानकीय नीतिशास्त्र को तथ्यात्मक विज्ञानों से मूलतः भिन्न माना है और उसे 'दार्शनिक नीतिशास्त्र' की संज्ञा दी है। इस मानकीय नीतिशास्त्र के स्वरूप को स्पष्ट करते हुए वे कहते हैं कि "मानकीय नीतिशास्त्र तथ्यों की परीक्षा नहीं है, अपितु वह इस बात की जांच करने का मिथ्या दावा करता है कि क्या शुभ है और क्या अशुभ, क्या करना उचित है और क्या अनुचित। इस प्रकार दार्शनिक या मानकीय नीतिशास्त्र का उद्देश्य मानवीय कर्मों के लिए मानकों अथवा नैतिक मूल्य के विषय में निर्णयों का वर्णन करना है।"[4] इस उद्धरण से स्पष्ट है कि कार्नैप के अनुसार मानकीय नीतिशास्त्र के कथन तथ्यात्मक नहीं हो सकते और इसी कारण उन्होंने इसे तथ्यपरक विज्ञान न मानकर 'दार्शनिक नीतिशास्त्र' कहा है। अनुभवात्मक नीतिशास्त्र के विपरीत इस मानकीय नीतिशास्त्र का कार्य हमारे नैतिक निर्णयों के लिए मानदंड प्रदान करना है जिनमें हम 'शुभ', 'उचित', 'कर्तव्य' आदि नैतिक शब्दों का प्रयोग करते हैं। वस्तुतः कार्नैप तथा अन्य तर्कीय प्रत्यक्षवादी मानकीय नीतिशास्त्र के इन निर्णयों को ही तथ्यात्मक दृष्टि से निरर्थक मानते हैं, क्योंकि उनके अनुसार नैतिक शब्दों का कोई तथ्यात्मक अर्थ नहीं होता।

अब इस प्रश्न पर विचार करना आवश्यक है कि कार्नैप मानकी नीतिशास्त्र में प्रयुक्त नैतिक निर्णयों के अर्थ और स्वरूप की व्याख्या किस प्रकार करते हैं। हम ऊपर देख चुके हैं कि वे इन निर्णयों की तथ्यात्मक सार्थकता का निषेध करते हैं जिसका अर्थ यह है कि उनके विचार में ये निर्णय तथ्यपरक अनुभवात्मक कथनों से मूलतः भिन्न हैं। इन नैतिक निर्णयों के स्वरूप के विषय में कार्नैप का कथन है कि ये निर्णय पूर्णतः संवेगात्मक होते हैं—अर्थात् ये किन्हीं तथ्यों का वर्णन न करके वक्ता की भावनाओं को अभिव्यक्त करते हैं और अन्य

4. वही पुस्तक, पृ० 23

व्यक्तियों में इन भावनाओं को उत्पन्न करते हैं। ये निर्णय संवेगात्मक अभिव्यक्तियां मात्र होने के कारण वस्तुत: निर्णीत वस्तुओं के विषय में कुछ भी नहीं कहते। इसी कारण कार्नेप नैतिक निर्णयों को 'छद्म कथन' मानते हैं—अर्थात ऐसे कथन जो व्याकरण की दृष्टि से तथ्यात्मक प्रतीत होते हैं किंतु वास्तव में तथ्यात्मक नहीं होते। उनका विचार है कि नैतिक निर्णय भावनाओं को अभिव्यक्त और उत्पन्न करने के साथ-साथ अन्य व्यक्तियों को कुछ विशेष कर्म करने या न करने के लिए भी प्रेरित करते हैं। इस दृष्टि से इन निर्णयों को आज्ञाओं अथवा आदेशों के समान माना जा सकता है। प्रत्येक नैतिक निर्णय को एक प्रछन्न आदेश मानते हुए कार्नेप कहते हैं कि "वस्तुत: मूल्यात्मक कथन व्याकरण की दृष्टि से अनुचित रूप में आदेश के अतिरिक्त और कुछ नहीं है। यह न तो सत्य होता है और न मिथ्या। यह कोई तथ्यात्मक सूचना नहीं देता और इसे प्रमाणित तथा अप्रमाणित नहीं किया जा सकता।··· 'हत्या करना बुरा है' इस कथन से हम भावी अनुभव के विषय में कोई प्रतिज्ञप्ति निगमित नहीं कर सकते। इस प्रकार यह कथन सत्यापनीय नहीं है और इसका कोई संज्ञानात्मक अर्थ नहीं है। यही बात अन्य सभी मूल्यात्मक कथनों के विषय में भी कही जा सकती है।"[5]

कार्नेप के उपर्युक्त विचारों से यह स्पष्ट है कि उनके अनुसार नैतिक निर्णय ऐसे संवेगात्मक कथन हैं जो इन्द्रियजन्य अनुभव द्वारा असत्यापनीय होने के कारण सत्य अथवा मिथ्या नहीं हो सकते और जिन्हें इसी कारण तथ्यात्मक ज्ञान के अंतर्गत नहीं रखा जा सकता। मानकीय नीतिशास्त्र में ऐसे ही नैतिक निर्णयों का प्रयोग किया जाता है, अत: उसे हम वास्तविक अर्थ में विज्ञान नहीं मान सकते। यह तथ्य मानकीय नीतिशास्त्र को अनुभवात्मक नीतिशास्त्र से पृथक करता है जिसे तथ्यात्मक विज्ञान माना जा सकता है। कार्नेप के शब्दों में, "मानकीय नीतिशास्त्र की प्रतिज्ञप्तियां—चाहे वे नियमों के रूप में हों अथवा मूल्यात्मक कथनों के रूप में—संज्ञानात्मक दृष्टि से निरर्थक होती हैं, वे वैज्ञानिक प्रतिज्ञप्तियां नहीं होतीं। इसका अर्थ यह है कि वे किन्हीं तथ्यों का वर्णन नहीं करतीं।"[6] इस प्रकार अपने सत्यापन-सिद्धांत के आधार पर नैतिक निर्णयों की तथ्यात्मक सार्थकता को अस्वीकार करते हुए कार्नेप उन्हें भावनात्मक अथवा संवेगात्मक वाक्यों तथा आदेशों के अतिरिक्त और कुछ नहीं मानते।

नैतिक निर्णयों के अर्थ एवं स्वरूप के विषय में अपने उपर्युक्त मत को और अधिक स्पष्ट करने के लिए कार्नेप ने भाषा के उद्देश्यों अथवा कार्यों को

5. वही पुस्तक, पृ० 24—25
6. वही पुस्तक, पृ० 25

दो वर्गों में विभाजित किया है—प्रतिनिधिक कार्य तथा अभिव्यक्तिपरक कार्य। हम पिछले अध्यायों में देख चुके हैं कि हमारे कुछ कथन किन्हीं तथ्यों का वर्णन मात्र करते हैं और इस प्रकार वे हमें जगत् के विषय में कोई सूचना या जानकारी देते हैं। इन कथनों के इस वर्णनात्मक कार्य को ही कार्नैप ने भाषा का 'प्रतिनिधिक कार्य' कहा है। समस्त तथ्यात्मक विज्ञानों के वाक्य तथा हमारे व्यावहारिक जीवन में प्रयुक्त होने वाले बहुत-से कथन यही वर्णनात्मक अथवा प्रतिनिधिक कार्य करते हैं। तथ्यात्मक कथनों के इस प्रतिनिधिक कार्य को स्पष्ट करते हुए कार्नैप कहते हैं कि "ये कथन कुछ विशेष स्थितियों का प्रतिनिधित्व करते हैं, ये हमें बताते हैं कि कोई वस्तु ऐसी है, ये कुछ कहते हैं और किसी वस्तु के गुणों तथा स्वरूप के विषय में निर्णय देते हैं।"[7] इस प्रकार कार्नैप के अनुसार जब हम भाषा द्वारा जगत् के विषय में किन्हीं तथ्यों का वर्णन करते हैं तो भाषा का यह कार्य 'प्रतिनिधिक कार्य' है। यह समझना कठिन नहीं है कि उनके विचार में नैतिक निर्णय पूर्णतः संवेगात्मक होने के कारण भाषा का उक्त प्रतिनिधिक कार्य नहीं करते।

हमारे नैतिक निर्णय जो संवेगात्मक कार्य करते हैं उसे ही कार्नैप ने अभिव्यक्ति-परक कार्य की संज्ञा दी है। जब हम अपने कथनों द्वारा किन्हीं तथ्यों का वर्णन करने के स्थान पर केवल अपनी भावनाओं को अभिव्यक्त करते हैं तो कथनों के इस कार्य को 'अभिव्यक्तिपरक कार्य' कहा जा सकता है। उदाहरणार्थ 'आह', 'ओह', 'हाय' आदि संवेगात्मक शब्दों का प्रयोग इसी अभिव्यक्तिपरक कार्य के लिए किया जाता है। हमारे जो कथन यह अभिव्यक्तिपरक कार्य करते हैं उन्हें कार्नैप ने 'तत्त्वमीमांसीय प्रतिज्ञप्तियां' कहा है। उनके अनुसार ये प्रतिज्ञप्तियां असत्यापनीय होती हैं और इनका तथ्यों से कोई संबंध नहीं होता, अतः ये केवल अभिव्यक्तिपरक कार्य करती हैं। इन प्रतिज्ञप्तियों के उक्त अभिव्यक्ति परक कार्य को स्पष्ट करते हुए कार्नैप ने लिखा है कि "संगीतमयी कविताओं की भांति तत्त्वमीमांसीय प्रतिज्ञप्तियां केवल अभिव्यक्तिपरक कार्य ही करती हैं, प्रतिनिधिक कार्य नहीं। ये तत्वमीमांसीय प्रतिज्ञप्तियां न सत्य होती हैं और न मिथ्या, क्योंकि ये किसी तथ्य का वर्णन नहीं करतीं। ये ज्ञान के क्षेत्र तथा सत्य अथवा मिथ्या के विवेचन से पूर्णतः बाहर हैं। परंतु ये हास्य, संगीत और कविताओं की भांति अभिव्यक्तिपरक होती हैं।"[8] यहां

7. वही पुस्तक, पृ० 28
8. वही पुस्तक, पृ० 29

यह उल्लेखनीय है कि कार्नेप तत्त्वमीमांसीय प्रतिज्ञप्तियों का प्रयोग बहुत व्यापक अर्थ में करते हैं जिनमें नैतिक निर्णय भी सम्मिलित हैं। इसका अर्थ यह है कि उन्होंने तत्त्वमीमांसीय प्रतिज्ञप्तियों के विषय में ऊपर जो कुछ कहा है वह नैतिक निर्णयों के सम्बन्ध में भी पूर्ण रूप से लागू होता है, क्योंकि उनके अनुसार ये निर्णय तत्त्वमीमांसीय प्रतिज्ञप्तियों से मूलतः भिन्न नहीं हैं। इन प्रतिज्ञप्तियों की भांति नैतिक निर्णय भी प्रतिनिधिक कार्य के स्थान पर केवल अभिव्यक्ति परक कार्य करते हैं। हम अगले खंडों में देखेंगे कि कार्नेप ने भाषा के कार्यों का ऊपर जो वर्गीकरण किया है उसे एयर, स्टीवेंसन आदि अन्य संवेगवादी भी किसी न किसी रूप में अवश्य स्वीकार करते हैं और यह मानते हैं कि नैतिक निर्णयों का मुख्य कार्य अभिव्यक्तिपरक अथवा संवेगात्मक है, प्रतिनिधिक या वर्णनात्मक नहीं। इस दृष्टि से कार्नेप द्वारा किए गए भाषा के कार्यों के उपर्युक्त वर्गीकरण का संवेगवाद के लिए विशेष महत्त्व है।

4. ए० जे० एयर

रुडोल्फ कार्नेप की भांति ए० जे० एयर ने भी संवेगवाद के आधार पर ही नैतिक निर्णयों के अर्थ, स्वरूप तथा प्रमाणीकरण की व्याख्या की है। वे भी तर्कीय प्रत्यक्षवाद के प्रवर्तक तथा वियाना सर्कल के बहुत महत्त्वपूर्ण और सक्रिय सदस्य थे। नैतिक निर्णयों की व्याख्या के विषय में कार्नेप और एयर के विचारों में पर्याप्त समानता है, क्योंकि ये दोनों दार्शनिक एक ही अनुभववादी विचार-धारा को स्वीकार करते थे। 1936 में प्रकाशित अपनी प्रसिद्ध पुस्तक, 'लैंग्वेज, ट्रुथ एण्ड लॉजिक' के छठे अध्याय में एयर ने सौंदर्यात्मक तथा धार्मिक कथनों के साथ-साथ नैतिक निर्णयों के सम्बन्ध में भी विस्तारपूर्वक अपने विचार व्यक्त किए हैं। इस पुस्तक का द्वितीय संस्करण दस वर्ष पश्चात 1946 में प्रकाशित हुआ था, किन्तु उस समय तक नैतिक निर्णयों के विषय में उनके विचारों में कोई विशेष परिवर्तन नहीं हुआ था। अपनी पुस्तक के इस द्वितीय संस्करण में भी एयर ने इन निर्णयों की व्याख्या के लिए केवल संवेगवाद को ही स्वीकार किया है। इसी कारण यहां हम मुख्यतः उक्त पुस्तक के द्वितीय संस्करण के आधार पर नैतिक निर्णयों के सम्बन्ध में एयर के मत का विवेचन करेंगे। परन्तु इस खंड के अन्त में हम इन निर्णयों से सम्बन्धित उनके विचारों में उस परिवर्तन का भी उल्लेख करेंगे जिसकी चर्चा उन्होंने 1954 में प्रकाशित अपनी एक अन्य पुस्तक, 'फिलॉसॉफिकल एसेज़' में संकलित एक निबन्ध 'ऑन दि ऐनालिसिस ऑफ मॉरल जजमैंट्स' में की है।

कार्नेप की भांति एयर भी सत्यापन-सिद्धांत को पूर्णतः स्वीकार करते हैं

और इसी सिद्धांत के आधार पर केवल उन्हीं संश्लेषणात्मक कथनों को तथ्यात्मक दृष्टि से सार्थक मानते हैं जिन्हें प्रत्यक्ष अथवा परोक्ष रूप से इन्द्रियजन्य अनुभव द्वारा कम से कम सिद्धांततः सत्यापित किया जा सकता है। इन संश्लेषणात्मक या तथ्यात्मक कथनों के अतिरिक्त विश्लेषणात्मक कथनों को भी वे शब्दों की परिभाषाओं अथवा पुनरुक्तियों के रूप में सार्थक मानते हैं। शब्दों के अर्थ पर आधारित होने तथा अनुभवात्मक जगत् के विषय में कुछ भी न कहने के कारण ये कथन संश्लेषणात्मक कथनों के विपरीत सर्वदा सत्य होते हैं। एयर का मत है कि उपर्युक्त दोनों प्रकार के कथन ही ज्ञान की दृष्टि से सार्थक हो सकते हैं; कोई अन्य कथन नहीं। इसी कारण वे ऐसे प्रत्येक कथन को तथ्यात्मक दृष्टि से निरर्थक मानते हैं जो न तो संश्लेषणात्मक है और न विश्लेषणात्मक। अपने सत्यापन-सिद्धांत के आधार पर ऐसे कथन की तथ्यात्मक सार्थकता को अस्वीकार करते हुए वे कहते हैं कि "यदि कोई कथन इस सिद्धांत के अनुसार सत्यापनीय नहीं है और वह पुनरुक्ति भी नहीं है तो मैं यह मानता हूं कि वह तत्त्वमीमांसीय कथन है और तत्त्वमीमांसीय होने के कारण वह न सत्य है और न मिथ्या, अपितु तथ्यात्मक रूप से निरर्थक है।"[9] इस प्रकार कम से कम सिद्धांततः प्रत्यक्ष या परोक्ष रूप से प्रत्येक अनुभवाश्रित संश्लेषणात्मक कथन के सत्यापनीय होने की संभावना को एयर उस कथन की तथ्यात्मक सार्थकता के लिए अनिवार्य शर्त मानते हैं।

यहां यह उल्लेखनीय है कि एयर के अनुसार उनका उपर्युक्त सत्यापन-सिद्धांत नैतिक निर्णयों की व्याख्या के सम्बन्ध में भी उसी प्रकार लागू होता है जिस प्रकार तथ्यात्मक कथनों की व्याख्या के विषय में। इसका अर्थ यह है कि नैतिक निर्णयों की सार्थकता को निश्चित करने के लिए इस प्रश्न का स्पष्ट उत्तर देना आवश्यक है कि वे विश्लेषणात्मक कथन हैं अथवा इन्द्रियजन्य अनुभव द्वारा सत्यापनीय संश्लेषणात्मक कथन। परन्तु, जैसाकि हम दूसरे खंड में बता चुके हैं, ये निर्णय न तो पुनरुक्तियां अथवा विश्लेषणात्मक कथन हैं और न ऐसे तथ्यात्मक कथन जिन्हें इन्द्रियजन्य अनुभव द्वारा सत्यापित किया जा सके। वस्तुतः इसी तथ्य को मूल आधार मानकर एयर ने नैतिक निर्णयों के अर्थ और प्रमाणीकरण की व्याख्या की है। इन निर्णयों की व्याख्या के लिए उन्होंने संवेगवाद का जो प्रबल समर्थन किया है उसका कारण यही है कि इन्हें न तो विश्लेषणात्मक कथन माना जा सकता है और न संश्लेषणात्मक कथन। एयर स्वयं यह अनुभव करते हैं कि इसी कारण नैतिक निर्णयों के आधार पर उनके तर्कीय प्रत्यक्षवाद के विरुद्ध आपत्ति उठाई जा सकती है, क्योंकि इस

9. ए० जे० एयर, 'लैंग्वेज, ट्रुथ ऐंड लॉजिक, द्वितीय संस्करण, पृ० 31

सिद्धांत के अनुसार विश्लेषणात्मक तथा संश्लेषणात्मक कथन ही ज्ञान की दृष्टि से सार्थक हैं। अपने सिद्धांत के विरुद्ध इसी आपत्ति का निराकरण करने के लिए उन्होंने नैतिक निर्णयों को तथ्यात्मक दृष्टि से निरर्थक तथा ज्ञान के क्षेत्र से बाहर माना है। एयर का विचार है कि नैतिक निर्णयों से संबंधित उनका यह मत वस्तुतः मूल्य सम्बन्धी सभी कथनों पर समान रूप से लागू होता है। इस सम्बन्ध में वे स्पष्ट कहते हैं कि "यदि मूल्य सम्बन्धी कथन सार्थक हैं तो वे सामान्य वैज्ञानिक कथन हैं, और यदि वे वैज्ञानिक कथन नहीं हैं तो वे तथ्यात्मक रूप से सार्थक नहीं हैं, अपितु केवल संवेगात्मक अभिव्यक्तियां हैं जो न सत्य हो सकती हैं और न मिथ्या।"[10] इस प्रकार एयर अपनी अनुभववादी ज्ञानमीमांसा के आधार पर नैतिक निर्णयों सहित सभी मूल्य सम्बन्धी कथनों की तथ्यात्मक सार्थकता का निषेध करते हुए उन्हें केवल भावनाओं या संवेगों की अभिव्यक्तियां मानते हैं जो सत्य अथवा मिथ्या न होने के कारण ज्ञान के क्षेत्र से बाहर हैं।

नैतिक निर्णयों के संवेगात्मक अर्थ और उद्देश्य की व्याख्या करने के लिए एयर ने समस्त नैतिक कथनों को चार वर्गों में विभाजित किया है। प्रथम वर्ग में वे कथन आते हैं जो 'शुभ', 'उचित', कर्त्तव्य' आदि नैतिक शब्दों की परिभाषायें देते हैं अथवा उनका अर्थ स्पष्ट करते हैं। दूसरे वर्ग में उन कथनों को रखा जा सकता है जो हमारे नैतिक अनुभव और उसके मूल कारणों को स्पष्ट करते हैं। तीसरे वर्ग में हम उन कथनों को रख सकते हैं जिनमें मनुष्य को सद्गुण विषयक उपदेश दिया जाता है। चौथे और अंतिम वर्ग के अंतर्गत उन कथनों को सम्मिलित किया जा सकता है जिन्हें हम वास्तव में 'नैतिक निर्णय' कहते हैं। नैतिक कथनों के उपर्युक्त चारों वर्गों में से एयर प्रथम वर्ग के कथनों को ही सर्वाधिक महत्त्वपूर्ण मानते हैं, क्योंकि उनके अनुसार इसी वर्ग के कथनों को 'दर्शन' की संज्ञा दी जा सकती है। इसका तात्पर्य यह है कि नैतिक शब्दों की परिभाषा करना अथवा उनका अर्थ स्पष्ट करना नैतिक दर्शन का एकमात्र उद्देश्य है। नैतिक दर्शन के उद्देश्य के विषय में एयर के इस मत का उल्लेख हम प्रथम अध्याय में कर चुके हैं। हम यह भी स्पष्ट कर चुके हैं कि उनका यह मत एकांगी होने के कारण उचित एवं युक्तिसंगत नहीं है। दूसरे वर्ग के कथनों के सम्बन्ध में एयर का विचार है कि वास्तव में ये तथ्यात्मक कथन हैं, अतः इन्हें समाजशास्त्र तथा मनोविज्ञान के अन्तर्गत रखा जा सकता है। तीसरे वर्ग के कथनों को एयर वास्तविक कथन या प्रतिज्ञप्तियां न मानकर आदेश मात्र मानते हैं जिनका उद्देश्य मनुष्य को कुछ विशेष कर्म करने अथवा न करने के

10. वही पुस्तक, पृ० 102

लिए प्रेरित करना ही होता है। अन्तिम वर्ग के कथन उनके अनुसार 'छद्म कथन' हैं जो व्याकरण की दृष्टि से 'कथन' प्रतीत होते हुए भी वास्तविक अर्थ में 'कथन' नहीं होते। उनके इस मत पर हम आगे विस्तार से विचार करेंगे। यहां इतना कह देना ही पर्याप्त है कि एयर द्वारा किए गए नैतिक कथनों के उपर्युक्त वर्गीकरण का उद्देश्य यह स्पष्ट करना है कि दर्शन का कार्य नैतिक शब्दों का अर्थ-निरूपण ही है।

नैतिक निर्णयों के सम्बन्ध में अपने सिद्धांत संवेगवाद को स्पष्ट करने से पूर्व एयर ने इन निर्णयों के विषय में सभी महत्त्वपूर्ण संज्ञानात्मक सिद्धांतों का खण्डन किया है। वे प्रकृतिवाद के सभी रूपों तथा निर्प्रकृतिवाद अथवा अन्तः-प्रज्ञावाद को पूर्णतः अस्वीकार करते हैं। उदाहरणार्थ प्रकृतिवाद के विरुद्ध उनका कथन है कि अनुभवाश्रित तथ्यात्मक कथनों द्वारा नैतिक निर्णयों की व्याख्या नहीं की जा सकती। अपनी इसी मान्यता के आधार पर वे व्यक्तिनिष्ठवाद, उपयोगितावाद, सुखवाद आदि समस्त प्रकृतिवादी सिद्धांतों का खंडन करते हैं। उदाहरणार्थ व्यक्तिनिष्ठवाद के विरुद्ध एयर का कथन है कि "क शुभ या उचित है" का अर्थ यह नहीं हो सकता कि स्वयं वक्ता अथवा समाज उसका अनुमोदन करता है, क्योंकि यह कहना स्वतोव्याघाती नहीं है कि स्वयं वक्ता या समाज जिन कर्मों का अनुमोदन करता है वे अशुभ अथवा अनुचित हैं। उपयोगितावाद तथा सुखवाद के विरुद्ध भी उन्होंने इसी प्रकार का तर्क प्रस्तुत किया है। वस्तुतः इन प्रकृतिवादी सिद्धांतों के विरुद्ध एयर ने जो आपत्तियां उठाई हैं उन पर हम पिछले अध्यायों में विस्तारपूर्वक विचार कर चुके हैं, अतः यहां उन कीपुनरावृत्ति अनावश्यक है। इस संबंध में यहां इतना कह देना ही पर्याप्त होगा कि एयर के अनुसार अनुभवात्मक शब्दों के आधार पर मानकीय नैतिक शब्दों की परिभाषा करना संभव नहीं है। प्रकृतिवाद के विरुद्ध अपनी इसी मान्यता को स्पष्ट करते हुए वे कहते हैं—"हमारा विचार केवल यही है कि…वे वाक्य जिनमें मानकीय नैतिक शब्दों का प्रयोग किया जाता है उन वाक्यों के समान नहीं हैं जो मनोवैज्ञानिक प्रतिज्ञप्तियों अथवा वास्तव में किसी प्रकार की अनुभवात्मक प्रतिज्ञप्तियों को व्यक्त करते हैं। यहां यह स्पष्ट कर देना उचित होगा कि हम वर्णनात्मक नैतिक शब्दों को नहीं, अपितु केवल मानकीय नैतिक शब्दों को ही तथ्यात्मक शब्दों द्वारा अपरिभाष्य मानते हैं।"[11] इस प्रकार यह स्पष्ट है कि मूर की भांति एयर भी नैतिक शब्दों को अपरिभाष्य मानते हुए प्रकृतिवाद को पूर्णतः अस्वीकार करते हैं।

11. वही पुस्तक, पृ० 105

परन्तु प्रकृतिवाद के साथ-साथ निर्प्रकृतिवाद या अन्तःप्रज्ञावाद का भी एयर ने खंडन किया है। इस सिद्धांत के विरुद्ध उनकी मुख्य आपत्ति यह है कि नैतिक निर्णयों के विषय में मतभेद के निराकरण तथा उनकी प्रामाणिकता के लिए यह हमें कोई वस्तुनिष्ठ और तर्कसंगत आधार प्रदान नहीं करता। एक व्यक्ति अपनी अन्तःप्रज्ञा के आधार पर जिस कर्म को उचित कहता है उसे ही दूसरा व्यक्ति अपनी अन्तःप्रज्ञा के आधार पर अनुचित मान सकता है। चौथे अध्याय में हम देख चुके हैं कि पूर्णतः व्यक्तिनिष्ठ मानसिक शक्ति होने के कारण अन्तःप्रज्ञा नैतिक निर्णयों के सम्बन्ध में इस प्रकार के संघर्ष को समाप्त करने में नितांत असमर्थ है। इसी तथ्य को ध्यान में रखते हुए एयर कहते हैं कि "किसी कथन की प्रामाणिकता की परीक्षा के लिए केवल अन्तःप्रज्ञा का आधार लेना व्यर्थ है।...अन्तःप्रज्ञा के सिद्धांत के अनुसार नैतिक कथनों के सम्बन्ध में कोई अनुभवात्मक परीक्षा संभव नहीं है। ऐसी स्थिति में हमारे लिए यह कहना उचित ही होगा कि इस सिद्धांत के अनुसार नैतिक कथन असत्यापनीय हैं।"[12] इस प्रकार नैतिक निर्णयों के विषय में मतभेद के निराकरण और उनकी प्रामाणिकता के लिए कोई युक्तिसंगत आधार प्रदान न कर सकने के कारण अन्तःप्रज्ञावाद को एयर ने अस्वीकार किया है। जैसाकि हम ऊपर देख चुके हैं, वे निश्चित रूप से यह मानते हैं कि प्रत्येक तथ्यात्मक कथन का इंद्रियजन्य अनुभव द्वारा सत्यापनीय होना अनिवार्य है, किन्तु अन्तःप्रज्ञावाद के अनुसार नैतिक निर्णय तथ्यात्मक होते हुए भी सत्यापनीय नहीं हैं। मुख्यतः इसी कारण एयर उक्त सिद्धांत का समर्थन नहीं करते। प्रकृतिवादी सिद्धांतों को वे पहले ही अस्वीकार कर चुके हैं जिन्हें नैतिक निर्णयों की व्याख्या करने के लिए प्रायः अन्तःप्रज्ञावाद के स्थान पर प्रस्तुत किया जाता है। ऐसी स्थिति में एयर के समक्ष जटिल समस्या यह है कि इन निर्णयों की संतोषप्रद व्याख्या किस प्रकार की जा सकती है। वस्तुतः इसी समस्या का समाधान करने के लिए उन्होंने संवेगवाद को स्वीकार किया है जो उनके विचार में तर्कीय प्रत्यक्षवाद की अनुभववादी विचारधारा के अनुरूप नैतिक निर्णयों की संतोषजनक व्याख्या करता है और इसी कारण जो प्रकृतिवाद तथा अन्तःप्रज्ञावाद दोनों की अपेक्षा अधिक संतोषप्रद है।

अपने इसी सिद्धांत संवेगवाद के अनुसार नैतिक शब्दों का अर्थ स्पष्ट करते हुए एयर कहते हैं कि ये शब्द वास्तव में अविश्लेष्य या अपरिभाष्य हैं। परन्तु इन शब्दों के अविश्लेष्य होने का कारण यह नहीं है कि ये निर्णीत वस्तुओं के किन्हीं रहस्यमय निर्प्राकृतिक गुणों की ओर संकेत करते हैं जैसाकि अन्तःप्रज्ञावादियों का मत है। वस्तुतः नैतिक शब्दों के अविश्लेष्य होने का कारण केवल

12. वही पुस्तक, पृ० 106

यही है कि ये पूर्णतः संवेगात्मक शब्द हैं और जिन कथनों में इनका प्रयोग किया जाता है वे वास्तविक कथन न होकर केवल 'छद्म कथन' ही होते हैं। इसका तात्पर्य यह है कि एयर के मतानुसार नैतिक निर्णय ऐसे कथन हैं जो व्याकरण की दृष्टि से तथ्यात्मक कथन प्रतीत होते हैं किन्तु जो वास्तव में तथ्यात्मक कथन न होकर भावनाओं अथवा संवेगों को अभिव्यक्त और जागृत करने वाले संवेगात्मक कथन ही हैं। जब हम किसी वस्तु के विषय में नैतिक निर्णय देते हैं तो हमारा यह निर्णय उस वस्तु के सम्बन्ध में कुछ न कहकर केवल हमारी किसी भावना को अभिव्यक्त करता है और अन्य व्यक्तियों में इसी भावना को उत्पन्न करता है। इसी कारण हमारा यह निर्णय वर्णनात्मक अथवा तथ्यात्मक न होकर पूर्णतः संवेगात्मक होता है।

नैतिक निर्णयों के अर्थ और स्वरूप के सम्बन्ध में अपने उपर्युक्त मत को एक उदाहरण द्वारा स्पष्ट करते हुए एयर कहते हैं कि "किसी कथन में नैतिक शब्द की उपस्थिति उसके तथ्यात्मक अर्थ में कोई वृद्धि नहीं करती। यदि मैं किसी से कहता हूं, 'तुमने वह धन चुरा कर अनुचित कर्म किया है' तो मैं इसके अतिरिक्त और कुछ नहीं कहता कि 'तुमने वह धन चुराया है।' यह कहकर कि यह कर्म अनुचित है मैं इस कर्म के विषय में कोई और बात नहीं कह रहा हूं। मैं इसके सम्बन्ध में केवल अपना नैतिक अननुमोदन अभिव्यक्त कर रहा हूं।···अब यदि मैं कहता हूं कि 'धन चुराना अनुचित है' तो मैं एक ऐसा वाक्य कहता हूं जिसका कोई तथ्यात्मक अर्थ नहीं है—अर्थात् वह ऐसी प्रतिज्ञप्ति व्यक्त नहीं करता जो सत्य अथवा मिथ्या हो सके। ···हमने 'अनुचित' शब्द के विषय में जो कुछ कहा है वह सभी मानकीय नैतिक शब्दों पर लागू होता है।···यह कहकर कि कोई कर्म उचित या अनुचित है मैं कोई तथ्यात्मक वक्तव्य नहीं देता—यहां तक कि मैं अपनी मनोदशा के संबंध में भी कुछ नहीं कहता। मैं केवल कुछ नैतिक भावनाओं को अभिव्यक्त करता हूं।"[13] उपर्युक्त उद्धरण से स्पष्ट है कि एयर के अनुसार नैतिक निर्णयों का कोई तथ्यात्मक अथवा वर्णनात्मक अर्थ नहीं होता, अतः वे पूर्णतः संवेगात्मक होते हैं। इस उद्धरण में उन्होंने 'नैतिक अनुमोदन' तथा 'नैतिक भावनाओं' की भी चर्चा की है। परन्तु, जहां तक मुझे ज्ञात है, उन्होंने कहीं भी यह स्पष्ट नहीं किया कि ये 'नैतिक भावनाएं' अन्य भावनाओं से क्यों और किस प्रकार भिन्न हैं। हम आगे देखेंगे कि स्टीवेंसन, ऐडवर्ड्स आदि अन्य संवेगवादी भी इस आधारभूत प्रश्न का कोई संतोषप्रद उत्तर नहीं दे सके। वस्तुतः यह संवेगवाद की एक मूल समस्या है जिस पर हम इस अध्याय के अन्तिम खंड में विचार करेंगे।

13. वही पुस्तक, पृ० 107-108

नैतिक निर्णयों के अर्थ और स्वरूप के विषय में एयर ने ऊपर जो कुछ कहा है उससे यह स्पष्ट है कि ये निर्णय पूर्णतः संवेगात्मक होने के कारण असत्यापनीय हैं। ऐसी स्थिति में इन निर्णयों के सत्य अथवा मिथ्या होने का प्रश्न ही नहीं उठता। एयर यह मानते हैं कि केवल संश्लेषणात्मक तथा विश्लेषणात्मक कथन ही सत्य या मिथ्या हो सकते हैं, किन्तु नैतिक निर्णयों को इन दोनों वर्गों के कथनों में से किसी के अन्तर्गत नहीं रखा जा सकता। यही कारण है कि तथ्यात्मक कथनों के आधार पर नैतिक निर्णयों के अर्थ की ठीक-ठीक व्याख्या नहीं की जा सकती। परन्तु एयर के मतानुसार इससे यह निष्कर्ष निकालना अनुचित होगा कि ये निर्णय मानवीय अनुभव से स्वतन्त्र, रहस्यमय अंतःप्रज्ञात्मक कथन हैं। वास्तव में नैतिक निर्णय संवेगात्मक अभिव्यक्तियां मात्र होने के कारण निर्णीत वस्तुओं के सम्बन्ध में कुछ भी नहीं कहते; इसीलिए इन निर्णयों की वस्तुनिष्ठता और प्रामाणिकता की कोई कसौटी निश्चित करना असम्भव है। यह स्पष्ट है कि ऐसे निर्णय वस्तुनिष्ठ और तथ्यात्मक दृष्टि से सार्थक कथन नहीं हो सकते। अपने सिद्धांत के आधार पर इन निर्णयों की तथ्यात्मक सार्थकता और वस्तुनिष्ठता का पूर्णतः निषेध करते हुए एयर ने लिखा है कि "प्रत्येक स्थिति में जब कोई व्यक्ति नैतिक निर्णय देता है तो उसमें प्रयुक्त नैतिक शब्द का कार्य केवल 'संवेगात्मक' होता है। इसका प्रयोग कुछ वस्तुओं के विषय में भावनां को अभिव्यक्त करने के लिए किया जाता है, उसके सम्बन्ध में कोई तथ्यात्मक वक्तव्य देने के लिए नहीं।...यदि कोई वाक्य तथ्यात्मक दृष्टि से कुछ भी नहीं कहता तो स्पष्टतः यह पूछना निरर्थक है कि जो कुछ यह कहता है वह सत्य है अथवा मिथ्या। और हम देख चुके हैं कि वे वाक्य जो केवल नैतिक निर्णयों को व्यक्त करते हैं तथ्यात्मक रूप से कुछ नहीं कहते। वे केवल भावनात्मक अभिव्यक्तियां हैं और इसी कारण वे उन कथनों के वर्ग में नहीं आते जो सत्य या मिथ्या हो सकते हैं।"[14] इस प्रकार यह स्पष्ट है कि एयर नैतिक निर्णयों को संवेगात्मक अभिव्यक्तियां मात्र मान कर उन्हें तथ्यात्मक दृष्टि से निरर्थक तथा ज्ञान के क्षेत्र से पूर्णतः पृथक मानते हैं।

यहां यह उल्लेखनीय है कि एयर के विचार में नैतिक निर्णयों का कार्य केवल भावनाओं को अभिव्यक्त तथा जागृत करना ही नहीं है, अपितु दूसरों को कोई कर्म करने या न करने के लिए परोक्ष रूप से प्रोत्साहित करना अथवा आदेश देना भी है। ये निर्णय अन्य व्यक्तियों में कुछ भावनाएं अथवा संवेग उत्पन्न करके उन्हें कुछ विशेष कर्म करने के लिए प्रोत्साहित करते हैं। इस दृष्टि से नैतिक निर्णय संवेगात्मक अभिव्यक्तियां होने के साथ-साथ दूसरों के लिए परोक्ष

14. वही पुस्तक, पृ० 108

आज्ञाओं अथवा आदेशों के रूप में भी कार्य करते हैं। अपनी इस मान्यता को एयर ने एक उदाहरण द्वारा इस प्रकार स्पष्ट किया है। उनका कथन है कि "सत्य बोलना तुम्हारा कर्तव्य है" यह वाक्य सत्य बोलने के सम्बन्ध में हमारे नैतिक अनुमोदन की भावना को अभिव्यक्त करने के अतिरिक्त अन्य व्यक्तियों को सत्य बोलने का आदेश भी देता है। एयर के अनुसार अन्य नैतिक निर्णयों की व्याख्या भी इसी प्रकार की जा सकती है। उदाहरणार्थ जब हम यह कहते हैं कि "चोरी करना अनुचित है" तो हम चोरी करने के प्रति अपने नैतिक अननुमोदन की भावना को अभिव्यक्त करने के साथ-साथ दूसरों को यह कर्म न करने का परोक्ष आदेश भी देते हैं। इस प्रकार कार्नेप की भांति एयर भी यह मानते हैं कि नैतिक निर्णयों के दो मुख्य कार्य हैं—संवेगों अथवा भावनाओं को अभिव्यक्त तथा जागृत करना और अन्य व्यक्तियों को कुछ करने या न करने का परोक्षरूप से आदेश देना। परन्तु इन दोनों दार्शनिकों की यह मान्यता एकांगी तथा दोषपूर्ण है, क्योंकि नैतिक निर्णय सभी परिस्थितियों में अनिवार्यतः संवेगात्मक और आदेशात्मक नहीं होते। संवेगवाद के विरुद्ध इस आपत्ति पर भी हम प्रस्तुत अध्याय के अन्तिम खंड में विस्तार से विचार करेंगे।

एयर यह स्वीकार करते हैं कि एक अर्थ में उनके संवेगात्मक सिद्धान्त को 'व्यक्तिनिष्ठवादी सिद्धांत' कहा जा सकता है, क्योंकि व्यक्तिनिष्ठवाद की भांति यह सिद्धांत भी नैतिक निर्णयों की वस्तुनिष्ठता का पूर्णतः निषेध करता है। परन्तु उनका संवेगवाद वास्तव में व्यक्तिनिष्ठवाद से भिन्न है। जैसाकि हम तीसरे अध्याय में बता चुके हैं, व्यक्तिनिष्ठवाद के अनुसार नैतिक निर्णय किसी व्यक्ति अथवा समुदाय की भावनाओं का वर्णन करते हैं, अतः ये निर्णय तथ्यात्मक होते हैं और इसी कारण ये सत्य या मिथ्या हो सकते हैं। कोई नैतिक निर्णय किसी व्यक्ति या समुदाय की जिस भावना का वर्णन करता है वह भावना यदि वस्तुतः उसमें विद्यमान है तो वह निर्णय सत्य होगा, अन्यथा उस निर्णय को मिथ्या माना जाएगा। परन्तु एयर के मतानुसार नैतिक निर्णय वास्तव में तथ्यात्मक नहीं होते, क्योंकि वे किसी व्यक्ति या समुदाय की भावनाओं का वर्णन नहीं करते। ये निर्णय भावनाओं अथवा संवेगों की 'अभिव्यक्तियां' मात्र होते हैं—अर्थात् ये वक्ता की भावनाओं को उसी प्रकार केवल 'अभिव्यक्त' करते हैं जिस प्रकार 'अहा', 'ओह', 'हाय' आदि संवेगात्मक शब्द उसकी भावनाओं को अभिव्यक्त करते हैं। इसी कारण संवेगात्मक वाक्यों की भांति नैतिक निर्णय भी सत्य अथवा मिथ्या नहीं होते। इस दृष्टि से एयर के विचार में उनका संवेगवाद व्यक्तिनिष्ठवाद से बहुत भिन्न है। इन दोनों सिद्धांतों में पाए जाने वाले उपर्युक्त आधारभूत अन्तर को उन्होंने इस प्रकार स्पष्ट किया है :—"व्यक्तिनिष्ठवादी यह मानता है कि नैतिक कथन वास्तव में कुछ भावनाओं

के अस्तित्व का तथ्यात्मक वर्णन करते हैं, किन्तु हम यह मानते हैं कि नैतिक कथन भावनाओं को अभिव्यक्त तथा जागृत करते हैं और इसी कारण वे अनिवार्यतः तथ्यात्मक नहीं होते।"[15]

वस्तुतः व्यक्तिनिष्ठवाद तथा संवेगवाद में विद्यमान उपर्युक्त अन्तर को भली-भांति समझने के लिए यह जानना आवश्यक है कि भावनाओं की 'अभिव्यक्ति' उनके 'वर्णन' से भिन्न होती है। किसी भावना का 'वर्णन' करने के लिए वास्तव में कुछ शब्दों का प्रयोग अनिवार्य है। उदाहरणार्थ यदि मैं किसी कर्म के प्रति अपने मन में विद्यमान अनुमोदन की भावना का वर्णन करना चाहता हूं तो मेरे लिए यह कहना अनिवार्य है कि "मैं इसका अनुमोदन करता हूं।" परंतु भावनाओं की 'अभिव्यक्ति' के लिए शब्दों का प्रयोग अनिवार्य नहीं है। उदाहरण के लिए यदि मैं किसी नेता के लम्बे और नीरस भाषण से ऊब गया हूं तो भाषा का प्रयोग किए बिना भी मैं कुछ शारीरिक संकेतों अथवा चेष्टाओं द्वारा उसके भाषण के प्रति अपनी इस ऊब को भली-भांति अभिव्यक्त कर सकता हूं। इसके विपरीत यदि मैं अपनी इस ऊब का वर्णन करना चाहता हूं तो मुझे स्पष्ट शब्दों में यह कहना पड़ेगा कि "मैं आपके भाषण से ऊब गया हूं।" इसका अर्थ यह है कि शब्दों द्वारा भावनाओं के वर्णन में उनकी अभिव्यक्ति अनिवार्यतः सम्मिलित रहती है, किन्तु भावनाओं की अभिव्यक्ति में भाषा के माध्यम से उनके वर्णन का सम्मिलित होना अनिवार्य नहीं है। एयर के विचार में संवेगवाद के अनुसार नैतिक निर्णय इसी अर्थ में 'अभिव्यक्तियां' मात्र हैं और यही तथ्य संवेगवाद को व्यक्तिनिष्ठवाद से पृथक करता है जिसके अनुसार नैतिक निर्णय भावनाओं का स्पष्टतः तथ्यात्मक वर्णन करते हैं। वस्तुतः इसी कारण व्यक्तिनिष्ठवाद को संज्ञानात्मक सिद्धांत कहा जाता है और संवेगवाद को असंज्ञानात्मक सिद्धांत। हम दूसरे अध्याय में इन दोनों सिद्धांतों के इस आधारभूत अन्तर को पहले ही स्पष्ट कर चुके हैं। वास्तव में मुख्यतः इसी आधारभूत अन्तर के कारण एयर अपने संवेगवाद को व्यक्तिनिष्ठवाद से पृथक सिद्धांत मानते हैं।

नैतिक निर्णयों के अर्थ तथा स्वरूप के विषय में एयर के उपर्युक्त विचारों से यह स्पष्ट है कि उनके अनुसार इन निर्णयों के सम्बन्ध में न तो वास्तविक असहमति संभव है और न इनकी प्रामाणिकता के लिए किसी प्रकार के वस्तुनिष्ठ तर्क प्रस्तुत किए जा सकते हैं। वस्तुतः ये दोनों एयर के संवेगवाद के अनिवार्य परिणाम हैं जिन्हें वे पूर्णतः स्वीकार करते हैं। वे यह मानते हैं कि जब दो व्यक्ति एक ही वस्तु के संबंध में विरोधी नैतिक निर्णय देते हैं तो वे दोनों वास्तव में तथ्यात्मक रूप से एक-दूसरे के निर्णय का खण्डन नहीं करते। इसका

15. वही पुस्तक, पृ० 109

कारण यह है कि वे अपने विरोधी नैतिक निर्णयों द्वारा तथ्यात्मक रूप से कुछ भी न कहकर निर्णीत वस्तु के संबंध में केवल अपनी विरोधी भावनाएं अभिव्यक्त करते हैं और भावनाओं की अभिव्यक्तियों का खंडन करना संभव नहीं है। स्पष्टतः इसका अर्थ यही है कि नैतिक निर्णयों के संबंध में वास्तविक असहमति असंभव है। अपनी इस मान्यता को एक उदाहरण द्वारा स्पष्ट करते हुए एयर ने लिखा है :—"हम यह मानते हैं कि 'मितव्ययता सद्गुण है' तथा 'मितव्ययता दुर्गुण है' ऐसे वाक्य वास्तविक प्रतिज्ञप्तियों को व्यक्त नहीं करते, अतः हम यह नहीं मान सकते कि वे परस्पर विरोधी प्रतिज्ञप्तियों को व्यक्त करते हैं।"[16] इस प्रकार यह स्पष्ट है कि एयर नैतिक निर्णयों के विषय में वास्तविक असहमति का पूर्णतः निषेध करते हैं। परन्तु उनकी यह मान्यता उचित एवं युक्तिसंगत प्रतीत नहीं होती, क्योंकि सामान्यतः हम यह मानते हैं कि जब दो व्यक्ति एक वस्तु के विषय में विरोधी नैतिक निर्णय देते हैं तो उनमें वास्तविक असहमति होती है और वे एक-दूसरे के नैतिक निर्णय का वास्तव में खंडन करते हैं। संवेगवाद के विरुद्ध इस आपत्ति पर भी हम प्रस्तुत अध्याय के अन्तिम खंड में विचार करेंगे।

नैतिक निर्णयों के संबंध में वास्तविक असहमति के निषेध के साथ-साथ एयर इन निर्णयों के विषय में वस्तुनिष्ठ तर्कों की संभावना को भी पूर्णतः अस्वीकार करते हैं। वे स्पष्ट रूप से यह कहते हैं कि नैतिक निर्णयों के मूल्यात्मक पक्ष के संबंध में किसी प्रकार के तर्क देना संभव नहीं है। हम केवल उन विशेष तथ्यों के विषय में वाद-विवाद कर सकते हैं जिन पर ये नैतिक निर्णय आधारित होते हैं और जिनके संबंध में वास्तविक असहमति संभव है। जब हम नैतिक निर्णयों के पक्ष या विपक्ष में तर्क प्रस्तुत करते हैं तो वास्तव में हम इन निर्णयों से संबंधित कुछ विशेष तथ्यों के पक्ष अथवा विपक्ष में ही तर्क देते हैं। उदाहरणार्थ हम किसी कर्म को करने वाले व्यक्ति की अभिप्रेरणाओं, उसके कर्म के परिणामों तथा उन परिस्थितियों के संबंध में वाद-विवाद कर सकते हैं जिनमें उसने वह कर्म किया है। एयर के अनुसार नैतिक निर्णयों से संबंधित ये ऐसे तथ्य हैं जिनकी निष्पक्ष तथा वस्तुनिष्ठ परीक्षा संभव है और इसी कारण इन तथ्यों के विषय में सार्थक वाद-विवाद हो सकता है। परन्तु नैतिक निर्णयों के मूल्यात्मक पक्ष के विषय में इस प्रकार का वाद-विवाद संभव नहीं है। वस्तुतः इसका कारण यह है कि एयर के विचार में नैतिक निर्णयों के मूल्यात्मक पक्ष का संबंध किसी प्रकार के तथ्यों से न होकर केवल भावनाओं अथवा संवेगों से ही है जिनका खंडन करना असंभव है।

16. वही पुस्तक, पृ० 110

यदि नैतिक निर्णय केवल भावनाओं को अभिव्यक्त तथा जागृत करते हैं और निर्णीत वस्तुओं के विषय में तथ्यात्मक रूप से कुछ भी नहीं कहते जैसाकि कि एयर मानते हैं तो इन निर्णयों के संबंध में सार्थक वाद-विवाद का प्रश्न ही नहीं उठता, क्योंकि वास्तव में सार्थक वाद-विवाद तथ्यों के विषय में ही हो सकता है, भावनाओं अथवा संवेगों के विषय में नहीं। परन्तु एयर के अनुसार नैतिक निर्णयों का मूल्यात्मक पक्ष केवल संवेगों या भावनाओं पर ही आधारित होता है। इसी कारण इन निर्णयों के इस मूल्यात्मक पक्ष के सम्बन्ध में सार्थक वाद-विवाद की संभावना को अस्वीकार करते हुए उन्होंने कहा है :— "यह स्पष्ट है कि हमारे सिद्धांत का यह अनिवार्य निष्कर्ष है कि मूल्य विषयक प्रश्नों के संबंध में वाद-विवाद करना असंभव है।...हम यह मानते हैं कि कोई भी व्यक्ति मूल्य संबंधी प्रश्नों के विषय में कभी भी तर्क नहीं करता। हम निश्चय ही ऐसे विवादों में सम्मिलित होते हैं जिन्हें सामान्यतः मूल्य विषयक प्रश्नों के संबंध में विवाद समझा जाता है। परन्तु ऐसी सभी स्थितियों में गंभीरतापूर्वक विचार करने से ज्ञात होता है कि विवाद वास्तव में मूल्य संबंधी प्रश्न के विषय में नहीं, अपितु तथ्य संबंधी प्रश्न के विषय में है।... यदि हमारे विरोधी की नैतिक शिक्षा हमारी नैतिक शिक्षा से भिन्न प्रकार की है और फलतः यदि वह सभी संबद्ध तथ्यों को स्वीकार करते हुए भी विचारणीय कर्म के नैतिक मूल्य के संबंध में हमसे असहमत होता है तो हम तर्क द्वारा उसे अपनी बात समझाने का प्रयास छोड़ देते हैं। जब तथ्यात्मक प्रश्नों के विपरीत मूल्यात्मक प्रश्नों के विषय में हमारा तर्क असफल हो जाता है तो हम अंततः अशिष्ट भाषा का प्रयोग करने लगते हैं।"[17] इस उद्धरण से स्पष्ट है कि एयर नैतिक निर्णयों के मूल्यात्मक पक्ष के संबंध में किसी प्रकार के तर्कों की संभावना को स्वीकार नहीं करते। परन्तु हम इस अध्याय के अन्तिम खंड में देखेंगे कि नैतिक निर्णयों के प्रमाणीकरण के विषय में उनकी यह मान्यता उचित एव युक्ति संगत नहीं है।

एयर ने नैतिक निर्णयों के अर्थ, स्वरूप तथा प्रमाणीकरण के संबंध में ऊपर जो कुछ कहा है उससे यही निष्कर्ष निकलता है कि नीतिशास्त्र वास्तव में कोई व्यवस्थित विज्ञान नहीं हो सकता। अपने संवेगवादी सिद्धांत के इस निष्कर्ष को वे स्पष्टतः स्वीकार करते हैं। उन्होंने स्पष्ट कहा है कि नैतिक निर्णय तथ्यात्मक प्रतिज्ञप्तियां न होकर संवेगात्मक अभिव्यक्तियां मात्र हैं, अतः नीतिशास्त्र को 'विज्ञान' मानना संभव नहीं हैं। नीतिशास्त्र नैतिक निर्णयों का विश्लेषण करने

17. वही पुस्तक, पृ० 110-111

के लिए किसी वैज्ञानिक विधि का प्रयोग नहीं कर सकता, क्योंकि केवल संवेगात्मक अभिव्यक्तियां होने के कारण ये निर्णय न तो सत्य होते हैं और न मिथ्या। यहां यह प्रश्न किया जा सकता है कि यदि नीतिशास्त्र कोई व्यवस्थित विज्ञान नहीं हो सकता तो नैतिक दर्शन का कार्य अथवा उद्देश्य क्या है। इस प्रश्न का उत्तर देते हुए एयर कहते हैं कि "नैतिक दर्शन हमें केवल यही बताता है कि नैतिक अवधारणाएं छद्म अवधारणाएं हैं और इसी कारण वे अविश्लेष्य हैं।...यदि नैतिक विज्ञान का अर्थ आचार-नीति का व्यवस्थित विवरण है तो नैतिक विज्ञान जैसी कोई वस्तु नहीं हो सकती।...किसी नैतिक पद्धति की प्रामाणिकता को निश्चित करने का कोई उपाय नहीं है और वास्तव में यह पूछना भी निरर्थक है कि ऐसी कोई पद्धति यथार्थ हो सकती है या नहीं, क्योंकि नैतिक निर्णय भावनाओं की अभिव्यक्तियां मात्र हैं।... इस प्रकार ऐसा प्रतीत होता है कि ज्ञान की शाखा के रूप में नीतिशास्त्र मनोविज्ञान तथा समाजशास्त्र के विभाग के अतिरिक्त और कुछ नहीं है।"[18] संक्षेप में एयर ने अपनी पुस्तक, 'लैंग्वेज, ट्रुथ एण्ड लॉजिक' में नैतिक निर्णयों के अर्थ और प्रमाणीकरण तथा नैतिक दर्शन के स्वरूप एवं उद्देश्य के संबंध में अपना यही निष्कर्ष प्रस्तुत किया है जो उनके संवेगवाद के अनुरूप ही है।

जैसाकि हम इस खंड के प्रारम्भ में बता चुके हैं, 1946 में उपर्युक्त पुस्तक के द्वितीय संस्करण के प्रकाशन तक उन्होंने अपने इस संवेगवादी सिद्धांत में कोई महत्त्वपूर्ण परिवर्तन अथवा संशोधन नहीं किया था। अपनी पुस्तक के इस द्वितीय संस्करण की प्रस्तावना में उन्होंने संवेगवाद और नैतिक निर्णयों के स्वरूप के विषय में जो कुछ कहा है उससे इस तथ्य की पूर्णतः पुष्टि होती है। इस प्रस्तावना में एयर कहते हैं कि उनके संवेगवाद की तीव्र आलोचना की गई है, किन्तु यह आलोचना वास्तव में तर्कीय प्रत्यक्षवाद के उन मूल सिद्धांतों की है जिन पर संवेगवाद को आधारित माना जाता है। इस आलोचना का उत्तर देते हुए उन्होंने कहा है कि संवेगवाद तर्कीय प्रत्यक्षवाद के आधारभूत सिद्धांतों से स्वतन्त्र है, अतः इन सिद्धांतों के अनुचित सिद्ध हो जाने पर भी इस सिद्धांत का खंडन नहीं होता। उनका मत है कि संवेगवाद के आधार पर उन्होंने नैतिक निर्णयों का जो विश्लेषण किया है वह सत्यापन-सिद्धांत तथा तर्कीय प्रत्यक्षवाद के अन्य सिद्धांतों से स्वतन्त्र और अपने आप में उचित एवं युक्ति संगत है।[19] इस प्रकार निष्कर्ष के रूप में हम यह कह सकते हैं कि नैतिक

18. वही पुस्तक, पृ० 112
19. वही पुस्तक, पृ० 20

निर्णयों के अर्थ, स्वरूप तथा प्रमाणीकरण के संबंध में 1946 तक एयर के विचारों में कोई विशेष परिवर्तन नहीं हुआ था।

परन्तु यह कहना उचित नहीं होगा कि एयर ने अपने संवेगवादी सिद्धांत में कभी कोई संशोधन नहीं किया और वे आज भी इस सिद्धांत को उसी प्रकार सत्य मानते हैं जिस प्रकार 1946 में मानते थे। वस्तुत: 1946 के पश्चात नैतिक निर्णयों के अर्थ और प्रमाणीकरण के विषय में उनके विचारों में कुछ परिवर्तन अवश्य हुआ है जिसका यहां उल्लेख कर देना आवश्यक है। इस संबंध में उन्होंने अपने विचारों में जो संशोधन किया है उस पर स्टीवेंसन तथा हेयर के मत का प्रभाव स्पष्ट रूप से दिखाई देता है। स्टीवेंसन की पुस्तक,'ऐथिक्स एण्ड लेंग्वेज' 1944 में और हेयर की पुस्तक, 'दी लेंग्वेज ऑफ मॉरल्ज़' 1952 में प्रकाशित हुई थी। इन दोनों पुस्तकों के पश्चात् 1954 में एयर की पुस्तक, 'फिलॉसॉफिकल एसेज' प्रकाशित हुई थी। जिसमें उनका एक निबन्ध, 'ऑन दि ऐनालिसिस ऑफ मॉरल जजमैंट्स' भी संकलित है। इसी निबन्ध में उन्होंने नैतिक निर्णयों के अर्थ और प्रमाणीकरण के सम्बन्ध में अपना संशोधित संवेगवादी सिद्धांत प्रस्तुत किया है। इस निबंध को ध्यानपूर्वक पढ़ने से ऐसा प्रतीत होता है कि इसे लिखने से पूर्व एयर ने संभवत: स्टीवेंसन और हेयर की उपर्युक्त पुस्तकों का अध्ययन किया था। हम आगे देखेंगे कि अपने उक्त निबंध में उन्होंने नैतिक निर्णयों के अर्थ और प्रमाणीकरण के विषय में जो कुछ कहा है उससे इस तथ्य की पुष्टि होती है। इन निर्णयों का विश्लेषण करते हुए उन्होंने स्टीवेंसन और हेयर की अनेक मान्यताओं को अप्रत्यक्ष रूप से स्वीकार किया है।

हम देख चुके हैं कि 'लैंग्वेज, ट्रुथ एण्ड लॉजिक' में एयर ने नैतिक निर्णयों की तथ्यात्मक सार्थकता का पूर्णत: निषेध किया है और उन्हें भावनाओं अथवा संवेगों की अभिव्यक्तियां मात्र माना है। उस समय इन निर्णयों के संबंध में अपना यह मत उन्हें पूर्णत: उचित एवं युक्ति संगत प्रतीत होता था। परन्तु उपर्युक्त निबंध, 'ऑन दि ऐनालिसिस ऑफ मॉरल जजमैंट्स' में एयर ने अपने इस मत की सत्यता में स्वयं ही संदेह व्यक्त किया है। इस संबंध में वे स्पष्ट कहते है कि "धर्मशास्त्रीय और नैतिक कथनों को अब मिथ्या अथवा निरर्थक नहीं माना जाता। उन्हें वैज्ञानिक कथनों से केवल भिन्न समझा जाता है।... जहां तक नैतिक दर्शन का सम्बन्ध है, इसका अर्थ यही है कि नैतिक कथन अद्वितीय या अनन्य हैं, और यह पर्याप्त सीमा तक सत्य हो सकता है। यह विचार कि जिन्हें नैतिक कथन कहा जाता है वे वास्तव में कथन नहीं हैं, वे किसी वस्तु का वर्णन नहीं करते, वे सत्य अथवा मिथ्या नहीं हो सकते, एक स्पष्ट अर्थ में निश्चय ही अनुचित है, यद्यपि मैं इसे अब भी स्वीकार करना चाहता हूं।... नैतिक वाक्यों को 'कथन' मानना किसी भी प्रकार से अनुचित

नहीं है। जब कोई व्यक्ति किसी कर्म के विषय में नैतिक शब्द का प्रयोग करता है तो यह कहना उचित ही होगा कि वह इसके द्वारा उस कर्म का वर्णन करता है। जब कोई व्यक्ति नैतिक निर्णय का समर्थन करना चाहता है तो उसके लिए यह कहना पूर्णतः उचित है कि वह निर्णय सत्य है; ...यदि वह इस निर्णय का विरोध करना चाहता है तो उसके लिए यह कहना पूर्णतया उचित होगा कि वह मिथ्या है।"[20] इस उद्धरण से यह स्पष्ट है कि अब एयर को अपना यह मत असंदिग्ध रूप से सत्य प्रतीत नहीं होता कि नैतिक निर्णय तथ्यात्मक दृष्टि से निरर्थक तथा भावनाओं या संवेगों की अभिव्यक्तियां मात्र हैं जो न सत्य हो सकती हैं और न मिथ्या।

परन्तु यहां यह उल्लेखनीय है कि उपर्युक्त उद्धरण में एयर ने नैतिक निर्णयों के विषय में जो विचार व्यक्त किए हैं उनमें स्वतोव्याघात स्पष्टतः दिखाई देता है। एक ओर तो वे इन निर्णयों के संबंध में अपने पहले मत को निश्चित रूप से अनुचित मानते हैं और दूसरी ओर वे यह भी कहते हैं कि वे इसे स्वीकार करना चाहते हैं। इसके अतिरिक्त उक्त उद्धरण में जब एयर यह कहते हैं कि नैतिक निर्णय सत्य अथवा मिथ्या हो सकते हैं और किसी कर्म के विषय में नैतिक शब्दों का प्रयोग करके हम उसका वर्णन कर सकते हैं तो ऐसा प्रतीत होता है कि वे अपने संवेगवाद का परित्याग कर रहे हैं। परंतु, जैसाकि हम आगे देखेंगे, वे वास्तव में अब भी इस सिद्धांत का पूर्णतः समर्थन करते हैं। हां, उपर्युक्त उद्धरण के आधार पर यह अवश्य कहा जा सकता है कि संवेगवाद की सत्यता के संबंध में अब वे उतने आश्वस्त नहीं हैं जितने वे अपनी प्रथम पुस्तक, 'लैंग्वेज, ट्रुथ एण्ड लॉजिक' लिखते समय थे। इस पुस्तक में व्यक्त किए गए अपने मत के विपरीत अब एयर यह मानते हैं कि नैतिक निर्णय कुछ विशेष प्रकार के तथ्यों की ओर संकेत करते हैं जिन्हें उन्होंने 'नैतिक तथ्य' कहा है। यहां यह प्रश्न किया जा सकता है कि 'नैतिक तथ्य' से उनका क्या तात्पर्य है। जहां तक मुझे ज्ञात है, एयर ने इस प्रश्न का कोई स्पष्ट और संतोषप्रद उत्तर नहीं दिया। परन्तु उनके मतानुसार "यह कहना निस्संदेह उचित है कि नीतिज्ञ अवश्य ही तथ्यात्मक वाक्य—विशेषतः नैतिक तथ्य को व्यक्त करने वाले वाक्य—कहता है।"[21] एयर नैतिक तथ्यों को अनुभवाश्रित तथ्यों से निश्चय ही भिन्न प्रकार के तथ्य मानते हैं, किन्तु उन्होंने इन नैतिक तथ्यों के स्वरूप को स्पष्ट नहीं किया। इस कठिनाई के होते हुए भी एयर के उपर्युक्त विचारों के आधार पर यह कहा जा सकता है कि नैतिक निर्णयों के अर्थ के संबंध में उनके मत में कुछ परिवर्तन अवश्य हुआ है।

20. ए० जे० एयर, 'फिलॉसॉफिकलएसेज', पृ० 231
21. वही पुस्तक. पृ० 232

नैतिक निर्णयों के अर्थ की भांति इन निर्णयों के प्रमाणीकरण के विषय में भी एयर ने अपने विचारों में कुछ संशोधन किया है। जैसा कि हम ऊपर देख चुके हैं, पहले वे यह मानते थे कि नैतिक निर्णयों के पक्ष या विपक्ष में किसी प्रकार के तर्क नहीं दिए जा सकते। परंतु अब वे यह स्वीकार करते हैं कि इन निर्णयों की पुष्टि के लिए कुछ विशेष प्रकार के तर्क देना संभव है। एयर का कथन है कि नैतिक निर्णयों के समर्थन में हम जो तर्क देते हैं उनका उद्देश्य स्वयं हमारी अपनी अथवा अन्य व्यक्तियों की अभिवृत्तियों को परिवर्तित या प्रभावित करना ही होता है। इसका तात्पर्य यह है कि हम उस अर्थ में नैतिक निर्णयों के पक्ष या विपक्ष में तर्क नहीं दे सकते जिस अर्थ में हम वैज्ञानिक तथा अनुभवाश्रित तथ्यात्मक कथनों के पक्ष अथवा विपक्ष में तर्क देते हैं। इसका कारण यह है कि नैतिक निर्णयों के समर्थन में दिए जाने वाले तर्कों का उद्देश्य किन्हीं तथ्यों की पुष्टि करना नहीं, अपितु अभिवृत्तियों में परिवर्तन करना ही होता है। अपनी इसी मान्यता को स्पष्ट करते हुए एयर ने लिखा है कि "जिस प्रकार हम अपने सौन्दर्यात्मक निर्णयों के लिए तर्क देते हैं उसी प्रकार हम अपने नैतिक निर्णयों के लिए भी तर्क दे सकते हैं और देते हैं।...परन्तु प्रश्न यह है कि ये तर्क इन निर्णयों का समर्थन किस प्रकार करते हैं। तार्किक दृष्टि से नहीं। नैतिक तर्क निगमनात्मक नहीं होते। वैज्ञानिक अर्थ में भी ये तर्क नैतिक निर्णयों का समर्थन नहीं करते।...हम यह कह सकते हैं कि हमारे पास अपने नैतिक निर्णयों के लिए प्रमाण है, किंतु हम इस प्रमाण तथा उन नैतिक निर्णयों में भेद नहीं कर सकते जिनके लिए यह प्रमाण माना जाता है। इसका अर्थ यह है कि वैज्ञानिक दृष्टि से यह प्रमाण बिल्कुल नहीं है। उपर्युक्त प्रश्न के संबंध में मेरा उत्तर यह है कि जिन्हें हमारे नैतिक निर्णयों के लिए तर्क समझा जाता है वे इसी अर्थ में तर्क हैं कि वे हमारी अभिवृत्तियों को निर्धारित करते हैं।"[22] इस प्रकार एयर के अनुसार हम तार्किक या वैज्ञानिक दृष्टि से तो नैतिक निर्णयों के समर्थन में तर्क नहीं दे सकते, किंतु ये निर्णय हमारी जिन अभिवृत्तियों को व्यक्त करते हैं उनका समर्थन करने के लिए हम तर्क अवश्य दे सकते हैं। यहां एयर के विचारों पर स्टीवेंसन के मत का प्रभाव स्पष्ट रूप से दिखाई देता है। हम अगले खंड में देखेंगे कि अपनी पुस्तक, 'ऐथिक्स ऐंड लैंग्वेज' में स्टीवेंसन ने नैतिक निर्णयों के समर्थन में दिए जाने वाले तर्कों के विषय में ऐसे ही विचार व्यक्त किए हैं। संभवतः उनके इन्हीं विचारों से प्रभावित हो कर एयर ने नैतिक निर्णयों के प्रमाणीकरण के संबंध में अपना उपर्युक्त मत प्रस्तुत किया है।

नैतिक निर्णयों के अर्थ और प्रमाणीकरण से संबंधित एयर के संशोधित

22. वही पुस्तक, पृ० 236-237

विचारों के विषय में ऊपर जो कुछ कहा गया है उससे यह निष्कर्ष निकालना अनुचित होगा कि उन्होंने अपने संवेगवादी सिद्धांत का परित्याग कर दिया है। वस्तुत: एयर की पुस्तक, 'लेंग्वेज, ट्रुथ ऐंड लॉजिक' के प्रकाशन के पश्चात अनेक दार्शनिकों ने उनके इस सिद्धांत की तीव्र आलोचना की थी। इन दार्शनिकों ने उनके सिद्धांत के विरुद्ध जो आपत्तियां उठाई थीं उनके प्रभाव को समाप्त या कम करने के लिए ही एयर ने अपने विचारों में कुछ संशोधन किए थे जिनका उल्लेख ऊपर किया गया है। परंतु उनके विचारों में इन संशोधनों का यह अर्थ नहीं है कि अब वे संवेगवाद का समर्थन नहीं करते। वस्तुत: एयर अब भी इस सिद्धांत की आधारभूत मान्यताओं को पूर्णत: स्वीकार करते हैं। वे अब भी यह मानते हैं कि नैतिक निर्णयों का मुख्य उद्देश्य किन्हीं तथ्यों का वर्णन करना नहीं, अपितु भावनाओं को अभिव्यक्त तथा जागृत करना और अन्य व्यक्तियों को कुछ करने या न करने के लिए प्रेरित करना ही है। उनके निम्नलिखित वक्तव्य से इस तथ्य की भलीभांति पुष्टि होती है :—"जब हम इस बात पर विचार करते हैं कि नैतिक कथनों का प्रयोग वास्तव में कैसे किया जाता है तो यह मालूम होता है कि ये कथन अन्य प्रकार के कथनों से इतने भिन्न रूप में कार्य करते हैं कि इन्हें एक पूर्णत: भिन्न श्रेणी में रखना ही उचित है। यह कहना उचित होगा कि या तो इन्हें 'कथन' बिल्कुल ही नहीं माना जा सकता, अथवा, यदि यह असुविधाजनक सिद्ध हो तो, कम से कम यह कहा जा सकता है कि ये कथन प्रतिज्ञप्तियां व्यक्त नहीं करते, फलत: नैतिक तथ्यों जैसी कोई वस्तु नहीं है।"[23] एयर के इन विचारों से यह स्पष्ट है कि वे अब भी संवेगवाद का ही समर्थन करते हैं, किसी संज्ञानात्मक सिद्धांत का नहीं।

"लेंग्वेज, ट्रुथ एण्ड लॉजिक' की भांति अपने उपर्युक्त निबन्ध में भी एयर ने संवेगवाद का समर्थन करने के लिए प्रकृतिवाद तथा निर्प्रकृतिवाद इन दोनों संज्ञानात्मक सिद्धांतों का खंडन किया है। इन दोनों सिद्धांतों के विरुद्ध उनकी मुख्य आपत्ति यही है कि नैतिक शब्द किंहीं प्राकृतिक या निर्प्राकृतिक गुणों का बोध नहीं कराते जैसा कि इन सिद्धांतों के समर्थक मानते हैं। इसका अर्थ यह है कि नैतिक शब्द उन तथ्यात्मक अथवा वर्णनात्मक शब्दों से मूलत: भिन्न प्रकार के होते हैं जिनका एकमात्र कार्य किन्हीं गुणों का वर्णन करना है। यही कारण है कि गुणबोधक तथ्यात्मक शब्दों के आधार पर नैतिक शब्दों की परिभाषा अथवा व्याख्या नहीं की जा सकती। हम नैतिक शब्दों का प्रयोग कभी भी तथ्यात्मक शब्दों के पर्यायों के रूप में नहीं कर सकते, क्योंकि इन दोनों प्रकार के शब्दों के कार्य तथा उद्देश्य में आधारभूत अन्तर है। कुछ उदाहरणों द्वारा

23. वही पुस्तक, पृ० 232

इसी आधारभूत अन्तर को स्पष्ट करते हुए एयर कहते हैं :—"यह कहना कि किसी मनुष्य की अभिप्रेरणायें अच्छी या बुरी थीं यह कहने के समान नहीं है कि वे क्या थीं ? यह कहना कि किसी मनुष्य ने उचित अथवा अनुचित कर्म किया यह कहने के समान नहीं है कि उसने क्या किया ?·· ये नैतिक शब्द तथ्यात्मक नहीं हैं; ये उस वस्तु की किन्हीं विशेषताओं का वर्णन नहीं करते जिसके संबंध में इनका प्रयोग किया जाता है।···यह कहना कि 'क' शुभ है केवल यही कहना नहीं है कि 'क' किसी गुण का बोध कराता है। इसका अर्थ यह है कि जिसमें भी वह गुण है उसे महत्त्व दिया जाना चाहिए, उसे प्राप्त करना चाहिए, उसका अनुमोदन करना चाहिए, अन्य वस्तुओं के स्थान पर उसे अस्तित्त्व में लाया जाना चाहिए, इत्यादि।···मूल्यों के विषय में बात करना किसी वस्तु के होने या न होने का वर्णन करना नहीं है। नैतिक समस्या यह है—मुझे क्या करना चाहिए ? मुझे कौन-सा दृष्टिकोण स्वीकार करना चाहिए ? नैतिक निर्णय इस अर्थ में निर्देशात्मक होते हैं।"[24]

एयर के उपर्युक्त वक्तव्य से यह स्पष्ट है कि वे नैतिक शब्दों को तथ्यात्मक शब्दों से मूलतः भिन्न मानते हैं और इसी कारण वे किसी संज्ञानात्मक सिद्धांत का समर्थन नहीं करते। उनका कथन है कि नैतिक शब्द मूलतः मानकीय शब्द होते हैं जो कुछ विशेष मानकों अथवा प्रतिमानों के आधार पर मनुष्य के चरित्र तथा कर्मों का मूल्यांकन करते हैं, किन्हीं तथ्यों का वर्णनमात्र नहीं। इन शब्दों की यही विशेषता इन्हें 'कठोर', 'कोमल', 'लंबा', 'छोटा', 'लाल', 'हरा' आदि गुणबोधक तथ्यात्मक शब्दों से पृथक् करती है जो केवल वर्णनात्मक होते हैं। इसी आधार पर एयर निर्प्रकृतिवाद का भी खंडन करते हैं। इस सिद्धांत के विरुद्ध उनका कथन है कि "यदि नैतिक शब्द को मानकीय माना जाता है तो यह तथाकथित निर्प्राकृतिक गुण का केवल वर्णन नहीं करता और यदि यह केवल इस गुण का वर्णन करता है तो यह मानकीय नहीं है और इसलिए यह उस कार्य को संपन्न नहीं करता जिसे नैतिक शब्दों का आवश्यक कार्य माना जाता है।"[25] यहां एयर के मत पर हेयर के विचारों का प्रभाव स्पष्टतः देखा जा सकता है। जैसा कि हम तीसरे अध्याय में बता चुके हैं, हेयर ने अपनी पुस्तक, 'दि लैंग्वेज ऑफ मारल्स' में मुख्यतः इसी तर्क के आधार पर प्रकृतिवाद का खंडन किया है और उनका यही तर्क निर्प्रकृतिवाद के विरुद्ध भी समान रूप से लागू होता है। सम्भवतः उनके विचारों से प्रभावित होकर एयर ने निर्प्रकृतिवाद के विरुद्ध उपर्युक्त आपत्ति उठाई है जो निश्चय ही उचित एवं युक्तिसंगत है।

24. वही पुस्तक, पृ० 235, 240 242
25. वही पुस्तक, पृ० 240

अपने निबंध के अंत में एयर ने कुछ ऐसे आरोपों का उत्तर दिया है जो संवेगवाद के आलोचक इस सिद्धांत के विरुद्ध प्रायः लगाते रहे हैं। इन आरोपों को निराधार तथा मिथ्या बताते हुए एयर ने यह सिद्ध करने का प्रयास किया है कि एक तटस्थ विश्लेषणात्मक अधिनैतिक सिद्धांत के रूप में संवेगवाद नैतिक निर्णयों की समुचित व्याख्या करता है। संवेगवाद के विरुद्ध प्रायः यह आरोप लगाया जाता है कि इसके अनुसार नैतिक निर्णयों को वास्तव में कोई महत्त्व नहीं है, क्योंकि वे भावनाओं अथवा संवेगों की अभिव्यक्तियां मात्र हैं। इस आरोप का खंडन करते हुए एयर ने लिखा है—"मैं यह नहीं कहता कि आचरण विषयक नियम तुच्छ या महत्त्वहीन हैं अथवा लोगों को उनकी ओर ध्यान नहीं देना चाहिए। इसका कारण यह है कि उक्त निर्णय एक मूल्यात्मक निर्णय है जो न तो मैंने दिया है और न मैं देना चाहता हूं। और यदि मैं यह निर्णय देना भी चाहूं तो भी मेरे सिद्धांत के साथ इसका कोई तार्किक संबंध नहीं होगा क्योंकि यह सिद्धांत पूर्णतः विश्लेषणात्मक है। उसका उद्देश्य यह स्पष्ट करना है कि नैतिक निर्णय देते समय लोग वास्तव में क्या करते हैं, यह उन्हें इस सम्बन्ध में कोई सुझाव नहीं देता कि उन्हें कौन-से नैतिक निर्णय देने चाहियें। और यही बात संपूर्ण नैतिक दर्शन के विषय में कही जा सकती है जैसा कि मैं इसे समझता हूं।...यह भी एक कारण है कि बहुत-से लोग नैतिक दर्शन को असंतोषप्रद विषय मानते हैं, क्योंकि हें नीतिशास्त्र से मार्गदर्शन की अनुचित आशा करते हैं।"[26] इस प्रकार संवेगवाद को आचरण की दृष्टि से तटस्थ अधिनैतिक सिद्धांत बताते हुए एयर ने इसके विरुद्ध आलोचकों के इस आरोप को अनुचित सिद्ध करने का प्रयास किया है कि यह सिद्धांत नैतिक निर्णयों को अनावश्यक तथा महत्त्वहीन बना देता है।

संवेगवाद के विरुद्ध अनेक दार्शनिकों ने यह आरोप भी लगाया है कि इस सिद्धांत के अनुसार वास्तव में कुछ भी शुभ या अशुभ नहीं है और कोई भी व्यक्ति शुभ-अशुभ के भेद पर विचार किए बिना कुछ भी कर सकता है। संवेगवाद के विरुद्ध इस आरोप का भी एयर दृढ़तापूर्वक खंडन करते हैं। उनका मत है कि यह भी एक मूल्यात्मक निर्णय है जो वे नहीं देना चाहते और जो उनके सिद्धांत का अनिवार्य तार्किक परिणाम नहीं है। मुख्यतः इसी आधार पर उन्होंने उक्त आरोप को अनुचित माना है। इस आरोप के विरुद्ध उनका कथन है कि "जब मैं यह कहता हूं कि नैतिक निर्णय वर्णनात्मक नहीं अपितु संवेगात्मक हैं, वे तथ्यात्मक कथन न होकर अभिवृत्तियों को अभिप्रेरित करने वाली अभिव्यक्तियां हैं और परिणामतः वे सत्य अथवा मिथ्या नहीं हो

26. वही पुस्तक, पृ० 245-246

सकते···तो मेरे इस कथन का यह अर्थ नहीं है कि कुछ भी शुभ या अशुभ, उचित या अनुचित नहीं है अथवा इस बात का कोई महत्त्व नहीं है कि हम क्या करते हैं।···ऐसा कहना स्वयं एक नैतिक दृष्टिकोण को अभिव्यक्त करना होगा। यह दृष्टिकोण मेरे सिद्धांत का अनियार्य निष्कर्ष नहीं है और न मैं वास्तव में इसे स्वीकार करना चाहता हूं।···अवश्य ही यह आशा की जाती है कि जिस अर्थ में मैं 'नैतिक दार्शनिक शब्दों' का प्रयोग करता हूं उस अर्थ में भी नैतिक दार्शनिक के अपने नैतिक प्रतिमान होंगे और वह कभी-कभी नैतिक निर्णय भी देगा; परंतु ये नैतिक निर्णय उसके दर्शन के तार्किक परिणाम नहीं हो सकते, क्योंकि नैतिक निर्णयों का विश्लेषण करना स्वयं नैतिक निर्णय देना नहीं है।"[27] इस प्रकार एयर के विचार में संवेगवाद के विरुद्ध यह आरोप लगाना अनुचित है कि यह सिद्धांत लोगों के नैतिक आचरण पर अवांछनीय प्रभाव डालता है।

वस्तुतः, जैसा कि हम प्रथम अध्याय में बता चुके हैं, एयर सभी अधि-नैतिक सिद्धान्तों को आचरण की दृष्टि से तटस्थ मानते हैं। इसी कारण उनका मत है कि जब कोई व्यक्ति नैतिक निर्णयों के विश्लेषण से संबंधित किसी विशेष अधिनैतिक सिद्धांत को स्वीकार करता है तो उसके दैनिक आचरण पर इसका कोई प्रभाव नहीं पड़ता। स्पष्टतः इसका अर्थ यह है कि विरोधी अधि-नैतिक सिद्धांतों का समर्थन करने वाले व्यक्तियों का आचरण भी व्यावहारिक जीवन में एक जैसा हो सकता है। आचरण की दृष्टि से अधि-नैतिक सिद्धांतों की तटस्थता के विषय में अपनी इसी मान्यता को स्पष्ट करते हुए एयर कहते हैं कि "मेरा अपना अनुभव यह नहीं बताता कि जो लोग नैतिक निर्णयों के संबंध में प्रत्यक्षवादी विश्लेषण को स्वीकार करते हैं उनका आचरण ऐसे लोगों के आचरण से बहुत भिन्न होता है जो इसे अस्वीकार करते हैं; और वास्तव में मुझे इसमें संदेह है कि नैतिक दर्शन का अध्ययन सामान्यतः लोगों के आचरण पर कोई बहुत बड़ा प्रभाव डालता है।"[28] इस प्रकार एयर मनुष्य के नैतिक आचरण पर अधि-नैतिक सिद्धांतों का कोई विशेष प्रभाव स्वीकार नहीं करते। परन्तु उनकी इस मान्यता का पूर्णतः समर्थन करना बहुत कठिन प्रतीत होता है, क्योंकि यदि कोई व्यक्ति किसी विशेष अधि-नैतिक सिद्धांत का सचमुच दृढ़तापूर्वक समर्थन करता है तो इस सम्भावना को अस्वीकार नहीं किया जा सकता कि दैनिक जीवन में उसके आचरण पर इस सिद्धांत का पर्याप्त प्रभाव पड़ सकता है। ऐसी स्थिति में केवल यही कहा जा सकता है कि अधि-नैतिक

27. वही पुस्तक, पृ० 246
28. वही पुस्तक, पृ० 249

सिद्धांतों की तटस्थता के विषय में एयर की उपर्युक्त मान्यता केवल अंशतः सत्य है।

5. सी० एल० स्टीवेंन्सन

जिन दार्शनिकों ने संवेगवाद के विकास में योगदान किया है उसमें अमेरिकन दार्शनिक सी० एल० स्टीवेंसन का नाम सर्वप्रमुख है। कार्नेप और एयर ने संवेगवाद की आधारशिला अवश्य स्थापित कर दी थी, किन्तु इसे पूर्ण विकसित अधि-नैतिक सिद्धांत के रूप में प्रस्तुत करने का श्रेय स्टीवेंसन को ही दिया जा सकता है। एयर की पुस्तक, 'लैंग्वेज, ट्रुथ एण्ड लॉजिक' के प्रकाशन के पश्चात 1937-38 में स्टीवेंसन ने दर्शन विषयक सुविख्यात मासिक पत्रिता' 'माइंड' में कुछ महत्त्वपूर्ण लेख लिखे। इन लेखों में 'दि इमोटिव मीनिंग ऑफ एथिकल टर्म्स','परसुएसिव डैफ़िनिशन्स' तथा 'दि नेचर ऑफएथिकल डिसैग्रीमैंट' के नाम विशेष रूप से उल्लेखनीय हैं। संवेगवाद के विकास के इतिहास में स्टीवेंसन के इन लेखों का बहुत महत्त्वपूर्ण स्थान है, क्योंकि उन्होंने सर्वप्रथम इन्हीं लेखों में इस सिद्धांत की कुछ आधारभूत मान्यताओं की विस्तार पूर्वक व्याख्या की थी। इन लेखों के पश्चात् 1944 में स्टीवेंसन की प्रसिद्ध पुस्तक, 'ऐथिक्स एण्ड लेंग्वेज' प्रकाशित हुई जो आज भी संवेगवाद के अध्ययन के लिए सर्वाधिक महत्त्वपूर्ण पुस्तक मानी जाती है। अपनी इस पुस्तक में स्टीवेंसन ने संवेगवाद के सभी प्रमुख पक्षों की सविस्तार विवेचना की है। इस पुस्तक का अध्ययन करने से स्पष्टतः ज्ञात होता है कि इसमें उन्होंने संवेगवाद के विषय में उन विचारों में आवश्यक संशोधन तथा सुधार भी किए हैं जो उनसे पूर्व इस सिद्धांत के संबंध में कार्नेप तथा एयर ने प्रस्तुत किए थे। यहां हम स्टीवेंसन की इस पुस्तक तथा उनके उपर्युक्त लेखों के आधार पर संवगवाद के संबंध में उनके मत का विवेचन करेंगे।

सर्वप्रथम इस प्रश्न पर विचार करना आवश्यक है कि स्टीवेंसन के अनुसार नैतिक निर्णयों का अर्थ और स्वरूप क्या है। अपनी उपर्युक्त पुस्तक के प्रथम अध्याय में उन्होंने स्वयं यही प्रश्न उठाया है। इस पुस्तक के दो मूल उद्देश्यों को स्पष्ट करते हुए वे कहते है कि "यह पुस्तक सम्पूर्ण नैतिक दर्शन का विवेचन न करके उसके एक विशिष्ट संकुचित भाग का ही विवेचन करती है। इसका प्रथम उद्देश्य 'शुभ', 'उचित', 'न्यायपूर्ण', 'चाहिए' आदि नैतिक शब्दों का अर्थ स्पष्ट करना है। इसका दूसरा उद्देश्य उन सामान्य विधियों की व्याख्या करना है जिनके द्वारा नैतिक निर्णयों को प्रमाणित किया जा सकता है अथवा उनकी पुष्टि की जा सकतो है।"[29] जैसाकि हम प्रथम अध्याय में बता चुके हैं,

29. सी० एल० स्टीवैन्सन, 'ऐथिक्स ऐंड लैंग्वेज', पृ०

स्टीवेंसन द्वारा वर्णित उपर्युक्त दो उद्देश्य वस्तुतः अधि-नीतिशास्त्र की दो मूल समस्याएं हैं जिन पर सभी प्रमुख अधि-नीतिशास्त्रियों ने अपने-अपने सिद्धांतों के अनुसार विचार किया है। इन उद्देश्यों से यह स्पष्ट है कि स्टीवेंसन भी अपनी उक्त पुस्तक में नैतिक निर्णयों के अर्थ और उनके प्रमाणीकरण की व्याख्या करना चाहते हैं। संभवतः यह कहना अनुचित न होगा कि उनकी पुस्तक का प्रमुख उद्देश्य संवेगवाद के अनुसार अधि-नीतिशास्त्र की उपर्युक्त दोनों मूल समस्याओं का समाधान करना ही है। कार्नेप और एयर की भांति स्टीवेंसन भी यह मानते हैं कि नैतिक निर्णय संज्ञानात्मक या तथ्यात्मक न होकर मुख्यतः भावात्मक अथवा संवेगात्मक होते हैं। इन निर्णयों का प्रमुख उद्देश्य निर्णीत वस्तुओं के विषय में हमें किन्हीं तथ्यों का बोध कराना नहीं, अपितु वक्ता की भावनाओं या अभिवृत्तियों को व्यक्त करना तथा अन्य व्यक्तियों में इन भावनाओं अथवा अभिवृत्तियों को जागृत करके उन्हें कुछ विशेष कर्म करने या न करने के लिए प्रेरित करना ही है। इसी तथ्य को ध्यान में रखते हुए स्टीवेंसन यह कहते हैं कि नैतिक निर्णयों का मुख्य अर्थ अनिवार्यतः संवेगात्मक ही होता है। परन्तु वे यह स्वीकार करते हैं कि संवेगात्मक अर्थ के साथ-साथ इन निर्णयों का वर्णनात्मक अर्थ भी अवश्य होता है जो इन्हें पूर्णतः भावनात्मक वाक्यों से पृथक करता है।

नैतिक निर्णयों के उपर्युक्त 'संवेगात्मक' तथा वर्णनात्मक' अर्थ से स्टीवेंसन का तात्पर्य है और इन दोनों प्रकार में अर्थों में परस्पर क्या सम्बन्ध है—इन प्रश्नों का उत्तर देने से पूर्व यहां संक्षेप में इस प्रश्न पर विचार करना आवश्यक है कि सामान्यतः 'अर्थ' की परिभाषा अथवा व्याख्या करने के लिए स्टीवेंसन शब्दार्थ विषयक किस सिद्धांत को स्वीकार करते हैं। जैसाकि हम इस अध्याय के प्रथम खंड में बता चुके हैं, उन्होंने मनोवैज्ञानिक सिद्धांत के अनुसार ही भाषा के 'अर्थ' की व्याख्या की है। वे भाषा के अर्थ के विषय में उस निर्देशात्मक सिद्धांत को स्वीकार नहीं करते जिसके आधार पर प्रकृतिवादियों तथा निर्प्रकृतिवादियों ने नैतिक निर्णयों क अर्थ की व्याख्या की थी। इस सिद्धांत के विरुद्ध स्टीवैन्सन का कथन है कि हमारी भाषा में अनेक शब्द ऐसे हैं जो किसी वस्तु का वर्णन नहीं करते अथवा जो हमें किसी गुण का बोध नहीं कराते किन्तु इन शब्दों का अर्थ अवश्य होता है। 'आह', 'ओह', 'हाय' आदि ऐसे ही शब्द हैं जिनका केवल संवेगात्मक अर्थ होता है जिसकी व्याख्या निर्देशात्मक सिद्धांत के अनुसार नहीं की जा सकती। इसी कारण उक्त सिद्धांत को अस्वीकार करते हुए स्टीवैन्सन शब्दार्थ विषयक मनोवैज्ञानिक सिद्धांत का ही समर्थन करते हैं। उनका कथन है कि इस मनोवैज्ञानिक सिद्धाँत के अनुसार "किसी शब्द के 'अर्थ' की परिभाषा अनिवार्यतः उन व्यक्तियों की मनोवैज्ञानिक प्रतिक्रियाओं के आधार

पर ही की जानी चाहिए जो इस शब्द का प्रयोग करते हैं। इसे ही मनोवैज्ञानिक दृष्टि से 'अर्थ' कहा जा सकता है।··· 'अर्थ' को शब्द का ही स्वभाव या गुण धर्म माना गया है, उन व्यक्तियों का नहीं जो इस शब्द का प्रयोग करते हैं।"[30] वस्तुतः स्टीवेंसन का विचार है कि प्रत्येक शब्द में श्रोता और वक्ता को प्रभावित करने की एक विशेष शक्ति होती है जिसे वह लगभग समान परिस्थितियों में बार-बार प्रयुक्त होने के फलस्वरूप प्राप्त करता है। शब्द की इसी शक्ति को वे उसका 'स्वभाव' अथवा 'गुणधर्म' कहते हैं जिसमें उनके अनुसार अनिवार्यतः उस शब्द का अर्थ निहित रहता है। इसका तात्पर्य यह है कि किसी शब्द को सुनने अथवा पढ़ने के परिणामस्वरूप मनुष्य के मन में जो प्रतिक्रिया होती है वही उस शब्द का अर्थ है। इस प्रकार स्टीवेंसन मनुष्य पर पड़ने वाले प्रत्येक शब्द के मनोवैज्ञानिक प्रभाव के आधार पर ही उस शब्द के अर्थ की व्याख्या करते हैं। संक्षेप में यही उनका शब्दार्थ विषयक मनोवैज्ञानिक सिद्धांत है जिसे उन्होंने निर्देशात्मक सिद्धांत के स्थान पर स्वीकार किया है।

अपने उपर्युक्त मनोवैज्ञानिक सिद्धांत के अनुसार ही स्टीवेंसन ने नैतिक निर्णयों के संवेगात्म तथा वर्णनात्मक अर्थ की व्याख्या की है। हम ऊपर बता चुके हैं कि उनके विचार में इन निर्णयों का मुख्य अर्थ संवेगात्मक अर्थ है जो इन्हें तथ्यात्मक कथनों से पृथक करता है। अपने इसी संवेगात्मक अर्थ द्वारा नैतिक निर्णय वक्ता की भावनाओं को अभिव्यक्त करते हैं और अन्य व्यक्तियों में इन भावनाओं को जागृत करते हैं। इस संवेगात्मक अर्थ का स्वरूप क्या है और हमारी भाषा के कुछ शब्द इसे कैसे प्राप्त करते हैं—इन प्रश्नों का उत्तर देते हुए स्टीवेंसन कहते हैं कि "संवेगात्मक अर्थ किसी शब्द की वह शक्ति है जिसे यह शब्द संवेगात्मक परिस्थितियों में बार-बार प्रयुक्त होने के फलस्वरूप प्राप्त करता है और जिसके द्वारा वह अभिवृत्तियों का वर्णन करने के स्थान पर उन्हें जागृत अथवा प्रत्यक्षतः अभिव्यक्त करता है।··· इस प्रकार के अर्थ द्वारा नैतिक निर्णय अभिवृत्तियों को परिवर्तित करते हैं।···संवेगात्मक अर्थ को वर्णनात्मक अर्थ का स्थान लेने की आवश्यकता नहीं है। नीतिशास्त्र में तथा अन्य स्थानों पर इसके अपने समुचित उपयोग हैं और यह आपत्तिजनक तभी होता है जब इसका दुरुपयोग किया जाता है।"[31] इस संवेगात्मक अर्थ के स्वरूप को भली-भांति स्पष्ट करने के लिए स्टीवेंसन ने हंसी, उच्छवास, कराहट आदि मानवीय अभिव्यक्तियों के साथ इसकी तुलना की है। उनका मत है कि जिस प्रकार हम भाषा का प्रयोग किए बिना ही इन शारीरिक चेष्टाओं द्वारा अपनी भावनाओं को

30. वही पुस्तक, पृ० 42, 55
31. वही पुस्तक, पृ० 33

अभिव्यक्त करते हैं उसी प्रकार हम भाषा के माध्यम से शब्दों के संवेगात्मक अर्थ द्वारा भी अपनी इन्हीं भावनाओं को अभिव्यक्त करते हैं। 'आह', 'ओह', 'अहा', 'हाय' आदि शब्द भावनाओं या संवेगों को अभिव्यक्त तथा जागृत करने के कारण ही पूर्णतः संवेगात्मक शब्द हैं। ये और इसी प्रकार के अन्य अनेक शब्द किन्हीं तथ्यों का वर्णन न करके हमारी भावनाओं को अभिव्यक्त तथा जागृत करते हैं, अतः इन शब्दों का अर्थ संवेगात्मक ही होता है। इस प्रकार संक्षेप में यह कहा जा सकता है कि स्टीवेंसन के मतानुसार किसी शब्द का संवेगात्मक अर्थ उसकी वह शक्ति है जिसके द्वारा वह मानवीय भावनाओं या संवेगों को अभिव्यक्त, जागृत अथवा प्रभावित करता है।

परन्तु स्टीवैंन्सन का विचार है कि भाषा का वर्णनात्मक अर्थ उपर्युक्त संवेगात्मक अर्थ से पर्याप्त सीमा तक भिन्न होता है। जो शब्द हमें किन्हीं तथ्यों, गुणों, सम्बन्धों, स्थितियों या विश्वासों की जानकारी देते हैं उनका अर्थ वर्णनात्मक होता है। ऐसे शब्द भावनाओं को अभिव्यक्त और जागृत करने के स्थान पर कुछ विशेष तथ्यों का वर्णन करते हैं। इसी कारण इन शब्दों को 'वर्णनात्मक शब्द' कहा जाता है। 'पृथ्वी', 'पुस्तक', 'लंबा', 'काला' आदि शब्द ऐसे ही वर्णनात्मक शब्द हैं। इस प्रकार के वर्णनात्मक शब्दों से हमें किन्हीं तथ्यों का ज्ञान प्राप्त होता है, अतः वर्णनात्मक अर्थ का संबंध हमारे ज्ञान से है, भावनाओं अथवा संवेगों से नहीं। अपने उपर्युक्त मनोवैज्ञानिक सिद्धांत के अनुसार इस वर्णनात्मक अर्थ की परिभाषा करते हुए स्टीवेंसन कहते हैं कि "किसी शब्द का वर्णनात्मक अर्थ उसका वह स्वभाव अथवा गुणधर्म है जिसके द्वारा वह 'संज्ञानात्मक' मानसिक प्रतिक्रियाएं उत्पन्न करता है और यहां 'संज्ञानात्मक' शब्द को ऐसे सामान्य अर्थ में ग्रहण किया जाना चाहिए जो विश्वास करना, विचार करना, मान लेना आदि विशेष प्रकार की मानसिक क्रियाओं का बोध कराता है।··· अवश्य ही हमें यह कहकर संतोष करना चाहिए कि वर्णनात्मक अर्थ किसी शब्द का वह गुणधर्म है जो ज्ञान को प्रभावित करता है।"[32] वर्णनात्मक अर्थ की इस परिभाषा से यह स्पष्ट है कि स्टीवेंसन के अनुसार इस अर्थ का सम्बन्ध अनिवार्यतः ज्ञानात्मक क्रियाओं और तथ्यों के बोध से ही है। वस्तुतः वर्णनात्मक अर्थ की यह संज्ञानात्मकता ही इसे संवेगात्मक अर्थ से पृथक करती है। इस प्रकार कार्नैप की भांति स्टीवैंन्सन भी भाषा के कार्यों को दो वर्गों में विभाजित करते हैं—संवेगात्मक कार्य तथा वर्णनात्मक कार्य। जब हम भाषा द्वारा अपनी भावनाओं को अभिव्यक्त और अन्य व्यक्तियों में इन भावनाओं को जागृत करते हैं तो इसे 'संवेगात्मक कार्य' कहा जाता है। परन्तु जब हम

32. वही पुस्तक, पृ० 62, 67

भाषा के माध्यम से किन्हीं तथ्यों का वर्णन करके दूसरों को इन तथ्यों का बोध कराते हैं तो इसे 'वर्णनात्मक कार्य' की संज्ञा दी जा सकती है । हम देख चुके हैं कि कार्नैप ने भाषा के इन दोनों कार्यों को क्रमशः 'अभिव्यक्तिपरक कार्य' तथा 'प्रतिनिधिक कार्य' कहा है । स्टीवैन्सन ने ऊपर संवेगात्मक अर्थ और वर्णनात्मक अर्थ के विषय में जो कुछ कहा है उससे यह स्पष्ट है कि वे भी कार्नैप द्वारा किए गए भाषा के कार्यों के इस वर्गीकारण को स्वीकार करते हैं ।

यह सत्य है कि स्टीवैंसन के विचार में संवेगात्मक अर्थ तथा वर्णनात्मक अर्थ एक-दूसरे से पर्याप्त सीमा तक भिन्न हैं, किन्तु इससे यह निष्कर्ष निकालना उचित नहीं होगा कि इन दोनों प्रकार के अर्थों में कोई सम्बन्ध नहीं है । वस्तुतः स्टीवैन्सन इन दोनों अर्थों में अन्तर स्वीकार करते हुए भी इन्हें परस्पर घनिष्ठ रूप से सम्बद्ध मानते हैं । उनका कथन है कि किसी शब्द के दोनों प्रकार के अर्थ हो सकते हैं—अर्थात् वह हमारी भावनाओं अथवा अभिवृत्तियों को भी प्रभावित कर सकता है और हमारे ज्ञान को भी । वस्तुतः हमारी भाषा में बहुत से सामान्य शब्द ऐसे हैं जो संवेगात्मक भी हैं और वर्णनात्मक भी । ऐसे शब्द प्रसंगानुसार हमारी भावनाओं को व्यक्त तथा जागृत करते हैं और किसी तथ्य या वस्तु का वर्णन करते हैं । उदाहरणार्थ अपने सामान्य अर्थ में हब्शी शब्द वर्णनात्मक है जो हमें एक विशेष जाति का बोध कराता है । परंतु जब हम किसी व्यक्ति को 'हब्शी' कहते हैं तो इस शब्द का अर्थ केवल वर्णनात्मक न होकर संवेगात्मक भी होता है, क्योंकि इस शब्द द्वारा हम व्यक्ति के प्रति तिरस्कार और घृणा की भावना व्यक्त करते हैं । इसी प्रकार 'स्वतंत्रता', 'समानता', 'संस्कृति', 'साम्यवाद', लोकतंत्र' आदि शब्द वर्णनात्मक होने के साथ-साथ संवेगात्मक भी हैं जिनके साथ हमारी कुछ विशेष भावनाएं सम्बद्ध हैं । इस प्रकार यह स्पष्ट है कि संवेगात्मक और वर्णनात्मक अर्थ में बहुत घनिष्ठ संबंध है । इन दोनों प्रकार के अर्थों में इसी घनिष्ठ सम्बन्ध का उल्लेख करते हुए स्टीवैन्सन कहते हैं कि "भाषा में संवेगात्मक तथा वर्णनात्मक अर्थों का विकास दो पूर्णतः भिन्न प्रक्रियाओं का प्रतिनिधित्व नहीं करता । इनमें परस्पर निरंतर सम्बन्ध बना रहता है ।··· उदाहरणार्थ अमेरिका के अधिकतर लोगों के लिए 'लोकतंत्र' का सुखद संवेगात्मक अर्थ है, क्योंकि यह शब्द जिस प्रणाली का वर्णन करता है उससे वे प्रसन्न होते हैं । ···अपनी उत्पत्ति तथा अपने व्यावहारिकप्रयोग में संवेगात्मक और वर्णनात्मक अर्थों का अत्यन्त घनिष्ठ सम्बन्ध है । वे एक ही संपूर्ण स्थिति के विभिन्न पक्ष हैं, उसके ऐसे 'भाग' नहीं जिन्हें एक-दूसरे से पूर्णतः पृथक करके समझा जा सके ।"[33] इस प्रकार यद्यपि स्टीवैंसन भाषा के कार्यों को भली-भांति समझने के लिए

33. वही पुस्तक, पृ० 71, 76

संवेगात्मक तथा वर्णनात्मक अर्थ को एक-दूसरे से भिन्न मानते हैं, फिर भी उनका निश्चित मत है कि ये दोनों अर्थ घनिष्ठ रूप से परस्पर निरंतर सबद्ध रहते हैं।

संवेगात्मक तथा वर्णनात्मक अर्थ के स्वरूप और इन दोनों के सम्बन्ध के विषय में स्टीवैन्सन के मत का विवेचन करने के पश्चात अब इस महत्वपूर्ण प्रश्न पर विचार करना आवश्यक है कि उनके अनुसार 'शुभ', 'उचित', 'कर्तव्य' आदि नैतिक शब्दों का अर्थ क्या है। अपने सिद्धांत संवेगवाद के अनुसार इस प्रश्न का उत्तर देते हुए स्टीवैंसन कहते हैं कि सभी नैतिक शब्दों का मुख्य अर्थ संवेगात्मक और गौण अर्थ वर्णनात्मक होता है। अपने इस मत को स्पष्ट करने के लिए उन्होंने कुछ प्रमुख नैतिक शब्दों के अर्थ पर पृथक-पृथक विचार किया है। उदाहरणार्थ 'शुभ' या 'अच्छा' शब्द के विषय में उनका कथन है कि अधिकतर प्रसंगों में इसका मुख्य अर्थ संवेगात्मक ही होता है। मूर की भांति स्टीवैंसन भी 'शुभ' को अपरिभाष्य मानते है, किन्तु इसकी अपरिभाष्यता के समर्थन में उन्होंने जो तर्क प्रस्तुत किया है वह मूर द्वारा दिए गए तर्क से पूर्णतः भिन्न है। जैसाकि हम चौथे अध्याय में देख चुके हैं, मूर के मतानुसार 'शुभ' के अपरिभाष्य होने का प्रमुख कारण यह है कि वह सरल, अविश्लेष्य तथा अद्वितीय निर्प्राकृतिक गुण का बोध कराता है। परन्तु स्टीवैंसन 'शुभ' की अपरिभाष्यता के सम्बन्ध में मूर के इस मत को स्वीकार नहीं करते, क्योंकि उनके विचार में 'शुभ' किसी प्राकृतिक या निर्प्राकृतिक गुण का बोध नहीं कराता। मूर के विपरीत वे यह मानते हैं कि 'शुभ' के अरिभाष्य होने का वास्तविक कारण इस शब्द का विशेष संवेगात्मक अर्थ है जिसे किसी अन्य शब्द द्वारा ठीक-ठीक अभिव्यक्त नहीं किया जा सकता। इसी आधार पर 'शुभ' को अपरिभाष्य बताते हुए स्टीवैंसन कहते हैं कि "यदि परिभाषा से यह आशा की जाती है कि यह 'शुभ' के प्रचलित संवेगात्मक अर्थ को सुरक्षित रखे तो 'शुभ' शब्द अपरिभाष्य है। इसका कोई भी ठीक-ठीक संवेगात्मक पर्यायवाची शब्द नहीं है।...इस शब्द के अपरिभाष्य होने का कारण वही है जो 'अहा' शब्द के अपरिभाष्य होने का कारण है।...इसकी परिभाषा करने के स्थान पर हम इसके अर्थ को स्पष्ट कर सकते हैं।"[34] इस प्रकार स्टीवैंसन के विचार में 'शुभ' की अपरिभाष्यता का कारण इसका संवेगात्मक अर्थ ही है, किसी सरल, अविश्लेष्य तथा अद्वितीय निर्प्राकृतिक गुण की ओर इसका संकेत करना नहीं।

जब स्टीवैन्सन यह कहते हैं कि 'शुभ' या 'अच्छा' शब्द का प्रमुख अर्थ संवेगात्मक होता है तो इससे उनका तात्पर्य यह है कि यह शब्द मुख्यतः हमारे अनुमोदन की भावना को अभिव्यक्त करता है और अन्य व्यक्तियों में इसी

34. वही पुस्तक, पृ० 82

भावना को जागृत करता है। इससे स्पष्ट है कि अपने संवेगात्मक अर्थ में 'शुभ' का संबंध हमारे अनुमोदन की भावना से ही है। परन्तु कार्नेप और एयर के विपरीत स्टीवैन्सन यह मानते हैं कि संवेगात्मक अर्थ के साथ 'शुभ' का वर्णनात्मक अर्थ भी होता है। इस वर्णनात्मक अर्थ में 'शुभ' या 'अच्छा' शब्द हमें उस वस्तु के कुछ विशेष गुणों का बोध कराता है जिसे हम 'शुभ' अथवा 'अच्छी' कहते हैं। उदाहरणार्थ जब हम यह कहते हैं कि "वह एक अच्छा व्यक्ति है" तो इससे हमारा तात्पर्य यह हो सकता है कि वह व्यक्ति उदार, दयालु, स्नेही और ईमानदार है। इस अर्थ में 'अच्छा' शब्द—जो 'शुभ' शब्द का ही पर्यायवाची है—उस व्यक्ति के इन गुणों का वर्णन करता है। यही कारण है कि इस प्रकार के प्रसंगों में 'शुभ' या 'अच्छा' शब्द के उक्त अर्थ को स्टीवैन्सन ने 'वर्णनात्मक अर्थ' माना है। उनका कथन है कि कुछ अन्य प्रसंगों में इस शब्द का अर्थ 'उपयुक्त', 'प्रभावशाली' अथवा 'प्रथा के अनुरूप' हो सकता है। उदाहरण के लिए हम यह कह सकते हैं कि "शीत-काल में गर्म कपड़े पहनना अपने आपको स्वस्थ रखने का अच्छा—अर्थात् उपयुक्त या प्रभावशाली—साधन है।" इसी प्रकार यह कहा जा सकता है कि "वृद्ध व्यक्तियों का आदर करना अच्छा—अर्थात् समाज में प्रचलित प्रथा के अनुरूप—है।" ऐसे प्रसंगों में स्टीवैंसन 'अच्छा' या 'शुभ' शब्द के अर्थ को लगभग पूर्णतः वर्णनात्मक अर्थ मानते हैं। उनका कथन है कि ऐसे प्रसंगों में इस शब्द का संवेगात्मक अर्थ बहुत ही गौण होता है।[35]

'शुभ' के विषय में स्टीवैंसन के उपर्युक्त विचारों से यह स्पष्ट है कि उनके अनुसार तथ्यात्मक शब्दों के विपरीत इस शब्द का अर्थ प्रायः अस्पष्ट तथा अनिश्चित होता है। जब वर्णनात्मक अर्थ में किसी वस्तु अथवा व्यक्ति के लिए 'अच्छा' या 'शुभ' शब्द का प्रयोग किया जाता है तो हम निश्चित रूप से यह नहीं कह सकते कि किसी विशेष प्रसंग में यह शब्द उसके किन विशेष गुणों का वर्णन करता है। इसका तात्पर्य यही है कि स्टीवैंसन के अनुसार वर्णनात्मक अर्थ में भी 'शुभ' की ठीक-ठीक परिभाषा करना संभव नहीं है। 'शुभ' की भांति अन्य नैतिक शब्दों के अर्थ में भी यही अस्पष्टता और अनिश्चितता अनिवार्यतः पाई जाती है। अपने इसी मत को स्पष्ट करते हुए स्टीवैंसन कहते हैं कि "हमें इस तथ्य का अवश्य ध्यान रखना चाहिए कि नैतिक शब्दों का प्रयोग एक ही प्रकार के नियमों के अनुसार नहीं किया जाता और विश्लेषण उनके किसी एक 'वास्त-

35. वही पुस्तक, पृ० 83

विक' अर्थ को नहीं खोज सकता।"[36] वस्तुतः इसका कारण यह है कि 'शुभ' तथा अन्य नैतिक शब्दों का संवेगात्मक अर्थ प्रायः उनके वर्णनात्मक अर्थ पर निर्भर रहता है और यह वर्णनात्मक अर्थ कभी भी पूर्णतः स्पष्ट तथा निश्चित नहीं होता। इस प्रकार स्टीवेंसन के विचार में अस्पष्टता तथा अनिश्चितता नैतिक-शब्दों की अनिवार्य विशेषता है जो इन्हें तथ्यात्मक शब्दों से पृथक् करती है।

'शुभ' की भांति 'उचित', 'कर्तव्य', 'चाहिए' आदि अन्य नैतिक शब्दों को भी स्टीवेंसन मुख्यतः संवेगात्मक शब्द ही मानते हैं। परन्तु उनका कथन है कि 'शुभ' तथा इन नैतिक शब्दों के अर्थ में एक महत्त्वपूर्ण अंतर है जिस पर ध्यान देना आवश्यक है। इस अंतर का संबंध इन शब्दों के प्रयोग से है। 'शुभ' या 'अच्छा' शब्द का प्रयोग हम कर्मों के साथ-साथ वस्तुओं तथा व्यक्तियों के लिए भी करते हैं। उदाहरणार्थ हम कहते हैं कि "यह शुभ कर्म है", "यह अच्छी पुस्तक है" अथवा "वह अच्छा व्यक्ति है।" परंतु 'उचित', 'कर्तव्य' और 'चाहिए' का प्रयोग हम मानवीय कर्मों के संदर्भ में ही करते हैं। हम कहते हैं कि "यह कर्म उचित है", "अमुक कर्म हमारा कर्तव्य है" अथवा "हमें यह कर्म करना चाहिए।" वस्तुओं तथा व्यक्तियों के मूल्यांकन के लिए हम इन शब्दों का प्रयोग नहीं करते। हम यह नहीं कहते कि "वह उचित व्यक्ति है" अथवा "यह उचित पुस्तक है"। परंतु स्टीवेंसन का मत है कि यह अंतर केवल भाषा-प्रयोग तक ही सीमित है; इसका नैतिक शब्दों के संवेगात्मक अर्थ पर कोई प्रभाव नहीं पड़ता। इस दृष्टि से सभी नैतिक शब्दों का अर्थ लगभग समान है। 'शुभ' की भांति अन्य नैतिक शब्द भी वक्ता की भावनाओं या अभिवृत्तियों को व्यक्त करते हैं और दूसरों में इन भावनाओं अथवा अभिवृत्तियों को जागृत करते हैं। इस मुख्य संवेगात्मक अर्थ के साथ-साथ इन नैतिक शब्दों का भी गौण वर्णनात्मक अर्थ अवश्य होता है।

'उचित' का अर्थ स्पष्ट करते हुए स्टीवेंसन कहते हैं कि इस शब्द का प्रयोग हम मनुष्यों को कुछ विशेष कर्म करने का प्रोत्साहन देने के लिए करते हैं। जब हम किसी व्यक्ति से यह कहते हैं कि "अमुक कर्म उचित है" तो हम उसे वह कर्म करने के लिए प्रोत्साहित करते हैं। 'अनुचित' शब्द का प्रयोग हम इसके पूर्णतः विपरीत अर्थ में करते हैं। किसी व्यक्ति के कर्म को 'अनुचित' कह कर हम उसे पुनः वह कर्म न करने के लिए प्रोत्साहित करते हैं। इस प्रकार स्टीवेंसन के विचार में 'उचित' तथा 'अनुचित' का मुख्य उद्देश्य मनुष्यों के आचरण पर मनोवांछित

36. वही पुस्तक, पृ० 87

प्रभाव डालना है, अतः इन शब्दों के साथ हमारी भावनाएं या अभिवृत्तियां अनिवार्यतः संबद्ध रहती हैं। इस दृष्टि से 'शुभ' की भांति ये दोनों शब्द भी मुख्यतः संवेगात्मक हैं। परंतु स्टीवेंसन ने इन शब्दों का वर्णनात्मक अर्थ भली-भांति स्पष्ट नहीं किया। संभवतः यह कहा जा सकता है कि 'उचित' का वर्णनात्मक अर्थ है 'किसी विशेष नियम के अनुरूप होना' और 'अनुचित' का वर्णनात्मक अर्थ है 'इस नियम के विरुद्ध होना'। इसी आधार पर शायद इन शब्दों की वर्णनात्मक परिभाषा की जा सकती है, किंतु इस संबंध में स्टीवेंसन का मत स्पष्ट नहीं है।

जैसा कि हम ऊपर देख चुके हैं, 'उचित' की भांति 'कर्तव्य' और 'चाहिए' का प्रयोग भी कर्मों के लिए ही किया जाता है। परंतु स्टीवेंसन का मत है कि इस समानता के होते हुए भी इन दोनों शब्दों का अर्थ 'उचित' के अर्थ से भिन्न है। 'उचित' और 'कर्तव्य' के अर्थ में सोदाहरण अंतर स्पष्ट करते हुए वे कहते हैं कि "उदाहरण के लिए इस कथन पर विचार कीजिए : 'अत्यधिक दानशील होना उसके लिए उचित है, किंतु यह उसका कर्तव्य नहीं है—अर्थात् यह नहीं कहा जा सकता कि उसे अत्यधिक दानशील होना चाहिए'।...स्पष्टतः 'उचित' में बाध्यता का प्रभाव कम होता है। यह कोई कर्म करने के लिए मनुष्य की प्रशंसा करता है, जबकि 'कर्तव्य' और इसके पर्यायवाची शब्द कोई कर्म न करने लिए उसकी निंदा करते हैं।....'अमुक कर्म करना कर्तव्य है' का अर्थ यह है कि 'वह कर्म न करना अनुचित है'; इसका अर्थ यह नहीं है कि 'वह कर्म करना उचित है'।"[37] वस्तुतः स्टीवेंसन यह मानते हैं कि 'कर्तव्य' में अनिवार्यता अथवा बाध्यता का तत्त्व अवश्य पाया जाता है, किंतु 'उचित' में इस तत्त्व का अभाव होता है। इसका तात्पर्य यह है कि जो कर्म मनुष्य का कर्तव्य है उसे करने के लिए वह बाध्य है, किंतु जो कर्म उसके लिए केवल उचित है उसे करने के लिए वह बाध्य नहीं है। यही कारण है कि उचित कर्म करने लिए हम मनुष्य की प्रशंसा करते हैं, किंतु जब वह अपने कर्तव्य की पूर्ति करता है तो उसके प्रति हम केवल अपना संतोष ही व्यक्त करते हैं। यहां यह भी उल्लेखनीय है कि यदि कोई व्यक्ति अपने कर्तव्य की पूर्ति नहीं करता तो हम उसकी निंदा करते हैं, किंतु यदि वह उचित कर्म नहीं करता तो हम उसकी निंदा नहीं करते।

'कर्तव्य' और 'उचित कर्म' के उपर्युक्त अंतर को स्टीवेंसन ने एक उदाहरण द्वारा इस प्रकार स्पष्ट किया है। यदि कोई व्यक्ति अपने परिवार का भरण-पोषण नहीं करता तो हम उसकी निंदा करते हैं; परंतु यदि वह ऐसा करता है तो हम उसकी कोई विशेष प्रशंसा नहीं करते, क्योंकि हम यह मानते हैं कि यह तो

37. वही पुस्तक, पृ० 99-100

उसका कर्तव्य ही था जिसकी पूर्ति उसने की। इसके विपरीत यदि कोई व्यक्ति चिकित्सा संबंधी ज्ञान अथवा किसी अन्य महान् उद्देश्य के लिए अपना जीवन खतरे में डालता है तो हम उसकी प्रशंसा करते हैं, क्योंकि हम यह मानते हैं कि ऐसा करना उसके लिए उचित होते हुए भी उसका कर्तव्य नहीं था। परन्तु यदि वह इस महान् उद्देश्य के लिए अपने जीवन को खतरे में नहीं डालता तो यह उसका कर्तव्य न होने के कारण हम इसके लिए उसकी निंदा भी नहीं करते।[38] इस उदाहरण से स्पष्ट है कि स्टीवेंसन के मतानुसार 'कर्त्तव्य' से हमें किसी कर्म को करने की बाध्यता का बोध होता है, किंतु 'उचित' के संबंध में ऐसा नहीं कहा जा सकता और यही इन दोनों शब्दों के अर्थ में आधारभूत अंतर है।

यहां यह स्पष्ट कर देना आवश्यक है कि 'कर्तव्य' और 'चाहिए' इन दोनों शब्दों को स्टीवेंसन लगभग समानार्थक शब्द ही मानते हैं, क्योंकि उनके विचार में इन दोनों शब्दों का प्रयोग हम लगभग समान परिस्थितियों में करते हैं। उदाहरणार्थ जब हम यह कहते हैं कि "अमुक कर्म उसका कर्तव्य है" तो सामान्यतः इससे हमारा तात्पर्य यही होता है कि "वह कर्म उसे करना चाहिए"। स्पष्ट है कि अर्थ की दृष्टि से 'कर्तव्य' और 'चाहिए' में कोई आधारभूत अंतर नहीं है। परन्तु स्टीवेंसन का विचार है कि 'कर्त्तव्य' शब्द का प्रयोग हम केवल नैतिक अर्थ में ही करते हैं, जबकि 'अच्छा' और 'उचित' की भांति 'चाहिए' का प्रयोग निर्नैतिक अर्थों में भी किया जाता है। इस आधार पर इन तीनों शब्दों को 'कर्तव्य' से कुछ भिन्न माना जा सकता है। परंतु नैतिक अर्थ की दृष्टि से 'कर्तव्य' और 'चाहिए' ये दोनों शब्द लगभग समानार्थक ही हैं। स्टीवेंसन के मतानुसार 'शुभ' और 'उचित' की भांति इन दोनों शब्दों का मुख्य अर्थ भी वर्णनात्मक न होकर संवेगात्मक ही है।

नैतिक शब्दों के अर्थ के विषय में अपने उपर्युक्त विचारों के आधार पर ही स्टीवेंसन ने नैतिक निर्णयों के अर्थ और स्वरूप की व्याख्या की है। उनका मत है कि ये निर्णय मुख्यतः संवेगात्मक तथा गौण रूप से वर्णनात्मक होते हैं। इन निर्णयों का संवेगात्मक अर्थ इन्हें तथ्यात्मक कथनों से और इनका वर्णनात्मक अर्थ इन्हें पूर्णतः संवेगात्मक वाक्यों से पृथक् करता है। नैतिक निर्णयों का प्रमुख उद्देश्य वक्ता की अभिवृत्तियों को व्यक्त करना और अन्य व्यक्तियों की अभिवृत्तियों को परिवर्तित या प्रभावित करना ही होता है। परन्तु इसके साथ ही ये निर्णय निर्णीत वस्तुओं के कुछ विशेष गुणों का भी वर्णन करते हैं। इस प्रकार स्टीवेंसन के अनुसार नैतिक निर्णयों में संवेगात्मक तथा वर्णनात्मक ये दोनों तत्त्व अनिवार्यतः

38. वही पुस्तक, पृ० 100

विद्यमान रहते हैं और यही इन निर्णयों की मुख्य विशेषता है। उपर्युक्त दोनों तत्त्वों के आधार पर उन्होंने नैतिक निर्णयों के अर्थ का विश्लेषण इस प्रकार किया है—(1) "यह शुभ है" का अर्थ यह है कि (क) "मैं इसका अनुमोदन करता हूं"; (ख) "आप भी ऐसा ही कीजिए"। (2) "यह अशुभ है" का अर्थ यह है कि (क) "मैं इसका अननुमोदन करता हूं"; (ख) "आप भी ऐसा ही कीजिए"। (3) "उसे ऐसा करना चाहिए" का अर्थ यह है कि (क) "मैं उसके द्वारा ऐसा न करने का अननुमोदन करता हूं"; (ख) "आप भी ऐसा ही कीजिए"। (4) "यह अनुचित है" का अर्थ यह है कि (क) "मैं इसका अननुमोदन करता हूं"; (ख) "आप भी ऐसा ही कजिए"। उपर्युक्त नैतिक निर्णयों के अर्थ के इस विश्लेषण से यह स्पष्ट है कि स्टीवेंसन के विचार में प्रत्येक नैतिक निर्णय में दो तत्त्व अनिवार्यतः पाए जाते हैं। उन्होंने (क) भाग के प्रथम तत्त्व को 'वर्णनात्मक' और (ख) भाग के द्वितीय तत्त्व को 'आज्ञात्मक' तत्त्व कहा है। प्रथम तत्त्व वक्ता के अनुमोदन या अननुमोदन से संबंधित अभिवृत्ति का वर्णन करता है और दूसरा तत्त्व श्रोता की इसी अभिवृत्ति को प्रभावित अथवा परिवर्तित करता है। स्टीवेंसन ने आज्ञात्मक तत्त्व को 'संवेगात्मक तत्त्व' भी कहा है, क्योंकि उनके अनुसार यही तत्त्व अन्य व्यक्तियों की भावनाओं अथवा उनके संवेगों को प्रभावित या परिवर्तित करता है।[39] वस्तुतः यह आज्ञात्मक अथवा संवेगात्मक तत्त्व ही उनके सिद्धांत को व्यक्तिनिष्ठवाद से पृथक् करता है जिसके समर्थक नैतिक निर्णयों के प्रथम वर्णनात्मक तत्त्व के आधार पर ही इन निर्णयों के अर्थ की व्याख्या करते हैं।

अपने उपर्युक्त विश्लेषण के आधार पर नैतिक निर्णयों का अर्थ स्पष्ट करते हुए स्टीवेंसन ने आज्ञात्मक वाक्यों के साथ इन निर्णयों की तुलना की है। उनका विचार है कि तथ्यात्मक कथनों के विपरीत ये निर्णय वास्तव में आज्ञात्मक वाक्यों की भांति दूसरों को कुछ करने या न करने के लिए प्रेरित करते हैं! नैतिक निर्णयों और आज्ञात्मक वाक्यों के इस उद्देश्य की समानता का उल्लेख करते हुए वे कहते हैं कि "आज्ञात्मक तथा नैतिक दोनों प्रकार के वाक्यों का प्रयोग लोगों के लक्ष्यों और आचरण का केवल वर्णन करने की अपेक्षा उन्हें प्रोत्साहित, परिवर्तित अथवा प्रभावित करने के लिए अधिक किया जाता है। इस दृष्टि से ये दोनों विज्ञान के वाक्यों से भिन्न होते हैं। यह स्पष्ट है कि जिन तर्कों में अभिवृत्ति संबंधी असहमति होती है उनमें नैतिक निर्णयों के समान ही आज्ञात्मक वाक्यों का महत्त्वपूर्ण स्थान है। कौन-सा तत्त्व नैतिक कथनों को वैज्ञानिक कथनों से पृथक करता है—इस प्रश्न का उत्तर यह है कि नैतिक कथनों का अर्थ लगभग

39. वही पुस्तक, पृ० 21-22

और अंशत: आज्ञात्मक होता है। यह आज्ञात्मक अर्थ इस बात की व्याख्या करता है कि अभिवृत्ति सम्बन्धी सहमति तथा असहमति के साथ नैतिक निर्णयों का इतना घनिष्ठ सम्बन्ध क्यों है और यह इस बात को भी समझने में हमारी सहायता करता है कि मानकीय नीतिशास्त्र को मनोविज्ञान एवं प्राकृतिक विज्ञानों से किस प्रकार पृथक किया जा सकता है।"[40]

स्टीवैन्सन के उपर्युक्त विचारों से यह स्पष्ट है कि कार्नैप तथा एयर की भांति वे भी नैतिक निर्णयों को आज्ञात्मक वाक्यों के समान मानते हैं। परन्तु इससे यह निष्कर्ष निकालना उचित नहीं होगा कि स्टीवैंसन के अनुसार इन दोनों में कोई अन्तर नहीं है। वस्तुत: वे यह स्वीकार करते हैं कि नैतिक निर्णयों और आज्ञात्मक वाक्यों में पर्याप्त समानता के होते हुए भी ये दोनों एक-दूसरे से भिन्न होते हैं। इन दोनों में प्रथम अंतर यह है कि आज्ञात्मक वाक्य किसी व्यक्ति को कुछ करने या न करने के लिए प्रत्यक्ष रूप से आदेश देते हैं जिसके कारण वह प्राय: उस आदेश का पालन करने के लिए अनिच्छुक हो जाता है। इसके विपरीत नैतिक निर्णय उसे कुछ करने या न करने के लिए अप्रत्यक्ष रूप से सुझाव देते हैं अथवा प्रेरित करते हैं, अत: इनके अनुसार आचरण करने के लिए वह स्वेच्छया तत्पर हो जाता है। इस दृष्टि से आज्ञात्मक वाक्यों की अपेक्षा नैतिक निर्णय अपने उद्देश्य में अधिक सफल होते हैं। स्टीवैंसन के अनुसार आज्ञात्मक वाक्यों तथा नैतिक निर्णयों में दूसरा महत्त्वपूर्ण अंतर यह है कि प्रत्यक्षत: आज्ञा देने वाला व्यक्ति अपनी आज्ञा का कारण बताने के लिए प्राय: अपने आप को बाध्य नहीं समझता, किन्तु नैतिक निर्णय देने वाला व्यक्ति अपने निर्णय का कारण वताने में किसी प्रकार के संकोच का अनुभव नहीं करता। इसका अर्थ यह है कि किन्हीं तर्कों अथवा युक्तियों द्वारा नैतिक निर्णयों का समर्थन करना अनिवार्य होता है, परन्तु आज्ञात्मक वाक्यों के लिए ऐसा करना अनिवार्य नहीं माना जाता। उपर्युक्त दो भेदों के अतिरिक्त आज्ञात्मक वाक्यों और नैतिक निर्णयों में कुछ अन्य महत्त्वपूर्ण अंतर भी होते हैं जिनका उल्लेख स्टीवैंसन ने नहीं किया। इस समस्या पर हम प्रस्तुत अध्याय के अंतिम खंड में अधिक विस्तार से विचार करेंगे। यहां इतना कह देना ही पर्याप्त है कि स्टीवैंसन नैतिक निर्णयों तथा आज्ञात्मक वाक्यों में कुछ समानताओं को स्वीकार करते हुए भी उन्हें एक-दूसरे से भिन्न मानते हैं।

नैतिक निर्णयों के उपर्युक्त विश्लेषण में स्टीवैंसन ने उनका जो वर्णनात्मक अर्थ बताया है वह उचित एवं युक्तिसंगत प्रतीत नहीं होता। हम देख चुके हैं कि

40. वही पुस्तक, पृ० 21, 26

उनके अनुसार इन निर्णयों का वर्णनात्मक अर्थ वक्ता के अनुमोदन या अननुमोदन की अभिवृत्ति का वर्णन करता है। परन्तु वास्तव में नैतिक निर्णयों का यह अर्थ वर्णनात्मक न होकर संवेगात्मक ही है, क्योंकि इसके अनुसार ये निर्णय वक्ता की कुछ विशेष भावनाओं या अभिवृत्तियों को व्यक्त करते हैं, निर्णीत वस्तुओं के गुणों का वर्णन नहीं। ऐसी स्थिति में यह कहना अनुचित न होगा कि जिसे स्टीवेंसन नैतिक निर्णयों का 'वर्णनात्मक अर्थ' मानते हैं वह वस्तुतः उनके संवेगात्मक अर्थ का ही एक भाग है। संभवतः इसी कारण उन्होंने अपनी पुस्तक, 'ऐथिक्स एण्ड लैंग्वेज' के उत्तरार्द्ध में स्वयं ही नैतिक निर्णयों का भिन्न वर्णनात्मक अर्थ बताया है जिसमें उन्होंने वक्ता की अभिवृत्तियों के वर्णन का उल्लेख नहीं किया। इसके विपरीत वे यह कहते हैं कि नैतिक निर्णयों का वर्णनात्मक अर्थ वह है जो निर्णीत वस्तुओं के किन्हीं विशेष गुणों का वर्णन करता है। इन निर्णयों के वर्णनात्मक अर्थ के विषय में अपने इस मत को उन्होंने एक उदाहरण द्वारा इस प्रकार स्पष्ट किया है। "यह शुभ है" का अर्थ यह है कि "इसमें क, ख, ग नामक गुण या सम्बन्ध है।" इसके अतिरिक्त 'शुभ' का प्रशंसामूलक संवेगात्मक अर्थ भी है जिसके द्वारा वह वक्ता के अनुमोदन को अभिव्यक्त करता है और श्रोता में इस अनुमोदन को जागृत करता है।[41] यह समझना कठिन नहीं है कि नैतिक निर्णयों के वर्णनात्मक अर्थ के सम्बन्ध में स्टीवेंसन के ये विचार इस अर्थ के विषय में उनके पूर्वोक्त विचारों से बहुत भिन्न हैं। वस्तुतः वर्णनात्मक अर्थ के स्वरूप के विषय में उनका यही मत उचित और तर्कसंगत है। हम अगले अध्याय में देखेंगे कि हेयर, नावल-स्मिथ आदि अन्य दार्शनिकों ने भी वर्णनात्मक अर्थ के सम्बन्ध में स्टीवेंसन के उपर्युक्त मत का ही समर्थन किया है।

परन्तु यहां यह स्पष्ट कर देना आवश्यक है कि स्टीवेंसन के विचार में नैतिक निर्णयों का यह वर्णनात्मक अर्थ गौण ही होता है और इसमें प्रसंगानुसार अनिवार्यतः परिवर्तन होता रहता है। वर्णनात्मक अर्थ की इस परिवर्तनशीलता के विषय में उनका कथन है कि " 'क शुभ है' इस निर्णय का अर्थ एक श्रोता के लिए यह हो सकता है कि 'क' में कुछ गुण हैं और दूसरे श्रोता के लिए इसका अर्थ यह हो सकता है कि 'क' में कुछ अन्य गुण हैं, जबकि वक्ता का तात्पर्य कुछ अन्य विशेष गुणों के समूह से हो सकता है।"[42] ऐसी स्थिति में किसी नैतिक शब्द का कोई एक निश्चित वर्णनात्मक अर्थ बताना सम्भव नहीं है। इसी कारण स्टीवेंसन यह कहते हैं कि नैतिक निर्णयों का वर्णनात्मक अर्थ गौण होता है। उनके

41. वही पुस्तक, पृ० 206
42. वही पुस्तक, पृ० 87

अनुसार इन निर्णयों का मुख्य अर्थ संवेगात्मक ही है जो सदैव इनके साथ सम्बद्ध रहता है और जिसमें प्रसंगानुसार परिवर्तन नहीं होता। इस प्रमुख तथा अपरिवर्तनशील अर्थ के कारण ही नैतिक निर्णय तटस्थ और वर्णनात्मक न होकर सदैव मुख्यतः संवेगात्मक होते हैं। नैतिक निर्णयों के अर्थ के विषय में स्टीवेंसन का यह मत कहां तक उचित एवं युक्तिसंगत है—इस प्रश्न पर हम प्रस्तुत अध्याय के अंतिम खंड में विस्तार से विचार करेंगे।

नैतिक निर्णयों के अर्थ के अतिरिक्त इन निर्णयों के प्रमाणीकरण के संबंध में भी स्टीवेंसन ने विस्तारपूर्वक अपने विचार व्यक्त किए हैं। कार्नेप और एयर के विपरीत वे यह मानते हैं कि इन निर्णयों के समर्थन में कुछ विशेष प्रकार के तर्क देना संभव है। नैतिक निर्णयों की पुष्टि के लिए किस प्रकार के तर्क दिए जा सकते हैं—इस प्रश्न का उत्तर देने से पूर्व स्टीवेंसन ने यह मूल प्रश्न उठाया है कि नैतिक विवादों में पाई जाने वाली असहमति का वास्तविक स्वरूप क्या है। उनका मत है कि इस मूल प्रश्न का समुचित उत्तर दिए बिना हम उन तर्कों के स्वरूप के विषय में कुछ नहीं कह सकते जो नैतिक निर्णयों के समर्थन में दिए जाते हैं। यही कारण है कि अपनी पुस्तक, 'ऐथिक्स एण्ड लैंग्वेज' के प्रथम अध्याय में उन्होंने इस प्रश्न पर विस्तारपूर्वक विचार किया है कि नैतिक विवादों में जो असहमति पाई जाती है वह वास्तव में किस प्रकार की असहमति होती है। इस प्रश्न का उत्तर देने के लिए स्टीवेंसन ने असहति को मुख्य दो वर्गों में विभाजित किया है—विश्वास सम्बन्धी असहमति और अभिवृत्ति सम्बन्धी असहमति। उन्होंने इन दोनों प्रकार की असहमतियों के स्वरूप और इनके पारस्परिक संबंध का विस्तृत विवेचन किया है। उनका कथन है कि "हमारा प्रथम प्रश्न सीमित मालूम होते हुए भी अत्यधिक महत्त्वपूर्ण सिद्ध होगा : नैतिक सहमति तथा असहमति का स्वरूप क्या है ? क्या यह सहमति अथवा असहमति प्राकृतिक विज्ञानों में पाई जाने वाली सहमति या असहमति के समान होती है··· अथवा क्या यह मुख्यतः भिन्न प्रकार की सहमति या असहमति होती है ?"[43] जब स्टीवेंसन इस प्रश्न को अत्यधिक महत्त्वपूर्ण अथवा मूल प्रश्न कहते हैं तो इससे उनका तात्पर्य यही है कि वस्तुतः उक्त प्रश्न के उत्तर के आधार पर ही हम नैतिक निर्णयों के समर्थन में दिए जाने वाले तर्कों का स्वरूप निश्चित कर सकते हैं। उपर्युक्त दोनों प्रकार की असहमतियों के साथ-साथ उन्होंने 'अभिवृत्ति विषयक विश्वास संबंधी असहमति' का भी उल्लेख किया हैं जो उनके मतानुसार विश्वास सम्बन्धी असहमति का ही एक रूप है। इसी कारण उन्होंने इस असहमति को तीसरे प्रकार

43. वही पुस्तक, पृ० 2

की असहमति के रूप में स्वीकार नहीं किया। इसके अतिरिक्त उनका यह भी कथन है कि असहमति के स्वरूप तथा वर्गीकरण के सम्बन्ध में उन्होंने जो कुछ कहा है वह सहमति के स्वरूप और वर्गीकरण पर भी समान रूप से लागू होता है।

विश्वास सम्बन्धी असहमति के विषय में स्टीवेंसन का कथन है कि इसका सम्बन्ध हमारे विश्वासों से है जो अनिवार्यतः तथ्यों से सम्बद्ध रहते हैं। प्रायः ये तथ्य ऐसे होते हैं जो हमारे अनुभव तथा निरीक्षण के विषय हो सकते हैं और इसी कारण सामान्य वैज्ञानिक विधियों द्वारा इन तथ्यों पर आधारित विश्वासों की परीक्षा की जा सकती है। जब किसी वस्तु या घटना के विषय में दो व्यक्तियों के विश्वासों में अन्तर अथवा विरोध होता है तो स्टीवेंसन के अनुसार इसे ही 'विश्वास सम्बन्धी असहमति' कहा जाता है। उदाहरणार्थ यदि एक व्यक्ति कहता है कि भारत की स्वतन्त्रता के लिए अंग्रेजों के विरुद्ध संघर्ष सर्वप्रथम 1857 में आरम्भ हुआ और दूसरा व्यक्ति कहता है कि यह संघर्ष सर्वप्रथम 1942 में आरम्भ हुआ तो उनकी इस असहमति को 'विश्वास सम्बन्धी असहमति' की संज्ञा दी जाएगी। इसी प्रकार यदि एक व्यक्ति कहता है कि 'गोदान' प्रेमचन्द ने लिखा है और दूसरा व्यक्ति कहता है कि 'गोदान' जैनेन्द्र ने लिखा है तो उनकी इस असहमति को भी 'विश्वास सम्बन्धी असहमति' ही कहा जाएगा। यदि एक व्यक्ति का कथन है कि मलेरिया मच्छरों के कारण फैलता है और दूसरे व्यक्ति का कथन है कि वह मक्खियों के कारण फैलता है तो इन दोनों व्यक्तियों की यह असहमति भी 'विश्वास सम्बन्धी असहमति' ही होगी। इन उदाहरणों से स्पष्ट है कि इस प्रकार की असहमति का सम्बन्ध कुछ तथ्यों पर आधारित हमारे विश्वासों से ही है जिन्हें प्रयोग, निरीक्षण आदि वैज्ञानिक विधियों द्वारा सत्य अथवा मिथ्या प्रमाणित किया जा सकता है। सभी वर्णनात्मक विज्ञानों में प्रायः यही विश्वास सम्बन्धी असहमति पाई जाती है।

जैसा कि ऊपर कहा जा चुका है, स्टीवेंसन के विचार में अभिवृत्ति विषयक विश्वास सम्बन्धी असहमति भी इसी विश्वास सम्बन्धी असहमति का एक रूप है। जब किसी अभिवृत्ति के सम्बन्ध में दो व्यक्तियों के विश्वास एक-दूसरे से भिन्न अथवा परस्पर विरोधी होते हैं तो उनकी इस असहमति को 'अभिवृत्ति विषयक विश्वास सम्बन्धी असहमति' कहा जा सकता है। उदाहरणार्थ यदि 'क' कहता है कि 'ग', 'च' को पसन्द करता है अथवा उसका अनुमोदन करता है और 'ख' कहता है कि 'ग', 'च' को पसन्द नहीं करता या उसका अनुमोदन नहीं करता तो उन दोनों की इस असहमति को 'अभिवृत्ति विषयक विश्वास सम्बन्धी असहमति' की संज्ञा दी जा सकती है। स्पष्ट है कि इस प्रकार की असहमति में विश्वासों

का सम्बन्ध कुछ वस्तुओं या तथ्यों से न होकर केवल अभिवृत्तियों से ही होता है। इसी कारण स्टीवेंसन ने इसे 'विश्वास सम्बन्धी असहमति' के स्थान पर 'अभिवृत्ति विषयक विश्वास सम्बन्धी असहमति' की संज्ञा दी है। फिर भी वे इसे विश्वास सम्बन्धी असहमति से मूलत: भिन्न न मानकर उसी का एक रूप मानते हैं, क्योंकि अंतत: यह असहमति भी दो व्यक्तियों के विभिन्न अथवा विरोधी विश्वासों पर ही आधारित होती है।

परन्तु स्टीवैन्सन का मत है कि अभिवृत्ति सम्बन्धी असहमत्ति उक्त विश्वास सम्बन्धी असहमति से भिन्न प्रकार की होती है। इस असहमति का सम्बन्ध तथ्यों पर आधारित विश्वासों से न होकर हमारी अभिवृत्तियों, भावनाओं, इच्छाओं तथा आकांक्षाओं से होता है। जब दो व्यक्ति एक ही वस्तु, घटना अथवा व्यक्ति के विषय में भिन्न-भिन्न या विरोधी अभिवृत्तियां अथवा इच्छाएं व्यक्त करते हैं तो इसे 'अभिवृत्ति' संबंधी असहमति' कहा जाता है। यहां यह उल्लेखनीय है कि स्टीवैन्सन 'अभिवृत्ति' शब्द का प्रयोग बहुत व्यापक अर्थ में करते हैं जिसके अंतर्गत मनुष्य के संवेग तथा उसकी भावनाएं, इच्छाएं, आकांक्षाएं आदि सम्मिलित हैं। इससे स्पष्ट है कि उक्त अभिवृति सम्बन्धी असहमति का क्षेत्र बहुत व्यापक है। जब एक व्यक्ति किसी वस्तु, कर्म या व्यक्ति को पसंद करता है अथवा उसका अनुमोदन करता है और दूसरा व्यक्ति उसी वस्तु, कर्म या व्यक्ति को पसन्द नहीं करता अथवा उसका अननुमोदन करता है तो उन दोनों व्यक्तियों की इस असहमति को 'अभिवृति सम्बन्धी असहमति' की संज्ञा दी जा सकती है। उदाहरणार्थ यदि एक व्यक्ति कहता है कि उसे शास्त्रीय संगीत बहुत अच्छा लगता है और दूसरा व्यक्ति कहता है कि वह शास्त्रीय संगीत को बिल्कुल पसंद नहीं करता तो इन दोनों व्यक्तियों की इस असहमति को 'अभिवृति सम्बन्धी असहमति' कहा जाएगा। इसी प्रकार यदि एक व्यक्ति कहता है कि गाय बहुत पवित्र तथा हमारी-माता के समान है और दूसरा व्यक्ति कहता है कि अन्य पशुओं की भांति गाय भी एक सामान्य पशु है तो इन दोनों व्यक्तियों की यह असहमति भी 'अभिवृति सम्बन्धी असहमति' ही होगी। स्पष्ट है कि इस प्रकार की असहमति में मनुष्य की अभिवृत्तियों, भावनाओं अथवा इच्छाओं का विशेष स्थान है और यही तथ्य इस असहमति को विश्वास सम्बन्धी असहमति से पृथक करता है जिसमें तथ्यों पर आधारित विश्वासों का ही प्रमुख स्थान होता है।

मुख्यत: इसी आधार पर स्टीवैन्सन ने विश्वास संबंधी असहमति तथा अभिवृत्ति संबंधी असहमति में अंतर स्पष्ट किया है। वे कहते हैं कि "इन दोनों प्रकार की असहमतियों में मुख्य अंतर यह है कि विश्वास संबंधी असहमति का संबंध तथ्यों के ठीक-ठीक वर्णन अथवा उनकी ठीक-ठीक व्याख्या से है, किंतु

अभिवृत्ति संबंधी असहमति का संबंध इन तथ्यों को पसंद करने अथवा पसंद न करने और मानवीय प्रयास द्वारा उन्हें नया रूप देने से है।"[44] "प्रथम असहमति में ऐसे दो विरोधी विश्वास सम्मिलित होते हैं जो दोनों एक साथ सत्य नहीं हो सकते; दूसरी असहमति में ऐसी दो विरोधी अभिवृतियां सम्मिलित होती हैं जिन्हें एक साथ स्वीकार नहीं किया जा सकता।"[45] इस प्रकार यह स्पष्ट है कि स्टीवैंन्सन के मतानुसार विश्वास संबंधी असहमति तथा अभिवृत्ति संबंधी असहमति ये दोनों भिन्न-भिन्न प्रकार की असहमतियां हैं जिनमें भेद करना आवश्यक है। यह संभव है कि किसी वस्तु, व्यक्ति या घटना के संबंध में दो व्यक्तियों के विश्वासों में कोई अंतर न हो, किंतु फिर भी उन व्यक्तियों में उसके विषय में अभिवृत्ति संबंधी असहमति हो—अर्थात् एक उसे पसंद करता हो और दूसरा उसे पसंद न करता हो। इसी प्रकार किसी वस्तु, घटना अथवा व्यक्ति के विषय में दो व्यक्तियों की अभिवृत्तियों में कोई अंतर न होते हुए भी उनमें विश्वास संबंधी असहमति हो सकती है। इसका अर्थ यही है कि स्टीवैंन्सन के विचार में इन दोनों प्रकार की असहमतियों का पृथक तथा स्वतंत्र अस्तित्व है और वे अनिवार्यत: एक-दूसरे पर निर्भर नहीं हैं।

परंतु यहां यह स्पष्ट कर देना आवश्यक है कि उपर्युक्त दोनों प्रकार की असहमतियों को एक-दूसरे से पृथक और स्वतंत्र मानते हुए भी स्टीवैंन्सन यह स्वीकार करते हैं कि इन दोनों में अत्यंत घनिष्ठ संबंध होता है। उनका विचार है कि हमारे व्यावहारिक जीवन में विश्वास तथा अभिवृतियां प्राय: परस्पर संबद्ध रहते हैं, अत: इन पर आधारित सहमतियां और असहमतियां भी प्राय: एक साथ पाई जाती हैं। अधिकतर विवादों में विश्वास संबंधी असहमति और अभिवृत्ति संबंधी असहमति इन दोनों को प्राय: देखा जा सकता है। हां, यह अवश्य कहा जा सकता है कि किसी विवाद में विश्वास संबंधी असहमति की प्रधानता होती है और किसी में अभिवृत्ति संबंधी असहमति की। इन दोनों प्रकार की असहमतियों के पारस्परिक घनिष्ठ संबंध का उल्लेख करते हुए स्टीवैंन्सन कहते हैं—"यह बात नहीं है कि प्रत्येक विवाद में केवल एक ही प्रकार की असहमति होती है और दूसरे प्रकार की असहमति का अभाव होता है। प्राय: दोनों प्रकार की असहमतियां एक साथ विद्यमान रहती हैं। कहने का तात्पर्य यह है कि हमारे विश्वास तथा हमारी अभिवृत्तियों को एक-दूसरे से बिल्कुल अलग-अलग नहीं किया जाना चाहिए। हमारी अभिवृत्तियों का हमारे विश्वासों पर प्राय: प्रभाव

44. वही पुस्तक, पृ० 4
45. सी० एल० स्टीवैंन्सन, 'दि नेचर ऑफ़ एथिकल डिसेग्रीमैंट', जोसेफ़ काट्ज द्वारा सम्पादित 'राइटज' ऑन एथिक्स' में संकलित, पृ० 531

पड़ता है।...इसी प्रकार हमारे विश्वास भी हमारी अभिवृत्तियों पर प्राय: प्रभाव डालते हैं, क्योंकि जब हम किसी वस्तु के स्वरूप के विषय में अपने विश्वास बदल लेते हैं तो उसके प्रति हमारे अनुमोदन में भी परिवर्तन हो जाता है।...फलत: उन दोनों प्रकार की असहमतियों में बहुत घनिष्ठ संबंध होता है जिनकी यहां विवेचना की गई है। वस्तुत: कुछ मामलों में एक असहमति का अस्तित्व दूसरी असहमति पर पूर्णत: निर्भर होता है।"[46] स्टीवैन्सन के उपर्युक्त विचारों से यह स्पष्ट है कि उनके अनुसार अधिकतर विवादों में विश्वास संबंधी असहमति और अभिवृत्ति संबंधी असहमति प्राय: परस्पर घनिष्ठ रूप से संबद्ध रहती हैं।

अब इस महत्त्वपूर्ण प्रश्न के संबंध में स्टीवैन्सन के मत पर विचार करना आवश्यक है कि नैतिक विवादों में किस प्रकार की असहमति पाई जाती है। इस संबंध में उनका कथन है कि प्राचीन काल से सभी प्रकार के नैतिक विवादों में केवल विश्वास संबंधी असहमति को ही स्वीकार किया जाता रहा है और अभिवृत्ति संबंधी असहमति की पूर्णत: उपेक्षा की गई है। प्राय: सभी दार्शनिक यही मानते रहे हैं कि नैतिक विवादों में व्यक्तियों के विश्वासों का ही महत्त्व है, उनकी अभिवृत्तियों का नहीं। परंतु स्टीवैन्सन के विचार में नैतिक विवादों के विषय में दार्शनिकों का यह दृष्टिकोण नितांत एकांगी तथा अनुचित है। इसका कारण यह है कि अन्य विवादों की भांति नैतिक विवादों में भी वस्तुत: विश्वास संबंधी असहमति और अभिवृत्ति संबंधी असहमति दोनों ही प्राय: विद्यमान रहती हैं। जब किसी कर्म के औचित्य के विषय में किन्हीं दो व्यक्तियों में नैतिक विवाद होता है तो इस विवाद में उस कर्म से संबंधित उनके विरोधी विश्वासों के साथ-साथ उनकी विरोधी अभिवृत्तियां भी प्राय: देखी जा सकती हैं। इसका तात्पर्य यह है कि नैतिक विवाद में भाग लेने वाले व्यक्ति विवादास्पद कर्म के विषय में अपने अलग-अलग या विरोधी विश्वासों को व्यक्त करने के अतिरिक्त उसके प्रति अनुमोदन तथा अननुमोदन संबंधी अपनी विरोधी भावनाओं को भी अवश्य अभिव्यक्त करते हैं। यही कारण है कि कोई भी नैतिक विवाद पूर्णत: तथ्यात्मक नहीं होता। नैतिक विवादों की यही विशेषता उन्हें विज्ञान संबंधी तथा अन्य तथ्यात्मक विवादों से पृथक करती है। ऐसी स्थिति में स्टीवैन्सन के मतानुसार नैतिक विवादों में अभिवृत्ति संबंधी असहमति की उपेक्षा करते हुए केवल विश्वास संबंधी असहमति को ही स्वीकार करना उचित नहीं है।

नैतिक विवादों के लिए उपर्युक्त दोनों प्रकार की असहमतियों के महत्त्व का उल्लेख करते हुए स्टीवैन्सन कहते हैं कि "जब नैतिक समस्याएं विवादास्पद

46. सी० एल० स्टीवैन्सन, 'एथिक्स एण्ड लैंग्वेज', पृ० 5

हो जाती हैं तो उनमें दोनों प्रकार की असहमतियां सम्मिलित रहती हैं। उनमें लगभग अनिवार्य रूप से विश्वास संबंधी असहमति होती है जिस पर पर्याप्त और समुचित ध्यान देना आवश्यक है; किंतु उनमें अभिवृत्ति संबंधी असहमति भी पाई जाती है। ऐसा विश्लेषण जो व्यावहारिक जीवन में नीतिशास्त्र का संपूर्ण चित्र प्रस्तुत करना चाहता है उसे सावधानी से इन दोनों तत्त्वों को अवश्य ही स्वीकार करना चाहिए। उसे इनमें से किसी भी एक तत्त्व की उपेक्षा करके केवल दूसरे तत्त्व को ही महत्त्व नहीं देना चाहिए।…यदि हमें नैतिक समस्याओं के मूल स्वरूप को समझना है और अपनी उस शक्ति की भी बचत करनी है जो इन समस्याओं के समाधान के लिए लगानी पड़ती है तो हमें नैतिक असहमति के दोनों रूपों पर अवश्य ही समुचित ध्यान देना चाहिए। अभिवृत्तियों तथा विश्वासों दोनों का ही महत्त्व है और इन दोनों को परस्पर घनिष्ठ रूप से संबद्ध मानकर ही इन्हें समझा जाना चाहिए।"[47] इस प्रकार स्टीवैंन्सन का यह निश्चित मत है कि नैतिक विवादों में विश्वास संबंधी असहमति और अभिवृत्ति संबंधी असहमति इन दोनों का स्थान है, अतः इनमें से किसी एक की भी उपेक्षा करना अनुचित तथा अवांछनीय होगा।

परंतु यहां यह उल्लेखनीय है कि नैतिक विवादों के लिए उपर्युक्त दोनों प्रकार की असहमतियों के महत्त्व को स्वीकार करते हुए भी स्टीवैंन्सन यह मानते हैं कि वस्तुतः इन विवादों के लिए विश्वास संबंधी असहमति की अपेक्षा अभिवृत्ति संबंधी असहमति का अधिक महत्त्व है। इसका कारण यह है कि नैतिक निर्णय मुख्यतः संवेगात्मक होते हैं जिनके माध्यम से हम अपनी भावनाओं को अभिव्यक्त करते हैं और अन्य व्यक्तियों में इन भावनाओं को जागृत करते हैं। हम देख चुके हैं कि स्टीवैंन्सन के विचार में नैतिक निर्णयों की यही संवेगात्मकता उन्हें तथ्यात्मक कथनों से पृथक करती है जो वर्णनात्मक होने के कारण संवेगात्मक दृष्टि से तटस्थ होते हैं और इसी कारण जिनमें हमारे विश्वासों का प्रमुख स्थान होता है। नैतिक निर्णयों के इस संवेगात्मक स्वरूप को ध्यान में रखते हुए स्टीवैंन्सन यह कहते हैं कि नैतिक विवादों के लिए विश्वास संबंधी असहमति की अपेक्षा अभिवृति संबंधी असहमति का अधिक महत्त्व होना स्वाभाविक ही है। वास्तव में यह अभिवृति संबंधी असहमति ही उन विवादों को 'नैतिक विवाद' बनाती है जिनके साथ हमारी अभिवृत्तियां अथवा भावनाएं अनिवार्यतः संबद्ध रहती हैं। यही कारण है कि किन्हीं दो व्यक्तियों में विवादास्पद वस्तु के विषय में अभिवृत्ति संबंधी असहमति के समाप्त हो जाने पर उस वस्तु से संबंधित

47. वही पुस्तक, पृ० 11, 19

उनका नैतिक विवाद भी समाप्त हो जाता है। इसके अतिरिक्त यह अभिवृत्ति संबंधी असहमति नैतिक विवाद से संबद्ध विश्वासों को भी पर्याप्त सीमा तक प्रभावित करती है। इस दृष्टि से भी नैतिक विवादों के लिए इस प्रकार की असहमति का विशेष महत्त्व है।

उपर्युक्त दोनों तथ्यों को ध्यान में रखते हुए स्टीवैन्सन ने नैतिक विवादों के लिए अभिवृत्ति संबंधी असहमति के विशेष महत्त्व को इस प्रकार स्पष्ट किया है—"यह अवश्य स्वीकार किया जाना चाहिए कि नैतिक विवादों में सामान्यतः विश्वास संबंधी असहमति होती हैं; किंतु उनमें अभिवृत्ति संबंधी असहमति भी पाई जाती है। हम इस बात को चाहे अनुभव करें या न करें, अभिवृत्ति संबंधी असहमति का विशेष महत्त्व यह है कि हम इसे सामान्यतः नैतिक विवादों की मूल विशेषता के रूप में देखते हैं।...यह समझना सरल है...कि नैतिक विवाद में अभिवृत्ति संबंधी असहमति का प्रमुख स्थान होता है। इसके दो कारण हैं: सर्वप्रथम अभिवृति संबंधी असहमति यह निश्चित करती है कि इस विवाद के संदर्भ में कौन से विश्वास प्रासंगिक हैं।...दूसरा कारण यह है कि कुछ सीमा तक विश्वास संबंधी असहमति के बने रहने पर भी जब अभिवृति संबंधी असहमति समाप्त हो जाती है तो सामान्यतः नैतिक विवाद भी समाप्त हो जाता है।"[48] इस प्रकार यद्यपि स्टीवैन्सन नैतिक विवादों के लिए विश्वास संबंधी असहमति तथा अभिवृत्ति संबंधी असहमति दोनों का महत्त्व स्वीकार करते हैं, फिर भी उनके अनुसार इन विवादों में सामान्यतः अभिवृत्ति संबंधी असहमति का ही प्रमुख स्थान होता है।

अब विचारणीय प्रश्न यह है कि नैतिक विवादों को समाप्त करने के लिए किस प्रकार की विधियों का प्रयोग किया जा सकता है। क्या हम इन विवादों का अंत करने के लिए उन्हीं वैज्ञानिक विधियों का प्रयोग कर सकते हैं जिनका प्रयोग हम तथ्यात्मक विवादों को समाप्त करने के लिए करते हैं? अथवा क्या नैतिक विवादों को समाप्त करने के लिए कुछ अन्य विधियों का प्रयोग करना अनिवार्य है? इन महत्त्वपूर्ण प्रश्नों पर स्टीवैन्सन ने विस्तारपूर्वक विचार किया है। उनका मत है कि जो नैतिक विवाद मुख्यतः विश्वास संबंधी असहमति पर आधारित होते हैं उनका निराकरण प्रयोग, निरीक्षण आदि वैज्ञानिक विधियों द्वारा किया जा सकता है। इसका कारण यह है कि हमारे विश्वासों का आधार प्रायः कुछ विशेष तथ्य होते हैं जिनकी इन वैज्ञानिक विधियों द्वारा भली-भांति परीक्षा की जा सकती है। जब इन वैज्ञानिक विधियों की सहायता से तथ्यों की

48. 'राइटर्स ऑन एथिक्स', पृ० 532

समुचित परीक्षा कर लेने के फलस्वरूप दो व्यक्तियों के विश्वासों में मतभेद समाप्त हो जाता है तो इन विश्वासों पर आधारित उनके नैतिक विवाद का भी स्वतः अंत हो जाता है। इस संबंध में स्टीवैन्सन कहते हैं—"यह स्पष्ट है कि जिस सीमा तक विवाद में विश्वास संबंधी असहमति पाई जाती है, उसका अंत करने के लिए विज्ञानों की सामान्य विधियों का प्रयोग किया जा सकता है। यदि विश्वासों की पुष्टि के लिए केवल ये विधियां ही बौद्धिक विधियां हैं—और मैं मानता हूं कि ऐसा ही है—तो मूल्यों से संबंधित विवादों में पाई जाने वाली विश्वास संबंधी असहमति को इन्हीं वैज्ञानिक तथा बौद्धिक विधियों द्वारा समाप्त किया जा सकता है। ··प्रारंभ में ये विधियां केवल विश्वास संबंधी सहमति ही स्थापित कर सकती हैं। इसके पश्चात् यदि ये विधियां अभिवृत्ति संबंधी सहमति भी स्थापित करती हैं तो इसका कारण केवल यह मनोवैज्ञानिक तथ्य है कि विश्वासों में परिवर्तन के फलस्वरूप अभिवृत्तियों में भी परिवर्तन होता है।"[49] इस प्रकार स्टीवैन्सन के अनुसार बौद्धिक और वैज्ञानिक विधियां मुख्यतः विश्वास संबंधी असहमति पर आधारित नैतिक विवादों को समाप्त करने में हमारे लिए सहायक हो सकती हैं, अतः इस दृष्टि से इन विधियों के महत्त्व को स्वीकार करना आवश्यक है।

परन्तु, जैसा कि हम ऊपर बता चुके हैं, स्टीवैन्सन यह मानते हैं कि नैतिक विवाद केवल विश्वास सम्बन्धी असहमति पर आधारित नहीं होते; इन विवादों में अभिवृत्ति सम्बन्धी असहमति का ही प्रमुख स्थान होता है। ऐसी स्थिति में प्रश्न यह है कि क्या प्रयोग, निरीक्षण आदि वैज्ञानिक विधियां नैतिक विवादों को समाप्त कर सकती हैं। स्टीवैन्सन इस प्रश्न का स्पष्टतः और निश्चित रूप से नकारात्मक उत्तर देते हैं। उनका मत है कि हमारी भावनाओं अथवा अभिवृत्तियों पर इन वैज्ञानिक विधियों का प्रत्यक्षतः कोई प्रभाव नहीं पड़ता। ये विधियां केवल विश्वासों के माध्यम से हमारी अभिवृत्तियों को अप्रत्यक्षतः प्रभावित करती हैं। परन्तु हमारी अभिवृत्तियों पर इन वैज्ञानिक विधियों का परोक्ष प्रभाव पड़ना भी अनिवार्य नहीं है। इसका कारण यह है कि ये विधियां नैतिक विवाद में भाग लेने वाले व्यक्तियों की विश्वास संबंधी असहमति का ही निराकरण कर सकती हैं, किंतु हम देख चुके हैं कि स्टीवैन्सन के अनुसार इस असहमति के समाप्त हो जाने पर भी उन व्यक्तियों में अभिवृत्ति संबंधी असहमति बनी रह सकती है जिसके फलस्वरूप उनका नैतिक विवाद भी पूर्ववत् बना रह सकता है। किसी कर्म के स्वरूप तथा परिणामों के विषय में दो व्यक्तियों के

49. वही पुस्तक, पृ० 533

विश्वासों में पूर्ण समानता के होते हुए भी उनमें अभिवृत्ति संबंधी असहमति हो सकती है—अर्थात् उन्हीं विश्वासों के कारण एक व्यक्ति उस कर्म का अनुमोदन कर सकता है और दूसरा उसका अननुमोदन कर सकता है।

उपर्युक्त तथ्य को ध्यान में रखते हुए स्टीवैन्सन कहते हैं—"कम से कम तार्किक दृष्टि से यह संभव है कि यद्यपि दो व्यक्तियों के सभी विश्वास समान हों और यद्यपि उनमें से किसी ने भी तार्किक या आगमनात्मक भूल न की हो अथवा किसी प्रासंगिक प्रमाण की उपेक्षा न की हो, फिर भी उन दोनों व्यक्तियों में अभिवृत्ति संबंधी असहमति विद्यमान हो। पूर्ण वैज्ञानिक सत्य से भली-भांति अवगत होते हुए भी अपने स्वभाव, प्रारम्भिक प्रशिक्षण अथवा सामाजिक स्थिति में भिन्नताओं के कारण दो व्यक्ति भिन्न-भिन्न अभिवृत्तियां बनाए रख सकते हैं।...इसी कारण मेरा निष्कर्ष यह है कि 'मानकीय विज्ञानों' में वैज्ञानिक विधियों की वह निश्चित भूमिका नहीं हो सकती जो प्राकृतिक विज्ञानों में होती है।...यह संभव है कि वैज्ञानिक ज्ञान का विकास मूल्यों से संबंधित बहुत-से विवादों को स्थाई रूप से अनिर्णीत ही छोड़ दे।... विज्ञान की पूर्णतः बौद्धिक विधियां—और वास्तव में तर्कना संबंधी सभी विधियां—मूल्यों से सम्बन्धित विवादों को समाप्त करने में अपर्याप्त सिद्ध हो सकती हैं, यद्यपि वे इसमें बहुत सहायता कर सकती हैं।"[50] इस प्रकार स्टीवैन्सन का यह निश्चित मत है कि वैज्ञानिक तथा बौद्धिक विधियों द्वारा ही नैतिक विवादों को पूर्णतः समाप्त नहीं किया जा सकता, क्योंकि ये विवाद विश्वास संबंधी असहमति के साथ-साथ अभिवृत्ति संबंधी असहमति पर भी आधारित होते हैं जिस पर इन विधियों का प्रत्यक्ष रूप से कोई प्रभाव नहीं पड़ता।

अब विचारणीय प्रश्न यह है कि स्टीवैन्सन के अनुसार नैतिक विवादों का अंत करने के लिए वैज्ञानिक विधियों के अतिरिक्त अन्य कौन-सी विधियों का प्रयोग किया जा सकता है। इस प्रश्न के उत्तर में उनका कथन है कि मुख्यतः अभिवृत्ति संबंधी असहमति पर आधारित नैतिक विवादों की समाप्ति के लिए हम बौद्धिक विधियों के साथ-साथ कुछ विशेष निर्बौद्धिक विधियों का भी प्रयोग कर सकते हैं। इन निर्बौद्धिक विधियों को उन्होंने 'प्रवर्तक विधियां' कहा है। ये ऐसी विधियां हैं जो हमारी भावनाओं या अभिवृत्तियों को प्रत्यक्षतः प्रभावित अथवा परिवर्तित करती हैं। उपदेश देना, प्रचार करना, प्रत्यक्ष या परोक्ष रूप से सुझाव देना, विशेष संवेगात्मक शब्दों द्वारा किसी व्यक्ति को कोई कर्म करने या न करने के लिए प्रेरित करना आदि उपाय प्रवर्तक विधियों के स्पष्ट उदाहरण

50. वही पुस्तक, पृ० 534

हैं। इन विधियों का मुख्य उद्देश्य मनुष्य की भावनाओं अथवा अभिवृत्तियों को प्रभावित या परिवर्तित करके उसे किसी विशेष कार्य में प्रवृत्त करना ही होता है, बौद्धिक तर्कों द्वारा किसी सत्य की स्थापना करना नहीं। इसी कारण इन विधियों को 'निर्बौद्धिक प्रवर्तक विधियां' कहा जाता है। यह समझना कठिन नहीं है कि इन विधियों में युक्तियों की अपेक्षा भावनाओं का कहीं अधिक महत्त्व होता है जिनके माध्यम से ये अपने उपर्युक्त उद्देश्य की पूर्ति करती हैं। स्टीवैन्सन का विचार है कि नैतिक विवादों को समाप्त करने के लिए प्रायः इन प्रवर्तक विधियों का प्रयोग किया जाता है, क्योंकि इन विवादों में अभिवृत्ति संबंधी असहमति की प्रधानता होती है। नैतिक विवादों की समाप्ति की दृष्टि से इन विधियों के महत्त्व का उल्लेख करते हुए वे कहते हैं कि "नैतिक विवाद का समाधान करने के लिए अभिवृत्ति संबंधी असहमति को दूर करना आवश्यक है जिससे एक पक्ष या दूसरे पक्ष अथवा दोनों पक्षों की अभिवृत्तियों में परिवर्तन हो सके। अभिवृत्तियों को परिवर्तित करने का एक उपाय विश्वासों में परिवर्तन करना है।···परन्तु मनुष्य की अभिवृत्तियों को परिवर्तित करने के अन्य उपाय भी हैं जो ऐसे तर्कों पर निर्भर नहीं हैं जिनके द्वारा विश्वासों में परिवर्तन होता है।··· निर्बौद्धिक विधियों में से सर्वाधिक महत्त्वपूर्ण विधि को व्यापक अर्थ में प्रवर्तक विधि कहा जा सकता है। यह विधि शब्दों के प्रत्यक्ष संवेगात्मक प्रभाव पर ही निर्भर रहती है।···श्रोता की अभिवृत्तियों को विश्वासों के परिवर्तन के माध्यम से नहीं, अपितु स्पष्ट या सूक्ष्म, अपरिष्कृत या परिष्कृत उपदेश द्वारा परिवर्तित किया जाता है।"[51] इस प्रकार स्टीवैन्सन के अनुसार नैतिक विवाद में भाग लेने वाले व्यक्तियों की अभिवृत्तियों को उक्त प्रवर्तक विधियों द्वारा प्रभावित या परिवर्तित करके इस विवाद को समाप्त किया जा सकता है। परन्तु यहां यह स्पष्ट कर देना आवश्यक है कि स्टीवैन्सन इन विधियों को 'निर्बौद्धिक' ही मानते हैं, 'अबौद्धिक'—अर्थात् तर्कबुद्धि के विरुद्ध—नहीं। ये विधियां इस अर्थ में निर्बौद्धिक हैं कि इनका प्रयोग करने वाला व्यक्ति अपने उद्देश्य की पूर्ति के लिए तर्कों अथवा युक्तियों का आधार नहीं लेता; वह कुछ अन्य उपायों द्वारा श्रोता की भावनाओं या अभिवृत्तियों को प्रभावित अथवा परिवर्तित करने का प्रयास करता है। इसी कारण हमारी भाषा में प्रचलित संवेगात्मक शब्दों का इन विधियों के लिए विशेष महत्त्व होता है। हम देख चुके हैं कि स्टीवेंसन नैतिक शब्दों तथा निर्णयों को मुख्यतः संवेगात्मक मानते हैं, अतः उनका निश्चित मत है कि नैतिक

51. सी० एल० स्टीवैन्सन, 'ऐथिक्स एण्ड लैंग्वेज', पृ० 139

विवादों की समाप्ति के लिए निर्बौद्धिक प्रवर्तक विधियों का प्रयोग सफलतापूर्वक किया जा सकता है।

प्रवर्तक विधियों के महत्त्व के विषय में स्टीवैन्सन ने ऊपर जो कुछ कहा है उसका अर्थ यह नहीं है कि वे नैतिक विवादों के समाधान के लिए बौद्धिक तथा वज्ञानिक विधियों की उपेक्षा करते हैं। वस्तुतः उन्होंने इन विवादों को समाप्त करने के लिए निर्बौद्धिक प्रवर्तक विधियों के साथ-साथ कुछ सीमा तक बौद्धिक और वैज्ञानिक विधियों के महत्त्व को भी स्पष्टतः स्वीकार किया है। जैसा कि हम ऊपर बता चुके हैं, उनके अनुसार नैतिक विवादों में विद्यमान विश्वास सम्बन्धी असहमति का निराकरण निश्चय ही इन बौद्धिक विधियों द्वारा किया जा सकता है, अतः इस दृष्टि से इन विधियों का भी पर्याप्त महत्त्व है। व्यावहारिक जीवन में किसी भी नैतिक विवाद को सुलझाने के लिए हम प्रायः उपर्युक्त दोनों प्रकार की विधियों का प्रयोग करते हैं। इसका कारण यह है कि नैतिक विवादों में प्रायः विश्वास संबंधी असहमति और अभिवृत्ति संबंधी असहमति दोनों ही पाई जाती हैं। ऐसी स्थिति में इन विवादों की समाप्ति के लिए बौद्धिक तथ निर्बौद्धिक दोनों प्रकार की विधियों का एक ही साथ प्रयोग करना प्रायः आवश्यक हो जाता है। इससे यह स्पष्ट है कि वैज्ञानिक और प्रवर्तक विधियां एक-दूसरे से पूर्णतः पृथक न होकर परस्पर घनिष्ठ रूप से संबद्ध रहती हैं। इन दोनों प्रकार की विधियों के इसी पारस्परिक घनिष्ठ संबंध का उल्लेख करते हुए स्टीवैन्सन कहते हैं कि "बहुत-से मामलों में प्रवर्तक और बौद्धिक विधियों में इतना घनिष्ठ संबंध होता है कि उन्हें पृथक करना बहुत कठिन हो जाता है।···केवल प्रवर्तक विधियों का प्रयोग बहुत ही कम किया जाता है। वस्तुतः हमारी भाषा ही हमें ऐसा नहीं करने देती, क्योंकि ऐसे शब्द बहुत ही कम हैं जिनका केवल संवेगात्मक अर्थ होता है।···जिस प्रकार बहुत ही कम युक्तियां पूर्णतः प्रवर्तक होती हैं उसी प्रकार बहुत ही कम युक्तियां पूर्णतया बौद्धिक होती हैं।"[52] स्टीवैन्सन के इन विचारों से यह स्पष्ट है कि उनके मतानुसार नैतिक विवादों के समाधान के लिए प्रवर्तक तथा बौद्धिक दोनों विधियां महत्त्वपूर्ण और आवश्यक हैं। परन्तु फिर भी यह कहना अनुचित न होगा कि वे इन विवादों को समाप्त करने के लिए वैज्ञानिक एवं बौद्धिक विधियों की अपेक्षा प्रवर्तक विधियों को ही अधिक महत्त्व देते हैं। वे उन दार्शनिकों से सहमत नहीं हैं जो प्रवर्तक विधियों को केवल प्रचार की विधियां मान कर नैतिक विवादों में उन्हें कोई स्थान नहीं देते। इन दार्शनिकों के विपरीत स्टीवैन्सन का मत है कि

52. वही पुस्तक, पृ० 141

मुख्यत: अभिवृत्ति संबंधी असहमति पर आधारित होने के कारण नैतिक विवादों के समाधान के लिए प्रवर्तक विधियों का विशेष महत्त्व है।

यहां यह उल्लेखनीय है कि निर्बौद्धिक प्रवर्तक विधियों के सम्बन्ध में अपनी उपर्युक्त मान्यता के आधार पर ही स्टीवेंन्सन ने नैतिक निर्णयों के समर्थन में दिए जाने वाले तर्कों के स्वरूप तथा उद्देश्य की व्याख्या की है। कार्नेप और एयर के विपरीत वे यह तो मानते हैं कि इन निर्णयों की पुष्टि के लिए कुछ तर्क अवश्य प्रस्तुत किए जा सकते हैं। परन्तु उनका विचार है कि ये तर्क केवल मनोवैज्ञानिक दृष्टि से ही इन निर्णयों की पुष्टि करते हैं, तार्किक दृष्टि से नहीं। इसका तात्पर्य यह है कि जब कोई व्यक्ति अपने नैतिक निर्णय के समर्थन में तर्क देता है तो वह इस निर्णय को तार्किक दृष्टि से उचित सिद्ध करने के स्थान पर मनोवैज्ञानिक दृष्टि से उन व्यक्तियों की अभिवृत्तियों को प्रभावित या परिवर्तित करने का प्रयास करता है जो इस निर्णय का विरोध करते हैं। यदि प्रारम्भ में उसके निर्णय का विरोध करने वाले ये व्यक्ति उसके तर्कों से प्रभावित होकर अंतत: उसके निर्णय को स्वीकार कर लेते हैं तो स्टीवेंन्सन के अनुसार यह कहा जा सकता है कि इससे उसके निर्णय की पुष्टि हो जाती है। इसका कारण यह है कि नैतिक निर्णयों के समर्थन में दिए जाने वाले तर्कों का मुख्य उद्देश्य यही है कि इन निर्णयों के प्रति उदासीन अथवा इनका विरोध करने वाले व्यक्ति अंतत: इन्हें स्वीकार कर लें और इनके अनुरूप आचरण करें। जो तर्क अपने इस उद्देश्य में सफल होते हैं उन्हें ही उचित और प्रभावशाली तर्क कहा जा सकता है।

हम देख चुके हैं कि स्टीवेंन्सन के अनुसार प्रत्येक नैतिक निर्णय में अनिवार्यत: आज्ञात्मक तत्त्व विद्यमान रहता है जिसका उद्देश्य अन्य व्यक्तियों की अभिवृत्तियों को प्रभावित अथवा परिवर्तित करना ही होता है। परन्तु कोई भी व्यक्ति किसी नैतिक निर्णय को स्वीकार करने और उसके अनुरूप आचरण करने के लिए तब तक उद्यत नहीं होता जब तक उसे इस निर्णय के समर्थन में उचित कारण नहीं बताए जाते। ऐसी स्थिति में नैतिक निर्णय देने वाले व्यक्ति के लिए यह अनिवार्य हो जाता है कि वह अपने निर्णय के समर्थन में उचित कारण या तर्क प्रस्तुत करे। इस प्रकार स्टीवेंन्सन के विचार में नैतिक निर्णयों की पुष्टि के लिए तर्क देना केवल वांछनीय ही नहीं, अपितु आवश्यक भी है। परन्तु उनका मत है कि इन निर्णयों के समर्थन में दिए जाने वाले तर्क उस प्रकार के नहीं होते जिस प्रकार के तर्क हम अपने तथ्यात्मक और तार्किक कथनों के समर्थन में प्रस्तुत करते हैं। नैतिक निर्णयों की पुष्टि के लिए हम जो तर्क देते हैं उनमें वह तार्किक अनिवार्यता नहीं होती जो तथ्यात्मक और तार्किक कथनों

के समर्थन में दिए जाने वाले तर्कों में पाई जाती है। इसका कारण यह है कि नैतिक निर्णयों के समर्थन में प्रस्तुत किए जाने वाले तर्क स्वयं इन निर्णयों को उचित सिद्ध न करके अन्य व्यक्तियों की भावनाओं या अभिवृत्तियों को प्रभावित अथवा परिवर्तित करते हैं। वस्तुतः इसी अर्थ में स्टीवेन्सन ने इन तर्कों को मनोवैज्ञानिक तर्क कहा है। उनके विचार में ये मनोवैज्ञानिक तर्क उन तर्कों से मूलतः भिन्न होते हैं जो हम वैज्ञानिक अथवा तथ्यात्मक कथनों की पुष्टि के लिए प्रस्तुत करते हैं।

नैतिक निर्णयों के समर्थन में दिए जाने वाले इन मनोवैज्ञानिक तर्कों के स्वरूप तथा उद्देश्य को स्पष्ट करते हुए स्टीवेन्सन ने लिखा है—"जब कोई व्यक्ति यह कहता है कि 'क' शुभ है तो उससे यह अनुरोध नहीं किया जाता कि वह 'क' के प्रति अपने अनुमोदन को प्रमाणित करे। उससे ऐसे कारण प्रस्तुत करने का अनुरोध किया जाता है जो उसकी अभिवृत्तियों को उसके विरोधी के लिए स्वीकार्य बना दें।···इससे यह ज्ञात होता है कि किस प्रकार ये कारण स्वभावतः प्रमाण संबंधी कुछ उद्देश्यों की पूर्ति करते हैं। ये श्रोता को अपनी इच्छा से नैतिक निर्णय को स्वीकार करने के लिए प्रोत्साहित करते हैं और उसे ऐसा महसूस नहीं होने देते कि यह निर्णय 'मताग्रहपूर्ण', 'अकारण' अथवा 'निराधार' है।··· इन समर्थक कारणों में तार्किक अनिवार्यता नहीं पाई जाती। जो व्यक्ति विरोधी नैतिक निर्णय देते हैं वे कोई तार्किक या अनुभवात्मक भूल किए बिना इन कारणों के प्रस्तुत किए जाने पर भी ऐसा करते रह सकते हैं। ···जो तर्क नैतिक निर्णय का समर्थन या खंडन करते हैं वे इस निर्णय के साथ केवल मनोवैज्ञानिक दृष्टि से ही संबद्ध रहते हैं, तार्किक दृष्टि से नहीं।···वे आगमनात्मक रूप से भी इस निर्णय के साथ संबद्ध नहीं रहते जैसे कि निरीक्षित तथ्यों का वर्णन करने वाले कथन नियमों से संबद्ध रहते हैं। वस्तुतः वे इस निर्णय का उसी प्रकार समर्थन करते हैं जिस प्रकार कुछ कारण आज्ञाओं का समर्थन करते हैं। वे अभिवृत्तियों पर पड़ने वाले प्रभाव को अधिक गहरा तथा स्थाई बनाते हैं।'···किसी भी विषय से संबंधित कोई भी कथन—जिसे कोई वक्ता अभिवृत्तियों को परिवर्तित करने के लिए पर्याप्त समझता है—नैतिक निर्णय के पक्ष या विपक्ष में तर्क के रूप में प्रस्तुत किया जा सकता है। यह तर्क उस निर्णय का वास्तव में समर्थन करेगा अथवा विरोध यह इस बात पर निर्भर होगा कि श्रोता इसमें विश्वास करता है या नहीं, और यदि वह इसमें विश्वास करता है तो इसके फलस्वरूप उसकी अभिवृत्तियों में वस्तुतः परिवर्तन होता है अथवा नहीं; परन्तु इसे तर्क कहा जा सकता है—चाहे इसे स्वीकार किया जाए या

नहीं।"[53] इस उद्धरण से यह पूर्णतः स्पष्ट है कि नैतिक निर्णयों की पुष्टि के लिए प्रस्तुत किए जाने वाले तर्कों को स्टीवैन्सन ऐसे मनोवैज्ञानिक तर्क मानते हैं जिनका मुख्य उद्देश्य व्यक्तियों को इन निर्णयों का समर्थन करने तथा इनके अनुरूप आचरण करने के लिए प्रोत्साहित करना ही होता है। परन्तु हम इस अध्याय के अंतिम खंड में देखेंगे कि इन तर्कों के स्वरूप तथा उद्देश्य के संबंध में उनकी यह मान्यता उचित, युक्तिसंगत एवं संतोषप्रद नहीं है और इसके कारण उनका सिद्धांत नितांत एकांगी तथा बहुत दुर्बल हो जाता है।

स्टीवैन्सन के सिद्धांत की इस विवेचना को समाप्त करने से पूर्व यहां इस तथ्य का उल्लेख कर देना आवश्यक है कि यद्यपि उनके उपर्युक्त सिद्धांत में अनेक दोष तथा कठिनाइयां हैं जिन पर हम इस अध्याय के अंतिम खंड में विस्तार से विचार करेंगे, फिर भी इतना निश्चयपूर्वक कहा जा सकता है कि उनका सिद्धांत कार्नैप और एयर के सिद्धांत की अपेक्षा अधिक व्यापक एवं कम आपत्तिजनक है। कार्नैप तथा एयर ने जिस संवेगवादी सिद्धांत की आधारशिला स्थापित की थी उसमें कुछ महत्त्वपूर्ण संशोधन करके स्टीवैन्सन ने उसकी अनेक कठिनाइयों का निराकरण करने का प्रयास किया है। हम देख चुके हैं कि कार्नैप और एयर नैतिक निर्णयों को पूर्णतः संवेगात्मक मानते थे। यही कारण है कि उन्होंने इन निर्णयों के वर्णनात्मक अर्थ का उल्लेख नहीं किया और इनकी तुलना पूर्णतया संवेगात्मक तथा विस्मयबोधक वाक्यों के साथ की है। उनके अनुसार 'शुभ', 'उचित' 'कर्त्तव्य' आदि नैतिक शब्द 'आह' 'ओह', 'अहा', 'हाय', आदि संवेगात्मक शब्दों के समान ही केवल अभिव्यक्तिपरक तथा संवेगोत्पादक हैं। परन्तु, जैसा कि हम ऊपर देख चुके हैं, मूलतः संवेगवाद का समर्थन करते हुए भी स्टीवैन्सन ने कार्नैप और एयर के इस आपत्तिजनक मत को स्वीकार नहीं किया। इन दोनों दार्शनिकों के विपरीत वे नैतिक निर्णयों के वर्णनात्मक अर्थ को भी पर्याप्त महत्त्व देते हैं और उनका मत है कि ये निर्णय भावनाओं को अभिव्यक्त तथा जागृत करने के साथ-साथ निर्णीत वस्तुओं के स्वरूप के विषय में भी हमें कुछ जानकारी अवश्य प्रदान करते हैं। इसका अर्थ यही है कि ये निर्णय पूर्णतः संवेगात्मक न होकर कुछ सीमा तक वर्णनात्मक भी अवश्य होते हैं, क्योंकि कोई भी नैतिक शब्द विस्मयबोधक शब्दों की भांति पूर्णतया संवेगात्मक नहीं होता। इस प्रकार नैतिक निर्णयों के वर्णनात्मक अर्थ को उचित महत्त्व देकर स्टीवैन्सन ने कार्नैप और एयर के संवेगवादी सिद्धांत में निश्चय ही पर्याप्त सुधार किया है।

नैतिक निर्णयों के अर्थ की भांति इन निर्णयों के प्रमाणीकरण के संबंध में

53. वही पुस्तक, पृ० 29-30, 113-114

भी स्टीवैन्सन का मत कार्नैप तथा एयर के मत की अपेक्षा अधिक सतोषप्रद प्रतीत होता है। कार्नैप और एयर ने नैतिक निर्णयों के विषय में असहमति तथा उसके निराकरण के लिए किसी प्रकार के तर्कों को कोई विशेष महत्त्व नहीं दिया था। वे यह मानते थे कि इन निर्णयों के संबंध में तर्क देना संभव नहीं है, क्योंकि ये पूर्णतः संवेगात्मक होते हैं। परन्तु स्टीवैन्सन को कार्नैप और एयर का यह मत भी स्वीकार्य नहीं है। हम विस्तार से यह बता चुके हैं कि स्टीवैन्सन के अनुसार नैतिक निर्णयों के संबंध में असहमति और उसके निराकरण की विधियों का बहुत महत्त्व है। इसी कारण उन्होंने नैतिक असहमति के स्वरूप तथा उसके निराकरण की विधियों का विस्तृत विवेचन किया है। यह उनके सिद्धांत की एक महत्त्वपूर्ण विशेषता है जो इसे कार्नैप और एयर के सिद्धांत की अपेक्षा निश्चय ही अधिक व्यापक बनाती है। इसके अतिरिक्त स्टीवैन्सन ने नैतिक निर्णयों की पुष्टि के लिए विशेष प्रकार के मनोवैज्ञानिक तर्कों की आवश्यकता को भी स्वीकार किया है। वे कार्नैप तथा एयर के इस मत का समर्थन नह करते कि इन निर्णयों के पक्ष या विपक्ष में किसी प्रकार के तर्क देना संभव नहीं है। इसके विपरीत स्टीवैन्सन यह मानते हैं कि कोई भी व्यक्ति किसी के नैतिक निर्णय को अकारण ही स्वीकार नहीं करता; वह इसकी पुष्टि के लिए कुछ कारणों या तर्कों की मांग करता है जो स्वाभाविक और उचित है। ऐसी स्थिति में नैतिक निर्णयों के समर्थन में कुछ तर्क देना आवश्यक हो जाता है। इन तर्कों के अभाव में हम किसी कथन को 'नैतिक निर्णय' की संज्ञा नहीं दे सकते। इस प्रकार नैतिक निर्णयों की पुष्टि के लिए तर्कों को आवश्यक मानकर स्टीवैन्सन ने कार्नैप और एयर के संवेगवादी सिद्धांत में निश्चय ही महत्त्वपूर्ण सुधार किया है।

परन्तु यहां यह स्पष्ट कर देना आवश्यक है कि कार्नैप तथा एयर के साथ कुछ मतभेद होते हुए भी स्टीवैन्सन मूलतः उसी संवेगवादी सिद्धांत का समर्थन करते हैं जिसका प्रतिपादन इन दोनों दार्शनिकों ने किया था। इन दोनों विचारकों की भांति वे भी यह मानते हैं कि नैतिक निर्णय मुख्यतः संवेगात्मक होते हैं, क्योंकि उनका प्रमुख कार्य अभिवृत्तियों अथवा भावनाओं को अभिव्यक्त और जागृत करना ही होता है। इस दृष्टि से वे कार्नैप तथा एयर के इस मत को स्वीकार करते हैं कि नैतिक निर्णय वास्तव में सत्य अथवा मिथ्या नहीं हो सकते। स्टीवैन्सन यह भी मानते हैं कि मुख्यतः संवेगात्मक होने के कारण इन निर्णयों के पक्ष या विपक्ष में तार्किक अथवा वैज्ञानिक प्रमाण देना संभव नहीं है। इन सभी तथ्यों से यह स्पष्ट है कि नैतिक निर्णयों के स्वरूप तथा प्रमाणीकरण के संबंध में वे कार्नैप और एयर के विश्लेषण से मूलतः सहमत हैं।

वस्तुत: स्टीवैन्सन ने इन दोनों दार्शनिकों के संवेगवादी सिद्धांत का स्पष्ट रूप से समर्थन किया है। नैतिक निर्णयों के विश्लेषण के संबंध में कार्नैप और एयर के मत की आलोचना का उत्तर देते हुए वे कहते हैं कि "उनके विचारों के विरुद्ध जो आलोचनाएं की गई हैं उनमें समझदारी की अपेक्षा अधीरता ही अधिक दिखाई देती है। आलोचकों ने सामान्यत: यह मान लिया है कि संवेगात्मक विश्लेषण नीतिशास्त्र की विश्वसनीयता को समाप्त करने का प्रयास करता है। परन्तु उपर्युक्त लेखक अर्थात् कार्नैप और एयर निश्चय ही ऐसे दुर्भावनापूर्ण प्रयोजनों से मुक्त हैं।···आज्ञाओं के साथ नैतिक निर्णयों की तुलना करना इस बात से इंकार करना नहीं है कि आज्ञाओं का महत्त्वपूर्ण उपयोग है।···यह कहना कि नैतिक निर्णय 'न सत्य होते हैं और न मिथ्या' इस बात को मानना नहीं है कि ये निर्णय अकारण···अथवा निर्णीत वस्तु के स्वरूप तथा परिणामों को समझे बिना ही दिए जाते हैं।···प्रस्तुत पुस्तक के अनुसार कार्नैप, एयर तथा अन्य दार्शनिकों के विश्लेषण में ऐसा बहुत कुछ है जिसका विरोध करने की अपेक्षा समर्थन अधिक किया जाना चाहिए।"[54] कार्नैप और एयर के मत के विषय में स्टीवैन्सन के उपर्युक्त विचारों से यह स्पष्ट है कि वे नैतिक निर्णयों के विश्लेषण के संबंध में इन दोनों दार्शनिकों के संवेगात्मक सिद्धांत को मूलत: स्वीकार करते हैं। वस्तुत: यही कारण है कि इन तीनों दार्शनिकों को एक ही मूल सिद्धांत—संवेगवाद—का समर्थन करने वाले दार्शनिक माना जाता है।

6. पाल ऐडवर्ड्स

कार्नैप, एयर तथा स्टीवैंसन के अतिरिक्त एक अन्य समकालीन दार्शनिक पाल ऐडवर्ड्स ने भी संवेगवाद के अनुसार ही नैतिक निर्णयों के अर्थ और प्रमाणीकरण की व्याख्या की है। 1955 में प्रकाशित अपनी पुस्तक, 'दि लॉजिक ऑफ़ मॉरल डिस्कोर्स' में उन्होंने मूलत: इसी सिद्धान्त के आधार पर इन निर्णयों के अर्थ और प्रमाणीकरण का विश्लेषण करते हुए यह सिद्ध करने का प्रयास किया है कि अन्य सभी अधि-नैतिक सिद्धान्तों की अपेक्षा संवेगवाद ही अधिक संतोषप्रद सिद्धान्त है। हम आगे देखेंगे कि नैतिक निर्णयों के अर्थ तथा नैतिक असहमति के स्वरूप के विषय में ऐडवर्ड्स के विचार स्टीवैंन्सन के विचारों से अधिक भिन्न नहीं हैं, किन्तु इन निर्णयों के पक्ष या विपक्ष में दिए जाने वाले तर्कों के स्वरूप तथा उद्देश्य के सम्बन्ध में वे स्टीवैंसन के मत को स्वीकार नहीं करते।

54. वही पुस्तक, पृ० 265-267

संवेगवाद के अनुसार नैतिक निर्णयों के अर्थ और प्रमाणीकरण का विश्लेषण करने से पूर्व अपनी उपर्युक्त पुस्तक के प्रथम अध्याय में ही ऐडवर्ड्स यह कहते हैं कि उनका मुख्य उद्देश्य तीन प्रश्नों पर विचार करना है जो परस्पर घनिष्ठ रूप से सम्बद्ध हैं। ये तीन प्रश्न निम्नलिखित हैं—(1) नैतिक निर्णयों का अर्थ और उद्देश्य क्या है—अर्थात् जब हम नैतिक शब्दों का प्रयोग करते हैं तो हम इन शब्दों का क्या अर्थ समझते हैं? (2) नैतिक असहमति किस प्रकार की असहमति है—अर्थात् जब दो व्यक्ति एक ही वस्तु के विषय में परस्पर विरोधी नैतिक निर्णय देते हैं तो उनकी इस असहमति का वास्तविक स्वरूप क्या होता है? क्या सिद्धान्ततः यह प्रमाणित करना सम्भव है कि इन दो व्यक्तियों में से एक का मत उचित और दूसरे का मत अनुचित है? (3) क्या ऐसे नैतिक तर्कों को प्रामाणिक माना जा सकता है जिनके आधार-वाक्यों में कोई नैतिक निर्णय निहित नहीं होता—अर्थात् क्या हम निर्नैतिक आधार-वाक्यों में से किसी नैतिक निर्णय को प्रामाणिक रूप से निगमित कर सकते हैं?[55] ऐडवर्ड्स ने संवेगवाद के अनुसार ही अपनी उपर्युक्त पुस्तक में इन तीनों प्रश्नों का उत्तर देने का प्रयास किया है। परन्तु इन प्रश्नों पर विचार करने से पूर्व वे दो प्रमुख संज्ञानात्मक अधि-नैतिक सिद्धान्तों—व्यक्ति-निष्ठवाद तथा अन्तः प्रज्ञावाद—का अनेक प्रबल तर्कों द्वारा खण्डन करते हैं।

व्यक्तिनिष्ठवाद के विरुद्ध ऐडवर्ड्स का कथन है कि इस सिद्धान्त के समर्थन में जो तर्क दिए गए हैं वे सभी भ्रामक तथा अविश्वसनीय हैं। उदाहरणार्थ इस सिद्धांत के पक्ष में प्रथम तर्क यह दिया जाता है कि सभी नैतिक प्रश्नों अथवा समस्याओं के सम्बन्ध में व्यक्तियों तथा समुदायों में प्रायः तीव्र मतभेद दिखाई देता है जिससे यही सिद्ध होता है कि नैतिक निर्णय वास्तव में व्यक्तिनिष्ठ हैं। एक समुदाय बहु-पत्नी-प्रथा को उचित मानता है और दूसरा समुदाय इस प्रथा को नितांत अनुचित तथा अनैतिक समझता है। इसी प्रकार एक समुदाय गर्भ-निरोध के साधनों को नैतिक दृष्टि से उचित तथा वांछनीय मानता है और दूसरा समुदाय इन साधनों को मानव-जाति के लिए बहुत बड़ा अभिशाप समझता है। नैतिक समस्याओं के विषय में इस प्रकार के मतभेद से यही निष्कर्ष निकलता है कि नैतिक निर्णय वस्तुनिष्ठ न होकर व्यक्तिनिष्ठ ही होते हैं। इस तर्क के विरुद्ध ऐडवर्ड्स का कथन है कि इसके द्वारा वास्तव में व्यक्तिनिष्ठवाद की पुष्टि नहीं होती, क्योंकि इसका मुख्य आधार वाक्य ही मिथ्या है। इस तर्क का मुख्य आधार-वाक्य यह है कि जिन विषयों के सम्बन्ध में व्यक्तियों में मतभेद है उनसे संबंधित

55. पाल एडवर्ड्स, 'दि लॉजिक ऑफ़ मॉरल डिस्कोर्स', पृ० 19-21

सभी कथन केवल व्यक्तिनिष्ठ होते हैं। परन्तु यह आधार-वाक्य मिथ्या है, क्योंकि तथ्यात्मक और वैज्ञानिक विषयों के सम्बन्ध में भी मनुष्यों में बहुत मतभेद पाया जाता है, किन्तु इस मतभेद के कारण इन विषयों से सम्बन्धित कथनों को 'व्यक्तिनिष्ठ कथन' नहीं माना जाता। इसी आधार पर ऐडवर्ड्स ने व्यक्तिनिष्ठवाद के पक्ष में दिए जाने वाले उपर्युक्त तर्क का खण्डन किया है।

इस सिद्धांत के समर्थन में दूसरा तर्क प्रायः यह दिया जाता है कि नैतिक निर्णय मूलतः भावनाओं अथवा संवेगों पर ही आधारित होते हैं, अतः इन निर्णयों को वस्तुनिष्ठ न मानकर व्यक्तिनिष्ठ ही माना जा सकता है। हम तीसरे अध्याय में देख चुके हैं कि वैस्टरमार्क ने व्यक्तिनिष्ठवाद के पक्ष में मुख्यतः यही तर्क दिया है। इस तर्क को अनुचित मानते हुए ऐडवर्ड्स कहते हैं कि सर्वप्रथम इसकी यह आधारभूत मान्यता ही संदेहास्पद है कि नैतिक निर्णयों की उत्पत्ति केवल संवेगों या भावनाओं से ही होती है। फिर यदि इस मान्यता को स्वीकार कर भी लिया जाए तो भी इससे यह सिद्ध नहीं होता कि नैतिक निर्णय व्यक्तिनिष्ठ होते हैं। इस तर्क का यह मुख्य आधार-वाक्य ही मिथ्या है कि जो कथन संवेग का परिणाम है वह सदैव और अनिवार्यतः वक्ता की भावनाओं या अभिवृत्तियों के सम्बन्ध में ही होता है। ऐसा कथन वक्ता की भावनाओं से पृथक किसी अन्य विषय से सम्बन्धित होने के कारण वस्तुनिष्ठ भी हो सकता है। इस प्रकार ऐडवर्ड्स के अनुसार संवेगों से नैतिक निर्णयों की उत्पत्ति मान लेने पर भी यह सिद्ध नहीं होता कि ये निर्णय व्यक्तिनिष्ठ हैं, अतः उपर्युक्त तर्क दोषपूर्ण है।

व्यक्तिनिष्ठवाद के समर्थन में तीसरा तर्क यह दिया जाता है कि तथ्यात्मक कथनों के विपरीत नैतिक निर्णयों को सत्य अथवा मिथ्या प्रमाणित करने के लिए हमारे पास कोई वस्तुनिष्ठ कसौटी नहीं है, अतः इन निर्णयों को व्यक्तिनिष्ठ ही माना जा सकता है। जब दो व्यक्तियों में किसी नैतिक समस्या पर विवाद होता है तो हम उनमें से किसी एक के विचारों को वस्तुनिष्ठ रूप से उचित और दूसरे के विचारों को वस्तुनिष्ठ रूप से अनुचित सिद्ध नहीं कर सकते। यदि नैतिक निर्णय वस्तुपरक कथन होते तो हमारे लिए इन व्यक्तियों में से किसी एक के मत को उचित या अनुचित सिद्ध करना अवश्य ही सम्भव होता। परन्तु वास्तव में हम ऐसा नहीं कर पाते जिससे यही सिद्ध होता है कि नैतिक निर्णय वस्तुनिष्ठ न होकर व्यक्तिनिष्ठ ही हैं। इस तर्क के विरुद्ध ऐडवर्ड्स का कथन है कि यदि हम इसकी मान्यताओं को स्वीकार कर भी लें तो भी इसके द्वारा व्यक्तिनिष्ठवाद की पुष्टि नहीं होती। इसका कारण यह है कि किसी कथन को सत्य अथवा मिथ्या प्रमाणित करने के लिए वस्तुनिष्ठ कसौटी का अभाव उसे अनिवार्यतः व्यक्तिनिष्ठ कथन सिद्ध नहीं करता। ऐसा कथन वक्ता की अपनी

मनोदशा को व्यक्त करने के स्थान पर किसी अन्य वस्तु अथवा समस्या के संबंध में उसके मत को अभिव्यक्त कर सकता है। स्पष्ट है कि ऐसी स्थिति में उसके इस कथन को वस्तुनिष्ठ कथन ही मानना पड़ेगा, व्यक्तिनिष्ठ कथन नहीं। इस प्रकार ऐडवर्ड्स के मतानुसार व्यक्तिनिष्ठवाद के पक्ष में दिया जाने वाला उपर्युक्त तर्क भी भ्रामक तथा अविश्वसनीय है।

अन्त में व्यक्तिनिष्ठवाद की पुष्टि के लिए यह तर्क भी दिया जाता है कि जब भी कोई व्यक्ति नैतिक निर्णय देता है तो वह इस निर्णय के स्थान पर किसी व्यक्तिनिष्ठ कथन को स्वीकार करने के लिए प्राय: उद्यत हो जाता है। उदाहरणार्थ यदि कोई व्यक्ति यह कहता है कि "अमुक कर्म उचित है" तो वह इस नैतिक निर्णय के स्थान पर प्राय: इस व्यक्तिनिष्ठ कथन को स्वीकार कर लेता है कि 'मैं अमुक कर्म का अनुमोदन करता हूँ"। परन्तु ऐडवर्ड्स व्यक्तिनिष्ठवाद के समर्थन में प्रस्तुत किए जाने वाले इस तर्क को भी नितांत भ्रामक तथा दोषपूर्ण मानते हैं। इस तर्क के विरुद्ध उनकी मुख्य आपत्ति यह है कि नैतिक निर्णय तथा व्यक्तिनिष्ठ कथन वास्तव में समानार्थक नहीं होते और न इन्हें समानार्थक माना जाता है। उदाहरणार्थ निम्नलिखित दो कथनों पर विचार कीजिए—(1) "हत्या करना अनुचित है"। (2) "मैं हत्या करने का अनुमोदन नहीं करता"। व्यक्तिनिष्ठवाद के अनुसार ये दोनों कथन समानार्थक हैं। परन्तु वास्तव में ये दोनों कथन एक दूसरे से बहुत भिन्न हैं। इसका कारण यह है कि जो तथ्य दूसरे कथन को सत्य सिद्ध करते हैं वे पहले कथन को सत्य सिद्ध नहीं करते। इसी प्रकार जो तथ्य दूसरे कथन को मिथ्या सिद्ध करते हैं वे पहले कथन को मिथ्या सिद्ध नहीं करते। वस्तुत: इन दोनों कथनों में आधारभूत अन्तर यह है कि प्रथम कथन नैतिक निर्णय है जो किसी व्यक्ति के अनुमोदन पर आधारित नहीं है किन्तु दूसरा कथन केवल व्यक्तिनिष्ठ वाक्य है जिसका एकमात्र आधार स्वयं वक्ता का अपना अनुमोदन ही है। इसी कारण प्रथम कथन को वस्तुनिष्ठ नैतिक निर्णय तथा दूसरे कथन को व्यक्तिनिष्ठ वाक्य माना जाता है। इस प्रकार ऐडवर्ड्स के मतानुसार व्यक्तिनिष्ठावाद के पक्ष में दिया जाने वाला उपर्युक्त तर्क भी अनुचित तथा भ्रामक है। वस्तुत: इस सिद्धांत के विरुद्ध उन्होंने ऊपर जो आपत्तियां उठाई हैं वे उचित एवं युक्तिसंगत प्रतीत होती हैं।

व्यक्तिनिष्ठवाद की भांति अन्त:प्रज्ञावाद अथवा निर्प्रकृतिवाद का भी ऐडवर्ड्स ने दृढ़तापूर्वक खण्डन किया है। इस सिद्धांत के विरुद्ध उनकी प्रथम आपत्ति यह है कि अन्त:प्रज्ञा की तुलना दृष्टि, श्रवण आदि ज्ञानेंद्रियों के साथ नहीं की जा सकती। इसका कारण यह है कि अपनी ज्ञानेंद्रियों द्वारा हम जो ज्ञान प्राप्त करते हैं उसके सम्बन्ध में सामान्य परिस्थितियों के अन्तर्गत प्राय:

मनुष्यों में मतभेद नहीं होता, किन्तु अन्त:प्रज्ञा द्वारा प्राप्त ज्ञान के विषय में विभिन्न व्यक्तियों में पर्याप्त मतभेद दिखाई देता है जिसके निराकरण के लिए हमारे पास कोई विश्वसनीय तथा संतोषप्रद उपाय नहीं है। अन्त:प्रज्ञावाद के विरुद्ध इस आपत्ति पर हम चौथे अध्याय में विस्तार से विचार कर चुके हैं, अत: यहां इसका विस्तृत विवेचन अनावश्यक है। अन्त:प्रज्ञावाद के विरुद्ध ऐडवर्ड्स की दूसरी आपत्ति यह है कि यदि 'शुभ', 'उचित', आदि नैतिक शब्द अनिवार्यत: कुछ विशेष निर्प्राकृतिक गुणों या सम्बन्धों का बोध कराते तो किसी भी व्यक्ति के लिए इस सिद्धांत को अस्वीकार करना असम्भव होता। परन्तु यह एक सर्वविदित तथ्य है कि बहुत-से व्यक्ति अन्त:प्रज्ञावाद में विश्वास नहीं करते। इतना ही नहीं, स्वयं अन्त:प्रज्ञावादियों में भी इस सम्बन्ध में मतभेद है कि कौन-सा नैतिक शब्द किस सरल तत्त्व का बोध कराता है और यह सरल तत्व कोई विशेष गुण है अथवा विशेष सम्बन्ध। अन्त में ऐडवर्ड्स ने अंत:प्रज्ञावाद के विरुद्ध यह आपत्ति भी उठाई है कि गणित सम्बन्धी निर्णयों के साथ नैतिक निर्णयों की तुलना करना अनुचित है, क्योंकि इन दोनों प्रकार के निर्णयों में बहुत अंतर होता है। नैतिक निर्णय गणित के निर्णयों की भांति सार्वभौमिक, देश-कालनिरपेक्ष तथा अपवाद रहित नहीं होते। अन्त:प्रज्ञावाद के विरुद्ध इस आपत्ति पर भी हम चौथे अध्याय में विस्तारपूर्वक विचार कर चुके हैं, अत: यहां इसकी पुनरावृत्ति अनावश्यक है। संक्षेप में उपर्युक्त सभी आपत्तियों के आधार पर ऐडवर्ड्स ने यह सिद्ध किया है कि व्यक्तिनिष्ठवाद की भांति अन्त:प्रज्ञावाद भी युक्तिसंगत और संतोषप्रद सिद्धांत नहीं है।

व्यक्तिनिष्ठवाद तथा अंत:प्रज्ञावाद का खंडन करने के पश्चात ऐडवर्ड्स ने अपनी उपर्युक्त पुस्तक में नैतिक निर्णयों और नैतिक शब्दों के अर्थ के विषय में अपने विचार प्रस्तुत किए हैं। वे संवेगवाद के समर्थक होते हुए भी अपने अधि-नैतिक सिद्धांत को वस्तुनिष्ठ सिद्धांत मानते हैं। इसका कारण यह है कि उनके अनुसार नैतिक शब्द अभिवृत्तियों को व्यक्त और जागृत करने के साथ-साथ निर्णीत वस्तुओं के कुछ गुणों की ओर भी अनिवार्यत: संकेत करते हैं जिसके फलस्वरूप नैतिक निर्णयों की वस्तुनिष्ठता बनी रहती है। इस दृष्टि से उनका संवेगवादी सिद्धांत कार्नैप और एयर के संवेगवादी सिद्धांत से निश्चय ही भिन्न है जो नैतिक निर्णयों की वस्तुनिष्ठता का पूर्णत: निषेध करते हैं। परन्तु, जैसाकि हम देख चुके हैं, कार्नैप तथा एयर के विपरीत स्टीवेंसन ने इस तथ्य को स्वीकार किया है कि नैतिक शब्द निर्णीत वस्तुओं के कुछ गुणों का वर्णन अवश्य करते हैं। वस्तुत: स्टीवेंसन की इसी मान्यता को अधिक महत्त्व देते हुए ऐडवर्ड्स ने अपने संवेगवादी सिद्धांत में वस्तुनिष्ठता बनाए रखने का दावा किया है। परन्तु

वास्तविक स्थिति यह है कि इस दृष्टि से उनका मत स्टीवेंसन के मत से अधिक भिन्न नहीं है। नैतिक शब्दों के अर्थ के सम्बन्ध में स्टीवेंसन के उपर्युक्त मत को स्वीकार करने के अतिरिक्त ऐडवर्ड्स ने नैतिक असहमति के स्वरूप तथा वर्गीकरण के विषय में भी उनके मत का समर्थन किया है। इस सम्बन्ध में हम ऐडवर्ड्स के मत पर आगे संक्षेप में विचार करेंगे।

नैतिक शब्दों का अर्थ स्पष्ट करने से पूर्व ऐडवर्ड्स ने सी० डी० ब्रोड के मत का अनुसरण करते हुए नैतिक निर्णयों को दो वर्गों में विभाजित किया है—मूल्य सम्बन्धी निर्णय तथा कर्तव्य सम्बन्धी निर्णय। जिन नैतिक निर्णयों में 'शुभ', 'वांछनीय' आदि शब्दों का प्रयोग किया जाता है उन्हें ऐडवर्ड्स 'मूल्य सम्बन्धी निर्णय' कहते हैं और जिन नैतिक निर्णयों में 'उचित', 'कर्तव्य', 'चाहिए' आदि शब्दों का प्रयोग किया जाता है उन्हें वे 'कर्तव्य सम्बन्धी निर्णय' कहते हैं। मूल्य सम्बन्धी निर्णयों का अर्थ स्पष्ट करने के लिए ऐडवर्ड्स ने 'शुभ' या 'अच्छा' शब्द के स्वरूप का विवेचन किया है और कर्तव्य सम्बन्धी निर्णयों का अर्थ स्पष्ट करने के लिए उन्होंने 'चाहिए' शब्द के स्वरूप पर विचार किया है। उनका कथन है कि इन दोनों नैतिक शब्दों के स्वरूप के विषय में उन्होंने जो कुछ कहा है वह इनसे सम्बद्ध अन्य नैतिक शब्दों के स्वरूप पर भी लागू होता है। अब हम क्रमशः 'शुभ', और 'चाहिए' के अर्थ के सम्बन्ध में ऐडवर्ड्स के मत का उल्लेख करेंगे।

'शुभ' या 'अच्छा' शब्द के अर्थ को स्पष्ट करते हुए ऐडवर्ड्स कहते हैं कि यह शब्द एक ही साथ प्रायः दो कार्य करता है। इसका प्रथम कार्य वक्ता के अनुमोदन की अभिव्यक्ति है। जब कोई व्यक्ति किसी वस्तु को 'शुभ' या 'अच्छी' कहता है तो वह उस वस्तु के प्रति अपने अनुमोदन की भावना को अभिव्यक्त करता है। 'शुभ' अथवा 'अच्छा' शब्द का दूसरा कार्य निर्णीत वस्तु के कुछ गुणों का वर्णन करना है। जब हम किसी वस्तु को 'शुभ' या 'अच्छी' कहते हैं तो हम उसके प्रति अपने अनुमोदन की भावना को अभिव्यक्त करने के साथ-साथ उसके कुछ विशेष गुणों की ओर भी संकेत करते हैं। 'शुभ' का यह वर्णनात्मक कार्य ही उसे पूर्णतः संवेगात्मक शब्दों से पृथक करता है और उन मूल्य संबंधी नैतिक निर्णयों को वस्तुनिष्ठ बनाता है जिनमें हम 'शुभ' शब्द का प्रयोग करते हैं। हम पिछले खण्ड में देख चुके हैं कि स्टीवेंसन भी 'शुभ' के उपर्युक्त दोनों कार्यों को स्वीकार करते हैं जिन्हें उन्होंने क्रमशः 'शुभ' का 'संवेगात्मक अर्थ' और 'वर्णनात्मक अर्थ' कहा है। वस्तुतः स्टीवेंसन के इसी मत का अनुसरण करते हुए ऐडवर्ड्स ने 'शुभ' का अर्थ स्पष्ट किया है। स्टीवेंसन की भांति वे भी यह मानते हैं कि किसी प्रसंग में 'शुभ' का संवेगात्मक अर्थ अधिक महत्त्वपूर्ण

होता है और किसी प्रसंग में उसका वर्णनात्मक अर्थ। इसके अतिरिक्त वे स्टीवेंसन के इस मत को भी स्वीकार करते हैं कि विभिन्न प्रसंगों में 'शुभ' का वर्णनात्मक अर्थ भिन्न-भिन्न होता है और इसी कारण इस शब्द के अर्थ में अस्पष्टता का होना अनिवार्य है। हम विविध प्रकार की वस्तुओं को उनके भिन्न-भिन्न गुणों के कारण शुभ कहते हैं, अत: 'शुभ' शब्द के वर्णनात्मक अर्थ में अनिश्चितता और अस्पष्टता आ जाती है। परन्तु प्राय: सभी प्रसंगों में 'शुभ' के संवेगात्मक अर्थ के साथ-साथ उसका यह वर्णनात्मक अर्थ भी अवश्य विद्यमान रहता है।

'शुभ' अथवा 'अच्छा' शब्द के अर्थ के विषय में अपने उपर्युक्त मत को ऐडवर्ड्स ने एक उदाहरण द्वारा इस प्रकार स्पष्ट किया है—जब मैं यह कहता हूँ कि "'क' एक अच्छा व्यक्ति है" तो में 'क' के कुछ विशेष गुणों की ओर संकेत करता हूं। ये गुण उसकी नम्रता, स्नेहशीलता, सत्यनिष्ठा, आत्मत्याग की भावना आदि हो सकते हैं। ऐडवर्ड्स का कथन है कि ये गुण 'क' को एक अच्छा व्यक्ति बनाते हैं—अर्थात् इन्हीं गुणों के कारण मैं उसे 'अच्छा व्यक्ति' कहता हूँ।[56] उसे 'अच्छा व्यक्ति' कहने का कारण निश्चय ही इन गुणों के प्रति मेरे अनुमोदन की भावना है, किन्तु उसके सम्बन्ध में मेरे नैतिक निर्णय का विषय मेरी यह भावना नहीं, अपितु उस व्यक्ति के ये गुण ही हैं, अत: मेरा यह निर्णय व्यक्तिनिष्ठ न होकर वस्तुनिष्ठ है। नैतिक निर्णयों के सम्बन्ध में अपनी इस मान्यता को ऐडवर्ड्स विशेष रूप से महत्त्वपूर्ण मानते हैं। अपनी इस मान्यता के महत्त्व को स्पष्ट करते हुए वे कहते हैं कि "किसी व्यक्ति अथवा कर्म को शुभ मानने का कारण उस व्यक्ति या कर्म के कुछ गुणों के प्रति मनुष्य का अनुमोदन है, किन्तु जब वह उस व्यक्ति अथवा कर्म को शुभ कहता है तो वह उन गुणों की ओर ही संकेत करता है, अपने अनुमोदन की ओर नहीं। यह तथ्य मेरी सम्पूर्ण पुस्तक का सर्वाधिक महत्त्वपूर्ण तथ्य है।···नैतिक निर्णय का अर्थ वक्ता की अभिवृत्ति द्वारा निर्धारित होता है, किन्तु यह अभिवृति उसका अर्थ नहीं है।"[57] ऐडवर्ड्स यह मानते हैं कि इस नैतिक निर्णय का अर्थ निर्णीत वस्तु के गुणों में निहित है जिनके कारण हम उसे शुभ कहते हैं। अपनी इसी मान्यता के आधार पर उन्होंने नैतिक निर्णयों को वस्तुनिष्ठ कहा है।

परन्तु प्रश्न यह है कि यदि एक व्यक्ति किसी वस्तु के कुछ विशेष गुणों का अनुमोदन करता है और इन गुणों के कारण उसे शुभ कहता है किन्तु दूसरा

56. वही पुस्तक, पृ० 141-43
57. वही पुस्तक, पृ० 148

व्यक्ति उस वस्तु के उन्हीं गुणों का अननुमोदन करता है और इसी कारण उसे अशुभ कहता है तो इन दोनों व्यक्तियों के इस मतभेद का निराकरण कैसे किया जा सकता है। जहां तक मुझे ज्ञात है, ऐडवर्ड्स ने इस आधारभूत प्रश्न पर विचार ही नहीं किया। हां, स्टीवैन्सन ने यह प्रश्न अवश्य उठाया है, किन्तु वे इसे 'अभिवृत्ति सम्बन्धी असहमति' कहकर निर्बौद्धिक प्रवर्तक विधियों को ही इस प्रकार की असहमति के निराकरण का एकमात्र उपाय मानते हैं। यदि स्टीवैन्सन के इस मत को स्वीकार कर लिया जाए तो यह समझना कठिन नहीं है कि नैतिक निर्णयों की वस्तुनिष्ठता का कोई अर्थ ही नहीं रह जाता। संभवतः इसी कारण उन्होंने इन निर्णयों की वस्तुनिष्ठता का दावा भी नहीं किया। हम देख चुके हैं कि ऐडवर्ड्स यह दावा अवश्य करते हैं, किन्तु उपर्युक्त कठिनाई को ध्यान में रखते हुए यही कहा जा सकता है कि उनका यह दावा वास्तव में उचित और युक्तिसंगत नहीं है। यदि किसी वस्तु का शुभ या अशुभ होना अंततः उसके कुछ गुणों के प्रति स्वयं वक्ता के अनुमोदन अथवा अननुमोदन पर ही निर्भर है जैसाकि ऐडवर्ड्स मानते हैं तो निश्चय ही वक्ता के नतिक निर्णय की वस्तुनिष्ठता समाप्त हो जाती है। वस्तुतः कोई भी नैतिक निर्णय वस्तुनिष्ठ तभी माना जा सकता है जब वह किसी व्यक्ति अथवा समुदाय की भावनाओं या अभिवृत्तियों पर निर्भर न होकर निर्णीत वस्तु के कुछ ऐसे गुणों की ओर संकेत करे जो भावनाओं अथवा अभिवृत्तियों से स्वतन्त्र हों। इस दृष्टि से विचार करने पर ऐडवर्ड्स के सिद्धांत के अनुसार नैतिक निर्णयों को वस्तुनिष्ठ नहीं माना जा सकता, क्योंकि वे स्पष्ट कहते हैं कि किसी वस्तु का शुभ अथवा अशुभ होना अंततः उसके कुछ विशेष गुणों के प्रति स्वयं वक्ता के अनुमोदन या अननुमोदन द्वारा ही निर्धारित होता है। ऐडवर्ड्स के सिद्धांत की इस समस्या पर हम आगे अधिक विस्तार से विचार करेंगे।

'शुभ' के पश्चात ऐडवर्ड्स ने 'चाहिए' शब्द का अर्थ स्पष्ट किया है। उनका कथन है कि 'शुभ' की भांति यह शब्द भी वक्ता के अनुमोदन को अभिव्यक्त करता है, अतः इस दृष्टि से इन दोनों शब्दों के संवेगात्मक अर्थ का कार्य लगभग समान है। जब हम यह कहते हैं कि हमें अथवा किसी अन्य व्यक्ति को अमुक कर्म करना चाहिए तो हम उस कर्म के प्रति अपना अनुमोदन व्यक्त करते हैं। स्पष्ट है कि वक्ता के अनुमोदन की अभिव्यक्ति की दृष्टि से 'शुभ' और 'चाहिए' के अर्थ में कोई विशेष अन्तर नहीं है। इसके अतिरिक्त 'शुभ' की भांति 'चाहिए' का अर्थ भी प्रायः अस्पष्ट तथा अनिश्चित होता है। 'चाहिए' के अर्थ में यह अस्पष्टता और अनिश्चितता उन कारणों के फलस्वरूप उत्पन्न होती है जिन्हें हम विभिन्न कर्मों को करने या न करने के लिए प्रस्तुत करते हैं। भिन्न-भिन्न

कर्मों को करने या न करने के लिए हम विभिन्न प्रकार के कारण प्रस्तुत करते हैं, अतः स्पष्ट और निश्चित रूप से यह कहना संभव नहीं है कि हमें कोई विशेष कर्म क्यों करना चाहिए अथवा क्यों नहीं करना चाहिए। उदाहरणार्थ "गर्भपात को वैधानिक दृष्टि से उचित घोषित किया जाना चाहिए" इसके लिए हम जो कारण देते हैं वे "मृत्यु-दण्ड को समाप्त किया जाना चाहिए" इसके लिए प्रस्तुत किए गए कारणों से भिन्न प्रकार के होते हैं। इतना ही नहीं, एक ही कर्म को करने या न करने के लिए भी सभी व्यक्ति सदैव और अनिवार्यतः एक ही प्रकार के कारण प्रस्तुत नहीं करते। ऐसी स्थिति में 'शुभ' के समान ही 'चाहिए' के अर्थ में भी अस्पष्टता और अनिश्चितता का आ जाना अनिवार्य है।[58]

परन्तु ऐडवर्ड्स का मत है कि इन दोनों शब्दों के अर्थ में उपर्युक्त समानताओं के होते हुए भी 'चाहिए' का अर्थ 'शुभ' के अर्थ से पर्याप्त सीमा तक भिन्न है। इन दोनों शब्दों के अर्थ में मुख्य अन्तर यह है कि 'चाहिए' का वैसा वर्णनात्मक अर्थ नहीं होता जैसा 'शुभ' का होता है। हम 'चाहिए' शब्द द्वारा उस कर्म के किन्हीं गुणों की ओर संकेत नहीं करते जिसके सम्बन्ध में हम इस शब्द का प्रयोग करते हैं। इसी कारण हम 'चाहिए' से सम्बन्धित निर्णयों को उस अर्थ में सत्य अथवा मिथ्या नहीं कह सकते जिस अर्थ में हम 'शुभ' से सम्बन्धित निर्णयों को सत्य या मिथ्या कहते हैं। उदाहरणार्थ "यह विधेयक पारित किया जाना चाहिए" इस निर्णय को विधेयक पारित करके अथवा न करके सत्य या मिथ्या सिद्ध नहीं किया जा सकता। दूसरे शब्दों में, विधेयक का पारित होना या न होना इस निर्णय को सत्य अथवा मिथ्या प्रमाणित नहीं करता। परन्तु ऐडवर्ड्स का विचार है कि 'शुभ' सम्बन्धी निर्णयों की भांति 'चाहिए' से सम्बन्धित निर्णयों का भी कुछ तथ्यों द्वारा समर्थन या विरोध किया जा सकता है। उदाहरणार्थ उपर्युक्त निर्णय—"यह विधेयक पारित किया जाना चाहिए"—के पक्ष या विपक्ष में कुछ तथ्यात्मक कारण अथवा तर्क प्रस्तुत किए जा सकते हैं। इस दृष्टि से 'चाहिए' सम्बन्धी निर्णय 'शुभ' सम्बन्धी निर्णयों के समान ही होते हैं।[59] परन्तु, जैसा कि हम ऊपर देख चुके हैं, ऐडवर्ड्स इन दोनों प्रकार के निर्णयों को एक-दूसरे से भिन्न मानते हैं। उनके मतानुसार इन दोनों प्रकार के निर्णयों में मूल अन्तर यह है कि 'शुभ' सम्बन्धी निर्णय किसी वस्तु का उसके कुछ गुणों के आधार पर मूल्यांकन करते हैं, किन्तु 'चाहिए' सम्बन्धी निर्णय किसी व्यक्ति को कोई कर्म करने या न करने के लिए प्रेरित अथवा प्रोत्साहित करते हैं। इसी कारण उन्होंने

58. वही पुस्तक, पृ० 158
59. वही पुस्तक, पृ० 156

इन दोनों प्रकार के निर्णयों को भिन्न-भिन्न वर्गों के अन्तर्गत रखा है। इस प्रकार ऐडवर्ड्स का विचार है कि 'शुभ' और 'चाहिए' के अर्थ में कुछ समानताओं के होते हुए भी इन दोनों शब्दों का अर्थ निश्चय ही एक-दूसरे से भिन्न है।

'शुभ' तथा 'चाहिए' इन दो नैतिक शब्दों के अर्थ के विषय में ऐडवर्ड्स के उपर्युक्त विचारों से यह स्पष्ट है कि उनके मतानुसार नैतिक निर्णय सामान्यतः दो कार्य करते हैं—वक्ता के अनुमोदन या अननुमोदन की अभिवृत्ति को व्यक्त करना और निर्णीत वस्तु अथवा कर्म के कुछ विशेष गुणों या परिणामों की ओर संकेत करना। हम देख चुके हैं कि स्टीवेन्सन के मत का अनुसरण करते हुए उन्होंने नैतिक निर्णयों के इन दोनों कार्यों को क्रमशः उनका 'संवेगात्मक अर्थ' और 'वर्णनात्मक अर्थ' कहा है। ऐडवर्ड्स यह मानते हैं कि सामान्यतः नैतिक निर्णयों में ये दोनों अर्थ अवश्य विद्यमान रहते हैं। इसी कारण ये निर्णय तथ्यात्मक कथनों और संवेगात्मक वाक्यों दोनों से भिन्न होते हैं। नैतिक निर्णयों का संवेगात्मक अर्थ उन्हें तथ्यात्मक अथवा वैज्ञानिक कथनों से पृथक् करता है और इन निर्णयों का वर्णनात्मक अर्थ इन्हें विशुद्ध संवेगात्मक वाक्यों से अलग करता है। इसके अतिरिक्त वर्णनात्मक अर्थ के कारण नैतिक निर्णय व्यक्तिनिष्ठ कथन अथवा संवेगात्मक अभिव्यक्तियां मात्र न होकर वस्तुनिष्ठ और सार्वलौकिक निर्णय होते हैं। अपने सिद्धान्त के अनुसार नैतिक निर्णयों की उपर्युक्त मूल विशेषताओं को सोदाहरण स्पष्ट करते हुए ऐडवर्ड्स कहते हैं—"मेरा विचार यह नहीं है कि नैतिक निर्णय क्षणिक संवेगों को अभिव्यक्त करने वाले संवेगात्मक निर्णय हैं। वे अभिवृत्तियों को व्यक्त करते हैं और अभिवृत्तियों में वह तत्त्व होता है जिसे 'सार्वभौमिकता का तत्त्व' कहा जाता है।...जब मैं यह कहता हूँ कि 'क एक अच्छा व्यक्ति है' तो मैं 'क' के प्रति केवल अपना अनुमोदन ही अभिव्यक्त नहीं करता। मैं उसके प्रति अपना अनुमोदन अथवा अपनी प्रशंसा इसलिए व्यक्त करता हूं कि वह नम्र, सत्य बोलने वाला तथा ईर्ष्या से मुक्त है। मैं यह भी कहता हूं कि, अन्य बातों के समान होने पर, मैं ऐसे प्रत्येक व्यक्ति का अनुमोदन करूंगा जिसमें ये गुण हैं।"[60] इस उदाहरण से स्पष्ट है कि ऐडवर्ड्स नैतिक निर्णयों में सार्वभौमिकता के तत्त्व को स्वीकार करते हैं और इसी कारण वे इन निर्णयों को संवेगात्मक वाक्यों से भिन्न मानते हैं।

अभी तक हमने नैतिक शब्दों तथा नैतिक निर्णयों के अर्थ के संबंध में ऐडवर्ड्स के मत का विवेचन किया है। अब इन निर्णयों के समर्थन में दिए जाने वाले तर्कों के स्वरूप और उद्देश्य के विषय में भी उनके मत पर विचार करना आवश्यक

60. वही पुस्तक, पृ० 152

है। स्टीवैन्सन की भांति वे भी यह मानते हैं कि नैतिक निर्णयों के पक्ष या विपक्ष में तर्क प्रस्तुत किए जा सकते हैं और किए जाते हैं। परन्तु इन तर्कों के स्वरूप तथा उद्देश्य के सम्बन्ध में वे स्टीवैन्सन के मत को स्वीकार नहीं करते। हम पिछले खंड में देख चुके हैं कि स्टीवैन्सन के अनुसार ये तर्क मनोवैज्ञानिक होते हैं और इनका उद्देश्य विरोधी व्यक्तियों की अभिवृत्तियों को परिवर्तित अथवा प्रभावित करना ही होता है। परंतु स्टीवैन्सन की इस मान्यता के विपरीत ऐडवर्ड्स का कथन है कि ये तर्क वास्तव में मनोवैज्ञानिक नहीं होते, क्योंकि इन का उद्देश्य विरोधियों की अभिवृत्तियों को प्रभावित या परिवर्तित करना न होकर स्वयं नैतिक निर्णयों को उचित अथवा अनुचित सिद्ध करना ही होता है। ये तर्क निर्णीत वस्तुओं या कर्मों के कुछ गुणों अथवा परिणामों पर ही आधारित होते हैं—अर्थात् हम जिन वस्तुओं या कर्मों के विषय में निर्णय देते हैं उन्हीं के कुछ विशेष गुणों अथवा परिणामों के आधार पर इन निर्णयों की पुष्टि करते हैं। उदाहरणार्थ जब हम यह कहते हैं कि "अमुक व्यक्ति एक अच्छा मनुष्य है" तो हम अपने इस निर्णय के समर्थन में ये कारण या तर्क प्रस्तुत कर सकते हैं कि वह स्नेहशील, नम्र, ईमानदार, सत्य बोलने वाला तथा दयालु है। इसी प्रकार जब हम यह कहते हैं कि "हमें दूसरों की सहायता करनी चाहिए" तो हम अपने इस निर्णय की पुष्टि के लिए इस कर्म के शुभ परिणामों का वर्णन कर सकते हैं। इन तर्कों द्वारा हम अपने विरोधियों की अभिवृत्तियों को परिवर्तित या प्रभावित करने के स्थान पर उपर्युक्त नैतिक निर्णयों को उचित सिद्ध करने का प्रयास करते हैं। इस दृष्टि से हमारे ये तर्क मनोवैज्ञानिक प्रवर्तक तर्कों से भिन्न प्रकार के हैं।

नैतिक निर्णयों के समर्थन में दिए जाने वाले इन तर्कों के स्वरूप को ऐडवर्ड्स ने एक उदाहरण द्वारा इस प्रकार स्पष्ट किया है—"जब मैं यह कहता हूं कि कोई व्यक्ति एक अच्छा मनुष्य है तो मैं उसके कुछ विशेष गुणों की ओर संकेत करता हूं।...जब मैं 'अच्छा' शब्द का प्रयोग करता हूं तो उस व्यक्ति के बहुत-से गुणों में से कोई भी एक गुण मेरे कथन को सत्य सिद्ध कर सकता है। मैं अभी तक जो कुछ कहता रहा हूं उसका यह अर्थ बिल्कुल नहीं है कि नैतिक निर्णय अनिवार्यतः 'निराधार' अथवा 'अबौद्धिक' होते हैं।...स्टीवैन्सन ने अपनी परवर्ती रचनाओं में भी नैतिक निर्णयों के लिए केवल इसी अर्थ में तर्कों की संभावना को स्वीकार किया है कि ये तर्क अभिवृत्तियों को उत्पन्न अथवा परिवर्तित करते हैं।...इस संबंध में मेरा मत उनके मत के समान नहीं है।"[61] वस्तुतः नैतिक निर्णयों के समर्थन में प्रस्तुत किए जाने वाले तर्कों के स्वरूप तथा उद्देश्य के

61. वही पुस्तक, पृ० 151, 192

विषय में ऐडवर्ड्स का मत स्टीवैन्सन के मत की अपेक्षा अधिक युक्तिसंगत और संतोषप्रद प्रतीत होता है। हम अगले अध्याय में देखेंगे कि इस संबंध में ऐडवर्ड्स ने आर० एम० हेयर के मत का ही अनुसरण किया है जिनकी प्रथम पुस्तक 'दि लैंग्वेज ऑफ मॉरल्ज़' ऐडवर्ड्स की पुस्तक 'दि लॉजिक ऑफ मॉरल डिस्कोर्स' से तीन वर्ष पूर्व 1952 में प्रकाशित हुई थी।

हम ऊपर बता चुके हैं कि ऐडवर्ड्स ने नैतिक निर्णयों को 'मूल्य संबंधी निर्णय' तथा 'कर्त्तव्य संबंधी निर्णय' इन दो वर्गों में विभाजित किया है। परंतु यहां यह उल्लेखनीय है कि इस वर्गीकरण के अतिरिक्त उन्होंने एक अन्य दृष्टिकोण से भी नैतिक निर्णयों का वर्गीकरण किया है। इस वर्गीकरण के अनुसार वे इन निर्णयों को 'सामान्य नैतिक निर्णय' तथा 'मूल नैतिक निर्णय' इन दो वर्गों में विभाजित करते हैं। कोई भी वक्ता जिन नैतिक निर्णयों का तर्कों द्वारा समर्थन करता है उन्हें वे 'सामान्य नैतिक निर्णय' कहते हैं। इन निर्णयों की मूल विशेषता यही है कि इनके पक्ष या विपक्ष में तर्क दिए जा सकते हैं और दिए जाते हैं। हमने अभी तक जिन नैतिक निर्णयों के विषय में ऐडवर्ड्स के विचारों का उल्लेख किया है उन सबको वे 'सामान्य नैतिक निर्णय' ही मानते हैं। परन्तु उनका मत है कि इन निर्णयों के अतिरिक्त कुछ अन्य नैतिक निर्णय भी होते हैं जिन्हें 'मूल नैतिक निर्णय' कहा जा सकता है। जिन नैतिक निर्णयों के समर्थन में वक्ता कोई भी तर्क नहीं देना चाहता अथवा नहीं दे सकता उन्हें ही ऐडवर्ड्स 'मूल नैतिक निर्णय' कहते हैं। उन्हीं के शब्दों में, "जब कोई व्यक्ति अपने नैतिक निर्णय के समर्थन में किसी प्रकार का तर्क देने में असमर्थ या अनिच्छुक होता है तो हम कहेंगे कि उसने मूल नैतिक निर्णय दिया है। जब वह नैतिक निर्णय का किसी तर्क द्वारा समर्थन कर सकता है तो हम इसे सामान्य नैतिक निर्णय कहेंगे।"[62]

अब विचारणीय प्रश्न यह है कि इन मूल नैतिक निर्णयों का स्वरूप क्या है। इस प्रश्न के उत्तर में ऐडवर्ड्स का कथन है कि ये निर्णय पूर्णतः संवेगात्मक होते हैं और इनका कोई वर्णनात्मक अर्थ नहीं होता। ये केवल वक्ता की अभिवृत्तियों को व्यक्त करते हैं जिनके लिए वह कोई कारण या तर्क प्रस्तुत नहीं करता अथवा नहीं कर सकता। इस दृष्टि से ये निर्णय सामान्य नैतिक निर्णयों से पूर्णतः भिन्न प्रकार के होते हैं। ऐडवर्ड्स ने मूल नैतिक निर्णयों के निम्नलिखित दो उदाहरण दिए हैं—(1) "चोरी करना नितांत अनुचित है।" (2) "निर्दोष व्यक्ति को दंड देना पूर्णतः अनुचित है।" उनका कथन है कि यदि वक्ता इन निर्णयों की

62. वही पुस्तक, पृ० 182-183

पुष्टि के लिए कोई कारण या तर्क प्रस्तुत नहीं करता या नहीं कर सकता तो इन्हें 'मूल नैतिक निर्णय' कहा जाएगा। इन निर्णयों के स्वरूप को स्पष्ट करते हुए ऐडवर्ड्स ने लिखा है—"मैं यह कहना चाहता हूं कि इन मूल नैतिक निर्णयों का केवल 'संवेगात्मक अर्थ' होता है। ये लेखक के मत अथवा उसकी अभिवृत्ति को ही व्यक्त करते हैं। जब इन निर्णयों में 'शुभ' या 'अशुभ' के स्थान पर 'उचित', 'अनुचित' अथवा 'चाहिए' का प्रयोग किया जाता है तो सामान्यतः ये निर्णय परामर्शात्मक होते हैं। परन्तु मेरे विचार में मूल नैतिक निर्णयों का कोई वर्णनात्मक अर्थ नहीं होता।...मेरा विश्वास है कि 'निर्दोष व्यक्ति को दंड देना पूर्णतः अनुचित है' यह वाक्य एक मूल नैतिक निर्णय है।"[63] इस प्रकार यह स्पष्ट है कि वर्णनात्मक अर्थ से रहित पूर्णतः संवेगात्मक वाक्यों को ही ऐडवर्ड्स 'मूल नैतिक निर्णय' मानते हैं। वे यह स्वीकार करते हैं कि इन निर्णयों तथा केवल भावनाओं को अभिव्यक्त करने वाले पूर्णतः संवेगात्मक वाक्यों में कोई अन्तर नहीं है।

ऐडवर्ड्स इस तथ्य से भली-भांति अवगत हैं कि उन्होंने 'मूल नैतिक निर्णयों' तथा 'सामान्य नैतिक निर्णयों' में जो भेद किया है उस पर आपत्ति की जा सकती है। वे स्वयं यह कहते हैं कि उनकी यह मान्यता नितांत अनुचित प्रतीत हो सकती है कि सभी नैतिक निर्णयों का एक ही प्रकार का अर्थ नहीं होता। परंतु वे अपने सिद्धांत के विरुद्ध इस आपत्ति को उचित नहीं मानते। इस आपत्ति के उत्तर में उनका कथन है कि जिन विशेष परिस्थितियों में मूल नैतिक निर्णय दिए जाते हैं वे उन परिस्थितियों से बहुत भिन्न होती हैं जिनमें हम सामान्य नैतिक निर्णय देते हैं। वे यह मानते हैं कि यदि हम इस तथ्य को ध्यान में रखें तो उन्होंने उपर्युक्त दोनों प्रकार के निर्णयों में जो भेद किया है उसे अनुचित नहीं कहा जा सकता। परंतु वास्तव में ऐडवर्ड्स का यह स्पष्टीकरण उचित और संतोषप्रद प्रतीत नहीं होता। इसका कारण यह है कि वे ऐसे संवेगात्मक कथनों को 'मूल नैतिक निर्णय' मान लेते हैं जो वक्ता की भावनाओं को ही अभिव्यक्त करते हैं और जिनकी पुष्टि के लिए वह किसी प्रकार के कारण या तर्क नहीं देना चाहता अथवा नहीं दे सकता।

परंतु प्रश्न यह है कि क्या ऐसी संवेगात्मक अभिव्यक्तियों को 'नैतिक निर्णय' कहा जा सकता है। मेरे विचार में इस प्रश्न का उत्तर केवल नकारात्मक ही हो सकता है। यदि इस प्रकार की संवेगात्मक अभिव्यक्तियों को 'नैतिक निर्णय' मान लिया जाए तो व्यक्तिनिष्ठ कथनों और नैतिक निर्णयों में वह भेद पूर्णतः

63. वही पुस्तक, पृ० 183, 187

समाप्त हो जाता है जिसे स्वयं ऐडवर्ड्‌स बहुत आवश्यक मानते हैं। हम देख चुके हैं कि व्यक्तिनिष्ठवाद का खंडन करते हुए उन्होंने व्यक्तिनिष्ठ कथनों तथा नैतिक निर्णयों में स्पष्ट रूप से भेद किया है और नैतिक निर्णयों को व्यक्तिनिष्ठ कथनों से मूलतः भिन्न माना है। ऐसी स्थिति में यह बहुत आश्चर्यजनक प्रतीत होता है कि वे स्वयं अपनी ही इस मान्यता का खंडन करते हुए कुछ विशेष व्यक्तिगत संवेगात्मक अभिव्यक्तियों को महत्त्वपूर्ण 'मूल नैतिक निर्णय' मान लेते हैं जिसके फलस्वरूप उनके विचारों में गंभीर असंगति उत्पन्न हो जाती है। हम किसी भी संवेगात्मक अभिव्यक्ति को सार्थक रूप से 'नैतिक निर्णय' की संज्ञा नहीं दे सकते। इस तथ्य का स्पष्ट प्रमाण यह है कि स्वयं ऐडवर्ड्‌स ने मूल नैतिक निर्णयों के जो उदाहरण दिए हैं वे वास्तव में संवेगात्मक अभिव्यक्तियां नहीं हैं। जब कोई व्यक्ति यह कहता है कि 'निर्दोष मनुष्य को दंड देना नितांत अनुचित है'' तो उसका यह कथन संवेगात्मक अभिव्यक्ति मात्र न होकर बौद्धिक तथा वस्तुनिष्ठ नैतिक निर्णय है, क्योंकि वह तार्किक दृष्टि से इस तथ्य को स्वीकार करने के लिए बाध्य है कि यह कथन समान परिस्थितियों में सभी व्यक्तियों पर समान रूप से लागू होता है। यदि वह इस तथ्य को स्वीकार नहीं करता तो उसके उक्त कथन में असंगति अथवा स्वतोव्याघात का आ जाना अनिवार्य है जिससे उसका यह कथन स्वतः निरर्थक हो जाता है। यही बात ''चोरी करना नितान्त अनुचित है'' इस कथन के संबंध में भी कही जा सकती है जिसे ऐडवर्ड्‌स ने 'मूल नैतिक निर्णय' के उदाहरण के रूप में प्रस्तुत किया है। इस विवेचन से यह स्पष्ट है कि जिन्हें ऐडवर्ड्‌स संवेगात्मक अभिव्यक्तियां मानकर 'मूल नैतिक निर्णय', कहते हैं वे वास्तव में संवेगात्मक अभिव्यक्तियां न होकर बौद्धिक और वस्तुनिष्ठ नैतिक निर्णय हैं जिन्हें उन्होंने 'सामान्य नैतिक निर्णय' कहा है। इस दृष्टि से विचार करने पर हम यह कह सकते हैं कि उन्होंने उक्त दोनों प्रकार के नैतिक निर्णयों में जो भेद किया है वह न तो आवश्यक है और न सार्थक। वस्तुतः यदि वे इन दोनों प्रकार के निर्णयों में यह भेद न करते तो उनका सिद्धांत अपेक्षाकृत अधिक संतोषप्रद होता।

जैसा कि हम इस खंड के प्रारंभ में बता चुके हैं, नैतिक निर्णयों के अर्थ और प्रमाणीकरण के अतिरिक्त नैतिक असहमति के स्वरूप तथा वर्गीकरण पर भी ऐडवर्ड्‌स ने विचार किया है। परंतु इस सम्बन्ध में उनके विचार स्टीवेंसन के विचारों से भिन्न नहीं हैं। स्टीवेन्सन की भांति वे भी असहमति को 'विश्वास सम्बन्धी असहमति' और 'अभिवृत्ति संबंधी असहमति' इन दो वर्गों में विभाजित करते हैं। ऐडवर्ड्‌स ने इन दोनों प्रकार की असहमतियों की लगभग वही परिभाषा दी है जो स्टीवेन्सन द्वारा दी गई है। इस संबंध में उनका कथन है कि

"स्टीवैन्सन का अनुसरण करते हुए हम कहेंगे कि यदि दो व्यक्ति एक ही वस्तु के विषय में परस्पर विरोधी वक्तव्य देते हैं तो उनमें 'विश्वास सम्बन्धी असहमति' है। 'परस्पर विरोधी वक्तव्यों' से हमारा तात्पर्य ऐसे दो वक्तव्यों से है जो दोनों सत्य नहीं हो सकते।...यदि एक ही वस्तु के विषय में दो व्यक्तियों की विरोधी अभिवृत्तियां हैं तो हम कहेंगे कि उनमें 'अभिवृत्ति संबंधी असहमति' है।"[64] ऐडवर्ड्स के इन विचारों से यह स्पष्ट है कि असहमति के स्वरूप और वर्गीकरण के संबंध में वे स्टीवेंसन के मत को ही पूर्णतः स्वीकार करते हैं। परंतु नैतिक विवादों में जो असहमति पाई जाती है उसके विषय में उनका मत स्टीवेंसन के मत से कुछ भिन्न अवश्य है। हम देख चुके हैं कि ऐडवर्ड्स पूर्णतः संवेगात्मक कथनों को ही 'मूल नैतिक निर्णय' मानते हैं, अतः उनका विचार है कि इन निर्णयों पर आधारित विवादों में केवल अभिवृत्ति संबंधी असहमति ही पाई जाती है, विश्वास संबंधी असहमति नहीं। यही कारण है कि इन विवादों को तर्कों द्वारा समाप्त करना संभव नहीं है। परंतु ऐडवर्ड्स यह मानते हैं कि जो विवाद सामान्य नैतिक निर्णयों पर आधारित होते हैं उनमें उपर्युक्त दोनों प्रकार की असहमतियां अनिवार्यतः विद्यमान रहती हैं। इसी कारण इन विवादों का अंत करने के लिए तथ्यात्मक तर्क प्रस्तुत किये जा सकते हैं। स्पष्ट है कि इन विवादों की समाप्ति के विषय में ऐडवर्ड्स का मत स्टीवेंसन के मत से अधिक भिन्न नहीं है। इस प्रकार नैतिक असहमति के स्वरूप और वर्गीकरण के विषय में ऐडवर्ड्स कोई नया विचार प्रस्तुत नहीं कर सके।

एयर और स्टीवैन्सन की भांति ऐडवर्ड्स ने भी अपनी पुस्तक के अंत में कुछ ऐसे आरोपों का उत्तर दिया है जो संवेगवाद के विरुद्ध इसके आलोचकों द्वारा प्रायः लगाये जाते रहे हैं। सर्वप्रथम अनेक दार्शनिकों ने इस सिद्धान्त के विरुद्ध यह आरोप लगाया है कि यदि इसे स्वीकार कर लिया जाए तो वस्तुतः नैतिक तथा अनैतिक आचरण में कोई अंतर ही नहीं रह जाएगा और लोग नैतिक मूल्यों के प्रति पूर्णतः उदासीन हो जाएंगे। दूसरे शब्दों में, इस सिद्धांत को स्वीकार कर लेने के फलस्वरूप हमें नैतिक आचरण की दृष्टि से अपने व्यावहारिक जीवन में घोर दुष्परिणामों का सामना करना पड़ेगा। हम इस अध्याय के चौथे खंड में देख चुके हैं कि एयर ने भी संवेगवाद के विरुद्ध इसी आरोप पर विचार किया है। उन्होंने जिस तर्क द्वारा इस आरोप का खंडन किया है ऐडवर्ड्स भी उसे पूर्णतः स्वीकार करते हैं। उन्होंने एयर के इस मत का समर्थन किया है कि व्यावहारिक जीवन में किसी व्यक्ति के नैतिक आचरण पर संवेगवाद अथवा किसी अन्य अधि-

64. वही पुस्तक, पृ० 29

नैतिक सिद्धांत का कोई प्रभाव नहीं पड़ता। इसका कारण यह है कि किसी विशेष अधि-नैतिक सिद्धांत को स्वीकार या अस्वीकार करने से लोगों की अभिवृत्तियों में कोई परिवर्तन नहीं होता। अधि-नैतिक सिद्धांतों के विषय में अपनी इसी मान्यता को स्पष्ट करते हुए ऐडवर्ड्स ने लिखा है कि "लोग किसी वस्तु के संबंध में अपनी अभिवृत्तियों में तभी परिवर्तन करते हैं जब उस वस्तु से संबंधित उनके विश्वासों में परिवर्तन होता है अथवा उनके जीवन में कोई घोर संवेगात्मक उथल-पुथल होती है। वे कभी भी उन वाक्यों के अर्थ के विषय में किसी सिद्धान्त को अस्वीकार करने के कारण ही अपनी अभिवृत्ति में परिवर्तन नहीं करते जिनके द्वारा वे इस अभिवृत्ति को व्यक्त करते हैं।... मान लीजिए आप निर्दयता का अनुमोदन नहीं करते और आप अंतःप्रज्ञावादी भी हैं; किंतु मान लीजिए एक दिन आपको विश्वास हो जाता है कि अंतःप्रज्ञावाद अनुचित सिद्धांत है। क्या आपके द्वारा निर्दयता के अननुमोदन पर इसका कोई प्रभाव पड़ेगा? अंतःप्रज्ञावाद का परित्याग कर देने वाले व्यक्तियों के संबंध में तथा लोगों के अनुमोदन और अननुमोदन की भावनाओं में परिवर्तन के कारणों के विषय में हम जो कुछ जानते हैं उससे इस प्रश्न का नकारात्मक उत्तर ही प्राप्त होता है।"[65] इस प्रकार ऐडवर्ड्स एयर के इस मत का पूर्णतः समर्थन करते हैं कि संवेगात्मक तथा अन्य सभी अधि-नैतिक सिद्धांत नैतिक आचरण की दृष्टि से तटस्थ होते हैं, अतः इन सिद्धांतों के परिणामों के आधार पर इन्हें अनुचित सिद्ध नहीं किया जा सकता।

ऐडवर्ड्स का कथन है कि उन्होंने अपनी पुस्तक में अधि-नैतिक सिद्धांतों का जो विवेचन किया है उसे कुछ दार्शनिक व्यर्थ और महत्त्वहीन मान सकते हैं। वे यह कह सकते हैं कि इस प्रकार के शाब्दिक वाद-विवाद का हमारे व्यावहारिक जीवन में नैतिक आचरण की दृष्टि से कोई महत्त्व नहीं है, अतः यह नितांत अनावश्यक और निरर्थक है। ऐडवर्ड्स यह स्वीकार करते हैं कि इस आपत्ति में आंशिक सत्य विद्यमान है। परन्तु उनका कथन है कि यह आपत्ति केवल उनके द्वारा किए गए सैद्धांतिक विवेचन के विरुद्ध ही नहीं, अपितु संपूर्ण दर्शन के विरुद्ध उठाई जा सकती है। इसके अतिरिक्त यह कहना भी उचित नहीं है कि उक्त सैद्धांतिक विवेचन अनावश्यक तथा निरर्थक है। नैतिक निर्णयों के अर्थ और प्रमाणीकरण के संबंध में इस प्रकार के विवेचन से हमें निश्चय ही इन निर्णयों को भली-भांति समझने में बहुत सहायता प्राप्त होती है। इस दृष्टि से अधि-नैतिक सिद्धांतों का यह विवेचन मानकीय नीतिशास्त्र की समस्याओं तथा दैनिक

65. वही पुस्तक, पृ० 235-236

जीवन में नैतिक आचरण को समझने के लिए बहुत आवश्यक और महत्त्वपूर्ण है। मुख्यतः इसी आधार पर ऐडवर्ड्स इस प्रकार के विवेचन को उचित एवं सार्थक मानते हैं। इसके अतिरिक्त उनका यह भी कथन है कि नैतिक निर्णयों की समुचित और युक्तिसंगत व्याख्या के संबंध में भी मनुष्य के विचारों पर अधि-नैतिक सिद्धांतों का प्रभाव पड़ सकता है।

अपने इन्हीं तर्कों के आधार पर उपर्युक्त आरोप का खंडन करते हुए ऐडवर्ड्स कहते हैं—"इसके उत्तर में सर्वप्रथम मैं यह बात कहना चाहता हूं कि कुछ लोगों में--जिनमें मैं स्वयं भी सम्मिलित हूं—बातों को स्पष्ट रूप से जानने की प्रबल इच्छा होती है।···मेरे विचार में केवल यही तथ्य कि इस संसार में कुछ ऐसे बुद्धिमान लोग हैं जो स्पष्ट रूप से यह जानना चाहते हैं कि हमारी भाषा में नैतिक शब्द किस प्रकार कार्य करते हैं इस विषय पर विचार करने के लिए पर्याप्त कारण है।···दूसरी बात यह है कि मैं यह नहीं मानता कि जिस प्रकार की विवेचना मैंने की है उसके अनिवार्यतः कोई व्यावहारिक परिणाम नहीं होते। मैं अपने इस उत्तर पर विशेष रूप से जोर देना चाहूंगा।···जब कोई व्यक्ति निर्प्रकृतिवाद को अस्वीकार कर देता है तो वह नैतिक निर्णयों के लिए तथ्यपरक प्रमाणीकरण की मांग करेगा।"[66] इस प्रकार ऐडवर्ड्स ने स्वयं अपने सिद्धांत और संपूर्ण अधि-नीतिशास्त्र पर लगाए जाने वाले उपर्युक्त दोनों आरोपों को अस्वीकार करते हुए उनका दृढ़तापूर्वक खंडन किया है। हम पिछले खंडों में देख चुके हैं कि एयर, स्टीवेन्सन आदि अन्य संवेगवादी भी इस संबंध में उनसे पूर्णतः सहमत हैं।

यहां यह स्पष्ट कर देना आवश्यक है कि ऐडवर्ड्स अधि-नैतिक सिद्धांतों को मनुष्य के आचरण पर पड़ने वाले प्रभाव की दृष्टि से ही तटस्थ मानते हैं, नैतिक भाषा के अर्थ के स्पष्टीकरण तथा विश्लेषण की दृष्टि से नहीं। उनका विचार है कि किन्हीं वस्तुओं के शुभ या अशुभ तथा किन्हीं कर्मों के उचित या अनुचित होने के विषय में हमारी जो मान्यता है उस पर अधि-नैतिक सिद्धांतों का कोई प्रभाव नहीं पड़ता। परंतु इन अधि-नैतिक सिद्धांतों का नैतिक भाषा के अर्थ एवं स्वरूप तथा नैतिक निर्णयों के प्रमाणीकरण के विश्लेषण के संबंध में हमारे विचारों पर अवश्य प्रभाव पड़ता है। इसी तथ्य को स्पष्ट करते हुए ऐडवर्ड्स ने उपर्युक्त उद्धरण में कहा है कि यदि कोई दार्शनिक निर्प्रकृतिवाद का परित्याग करके उसके स्थान पर प्रकृतिवाद को स्वीकार कर लेता है तो नैतिक निर्णयों की व्याख्या के विषय में उसके विचारों में बहुत परिवर्तन हो जाएगा। उसे इन

66. वही पुस्तक, पृ॰ 239-240

निर्णयों के अर्थ, स्वरूप और प्रमाणीकरण से संबंधित अपनी अनेक पूर्वस्वीकृत मान्यताओं के स्थान पर कुछ अन्य आधारभूत मान्यताओं को स्वीकार करना पड़ेगा। ऐडवर्ड्स का यह मत निश्चय ही उचित है और बरट्रेंड रसल के नैतिक दर्शन से इसकी पुष्टि होती है। हम तीसरे अध्याय में देख चुके हैं कि रसल जब अंत:प्रज्ञावाद को स्वीकार करते थे तो उन्होंने 'शुभ' की अपरिभाष्यता के संबंध में मूर के विचारों का पूर्णत: समर्थन किया था, किंतु जब उन्होंने अंत:प्रज्ञावाद का परित्याग करके उसके स्थान पर व्यक्तिनिष्ठवाद को स्वीकार किया तो नैतिक निर्णयों के अर्थ, स्वरूप तथा प्रमाणीकरण की व्याख्या के विषय में भी उनके विचारों में बहुत परिवर्तन हुआ। इस परिवर्तन के फलस्वरूप उन्होंने अपनी परवर्ती पुस्तकों में मूर की उन्हीं मान्यताओं का दृढ़तापूर्वक खंडन किया जिनका वे पहले पूर्ण रूप से समर्थन करते थे। रसल के विचारों में उक्त परिवर्तन से ऊपर दिए गए उद्धरण में ऐडवर्ड्स के इस कथन की पुष्टि होती है कि किसी दार्शनिक द्वारा मान्य अधि-नैतिक सिद्धांत का नैतिक निर्णयों से संबंधित उसकी व्याख्या पर बहुत प्रभाव पड़ता है।

ऐडवर्ड्स के सिद्धांत की इस विवेचना को समाप्त करने से पूर्व यहां इस सिद्धांत की कुछ प्रमुख विशेषताओं का संक्षेप में उल्लेख कर देना आवश्यक है। इसके संबंध में वे स्वयं कहते हैं कि उनका यह सिद्धांत वस्तुनिष्ठ प्रकृतिवाद तथा संवेगवाद का मिश्रित रूप है, क्योंकि इसमें इन दोनों के मुख्य गुण विद्यमान हैं। हम देख चुके हैं कि इस सिद्धांत के अनुसार नैतिक निर्णय निर्णीत वस्तुओं के कुछ गुणों की ओर अवश्य संकेत करते हैं, अत: वे संवेगात्मक अभिव्यक्तियां मात्र न होकर वस्तुनिष्ठ कथन हैं। ऐडवर्ड्स की यह मान्यता वस्तुनिष्ठ प्रकृतिवाद के अनुरूप ही है जिसका विवेचन हम तीसरे अध्याय में कर चुके हैं। परंतु प्रकृतिवाद के विपरीत ऐडवर्ड्स यह भी मानते हैं कि नैतिक निर्णय वर्णनात्मक अथवा तथ्यात्मक कथन नहीं हैं, क्योंकि ये निर्णय वक्ता की अभिवृत्तियों को अवश्य अभिव्यक्त करते हैं। उनकी इस मान्यता में संवेगवाद का तत्त्व स्पष्ट रूप से विद्यमान है और इसी कारण उनके सिद्धांत को 'संवेगवादी सिद्धांत' कहा जाता है। इस प्रकार ऐडवर्ड्स ने अपने सिद्धांत में वस्तुनिष्ठ प्रकृतिवाद तथा संवेगवाद दोनों सिद्धांतों की मूल विशेषताओं को सम्मिलित किया है, अत: वे इसे इन दोनों विरोधी सिद्धांतों का मिश्रित रूप मानते हैं। इस दृष्टि से उनका सिद्धांत कार्नेप और एयर के संवेगवादी सिद्धांत की अपेक्षा निश्चय ही अधिक संतोषप्रद है जो नैतिक निर्णयों को केवल संवेगात्मक अभिव्यक्तियां मानते हैं और उनका कोई वर्णनात्मक अर्थ स्वीकार नहीं करते। स्टीवैन्सन यह तो मानते हैं कि नैतिक निर्णयों का वर्णनात्मक अर्थ होता है, किंतु वे भी इन निर्णयों के संवेगात्मक अर्थ

को ही विशेष महत्त्व देते हैं। उनका निश्चित मत है कि किसी कथन का संवेगात्मक अर्थ ही उसे 'नैतिक निर्णय' बनाता है। परंतु ऐडवर्ड्स के अनुसार नैतिक निर्णयों के लिए उक्त दोनों अर्थों का लगभग समान महत्त्व है। इस दृष्टि से उनका सिद्धांत स्टीवैन्सन के सिद्धांत से कुछ भिन्न प्रतीत होता है। इसके अतिरिक्त, जैसा कि हम ऊपर देख चुके हैं, नैतिक निर्णयों के प्रमाणीकरण के संबंध में भी ऐडवर्ड्स का मत अन्य संवेगवादियों के मत से पर्याप्त सीमा तक भिन्न है। कार्नैप तथा एयर तो इन निर्णयों की पुष्टि के लिए तर्कों की संभावना को ही स्वीकार नहीं करते और स्टीवैन्सन भी इन तर्कों को केवल मनोवैज्ञानिक तर्क ही मानते हैं जिनका एकमात्र उद्देश्य विरोधियों की अभिवृत्तियों को परिवर्तित या प्रभावित करना है। परंतु स्टीवैन्सन के इस मत को अस्वीकार करते हुए ऐडवर्ड्स कहते हैं कि नैतिक निर्णयों के समर्थन में दिए जाने वाले तर्कों का उद्देश्य इन निर्णयों को ही उचित सिद्ध करना है, विपक्षियों की अभिवृत्तियों को प्रभावित अथवा परिवर्तित करना नहीं। नैतिक निर्णयों के प्रमाणीकरण के विषय में ऐडवर्ड्स की यह मान्यता उनके सिद्धांत को स्टीवैन्सन के सिद्धांत की अपेक्षा निश्चय ही अधिक संतोषप्रद बनाती है। इस प्रकार स्पष्ट है कि ऐडवर्ड्स ने कार्नैप, एयर तथा स्टीवैन्सन के संवेगवादी सिद्धांत में कुछ महत्त्वपूर्ण सुधार किए हैं जिनके कारण उनका सिद्धांत नैतिक निर्णयों की अपेक्षाकृत अधिक युक्तिसंगत एवं संतोषप्रद व्याख्या करता है।

परंतु यहां ऐडवर्ड्स के सिद्धांत की एक कठिनाई पर विचार करना आवश्यक है जिसका संक्षिप्त उल्लेख हम पहले ही कर चुके हैं। वे यह मानते हैं कि निर्णीत वस्तुओं तथा कर्मों के कुछ विशेष गुणों के कारण ही हम उन्हें शुभ या अशुभ और उचित या अनुचित कहते हैं। उनकी इस मान्यता के संबंध में दो महत्त्वपूर्ण प्रश्न उठाए जा सकते हैं। प्रथम प्रश्न यह है कि हम किसी व्यक्ति को अच्छा या बुरा और किसी कर्म को उचित या अनुचित कहने के लिए उसके कुछ विशेष गुणों को आवश्यक एवं प्रासंगिक तथा कुछ अन्य गुणों को अनावश्यक और अप्रासंगिक क्यों मानते हैं। दूसरा प्रश्न यह है कि जिन विशेष गुणों के आधार पर हम किसी व्यक्ति और कर्म का मूल्यांकन करते हैं क्या वे गुण वास्तव में वर्णनात्मक होते हैं। ये दोनों प्रश्न स्टीवैन्सन के सिद्धांत के संबंध में भी उठाए जा सकते हैं, क्योंकि, जैसा कि हम देख चुके हैं, नैतिक निर्णयों के अर्थ की दृष्टि से उनका सिद्धांत ऐडवर्ड्स के सिद्धांत से मूलतः भिन्न नहीं है। ऐडवर्ड्स ने प्रथम प्रश्न पर अवश्य विचार किया है और इसके उत्तर में उनका कथन है कि स्वयं वक्ता ही किसी वस्तु के कुछ विशेष गुणों का अनुमोदन या अननुमोदन करता है और इसी कारण वह उसे शुभ अथवा अशुभ कहता है। इसका तात्पर्य यही है

कि किसी वस्तु को शुभ या अशुभ बनाने वाले गुणों की प्रासंगिकता अंततः उन गुणों के प्रति स्वयं वक्ता के अपने अनुमोदन अथवा अननुमोदन पर ही आधारित है जो उसके संबंध में निर्णय देता है। अपनी इस मान्यता को ऐडवर्ड्स ने एक उदाहरण द्वारा इस प्रकार स्पष्ट किया है—"जब मैं यह कहता हूं कि 'क' एक अच्छा मनुष्य है तो मेरा यह वाक्य तथा इसमें प्रयुक्त 'अच्छा' शब्द केवल अभिव्यक्तिपरक अर्थ के कारण ही नहीं, अपितु निर्देशात्मक अर्थ के कारण भी नैतिक निर्णय और नैतिक शब्द माना जाएगा। इस वाक्य को इसलिए 'नैतिक' माना जाएगा कि यह मेरे अनुमोदन को अभिव्यक्त करता है और साथ ही इसके द्वारा मैं उस व्यक्ति के कुछ विशेष गुणों—यथा, उसकी दयालुता, नम्रता और उसमें ईर्ष्या का अभाव—की ओर संकेत करता हूं, उसकी आकृति, आय अथवा पिंग-पोंग में उसकी उत्कृष्टता की ओर नहीं।"[67] इस प्रकार ऐडवर्ड्स यह मानते हैं कि वस्तुओं को शुभ अथवा अशुभ बनाने वाले गुणों की प्रासंगिकता अंततः उन गुणों के प्रति स्वयं वक्ता के अपने अनुमोदन या अननुमोदन द्वारा निर्धारित होती है।

परंतु ऐडवर्ड्स की उपर्युक्त मान्यता उचित एवं तर्कसंगत प्रतीत नहीं होती, क्योंकि यदि इसे स्वीकार कर लिया जाए तो उनके सिद्धांत और उस व्यक्तिनिष्ठवाद में कोई अंतर नहीं रह जाता जिसका वे स्वयं दृढ़तापूर्वक खंडन करते हैं। यदि किसी वस्तु को शुभ या अशुभ बनाने वाले गुणों की प्रासंगिकता उन गुणों के संबंध में स्वयं मेरे अपने अनुमोदन अथवा अननुमोदन पर ही निर्भर है तो उसके विषय में मेरे कथन को 'वस्तुनिष्ठ नैतिक निर्णय' नहीं कहा जा सकता, क्योंकि ऐसा कथन अंततः मेरी अपनी व्यक्तिनिष्ठ भावना को ही अभिव्यक्त करता है। मान लीजिए कोई व्यक्ति दयालुता, नम्रता, ईमानदारी आदि गुणों के प्रति अनुमोदन के स्थान पर अननुमोदन की भावना का अनुभव करता है। स्पष्ट है कि ऐसी स्थिति में उसके लिए वह व्यक्ति बुरा मनुष्य होगा जिसमें ये गुण हैं। वस्तुतः यह ऐडवर्ड्स के सिद्धांत का अनिवार्य परिणाम है जिससे मुक्त होना उनके लिए तार्किक दृष्टि से संभव नहीं है। इस कठिनाई को ध्यान में रखते हुए यही कहा जा सकता है कि वे उन दो प्रश्नों में से प्रथम प्रश्न का कोई संतोषप्रद उत्तर नहीं दे सके जिनका उल्लेख हमने ऊपर किया है।

संभवतः उपर्युक्त प्रथम प्रश्न का अधिक संतोषजनक एवं तर्कसंगत उत्तर यही हो सकता है कि जो गुण व्यक्तियों तथा कर्मों को नैतिक दृष्टि से शुभ या अशुभ और उचित या अनुचित बनाते हैं उनकी प्रासंगिकता किसी व्यक्ति या समुदाय के अनुमोदन अथवा अननुमोदन द्वारा नहीं, अपितु किसी वस्तुनिष्ठ तथा

67, वही पुस्तक, पृ० 194

सार्वभौमिक कसौटी द्वारा ही निर्धारित की जा सकती है। सभी मनुष्यों का अधिकतम हित अथवा संतोष ऐसी सार्वभौमिक एवं वस्तुनिष्ठ कसौटी है जिसके द्वारा हम उपर्युक्त कठिनाई अथवा समस्या का समुचित समाधान कर सकते हैं। इस कसौटी के अनुसार वस्तुओं के जो गुण सभी मनुष्यों के लिए अधिकतम हितकर हैं वे ही उन्हें शुभ बनाते हैं और जो गुण इस उद्देश्य में बाधक हैं वे ही उन्हें अशुभ बनाते हैं। इसका तात्पर्य यह है कि वस्तुओं को शुभ या अशुभ बनाने वाले गुणों की प्रासंगिकता किसी व्यक्ति अथवा समुदाय विशेष के अनुमोदन या अननुमोदन पर निर्भर न होकर उक्त वस्तुनिष्ठ एवं सार्वभौमिक कसौटी पर ही निर्भर है। यह कसौटी वस्तुनिष्ठ तथा सार्वभौमिक है, क्योंकि इसके अनुसार प्रत्येक विवेकशील मनुष्य ऐसे गुणों का अनुमोदन या अननुमोदन करने के लिए प्रतिबद्ध है जो सभी मनुष्यों के अधिकतम हित में सहायक अथवा बाधक हैं। मेरे विचार में ऐडवर्ड्स भी बिना किसी कठिनाई के अपने सिद्धांत के अंतर्गत इस मत को स्वीकार कर सकते थे, किंतु उन्होंने ऐसा नहीं किया जिसके फलस्वरूप उनका सिद्धांत अंततः व्यक्तिनिष्ठवादी सिद्धांत हो गया है और उसमें तार्किक असंगति आ गई है।

अब संक्षेप में इस प्रश्न पर भी विचार करना आवश्यक है कि जो गुण वस्तुओं को शुभ या अशुभ बनाते हैं क्या वे वास्तव में तथ्यात्मक अथवा वर्णनात्मक हैं। जहाँ तक मुझे ज्ञात है, ऐडवर्ड्स ने इस प्रश्न का कोई स्पष्ट और निश्चित उत्तर नहीं दिया। वे यह अवश्य कहते हैं कि जब हम 'शुभ' तथा 'अशुभ' द्वारा इन गुणों की ओर संकेत करते हैं तो इन शब्दों का अर्थ निर्देशात्मक अथवा वर्णनात्मक ही होता है। इससे संभवतः यही निष्कर्ष निकाला जा सकता है कि ऐडवर्ड्स इन गुणों को वर्णनात्मक मानते हैं। इसी आधार पर उन्होंने नैतिक निर्णयों के वर्णनात्मक अर्थ की व्याख्या की है। परंतु जिन गुणों के आधार पर हम वस्तुओं को शुभ अथवा अशुभ कहते हैं वे वास्तव में तथ्यात्मक या पूर्णतः वर्णनात्मक गुण नहीं होते। इसका कारण यह है कि ऐसे सभी गुण अनिवार्यतः किन्हीं मूल्यों से संबंधित होते हैं जिनके प्रति हम तटस्थ या उदासीन नहीं रह सकते। जब हम किसी व्यक्ति को उसकी नम्रता, दयालुता, ईमानदारी, सत्यनिष्ठा, त्याग की भावना आदि के आधार पर 'अच्छा मनुष्य' कहते हैं तो हम पहले से ही इन गुणों को प्रशंसनीय अथवा वांछनीय मान लेते हैं। यही कारण है कि किसी व्यक्ति को दयालु, नम्र, ईमानदार, कर्तव्यनिष्ठ आदि कहने का अर्थ अनिवार्यतः और निश्चित रूप से उसकी प्रशंसा करना है, उसके स्वभाव का वर्णन मात्र करना नहीं। इस दृष्टि से 'दयालु', 'नम्र', 'कर्तव्यनिष्ठ', 'ईमानदार' आदि मूल्यात्मक शब्द 'पतला', 'मोटा', 'लंबा', 'छोटा', 'लाल', 'काला' आदि

तथ्यात्मक या वर्णनात्मक शब्दों से निश्चय ही भिन्न प्रकार के हैं। यही कारण है कि हम प्रथम प्रकार के शब्दों को वर्णनात्मक अथवा तथ्यात्मक शब्द नहीं कह सकते। परंतु ये मूल्यात्मक शब्द उतने व्यापक, अस्पष्ट तथा अनिश्चित नहीं हैं जितने 'शुभ', 'अशुभ', 'उचित', 'अनुचित' आदि नैतिक शब्द। इसी तथ्य को ध्यान में रखते हुए हेयर ने नैतिक शब्दों को 'प्राथमिक रूप से मूल्यात्मक' तथा 'नम्र', 'दयालु', 'ईमानदार' आदि शब्दों को 'गौण रूप से मूल्यात्मक' माना है।[68] इस संबंध में अन्य अनेक समकालीन दार्शनिक भी हेयर के इसी मत का ही समर्थन करते हैं जिस पर हम अगले अध्याय में विस्तारपूर्वक विचार करेंगे। इस प्रकार उपर्युक्त विवेचन से यह स्पष्ट है कि वस्तुओं को शुभ या अशुभ बनाने वाले जिन गुणों को ऐडवर्ड्स वर्णनात्मक मानते हैं वे वस्तुतः गौण रूप से मूल्यात्मक ही हैं।

7. मूल्यांकन

अभी तक हमने नैतिक निर्णयों के अर्थ, स्वरूप तथा प्रमाणीकरण के संबंध में कुछ प्रमुख संवेगवादियों के विचार प्रस्तुत किए हैं। अब अंत में इस प्रश्न पर विचार करना आवश्यक है कि इन निर्णयों के विषय में उक्त संवेगवादियों का सिद्धांत कहां तक उचित, युक्तिसंगत और संतोषप्रद है। इसमें संदेह नहीं है कि अन्य अधि-नैतिक सिद्धांतों की भांति संवेगवाद भी अंशतः सत्य है। हम पिछले अध्यायों में इस तथ्य को भली-भांति स्पष्ट कर चुके हैं कि तथ्यात्मक कथनों और तर्कशास्त्र तथा गणित के निर्णयों के विपरीत नैतिक निर्णयों के साथ मानवीय भावनाओं या अभिवृत्तियों का अनिवार्य संबंध है। संवेगवाद नैतिक निर्णयों से संबद्ध इस महत्त्वपूर्ण तथ्य की ओर विशेष रूप से हमारा ध्यान आकृष्ट करता है। इस सिद्धांत के समर्थकों का यह मत निश्चय ही उचित है कि इन निर्णयों द्वारा हम भावनाओं अथवा अभिवृत्तियों को व्यक्त तथा जागृत करते हैं और इस दृष्टि से ये निर्णय वर्णनात्मक कथनों से भिन्न प्रकार के होते हैं। जब हम यह कहते हैं कि "वह व्यक्ति बहुत बुरा मनुष्य है" अथवा "अमुक कर्म नितांत अनुचित है" तो हम उस व्यक्ति या कर्म का वर्णन मात्र नहीं करते; हम उसके प्रति अपने अननुमोदन की भावना को अनिवार्यतः अभिव्यक्त करते हैं। अन्य सभी नैतिक निर्णयों के संबंध में भी यही बात कही जा सकती है। ऐसी स्थिति में संवेगवादियों का यह कथन अवश्य ही उचित है कि नैतिक निर्णय केवल वर्णनात्मक अथवा सूचनात्मक नहीं होते; वे अनिवार्यतः भावनात्मक या

68. आर० एम० हेयर, 'फ्रीडम एण्ड रीज़न', पृ० 25

संवेगात्मक होते हैं। अपनी इसी विशेषता के कारण नैतिक निर्णय मनुष्य के आचरण को अनिवार्यत: प्रभावित करते हैं। इस दृष्टि से भी ये निर्णय पूर्णत: तटस्थ, वर्णनात्मक अथवा तथ्यात्मक कथनों से भिन्न प्रकार के होते हैं। हम देख चुके हैं कि संवेगवादियों ने नैतिक निर्णयों की इस विशेषता को बहुत महत्त्व दिया है और इसे इन निर्णयों का अनिवार्य तत्त्व माना है जो कुछ सीमा तक उचित प्रतीत होता है। अपनी इसी मान्यता के आधार पर उन्होंने प्रकृतिवाद तथा निर्प्रकृतिवाद इन दोनों संज्ञानात्मक सिद्धांतों की जो आलोचना की है उसे आज अधिकतर समकालीन दार्शनिक उचित एवं युक्तिसंगत मानते हैं। ये दार्शनिक संवेगवादियों की इस मान्यता को स्वीकार करते हैं कि 'शुभ', 'उचित', कर्त्तव्य आदि नैतिक शब्द मूलत: गुणबोधक नहीं हैं—अर्थात् ये शब्द किन्हीं विशेष प्राकृतिक या निर्प्राकृतिक गुणों अथवा संबंधों का वर्णन नहीं करते। यही कारण है कि आज अधिकतर दार्शनिक प्रकृतिवाद तथा निर्प्रकृतिवाद के समर्थक नहीं हैं। वे इन दोनों संज्ञानात्मक सिद्धांतों के विरुद्ध संवेगवादियों की इस मूल आपत्ति को उचित और तर्कसंगत मानते हैं कि ये सिद्धांत नैतिक निर्णयों को केवल वर्णनात्मक या सूचनात्मक मानकर उन्हें मानवीय आचरण से पूर्णत: पृथक कर देते हैं। इस दृष्टि से संवेगवाद इन संज्ञानात्मक सिद्धांतों की अपेक्षा अधिक संतोषप्रद है, क्योंकि यह नैतिक निर्णयों तथा मानवीय आचरण के अनिवार्य संबंध को विशेष महत्त्व देता है। इसके अतिरिक्त यह सिद्धांत हमें संदेहास्पद रहस्यमयी अंत:प्रज्ञा तथा अप्रमाणित रहस्यपूर्ण निर्प्राकृतिक गुणों और संबंधों की आवश्यकता से भी मुक्त करता है। इस प्रकार उपर्युक्त सभी तथ्यों के आधार पर यह निश्चयपूर्वक कहा जा सकता है कि संवेगवाद में आंशिक सत्य अवश्य विद्यमान है।

परन्तु अंशत: सत्य होते हुए भी संवेगवाद नैतिक निर्णयों के अर्थ, स्वरूप तथा प्रमाणीकरण की पूर्णत: संतोषप्रद व्याख्या नहीं कर पाता। अन्य अधिनैतिक सिद्धांतों की भांति इस सिद्धांत के विरुद्ध भी अनेक गंभीर आपत्तियां उठाई जा सकती हैं। परन्तु इन आपत्तियों पर विचार करने से पूर्व यहां यह स्पष्ट कर देना आवश्यक है कि संवेगवाद का कोई एक ही स्पष्ट और निश्चित रूप नहीं है। जैसा कि हम इस अध्याय के पिछले खंडों में देख चुके हैं, सभी संवेगवादी नैतिक निर्णयों के अर्थ और प्रमाणीकरण के विषय में एक-दूसरे से पूर्णत. सहमत नहीं हैं। उदाहरणार्थ संवेगवाद के समर्थक होते हुए भी स्टीवैन्सन तथा ऐडवर्ड्स नैतिक निर्णयों की व्याख्या के संबंध में कार्नेप और एयर के मत को पूर्णरूप से स्वीकार नहीं करते। हम देख चुके हैं कि स्टीवैन्सन और ऐडवर्ड्स ने संवेगवाद को उसी रूप में स्वीकार नहीं किया जिस रूप में कार्नेप

तथा एयर ने इसका प्रतिपादन किया था। इन दोनों विचारकों—विशेषत: ऐडवर्ड्स—ने कार्नेप और एयर के प्रारंभिक संवेगवाद में पर्याप्त संशोधन तथा सुधार किया है। ये दोनों विचारक कार्नेप तथा एयर की इस मान्यता को स्वीकार नहीं करते कि नैतिक निर्णय पूर्णत: संवेगात्मक कथन हैं और उनका कोई वर्णनात्मक अर्थ नहीं होता। वे इन निर्णयों के संवेगात्मक अर्थ के साथ-साथ इनके वर्णनात्मक अर्थ को भी उचित महत्त्व देते हैं। इसके अतिरिक्त वे कार्नेप और एयर के इस मत का भी समर्थन नहीं करते कि नैतिक निर्णयों के पक्ष या विपक्ष में किसी प्रकार के तर्क देना संभव नहीं है। वे इन निर्णयों के समर्थन में तर्कों की आवश्यकता को पूर्णत: स्वीकार करते हैं। इन सभी तथ्यों को ध्यान में रखते हुए हम यही कह सकते हैं कि जो आपत्तियां कार्नेप और एयर के 'विशुद्ध संवेगवाद' के विरुद्ध उठाई जा सकती हैं वे सभी आपत्तियां स्टीवैन्सन तथा ऐडवर्ड्स के 'संशोधित संवेगवाद' के विरुद्ध उठाना उचित एवं न्यायसंगत नहीं होगा।

संवेगवाद के उपर्युक्त दोनों रूपों में इस अन्तर को ध्यान में रखते हुए यह कहा जा सकता है कि ब्रांड ब्लैंशर्ड ने अपनी पुस्तक, 'रीज़न एण्ड गुडनेस' में इस सिद्धांत की जो तीव्र आलोचना की है वह पूर्णत: उचित और न्यायसंगत प्रतीत नहीं होती। इसका कारण यह है कि उन्होंने इस सिद्धांत के विरुद्ध जो आपत्तियां उठाई हैं उनमें से अधिकतर केवल कार्नेप तथा एयर के मत के विरुद्ध ही उठाई जा सकती हैं, स्टीवेंसन और ऐडवर्ड्स के मत के विरुद्ध नहीं।[69] संभवत: ब्लैंशर्ड स्वयं भी इस तथ्य से अवगत हैं, क्योंकि उन्होंने ऐडवर्ड्स के संवेगवादी सिद्धांत को कार्नेप और एयर के संवेगवादी सिद्धांत से भिन्न ही नहीं, अपितु उसकी अपेक्षा कहीं अधिक संतोषप्रद भी माना है। ऐडवर्ड्स के सिद्धांत के सम्बन्ध में वे स्पष्ट कहते हैं कि "यह सिद्धांत विशुद्ध संवेगवाद की अपेक्षा निश्चय ही हमारे वास्तविक अर्थ के अधिक निकट है।···ऐडवर्ड्स ने यह स्वीकार किया है कि 'शुभ', 'उचित', 'चाहिए' आदि शब्द सामान्यत: भावना या अभिवृत्ति की अपेक्षा कुछ अधिक व्यक्त करते हैं।···यह उचित दिशा की ओर एक कदम है। यह इस बात को स्वीकार करता है कि मूल्य संबंधी निर्णय वास्तविक निर्णय हैं, विस्मय-बोधक कथन नहीं।···संवेगवादियों द्वारा नैतिक तर्कों को प्रचार के समान मानने के कारण ऐडवर्ड्स ठीक ही क्षुब्ध हैं और इसके निराकरण के लिए अधिकतम प्रयास करते हैं। मैं इसके प्रति उनकी वितृष्णा का पूर्णत: समर्थन करता हूं।"[70] ऐडवर्ड्स के सिद्धात के विषय में ब्लैंशर्ड के इन विचारों से यह

69. ब्रांड ब्लैंशर्ड, 'रीज़न एण्ड गुडनेस', अध्याय ९
70. वही पुस्तक, पृ० 208, 244-246

स्पष्ट है कि उनके इस सिद्धांत के विरुद्ध वे सभी आपत्तियां नहीं उठाई जा सकतीं जो उन्होंने कार्नेप और एयर के सिद्धांत के विरुद्ध उठाई हैं। मेरे विचार में यही बात कुछ सीमा तक स्टीवेंसन के सिद्धांत के सम्बन्ध में भी कही जा सकती है, क्योंकि, जैसाकि हमने पिछले खंडों में देखा है, नैतिक निर्णयों की व्याख्या के विषय में स्टीवेंसन और ऐडवर्ड्स के विचारों में पर्याप्त समानता है। इस प्रकार संवेगवाद के गुण-दोषों पर विचार करते समय हमारे लिए उपर्युक्त सभी तथ्यों का ध्यान रखना बहुत आवश्यक है।

इस अध्याय के पिछले खंडों में नैतिक निर्णयों के अर्थ और प्रमाणीकरण के सम्बन्ध में विभिन्न संवेगवादियों के विचारों को प्रस्तुत करते हुए हम यथास्थान कुछ ऐसी प्रमुख आपत्तियों का संक्षिप्त उल्लेख कर चुके हैं जो उनके इन विचारों के विरुद्ध उठाई जा सकती हैं। यहां हम इन आपत्तियों की कुछ अधिक विस्तार से विवेचना करेंगे। सर्वप्रथम हम उन आपत्तियों पर विचार करेंगे जो मुख्यत: कार्नेप और एयर के 'विशुद्ध संवेगवाद' के विरुद्ध उठाई जा सकती हैं। इन दोनों विचारकों के विरुद्ध प्राय: यह आपत्ति उठाई जाती है कि उन्होंने स्वतन्त्र रूप से नैतिक निर्णयों के अर्थ और स्वरूप का विश्लेषण करने के स्थान पर अपने ज्ञानमीमांसा सम्बन्धी सत्यापनीयता-सिद्धांत द्वारा इन निर्णयों की व्याख्या करने के लिए ही संवेगवाद का प्रतिपादन किया है। हम देख चुके हैं कि इन विचारकों के अनुसार नैतिक निर्णय सिद्धांतत: भी इंद्रियजन्य अनुभव द्वारा सत्यापनीय नहीं हैं, अत: इन निर्णयों का कोई संज्ञानात्मक अर्थ नहीं हो सकता। मुख्यत: इसी आधार पर उन्होंने इन निर्णयों को संवेगात्मक माना है और इनके वर्णनात्मक अर्थ का निषेध किया है। परन्तु आज लगभग सभी दार्शनिक यह स्वीकार करते हैं कि इन तर्कीय प्रत्यक्षवादियों द्वारा प्रस्तुत सत्यापनीयता की कसौटी बहुत संकुचित है, अत: इसके आधार पर सभी प्रकार के कथनों की सार्थकता का निर्णय नहीं किया जा सकता। यह सत्य है कि इंद्रियजन्य अनुभव द्वारा नैतिक निर्णयों को सत्यापित करना संभव नहीं है, क्योंकि ये निर्णय तथ्यात्मक कथनों की भांति पूर्णत: वर्णनात्मक नहीं होते; किन्तु इसका यह अर्थ नहीं है कि ये निर्णय विस्मयबोधक कथनों के समान वर्णनात्मक अर्थ से रहित केवल संवेगात्मक कथन होते हैं जैसा कि कार्नेप और एयर का विचार है। जब कोई सामान्य व्यक्ति किसी मनुष्य या उसके कर्म के विषय में नैतिक निर्णय देता है तो वह अपने इस निर्णय द्वारा किसी संवेग अथवा भावना को ही अभिव्यक्त तथा जागृत नहीं करता; वह उस मनुष्य या कर्म की कुछ विशेषताओं के आधार पर उसका मूल्यांकन करता है। इसका तात्पर्य यह है कि नैतिक निर्णय भावनाओं अथवा अभिवृत्तियों को व्यक्त और जागृत करने के अतिरिक्त निर्णीत वस्तुओं के

विषय में भी अवश्य ही कुछ कहते हैं, अतः इंद्रियजन्य अनुभव द्वारा सत्यापित न हो सकने पर भी वे मूलतः ऐसे संज्ञानात्मक कथन हैं जो व्यापक अर्थ में सत्य अथवा मिथ्या हो सकते हैं। ऐसी स्थिति में कार्नैप तथा एयर द्वारा सत्यापन-सिद्धांत के आधार पर नैतिक निर्णयों को केवल संवेगात्मक कथन मानना और इसी कारण विस्मयबोधक कथनों के साथ उनकी तुलना करना निश्चय ही उचित एवं युक्तिसंगत नहीं है। वस्तुतः इंद्रियजन्य अनुभव द्वारा नैतिक निर्णयों का सत्यापित न हो सकना यह प्रमाणित नहीं करता कि ये निर्णय अनिवार्यतः केवल संवेगात्मक कथन हैं और इनका कोई संज्ञानात्मक अर्थ नहीं हो सकता। इस प्रकार कार्नैप तथा एयर ने जिस आधार पर अपने संवेगवाद की स्थापना की है वह बहुत ही संकुचित एवं दुर्बल है, अतः इसके द्वारा नैतिक निर्णयों के सम्बन्ध में तर्क संगत रूप से उनके सिद्धांत की पुष्टि नहीं होती।

अन्य अधि-नीतिशास्त्रियों की भांति कार्नैप और एयर का भी यह दावा है कि उनका संवेगवादी सिद्धांत उसी रूप में नैतिक निर्णयों के अर्थ की व्याख्या करता है जिस रूप में सामान्य व्यक्ति अपने दैनिक जीवन में इन निर्णयों का प्रयोग करते हैं। परन्तु इन निर्णयों के अर्थ के विषय में उन्होंने जो कुछ कहा है उसे देखते हुए उनका यह दावा वास्तव में उचित एवं युक्तिसंगत प्रतीत नहीं होता। इसका कारण यह है कि सामान्य व्यक्ति नैतिक निर्णयों को विस्मयबोधक कथनों के समान केवल संवेगात्मक न मानकर उन्हें ऐसे कथनों से मूलतः भिन्न मानता है। हम ऊपर बता चुके हैं कि वह इन निर्णयों द्वारा अपने संवेगों की अभिव्यक्ति मात्र न करके वास्तव में निर्णीत वस्तुओं का उनके कुछ विशेष गुणों के आधार पर मूल्यांकन करता है। इतना ही नहीं, वह अपने इस मूल्यांकन को अनिवार्यतः निष्पक्ष एवं निर्वैयक्तिक मानता है और आवश्यकता होने पर इसकी पुष्टि के लिए वस्तुनिष्ठ—अर्थात् अपनी भावनाओं से पृथक तथा स्वतन्त्र—तर्क भी प्रस्तुत करने का प्रयास करता है। इसी आधार पर वह निश्चित रूप से यह दावा करता है कि उसके नैतिक निर्णय वस्तुतः संवेगात्मक अभिव्यक्तियां मात्र नहीं हैं जैसाकि कार्नैप और एयर उन्हें मानते हैं। वह कभी भी विस्मयबोधक संवेगात्मक कथनों के साथ अपने नैतिक निर्णयों की तुलना नहीं करता और न ही वह इन निर्णयों के समर्थन में तर्कों का निषेध करता है। इस प्रकार यह स्पष्ट है कि सामान्य व्यक्ति नैतिक निर्णयों की व्याख्या के सम्बन्ध में कार्नैप और एयर के संवेगवादी सिद्धांत का वास्तव में समर्थन नहीं करता। ऐसी स्थिति में इन विचारकों का यह दावा उचित प्रतीत नहीं होता कि उनका सिद्धांत नैतिक निर्णयों के अर्थ के विषय में साधारण व्यक्ति के मत को ही प्रस्तुत करता है।

इसके अतिरिक्त नैतिक निर्णयों की व्याख्या के सम्बन्ध में कार्नैप तथा एयर के मत को स्वीकार कर लेने के कारण हमें अनिवार्यतः अनेक ऐसी कठिनाइयों अथवा समस्याओं का सामना करना पड़ेगा जिनका तर्कसंगत और संतोषप्रद समाधान सम्भव नहीं है। (1) उदाहरणार्थ यदि नैतिक निर्णय निर्णीत वस्तुओं के विषय में कुछ भी न कह कर केवल भावनाओं को अभिव्यक्त और जागृत करते हैं तो वस्तुओं के शुभत्त्व तथा अशुभत्त्व को स्वयं उनके स्वरूप या गुणों पर आधारित न मानकर केवल वक्ता की भावनाओं पर ही निर्भर मानना पड़ेगा। इसका अनिवार्य परिणाम यही होगा कि वक्ता के अनुमोदन की भावना किसी वस्तु को शुभ और उसके अननुमोदन की भावना उसी वस्तु को अशुभ बना देगी। यहीं नहीं, इसके परिणामस्वरूप हमें यह भी मानना पड़ेगा कि एक ही वस्तु एक ही समय में शुभ भी हो सकती है और अशुभ भी, क्योंकि एक व्यक्ति उसके प्रति-अनुमोदन की भावना तथा दूसरा व्यक्ति उसके प्रति अननुमोदन की भावना अभिव्यक्त कर सकता है। (2) इसके अतिरिक्त कार्नैप तथा एयर के सवेगवादी सिद्धांत को सत्य मान लेने पर नैतिक निर्णयों के सम्बन्ध में भूल करने का विचार निरर्थक हो जाता है। यदि नैतिक निर्णय निर्णीत वस्तुओं के विषय में कुछ न कहकर केवल संवेगों या भावनाओं को अभिव्यक्त और जागृत करते हैं तो यह सिद्ध करना असम्भव हो जाता है कि किसी व्यक्ति ने नैतिक निर्णय देने में भूल की है। सामान्यतः हम यह स्वीकार करते हैं कि कोई भी व्यक्ति नैतिक निर्णय देने में भूल कर सकता है, किन्तु कार्नैप और एयर का संवेगवादी सिद्धांत इस तथ्य की व्याख्या करने में असमर्थ है। (3) इसके साथ ही यह सिद्धांत नैतिक निर्णयों के सम्बन्ध में वास्तविक असहमति की संभावना को भी समाप्त कर देता है। इसका कारण यह है कि जब एक व्यक्ति किसी वस्तु को शुभ और दूसरा व्यक्ति उसी वस्तु को अशुभ कहता है तो इस सिद्धांत के अनुसार वे दोनों उस वस्तु के विषय में कुछ न कहकर केवल अपनी भावनाओं को ही अभिव्यक्त करते हैं। इसका अर्थ यही है कि वे उस वस्तु के सम्बन्ध में एक-दूसरे के निर्णय का खंडन नहीं करते, क्योंकि वे उस वस्तु के विषय में कुछ कहते ही नहीं। स्पष्ट है कि ऐसी स्थिति में उन दोनों व्यक्तियों में वास्तविक असहमति के होने का प्रश्न ही नहीं उठता। परन्तु सामान्यतः हम यह मानते हैं कि जब दो व्यक्ति एक ही वस्तु के विषय में परस्पर विरोधी निर्णय देते हैं तो उनमें असहमति अवश्य होती है। इस महत्त्वपूर्ण तथ्य की उपेक्षा करते हुए कार्नैप और एयर अपने संवेगवादी सिद्धांत द्वारा नैतिक निर्णयों के सम्बन्ध में वास्तविक असहमति की संभावना को ही समाप्त कर देते है। हम देख चुके हैं कि इसी कारण उन्होंने अपने सिद्धांत में इस प्रकार की असहमति को कोई स्थान नहीं दिया। यह समझना कठिन नहीं है कि कार्नैप तथा

[illegible] के संवेगवादी सिद्धांत के विरुद्ध उपर्युक्त तीनों आपत्तियां वे ही हैं जो व्यक्तिनिष्ठवाद के विरुद्ध उठाई गई हैं और जिन पर हम तीसरे अध्याय में विस्तारपूर्वक विचार कर चुके हैं। इसी कारण यहां इन आपत्तियों का केवल संक्षिप्त उल्लेख किया गया है।

इन आपत्तियों के अतिरिक्त कार्नैप और एयर के सिद्धांत के विरुद्ध एक अन्य गंभीर आपत्ति यह है कि यह सिद्धांत हमें उन अभिवृत्तियों के मूल्यांकन के लिए कोई आधार प्रदान नहीं करता जिन्हें हम अपने नैतिक निर्णयों द्वारा अभिव्यक्त करते हैं। हम देख चुके हैं कि इस सिद्धांत के अनुसार निर्णीत वस्तुएं मूल्य की दृष्टि से पूर्णतः शून्य या तटस्थ हैं—अर्थात् स्वयं उनमें ऐसा कुछ भी नहीं है जिसके कारण हम उन्हें शुभ अथवा अशुभ कहते हैं। उनके प्रति हमारी भावनाएं अथवा अभिवृत्तियां ही उन्हें शुभ या अशुभ बना देती हैं। जिस वस्तु के प्रति हम अनुमोदन की भावना व्यक्त करते हैं वह शुभ और जिसके प्रति हम अननुमोदन की भावना व्यक्त करते हैं वह अशुभ हो जाती है। परन्तु मूल प्रश्न यह है कि हम किसी विशेष वस्तु के प्रति अनुमोदन की भावना तथा किसी अन्य वस्तु के प्रति अननुमोदन की भावना क्यों अभिव्यक्त करते हैं—अर्थात् हमारी इन भावनाओं की अभिव्यक्ति का कारण या आधार क्या है। कार्नैप तथा एयर जैसे संवेगवादी इस प्रश्न का कोई तर्कसंगत उत्तर नहीं दे सकते, क्योंकि उनके सिद्धांत के अनुसार हमारी अभिवृत्तियों अथवा भावनाओं की अभिव्यक्ति के लिए कोई वस्तुनिष्ठ आधार है ही नहीं। परन्तु उनकी इस मान्यता के विपरीत हम सामान्यतः निश्चित रूप से यह मानते हैं कि परोपकार करना, सत्य बोलना, दान देना आदि कुछ विशेष कर्मों के प्रति अनुमोदन की भावना और चोरी करना, निर्दोष प्राणियों को कष्ट पहुंचाना, झूठ बोलना आदि कुछ अन्य कर्मों के प्रति अननुमोदन की भावना नैतिक दृष्टि से उचित एवं वांछनीय है। कार्नैप और एयर का संवेगवाद इस सामान्य मान्यता के औचित्य की कोई संतोषप्रद व्याख्या नहीं कर पाता, क्योंकि वह स्वयं भावनाओं को ही शुभ-अशुभ का एकमात्र आधार मान लेता है। यदि कोई व्यक्ति सामान्य परिस्थितियों में हत्या के प्रति अनुमोदन की भावना और परोपकार के प्रति अननुमोदन की भावना अभिव्यक्त करता है तो उनके इस सिद्धांत के अनुसार हत्या करना शुभ तथा परोपकार करना अशुभ हो जाता है। इस सिद्धांत को स्वीकार कर लेने पर उस व्यक्ति के ऐसे आचरण को तर्कसंगत रूप से अनुचित और अवांछनीय सिद्ध नहीं किया जा सकता। वस्तुतः यह कार्नैप और एयर के संवेगवादी सिद्धांत का अनिवार्य परिणाम है, क्योंकि यह सिद्धांत नैतिक मूल्यों के वस्तुनिष्ठ आधार का पूर्णतया निषेध करता है। इस सिद्धांत के अनुसार हमारी सभी भावनाएं अथवा अभिवृत्तियां नैतिक

दृष्टि से पूर्णतः समान हैं, अतः उनमें से किसी विशेष अभिवृत्ति को उचित या अनुचित कहने का हमारे पास कोई तर्कसंगत आधार नहीं रह जाता। इस प्रकार कार्नैप तथा एयर का सिद्धांत हमारे इस महत्त्वपूर्ण प्रश्न का कोई युक्तिसंगत उत्तर देने में असमर्थ है कि हम कुछ विशेष वस्तुओं या कर्मों के प्रति अनुमोदन की भावना और कुछ अन्य वस्तुओं अथवा कर्मों के प्रति अननुमोदन की भावना क्यों अभिव्यक्त करते है। यह इस सिद्धांत में निश्चय ही एक गम्भीर दोष है जो इसे बहुत दुर्बल तथा असंतोषप्रद बना देता है।

कार्नैप और एयर का संवेगवादी सिद्धांत अभिवृत्तियों के मूल्यांकन की भांति नैतिक नियमों तथा प्रथाओं के मूल्यांकन के लिए भी हमें कोई वस्तुनिष्ठ एवं तर्कसंगत आधार प्रदान नहीं करता। सामान्यतः हम कुछ नियमों एवं प्रथाओं को नैतिक दृष्टि से उचित तथा वांछनीय और कुछ अन्य नियमों तथा प्रथाओं को नैतिक दृष्टि से अनुचित एवं अवांछनीय मानते हैं। उदाहरणार्थ आज सभी विवेकशील व्यक्ति यह स्वीकार करते हैं कि कुछ समय पूर्व भारत में प्रचलित सती-प्रथा और योरोप तथा अमेरिका में पाई जाने वाली दास-प्रथा दोनों ही नैतिक दृष्टि से अनुचित थीं। इसी प्रकार हम सभ्य समाज के नियमों को नैतिक दृष्टि से उचित और चोरों तथा डाकुओं के नियमों को नैतिक दृष्टि से अनुचित मानते हैं। परन्तु यदि कार्नैप और एयर के संवेगवादी सिद्धांत को स्वीकार कर लिया जाए तो हम किसी भी नियम अथवा प्रथा को नैतिक दृष्टि से उचित या अनुचित नहीं मान सकते। इसका कारण यह है कि इन दार्शनिकों के उक्त सिद्धांत के अनुसार जब हम किसी नियम या प्रथा को उचित अथवा अनुचित कहते हैं तो हम वस्तुतः उसके सम्बन्ध में कुछ न कहकर उसके प्रति अपनी कोई भावना अभिव्यक्त करते हैं और अन्य व्यक्तियों में इस भावना को जागृत करते हैं। स्पष्टतः इसका अर्थ यही है कि हम कभी भी किसी नियम या प्रथा का नैतिक दृष्टि से वस्तुनिष्ठ एवं निष्पक्ष मूल्यांकन नहीं कर सकते। परन्तु यह निश्चयपूर्वक कहा जा सकता है कि सामान्य व्यक्ति कार्नैप और एयर के संवेगवादी सिद्धांत के इस निष्कर्ष का समर्थन नहीं करता। वह समाज में प्रचलित नियमों एवं प्रथाओं का प्रायः निष्पक्ष रूप से मूल्यांकन करता है तथा इसी आधार पर उनमें से कुछ को नैतिक दृष्टि से उचित और कुछ को नैतिक दृष्टि से अनुचित मानता है। परन्तु कार्नैप तथा एयर के सिद्धांत को स्वीकार कर लेने पर नियमों एवं प्रथाओं का इस प्रकार का मूल्यांकन असंभव तथा निरर्थक हो जाता है। ऐसी स्थिति में इस सिद्धांत को निश्चय ही उचित और संतोषप्रद नहीं माना जा सकता।

कार्नैप और एयर के संवेगवादी सिद्धांत के विरुद्ध उपर्युक्त सभी गंभीर आपत्तियों के कारण ही स्टीवैन्सन तथा ऐडवर्ड्स ने इसमें कुछ संशोधन एवं सुधार किए हैं और स्वयं संवेगवाद के समर्थक होते हुए भी उन्होंने इन दोनों दार्शनिकों के मत को पूर्ण रूप से स्वीकार नहीं किया। ऐसी स्थिति में स्टीवैन्सन और ऐडवर्ड्स के सिद्धान्त को 'संशोधित संवेगवाद' कहना अधिक युक्तिसंगत प्रतीत होता है। हम ऊपर बता चुके हैं कि उनका यह 'संशोधित संवेगवाद' कार्नैप और एयर के 'विशुद्ध संवेगवाद' से कुछ भिन्न है, अतः इसके विरुद्ध उसी रूप में वे सभी आपत्तियां नहीं उठाई जा सकतीं जिस रूप में ये आपत्तियां कार्नैप तथा एयर के सिद्धांत के विरुद्ध उठाई गई हैं। परन्तु इसका यह अर्थ नहीं हैं कि स्टीवैन्सन और ऐडवर्ड्स का यह 'संशोधित संवेगवाद' कठिनाइयों तथा दोषों से मुक्त है। वस्तुतः इन दोनों विचारकों के संवेगवादी सिद्धांत के विरुद्ध भी अनेक गंभीर आपत्तियां उठाई जा सकती हैं। यहां यह उल्लेखनीय है कि ये सभी आपत्तियां कार्नैप और एयर के सिद्धांत पर भी समान रूप से लागू होती हैं, अतः इन आपत्तियों को संवेगवाद के विरुद्ध सामान्य आपत्तियों के रूप में प्रस्तुत किया जा सकता है। अब हम इस सिद्धान्त के विरुद्ध कुछ ऐसी ही सामान्य आपत्तियों पर विचार करेंगे।

1. हम देख चुके हैं कि संवेगवादियों के मतानुसार कथनों का संवेगात्मक अर्थ ही उन्हें वास्तव में 'नैतिक निर्णय' बनाता है। जिस कथन द्वारा हम अपनी कोई विशेष भावना या अभिवृत्ति को अभिव्यक्त करते हैं और अन्य व्यक्तियों में इसी भावना अथवा अभिवृत्ति को जागृत करते हैं उसी कथन को 'नैतिक निर्णय' की संज्ञा दी जा सकती है। इसका अर्थ यही है कि नैतिक निर्णयों के संवेगात्मक अर्थ पर आधारित उनका यह विशेष प्रयोजन ही इन निर्णयों की मूल विशेषता है जो इन्हें अन्य सभी प्रकार के कथनों से पृथक करती है। नैतिक निर्णयों के इस प्रयोजन के विषय में स्टीवैन्सन स्पष्ट कहते हैं कि इन निर्णयों का मुख्य कार्य तथ्यों का वर्णन करना नहीं, अपितु भावनाओं या अभिवृत्तियों को प्रभावित करना ही है।[71] हम देख चुके हैं कि अन्य संवेगवादी भी नैतिक निर्णयों के सम्बन्ध में उनके इस मत को स्वीकार करते हैं।

परन्तु नैतिक निर्णयों के स्वरूप के विषय में संवेगवादियों की उपर्युक्त मान्यता उचित और युक्तिसंगत नहीं है। यह सत्य है कि सामान्यतः हम अपने नैतिक निर्णयों द्वारा निर्णीत वस्तुओं के प्रति अनुमोदन तथा अननुमोदन की

71. सी० एल० स्टीवैन्सन, 'दि इमोटिव मीनिंग ऑफ़ ऐथिकल टर्म्ज़', ए० जे० एयर द्वारा संपादित 'लॉजिकल पॉज़िटिविज़्म' में संकलित, पृ० 269

भावनाएं व्यक्त करते हैं, किन्तु इसका यह अर्थ नहीं है कि हमारी ये भावनाएं ही इन निर्णयों को 'नैतिक निर्णय' बनाती हैं। हम अन्य अनेक प्रकार के कथनों द्वारा भी प्राय: ऐसी ही भावनाएं अभिव्यक्त करते हैं। उदाहरणार्थ हम प्रचारात्मक विज्ञापनों, राजनैतिक भाषणों, धार्मिक उपदेशों, प्रलोभनों तथा धमकियों द्वारा भी अपनी भावनाएं अभिव्यक्त करते हैं और दूसरों की भावनाओं को प्रभावित करते हैं जिससे हम उनके आचरण में मनोवांछित परिवर्तन कर सकें यदि नैतिक निर्णयों के विषय में संवेगवादियों का मत उचित है तो इन सबको 'नैतिक निर्णय मानना हमारे लिए अनिवार्य हो जाता है। परन्तु यह सर्वमान्य तथ्य है कि इन्हें 'नैतिक निर्णय' नहीं माना जा सकता, क्योंकि नैतिक निर्णय इन सब से भिन्न होते हैं। इस प्रकार यदि संवेगवादियों के इस मत को स्वीकार भी कर लिया जाए कि नैतिक निर्णय हमारी भावनाओं को अभिव्यक्त और प्रभावित करते हैं तो भी इससे यह प्रमाणित नहीं होता कि इन निर्णयों की यही विशेषता इन्हें अन्य सभी प्रकार के कथनों से पृथक करती है।

अब विचारणीय प्रश्न यह है कि क्या नैतिक निर्णयों का प्रयोजन दूसरों की भावनाओं या अभिवृत्तियों को प्रभावित करना है। इस प्रश्न के उत्तर में यही कहा जा सकता है कि सदैव तथा अनिवार्यतः इन निर्णयों का यह उद्देश्य नहीं होता। हम सदैव केवल अन्य व्यक्तियों की अभिवृत्तियों को प्रभावित या परिवर्तित करने के लिए नैतिक निर्णय नहीं देते। संवेगवादियों की उपर्युक्त मान्यता का खंडन करते हुए जी. जे. वार्नाक कहते हैं कि यदि मैं केवल दूसरों की अभिवृत्तियों को परिवर्तित अथवा प्रभावित करने के लिए नैतिक निर्णय देता हूं तो निम्नलिखित तीन बातों को स्वीकार करना मेरे लिए अनिवार्य हो जाता है—(क) मैं यह मान लेता हूं कि दूसरे व्यक्ति में वह अभिवृत्ति विद्यमान नहीं है जिसे मैं अपने नैतिक निर्णय द्वारा उसमें उत्पन्न करना चाहता हूं। (ख) मैं अनिवार्यतः दूसरे व्यक्ति में वह अभिवृत्ति उत्पन्न करने की इच्छा करता हूं। (ग) मैं कम से कम यह संभव मानता हूँ कि मेरा नैतिक निर्णय उस व्यक्ति में वह अभिवृत्ति उत्पन्न करेगा। परन्तु वास्तव में नैतिक निर्णय देने के लिए इन तीनों अथवा इनमें से किसी भी एक शर्त का पूरा होना अनिवार्य नहीं है। मैं किसी ऐसे व्यक्ति से बातचीत करते हुए किसी वस्तु के विषय में अपना नैतिक निर्णय दे सकता हूं जो उस वस्तु के संबंध में मेरे मत को पहले से ही स्वीकार करता है अथवा जिसकी अभिवृत्तियों को परिवर्तित या प्रभावित करना मैं असंभव मानता हूँ। इसी प्रकार मैं किसी वस्तु के विषय में ऐसे व्यक्ति के समक्ष भी अपना नैतिक निर्णय प्रस्तुत कर सकता हूं जो मेरे मत की जरा भी परवाह नहीं करता और इसी कारण जिसके विचारों को अपने नैतिक निर्णय द्वारा प्रभावित करना

मेरे लिए संभव नहीं है। इस विवेचन से यह स्पष्ट है कि अन्य व्यक्तियों की भावनाओं या अभिवृत्तियों को परिवर्तित अथवा प्रभावित करना नैतिक निर्णयों का अनिवार्य उद्देश्य नहीं माना जा सकता।[72] ऐसी स्थिति में संवेगवादियों की यह मान्यता उचित एवं युक्तिसंगत प्रतीत नहीं होती कि नैतिक निर्णयों का मुख्य प्रयोजन दूसरों की भावनाओं या अभिवृत्तियों को परिवर्तित अथवा प्रभावित करना ही होता है।

2. हम देख चुके हैं कि संवेगवादी 'शुभ', 'उचित', 'कर्त्तव्य', आदि नैतिक शब्दों को मुख्यत: संवेगात्मक मानते हैं, क्योंकि उनके अनुसार संवेगात्मक अर्थ ही इन शब्दों का प्रमुख अर्थ है। यह सत्य है कि इन नैतिक शब्दों द्वारा निर्णीत वस्तुओं के सम्बन्ध में हम अपने अनुमोदन तथा अननुमोदन की भावनाएं अवश्य व्यक्त करते हैं, किन्तु इसका यह अर्थ है नहीं है कि ये शब्द मुख्यत: संवेगात्मक हैं। यह अनुभवसिद्ध तथ्य है कि जब हम अपने नैतिक निर्णयों में 'शुभ', 'उचित', 'कर्त्तव्य' आदि शब्दों का प्रयोग करते हैं तो हम किसी प्रकार की संवेगात्मक उत्तेजना का अनुभव नहीं करते। इन शब्दों का प्रयोग करके हम किसी वस्तु के सम्बन्ध में दूसरों के समक्ष अपने तर्कसंगत विचार प्रस्तुत कर सकते हैं और इस प्रकार उन्हें अपना निष्पक्ष परामर्श दे सकते हैं। जब हम यह कहते हैं कि "अमुक व्यक्ति अच्छा मनुष्य है" अथवा "अमुक कर्म उचित कर्म है" तो हम अपने इन नैतिक निर्णयों द्वारा संवेगों या भावनाओं को ही अभिव्यक्त तथा जागृत नहीं करते; हम उस मनुष्य और कर्म का वस्तुनिष्ठ एवं निष्पक्ष मूल्यांकन करते हैं। हम यह मानते हैं कि हमारे ये नैतिक निर्णय वस्तुनिष्ठ तथा सार्वभौमिक हैं, क्योंकि ये समान परिस्थितियों में उस जैसे सभी मनुष्यों और कर्मों पर समान रूप से अवश्य लागू होते हैं। ऐसी स्थिति में इन निर्णयों में प्रयुक्त नैतिक शब्दों को मुख्यत: संवेगात्मक नहीं माना जा सकता।

इसके अतिरिक्त यह भी संभव है कि हमारा कोई कथन अत्यधिक संवेगात्मक होते हुए भी नैतिक निर्णय न हो। उदाहरणार्थ किसी व्यक्ति से रुष्ट होकर मैं उसे यह कह सकता हूं कि "तुम बहुत नीच तथा दुष्ट हो और मैं तुमसे अत्यधिक घृणा करता हूं"। मेरा यह कथन निश्चय ही संवेगात्मक है; किन्तु इसे 'नैतिक निर्णय' की संज्ञा नहीं दी जा सकती, क्योंकि यह निष्पक्ष, वस्तुनिष्ठ और सार्वभौमिक निर्णय नहीं है। इससे यह स्पष्ट है कि संवेगात्मकता को नैतिक निर्णयों की अनिवार्य शर्त नहीं माना जा सकता और नैतिक शब्द वास्तव में मुख्यत: संवेगात्मक नहीं होते, अत: संवेगवादियों ने इन शब्दों के अर्थ का जो

72. जी० जे० वार्नाक, 'कन्टैम्प्रैरी मॉरल फ़िलॉसॉफ़ी', पृ० 25-26

विश्लेषण किया है वह एकांगी तथा दोषपूर्ण है।

3. इस विश्लेषण के एकांगी और दोषपूर्ण होने का एक प्रमुख कारण यह है कि संवेगवादी मनुष्य की अभिवृत्तियों को भी भावनाओं तथा संवेगों के समान ही पूर्णतः निर्बौद्धिक मानते हैं। हम पिछले खण्डों में देख चुके हैं कि उन्होंने 'अभिवृत्ति' शब्द का प्रयोग 'संवेग' और 'भावना' के समानार्थक शब्द के रूप में ही किया है। स्टीवैन्सन यह अवश्य स्वीकार करते हैं कि 'अभिवृत्ति', 'संवेग' अथवा 'भावना' की अपेक्षा अधिक जटिल मनःस्थिति है, किन्तु उन्होंने भी इन दोनों में कोई आधारभूत अन्तर नहीं बताया। यही बात ऐडवर्ड्स के सम्बन्ध में भी कही जा सकती है। कार्नेप और एयर तो अभिवृत्तियों तथा संवेगों में कोई अन्तर मानते ही नहीं। परन्तु अभिवृत्तियों के स्वरूप के सम्बन्ध में संवेगवादियों का यह मत उचित और तर्कसंगत नहीं है। वे इस महत्त्वपूर्ण तथ्य की उपेक्षा करते हैं कि 'अभिवृत्ति', 'संवेग' या 'भावना' से पर्याप्त सीमा तक भिन्न मनोदशा है। सामान्यतः मनोवैज्ञानिक यह मानते हैं कि भावनाएं अथवा संवेग निर्बौद्धिक तथा अपेक्षाकृत अस्थाई या क्षणिक होते हैं। संवेग हमारी नितांत नैसर्गिक मनोदशाएं हैं जिनके लिए हम कोई तर्क नहीं दे सकते और जिनके लिए किसी प्रकार के तर्कों की माँग की भी नहीं जाती। इसके अतिरिक्त ये संवेग हमारे मन में दीर्घ काल तक नहीं बने रहते; कुछ समय के पश्चात इनका प्रभाव कम या समाप्त हो जाता है। परन्तु अभिवृत्तियों के सम्बन्ध में उपर्युक्त बातें नहीं कही जा सकतीं। संवेगों के विपरीत हमारी अभिवृत्तियां अपेक्षाकृत अधिक स्थाई तथा कुछ विश्वासों पर आधारित होती हैं। अपनी अभिवृत्तियों के समर्थन में हम तर्क दे सकते हैं, और अन्य व्यक्ति भी इन्हें उचित सिद्ध करने के लिए हमसे तर्कों की मांग कर सकते हैं। इस दृष्टि से हमारी अभिवृत्तियों को 'बौद्धिक' कहा जा सकता है। संवेगों के विपरीत अपनी अभिवृत्तियों के लिए हमें उत्तरदायी माना जा सकता है, क्योंकि हम इनमें अपनी इच्छानुसार यथोचित संशोधन अथवा परिवर्तन कर सकते हैं। इतना ही नहीं हमारी अभिवृत्तियों के विषय में पारस्परिक संगति का प्रश्न भी उठाया जा सकता है जो संवेगों के सम्बन्ध में नितांत निरर्थक है।

उपर्युक्त सभी तथ्यों से यह पूर्णतः स्पष्ट है कि अभिवृत्तियां भावनाओं अथवा संवेगों से पर्याप्त सीमा तक भिन्न होती हैं। परन्तु संवेगवादियों ने अभिवृत्तियों तथा संवेगों को एक-दूसरे के समान मानकर इस महत्त्वपूर्ण तथ्य की उपेक्षा की है जिसके परिणामस्वरूप वे नैतिक निर्णयों के अर्थ का समुचित विश्लेषण नहीं कर सके। अभिवृत्तियों को संवेगों के समान मानने के कारण ही उन्होंने नैतिक निर्णयों को मुख्यतः संवेगात्मक मान लिया है। उनके अनुसार

नैतिक दृष्टि से किसी कर्म का अनुमोदन या अननुमोदन करना उसके प्रति अपनी व्यक्तिगत प्रसन्नता को अभिव्यक्त करने के समान ही है। इसका अर्थ यही है कि नैतिक निर्णयों तथा संवेगात्मक कथनों में कोई आधारभूत अन्तर नहीं है। परन्तु, जैसाकि हम ऊपर बता चुके हैं, संवेगवादियों द्वारा किया गया नैतिक निर्णयों का यह विश्लेषण अनुचित और दोषपूर्ण है, क्योंकि यह इन निर्णयों को मुख्यतः निर्बौद्धिक संवेगात्मक अभिव्यक्तियां बना देता है। संवेगवादियों के विपरीत सामान्य व्यक्ति नैतिक निर्णयों को निष्पक्ष, वस्तुनिष्ठ तथा सार्वभौमिक निर्णय मानते हैं जो व्यक्तिनिष्ठ संवेगात्मक कथनों से मूलतः भिन्न होते हैं। ऐसी स्थिति में संवेगवादियों का यह दावा उचित और युक्तिसंगत प्रतीत नहीं होता कि वे उसी रूप में नैतिक निर्णयों की व्याख्या करते हैं जिस रूप में सामान्य व्यक्ति अपने व्यावहारिक जीवन में इन निर्णयों का प्रयोग करते हैं। वस्तुतः संवेगवादियों के विपरीत सामान्य व्यक्ति इन निर्णयों को संवेगात्मक कथन न मानकर ऐसे वस्तुनिष्ठ और सार्वभौमिक निर्णय मानते हैं जिनके पक्ष या विपक्ष में तर्क प्रस्तुत किए जा सकते हैं।

4. संवेगवादियों द्वारा नैतिक निर्णयों के एकांगी तथा दोषपूर्ण विश्लेषण का एक अन्य कारण यह भी है कि वे नैतिक अभिवृत्तियों तथा व्यक्तिगत संवेगों में कोई स्पष्ट एवं निश्चित भेद नहीं कर सके। कार्नैप, एयर, स्टीवैंसन आदि सभी संवेगवादियों ने अपनी कृतियों में 'नैतिक अनुमोदन' तथा 'नैतिक अननुमोदन' की चर्चा की है, किंतु वे हमें यह नहीं बताते कि ये नैतिक अनुमोदन और अननुमोदन व्यक्तिगत प्रसन्नता एवं अप्रसन्नता से किस प्रकार भिन्न हैं। कार्नैप और एयर ने तो यह प्रश्न ही नहीं उठाया। स्टीवैंसन तथा ऐडवर्ड्स ने इस प्रश्न पर विचार अवश्य किया है, किन्तु वे भी इसका कोई युक्तिसंगत एवं सन्तोषप्रद उत्तर नहीं दे सके। उदाहरणार्थ स्टीवैंसन गम्भीरता और तीव्रता के आधार पर नैतिक अभिवृत्तियों को व्यक्तिगत संवेगों से पृथक करते हैं। उनका कथन है कि "हम 'शुभ' का एक ऐसा अर्थ स्वीकार कर सकते हैं जिसके अनुसार 'शुभ', 'नैतिक शुभ' का संक्षिप्त रूप होता है और वह वक्ता की प्रत्येक पसन्द की ओर संकेत न करके केवल उसकी ऐसी पसन्द की ओर संकेत करता है जिसके सम्बन्ध में वह एक विशेष गंभीरता एवं अत्यावश्यकता का अनुभव करता है।··· मान लीजिए एक व्यक्ति किसी विशेष प्रकार के आचरण का अननुमोदन करता है। यदि वह दूसरों को यह आचरण करते हुए देखता है तो वह अत्यधिक क्रोधित होता है अथवा उसे तीव्र आघात पहुँचता है; और यदि वह स्वयं यह आचरण करता है तो वह अपराध-भावना का अनुभव करता है। परन्तु मान लीजिए वह इस आचरण का नैतिक दृष्टि से अननुमोदन करने के स्थान पर इसे

केवल पसन्द नहीं करता। तब वह दूसरों को यह आचरण करते हुए देखकर केवल अप्रसन्न हो सकता है और जब वह स्वयं यह आचरण करता है तो वह अपने आपसे केवल रुष्ट हो सकता है।···उसकी प्रतिक्रिया से सम्बन्धित ये अंतर नैतिक अभिवृत्तियों को उन अभिवृत्तियों से पृथक करने में हमारी सहायता करते हैं जो नैतिक नहीं हैं।"[73] स्टीवेंसन के इन विचारों से यह स्पष्ट है कि उनके मतानुसार हम केवल गम्भीरता और तीव्रता के आधार पर ही नैतिक अभिवृत्तियों को व्यक्तिगत संवेगों से पृथक कर सकते हैं।

स्टीवेंसन की भांति ऐडवर्ड्स भी यह मानते हैं कि नैतिक अभिवृत्तियां व्यक्तिगत संवेगों से भिन्न हैं, किन्तु उन्होंने भी यह स्पष्ट नहीं किया कि इस भिन्नता का आधार क्या है। उनके अनुसार "संवेगवाद के किसी समर्थक ने कभी भी यह दावा नहीं किया कि जिस वाक्य में नैतिक शब्द का प्रयोग किया जाता है वह किसी भी प्रकार की भावना या अभिवृत्ति को व्यक्त करता है। संवेगवादी सिद्धांत के अनुसार नैतिक वाक्य अनुमोदन तथा अननुमोदन जैसे कुछ विशेष संवेगों या अभिवृत्तियों को व्यक्त करते हैं।"[74] परन्तु अनुमोदन और अननुमोदन की ये अभिवृत्तियां अन्य संवेगों से किस प्रकार भिन्न हैं—इस प्रश्न का ऐडवर्ड्स कोई उत्तर नहीं देते। वस्तुतः उपर्युक्त कठिनाई के कारण संवेगवादी नैतिक निर्णयों का समुचित एवं सन्तोषप्रद विश्लेषण नहीं कर सके।

अब विचारणीय प्रश्न यह है कि हम क्यों अथवा किस आधार पर अनुमोदन तथा अननुमोदन जैसी नैतिक अभिवृत्तियों को सामान्य व्यक्तिगत संवेगों या भावनाओं से भिन्न मानते हैं। इस प्रश्न का स्टीवेंसन ने जो उत्तर दिया है वह पूर्णतः उचित और सन्तोषप्रद प्रतीत नहीं होता, क्योंकि केवल गम्भीरता अथवा तीव्रता ऐसा तत्त्व नहीं है जो नैतिक अभिवृत्तियों को निर्नैतिक संवेगों से पृथक करता है। हम व्यक्तिगत निर्नैतिक संवेगों के सम्बन्ध में भी गंभीरता या तीव्रता का अनुभव कर सकते हैं और प्रायः करते भी हैं। इसके अतिरिक्त नैतिक अभिवृत्ति का सदैव अधिक तीव्र होना भी अनिवार्य नहीं है। इन तथ्यों से यही निष्कर्ष निकाला जा सकता है कि केवल तीव्रता या गम्भीरता के आधार पर नैतिक अभिवृत्तियों को निर्नैतिक व्यक्तिगत संवेगों से पृथक नहीं किया जा सकता। वास्तव में यह आधार मुख्यतः मानसिक या मनोवैज्ञानिक न होकर वैचारिक अथवा बौधिक ही है। सामान्यतः हम यह मानते हैं कि नैतिक अभिवृत्तियों में निष्पक्षता, वस्तुनिष्ठता, सार्वभौमिकता आदि विशेषताएं पाई जाती है जो उन्हें निर्नैतिक

73. सी० एल० स्टीवेन्सन, 'ऐथिक्स एण्ड लैंग्वेज' पृ० 90

74. पाल एडवर्ड्स, 'दि लॉजिक ऑफ मॉरल डिस्कोर्स', पृ० 221

व्यक्तिगत संवेगों से पृथक करती हैं, क्योंकि इन संवेगों में उक्त विशेषताओं का अभाव होता है।

इसके अतिरिक्त नैतिक अभिवृत्तियों के समर्थन में समुचित तर्क प्रस्तुत करना अनिवार्य माना जाता है, व्यक्तिगत संवेगों के लिए नहीं। जब हम व्यक्तिगत रूप से किसी वस्तु को पसन्द करते हैं तो हमारे लिए अपनी इस पसन्द के समर्थन में ऐसे तर्क देना अनिवार्य नहीं है जो समान परिस्थितियों में सभी सामान्य व्यक्तियों को मान्य हों। हम यह भी आशा नहीं करते कि समान परिस्थितियों में अन्य सभी व्यक्ति भी उस वस्तु को पसंद करेंगे। दूसरे शब्दों में, हम अपनी व्यक्तिगत पसन्द को समुचित तर्कों पर आधारित, वस्तुनिष्ठ तथा सार्वभौमिक नहीं मानते। इसके विपरीत जब हम किसी कर्म का नैतिक दृष्टि से अनुमोदन करते हैं तो अपने इस अनुमोदन के समर्थन में हम ऐसे तर्क प्रस्तुत करना अनिवार्य मानते हैं जिन्हें समान परिस्थितियों में अन्य सभी व्यक्ति भी स्वीकार करें। हम यह भी आशा करते हैं और चाहते हैं कि समान परिस्थितियों में अन्य व्यक्ति भी उस कर्म का अनुमोदन करें। यदि हम समान परिस्थितियों के होते हुए भी कभी इस कर्म का अनुमोदन करते हैं और कभी नहीं करते तो हमें तार्किक दृष्टि से विसंगति का दोषी माना जा सकता है। इस प्रकार हमारी व्यक्तिगत पसन्द के विपरीत हमारा नैतिक अनुमोदन तर्कसंगत, निर्वैयक्तिक, निष्पक्ष, वस्तुनिष्ठ तथा सार्वभौमिक होता है। यही बात अन्य नैतिक अभिवृत्तियों के विषय में भी कही जा सकती है। परन्तु संवेगवादी नैतिक अभिवृत्तियों के सम्बन्ध में उपर्युक्त सभी तत्त्वों की उपेक्षा करते हुए इन्हें व्यक्तिगत संवेगों के समान ही मान लेते हैं, अतः वे नैतिक निर्णयों की युक्तिसंगत और सन्तोषप्रद व्याख्या नहीं कर पाते। यह उनके सिद्धांत में निश्चय ही एक गम्भीर दोष है जो इसे बहुत दुर्बल बना देता है।

(5) हम देख चुके हैं कि स्टीवेंसन मनोवैज्ञानिक सिद्धांत के आधार पर ही भाषा के अर्थ की व्याख्या करते हैं जिसके अनुसार शब्दों का अर्थ मनुष्यों पर पड़ने वाले उनके प्रभाव में ही निहित रहता है। पन्तु स्टीवेंसन का यह मनोवैज्ञानिक सिद्धांत न तो भाषा के अर्थ की ठीक-ठीक व्याख्या कर पाता है और न नैतिक निर्णयों के अर्थ की। इस सिद्धांत की यह आधारभूत मान्यता अनुचित और दोषपूर्ण है कि किसी शब्द का अर्थ उसके मनोवैज्ञानिक प्रभाव के आधार पर ही निश्चित किया जा सकता है। जब हम किसी शब्द का अर्थ जानना चाहते हैं तो हमारे समक्ष मुख्य प्रश्न यह नहीं होता कि स्वयं हम पर तथा अन्य व्यक्तियों पर उसके प्रयोग का क्या प्रभाव पड़ता है; हमारे समक्ष मुख्य प्रश्न यह होता है कि उस शब्द का प्रयोग किन नियमों के आधार पर किया जा

सकता है। वस्तुतः भाषा के प्रयोग से सम्बन्धित ये नियम ही किसी शब्द को हमारे लिए सार्थक बनाते हैं, उसका मनोवैज्ञानिक प्रभाव नहीं। यदि हम इन नियमों के अनुरूप भाषा का प्रयोग नहीं करते तो वह हमारे लिए निरर्थक हो जाती है और तब वह हम पर किसी प्रकार का मनोवैज्ञानिक प्रभाव भी नहीं डाल पाती। ऐसी स्थिति में यही कहना अधिक युक्तिसंगत होगा कि भाषा की सार्थकता उसके मनोवैज्ञानिक प्रभाव में निहित न होकर उसके प्रयोग से संबंधित प्रचलित तार्किक नियमों में ही निहित रहती है। हम देख चुके हैं कि स्वयं स्टीवेंसन भी कुछ सीमा तक इन नियमों की आवश्यकता को स्वीकार करते हैं। परन्तु उन्होंने भाषा की सार्थकता का आधार इन नियमों को न मान कर उसके मनोवैज्ञानिक प्रभाव को ही माना है और यही उनके भाषार्थ विषयक मनोवैज्ञानिक सिद्धांत का मूल दोष है। अपने इसी सिद्धांत के अनुसार नैतिक निर्णयों की व्याख्या करते हुए वे इन निर्णयों को भी मुख्यतः संवेगात्मक अथवा प्रभावोत्पादक ही मान लेते हैं। परन्तु नैतिक निर्णयों को मुख्यतः संवेगात्मक या प्रभावोत्पादक मानने के कारण हमें अनेक कठिनाइयों अथवा समस्याओं का सामना करना पड़ता है जिनका उल्लेख हम ऊपर कर चुके हैं और हम देख चुके हैं कि इन समस्याओं का संतोषप्रद समाधान सम्भव नहीं है। वस्तुतः स्टीवेंसन के भाषार्थ विषयक मनोवैज्ञानिक सिद्धांत के आधार पर नैतिक निर्णयों को मुख्यतः संवेगात्मक अथवा प्रभावोत्पादक मान कर इन निर्णयों की ठीक-ठीक व्याख्या नहीं की जा सकती।

(6) अभी तक हमने संवेगवाद के विरुद्ध उन आपत्तियों पर विचार किया है जिनका सम्बन्ध नैतिक निर्णयों के अर्थ से है। परन्तु संवेगवादी इन निर्णयों के अर्थ की भांति इनके प्रमाणीकरण की भी संतोषप्रद व्याख्या नहीं कर सके। हम पहले ही यह बता चुके हैं कि कार्नेप तथा एयर तो नैतिक निर्णयों के सम्बन्ध में असहमति और इन निर्णयों के मूल्यात्मक पक्ष के विषय में किसी प्रकार के तर्कों की सम्भावना को ही स्वीकार नहीं करते। इन दोनों दार्शनिकों के अनुसार नैतिक निर्णयों का कोई वर्णनात्मक अर्थ नहीं होता, अतः वे न सत्य होते हैं और न मिथ्या। इसी कारण इन निर्णयों के पक्ष या विपक्ष में किसी प्रकार के तर्क देना भी सम्भव नहीं है। स्टीवेंसन नैतिक निर्णयों के समर्थन में तर्कों की सम्भावना तथा आवश्यकता को स्वीकार अवश्य करते हैं। परन्तु, जैसाकि हम देख चुके हैं, उनके विचार में ये तर्क वस्तुनिष्ठ बौद्धिक युक्तियां न होकर केवल मनोवैज्ञानिक ही हो सकते हैं। स्पष्टतः इसका अर्थ यही है कि इन तर्कों का उद्देश्य नैतिक निर्णयों को तार्किक दृष्टि से उचित सिद्ध करना नहीं, अपितु उनकी मनोवांछित प्रभावोत्पादकता की पुष्टि करना ही है। इसी कारण स्टीवेंसन किसी

नैतिक निर्णय के सम्बन्ध में ऐसे प्रत्येक तथ्य को 'तर्क' के रूप में स्वीकार कर लेते हैं जो विरोधियों की भावनाओं या अभिवृत्तियों को परिवर्तित अथवा प्रभावित करता है।

परन्तु नैतिक निर्णयों के समर्थन में दिए जाने वाले तर्कों के स्वरूप तथा उद्देश्य के विषय में स्टीवेंसन का उपर्युक्त मत अनुचित और भ्रामक है। जब हम किसी नैतिक निर्णय के पक्ष में तर्क प्रस्तुत करते हैं तो हमारे इस तर्क का उद्देश्य स्वयं उस निर्णय को ही निष्पक्ष तथा वस्तुनिष्ठ रूप से उचित सिद्ध करना होता है, विरोधियों की भावनाओं या अभिवृत्तियों को परिवर्तित अथवा प्रभावित करना नहीं। इसका तात्पर्य यह है कि नैतिक निर्णयों तथा उनके समर्थन में दिए जाने वाले तर्कों में वस्तुतः तार्किक सम्बन्ध होता है, मनोवैज्ञानिक सम्बन्ध नहीं जैसाकि स्टीवेंसन मानते हैं। हम किसी भी तथ्य को अपने नैतिक निर्णय की पुष्टि करने वाले तर्क के रूप में केवल इसी लिए स्वीकार नहीं कर सकते कि वह हमारे विपक्षियों की भावनाओं को प्रभावित करता है। यदि तर्कों के उद्देश्य के सम्बन्ध में स्टीवेंसन के मत को स्वीकार कर लिया जाए तो तर्कों तथा प्रलोभनों और धमकियों में कोई अन्तर नहीं रह जाता। इतना ही नहीं, तब हमें इन प्रलोभनों तथा धमकियों को ही वास्तविक तर्क मानना पड़ेगा, क्योंकि वे हमारे विरोधियों की भावनाओं को अधिक सफलतापूर्वक प्रभावित कर सकते हैं। यह विचित्र तथा अवांछनीय स्थिति स्टीवेंसन के सिद्धांत का अनिवार्य परिणाम है जिसे वे तर्कसंगत रूप से अस्वीकार नहीं कर सकते।

सामान्यतः यह माना जाता है कि किसी व्यक्ति की भावनाओं या अभिवृत्तियों को प्रभावित करना तथा समुचित तर्कों द्वारा किसी कथन को सत्य प्रमाणित करना ये दो भिन्न-भिन्न क्रियाएं हैं। यह सम्भव है कि मेरा तर्क बहुत प्रभावोत्पादक होने के कारण मेरे विरोधी की भावनाओं या अभिवृत्तियों को परिवर्तित करने में सफल हो जाए, किन्तु वास्तव में वह तार्किक दृष्टि से दोषपूर्ण हो। इसी प्रकार यह भी सम्भव है कि मेरा तर्क पूर्णतः प्रामाणिक तथा दोषमुक्त होते हुए भी किन्हीं विशेष कारणों से मेरे विरोधी की भावनाओं या अभिवृत्तियों को प्रभावित न कर सके। यदि स्टीवेंसन का मत उचित है तो मेरे लिए प्रथम प्रकार के दोषपूर्ण तर्क को ही 'उचित तर्क' मानना अनिवार्य हो जाता है और दूसरे प्रकार के प्रामाणिक तथा दोषमुक्त तर्क का मेरे लिए कोई महत्त्व नहीं रह जाता। ऐसा तर्क प्रभावहीन होने के कारण स्टीवेंसन के अनुसार वास्तव में 'तर्क' ही नहीं माना जा सकता। उनके मनोवैज्ञानिक तर्क सम्बन्धी सिद्धांत का यह निष्कर्ष निश्चय ही बहुत आपत्तिजनक है। इसी निष्कर्ष को ध्यान में रखते हुए अनेक दार्शनिकों ने स्टीवेंसन के विरुद्ध यह आरोप लगाया

है कि उनके मतानुसार 'प्रचार' और 'तर्क' में कोई अन्तर नहीं है, क्योंकि दोनों का अन्तिम उद्देश्य विरोधियों की अभिवृत्तियों में मनोवांछित परिवर्तन करना ही है। उनके विरुद्ध आलोचकों का यह आरोप उचित एवं युक्तिसंगत ही प्रतीत होता है। जैसाकि हम देख चुके हैं, स्टीवेंसन ने स्पष्ट कहा है कि नैतिक निर्णयों के समर्थन में दिए जाने वाले तर्कों का इन निर्णयों के साथ केवल मनोवैज्ञानिक सम्बन्ध है, तार्किक सम्बन्ध नहीं। अपनी इस मान्यता द्वारा उन्होंने इन तर्कों को प्रचार, विज्ञापन, प्रलोभन आदि की भांति प्रभावोत्पादक साधन मात्र बना दिया है जिनका किसी कथन के वास्तविक प्रमाणीकरण से कोई अनिवार्य सम्बन्ध नहीं है। यह स्पष्ट है कि तर्कशास्त्र की दृष्टि से स्टीवेंसन की इस मान्यता का समर्थन करना अत्यन्त कठिन है। इसी कारण स्वयं संवेगवादी होते हुए भी ऐडवर्ड्स ने स्टीवेंसन के तर्क सम्बन्धी सिद्धांत को स्वीकार नहीं किया। हम अगले अध्यायों में देखेंगे कि हेयर, नावलस्मिथ आदि अन्य समकालीन दार्शनिक भी उनके इस सिद्धान्त का खंडन करते हैं। इसके विरुद्ध इन दार्शनिकों की मुख्य आपत्ति यही है कि इसे स्वीकार कर लेने पर नैतिक निर्णयों को संवेगात्मक वाक्यों की भांति निर्बौद्धिक मानना अनिवार्य हो जाता है। परंतु, जैसाकि हम ऊपर बता चुके हैं, ये निर्णय निर्बौद्धिक कथन न होकर वास्तव में तर्कसंगत निर्णय होते हैं जिन्हें निष्पक्ष तथा वस्तुनिष्ठ तर्कों द्वारा सत्य या मिथ्या सिद्ध किया जा सकता है। कार्नेप, एयर और स्टीवेंसन नैतिक निर्णयों के प्रमाणीकरण से सम्बन्धित इस महत्त्वपूर्ण पक्ष की उपेक्षा करते हैं।

संवेगवाद के विरुद्ध ऊपर जिन गम्भीर आपत्तियों का उल्लेख किया गया है उन सबको ध्यान में रखते हुए यही कहा जा सकता है कि अन्य अधिनैतिक सिद्धांतों की भांति यह सिद्धांत भी नैतिक निर्णयों के अर्थ, स्वरूप तथा प्रमाणीकरण की पूर्णतः युक्तिसंगत और सन्तोषप्रद व्याख्या करने में असमर्थ है।

अध्याय 7

परामर्शवाद

1. आधारभूत मान्यताएं

हम पिछले अध्याय में देख चुके हैं कि वर्तमान शताब्दी के पूर्वार्द्ध तक समकालीन नैतिक दर्शन में संवेगवाद का पर्याप्त महत्त्व रहा। संज्ञानात्मक सिद्धांतों का खण्डन करते हुए कार्नैप, एयर, स्टीवैन्सन आदि अनेक संवेगवादियों ने इसी सिद्धांत के अनुसार नैतिक निर्णयों के अर्थ, स्वरूप तथा प्रमाणीकरण की व्याख्या करने का प्रयास किया। परन्तु 1950 के पश्चात बहुत से दार्शनिक यह अनुभव करने लगे कि संवेगवाद में अनेक गंभीर दोष तथा कठिनाइयां हैं जिनके कारण यह सिद्धान्त नैतिक निर्णयों की पूर्णतः संतोषप्रद व्याख्या नहीं कर पाता। इस सिद्धान्त में विद्यमान इन गंभीर दोषों और कठिनाइयों का विस्तृत विवेचन हम पिछले अध्याय में कर चुके हैं। वस्तुतः इन्हीं कठिनाइयों तथा दोषों के कारण इस शताब्दी के उत्तरार्द्ध में संवेगवाद का प्रभाव कम होने लगा और संभवतः आज कोई भी दार्शनिक इस सिद्धांत का पूर्णतः समर्थन नहीं करता। जिन समकालीन दार्शनिकों ने संवेगवाद की आलोचना की है उनमें से कुछ ने नैतिक निर्णयों की व्याख्या करने के लिए एक नवीन सिद्धांत का प्रतिपादन किया है जिसे 'परामर्शवाद' की संज्ञा दी गई है। आर०एम० हेयर इस नवीन सिद्धांत के प्रमुख प्रणेता माने जाते हैं जो वर्तमान शताब्दी के उत्तरार्द्ध के प्रारंभ से आज तक निरंतर चर्चा का केन्द्र बने रहे हैं और इसी कारण जिनका समकालीन नैतिक दर्शन में आज भी विशेष महत्त्व है। हेयर के अतिरिक्त एक अन्य दार्शनिक पी० एच० नावलस्मिथ ने भी मूलतः परामर्शवाद का ही समर्थन किया है। इस प्रकार यह कहना अनुचित न होगा कि गत 30-35 वर्षों में नैतिक निर्णयों के विश्लेषण की दृष्टि से संवेगवाद की अपेक्षा परामर्शवाद का कहीं अधिक महत्त्व रहा है।

अब विचारणीय प्रश्न यह है कि परामर्शवाद की आधारभूत मान्यताएं क्या हैं और यह सिद्धांत संवेगवाद से कहां तक भिन्न है। इस प्रश्न पर विचार करते हुए यहां यह स्पष्ट कर देना आवश्यक है कि यद्यपि संवेगवाद तथा परामर्शवाद में पर्याप्त अन्तर है, फिर भी इन दोनों सिद्धांतों में कुछ मूल समानताएं हैं जिनकी

चर्चा किए बिना परामर्शवाद के स्वरूप को भली-भांति स्पष्ट करना बहुत कठिन होगा। जैसा कि हम दूसरे अध्याय में बता चुके हैं, संवेगवाद तथा परामर्शवाद दोनों ही असंज्ञानात्मक सिद्धांत हैं जो संज्ञानात्मक सिद्धान्तों के विपरीत नैतिक निर्णयों को केवल वर्णनात्मक अथवा तथ्यात्मक नहीं मानते। इन दोनों सिद्धान्तों के अनुसार नैतिक निर्णय तथ्यात्मक कथनों से भिन्न होते हैं, क्योंकि ये निर्णय किन्हीं तथ्यों और प्राकृतिक या निर्प्राकृतिक गुणों अथवा सम्बन्धों का वर्णन मात्र नहीं करते। संवेगवादियों की भांति परामर्शवादी भी यह मानते हैं कि तथ्यात्मक कथनों के विपरीत नैतिक निर्णय मुख्यतः असंज्ञानात्मक होते हैं और मानवीय आचरण के साथ इन निर्णयों का अनिवार्य सम्बन्ध होता है। ये निर्णय हमें केवल कुछ तथ्यों का ही बोध नहीं कराते, अपितु ये आचरण के विषय में हमारा मार्गदर्शन भी करते हैं। इन निर्णयों के सम्बन्ध में हम कभी भी तटस्थ या उदासीन नहीं रह सकते। इसी कारण नैतिक निर्णयों को केवल वर्णनात्मक अथवा तथ्यात्मक कथनों से भिन्न मानना हमारे लिए अनिवार्य हो जाता है और संवेगवादी तथा परामर्शवादी दोनों ही इस मान्यता का समान रूप से समर्थन करते हैं। इसके अतिरिक्त संवेगवादियों की भांति परामर्शवादी भी शब्दार्थ विषयक निर्देशात्मक सिद्धांत का खण्डन करते हैं और यह मानते हैं कि 'शुभ', 'उचित', 'कर्तव्य' आदि नैतिक शब्द ऐसे वर्णनात्मक शब्द नहीं हैं हैं जिनका मुख्य कार्य किन्हीं प्राकृतिक या निर्प्राकृतिक गुणों अथवा सम्बन्धों का बोध कराना ही है। इन नैतिक शब्दों का प्रयोग हम निर्णीत वस्तुओं का केवल वर्णन करने के लिए नहीं करते; इन शब्दों द्वारा हम स्वयं अपना अथवा दूसरों का मार्गदर्शन करते हैं और निर्णीत वस्तुओं का मूल्यांकन करते हैं। इस दृष्टि से नैतिक शब्द तथ्यात्मक शब्दों से पर्याप्त सीमा तक भिन्न प्रकार के होते हैं। इससे यह स्पष्ट है कि नैतिक शब्दों के अर्थ की व्याख्या के सम्बन्ध में भी संवेगवादियों तथा परामर्शवादियों के विचारों में कुछ समानता है। वस्तुतः इन आधारभूत समानताओं के कारण ही सवेगवाद तथा परामर्शवाद दोनों सिद्धांतों को एक ही मूल विचारधारा का समर्थन करने वाले 'असंज्ञानात्मक सिद्धांत' माना जाता है।

परन्तु उपर्युक्त समानताओं के होते हुए भी संवेगवाद और परामर्शवाद वास्तव में एक दूसरे से भिन्न सिद्धांत हैं, क्योंकि ये दोनों सिद्धांत नैतिक निर्णयों के अर्थ, स्वरूप तथा प्रमाणीकरण की भिन्न-भिन्न प्रकार से व्याख्या करते हैं। संवेगवादियों की अनेक मान्यताओं को अस्वीकार करते हुए परामर्शवादियों ने उनके सिद्धांत का स्पष्ट रूप से और दृढ़तापूर्वक खण्डन किया है। सर्वप्रथम वे संवेगवादियों की इस मान्यता को अस्वीकार करते हैं कि नैतिक

निर्णयों का मुख्य उद्देश्य संवेगों अथवा भावनाओं को अभिव्यक्त और जागृत करना ही है। इस मान्यता के विरुद्ध परामर्शवादियों का कथन है कि संवेगवादी नैतिक निर्णयों को मुख्यतः भावनात्मक अथवा संवेगात्मक कथन मान लेते हैं जो वास्तव में उचित नहीं है। परामर्शवादियों के मतानुसार नैतिक निर्णयों का मुख्य उद्देश्य भावनाओं को अभिव्यक्त और जागृत करना नहीं, अपितु मनुष्यों को कुछ करने या न करने का परामर्श देना अथवा उनका मार्गदर्शन करना ही है। इसी कारण वे नैतिक निर्णयों को मुख्यतः 'संवेगात्मक' न मान कर 'परामर्शात्मक' ही मानते हैं। उनका कथन है कि हम दूसरों के संवेगों को प्रभावित करने के लिए नहीं, अपितु उन्हें कोई कर्म करने या न करने का परामर्श देने और इस प्रकार उनका मार्गदर्शन करने के लिए ही नैतिक निर्णय देते हैं। परामर्शवादियों—विशेषतः हेयर—का निश्चित मत है कि दूसरों की भावनाओं को प्रभावित करना और उन्हें परामर्श देना या उनका मार्गदर्शन करना ये दो भिन्न-भिन्न क्रियाएं हैं, किन्तु संवेगवादी इन दोनों क्रियाओं में भेद नहीं कर सके जिसके फलस्वरूप उनका सिद्धांत बहुत असंतोषप्रद हो गया है। संवेगवाद के विरुद्ध परामर्शवादियों की इस आपत्ति को हम अगले खण्ड में अधिक विस्तार से स्पष्ट करेंगे। यहां इतना कह देना ही पर्याप्त है कि परामर्शवादियों के अनुसार नैतिक निर्णयों का मुख्य उद्देश्य स्वयं वक्ता को अथवा अन्य व्यक्तियों को कुछ करने या न करने का परामर्श देना ही होता है, किसी व्यक्ति की भावनाओं को प्रभावित अथवा परिवर्तित करना नहीं। इस प्रकार यह स्पष्ट है कि परामर्शवादी नैतिक निर्णयों के अर्थ और स्वरूप की जो व्याख्या करते हैं वह इन निर्णयों के अर्थ एवं स्वरूप की संवेगवादियों द्वारा की गई व्याख्या से पर्याप्त सीमा तक भिन्न है।

नैतिक निर्णयों के अर्थ एवं स्वरूप की भांति इन निर्णयों के प्रमाणीकरण के सम्बन्ध में भी परामर्शवादियों का संवेगवादियों से मतभेद है। हम पिछले अध्याय में देख चुके हैं कि अधिकतर संवेगवादी नैतिक निर्णयों के समर्थन में दिए जाने वाले तर्कों को 'मनोवैज्ञानिक तर्क' मानते हैं जिनका मुख्य उद्देश्य स्वयं इन निर्णयों को उचित सिद्ध करना नहीं, अपितु दूसरों की भावनाओं या अभिवृत्तियों को प्रभावित अथवा परिवर्तित करना ही है, परन्तु परामर्शवादी संवेगवादियों की इस मान्यता को स्वीकार नहीं करते। उनका मत है कि नैतिक निर्णयों के समर्थन में जो तर्क दिए जाते हैं उनका इन निर्णयों के साथ तार्किक संबंध होता है, मनोवैज्ञानिक सम्बन्ध नहीं। इसका अर्थ यह है कि ये तर्क अन्य व्यक्तियों की भावनाओं को प्रभावित अथवा परिवर्तित करने के स्थान पर स्वयं इन निर्णयों को ही उचित या अनुचित सिद्ध करते हैं और यही इन तर्कों का

प्रमुख उद्देश्य होता है। नैतिक निर्णयों के समर्थन में प्रस्तुत किए जाने वाले तर्कों में भी निष्पक्षता, वस्तुनिष्ठता और सार्वभौमिकता विद्यमान रहती है। हम अगले खण्डों में देखेंगे कि अपनी इसी मान्यता के आधार पर परामर्शवादियों ने नैतिक निर्णयों के प्रमाणीकरण के सम्बन्ध में संवेगवादियों—विशेषतः स्टीवैन्सन—के मत का सफलतापूर्वक खण्डन किया है। वस्तुतः यह कहना अनुचित न होगा कि नैतिक निर्णयों के अर्थ और प्रमाणीकरण के विषय में परामर्शवादियों का विश्लेषण संवेगवादियों के विश्लेषण की अपेक्षा अधिक संतोषप्रद तथा युक्तिसंगत है। इसका कारण यह है कि संवेगवादियों के विपरीत परामर्शवादी नैतिक निर्णयों को मुख्यतः संवेगात्मक अथवा निर्बौद्धिक कथन न मानकर ऐसे बौद्धिक निर्णयों के रूप में स्वीकार करते हैं जिनकी वस्तुनिष्ठ तर्कों द्वारा पुष्टि की जा सकती है। उनके विचार में नैतिक निर्णय देना विवेकशील मनुष्य की बौद्धिक क्रिया है जिसका मुख्य उद्देश्य परामर्श देना अथवा मार्गदर्शन करना ही होता है, संवेगों या भावनाओं को अभिव्यक्त तथा जागृत करना नहीं। इस दृष्टि से नैतिक निर्णय संवेगात्मक वाक्यों से निश्चय ही भिन्न प्रकार के होते हैं। वास्तव में नैतिक निर्णयों की बौद्धिकता से सम्बन्धित परामर्शवाद की यह आधारभूत मान्यता उसे संवेगवाद से भिन्न ही नहीं, अपितु उसकी अपेक्षा अधिक संतोषप्रद सिद्धान्त भी बनाती है।

यहां यह भी उल्लेखनीय है कि शब्दार्थ विषयक जिस सिद्धांत के आधार पर परामर्शवादियों ने नैतिक निर्णयों के अर्थ की व्याख्या की है वह संवेगवादियों द्वारा मान्य शब्दार्थ सम्बन्धी सिद्धांत से भिन्न है। जैसा कि हम पिछले अध्याय में देख चुके हैं, संवेगवादी भाषा के अर्थ से सम्बन्धित सत्यापन-सिद्धांत तथा मनोवैज्ञानिक सिद्धांत के आधार पर ही नैतिक निर्णयों के अर्थ की व्याख्या करते हैं। परन्तु परामर्शवादियों ने इन निर्णयों के अर्थ की व्याख्या के लिए उक्त दोनों सिद्धांतों को अस्वीकार किया है। वे जिस सिद्धांत के आधार पर नैतिक निर्णयों के अर्थ की व्याख्या करते हैं उसे 'उपयोग-सिद्धांत' की संज्ञा दी जाती है। यह उपयोग-सिद्धांत सत्यापन-सिद्धांत और मनोवैज्ञानिक सिद्धांत दोनों से भिन्न है। इस सिद्धांत के अनुसार प्रत्येक शब्द का अर्थ किसी विशेष प्रसंग के अन्तर्गत उसके 'उपयोग' में ही निहित रहता है। यदि हम किसी शब्द या वाक्य का अर्थ जानना चाहते हैं तो हमें यह जानना चाहिए कि किसी विशेष प्रसंग में वह क्या कार्य करता है—अर्थात् उसका उपयोग किसलिए किया जाता है। उसके उपयोग को भली-भांति समझ लेने पर ही हम उसका ठीक-ठीक अर्थ निश्चित कर सकते हैं। इस प्रकार उपयोग-सिद्धांत के समर्थकों का मत है कि भाषा का अर्थ उन तार्किक नियमों द्वारा ही निर्धारित किया जा सकता है जिनके अनुसार हम

विभिन्न प्रसंगों अथवा परिस्थितियों में उसका सार्थक प्रयोग करते हैं। भाषा के प्रयोग के लिए स्वीकृत ये तार्किक नियम ही उसे वास्तव में सार्थक तथा बुद्धिगम्य बनाते हैं। किसी शब्द का अर्थ जानने के लिए हमें यह नहीं पूछना चाहिए कि वह किस विशेष वस्तु, स्थिति, गुण या सम्बन्ध की ओर संकेत करता है; हमें यह पूछना चाहिए कि किसी विशेष प्रसंग में उसका सार्थकतापूर्वक उपयोग किस प्रकार किया जाता है। स्पष्टतः इसका तात्पर्य यह है कि विभिन्न प्रसंगों में विविध उपयोगों के अनुसार एक ही कथन के अनेक अर्थ हो सकते हैं, अतः किसी भी एक कसौटी द्वारा सभी शब्दों अथवा कथनों की सार्थकता को निश्चित नहीं किया जा सकता। इस दृष्टि से यह उपयोग-सिद्धांत शब्दार्थ विषयक अन्य सभी सिद्धांतों की अपेक्षा अधिक व्यापक तथा संतोषप्रद प्रतीत होता है। इस सिद्धांत का प्रतिपादन सर्वप्रथम लुडविग विटगिन्स्टाइन ने 1953 में प्रकाशित अपनी दूसरी प्रसिद्ध पुस्तक, 'फिलॉसॉफिकल इन्वेस्टिगेशन्स' में किया था। परवर्ती दार्शनिकों के भाषा-विश्लेषण पर उनके इस उपयोग-सिद्धांत का बहुत व्यापक प्रभाव पड़ा और वे इसी सिद्धांत के अनुसार सभी प्रकार के कथनों के अर्थ की व्याख्या करने लगे। जे०एल० ऑस्टिन, गिल्बर्ट रॉएल आदि समकालीन दार्शनिकों ने इसी सिद्धांत के आधार पर भाषा के अर्थ का विश्लेषण किया है। इन दार्शनिकों के अतिरिक्त अन्य बहुत-से समकालीन दार्शनिकों ने भी विज्ञान तथा दर्शन की सभी महत्वपूर्ण विधाओं में प्रयुक्त भाषा के अर्थ की व्याख्या इस उपयोग-सिद्धांत के अनुसार ही की है। यही कारण है कि आज भी भाषा-विश्लेषण की दृष्टि से इस सिद्धांत को अत्यधिक महत्त्वपूर्ण माना जाता है।

दर्शन की अन्य विधाओं की भांति नीतिशास्त्र पर भी इस उपयोग-सिद्धांत का बहुत व्यापक प्रभाव पड़ा है। आर० एम० हेयर, पी० एच० नावल-स्मिथ, एस० ई० टूलमिन, जे० ओ० अर्मसन आदि अनेक दार्शनिकों ने इसी सिद्धांत के आधार पर नैतिक निर्णयों का अर्थ स्पष्ट किया है। जैसा कि हम अगले खण्डों में देखेंगे, परामर्शवादी 'शुभ', 'उचित', 'कर्तव्य' आदि नैतिक शब्दों के अर्थ का विश्लेषण उनके परामर्शात्मक तथा मूल्यात्मक उपयोग को ध्यान में रखकर ही करते हैं। उनका विचार है कि हम स्वयं अपने आप को अथवा अन्य व्यक्तियों को कोई कर्म करने या न करने का परामर्श देने तथा मानवीय आचरण का मूल्यांकन करने के लिए ही इन शब्दों का प्रयोग करते हैं। उदाहरणार्थ जब हम यह कहते हैं कि "अमुक कर्म उचित है" तो हम अपने इस नैतिक निर्णय द्वारा स्वयं अपने आप को अथवा दूसरों को वह कर्म करने का परोक्ष रूप से परामर्श देते हैं। परामर्शात्मकता का यह तत्त्व इस प्रकार के निर्णयों में अनिवार्यतः निहित रहता है। अपनी इस मान्यता की पुष्टि के लिए परामर्शवादियों ने निम्नलिखित

तर्क प्रस्तुत किया है। यदि हम यह कहते हैं कि "अमुक कर्म उचित है किन्तु उसे मत करो" अथवा "अमुक जीवन-पद्धति अच्छी है किन्तु उसे मत अपनाओ" तो हमारे ये कथन निश्चय ही बहुत विचित्र और सामान्य परिस्थितियों में निरर्थक प्रतीत होंगे। इसके विपरीत यदि हम यह कहते हैं कि "अमुक कर्म उचित है, अतः उसे करो" अथवा "अमुक जीवन-पद्धति अच्छी है, अतः उसे अपनाओ" तो हमारे इन कथनों की सार्थकता में संदेह नहीं किया जा सकता। इसका कारण यह है कि 'उचित' और 'अच्छी'—ये दोनों शब्द अनिवार्यतः परामर्शात्मक हैं। यही बात अन्य नैतिक शब्दों के उपयोग के विषय में भी कही जा सकती है। इससे स्पष्ट है कि परामर्शवादियों के मतानुसार नैतिक शब्दों का प्रयोग अनिवार्यतः परामर्श, मार्गदर्शन अथवा मूल्यांकन के लिए ही किया जाता है और इन शब्दों की यही मूल विशेषता इन्हें वर्णनात्मक या तथ्यात्मक शब्दों से पृथक करती है। यही नहीं, नैतिक शब्दों की यह विशेषता उन्हें संवेगात्मक शब्दों से भी पृथक करती है जिनका मुख्य उद्देश्य भावनाओं या संवेगों को अभिव्यक्त और जागृत करना ही होता है। इस प्रकार परामर्शवादी नैतिक शब्दों की उपर्युक्त मूल विशेषता को उनका अनिवार्य तत्त्व मानने के कारण अपने सिद्धांत को एक ओर तो प्रकृतिवाद, निर्प्रकृतिवाद आदि संज्ञानात्मक सिद्धान्तों से और दूसरी ओर संवेगवाद से भिन्न मानते हैं।

परामर्शवाद की उपर्युक्त आधारभूत मान्यताओं के अतिरिक्त इस सिद्धांत की एक अन्य महत्त्वपूर्ण आधारभूत मान्यता यह है कि इसके अनुसार नैतिक निर्णय परामर्शात्मक होने के साथ-साथ अनिवार्यतः सार्वलौकिक भी होते हैं। इसका अर्थ यह है कि जब कोई व्यक्ति किसी मनुष्य के विषय में कोई नैतिक निर्णय देता है तो वह यह स्वीकार करने के लिए अपने आपको तार्किक दृष्टि से अनिवार्यतः प्रतिबद्ध करता है कि उसका वह नैतिक निर्णय समान परिस्थितियों में सभी मनुष्यों पर समान रूप से लागू होगा जिनमें वह स्वयं भी सम्मिलित है। दूसरे शब्दों में, वह अपने नैतिक निर्णय को सार्वलौकिक निर्णय के रूप में स्वीकार करने के लिए तार्किक दृष्टि से प्रतिबद्ध है। यदि वह अपने नैतिक निर्णय को सार्वलौकिक निर्णय के रूप में स्वीकार करने के लिए उद्यत नहीं होता तो उसके इस निर्णय को वास्तव में 'नैतिक निर्णय' की संज्ञा नहीं दी जा सकती। परामर्शवादियों के अनुसार सार्वलौकिकता का यह तत्त्व सभी नैतिक निर्णयों में अनिवार्यतः विद्यमान रहता है। यही तत्त्व इन निर्णयों को तथ्यात्मक कथनों के समान वस्तुनिष्ठ बनाता है और साथ ही इन्हें संवेगात्मक कथनों से भी पृथक करता है। इस तत्त्व के अभाव में हम किसी भी कथन को 'नैतिक निर्णय' नहीं कह सकते। यही कारण है कि परामर्शवादी परामर्शात्मकता के साथ-साथ सार्वलौकिकता को भी सभी नैतिक निर्णयों की अनिवार्य

मूल विशेषता मानते हैं। इन निर्णयों में विद्यमान सार्वलौकिकता के इस तत्त्व को हम एक उदाहरण द्वारा इस प्रकार स्पष्ट कर सकते हैं। यदि मैं यह कहता हूं कि "चोरी करना अनुचित है" तो मैं अपने इस नैतिक निर्णय द्वारा तार्किक दृष्टि से यह स्वीकार करने के लिए आपने आपको अनिवार्यतः प्रतिबद्ध करता हूँ कि समान परिस्थितियों में सभी मनुष्यों के लिए—जिनमें मैं स्वयं भी सम्मिलित हूं—चोरी करना अनुचित है। यदि मैं यह स्वीकार नहीं करता तो मैं 'अनुचित' शब्द के सार्थक प्रयोग के लिए तार्किक नियमों का उल्लंघन करता हूं जिसके फलस्वरूप मेरे उपर्युक्त कथन को 'नैतिक निर्णय' नहीं माना जा सकता। परामर्शवादियों ने नैतिक निर्णयों में पाए जाने वाले सार्वलौकिकता के इस तत्त्व को विशेष महत्त्व दिया है, अतः हम इस तत्त्व के संबंध में उनके मत पर अगले खंडों में अधिक विस्तार से विचार करेंगे। यहां संक्षेप में इतना कह देना ही पर्याप्त है कि परामर्शवाद के अनुसार सार्वलौकिकता और परामर्शात्मकता ये दोनों ही नैतिक निर्णयों की अनिवार्य मूल विशेषताएं हैं जिनके अभाव में हम किसी कथन को 'नैतिक निणय' की संज्ञा नहीं दे सकते।

2. आर० एम० हेयर

जैसा कि हम पिछले खंड में बता चुके हैं, अंग्रेज दार्शनिक आर० एम० हेयर ही परामर्शवाद के प्रणेता हैं और उन्होंने स्वयं अपने अधि-नैतिक सिद्धांत को 'परामर्शवाद' की संज्ञा दी है। हेयर ने अपने इस सिद्धांत का विस्तृत विवेचन अपनी दो प्रसिद्ध पुस्तकों—'दि लैंग्वेज़ ऑफ़ मॉरल्ज़' तथा 'फ्रीडम ऐंड रीज़न'—में किया है जो क्रमशः 1952 और 1963 में प्रकाशित हुई थीं। इन पुस्तकों के अतिरिक्त उन्होंने अपने सिद्धांत के विभिन्न पक्षों के संबंध में कुछ महत्त्वपूर्ण लेख भी लिखे हैं जो दर्शन विषयक अनेक पत्रिकाओं में प्रकाशित हुए हैं। यहां हम मुख्यतः हेयर की उपर्युक्त दोनों पुस्तकों के आधार पर ही उनके परामर्शवाद का विवेचन करेंगे।

स्टीवैन्सन, ऐडवर्ड्स आदि दार्शनिकों की भांति हेयर का मुख्य उद्देश्य भी नैतिक निर्णयों के अर्थ का विश्लेषण करना और इन निर्णयों के समर्थन में दिए जाने वाले तर्कों के स्वरूप तथा उद्देश्य को स्पष्ट करना है। वे नैतिक भाषा और तर्कना के विश्लेषण को ही नैतिक दर्शन का प्रमुख कार्य मानते हैं। अपनी पुस्तक, 'दि लैंग्वेज़ ऑफ़ मॉरल्ज़' की प्रस्तावना में नीतिशास्त्र की परिभाषा करते हुए वे कहते हैं कि "नीतिशास्त्र नैतिक भाषा का तार्किक अध्ययन है।" इसी प्रकार अपनी दूसरी पुस्तक, 'फ्रीडम ऐंड रीज़न' पृ० (97) में उन्होंने "नैतिक शब्दों के तार्किक गुणों के अध्ययन" के रूप में नीतिशास्त्र की परिभाषा की है। हेयर

द्वारा की गई नीतिशास्त्र की इन परिभाषाओं से यह स्पष्ट है कि उनके अनुसार नैतिक भाषा का तार्किक अध्ययन और विश्लेषण ही नैतिक दर्शन की मूल समस्या है। अपनी इसी मान्यता के आधार पर उन्होंने नैतिक दर्शन के स्वरूप और उद्देश्य का विवेचन किया है। एयर, स्टीवैन्सन, ऐडवर्ड्स आदि दार्शनिकों की भांति हेयर भी यह मानते हैं कि दर्शन के रूप में नीतिशास्त्र नैतिकता की दृष्टि से तटस्थ रहता है—अर्थात् वह किसी विशेष नैतिक सिद्धांत का समर्थन या प्रचार नहीं करता। नैतिक भाषा के अर्थ का विश्लेषण तथा स्पष्टीकरण ही उसका मुख्य उद्देश्य है। नैतिक दर्शन के स्वरूप तथा उद्देश्य के संबंध में अपनी इसी मान्यता को स्पष्ट करते हुए हेयर कहते हैं कि "नैतिक शब्दों के तार्किक गुणों के अध्ययन के रूप में नीतिशास्त्र नैतिकता की दृष्टि से तटस्थ रहता है।…यह कतई सत्य नहीं है कि मैंने नैतिक भाषा के तार्किक नियमों के विषय में जो बातें कही हैं वे किसी विशेष नैतिक दृष्टिकोण से संबद्ध हैं। यह कहना कि नैतिक तथा अन्य मूल्यात्मक निर्णय परामर्शात्मक और सार्वलौकिक होते हैं अपने आपको किसी विशेष नैतिक सिद्धांत या दृष्टिकोण के प्रति वचन-बद्ध करना नहीं है।"[1] इस प्रकार नैतिक दर्शन के स्वरूप और उद्देश्य के संबंध में हेयर के विचार एयर, स्टीवैन्सन, ऐडवर्ड्स आदि दार्शनिकों के विचारों से भिन्न नहीं हैं। वस्तुतः इन सभी दार्शनिकों की भांति वे भी अपने सिद्धांत परामर्शवाद को नैतिकता की दृष्टि से तटस्थ मानकर ही नैतिक भाषा के स्वरूप की व्याख्या करते हैं।

हेयर का मत है कि नैतिक भाषा परामर्शात्मक भाषा का ही एक रूप है, क्योंकि इसका मूल उद्देश्य हमारे इस प्रश्न का उत्तर देना है कि हमें क्या करना चाहिए। इसका तात्पर्य यह है कि नैतिक भाषा हमारे उक्त प्रश्न का उत्तर देकर व्यावहारिक जीवन में हमारा मार्गदर्शन करती है, अतः आचरण की दृष्टि से हमारे लिए इसका विशेष महत्त्व है। इस दृष्टि से नैतिक भाषा के स्वरूप तथा उद्देश्य की व्याख्या करते हुए हेयर ने लिखा है कि "नैतिकता संबंधी भाषा परामर्शात्मक भाषा का ही एक प्रकार है, और यही तथ्य नीतिशास्त्र के अध्ययन को महत्त्वपूर्ण बनाता है, क्योंकि 'मुझे क्या करना चाहिए' यह एक ऐसा प्रश्न है जिसे हम अधिक समय तक टाल नहीं सकते।…हमारी नैतिक भाषा से संबंधित अस्पष्टता केवल सैद्धांतिक भ्रांतियां ही नहीं, अपितु अनावश्यक व्यावहारिक जटिलताएं भी उत्पन्न करती है।"[2] इसी कारण हेयर नैतिक भाषा

1. आर० एम० हेयर, 'फ्रीडम ऐंड रीज़न', पृ० 97, 192
2. आर० एम० हेयर, 'दि लैंग्वेज ऑफ़ मॉरल्ज', पृ० 1

के स्वरूप और उद्देश्य को भली-भांति समझने के लिए उसका समुचित विश्लेषण करना बहुत आवश्यक मानते हैं। उनका कथन है कि इस भाषा के माध्यम से हम जिन नैतिक नियमों को अभिव्यक्त करते हैं उनका हमारे आचरण के साथ बहुत घनिष्ठ तथा अनिवार्य संबंध है। यदि हम यह जानना चाहते हैं कि कोई व्यक्ति किन नैतिक नियमों में विश्वास करता है तो हमें व्यावहारिक जीवन में उसके कर्मों का अध्ययन करना चाहिए, क्योंकि किसी मनुष्य के नैतिक नियमों को जानने का यही सर्वाधिक विश्वसनीय उपाय है। कोई भी व्यक्ति अपने वार्तालाप में अनेक महान नैतिक नियमों का बड़ी दृढ़ता से शाब्दिक समर्थन कर सकता है, किन्तु यह संभव है कि वह अपने व्यावहारिक जीवन में वस्तुतः कभी भी उन नियमों के अनुरूप आचरण न करता हो। इसी कारण हेयर यह कहते हैं कि हम मनुष्य के नैतिक नियमों का वास्तविक ज्ञान उसके कर्मों द्वारा ही प्राप्त कर सकते हैं, उसके शब्दों द्वारा नहीं। अपनी इसी मान्यता के आधार पर उन्होंने अपने परामर्शवाद की पुष्टि करने का प्रयास किया है, क्योंकि उनके मतानुसार नैतिक नियमों का मनुष्य के आचरण के साथ वही संबंध है जो नैतिक निर्णयों का है—अर्थात् ये दोनों ही मनुष्य का मार्गदर्शन करते हैं। इस प्रकार हेयर यह निश्चित रूप से मानते हैं कि नैतिक नियम तथा नैतिक निर्णय न तो तथ्यात्मक होते हैं और न संवेगात्मक; ये दोनों वास्तव में मार्गदर्शक अथवा परामर्शात्मक होते हैं।

नैतिक निर्णयों के अर्थ और प्रमाणीकरण का विस्तृत विवेचन करने से पूर्व हेयर ने संवेगवाद का खंडन किया है। वे प्रकृतिवाद तथा निर्प्रकृतिवाद के विरुद्ध संवेगवादियों के इस मत को तो स्वीकार करते हैं कि नैतिक निर्णय तथ्यात्मक या वर्णनात्मक नहीं हैं, परन्तु वे उनकी इस आधारभूत मान्यता का समर्थन नहीं करते कि ये निर्णय मुख्यतः संवेगों अथवा भावनाओं को अभिव्यक्त और जागृत करने वाले संवेगात्मक कथन हैं। संवेगवाद का खंडन करने के लिए हेयर ने मुख्य तीन तर्क प्रस्तुत किए हैं जिन पर यहां विचार करना आवश्यक है। इस सिद्धांत के विरुद्ध उनका प्रथम तर्क यह है कि सत्यापनीयता की जिस कसौटी के आधार पर संवेगवादी नैतिक निर्णयों को तथ्यात्मक दृष्टि से निरर्थक मानते हैं वह बहुत ही संकुचित और एकांगी है। तथ्यात्मक कथनों की सार्थकता को निर्धारित करने के लिए यह कसौटी निश्चय ही सर्वाधिक उपयुक्त है, किन्तु इसके आधार पर उन कथनों की सार्थकता का निर्णय नहीं किया जा सकता जो तथ्यात्मक नहीं हैं और नैतिक निर्णय ऐसे ही कथन हैं। जैसा कि संवेगवादी स्वयं ही स्वीकार करते हैं, नैतिक निर्णयों का मुख्य उद्देश्य किन्हीं तथ्यों का वर्णन मात्र करना नहीं होता। ऐसी स्थिति में सत्यापनीयता की कसौटी के आधार

पर इन निर्णयों की सार्थकता को निश्चित नहीं किया जा सकता। परन्तु कार्नैप तथा एयर जैसे संवेगवादियों ने नैतिक निर्णयों की सार्थकता के संबंध में इस महत्त्वपूर्ण तथ्य की उपेक्षा की है। हम पिछले अध्याय में देख चुके हैं कि उन्होंने मुख्यत: इस सत्यापनीयता की कसौटी के आधार पर ही इन निर्णयों की तथ्यात्मक सार्थकता का निषेध किया है। वे नैतिक निर्णयों के असत्यापनीय होने के कारण ही इन्हें तथ्यात्मक दृष्टि से निरर्थक मानते हैं। परन्तु हेयर को संवेगवादियों का यह मत स्वीकार्य नहीं है, अतः वे सत्यापनीयता की कसौटी को संकुचित और एकांगी मानते हुए कहते हैं कि "यदि सार्थकता की इस कसौटी को —जो तथ्यात्मक कथनों के लिए उपयोगी है—बिना सोचे-समझे ऐसे कथनों के लिए प्रयुक्त किया जाता है जिनका उद्देश्य तथ्यों को अभिव्यक्त करना नहीं है तो कठिनाई उत्पन्न होगी। आज्ञात्मक वाक्य इस कसौटी की शर्त को पूरा नहीं करते और यह संभव है कि नैतिक निर्णयों को अभिव्यक्त करने वाले वाक्य भी इस शर्त को पूरा नहीं कर सकते; किन्तु इससे केवल इतना ही सिद्ध होता है कि ये वाक्य इस कसौटी द्वारा परिभाषित अर्थ में कथनों को व्यक्त नहीं करते; और यह अर्थ इन वाक्यों के सामान्य उपयोग में निहित अर्थ की अपेक्षा अधिक संकुचित हो सकता है। इसका अर्थ यह नहीं है कि ये वाक्य निरर्थक हैं अथवा उनका अर्थ इस प्रकार का है कि उनके प्रयोग के लिए कोई तार्किक नियम प्रस्तुत नहीं किए जा सकते।"[3] इस प्रकार हेयर ने तर्कीय प्रत्यक्षवादियों के सत्यापन-सिद्धांत को एकांगी मान कर उस पर आधारित संवेगवाद को अस्वीकार किया है।

संवेगवाद के विरुद्ध हेयर का दूसरा तर्क उनके उपर्युक्त तर्क की अपेक्षा कहीं अधिक प्रबल तथा विश्वसनीय है। इस तर्क का संबंध कथनों के अर्थ और उद्देश्य से है। हम पिछले अध्याय में देख चुके हैं कि संवेगवादी नैतिक निर्णयों को ऐसे संवेगात्मक कथन मानते हैं जो वक्ता की भावनाओं को अभिव्यक्त करते हैं और अन्य व्यक्तियों की भावनाओं को प्रभावित या परिवर्तित करते हैं। परन्तु हेयर ने उनकी इस आधारभूत मान्यता को अस्वीकार किया है। उनका कथन है कि अपनी इसी मान्यता के कारण संवेगवादियों ने भाषा के अर्थ और उद्देश्य की भ्रामक तथा दोषपूर्ण व्याख्या की है। वे किसी व्यक्ति को 'कुछ बताने' तथा उससे कोई कर्म 'करवाने' अथवा उससे अपनी बात 'मनवाने'—इन दो भिन्न-भिन्न प्रक्रियाओं में भेद नहीं कर सके। इसी कारण उन्होंने नैतिक निर्णयों को अनिवार्यतः संवेगात्मक कथन मान लिया है। परन्तु हेयर का मत है कि यदि हम

3. वही पुस्तक, पृ० 8

उपर्युक्त दोनों भिन्न-भिन्न प्रक्रियाओं के अंतर को स्पष्ट रूप से समझ लें तो हमें ज्ञात होगा कि नैतिक निर्णय वास्तव में संवेगात्मक कथन नहीं हैं। इन दोनों प्रक्रियाओं के अंतर को उन्होंने इस प्रकार स्पष्ट किया है। जब मैं किसी व्यक्ति से कोई तथ्यात्मक वाक्य कहता हूं तो मेरा उद्देश्य इस वाक्य द्वारा उसे कोई सूचना देना ही होता है, इस सूचना को सत्य मानने के लिए उसे प्रेरित अथवा बाध्य करना नहीं। इसी प्रकार जब मैं कोई आज्ञात्मक वाक्य कहता हूं तो मेरा उद्देश्य किसी व्यक्ति को यह बताना ही होता है कि वह अमुक कर्म करे, उसे वह कर्म करने के लिए प्रेरित या बाध्य करना नहीं। हेयर का कथन है कि नैतिक निर्णयों के अर्थ और प्रमाणीकरण की व्याख्या करते हुए संवेगवादियों ने भाषार्थ विषयक उपर्युक्त महत्त्वपूर्ण तथ्य की उपेक्षा की है। यही कारण है कि उनकी यह व्याख्या दोषपूर्ण तथा भ्रामक हो गई है।

उपर्युक्त दोनों भिन्न-भिन्न प्रक्रियाओं के मूल अंतर को स्पष्ट करते हुए हेयर कहते हैं कि "किसी व्यक्ति को कुछ करने के लिए 'बताना' और उसे कुछ करने के लिए 'प्रेरित करना' ये दोनों तार्किक दृष्टि से एक-दूसरे से पूर्णतः भिन्न प्रक्रियाएं हैं। इन दोनों प्रक्रियाओं के इस अंतर को तथ्यात्मक कथनों में पाए जाने वाले इसी प्रकार के अंतर पर विचार करते हुए स्पष्ट किया जा सकता है। किसी को यह बताना कि कोई तथ्य ऐसा है उसे इस तथ्य पर विश्वास करवाने का प्रयास करने से तार्किक दृष्टि से भिन्न है। यदि वह हमारे यह बताने के बाद कि कोई तथ्य ऐसा है उस पर विश्वास नहीं करता जो हम चाहते हैं तो हम उसे इस तथ्य पर विश्वास करवाने के लिए—अर्थात् उसे यह समझाने का प्रयास करने के लिए कि जो कुछ हमने कहा है वह सत्य है—पूर्णतः भिन्न प्रक्रिया प्रारम्भ कर सकते हैं। तथ्यात्मक वाक्यों के कार्य की व्याख्या करने के लिए कोई भी यह नहीं कहेगा कि वे किसी को यह मनवाने के प्रयास मात्र हैं कि कोई तथ्य ऐसा है। यह कहने का भी कोई कारण नहीं है कि आज्ञाएं किसी से कुछ मनवाने अथवा करवाने के प्रयास हैं। यहां भी हम पहले किसी को यह बताते हैं कि वह क्या करे, और इसके बाद यदि वह वैसा नहीं करता जैसा हम कहते हैं तो हम उससे वह करवाने के प्रयास के रूप में पूर्णतः भिन्न प्रक्रिया प्रारम्भ कर सकते हैं।...नैतिक दर्शन के लिए यह अंतर महत्त्वपूर्ण है, क्योंकि वास्तव में इस विचार के कारण कि नैतिक निर्णयों का कार्य मनवाना या समझाना-बुझाना है उनके कार्य को प्रचार के कार्य से पृथक करने में कठिनाई उत्पन्न हुई है।... हम किसी से यह कह सकते हैं कि कोई तथ्य ऐसा है अथवा वह कुछ करे; इसमें उसे समझाने-बुझाने, प्रभावित करने या उससे कुछ करवाने का प्रयास नहीं

है।"[4] इस उद्धरण से यह स्पष्ट है कि हेयर नैतिक निर्णयों को उन संवेगात्मक कथनों से भिन्न मानते हैं जिनका मुख्य उद्देश्य दूसरों की भावनाओं को प्रभावित करना ही होता है। मुख्यतः अपनी इसी मान्यता के आधार पर उन्होंने संवेगवाद का खंडन किया है।

संवेगवाद के विरुद्ध हेयर का तीसरा मुख्य तर्क यह है कि यह सिद्धांत नैतिक निर्णयों को ऐसे अबौद्धिक कथन बना देता है जिनका प्रयोग हम मुख्यतः दूसरों की भावनाओं को प्रभावित करने के लिए करते हैं। यदि इन निर्णयों के विषय में संवेगवादियों के मत को स्वीकार कर लिया जाए तो वस्तुतः इनमें तथा प्रचारात्मक अबौद्धिक कथनों में कोई मूल भेद नहीं रह जाता। ऐसी स्थिति में नैतिक निर्णयों की सार्थकता केवल इसी आधार पर निश्चित की जा सकती है कि वक्ता उनके द्वारा दूसरों पर अपना इच्छित प्रभाव डालने में कहां तक सफल हुआ है। परन्तु हेयर का विचार है कि इन निर्णयों की सार्थकता इनके प्रभाव में निहित नहीं रहती। इसके विपरीत नैतिक निर्णयों की सार्थकता उन तार्किक नियमों पर ही आधारित होती है जिनके अनुसार हम अपने व्यावहारिक जीवन में इनका सार्थक प्रयोग करते हैं। इसका अर्थ यह है कि ये निर्णय ऐसे तर्कसंगत या बौद्धिक कथन हैं जिनका मुख्य उद्देश्य हमारे इस प्रश्न का उत्तर देना है कि हमें क्या करना चाहिए अथवा क्या नहीं करना चाहिए। हमारे इस प्रश्न का उत्तर देकर ये निर्णय हमारा मार्गदर्शन करते हैं। इन निर्णयों के अनुरूप आचरण करने से पूर्व हम इनके संबंध में उचित तर्कों की मांग कर सकते हैं। नैतिक निर्णय देने वाला व्यक्ति दूसरों को ऐसे विवेकशील मनुष्य समझता है जो इन निर्णयों के अनुसार आचरण करने या न करने के लिए स्वतंत्र हैं और जो उचित तर्कों द्वारा इनकी पुष्टि आवश्यक मानते हैं। इसी कारण हेयर ने इन निर्णयों को संवेगात्मक कथनों के विपरीत तर्कसंगत अथवा बौद्धिक कथन माना है। उनका मत है कि यह तथ्य इन निर्णयों को संवेगात्मक कथनों से पृथक करता है।

नैतिक निर्णयों की बौद्धिकता के विषय में अपनी उपर्युक्त मान्यता को स्पष्ट करते हुए हेयर कहते हैं कि "किसी से कुछ करने के लिए कहना या उसे यह बताना कि कोई तथ्य ऐसा है उसके इस प्रश्न का उत्तर देना है कि 'मैं क्या करूँ' अथवा 'तथ्य क्या हैं'। जब हम इन प्रश्नों का उत्तर देते हैं और जो कुछ हमने कहा है यदि वह सत्य है तो श्रोता यह जान लेता है कि वह क्या करे अथवा तथ्य क्या हैं। इसके द्वारा उसके लिए किसी भी रूप में प्रभावित होना

4. वही पुस्तक, पृ० 13-14

अनिवार्य नहीं है, और यदि वह प्रभावित नहीं होता तो यह हमारी असफलता नहीं है, क्योंकि वह हमारी बात पर विश्वास न करने अथवा हमारी आज्ञा न मानने का निर्णय कर सकता है और उसको हमारा कुछ बताना उसे ऐसा करने से नहीं रोकता।...यह समझना सरल है कि नैतिक निर्णयों के तथाकथित 'आज्ञात्मक सिद्धान्त 'के कारण जो विरोध उत्पन्न हुआ वह क्यों हुआ। केवल नैतिक निर्णयों के उद्देश्य के संबन्ध में ही नहीं, अपितु आज्ञाओं—जिनके साथ इन निर्णयों की तुलना की गई—के उद्देश्य के विषय में भी भ्रामक धारणा पर आधारित होने के कारण इस सिद्धांत ने नैतिक भाषा की बौद्धिकता को भी चुनौती दी।...तथ्यात्मक कथनों की भाँति आज्ञाओं का उद्देश्य भी विवेकशील मनुष्यों के प्रश्नों का उत्तर देना ही है, अत: वे भी इन कथनों के समान ही तार्किक नियमों द्वारा शासित होती हैं। इसका अर्थ यह है कि नैतिक निर्णय भी इन्हीं नियमों द्वारा शासित होते हैं।"[5] इस प्रकार संवेगवादियों के विपरीत हेयर नैतिक निर्णयों को विवेकशील मनुष्यों द्वारा प्रयुक्त तथा उनका मार्गदर्शन करने वाले बौद्धिक कथन मानते हैं और मुख्यत: इसी आधार पर वे संवेगवाद को अस्वीकार करते हैं।

जैसा कि हम पिछले खंड में बता चुके हैं, परामर्शवाद भाषार्थ विषयक उपयोग-सिद्धान्त पर ही आधारित है। परामर्शवाद के प्रणेता हेयर स्पष्ट रूप से इसी सिद्धान्त के आधार पर नैतिक निर्णयों के अर्थ की व्याख्या करते हैं। उनका मत है कि किसी भी शब्द का वास्तविक अर्थ उसके उपयोग द्वारा ही निश्चित किया जा सकता है। भाषा में प्रचलित प्रत्येक शब्द के प्रयोग के सम्बन्ध में कुछ तार्किक नियम होते हैं जो उसे हमारे लिए सार्थक और बुद्धिगम्य बनाते हैं। यदि कोई व्यक्ति किसी शब्द का प्रयोग करते समय इन तार्किक नियमों का उल्लंघन करता है तो वह इस शब्द का दुरुपयोग करता है और फलत: उसका कथन हमारे लिए निरर्थक हो जाता है। इसी उपयोग-सिद्धांत के आधार पर शब्दों के अर्थ की परिभाषा करते हुए हेयर ने लिखा है कि "जहां तक शब्दों के अर्थ का प्रश्न है, किसी भी प्रकार का अर्थ कुछ नियमों के अनुरूप किसी कथन के उपयोग में ही निहित रहता है। यह अर्थ किस प्रकार का है इसका निर्णय इसी आधार पर किया जा सकता है कि इसके प्रयोग के नियम किस प्रकार के हैं।...यदि कोई व्यक्ति किसी वर्णनात्मक शब्द का प्रयोग करते समय उन नियमों का उल्लंघन करता है जो उस शब्द को कुछ विशेष प्रकार की वस्तुओं के साथ सम्बद्ध करते हैं तो सामान्यत: वह वर्णनात्मक शब्द का दुरुपयोग करता है।"[6] 'हेयर का

5. वही पुस्तक, पृ० 15
6. आर० एम० हेयर, 'फ्रीडम ऐंड रीज़न', पृ० 7-8

विचार है कि यह उपयोग-सिद्धान्त अन्य सभी प्रकार के कथनों की भांति नैतिक निर्णयों पर भी पूर्णरूप से लागू होता है। इसी कारण उन्होंने इस सिद्धान्त के अनुसार ही इन निर्णयों के अर्थ और स्वरूप का विश्लेषण किया है।

भाषार्थ विषयक उपर्युक्त उपयोग-सिद्धान्त के आधार पर नैतिक निर्णयों के अर्थ, स्वरूप तथा प्रमाणीकरण की व्याख्या करते हुए हेयर कहते हैं कि इन निर्णयों की निम्नलिखित मुख्य तीन विशेषताएं हैं जिन पर विचार करना आवश्यक है—(1) ये निर्णय मुख्यतः परामर्शात्मक या मार्गदर्शक होते हैं (2) सार्वलौकिक होने के कारण ये निर्णय अन्य परामर्शात्मक निर्णयों—अर्थात् आदेशों अथवा आज्ञाओं—से भिन्न होते हैं। (3) इन निर्णयों के समर्थन में बौद्धिक तथा वस्तुनिष्ठ तर्क प्रस्तुत किए जा सकते हैं, क्योंकि परामर्शात्मक कथन भी तथ्यात्मक कथनों के समान ही भाषा के प्रयोग से सम्बन्धित तार्किक नियमों द्वारा शासित होते हैं।[7] वस्तुतः नैतिक निर्णयों की उपर्युक्त तीनों विशेषताओं को ध्यान में रखते हुए ही हेयर ने अपने मूल सिद्धांत परामर्शवाद का प्रतिपादन किया है और इसे अन्य सभी सिद्धांतों से भिन्न माना है। उनका विचार है कि ये तीनों विशेषताएँ हमारे समक्ष इन निर्णयों के सभी महत्त्वपूर्ण पक्षों को प्रस्तुत करती हैं। ऐसी स्थिति में नैतिक निर्णयों की इन तीनों विशेषताओं को हेयर के परामर्शवाद का मूल आधार मान कर उसका विवेचन करना युक्तिसंगत होगा।

जैसा कि हम ऊपर बता चुके हैं, हेयर नैतिक भाषा को एक प्रकार की परामर्शात्मक भाषा मानते हैं जो वर्णनात्मक या तथ्यात्मक भाषा से भिन्न होती है। इसी कारण उन्होंने सर्वप्रथम परामर्शात्मकता के आधार पर नैतिक शब्दों तथा निर्णयों के अर्थ की व्याख्या की है। उनका विचार है कि परामर्शात्मक भाषा की परिधि बहुत व्यापक है जिसके अन्तर्गत आज्ञात्मक वाक्य निर्नैतिक मूल्यात्मक कथन तथा नैतिक निर्णय सम्मिलित हैं। परामर्शात्मकता—अर्थात् किसी को कुछ करने या न करने के लिए कहना अथवा उसका मार्गदर्शन करना—इस भाषा के इन सभी रूपों की मूल विशेषता है। परामर्शात्मक भाषा की यही विशेषता उसके इन सभी रूपों को तथ्यात्मक भाषा से पृथक करती है जिसका प्रयोग हम किन्हीं तथ्यों का वर्णन मात्र करने के लिए ही करते हैं। अपनी इसी आधारभूत मान्यता को ध्यान में रखते हुए हेयर ने 'दि लैंग्वेज़ ऑफ़ मॉरल्ज़' में परामर्शात्मक भाषा के उक्त सभी रूपों और तथ्यात्मक भाषा से उनकी भिन्नता का सविस्तार विवेचन किया है। इस विस्तृत विवेचन द्वारा उन्होंने अपने इस

7. वही पुस्तक, पृ० 4-5

मूल सिद्धान्त की पुष्टि करने का प्रयास किया है कि वास्तव में नैतिक भाषा तथ्यात्मक भाषा से भिन्न परामर्शात्मक भाषा का ही एक रूप है। नैतिक भाषा के स्वरूप के विषय में हेयर का यह मत कहां तक उचित और युक्तिसंगत है इस प्रश्न पर हम प्रस्तुत अध्याय के अन्तिम खण्ड में विस्तार से विचार करेंगे। यहाँ इतना कह देना ही पर्याप्त है कि वे परामर्शात्मकता को नैतिक भाषा की मूल विशेषता मानते हैं और अपनी इसी मान्यता के आधार पर उन्होंने नैतिक शब्दों तथा निर्णयों के अर्थ का विश्लेषण किया है।

हेयर के मतानुसार प्रत्येक नैतिक निर्णय में आज्ञात्मक तत्त्व अनिवार्यतः निहित रहता है जो उसे परामर्शात्मक अर्थ प्रदान करता है। इसी आज्ञात्मक तत्त्व के कारण यह निर्णय स्वयं वक्ता का अथवा अन्य व्यक्तियों का मार्गदर्शन करता है जो इस निर्णय का मुख्य उद्देश्य है। स्पष्ट है कि यह आज्ञात्मक तत्त्व ही नैतिक निर्णय को तथ्यात्मक या वर्णनात्मक कथन से पृथक करता है। यही कारण है कि नैतिक निर्णयों के अर्थ को भली-भांति स्पष्ट करने के लिए हेयर ने अपनी पुस्तक 'दि लैंग्वेज ऑफ़ मॉरल्ज़' के प्रथम भाग में आज्ञात्मक वाक्यों के स्वरूप का विस्तृत विवेचन किया है और इन वाक्यों के साथ नैतिक निर्णयों की तुलना की है। उनका कथन है कि आज्ञात्मक वाक्यों के समान ही ये निर्णय भी हमें कोई कर्म करने या न करने के लिए कहते हैं और इस प्रकार हमारे इस प्रश्न का उत्तर देते हैं कि हमें क्या करना चाहिए अथवा क्या नहीं करना चाहिए। नैतिक निर्णयों की इसी विशेषता के कारण हम कभी भी केवल तथ्यात्मक आधार वाक्यों से किसी नैतिक निर्णय को निगमित नहीं कर सकते। इस सम्बन्ध में हेयर ने एक अनिवार्य आधारभूत नियम का उल्लेख किया है जो उनके अनुसार नैतिक निर्णयों के स्वरूप को समझने के लिए बहुत महत्त्वपूर्ण है। इस नियम के स्वरूप तथा नैतिक निर्णयों के लिए इसके महत्त्व को स्पष्ट करते हुए वे कहते हैं कि "आधारवाक्यों के उस समूह से जिसमें कम से कम एक आज्ञात्मक वाक्य भी विद्यमान नहीं है उचित रूप से कोई आज्ञात्मक निष्कर्ष नहीं निकाला जा सकता।...नीतिशास्त्र के लिए इस नियम का अत्यधिक महत्त्व है।...यदि हम यह स्वीकार करते हैं कि परामर्श देना अथवा कर्मों के विषय में मार्ग-दर्शन करना—अर्थात् इस प्रश्न का उत्तर देना कि 'मुझे क्या करना चाहिए—नैतिक निर्णय के अर्थ का अनिवार्य भाग है तो उपर्युक्त नियम से यह स्पष्ट है कि कोई भी नैतिक निर्णय पूर्णतः तथ्यात्मक कथन नहीं हो सकता।...कोई कथन—चाहे उसका तथ्यों के साथ कितना शिथिल सम्बन्ध ही क्यों न हो'—इस प्रश्न का उत्तर नहीं दे सकता कि 'मुझे क्या करना चाहिए'। केवल आदेश ही ऐसा कर सकता है। इसलिए यदि हम इस बात पर जोर देते हैं कि नतिक

निर्णय शिथिल तथ्यात्मक कथनों के अतिरिक्त और कुछ नहीं हैं तो हम उन्हें उनके मुख्य कार्य से वंचित कर देते हैं, क्योंकि उनका मुख्य कार्य आचरण का नियमन करना है और यह कार्य वे तभी कर सकते हैं जब उनकी व्याख्या इस प्रकार से की जाए कि उनमें आज्ञात्मक अथवा परामर्शात्मक तत्त्व विद्यमान रहता है।"[8] नैतिक निर्णयों के अर्थ के सम्बन्ध में हेयर के इन विचारों से यह पूर्णत: स्पष्ट है कि वे इन निर्णयों को व्यावहारिक जीवन में हमारा मार्गदर्शन करने वाले मुख्यत: परामर्शात्मक कथन मानते हैं।

अपनी उपर्युक्त मान्यता की पुष्टि के लिए हेयर ने एक महत्त्वपूर्ण तर्क प्रस्तुत किया है जिस पर यहां विचार करना आवश्यक है। उनका कथन है कि जब कोई व्यक्ति वास्तव में किसी नैतिक निर्णय को स्वीकार करता है तो वह तार्किक दृष्टि से उस निर्णय के अनुरूप आचरण करने के लिए बाध्य है। उदाहरणार्थ यदि कोई व्यक्ति इस नैतिक निर्णय का सचमुच समर्थन करता है कि "हमें संकटकाल में दूसरों की सहायता करनी चाहिए" तो उचित अवसर आने पर वह स्वयं भी इस निर्णय के अनुसार कार्य करने के लिए तार्किक दृष्टि से अपने आपको वचनबद्ध करता है। यदि वह स्वयं समर्थ होते हुए भी संकट-काल में दूसरों की सहायता नहीं करता तो स्पष्टत: इसका अर्थ यही है कि या तो उसने उपर्युक्त नैतिक निर्णय को वास्तव में स्वीकार ही नहीं किया अथवा वह इस निर्णय का अर्थ नहीं समझ सका। हेयर निश्चित रूप से यह मानते हैं कि किसी नैतिक निर्णय को सचमुच स्वीकार करने और अपनी सामर्थ्यानुसार उचित अवसर पर उसके अनुरूप आचरण करने का प्रयास करने में अनिवार्य तार्किक सम्बन्ध है। इसे 'तार्किक संबंध' कहने का कारण यह है कि स्वयं नैतिक शब्दों का अर्थ ही इसका मूल आधार है। किसी नैतिक निर्णय को सचमुच स्वीकार करते हुए भी उपयुक्त परिस्थितियों में अपनी सामर्थ्यानुसार उसके अनुरूप आचरण करने का प्रयास न करना वस्तुत: नैतिक शब्दों का दुरुपयोग है जिसमें तार्किक विसंगति स्पष्ट रूप से देखी जा सकती है। इससे यही प्रमाणित होता है कि प्रत्येक नैतिक निर्णय में उसके अनुरूप आचरण करने का आदेश अनिवार्यत: निहित रहता है। नैतिक निर्णयों के विषय में अपनी इसी मान्यता को स्पष्ट करते हुए हेयर कहते हैं कि "कर्मों के संबंध में हमारा मार्ग-दर्शन करने के लिए नैतिक निर्णय का ऐसा होना आवश्यक है कि यदि कोई व्यक्ति इसे स्वीकार करता है तो वह इससे प्राप्त आज्ञात्मक वाक्य को भी अवश्य ही स्वीकार करे। दूसरे शब्दों में, यदि कोई व्यक्ति इस प्रकार के

8. दि लैंग्वेज ग्रॉफ़ मॉरल्ज', पृ० 28-29, 46

आज्ञात्मक वाक्य को स्वीकार नहीं करता तो यह इस बात का स्पष्ट प्रमाण है कि वह मूल्यात्मक अर्थ में इस नैतिक निर्णय का समर्थन नहीं करता।...यदि वह नैतिक निर्णण का समर्थन करने की बात कहता है किंतु आज्ञात्मक वाक्य को स्वीकार नहीं करता तो उसने अवश्य ही नैतिक निर्णय का गलत अर्थ समझा है।... इस प्रकार हम यह स्पष्ट रूप से कह सकते हैं कि नैतिक निर्णय में आदेश अनिवार्यतः निहित रहता है।...यह कहना कि नैतिक निर्णय कर्मों के विषय में हमारा मार्गदर्शन करते हैं यह कहने के समान ही है कि इन निर्णयों में आज्ञाएं अनिवार्यतः निहित रहती हैं।"[9] इस प्रकार नैतिक भाषा के अर्थ का विश्लेषण करते हुए अपने उपर्युक्त तर्क द्वारा हेयर ने अपनी इस आधारभूत मान्यता को सत्य प्रमाणित करने का प्रयास किया है कि नैतिक निर्णय अवश्य ही परामर्शात्मक होते हैं, अतः मानवीय आचरण के साथ उनका अनिवार्य सम्बन्ध है।

यहां हेयर के सिद्धान्त के विरुद्ध यह आपत्ति उठाई जा सकती है कि इसके द्वारा उन्होंने नैतिक निर्णयों के अर्थ की जो परामर्शात्मक व्याख्या की है वह दोषपूर्ण है, क्योंकि बहुत-से व्यक्ति इन निर्णयों को सचमुच स्वीकार करते हुए भी अपने दैनिक जीवन में वस्तुतः इनके अनुरूप आचरण नहीं करते। इस अनुभव सिद्ध तथ्य से यही प्रमाणित होता है कि स्वयं अपने नैतिक निर्णयों के विरुद्ध आचरण करना तार्किक दृष्टि से असंभव नहीं है। हेयर स्वयं यह स्वीकार करते हैं कि उनके सिद्धांत के विरुद्ध यह आपत्ति उठाई जा सकती है, अतः उन्होंने इसका सविस्तार उत्तर देने का प्रयास किया है। वे इस बात से इन्कार नहीं करते कि व्यावहारिक जीवन में अनेक व्यक्ति स्वयं अपने नैतिक निर्णयों के विपरीत आचरण करते हैं। परंतु हेयर का कथन है कि इससे उनका परामर्शात्मक सिद्धान्त असत्य प्रमाणित नहीं होता। इसका कारण यह है कि किसी व्यक्ति का स्वयं अपने नैतिक निर्णयों के अनुरूप आचरण न करना इन निर्णयों के परामर्शात्मक अर्थ का खंडन नहीं करता। यदि कोई व्यक्ति किसी नैतिक निर्णय को वास्तव में पूर्णतः स्वीकार करते हुए भी उसके अनुसार आचरण नहीं करता तो निश्चय ही यह उसकी नैतिक-दुर्बलता का द्योतक है। हेयर स्पष्ट रूप से यह कहते हैं कि अपने नैतिक निर्णय के अनुरूप आचरण करने के लिए व्यक्ति में उस निर्णय के प्रति निष्ठा के साथ-साथ उसके अनुसार आचरण करने की शारीरिक तथा मानसिक क्षमता भी होनी चाहिए। यदि वह अपने नैतिक निर्णय के अनुरूप आचरण करना चाहता है और शारीरिक तथा मानसिक दृष्टि से समर्थ होते हुए भी वह ऐसा नहीं कर पाता तो यह उसकी नैतिक दुर्बलता का स्पष्ट प्रमाण है। बहुत-से व्यक्तियों में यह नैतिक दुर्बलता पाई जाती है, किंतु

9. वही पुस्तक, पृ० 171-172

इससे यह प्रमाणित नहीं होता कि नैतिक निर्णय परामर्शात्मक नहीं हैं और मानवीय आचरण के साथ उनका कोई तार्किक सम्बन्ध नहीं है। इसी तर्क के आधार पर अपने सिद्धांत के विरुद्ध उपर्युक्त आपत्ति का खंडन करते हुए हेयर कहते हैं कि "यदि नैतिक निर्णय परामर्शात्मक न होते तो नैतिक दुर्बलता संबंधी कोई समस्या ही न होती; किन्तु यह समस्या है, अतः ये निर्णय परामर्शात्मक हैं।··· इससे हम कम से कम यह निष्कर्ष निकाल सकते हैं कि नैतिक दुर्बलता के उदाहरण परामर्शवाद का खंडन नहीं करते जैसाकि मैंने इस सिद्धान्त की व्याख्या की है।···प्रलोभन का प्रतिरोध करने में पूर्णतः समर्थ होते हुए भी यदि कोई मनुष्य वही करता है जो वह कहता है कि उसे नहीं करना चाहिए तो जो कुछ वह कहता है और जो कुछ वह करता है उसमें कहीं कुछ गलत है।···यह समस्या नैतिक शब्दों के मूल्यात्मक अथवा परामर्शात्मक उपयोगों से संबंधित है, अतः यह जानना आवश्यक है कि ये उपयोग क्या हैं।···परामर्शवादी सिद्धांत की महत्त्वपूर्ण बात यह है कि इन शब्दों के परामर्शात्मक उपयोग अवश्य हैं और ये उपयोग इन शब्दों के अर्थ के लिए आवश्यक तथा उसके अनिवार्य भाग हैं।··· कम से कम इसमें तो संदेह नहीं किया जा सकता कि नैतिक भाषा के परामर्शात्मक उपयोग हैं।"[10] इस प्रकार यह स्पष्ट है कि हेयर नैतिक भाषा को ऐसी परामर्शात्मक भाषा मानते हैं जिसका मनुष्य के कर्मों के साथ अनिवार्य संबंध है।

नैतिक भाषा के स्वरूप के विषय में अपनी उपर्युक्त मान्यता के आधार पर हेयर ने 'शुभ', 'उचित' तथा 'चाहिए' इन नैतिक शब्दों के अर्थ की व्याख्या की है। उनका मत है कि नैतिक अर्थ में इन शब्दों का उपयोग निर्नैतिक अर्थ में इनके उपयोग से मूलतः भिन्न नहीं है। इसका कारण यह है कि नैतिक तथा निर्नैतिक इन दोनों प्रसंगों में इन शब्दों का मुख्य अर्थ मूल्यात्मक अथवा परामर्शात्मक ही होता है। सामान्य परिस्थितियों में जब हम नैतिक अथवा निर्नैतिक अर्थ में इन शब्दों का प्रयोग करते हैं तो हमारा मुख्य उद्देश्य किसी वस्तु या कर्म का मूल्यांकन करना अथवा किसी को कुछ करने या न करने का परामर्श देना ही होता है। इस प्रकार उपयोग की दृष्टि से 'शुभ' या 'अच्छा', 'उचित' और 'चाहिए' इन शब्दों के नैतिक तथा निर्नैतिक अर्थ में कोई आधारभूत अंतर नहीं है। उक्त दोनों अर्थों में प्रयुक्त होने पर हम इन शब्दों को 'मूल्यात्मक शब्द' कह सकते हैं। वस्तुतः अपनी इसी मान्यता के कारण हेयर ने 'दि लैंग्वेज़ ऑफ़ मॉरल्ज़' में नैतिक अर्थ के साथ-साथ निर्नैतिक अर्थ में भी इन शब्दों के प्रयोग का

10. 'फ्रीडम ऐंड रीज़न', पृ० 68, 82, 84

विस्तृत विवेचन किया है। उन्होंने अनेक उदाहरणों द्वारा यह प्रमाणित किया है कि नैतिक तथा निर्नैतिक दोनों प्रसंगों में इन शब्दों का प्रमुख अर्थ मूल्यात्मक अथवा परामर्शात्मक और गौण अर्थ वर्णनात्मक होता है। अपने प्रथम अर्थ में ये शब्द निर्णीत वस्तु या कर्म का मूल्यांकन करते हैं अथवा किसी को कुछ करने या न करने का परामर्श देते हैं और दूसरे अर्थ में ये उस वस्तु या कर्म के कुछ विशेष गुणों का वर्णन करते हैं। इस दृष्टि से निर्नैतिक मूल्यात्मक कथनों और नैतिक निर्णयों में आधारभूत समानता है। इन दोनों में पाई जाने वाली इसी आधारभूत समानता को ध्यान में रखते हुए हेयर कहते हैं कि "मैं सर्वाधिक प्रचलित दो नैतिक शब्दों 'शुभ' तथा 'चाहिए' पर क्रमशः विचार करूंगा। पहले मैं इन शब्दों के निर्नैतिक उपयोगों का और इसके पश्चात् उनके नैतिक उपयोगों का विवेचन करूंगा। प्रत्येक स्थिति में मैं यह दिखाने की आशा करता हूं कि इन उपयोगों में बहुत-सी समान विशेषताएं हैं।"[11] इस प्रकार हेयर के अनुसार नैतिक निर्णयों तथा अन्य मूल्यात्मक कथनों के अर्थ में पर्याप्त समानता है, अतः नैतिक निर्णयों के अर्थ का विश्लेषण करते हुए हमें इस महत्त्वपूर्ण तथ्य की उपेक्षा नहीं करनी चाहिए।

जैसा कि हेयर के उपर्युक्त उद्धरण से स्पष्ट है, उन्होंने अपनी पुस्तक 'दि लेंग्वेज ऑफ़ मॉरल्ज़' के दूसरे और तीसरे भाग में क्रमशः 'शुभ' या 'अच्छा' तथा 'चाहिए' इन दो शब्दों के अर्थ का विस्तृत विश्लेषण किया है। यहां हम निर्नैतिक तथा नैतिक प्रसंगों में इन दोनों शब्दों के अर्थ के सम्बन्ध में उनके मत पर विस्तारपूर्वक विचार करेंगे। 'शुभ' या 'अच्छा' शब्द के अर्थ के विषय में हेयर का कथन है कि सामान्यतः हम इस शब्द का प्रयोग प्रशंसात्मक अर्थ में करते हैं। हम जब किसी वस्तु को 'अच्छी वस्तु' अथवा किसी व्यक्ति को 'अच्छा मनुष्य' कहते हैं तो हमारा मुख्य उद्देश्य उस वस्तु या व्यक्ति की प्रशंसा करना ही होता है, उसका वर्णन मात्र करना नहीं। सामान्यतः हम जिस वस्तु को प्रशंसनीय समझते हैं उसे ही हम 'शुभ' या 'अच्छी' कहते हैं। इसी अर्थ में हेयर 'शुभ' को मुख्यतः प्रशंसात्मक शब्द मानते हैं। उनका निश्चित मत है कि 'शुभ' का मुख्य कार्य वक्ता द्वारा निर्णीत वस्तु की प्रशंसा करना ही है। जिस वस्तु के प्रति हमारे मन में वितृष्णा या विरोध है अथवा जिसके प्रति हम पूर्णतः उदासीन हैं उसे हम सामान्यतः 'शुभ' या 'अच्छी' नहीं कहते।

जैसा कि हम तीसरे अध्याय में देख चुके हैं, नैतिक शब्दों के अर्थ के विषय में मुख्यतः अपनी उपर्युक्त मान्यता के आधार पर हेयर ने प्रकृतिवाद का खंडन

11. 'दि लेंग्वेज ऑफ़ मारल्ज', पृ० 3

किया है जो अनुभवाश्रित तथ्यात्मक कथनों द्वारा ही नैतिक निर्णयों के अर्थ की व्याख्या करता है। इस सिद्धान्त के विरुद्ध उनकी मुख्य आपत्ति यही है कि यदि इसे स्वीकार कर लिया जाए तो हम 'शुभ', 'उचित' आदि नैतिक शब्दों द्वारा वह कार्य सम्पन्न नहीं कर सकते जो उनका प्रमुख कार्य है—अर्थात् इन शब्दों द्वारा वस्तुओं अथवा कर्मों का मूल्यांकन करना हमारे लिए असम्भव हो जाता है। हेयर का मत है कि प्रकृतिवाद के विरुद्ध यह आपत्ति केवल नैतिक निर्णयों के सम्बन्ध में ही नहीं, अपितु सभी प्रकार के निर्नैतिक मूल्यात्मक कथनों के सम्बन्ध में भी पूर्ण रूप से लागू होती है, क्योंकि यह सिद्धांत सभी मूल्यात्मक कथनों को वर्णनात्मक बना देता है। इस सिद्धान्त को स्वीकार कर लेने पर हमें यह मानना पड़ेगा कि तथ्यात्मक कथनों और मूल्यात्मक निर्णयों में वस्तुत: कोई आधारभूत अन्तर नहीं है, किन्तु इन दोनों के भिन्न-भिन्न कार्यों को ध्यान में रखते हुए प्रकृतिवाद की इस मान्यता का तर्कसंगत रूप से समर्थन करना सम्भव नहीं है। इस सिद्धांत के विरुद्ध अपनी उपर्युक्त आपत्ति को स्पष्ट करते हुए हेयर ने लिखा है: "प्रकृतिवादी सिद्धांतों का दोष यह है कि वे तथ्यात्मक कथनों से मूल्यात्मक निर्णयों को निगमित करके इन निर्णयों में विद्यमान परामर्शात्मक अथवा प्रशंसात्मक तत्त्व की उपेक्षा करते हैं। यदि मेरा यह मत उचित है तो मेरा अपना सिद्धांत—जो इस तत्त्व को सुरक्षित रखता है—प्रकृतिवादी नहीं है।··· भाषा में मूल्यात्मक शब्दों का एक विशेष कार्य है और वह है प्रशंसा करना, अत: यह स्पष्ट है कि इन शब्दों की ऐसे शब्दों द्वारा परिभाषा नहीं की जा सकती जिनका यह कार्य नहीं है; क्योंकि यदि ऐसा किया जाता है तो हम इस कार्य को सम्पन्न करने के साधन से वंचित हो जाते हैं।"[12] इस प्रकार हेयर मूल्यात्मक शब्दों के विशेष कार्य के आधार पर सभी प्रकृतिवादी सिद्धांतों का खंडन करते हैं। प्रकृतिवाद के विरुद्ध उनकी इस आपत्ति पर हम तीसरे अध्याय में सविस्तार विचार कर चुके हैं, अत: यहां इसका अधिक विस्तृत विवेचन अनावश्यक है।

यह सत्य है कि हेयर के मतानुसार 'शुभ' का मुख्य अर्थ प्रशंसात्मक अर्थ ही है, किन्तु 'शुभ' के इस मुख्य अर्थ के साथ-साथ वे उसका वर्णनात्मक अर्थ भी स्वीकार करते हैं। उनका कथन है कि 'शुभ' का यह वर्णनात्मक अर्थ वस्तु के उन विशेष गुणों में निहित रहता है जिनके कारण हम उसे शुभ कहते हैं। जब हम किसी वस्तु को शुभ कहकर उसकी प्रशंसा करते हैं तो हमारी इस प्रशंसा का आधार अनिवार्यत: उस वस्तु के कुछ विशेष गुण होते हैं और उसे शुभ कह

12. वही पुस्तक, पृ० 82, 91

कर हम उसके इन्हीं गुणों की ओर संकेत करते हैं अथवा इनका वर्णन करते हैं। यही 'शुभ' का वर्णनात्मक अर्थ है जो सामान्यतः इस शब्द के साथ अवश्य संबद्ध रहता है। इस वर्णनात्मक अर्थ के अभाव में हम प्रायः किसी वस्तु के लिए 'शुभ' शब्द का प्रयोग नहीं करते। हेयर यह मानते हैं कि किसी वस्तु का शुभत्व अंततः उसके उन गुणों पर ही निर्भर रहता है जो उसे शुभ बनाते हैं—अर्थात् जिनके कारण उसे शुभ कहा जाता है। 'शुभ' के वर्णनात्मक अर्थ का सम्बन्ध अनिवार्यतः वस्तु के इन्हीं गुणों से होता है। यह सर्वविदित तथ्य है कि हम विभिन्न प्रकार की वस्तुओं के लिए 'शुभ' शब्द का प्रयोग करते हैं; यही कारण है कि इस शब्द का वर्णनात्मक अर्थ भिन्न-भिन्न वर्गों की वस्तुओं के अनुरूप अनिवार्यतः परिवर्तित होता रहता है। उदाहरणार्थ हम जिन गुणों के कारण किसी पुस्तक को अच्छी कहते हैं वे उन गुणों से पूर्णतः भिन्न होते हैं जिनके कारण हम किसी मोटर कार को अच्छी कहते हैं। इसी प्रकार जो गुण किसी व्यक्ति को अच्छा मनुष्य बनाते हैं वे उन गुणों से पूर्णतः भिन्न होते हैं जो किसी चित्र को अच्छा चित्र बनाते हैं। यही बात ऐसी अन्य सभी वस्तुओं के विषय में भी कही जा सकती है जिन्हें हम अच्छी कहते हैं। इस प्रकार 'अच्छा' या 'शुभ' शब्द के वर्णनात्मक अर्थ में प्रसंगानुसार परिवर्तन होता रहता है, किन्तु उसका प्रशंसात्मक अर्थ सभी प्रसंगों में समान ही रहता है, क्योंकि सामान्यतः हम जब भी किसी वस्तु को अच्छी कहते हैं तो हम उसकी प्रशंसा करते हैं। इसी कारण हेयर 'शुभ' के प्रशंसात्मक अर्थ को मुख्य और उसके वर्णनात्मक अर्थ को गौण मानते हैं। उनका विचार है कि हम बाल्यकाल में सर्वप्रथम 'शुभ' अथवा 'अच्छा' शब्द का प्रशंसात्मक अर्थ ही सीखते हैं और इसके पश्चात आयु तथा ज्ञान की वृद्धि के साथ-साथ हम विभिन्न वस्तुओं के प्रसंग में उसके भिन्न-भिन्न वर्णनात्मक अर्थ का ज्ञान प्राप्त करते हैं। इससे भी यही प्रमाणित होता है कि 'शुभ' का प्रशंसात्मक अर्थ मुख्य और उसका वर्णनात्मक अर्थ गौण है।

परन्तु हेयर जब 'शुभ' के वर्णनात्मक अर्थ को गौण कहते हैं तो इसका यह तात्पर्य नहीं है कि वे इस अर्थ को कोई महत्त्व नहीं देते। वस्तुतः वे 'शुभ' के इस वर्णनात्मक अर्थ को भी बहुत महत्त्वपूर्ण मानते हैं, क्योंकि इसी अर्थ के माध्यम से हम उन वस्तुओं के स्वरूप तथा गुणों की तथ्यात्मक सूचना प्राप्त करते हैं जिन्हें शुभ कहा जाता है। हम ऊपर बता चुके हैं कि हेयर के मतानुसार किसी वस्तु के कुछ विशेष गुणों के कारण ही हम उसे शुभ कहते हैं। इसका अर्थ यह है कि 'शुभ' शब्द हमें उस वस्तु के उन गुणों की तथ्यात्मक जानकारी प्रदान करता है जो उसे शुभ बनाते हैं। उदाहरणार्थ जब हम किसी व्यक्ति को 'अच्छा मनुष्य' कहते हैं तो उस व्यक्ति के संबंध में प्रयुक्त 'अच्छा' शब्द हमें उसमें

विद्यमान कुछ विशेष गुणों—स्नेह, ईमानदारी, सत्यवादिता, परोपकार, करुणा आदि—की तथ्यात्मक सूचना देता है। 'शुभ' या 'अच्छी' कही जाने वाली अन्य वस्तुओं के विषय में भी हम इसी प्रकार की तथ्यात्मक सूचना प्राप्त करते हैं। इस दृष्टि से 'शुभ' शब्द वर्णनात्मक कार्य करता है—अर्थात् वह हमें शुभ कही जाने वाली वस्तु के विषय में तथ्यात्मक जानकारी देता है। 'शुभ' के इसी वर्णनात्मक कार्य के कारण हम पूर्णत: समान गुणों वाली दो वस्तुओं में से एक को शुभ और दूसरी को अशुभ नहीं कह सकते, क्योंकि यदि हम ऐसा कहते हैं तो हमारे कथन में तार्किक असंगति का आ जाना अनिवार्य है। किन्हीं दो वस्तुओं के गुणों को पूर्णत: समान मानते हुए भी यदि हम उनमें से एक को शुभ और दूसरी को अशुभ कहते हैं तो अन्य व्यक्तियों के लिए हमारा यह कथन वस्तुत: अबोधगम्य हो जाता है। वे हम से यह पूछ सकते हैं कि जब इन दो वस्तुओं के गुण पूर्णत: समान हैं तो इनमें से एक शुभ और दूसरी अशुभ कैसे हो सकती है। इन दो वस्तुओं के गुणों में कोई स्पष्ट अंतर बताए बिना हम इस प्रश्न का निश्चय ही कोई संतोषप्रद उत्तर नहीं दे सकते। इसका कारण यही है कि वस्तुओं का शुभत्व अंतत: उनके कुछ विशेष गुणों पर ही आधारित रहता है। इस प्रकार हेयर के अनुसार 'शुभ' का वर्णनात्मक अर्थ ही हमारे उन कथनों को वस्तुनिष्ठ तथा सार्वलौकिक बनाता है जिनमें हम इस शब्द का प्रयोग करते हैं। इस अर्थ के अभाव में 'शुभ' संबंधी हमारे कथन पूर्णत संवेगात्मक हो जाएंगे। इस विवेचन से यह स्पष्ट है कि मूल्यात्मक कथनों की वस्तुनिष्ठता की दृष्टि से हेयर 'शुभ' के वर्णनात्मक अर्थ को विशेष महत्त्व देते हैं। हम आगे देखेंगे कि उनका 'सार्वलौकिकता संबंधी सिद्धांत' 'शुभ' तथा अन्य मूल्यात्मक शब्दों के इसी वर्णनात्मक अर्थ पर आधारित है।

यद्यपि हेयर 'शुभ' या 'अच्छा' शब्द के वर्णनात्मक अर्थ को महत्त्वपूर्ण मानते हैं, फिर भी उनका निश्चित मत है कि इस शब्द का प्रमुख अर्थ मूल्यात्मक अथवा प्रशंसात्मक ही है जो सामान्यत: सभी प्रसंगों में विद्यमान रहता है। अपने इसी मुख्य प्रशंसात्मक अर्थ के कारण यह शब्द उन वस्तुओं के चुनाव के संबंध में हमारा मार्गदर्शन करता है जिन्हें शुभ या अच्छी कहा जाता है। जब हम किसी वस्तु को अच्छी कहकर उसकी प्रशंसा करते हैं तो हम उस वस्तु को चुनने के विषय में प्रत्यक्ष या परोक्ष रूप से स्वयं अपना अथवा अन्य व्यक्तियों का मार्ग-दर्शन करते हैं। उस वस्तु के संबंध में हमारा निर्णय उचित अवसर आने पर उसका चुनाव करने में स्वयं हमारे लिए अथवा दूसरों के लिए सहायक होता है। वस्तुत: यह बात केवल 'शुभ' के विषय में ही नहीं, अपितु अन्य सभी मूल्यात्मक शब्दों के विषय में भी कही जा सकती है। जब हम किन्हीं वस्तुओं से संबंधित

अपने निर्णयों में इन मूल्यात्मक शब्दों का प्रयोग करते हैं तो हमारे ये निर्णय उन वस्तुओं का चुनाव करने के विषय में हमारे लिए मार्गदर्शक का कार्य करते हैं। हेयर के मतानुसार इसका कारण किसी वस्तु की प्रशंसा अथवा निंदा के मूल उद्देश्य में ही निहित रहता है। जब हम किसी वस्तु की प्रशंसा या निंदा करते हैं तो हमारा मुख्य उद्देश्य उपयुक्त अवसर पर उसे चुनने या न चुनने के संबंध में स्वयं अपना अथवा दूसरों का मार्गदर्शन करना ही होता है। यहां यह उल्लेखनीय है कि हेयर के विचार में केवल वर्तमान तथा भविष्यत काल से संबंधित मूल्यात्मक निर्णयों के विषय में ही नहीं, अपितु भूतकाल से संबंधित मूल्यात्मक निर्णयों के विषय में भी यही बात कही जा सकती है। जब हम भूत काल में किए गए अनुचित कर्म के लिए किसी व्यक्ति की निंदा करते हैं तो हमारा मुख्य उद्देश्य यह होता है कि वह व्यक्ति अथवा कोई अन्य व्यक्ति भविष्य में पुन: वह कर्म न करे। वस्तुत: इसी कारण भूतकाल संबंधी हमारे नैतिक निर्णयों को सार्थक और महत्त्वपूर्ण माना जाता है। इस प्रकार हेयर विभिन्न विकल्पों के चयन के संबंध में मनुष्यों का मार्गदर्शन करना नैतिक निर्णयों सहित सभी मूल्यात्मक निर्णयों का प्रमुख उद्देश्य मानते हैं

अपनी उपर्युक्त मान्यता के आधार पर 'शुभ' के अर्थ की व्याख्या करते हुए हेयर ने लिखा है—"मैंने कहा है कि 'शुभ' शब्द का मुख्य कार्य प्रशंसा करना है। इसलिए हमें यह मालूम करना चाहिए कि प्रशंसा करने का अर्थ क्या है। जब हम किसी वस्तु की प्रशंसा या निंदा करते हैं तो हम सदैव कम से कम अप्रत्यक्षत: वर्तमान अथवा भावी विकल्पों के विषय में स्वयं अपना या दूसरों का मार्गदर्शन करने के लिए ही ऐसा करते हैं।···यदि किसी व्यक्ति के लिए चित्रों को देखने या न देखने ··अथवा खरीदने या न खरीदने के उद्देश्य से चुनाव करने की आवश्यकता न होती तो हम उन्हें अच्छे या बुरे न कहते।···यदि हमारे समक्ष इस बात का चुनाव करने के लिए प्रयास करने का विकल्प न होता कि हम किस प्रकार के मनुष्य बनना चाहते हैं तो हम अच्छे मनुष्यों की बात न करते।···हमें यह अवश्य स्वीकार करना पड़ेगा कि सर्वाधिक उपयोगी मूल्यात्मक निर्णय वे होते हैं जो ऐसे विकल्पों की ओर संकेत करते हैं जिन्हें अपनाने की हमारे लिए पर्याप्त संभावना है। यहां यह बता देना आवश्यक है कि भूतकालीन विकल्पों से संबंधित निर्णय भी केवल भूत काल से ही संबंधित नहीं होते। यदि मैं भूतकाल में कोई कर्म करने के लिए किसी व्यक्ति की निंदा करता हूं तो मैं इस संभावना की कल्पना करता हूं कि उस व्यक्ति को, किसी अन्य व्यक्ति को अथवा स्वयं मुझे पुन: उसी प्रकार का कर्म करने का चुनाव करना पड़ सकता है; अन्यथा उसकी

निंदा करने का कोई अर्थ नहीं होगा।"[13] इस प्रकार यह स्पष्ट है कि हेयर 'शुभ' तथा अन्य सभी मूल्यात्मक शब्दों के अर्थ को विकल्पों के चयन के विषय में मनुष्यों का मार्गदर्शन करने के साथ अनिवार्यतः संबद्ध मानते हैं। उनकी यह मान्यता कहां तक उचित एवं युक्तिसंगत है—इस प्रश्न पर हम प्रस्तुत अध्याय के अंतिम खंड में विचार करेंगे।

हेयर का मत है कि उन्होंने 'शुभ' के अर्थ का जो विश्लेषण किया है वह इस शब्द के निर्नैतिक तथा नैतिक दोनों अर्थों पर समान रूप से लागू होता है, क्योंकि दोनों प्रकार के प्रसंगों में इस शब्द का कार्य मूलतः समान होता है। हमने ऊपर निर्नैतिक अर्थ में 'शुभ या 'अच्छा' शब्द की जो मूल विशेषताएँ बताई हैं वे ही विशेषताएं इस शब्द के नैतिक अर्थ में भी विद्यमान रहती हैं। इन दोनों अर्थों में 'अच्छा' या 'शुभ' की मूल विशेषताओं का तुलनात्मक विवेचन करने से पूर्व यहां यह स्पष्ट कर देना आवश्यक है कि हेयर के अनुसार इस शब्द के 'नैतिक अर्थ' से क्या तात्पर्य है। इस संबंध में उनका स्पष्ट कथन है कि जब हम मनुष्य तथा उसकी अभिप्रेरणाओं और उसके कर्मों एवं उद्देश्यों के लिए 'अच्छा' अथवा 'शुभ' शब्द का प्रयोग करते हैं तो इन प्रसंगों में इस शब्द के अर्थ को ही 'नैतिक अर्थ' माना जा सकता है। उदाहरणार्थ जब हम यह कहते हैं कि "वह व्यक्ति एक अच्छा मनुष्य है" अथवा "दुःखी व्यक्ति की सहायता करके उसने शुभ कर्म किया है" तो अपने इन निर्णयों में हम 'अच्छा' तथा 'शुभ' इन शब्दों का प्रयोग नैतिक अर्थ में ही करते हैं, निर्नैतिक अर्थ में नहीं। इससे स्पष्ट है कि 'शुभ' के नैतिक अर्थ का संबंध अनिवार्यतः मनुष्य तथा उसके चरित्र और आचरण से ही है। इसी आधार पर 'शुभ' के नैतिक अर्थ की व्याख्या करते हुए हेयर कहते हैं कि "जब हम नैतिक दृष्टि से प्रशंसा करने के लिए 'शुभ' शब्द का प्रयोग करते हैं तो हम सदैव प्रत्यक्ष अथवा परोक्ष रूप से मनुष्यों की प्रशंसा करते हैं। जब हम 'शुभ कर्म' अथवा इसी प्रकार के अन्य वाक्यांशों का प्रयोग करते हैं तो भी परोक्ष रूप से हमारा संकेत मनुष्य के चरित्र की ओर ही होता है।…इसलिए नैतिक शुभत्व की चर्चा करते हुए मैं 'अच्छा मनुष्य' तथा इसी प्रकार के अन्य वाक्यांशों की ही बात करूंगा।"[14] इस प्रकार हेयर के मतानुसार जब हम मनुष्य तथा उसके चरित्र और आचरण का मूल्यांकन करने के लिए 'अच्छा', 'बुरा', 'शुभ', 'अशुभ' आदि मूल्यात्मक शब्दों का प्रयोग करते हैं तो अनिवार्यतः इसे इन शब्दों

13. वही पुस्तक, पृ० 127-129

14. वही पुस्तक, पृ० 144-145

का 'नैतिक अर्थ' कहा जा सकता है। वस्तुतः यही महत्त्वपर्ण तथ्य इन शब्दों के इस 'नैतिक अर्थ' को इनके 'निर्नैतिक अर्थ' से पृथक करता है।

अब विचारणीय प्रश्न यह है कि क्या नैतिक अर्थ में 'शुभ' तथा अन्य मूल्यात्मक शब्दों के प्रयोग के तार्किक नियम निर्नैतिक अर्थ में इन शब्दों के प्रयोग के तार्किक नियमों से भिन्न प्रकार के होते हैं। हेयर इस प्रश्नका निश्चित रूप से नकारात्मक उत्तर देते हैं। उनका मत है कि नैतिक तथा निर्नैतिक दोनों अर्थों में मूल्यात्मक शब्दों के प्रयोग से संबंधित तार्किक नियम पूर्णतः समान होते हैं। उदाहरणार्थ निर्नैतिक प्रसंगों की भांति नैतिक प्रसंगों में भी 'शुभ' का मुख्य अर्थ मूल्यात्मक या प्रशंसात्मक और इसका गौण अर्थ वर्णनात्मक ही होता है। जब हम किसी व्यक्ति को 'अच्छा मनुष्य' कहते हैं तो हम निश्चय ही नैतिक दृष्टि से उसकी प्रशंसा करते हैं और इस प्रसंग में यही 'अच्छा' शब्द का मुख्य अर्थ है। निर्नैतिक प्रसंगों के समान ही सभी नैतिक प्रसंगों में भी इस शब्द का यही प्रशंसात्मक मुख्य अर्थ विद्यमान रहता है। परन्तु इस मुख्य अर्थ के साथ ही नैतिक प्रसंगों में भी इस शब्द का वर्णनात्मक अर्थ अवश्य होता है। यह वर्णनात्मक अर्थ स्नेह, उदारता, परोपकार, न्याय, ईमानदारी, सत्यवादिता आदि व्यक्ति के उन गुणों में निहित रहता है जिनके कारण हम उसे 'अच्छा मनुष्य' कहते हैं और इस प्रकार नैतिक दृष्टि से उसकी प्रशंसा करते हैं। वस्तुतः उसके ये गुण ही हमारे लिए वे तर्क हैं जो हम उसके संबंध में अपने नैतिक निर्णय के समर्थन में प्रस्तुत करते हैं। यही कारण है कि ऐसे प्रत्येक व्यक्ति को 'अच्छा मनुष्य' कहना तार्किक दृष्टि से हमारे लिए अनिवार्य हो जाता है जिसमें ये गुण विद्यमान हैं और यदि हम ऐसा नहीं करते तो हमारे नैतिक निर्णयों में अनिवार्यतः विसंगति आ जाती है। यदि मैं यह स्वीकार करता हूं कि गौतम बुद्ध तथा महात्मागांधी में समान सद्गुण विद्यमान थे तो मैं तार्किक दृष्टि से एक को अच्छा और दूसरे को बुरा मनुष्य नहीं कह सकता। स्पष्ट है कि इस दृष्टि से 'अच्छा' और 'बुरा' शब्दों का नैतिक अर्थ इनके निर्नैतिक अर्थ से मूलतः भिन्न प्रकार का नहीं है।

इसके अतिरिक्त निर्नैतिक प्रसंगों की भांति नैतिक प्रसंगों में भी 'अच्छा', 'बुरा' आदि शब्दों का मूल्यात्मक अर्थ सदैव समान रहता है, किंतु इनके वर्णनात्मक अर्थ में परिवर्तन हो सकता है। हम किसी व्यक्ति को उसकी उदारता तथा दयालुता के कारण 'अच्छा मनुष्य' कह सकते हैं और किसी अन्य व्यक्ति को उसकी ईमानदारी एवं सत्यनिष्ठा के कारण। इस उदाहरण से यह स्पष्ट है कि नैतिक प्रसंगों में भी 'अच्छा' शब्द का वर्णनात्मक अर्थ परिवर्तित होता रहता है। यही कारण है कि इन प्रसंगों में भी हेयर इस शब्द के वर्णनात्मक अर्थ को

गौण ही मानते हैं। परंतु उनका मत है कि इस वर्णनात्मक अर्थ के अभाव में हमारे लिए नैतिक निर्णय देना संभव नहीं है, क्योंकि हमारे निर्णय अंततः इसी अर्थ पर आधारित रहते हैं। नैतिक निर्णयों के लिए इस वर्णनात्मक अर्थ के महत्त्व को हेयर ने एक उदाहरण द्वारा इस प्रकार स्पष्ट किया है—"यह निर्णय कि वह नैतिक दृष्टि से एक अच्छा मनुष्य है इस निर्णय से तार्किक दृष्टि से स्वतंत्र नहीं है कि उसमें कुछ अन्य गुण हैं जिन्हें हम सद्गुण कह सकते हैं और जो उसे अच्छा मनुष्य बनाते हैं। इन दोनों में संबंध अवश्य है, यद्यपि यह संबंध अर्थ-साम्य का नहीं है। नैतिक प्रसंगों में 'शुभ' का वर्णनात्मक तथा मूल्यात्मक अर्थ दोनों ही विद्यमान रहते हैं और मूल्यात्मक अर्थ प्रमुख होता है। वर्णनात्मक अर्थ को जानना यह जानना है कि वक्ता प्रतिमानों के आधार पर निर्णय दे रहा है।"[15] इस प्रकार हेयर का यह निश्चित मत है कि नैतिक तथा निर्नैतिक दोनों प्रसंगों में 'शुभ' के अर्थ का विश्लेषण एक ही प्रकार के तार्किक नियमों के आधार पर किया जा सकता है, क्योंकि इन दोनों प्रसंगों में प्रयुक्त होने पर इस शब्द के अर्थ में कोई मूल अंतर नहीं होता। यही बात अन्य सभी मूल्यात्मक शब्दों के अर्थ के विषय में भी कही जा सकती है।

यहां यह प्रश्न उठाया जा सकता है कि यदि नैतिक और निर्नैतिक इन दोनों प्रसंगों में तार्किक दृष्टि से 'शुभ' का अर्थ समान होता है तो हम नैतिक प्रसंगों में इस शब्द का अर्थ निर्नैतिक प्रसंगों में इसके अर्थ से पूर्णतः भिन्न क्यों मानते हैं। इस प्रश्न का उत्तर देते हुए हेयर ने कहा है कि नैतिक प्रसंगों में 'शुभ' के अर्थ को पूर्णतया भिन्न मानने के दो प्रमुख कारण हैं। इसका प्रथम कारण यह है कि जिन गुणों के आधार पर हम किसी व्यक्ति को नैतिक दृष्टि से अच्छा मनुष्य कहते हैं वे उन गुणों से पूर्णतः भिन्न होते हैं जिनके कारण हम कार, घड़ी, पुस्तक, चाकू आदि निर्जीव वस्तुओं को अच्छी कहते हैं। इन गुणों में आधारभूत अंतर होने के कारण हम यह मानने लगते हैं कि नैतिक प्रसंगों में 'अच्छा' शब्द का अर्थ निर्नैतिक प्रसंगों में इसके अर्थ से पूर्णतः भिन्न होता है। परंतु हेयर का विचार है कि ऐसा सोचना वास्तव में हमारी भूल है। यह सत्य है कि नैतिक प्रसंगों में 'शुभ' या 'अच्छा' शब्द का वर्णनात्मक अर्थ निर्नैतिक प्रसंगों में इस शब्द के वर्णनात्मक अर्थ से भिन्न होता है, किन्तु निर्नैतिक प्रसंगों में भी इसके वर्णनात्मक अर्थ के विषय में यही बात कही जा सकती है। उदाहरणार्थ जिन गुणों के कारण हम कार को अच्छी कहते हैं वे उन गुणों से पूर्णतः भिन्न होते हैं जिनके कारण हम घड़ी को अच्छी कहते हैं। परंतु वर्णनात्मक अर्थ की इस भिन्नता से यह प्रमाणित नहीं होता

15. वही पुस्तक, पृ० 145-146

कि नैतिक तथा निर्नैतिक प्रसंगों में 'शुभ' या 'अच्छा' शब्द का मूल्यात्मक अर्थ भी भिन्न-भिन्न होता है।

नैतिक और निर्नैतिक प्रसंगों में 'शुभ' शब्द के अर्थ को भिन्न-भिन्न मानने का दूसरा प्रमुख कारण यह है कि हम नैतिक शुभत्व को निर्नैतिक शुभत्व की अपेक्षा कहीं अधिक महत्त्वपूर्ण मानते हैं और इसलिए यह आशा करते हैं कि नैतिक प्रसंगों में 'शुभ' के अर्थ के तार्किक नियम निर्नैतिक प्रसंगों में इस शब्द के अर्थ के तार्किक नियमों से अवश्य ही भिन्न होंगे। यह अनुभवसिद्ध तथ्य है कि हम जितनी गंभीरता-पूर्वक नैतिक शुभत्व के विषय में विचार करते हैं उतनी गंभीरता से निर्नैतिक शुभत्व के संबंध में विचार नहीं करते। यदि हमें ज्ञात होता है कि कोई व्यक्ति नैतिक दृष्टि से अच्छा मनुष्य नहीं है तो हम बहुत क्षुब्ध होते हैं, किन्तु किसी निर्जीव वस्तु के विषय में यह मालूम होने पर कि वह अच्छी नहीं है हम इस प्रकार की क्षुब्धता का अनुभव नहीं करते। इससे स्पष्ट है कि हम नैतिक शुभत्व को निर्नैतिक शुभत्व की अपेक्षा कहीं अधिक महत्त्व देते हैं। हेयर के विचार में इसका कारण यह है कि हम स्वयं मनुष्य हैं और नैतिक शुभत्व का मनुष्य के चरित्र तथा आचरण के साथ अनिवार्य संबंध है। जब हम किसी कर्म को शुभ कहते हैं तो अनिवार्यत: इसका अर्थ यह होता है कि उचित अवसर आने पर अपनी सामर्थ्यानुसार स्वयं हमें भी वह कर्म करना चाहिए। स्पष्ट है कि ऐसी स्थिति में हम नैतिक शुभत्व के प्रति उदासीन नहीं रह सकते। वस्तुत: नैतिक निर्णयों का स्वयं हमारे जीवन पर ही नहीं, अपितु अन्य व्यक्तियों के जीवन पर भी प्रत्यक्ष या परोक्ष रूप से पर्याप्त प्रभाव पड़ता है। यही कारण है कि हम इन निर्णयों को विशेष महत्त्व देते हैं और इन पर बड़ी गंभीरता से विचार करते हैं। हेयर स्वयं भी मानव-जीवन में नैतिक निर्णयों के इस विशेष महत्त्व को पूर्णत: स्वीकार करते हैं, किंतु उनके मतानुसार इसका अर्थ यह नहीं है कि इन निर्णयों के अर्थ का विश्लेषण करने के लिए विशेष प्रकार के तार्किक नियमों की आवश्यकता है। जैसा कि हम ऊपर देख चुके हैं, उनका यह निश्चित मत है कि नैतिक निर्णयों के अर्थ की व्याख्या भी उन्हीं तार्किक नियमों के आधार पर की जा सकती है जिनके आधार पर हम निर्नैतिक मूल्यात्मक निर्णयों के अर्थ की व्याख्या करते हैं। इस प्रकार हेयर के विचार में यद्यपि नैतिक निर्णयों का हमारे लिए विशेष महत्त्व है, फिर भी नैतिक भाषा के अर्थ का विश्लेषण करने के लिए सामान्य तार्किक नियमों से भिन्न किसी विशेष प्रकार के तार्किक नियमों की कोई आवश्यकता नहीं है।

अभी तक हमने 'शुभ' के अर्थ के विषय में ही हेयर का मत प्रस्तुत किया है; अब 'उचित', 'चाहिए' और 'कर्तव्य' के अर्थ के संबंध में भी उनके विचारों का उल्लेख करना आवश्यक है। हम पहले ही यह बता चुके हैं कि वे इन सभी शब्दों

को मूल्यात्मक शब्द मानते हैं जिनका मुख्य कार्य मानवीय आचरण का मार्गदर्शन करना है। परंतु इन शब्दों के अर्थ में इस आधारभूत समानता के साथ-साथ वे यह भी स्वीकार करते हैं कि 'शुभ' तथा अन्य नैतिक शब्दों के अर्थ में पर्याप्त अंतर है। इस संबंध में हेयर का स्पष्ट कथन है कि जो व्यक्ति 'शुभ' तथा 'उचित' के उपयोग से भली-भांति परिचित है वह कभी भी यह नहीं कहेगा कि इन दोनों शब्दों का अर्थ एक ही है। सर्वप्रथम व्याकरण की दृष्टि से विचार करने पर यह स्पष्टत: ज्ञात होता है कि हम दोनों शब्दों का प्रयोग निश्चय ही भिन्न-भिन्न अर्थों में करते हैं। उदाहरणार्थ जब हम किसी कर्म को शुभ कहते हैं तो हम इस संभावना को स्वीकार करते हैं कि वह कम या अधिक शुभ हो सकता है, किंतु किसी कर्म के औचित्य के विषय में हम यह बात नहीं कहते। सामान्यत: औचित्य की मात्रा के विचार को अस्वीकार करते हुए हम यह मानते हैं कि कोई कर्म या तो उचित हो सकता है अथवा अनुचित; वह कम या अधिक उचित नहीं हो सकता। इस दृष्टि से 'उचित' का अर्थ 'शुभ' के अर्थ से अवश्य ही पर्याप्त सीमा तक भिन्न है।

इसके अतिरिक्त नैतिक प्रसंगों में हम 'उचित' का अर्थ 'शुभ' के अर्थ से भिन्न मानते हैं। सामान्यत: हम ऐसे कर्म को नैतिक दृष्टि से उचित कहते हैं जो नियम के अनुरूप है, किंतु ऐसे कर्म का शुभ होना अनिवार्य नहीं है। इसका कारण यह है कि कर्म का शुभत्व व्यक्ति की उस मूल अभिप्रेरणा पर ही निर्भर है जिस से प्रेरित होकर उसने वह कर्म किया है। ऐसी स्थिति में यह संभव है कि कोई कर्म उचित हो, किंतु वह शुभ न हो। इसी प्रकार यह भी संभव है कि कोई कर्म शुभ हो, किंतु वह उचित न हो। उचित और शुभ कर्म के इसी अंतर को सोदाहरण स्पष्ट करते हुए हेयर ने लिखा है—"यह सामान्य बात है कि किसी कर्म को उचित कहना यह कहना नहीं है कि वह कर्म शुभ है, क्योंकि कर्म के शुभ होने के लिए यह आवश्यक है कि वह शुभ अभिप्रेरणा द्वारा किया गया हो, जबकि उसके उचित होने के लिए केवल इतना ही पर्याप्त है कि वह किसी नियम के अनुरूप हो—फिर चाहे वह किसी भी अभिप्रेरणा द्वारा किया गया हो। उदाहरणार्थ यदि मैं इस आशा से अपने दरजी के बिल का भुगतान करता हूं कि वह यह धन अत्यधिक शराब पीने पर खर्च करेगा तो भी मैं इस बिल का भुगतान करके उचित कर्म करता हूं, यद्यपि यह कर्म शुभ नहीं हैं, क्योंकि मेरी अभिप्रेरणा अशुभ है।···यह कहना कि किसी व्यक्ति ने वह कर्म किया जो उचित नहीं था अनिवार्यत: इसके लिए उसकी निंदा करना अथवा उसे दोषी मानना नहीं है, क्योंकि यद्यपि उसने उचित कर्म नहीं किया फिर भी यह संभव है कि उसने सर्वोत्तम अभिप्रेरणा से प्रेरित होकर वह कर्म किया हो अथवा वह ऐसे प्रलोभन का प्रतिरोध न कर सका हो जिसका प्रतिरोध

करने में असफल होने के लिए उसे दोषी नहीं माना जा सकता।"[16] इस प्रकार हेयर के मतानुसार 'उचित' और 'शुभ' के अर्थ में पर्याप्त अंतर है। उनका कथन है कि इसी प्रकार का अंतर 'शुभ' तथा 'चाहिए' के अर्थ में भी स्पष्ट रूप से देखा जा सकता है, क्योंकि हम 'चाहिए' शब्द का प्रयोग भी लगभग उसी अर्थ में करते हैं जिस अर्थ में 'उचित' का प्रयोग किया जाता है।

परंतु उपर्युक्त विवेचन से यह निष्कर्ष निकालना उचित नहीं होगा कि हेयर के विचार में 'शुभ' तथा 'उचित' और 'चाहिए' का अर्थ पूर्णत: भिन्न है। जैसा कि हम ऊपर बता चुके हैं, वे इन तीनों शब्दों को मूल्यात्मक शब्द मानते हुए इनके अर्थ में पर्याप्त समानता स्वीकार करते हैं। 'शुभ' और 'उचित' के अर्थ में एक महत्त्वपूर्ण समानता का उल्लेख करते हुए वे कहते हैं कि जिस प्रकार किसी वस्तु का शुभत्व उसके कुछ विशेष गुणों पर ही निर्भर होता है उसी प्रकार किसी कर्म का औचित्य भी उससे संबंधित कुछ विशेष तथ्यों पर आधारित रहता है। इन तथ्यों में हम कर्म के परिणामों, किसी विशेष नियम तथा उन परिस्थितियों का उल्लेख कर सकते हैं जिनमें वह कर्म किया गया है। इन्हीं सब तथ्यों के आधार पर हम यह निर्णय करते हैं कि कोई कर्म उचित है या नहीं—अर्थात् वह कर्म हमें करना चाहिए अथवा नहीं। इससे स्पष्ट है कि किसी कर्म के औचित्य का इन तथ्यों के साथ अनिवार्य संबंध है। यदि किन्ही दो कर्मों के सभी परिणाम, विशेष नियम तथा वे परिस्थितियां जिनमें ये कर्म किए गए हैं पूर्णत: समान हैं तो हम तार्किक दृष्टि से एक कर्म को उचित और दूसरे को अनुचित नहीं कह सकते। यदि हम ऐसा कहते हैं तो हमारे कथन में असंगति का उत्पन्न हो जाना अनिवार्य है। 'शुभ' के विषय में इस विशेषता का उल्लेख हम पहले ही कर चुके हैं। इस दृष्टि से 'उचित' और 'चाहिए' का अर्थ भी 'शुभ' के अर्थ से भिन्न नहीं है। इसी विशेषता के आधार पर 'शुभ' तथा 'उचित' के अर्थ की समानता को एक उदाहरण द्वारा स्पष्ट करते हुए हेयर कहते हैं कि "जिस प्रकार चित्र अथवा अन्य वस्तुएं केवल अपने शुभत्व के कारण एक-दूसरे से भिन्न नहीं हो सकतीं उसी प्रकार कर्म भी केवल अपने औचित्य के कारण एक-दूसरे से भिन्न नहीं हो सकते; और यह असंभावना तार्किक असंभावना है जो उस उद्देश्य से उत्पन्न होती है जिसके लिए हम इन शब्दों का प्रयोग करते हैं।"[17] इस प्रकार यह स्पष्ट है कि हेयर 'उचित' और 'चाहिए' के अर्थ को 'शुभ' के अर्थ से पूर्णत: भिन्न नहीं मानते।

16. वही पुस्तक, पृ० 185
17. वही पुस्तक, पृ० 153

'शुभ', 'उचित' तथा 'चाहिए' के अर्थ की जिस समानता का उल्लेख ऊपर किया गया है उससे यह स्पष्ट है कि हेयर के विचार में 'शुभ' की भांति 'उचित' और 'चाहिए' का भी वर्णनात्मक अर्थ अवश्य होता है जो प्रसंगानुसार परिवर्तित होता रहता है। जब हम किसी कर्म के विषय में 'उचित' तथा 'चाहिए' का प्रयोग करते हैं तो ये शब्द इस कर्म से संबंधित कुछ तथ्यों—परिणामों, नियमों, परिस्थितियों आदि—की ओर अवश्य संकेत करते हैं। वस्तुत: कर्म संबंधी इन्हीं तथ्यों में 'उचित' और 'चाहिए' का वर्णनात्मक अर्थ निहित रहता है। इस वर्णनात्मक अर्थ के अभाव में ये शब्द मार्ग दर्शन संबंधी अपना मुख्य कार्य नहीं कर सकते, किंतु प्रसंगानुसार परिवर्तित होते रहने के कारण हेयर इसे गौण अर्थ ही मानते हैं। उनका विचार है कि इन शब्दों का मुख्य अर्थ परामर्शात्मक अर्थ ही है जो सभी प्रसंगों में समान रूप से विद्यमान रहता है। इसी कारण उन्होने 'उचित' और 'चाहिए' के अर्थ की व्याख्या के संबंध में भी प्रकृतिवाद का उसी प्रकार खंडन किया है जिस प्रकार 'शुभ' के अर्थ की व्याख्या के संबंध में। हेयर का कथन है कि 'उचित' और 'चाहिए' का कर्म संबंधी कुछ तथ्यों के साथ अनिवार्य संबंध अवश्य है, किंतु इन तथ्यों के आधार पर उक्त दोनों शब्दों के अर्थ की ठीक-ठीक व्याख्या कभी नहीं की जा सकती। इसका कारण यह है कि ये शब्द मुख्यत: वर्णनात्मक न होकर मूल्यात्मक या परामर्शात्मक हैं। किन्हीं तथ्यों के वर्णन मात्र से हम परामर्श या मार्गदर्शन संबंधी तत्त्व को कभी भी प्राप्त नहीं कर सकते। प्रकृतिवाद के विरुद्ध अपने इस तर्क को हेयर ने एक उदाहरण द्वारा इस प्रकार स्पष्ट किया है। मान लीजिए कोई व्यक्ति यह कहता है कि "अमुक कर्म अनुचित है" का अर्थ यह है कि "वह कर्म हमारे देश के शासक की आज्ञा के विरुद्ध है।" हम उससे यह पूछ सकते हैं कि क्या उपर्युक्त दोनों कथन समानार्थक हैं। वह निश्चय ही इस प्रश्न का उत्तर 'हां' में नहीं दे सकता, क्योंकि यदि वह ऐसा करता है तो उसका यह कथन निरर्थक पुनरुक्ति मात्र हो जाता है कि "जो कर्म हमारे देश के शासक की आज्ञा के विरुद्ध है वह अनुचित है।" यदि 'अनुचित' का अर्थ 'हमारे देश के शासक की आज्ञा के विरुद्ध' के अतिरिक्त और कुछ नहीं है तो उसका उपर्युक्त कथन विश्लेषणात्मक प्रतिज्ञप्ति मात्र हो जाता है जिसका अर्थ यह है कि "जो कर्म हमारे देश के शासक की आज्ञा के विरुद्ध है वह हमारे देश के शासक की आज्ञा के विरुद्ध है"। परंतु निश्चय ही वह इस प्रकार का निरर्थक वाक्य नहीं कहना चाहेगा, अत: इससे यही सिद्ध होता है कि 'अनुचित' का अर्थ 'हमारे देश के शासक की आज्ञा के विरुद्ध' से भिन्न है। जब हम अपने दैनिक जीवन में 'अनुचित', 'उचित', 'चाहिए' आदि शब्दों का प्रयोग करते हैं तो हम इस तथ्य को

पूर्णतः स्वीकार करते हैं।[18] हम देख चुके हैं कि 'शुभ' के अर्थ की व्याख्या करते हुए भी हेयर ने प्रकृतिवाद के विरुद्ध यही तर्क दिया है। वे यह स्वीकार करते हैं कि इस सिद्धांत के विरुद्ध यह वही तर्क है जो मूर ने अपनी पुस्तक 'प्रिंसिपिया ऐथिका' में दिया था। प्रकृतिवाद के विरुद्ध मूर के इस तर्क पर हम तीसरे अध्याय में विस्तारपूर्वक विचार कर चुके हैं। यहां इतना कह देना ही पर्याप्त है कि हेयर भी प्रकृतिवाद का खंडन करने के लिए इसे एक प्रबल तर्क के रूप में स्वीकार करते हैं।

'उचित तथा 'चाहिए' के अर्थ की व्याख्या करते हुए हेयर कहते हैं कि इन शब्दों का मुख्य कार्य आचरण के सम्बन्ध में मनुष्य का मार्गदर्शन करना है और यह मार्गदर्शन कुछ नियमों पर आधारित होता है। उदाहरणार्थ जब हम यह अनुभव करते हैं कि हमारा कोई कर्म किसी ऐसे नियम के विरुद्ध है जिसका पालन करने का हमने निश्चय किया है तो हम यह कहते हैं कि हमें वह कर्म नहीं करना चाहिए और यदि हम वह कर्म कर चुके हैं तो हम कहते हैं कि हमें वह कर्म नहीं करना चाहिए था। इससे यह स्पष्ट है कि 'चाहिए' का उन नियमों के साथ अवश्य सम्बन्ध है जिन्हें हम अपने आचरण के लिए स्वीकार करते हैं। यही बात 'उचित' के अर्थ के सम्बन्ध में भी कही जा सकती है, क्योंकि जैसा कि हम ऊपर बता चुके हैं, सामान्यतः उसी कर्म को उचित माना जाता है जो नियम के अनुरूप है। हेयर का मत है कि 'चाहिए' तथा 'उचित' के अर्थ की यह व्याख्या नैतिक और निर्नैतिक दोनों प्रसंगों में इन शब्दों के प्रयोग पर समान रूप से लागू होती है। इस दृष्टि से इन दोनों प्रसंगों में 'चाहिए' और 'उचित' के अर्थ में कोई मूल भेद नहीं है। नैतिक तथा निर्नैतिक दोनों प्रसंगों में 'शुभ' की भांति 'उचित' और 'चाहिए' के प्रयोग के तार्किक नियम भी समान ही हैं। दोनों प्रसंगों में ये शब्द आचरण के सम्बन्ध में मनुष्यों का मार्गदर्शन करते हैं। अपनी इस मान्यता को स्पष्ट करने के लिए हेयर ने उदाहरण के रूप में निम्नलिखित दो वाक्य प्रस्तुत किए हैं—(1) "तुम्हें विष की दूसरी खुराक देनी चाहिए"। (यह वाक्य उस व्यक्ति से कहा गया है जिसे किसी मनुष्य को विष देकर उसकी हत्या करने का काम सौंपा गया है।) (2) "तुम्हें सत्य बोलना चाहिए"। यह स्पष्ट है कि पहला वाक्य नैतिक निर्णय नहीं है, किन्तु दूसरा वाक्य नैतिक निर्णय है। फिर भी इन दोनों वाक्यों में 'चाहिए' का मार्गदर्शन सम्बन्धी मुख्य अर्थ समान ही है।[19] दोनों वाक्यों में वक्ता किसी को कुछ

18. वही पुस्तक, पृ० 155
19. वही पुस्तक, पृ॰ 160-161

करने के लिए निर्देश देकर उसका मार्गदर्शन करता है।

परन्तु हेयर का विचार है कि जब हम नैतिक प्रसंगों में 'चाहिए' शब्द का प्रयोग करते हैं तो हमारा निर्णय अनिवार्यतः किसी नैतिक नियम अथवा सिद्धांत पर ही आधारित होता है। वस्तुतः यही तथ्य नैतिक प्रसंगों में इस शब्द के अर्थ को हमारे लिए विशेष महत्त्व प्रदान करता है। नैतिक नियम वे नियम हैं जो मनुष्य होने के नाते हमारे आचरण का नियमन अथवा मार्गदर्शन करते हैं, अतः हम इन नियमों की उपेक्षा नहीं कर सकते। इसके अतिरिक्त किसी नैतिक नियम को स्वीकार करने का अर्थ है उपयुक्त अवसर पर अपनी सामर्थ्यानुसार उसके अनुरूप आचरण करने का प्रयास करना। यदि मैं किसी व्यक्ति से कहता हूं कि "तुम्हें सत्य बोलना चाहिए" तो मैं अवश्य ही सत्य बोलने से सम्बन्धित नैतिक नियम को स्वीकार करता हूं—अर्थात् मैं यह मानता हूं कि उन परिस्थितियों में मुझे तथा अन्य सभी व्यक्तियों को सत्य बोलना चाहिए जिनमें वह व्यक्ति है। यही कारण है कि हमारे लिए नैतिक निर्णय निर्नैतिक निर्णयों की अपेक्षा कहीं अधिक महत्त्वपूर्ण हो जाते हैं और इस दृष्टि से नैतिक प्रसंगों में 'चाहिए', 'उचित' आदि शब्दों का भी हमारे लिए विशेष महत्त्व होना स्वाभाविक है। परन्तु हेयर के मतानुसार इससे यह निष्कर्ष निकालना उचित नहीं होगा कि नैतिक प्रसंगों में इन शब्दों का अर्थ निर्नैतिक प्रसंगों में इनके अर्थ से पूर्णतः भिन्न होता है।

यहां यह उल्लेखनीय है कि 'कर्तव्य' के अर्थ के विषय में हेयर का मत 'उचित' और 'चाहिए' के अर्थ के सम्बन्ध में उनके मत से कुछ भिन्न है। उनका कथन है कि 'कर्तव्य' शब्द का प्रयोग प्रायः नैतिक, कानूनी, सैनिक तथा कुछ अन्य विशेष प्रसंगों में ही किया जाता है, अतः इस शब्द का अर्थ 'उचित' और 'चाहिए' के अर्थ की अपेक्षा अधिक सीमित है। हम नैतिक प्रसंगों में 'उचित' और 'चाहिए' के स्थान पर 'कर्तव्य' शब्द का प्रयोग कर सकते हैं, किंतु सभी निर्नैतिक प्रसंगों में हम ऐसा नहीं कर सकते। जहां तक मुझे ज्ञात है, हेयर 'कर्तव्य' शब्द के अर्थ के सम्बन्ध में इससे अधिक और कुछ नहीं कहते। उन्होने 'शुभ', 'उचित' और 'चाहिए' इन तीन शब्दों के अर्थ की ही विस्तृत व्याख्या की है।

नैतिक निर्णयों के प्रथम मुख्य तत्त्व—परामर्शात्मकता—के विषय में हेयर के मत का विवेचन करने के पश्चात अब इन निर्णयों के एक अन्य महत्त्वपूर्ण तत्त्व—सार्वलौकिकता—के सम्बन्ध में भी उनके मत पर विचार करना आवश्यक है। हम देख चुके हैं कि वे नैतिक निर्णयों के परामर्शात्मक अर्थ के साथ-साथ इन निर्णयों के वर्णनात्मक अर्थ को भी विशेष महत्त्व देते हैं। इसका कारण यह है

कि उनके विचार में यही वर्णनात्मक अर्थ नैतिक निर्णयों को वास्तव में 'सार्वलौकिक' निर्णय बनाता है। परामर्शात्मकता की भांति यह सार्वलौकिकता भी इन निर्णयों का अनिवार्य तत्त्व है जिसके अभाव में इन्हें नैतिक निर्णय नहीं कहा जा सकता। जब हेयर किसी निर्णय को 'सार्वलौकिक निर्णय कहते हैं तो इससे उनका तात्पर्य यह है कि वह निर्णय समान परिस्थितियों में सभी समान वस्तुओं पर बिना किसी अपवाद के अनिवार्यतः लागू होता है। इस दृष्टि से वर्णनात्मक निर्णयों तथा नैतिक निर्णयों में कोई अन्तर नहीं है, क्योंकि दोनों ही समान रूप से सार्वलौकिक निर्णय होते हैं। इस सार्वलौकिकता पर आधारित इन दोनों प्रकार के निर्णयों की समानता को एक उदाहरण द्वारा स्पष्ट करते हुए हेयर कहते हैं कि "यदि मैं किसी वस्तु को लाल कहता हूं तो मैं उस जैसी अन्य वस्तुओं को भी लाल कहने के लिए तर्कतः प्रतिबद्ध हूं। और यदि मैं किसी वस्तु को शुभ 'क' कहता हूं तो मैं उस जैसे किसी भी 'क' को शुभ कहने के लिए प्रतिबद्ध हूं।...सुसंगत रूप से यह मानना असम्भव है कि नैतिक निर्णय वर्णनात्मक हैं और वे सार्वलौकिक नहीं हैं। इसी बात को और भी अधिक निश्चित रूप से इस प्रकार कहा जा सकता है : जो दार्शनिक सार्वलौकिकता को अस्वीकार करता है वह इस विचार को मानने के लिए प्रतिबद्ध है कि नैतिक निर्णयों का कोई वर्णनात्मक अर्थ नहीं होता।"[20] इस प्रकार हेयर का यह निश्चित मत है कि सार्वलौकिकता वर्णनात्मक निर्णयों की भांति नैतिक निर्णयों की भी अनिवार्य विशेषता है।

वस्तुतः सार्वलौकिकता सम्बन्धी इसी विशेषता के कारण हम समान गुणों वाले दो व्यक्तियों में से एक को अच्छा और दूसरे को बुरा अथवा दो समान कर्मों में से एक को उचित तथा दूसरे को अनुचित नहीं कह सकते। यदि हम ऐसा कहते हैं तो हमारे कथनों में तार्किक असंगति का उत्पन्न हो जाना अनिवार्य है। इसका कारण यह है कि सार्वलौकिकता वर्णनात्मक शब्दों की भांति नैतिक शब्दों के अर्थ का भी अनिवार्य भाग है। मनुष्य के लिए किसी नैतिक निर्णय को स्वीकार करने का अर्थ अनिवार्यतः यह है कि वह समान परिस्थितियों में उस निर्णय को स्वयं अपने ऊपर तथा अन्य सभी व्यक्तियों पर लागू करने के लिए तार्किक दृष्टि से प्रतिबद्ध है। यदि मैं यह कहता हूं कि " 'क' को चोरी नहीं करनी चाहिए" तो मैं यह स्वीकार करने के लिए तर्कतः प्रतिबद्ध हूं कि समान परिस्थितियों में किसी भी व्यक्ति को चोरी नहीं करनी चाहिए : अन्य सभी नैतिक निर्णयों के विषय में भी यही बात कही जा सकती है। यदि हम पक्षपात

20. 'फ्रीडम ऐंड रीज़न', पृ० 15-16

अथवा किसी अन्य कारण से प्रेरित हो कर दो समान कर्मों या व्यक्तियों के विषय में भिन्न-भिन्न नैतिक निर्णय देते हैं तो हम स्पष्ट रूप से सार्वलौकिकता के उपर्युक्त तार्किक नियम का उल्लंघन करते हैं। ऐसा करने से हमारे नैतिक निर्णयों में वैसी ही तार्किक असंगति आ जाती है जैसी एक ही वस्तु के सम्बन्ध में दो परस्पर विरोधी वर्णनात्मक कथनों—यथा, "वह वस्तु लाल है" और "वह वस्तु लाल नहीं है"—में पाई जाती है।

यहां यह उल्लेखनीय है कि सार्वलौकिकता के नियम के विषय में हेयर के उपर्युक्त मत पर कान्ट के विचारों का पर्याप्त प्रभाव पड़ा है। अपनी प्रसिद्ध पुस्तक 'ग्राउंडवर्क ऑफ़ दि मैटाफ़िज़िक ऑफ़ मॉरल्ज़' में कान्ट ने अन्य नैतिक नियमों के साथ-साथ सार्वभौमिकता के नियम को भी अनिवार्य नियम के रूप में स्वीकार किया है। इस नियम की व्याख्या करते हुए उन्होंने कहा है कि यदि मैं कोई कर्म करना चाहता हूं तो मुझे अपने आप से यह प्रश्न पूछना चाहिए कि क्या अन्य सभी व्यक्ति भी वह कर्म करें—अर्थात् क्या वह कर्म करना सार्वभौमिक नियम हो जाना चाहिए। वे ऐसे प्रत्येक कर्म को अनैतिक मानते हैं जो सार्वभौमिकता के इस नियम के विरुद्ध है—अर्थात् जिसे करते समय व्यक्ति इस नियम का उल्लंघन करता है। हेयर मूलत: कान्ट के इसी नियम का समर्थन करते हैं इस सम्बन्ध में अपने विचारों पर कान्ट के प्रभाव को स्पष्टत: स्वीकार करते हुए उन्होंने लिखा है—"यह पूछना कि क्या इन परिस्थितियों में मुझे 'क' नामक कर्म करना चाहिए (एक छोटे-से, किन्तु महत्त्वपूर्ण, संशोधन के साथ कान्ट की भाषा का प्रयोग करते हुए) यह पूछना है कि क्या मैं यह इच्छा करता हूं कि ऐसी परिस्थितियों में 'क' नामक कर्म करना सार्वभौमिक नियम बन जाना चाहिए।...इसी प्रश्न को दूसरे शब्दों में इस प्रकार प्रस्तुत किया जा सकता है कि उन परिस्थितियों में 'क' नामक कर्म करने के प्रति मैं किस प्रकार का दृष्टिकोण अपनाना चाहूंगा।"[21] इस प्रकार यह स्पष्ट है कि सार्वलौकिकता के नियम का प्रतिपादन करते हुए हेयर कान्ट के विचारों से प्रभावित अवश्य हुए हैं।

परन्तु उपर्युक्त विवेचन से यह निष्कर्ष निकालना उचित नहीं होगा कि हेयर के सार्वलौकिकता के नियम तथा कान्ट के सार्वभौमिकता के नियम में कोई अन्तर नहीं है। वास्तव में ये दोनों नियम पूर्णत: समान प्रतीत होते हुए भी एक-दूसरे से कुछ सीमा तक भिन्न हैं। कान्ट का नियम 'नैतिक नियम' है जिसके अनुसार हमें ऐसा कोई कर्म नहीं करना चाहिए जिसे हम सार्वभौमिक नहीं बना

21. 'दि लैंग्वेज ऑफ़ मॉरल्ज', पृ० 69-70

सकते—अर्थात् जिसके सम्बन्ध में हम यह इच्छा नहीं करते कि अन्य सभी व्यक्ति भी वह कर्म करें। यह नियम हमें पक्षपात अथवा किसी अन्य व्यक्तिगत कारण से प्रेरित होकर कोई भी कर्म न करने का नैतिक आदेश देता है। परन्तु हेयर का सार्वलौकिकता का नियम 'नैतिक नियम' न होकर वस्तुतः 'तार्किक नियम' है। इस नियम के अनुसार सार्वलौकिकता का तत्त्व नैतिक शब्दों के अर्थ में ही अनिवार्यतः निहित रहता है। इसका तात्पर्य यह है कि सार्वलौकिकता के तत्त्व को स्वीकार किए बिना हम वर्णनात्मक शब्दों की भांति किसी भी नैतिक शब्द का सुसंगत एवं सार्थक प्रयोग नहीं कर सकते। जिस प्रकार हम समान रंग वाली दो वस्तुओं में से एक को लाल और दूसरी को काली नहीं कह सकते ठीक उसी प्रकार हम समान गुणों वाले दो व्यक्तियों में से एक को अच्छा तथा दूसरे को बुरा नहीं कह सकते। हम देख चुके हैं कि इस दृष्टि से नैतिक शब्दों का अर्थ वर्णनात्मक शब्दों के समान ही है। वस्तुतः अपनी उपर्युक्त मान्यता के कारण ही हेयर ने अपने सार्वलौकिकता के नियम को 'तार्किक नियम' कहा है जिसका उल्लंघन करने से हमारे कथनों में अनिवार्यतः तार्किक असंगति उत्पन्न हो जाती है। यह नियम हमें कोई नैतिक आदेश नहीं देता, अपितु हमसे यह मांग करता है कि अपने कथनों की सार्थकता के लिए हमें इनमें तार्किक संगति अवश्य बनाए रखनी चाहिए। इस दृष्टि से हेयर का सार्वलौकिकता का नियम कान्ट के सार्वभौमिकता के नियम से निश्चय ही भिन्न है। परन्तु इन दोनों नियमों में आधारभूत समानता यह है कि ये दोनों ही हमारे ऐसे प्रत्येक कर्म को अनुचित मानते हैं जिसके विषय में हम यह इच्छा नहीं करते कि समान परिस्थितियों में अन्य सभी व्यक्ति भी वह कर्म करें। वास्तव में इसी समानता के कारण कुछ दार्शनिकों ने हेयर के सार्वलौकिकता के नियम को भी कान्ट के सार्वभौमिकता के नियम के समान ही 'नैतिक नियम' मान लेने की भूल की है। परन्तु जैसा कि हम ऊपर बता चुके हैं, हेयर अपने इस नियम को 'नैतिक नियम' न मान कर 'तार्किक नियम' ही मानते हैं और इसी कारण उन्होंने इसे कान्ट के नियम से भिन्न नाम दिया है।

अपनी दूसरी पुस्तक 'फ्रीडम ऐंड रीज़न' में हेयर 'ने तार्किक नियम' के रूप में ही सार्वलौकिकता के नियम की विस्तृत व्याख्या की है। इस सम्बन्ध में उनका कथन है कि "नैतिक निर्णय उसी प्रकार सार्वलौकिक होते हैं जिस प्रकार वर्णनात्मक निर्णय—अर्थात्...नैतिक कथनों तथा वर्णनात्मक कथनों दोनों का ही वर्णनात्मक अर्थ होता है; परन्तु जो सार्वभौमिक नियम नैतिक निर्णयों के इस वर्णनात्मक अर्थ को निर्धारित करते हैं वे केवल अर्थ सम्बन्धी नियम ही

नहीं होते, अपितु महत्त्वपूर्ण नैतिक सिद्धांत होते हैं···'तार्किक सिद्धांत' से मेरा तात्पर्य शब्दों के अर्थ सम्बन्धी सिद्धांत से है।···मैं यह मानता रहा हूं कि 'चाहिए' शब्द तथा अन्य नैतिक शब्दों का अर्थ इस प्रकार का होता है कि जो व्यक्ति उनका प्रयोग करता है वह इसके द्वारा अपने आपको सार्वभौमिक नियम का पालन करने के लिए प्रतिबद्ध करता है। यही सार्वलौकिकता का सिद्धांत है।··· सार्वलौकिकता के नियम का उल्लंघन करना तार्किक दोष है, नैतिक दोष नहीं। यदि कोई व्यक्ति यह कहता है कि 'मुझे अमुक कर्म करना चाहिए, किन्तु अन्य किसी भी व्यक्ति को समान परिस्थितियों में वह कर्म नहीं करना चाहिए' तो मेरे सिद्धांत के अनुसार वह 'चाहिए' शब्द का दुरुपयोग कर रहा है; वह अप्रत्यक्षतः स्वयं अपना ही विरोध कर रहा है ।···सार्वलौकिकता का सिद्धांत हमें उन कर्मों के विषय में भिन्न-भिन्न नैतिक निर्णय देने से रोकता है जिन्हें हम पूर्णतः समान मानते हैं। यह सिद्धान्त हमें बताता है कि ऐसा करना तार्किक दृष्टि से दो असंगत निर्णय देना है।"[22] हेयर द्वारा की गई सार्वलौकिकता के नियम की उपर्युक्त व्याख्या से यह पूर्णतः स्पष्ट है कि वे इसे 'तार्किक नियम' के रूप में ही स्वीकार करते हैं, अतः उनका यह नियम कान्ट के 'नैतिक नियम' से निश्चय ही भिन्न है।

यहां इस बात का उल्लेख कर देना आवश्यक है कि अपने इस सार्वलौकिकता के तार्किक नियम के आधार पर ही हेयर नैतिक निर्णयों तथा आज्ञाओं में अन्तर स्पष्ट करते हैं। हम देख चुके हैं कि हेयर के मतानुसार प्रत्येक नैतिक निर्णय में परामर्श या आदेश अनिवार्यतः निहित रहता है जो इसे वर्णनात्मक कथनों से पृथक करता है। परन्तु इसका अर्थ यह नहीं है कि वे नैतिक निर्णयों तथा आज्ञाओं अथवा आदेशों में कोई अन्तर नहीं मानते। वस्तुतः हेयर स्पष्ट रूप से यह कहते हैं कि सार्वलौकिकता का नियम नैतिक निर्णयों को आदेशों या आज्ञाओं से पृथक करता है। जब हम किसी व्यक्ति को कोई आदेश देते हैं तो हमारे लिए यह अनिवार्य नहीं है कि हम उसके समर्थन में सार्वलौकिकता के नियम पर आधारित कोई उचित कारण या तर्क प्रस्तुत करें। इस दृष्टि से हमारा आदेश पूर्णतः व्यक्तिगत हो सकता है जिसका सार्वलौकिक होना अनिवार्य नहीं है। परन्तु नैतिक निर्णयों के सम्बन्ध में हम ऐसा नहीं कह सकते, क्योंकि ये निर्णय अनिवार्यतः सार्वलौकिक होते हैं। हम देख चुके हैं कि हेयर के विचार में जब कोई व्यक्ति नैतिक निर्णय देता है तो उसके लिए इस निर्णय को सार्वलौकिक निर्णय के रूप में स्वीकार करना—अर्थात् इसे समान परिस्थितियों में अन्य

22. 'फ्रीडम ऐंड रीज़न', पृ० 30, 32-33

सभी व्यक्तियों पर लागू करने के लिए उद्यत होना—तार्किक दृष्टि से अनिवार्य है। उससे यह मांग करना पूर्णतः उचित होगा कि वह अपने नैतिक निर्णय के समर्थन में वस्तुनिष्ठ तर्क प्रस्तुत करे और ऐसा तर्क सार्वलौकिकता के नियम पर ही आधारित हो सकता है। नैतिक निर्णयों की यह अनिवार्य विशेषता उन्हें आज्ञाओं अथवा आदेशों से पृथक करती है। मुख्यतः इसी आधार पर नैतिक निर्णयों तथा आदेशों में अन्तर स्पष्ट करते हुए हेयर कहते हैं कि "सार्वलौकिकता की दृष्टि से 'चाहिए सम्बन्धी निर्णयों' को सामान्य आदेशों से पृथक करना और भी आवश्यक है।···साधारण आदेशों के लिए तर्क या कारण प्रस्तुत करना आवश्यक नहीं है, यद्यपि सामान्यतः ऐसे आदेशों के समर्थन में तर्क अवश्य दिए जाते हैं; परन्तु यदि 'चाहिए सम्बन्धी निर्णयों' के समर्थन में कारणों या तर्कों की मांग को अनावश्यक अथवा निरर्थक समझा जाता है तो अवश्य ही इन निर्णयों का दुरुपयोग किया जा रहा है।"[23] इस प्रकार हेयर का मत है कि नैतिक निर्णय सार्वलौकिकता सम्बन्धी अपनी अनिवार्य विशेषता के कारण आज्ञाओं अथवा आदेशों से निश्चय ही भिन्न होते हैं।

अभी तक हमने मुख्यतः नैतिक शब्दों तथा नैतिक निर्णयों के अर्थ और स्वरूप के विषय में हेयर के मत का विवेचन किया है। अब संक्षेप में इस महत्त्वपूर्ण प्रश्न पर भी विचार करना आवश्यक है कि उनके अनुसार नैतिक निर्णयों के समर्थन में दिए जाने वाले तर्कों का स्वरूप, उद्देश्य तथा आधार क्या है। हम पहले ही इस तथ्य का उल्लेख कर चुके हैं कि हेयर नैतिक निर्णयों को मुख्यतः बौद्धिक निर्णय मानते हैं, भावनात्मक या संवेगात्मक कथन नहीं। उनका मत है कि नैतिक निर्णय देना निश्चय ही एक बौद्धिक प्रक्रिया है जो संवेगात्मक अभिव्यक्ति की निर्बौद्धिक प्रक्रिया से भिन्न होती है। हम देख चुके हैं कि नैतिक निर्णयों द्वारा स्वयं अपना अथवा अन्य व्यक्तियों का मार्गदर्शन करना बौद्धिक कार्य है जिसका उचित तर्कों पर आधारित होना आवश्यक है। जब हम नैतिक निर्णय देते हैं, तो हमसे यह मांग की जा सकती है कि हम अपने इन निर्णयों की पुष्टि के लिए उचित कारण या तर्क प्रस्तुत करें। यदि हम इस मांग को अनुचित या अनावश्यक मान कर इसकी पूर्ति नहीं करते तो हमारे निर्णयों को वास्तव में 'नैतिक निर्णय' नहीं कहा जा सकता। यहां यह स्पष्ट कर देना भी आवश्यक है कि हेयर के मतानुसार नैतिक निर्णयों के समर्थन में दिए जाने वाले तर्कों का उद्देश्य स्वयं इन निर्णयों को ही उचित सिद्ध करना होता है, अन्य व्यक्तियों की भावनाओं या अभिवृत्तियों को प्रभावित अथवा परिवर्तित करना नहीं। इस

23. वही पुस्तक, पृ० 36

सम्बन्ध में वे स्टीवैन्सन के मत को पूर्णतः अस्वीकार करते हैं जिनके अनुसार नैतिक निर्णयों के पक्ष में दिए जाने वाले तर्कों का मुख्य उद्देश्य इन निर्णयों को उचित सिद्ध करने के स्थान पर अन्य व्यक्तियों को प्रभावित करना ही होता है। हम पिछले अध्याय में देख चुके हैं कि स्टीवैन्सन की इस मान्यता के कारण नैतिक निर्णय मुख्यतः निर्बौद्धिक हो जाते हैं, क्योंकि उनके अनुसार निर्बौद्धिक विधियों द्वारा हम दूसरों की भावनाओं या अभिवृत्तियों को परिवर्तित अथवा प्रभावित कर सकते हैं। संवेगवाद की इसी समस्या को ध्यान में रखते हुए हेयर नैतिक निर्णयों तथा उनके लिए प्रस्तुत किए जाने वाले तर्कों में मनोवैज्ञानिक सम्बन्ध के स्थान पर तार्किक सम्बन्ध स्वीकार करते हैं। इस प्रकार उन्होंने नैतिक निर्णयों के अर्थ की भांति इन निर्णयों के प्रमाणीकरण के विषय में भी स्टीवैन्सन के मत का खण्डन किया है।

हेयर का विचार है कि नैतिक निर्णयों के समर्थन में दिए जाने वाले तर्कों का मुख्य आधार सार्वलौकिकता का नियम है। नैतिक निर्णयों के अनिवार्यतः सार्वलौकिक होने के कारण ही हम इन निर्णयों के सम्बन्ध में बौद्धिक तर्क प्रस्तुत कर सकते हैं। किसी कथन के तर्कसंगत होने के लिए यह अनिवार्य है कि उसमें कोई तार्किक असंगति न हो। हम ऊपर देख चुके हैं कि नैतिक निर्णयों में तार्किक दृष्टि से संगति बनाए रखने के लिए सार्वलौकिकता के नियम का पालन करना आवश्यक है। जब कोई व्यक्ति नैतिक निर्णय देते समय इस नियम का उल्लंघन करता है तो उसके निर्णय में अनिवार्यतः तार्किक असंगति उत्पन्न हो जाती है जिसके फलस्वरूप वह निर्णय तार्किक दृष्टि से दोषपूर्ण तथा अबौद्धिक हो जाता है। यह सर्वविदित तथ्य है कि अनेक व्यक्ति पक्षपात, पूर्वाग्रह घृणा अथवा शत्रुता के कारण पूर्णतः समान गुणों वाले व्यक्तियों या कर्मों के सम्बन्ध में भिन्न-भिन्न नैतिक निर्णय देते हैं। वे कोई उचित कारण बताए बिना केवल अपने पूर्वाग्रहों से प्रेरित होकर एक व्यक्ति के कर्म को नैतिक दृष्टि से उचित और समान परिस्थितियों में किसी अन्य व्यक्ति द्वारा किए गए उसी कर्म को नैतिक दृष्टि से अनुचित कहते हैं। स्पष्ट है कि ऐसे व्यक्तियों के पक्षपातपूर्ण तथा सार्वलौकिकता के नियम के विरुद्ध निर्णयों को तर्कसंगत नैतिक निर्णय नहीं माना जा सकता। इन व्यक्तियों को तार्किक दृष्टि से इस बात के लिए बाध्य किया जा सकता है कि वे सार्वलौकिकता के नियम के अनुसार अपने नैतिक निर्णयों में आवश्यक संशोधन अथवा परिवर्तन करें। यदि वे ऐसा नहीं करते तो निश्चय ही उन्हें 'विवेकशील व्यक्ति' नहीं कहा जा सकता। इससे स्पष्ट है कि हेयर के विचार में सार्वलौकिकता का नियम ही नैतिक निर्णयों को तर्कसंगत निर्णय बनाता है।

—

नैतिक निर्णयों को तर्कसंगत सिद्ध करने की दृष्टि से सार्वलौकिकता के इस नियम के महत्त्व को स्पष्ट करते हुए हेयर कहते हैं कि "यदि कोई मनुष्य अन्य व्यक्तियों के कर्मों के विषय में स्वीकारात्मक नैतिक निर्णय देने के लिए तैयार है किन्तु स्वयं अपने कर्मों के सम्बन्ध में वह ऐसा नहीं करता···तो हम उससे पूछ सकते हैं कि वह किस सिद्धांत के आधार पर इन भिन्न-भिन्न मामलों में भेद करता है। यह सार्वलौकिकता की मांग का विशेष परिणाम है।···उसे या तो कोई ऐसा सिद्धांत प्रस्तुत करना चाहिए जिसके आधार पर वह समान प्रतीत होने वाले मामलों के विषय में भिन्न-भिन्न नैतिक निर्णय देता है अथवा उसे यह स्वीकार करना चाहिए कि वह जो निर्णय दे रहा है वे नैतिक निर्णय नहीं हैं। परन्तु यदि वह यह स्वीकार करता है तो उसकी स्थिति ऐसे व्यक्ति की स्थिति के समान हो जाती है जो कोई भी नैतिक निर्णय नहीं देता।···यदि हम यह देखते हैं कि कोई मनुष्य समान परिस्थितियों में अपने विषय में जो निर्णय देता है वे दूसरों के विषय में दिए गए उसके निर्णयों से पूर्णतः भिन्न हैं तो हम उसे तार्किक दृष्टि से इस बात के लिए बाध्य कर सकते हैं कि या तो वह इन दोनों प्रकार के निर्णयों में से एक प्रकार के निर्णयों को अस्वीकार कर दे अथवा परिस्थितियों में अन्तर बताए।"[24] इस प्रकार यह स्पष्ट है कि हेयर के मतानुसार सार्वलौकिकता का नियम ही नैतिक निर्णयों को तर्कसंगत निर्णय सिद्ध करने का मूल आधार है। यह नियम हमें बताता है कि नैतिक निर्णयों के लिए जो तर्क दिए जाते हैं उनका सार्वलौकिक होना अनिवार्य है। इसका तात्पर्य यह है कि जो तर्क मेरे किसी कर्म को उचित या अनुचित सिद्ध करता है वही तर्क समान परिस्थितियों में किसी भी अन्य व्यक्ति के उसी प्रकार के कर्म को भी अनिवार्यतः उचित अथवा अनुचित सिद्ध करता है। प्रत्येक नैतिक निर्णय के समर्थन में दिए जाने वाले वास्तविक तर्क में यह सार्वलौकिकता अनिवार्यतः निहित रहती है। इस प्रकार हेयर नैतिक निर्णयों के अर्थ के साथ-साथ उनके प्रमाणीकरण की दृष्टि से भी सार्वलौकिकता के नियम को अत्यधिक महत्त्वपूर्ण मानते हैं। उनकी यह मान्यता कहां तक उचित एवं युक्तिसंगत है इस प्रश्न पर हम प्रस्तुत अध्याय के अन्तिम खण्ड में विस्तार से विचार करेंगे।

हेयर का कथन है कि नैतिक निर्णयों के समर्थन में प्रस्तुत किए जाने वाले तर्कों के लिए सार्वलौकिकता के अतिरिक्त अन्य तीन तत्त्वों का भी बहुत महत्त्व है। ये तीन तत्त्व हैं—(1) तथ्य, (2) दूसरों की इच्छाएं अथवा उनके हित और (3) निर्णयकर्ता की कल्पना। जब हम अपने किसी नैतिक निर्णय के

24. वही पुस्तक, पृ० 102, 151

समर्थन में कोई तर्क देते हैं तो हमारे लिए इन तीनों तत्त्वों की ओर उचित ध्यान देना आवश्यक हो जाता है। सर्वप्रथम हमें उन विशेष तथ्यों पर विचार करना चाहिए जो उस समस्या से सम्बन्धित हैं जिसके विषय में हम नैतिक निर्णय देते हैं। इस समस्या से सम्बद्ध सभी आवश्यक तथ्यों पर ध्यान दिए बिना हम इसके सम्बन्ध में अपने नैतिक निर्णय की पुष्टि नहीं कर सकते। इसका कारण यह है कि किसी नैतिक निर्णय के समर्थन में दिया गया हमारा ऐसा प्रत्येक तर्क अप्रासंगिक तथा प्रभावहीन हो जाता है जो इन सम्बद्ध तथ्यों की उपेक्षा करता है। इस दृष्टि से सभी सम्बद्ध तथ्यों पर विचार करना नैतिक तर्क की प्रभावशीलता के लिए अनिवार्य है।

हेयर का मत है कि संबद्ध तथ्यों के साथ-साथ हमें उन सभी व्यक्तियों की इच्छाओं तथा उनके हितों का भी अवश्य ध्यान रखना चाहिए जो हमारे नैतिक निर्णयों द्वारा प्रभावित होते हैं। हमारे नैतिक निर्णयों के लिए मनुष्य की इच्छाओं तथा आवश्यकताओं का विशेष महत्त्व है, क्योंकि ये निर्णय प्रत्यक्ष अथवा परोक्ष रूप से इन इच्छाओं और आवश्यकताओं को अवश्य प्रभावित करते हैं। यदि दूसरों की इच्छाओं पर हमारे नैतिक निर्णयों का कोई प्रभाव न पड़ता तो हम ये निर्णय न देते, क्योंकि ऐसी स्थिति में हमारे लिए ये निर्णय देना निरर्थक होता। इसके अतिरिक्त दूसरों की इच्छाओं तथा आवश्यकताओं की उपेक्षा करके हम अपने नैतिक निर्णयों को कभी भी सार्वलौकिक नहीं बना सकते। यही कारण है कि हेयर नैतिक निर्णयों के समर्थन में प्रस्तुत किए जाने वाले तर्कों के लिए मानवीय इच्छाओं और आवश्यकताओं को विशेष महत्त्व देते हैं।

उपर्युक्त दोनों तत्त्वों के अतिरिक्त नैतिक तर्कों के लिए निर्णयकर्ता की कल्पना को भी हेयर आवश्यक तत्त्व मानते हैं। उनके मतानुसार सार्वलौकिक नैतिक निर्णय देने के लिए यह आवश्यक है कि निर्णय देने वाला व्यक्ति स्वयं अपने आप को दूसरों के स्थान पर रखने की कल्पना कर सके। अपनी कल्पना द्वारा वह इस बात का अनुमान लगा सकता है कि दूसरों के हितों पर उसके नैतिक निर्णयों का क्या प्रभाव पड़ेगा। इसके कारण अन्य व्यक्तियों के संबंध में वह ऐसा कोई नैतिक निर्णय नहीं देगा जो वह स्वयं अपने संबंध में देना पसंद नहीं करता। इस प्रकार कल्पना संबंधी यह तत्त्व नैतिक निर्णयों की सार्वलौकिकता के लिए निश्चय ही बहुत सहायक सिद्ध हो सकता है। संक्षेप में हेयर के अनुसार नैतिक निर्णयों के समर्थन में प्रस्तुत किए जाने वाले तर्कों के लिए सार्वलौकिकता के अतिरिक्त सभी संबद्ध तथ्यों पर विचार करना, दूसरों की इच्छाओं का ध्यान रखना तथा अपनी कल्पना द्वारा स्वयं अपने आप को

दूसरों के स्थान पर रख कर संपूर्ण स्थिति को समझना—ये तीनों तत्त्व बहुत आवश्यक हैं।[25]

यहां इस बात का उल्लेख कर देना आवश्यक है कि उपर्युक्त सभी तत्त्वों के साथ-साथ हेयर ने नैतिक तर्कों के लिए उच्च मानवीय आदर्शों के महत्त्व को भी स्वीकार किया है। उनका कथन है कि नैतिक निर्णय देते समय हम केवल मानवीय हितों और इच्छाओं का ही ध्यान नहीं रखते, अपितु कुछ महान आदर्शों पर भी विचार करते हैं। यह सत्य है कि हम प्रायः उन कर्मों को नैतिक दृष्टि से उचित मानते हैं जो मनुष्य के हित में सहायक होते हैं, किंतु हम सदा केवल इसी आधार पर कर्मों के औचित्य का निर्णय नहीं करते। इस संभावना को अस्वीकार नहीं किया जा सकता कि कोई कर्म सभी संबद्ध पक्षों की इच्छाओं की पूर्ति करने के कारण उनके लिए लाभदायक हो, किंतु वह किसी महान मानवीय आदर्श के विरुद्ध हो। ऐसे कर्म को निश्चय ही नैतिक दृष्टि से उचित नहीं कहा जा सकता। अपनी इस मान्यता को हेयर ने एक उदाहरण द्वारा इस प्रकार स्पष्ट किया है। वे कहते हैं कि मान लीजिए एक रूपवती लड़की किसी क्लब में धनवान व्यापारियों के समक्ष निर्वसना होकर पर्याप्त धन कमा लेती है। अब इस प्रश्न पर विचार कीजिए कि क्या उसका यह कर्म नैतिक दृष्टि से उचित है। यह स्पष्ट है कि संबद्ध पक्षों की तृप्ति या इच्छा-पूर्ति के आधार पर इस कर्म को अनुचित नहीं कहा जा सकता, क्योंकि इससे लड़की को धन और व्यापारियों को सुख मिलता है। फिर भी बहुत से व्यक्ति उसके इस कर्म को नैतिक दृष्टि से अनुचित और निंदनीय मानेंगे, क्योंकि यह उस आदर्श के विरुद्ध है जिसके अनुसार नारी के शील अथवा सतीत्व को पवित्र माना जाता है। इस उदाहरण से स्पष्ट है कि हम केवल लाभ अथवा उपयोगिता के आधार पर मानवीय कर्मों के औचित्य का निर्णय नहीं कर सकते। किसी कर्म के विषय में अपना नैतिक निर्णय देते समय हमें संबद्ध पक्षों के लिए उसकी उपयोगिता के साथ-साथ इस प्रश्न पर भी विचार करना पड़ता है कि वह किसी महान आदर्श के विरुद्ध तो नहीं है। इस प्रकार हेयर का मत है कि हम उपयोगिता और आदर्श इन दोनों के आधार पर कर्मों के संबंध में नैतिक निर्णय देते हैं। अपने इसी मत को स्पष्ट करते हुए उन्होंने लिखा है कि "कम से कम दो प्रकार के ऐसे आधार हैं जिन्हें ध्यान में रखते हुए कोई मनुष्य यह कह सकता है कि अमुक कर्म करना ही सर्वोत्तम है, इनमें से एक का संबंध हितों से है और दूसरे का आदर्शों से। यद्यपि इन दोनों प्रकार के आधारों में कुछ संबंध है, फिर भी इन्हें एक-दूसरे से पृथक रखना

25. वही पुस्तक, पृ० 92-93

चाहिए। अपनी सामान्य भाषा में हम इन दोनों के लिए 'नैतिक' शब्द का प्रयोग करते हैं।"[26]

यहां यह प्रश्न उठाया जा सकता है कि यदि उपयोगिता तथा आदर्श में संघर्ष हो तो हमें इन दोनों में से किस का परित्याग करना चाहिए और किस को महत्त्व देना चाहिए। जहां तक मुझे ज्ञात है, हेयर ने इस प्रश्न का कोई स्पष्ट तथा निश्चित उत्तर नहीं दिया। वे केवल इतना ही कहते हैं कि उपयोगिता और आदर्श ये दोनों ही कर्मों के औचित्य का निर्णय करने के लिए महत्त्वपूर्ण आधार हैं। उनका यह मत उचित ही प्रतीत होता है कि हम इन दोनों के आधार पर अपने नैतिक निर्णयों को युक्तिसंगत सिद्ध करने का प्रयास करते हैं। परन्तु जब उपयोगिता तथा आदर्श में संघर्ष होता है और मनुष्य इन दोनों में से किसी एक के अनुसार ही आचरण कर सकता है तो उसे बहुत कठिन समस्या का सामना करना पड़ता है। इस समस्या का समाधान करने के लिए कुछ दार्शनिक केवल उपयोगिता को और कुछ अन्य दार्शनिक केवल आदर्श को ही मानवीय कर्मों के औचित्य का आधार स्वीकार करते हैं। हेयर के उपर्युक्त विचारों से यह स्पष्ट है कि वे इन दोनों प्रकार के दार्शनिकों के मत को एकांगी मानते हैं। परन्तु वे इस कठिन समस्या का कोई संतोषप्रद समाधान प्रस्तुत नहीं कर सके कि आदर्श तथा उपयोगिता में संघर्ष होने पर मनुष्य को इन दोनों में से किस के अनुसार आचरण करना चाहिए। वस्तुतः मानव-स्वभाव की जटिलता और परिस्थितियों की विविधता को ध्यान में रखते हुए यही कहा जा सकता है कि इस कठिन समस्या का कोई सर्वमान्य एवं पूर्णतः संतोषजनक समाधान प्रस्तुत करना संभव प्रतीत नहीं होता।

3. पी० एच० नावलस्मिथ

आर०एम० हेयर की भांति पी०एच० नावलस्मिथ भी नैतिक निर्णयों के अर्थ और प्रमाणीकरण के संबंध में एक ऐसे अवर्णनात्मक सिद्धांत का समर्थन करते हैं जो संवेगवाद से भिन्न है। यद्यपि उन्होंने स्पष्ट रूप से यह नहीं कहा कि वे परामर्शवाद के समर्थक हैं, फिर भी नैतिक निर्णयों के अर्थ तथा प्रमाणीकरण के विषय में उनके विचारों को ध्यान में रखते हुए यह कहना संभवतः अनुचित न होगा कि उनका सिद्धांत हेयर के परामर्शवाद से मूलतः भिन्न नहीं है। नावलस्मिथ ने अपने इस सिद्धांत की विस्तृत व्याख्या 'ऐथिक्स' नामक अपनी पुस्तक में की है जो 1954 में प्रकाशित हुई थी। अपनी इस पुस्तक में उन्होंने

26. वही पुस्तक, पृ० 149

अधि-नीतिशास्त्र की मूल समस्याओं के साथ-साथ मानकीय नीतिशास्त्र के कुछ महत्त्वपूर्ण सिद्धांतों तथा उसकी कुछ आधारभूत समस्याओं का भी विस्तारपूर्वक विवेचन किया है। इस दृष्टि से उनकी यह पुस्तक कार्नेप, एयर, स्टीवैन्सन, हेयर आदि दार्शनिकों की कृतियों की अपेक्षा अधिक व्यापक है। परन्तु यहां हम अधि-नीतिशास्त्र की मूल समस्याओं के विषय में ही उनके विचार प्रस्तुत करेंगे।

नावलस्मिथ नीतिशास्त्र को 'सैद्धांतिक विज्ञान' न मानकर ऐसा 'व्यावहारिक विज्ञान' मानते हैं जिसका मुख्य उद्देश्य आचरण के संबंध में मनुष्य का मार्गदर्शन करना है। अपनी उपर्युक्त पुस्तक 'ऐथिक्स' के कवर पर इसका परिचय देते हुए वे कहते हैं कि "इसका उद्देश्य उन शब्दों तथा अवधारणाओं का अध्ययन करना है जिनका प्रयोग हम व्यावहारिक प्रश्नों का उत्तर देने, निर्णय देने, परामर्श एवं चेतावनी देने और आचरण का मूल्यांकन करने के लिए करते हैं।" इसी प्रकार उक्त पुस्तक के अंत में नीतिशास्त्र के स्वरूप के विषय में अपना यही निष्कर्ष प्रस्तुत करते हुए उन्होंने लिखा है कि "नैतिक दर्शन एक व्यावहारिक विज्ञान है; इसका उद्देश्य इस प्रकार के प्रश्नों का उत्तर देना है कि 'मुझे क्या करना चाहिए'? परन्तु इस प्रकार के प्रश्नों का कोई सामान्य उत्तर नहीं दिया जा सकता।...'मुझे क्या करना चाहिए?' और 'मुझे किन नैतिक नियमों को स्वीकार करना चाहिए?' इन प्रश्नों का उत्तर प्रत्येक मनुष्य को स्वयं ही देना होगा।"[27] यहां यह उल्लेखनीय है कि नीतिशास्त्र के स्वरूप तथा उद्देश्य के संबंध में नावलस्मिथ का उपर्युक्त मत हेयर के मत से भिन्न नहीं है। जैसा कि हम पिछले खंड में देख चुके हैं, हेयर भी यह मानते हैं कि नीतिशास्त्र का मुख्य उद्देश्य मनुष्य के इस व्यावहारिक प्रश्न का उत्तर देना है कि 'मुझे क्या करना चाहिए।' इस प्रकार नीतिशास्त्र तथा नैतिक भाषा के मूल उद्देश्य के विषय में नावलस्मिथ और हेयर का मत लगभग समान ही है।

इसके अतिरिक्त हेयर तथा अन्य अनेक दार्शनिकों के इस मत को भी नावलस्मिथ स्वीकार करते हैं कि अधि-नीतिशास्त्र के अंतर्गत हम नैतिक भाषा का जो अध्ययन और विश्लेषण करते हैं वह मानवीय आचरण की दृष्टि से तटस्थ होता है। इस प्रकार के अध्ययन तथा विश्लेषण का मनुष्य के आचरण पर प्रत्यक्षतः कोई प्रभाव नहीं पड़ता। परन्तु, जैसा कि हम पिछले अध्यायों में बता चुके हैं, नैतिक भाषा का अध्ययन और विश्लेषण मानकीय नीतिशास्त्र की मूल समस्याओं तथा उसके सिद्धांतों को समझने में हमारे लिए बहुत सहायक सिद्ध

27. पी० एच० नावलस्मिथ, 'ऐथिक्स', पृ० 277-278

होता है। इस दृष्टि से अधि-नीतिशास्त्र के अध्ययन के महत्त्व का उल्लेख करते हुए नावलस्मिथ कहते हैं कि "भाषा के प्रयोगों के अध्ययन से इस संबंध में कोई निष्कर्ष नहीं निकाले जा सकते कि हमें क्या करना चाहिए, परन्तु इस प्रकार का अध्ययन नैतिक समस्याओं के समाधान में अनेक प्रकार से सहायक हो सकता है और बौद्धिक दृष्टि से भी इसका अपना महत्त्व है। उदाहरणार्थ यह हमारे लिए उस भाषा की जटिलता, व्यापकता एवं शुद्धता को स्पष्ट कर सकता है जिसका हम सभी—दार्शनिक तथा सामान्य व्यक्ति—समान रूप से इस क्षेत्र में प्रयोग करते हैं।"[28] इस प्रकार एयर, स्टीवेन्सन तथा हेयर की भांति नावलस्मिथ भी यह मानते हैं कि आचरण की दृष्टि से तटस्थ होते हुए भी अधि-नीतिशास्त्र मनुष्य की नैतिक समस्याओं को समझने और उनके समाधान में अप्रत्यक्ष रूप से बहुत सहायक सिद्ध हो सकता है।

हम ऊपर बता चुके हैं कि नावलस्मिथ नैतिक निर्णयों के अर्थ एवं प्रमाणीकरण के विषय में अवर्णनात्मक सिद्धांत को ही स्वीकार करते हैं। उनका विचार है कि नैतिक भाषा तथ्यात्मक अथवा वर्णनात्मक भाषा से भिन्न प्रकार की होती है, क्योंकि इसका मुख्य उद्देश्य किन्हीं तथ्यों का वर्णन मात्र करना नहीं, अपितु आचरण के संबंध में मनुष्य का मार्गदर्शन करना ही होता है। इस दृष्टि से नैतिक भाषा का मनुष्य के आचरण के साथ अनिवार्य संबंध है और मुख्यत: यही तथ्य नीतिशास्त्र को 'व्यावहारिक विज्ञान' बनाता है तथा उसे सभी सैद्धांतिक विज्ञानों से पृथक करता है। नैतिक भाषा के स्वरूप के विषय में अपनी इसी मान्यता को स्पष्ट करते हुए नावलस्मिथ कहते हैं कि "जिन मूल क्रियाओं के लिए नैतिक भाषा का प्रयोग किया जाता है वे हैं चुनना तथा चुनने के संबंध में दूसरों को परामर्श देना। परम्परागत रूप से नैतिक दर्शन को सदा व्यावहारिक विज्ञान ही माना जाता रहा है। इसे 'विज्ञान' कहा जाता है, क्योंकि यह ज्ञान-प्राप्ति के उद्देश्य से व्यवस्थित अध्ययन करता है; इसे 'व्यावहारिक' कहा जाता है, क्योंकि इसका उद्देश्य व्यावहारिक ज्ञान है जो हमें बताता है कि हमें क्या करना चाहिए।"[29] नावलस्मिथ यह मानते हैं कि नैतिक भाषा के उक्त अवर्णनात्मक स्वरूप को जान लेने से हमें अपने व्यावहारिक जीवन में नैतिक समस्याओं को समझने और उनका समाधान करने में अवश्य सहायता मिलती है। हमारी भाषा में कुछ ऐसे शब्द हैं जिनका नैतिक प्रश्नों तथा समस्याओं से विशेष संबंध है। इन शब्दों में 'शुभ', 'अशुभ', 'उचित', 'अनुचित', 'कर्तव्य',

28. वही पुस्तक, पृ० 7-8
29. वही पुस्तक, पृ० 11

'सुख', 'दु:ख', 'इच्छा', 'संकल्प', 'अंतश्चेतना', 'स्वैच्छिक', 'अनुमोदन', 'पश्चाताप', 'अपराधबोध' आदि शब्द विशेष रूप से उल्लेखनीय हैं। नावलस्मिथ का कथन है कि जो व्यक्ति नैतिक समस्याओं से संबद्ध इन शब्दों का ठीक-ठीक अर्थ नहीं जानते वे वास्तव में नीतिशास्त्र से कुछ नहीं सीख सकते।[30] उनके इस कथन से यह स्पष्ट है कि वे हमारे व्यावहारिक जीवन में नैतिक समस्याओं के संतोषप्रद समाधान के लिए नैतिक भाषा के स्वरूप के समुचित ज्ञान को विशेष महत्त्व देते हैं।

अवर्णनात्मक सिद्धांत के समर्थक होने के कारण नावलस्मिथ भी एयर, स्टीवैन्सन तथा हेयर की भांति अंत:प्रज्ञावाद और प्रकृतिवाद इन दोनों वर्णनात्मक सिद्धांतों का खंडन करते हैं। इन दोनों सिद्धान्तों के विरुद्ध उन्होंने जो आपत्तियाँ उठाई हैं वे हेयर द्वारा इन सिद्धान्तों के विरुद्ध उठाई गई आपत्तियों से भिन्न नहीं हैं। उदाहरणार्थ अंत:प्रज्ञावाद के विरुद्ध नावलस्मिथ की प्रथम आपत्ति यह है कि यह सिद्धान्त नैतिक भाषा तथा मानवीय आचरण के पारस्परिक सम्बन्ध की संतोषप्रद व्याख्या नहीं कर पाता, क्योंकि यह इन दोनों में एक अलंघ्य खाई उत्पन्न कर देता है। सामान्यत: हम यह मानते हैं कि "अमुक कर्म मेरे लिए उचित है" और "मुझे अमुक कर्म करना चाहिए" इन दोनों कथनों में कोई अन्तर नहीं है। परन्तु अंत:प्रज्ञावाद के अनुसार "अमुक कर्म उचित है" का अर्थ यह है कि उस कर्म में 'औचित्य' नामक विशेष निर्प्राकृतिक गुण है जिसका बोध हमें प्रत्यक्षत: अंत:प्रज्ञा द्वारा ही होता है। इसका अर्थ यही है कि "अमुक कर्म उचित है" यह वाक्य एक तथ्यात्मक कथन है जिससे हम कभी भी यह नैतिक निर्णय निगमित नहीं कर सकते कि "हमें वह कर्म करना चाहिए।" इस प्रकार प्रकृतिवाद की भांति अंत:प्रज्ञावाद भी नैतिक निर्णयों को केवल तथ्यात्मक कथन मान लेने के कारण इन निर्णयों तथा मानवीय आचरण में अलंघ्य खाई उत्पन्न कर देता है जिसके फलस्वरूप वह इन दोनों के सम्बन्ध की समुचित व्याख्या करने में सफल नहीं हो पाता।

अंत:प्रज्ञावाद के विरुद्ध नावलस्मिथ की दूसरी आपत्ति यह है कि यह सिद्धान्त एक ही कर्म के विषय में दो परस्पर विरोधी नैतिक निर्णय देने वाले व्यक्तियों में संघर्ष को समाप्त करने के लिए हमें कोई संतोषप्रद उपाय नहीं बताता। इसका कारण यह है कि एक व्यक्ति अपनी अंत:प्रज्ञा के आधार पर उस कर्म को उचित कहता है तथा दूसरा व्यक्ति अपनी अंत:प्रज्ञा के आधार पर उसे अनुचित कहता है और इस सिद्धान्त के अनुसार अंत:प्रज्ञा के अतिरिक्त

30. वही पुस्तक, पृ० 19

उचित-अनुचित सम्बन्धी नैतिक ज्ञान का अन्य कोई आधार नहीं है। नावलस्मिथ का कथन है कि यदि अंत:प्रज्ञावाद को स्वीकार कर लिया जाए तो इस प्रकार के मतभेद को समाप्त करने के लिए दूसरों की निंदा अथवा शारीरिक शक्ति का प्रयोग करने के अतिरिक्त हमारे पास अन्य कोई उपाय नहीं रह जाता। "इस सम्बन्ध में आप चाहे कितने ही आश्वस्त हों कि आपका मत उचित है, फिर भी मैं आपकी अंत:प्रज्ञा के औचित्य को अस्वीकार कर सकता हूं।···यदि मैं आपसे असहमत हूं तो आपको मुझ पर मिथ्यावादिता अथवा नैतिक दृष्टिहीनता का आरोप लगाना पड़ेगा। परन्तु यह बात नितांत अनुचित है, क्योंकि हम उन लोगों की सत्यवादिता को भी प्राय: अवश्य स्वीकार करते हैं जिनके नैतिक विचार हमारे विचारों से भिन्न हैं।"[31] अंत:प्रज्ञावाद के विरुद्ध नावलस्मिथ ने ऊपर जो दो आपत्तियां उठाई हैं उन पर हम चौथे अध्याय में विस्तारपूर्वक विचार कर चुके हैं, अत: यहां इन आपत्तियों की अधिक विस्तृत विवेचना न करते हुए इतना कह देना ही पर्याप्त है कि इस सिद्धान्त के विरुद्ध उनकी ये दोनों आपत्तियां उचित एवं युक्तिसंगत हैं।

अंत:प्रज्ञावाद की भांति प्रकृतिवाद का भी नावलस्मिथ ने खंडन किया है। इस सिद्धान्त के विरुद्ध भी उनकी मुख्य आपत्ति वही है जो हेयर ने उठाई है और जिस पर हम पिछले खंड में विचार कर चुके हैं। हेयर की भांति नावलस्मिथ भी यह मानते हैं कि नैतिक शब्दों का मुख्य कार्य मूल्यांकन अथवा मार्गदर्शन करना ही है, अत: तथ्यात्मक शब्दों के आधार पर इन शब्दों की परिभाषा नहीं की जा सकती। यदि हम नैतिक शब्दों और तथ्यात्मक शब्दों को समानार्थक मान लेते हैं तो हम नैतिक शब्दों के प्रयोग द्वारा मूल्यांकन तथा मार्गदर्शन सम्बन्धी यह कार्य संपन्न नहीं कर सकते। हेयर के समान ही नावलस्मिथ भी यह स्वीकार करते हैं कि जब हम किसी वस्तु को शुभ कहते हैं तो हम उस वस्तु में विद्यमान कुछ गुणों के कारण ही उसे शुभ कहते हैं और यह अनुभव तथा निरीक्षण द्वारा जाना जा सकता है कि उस वस्तु में वे गुण हैं या नहीं। परन्तु इसका अर्थ यह नहीं है कि उस वस्तु को शुभ कहना उसके उन गुणों का वर्णन मात्र करने के समान ही है। इसका कारण यह है कि किसी वस्तु को शुभ कहना उसके विषय में मूल्यात्मक निर्णय देना है, जबकि उसके गुणों का वर्णन करना उसके सम्बन्ध में केवल कुछ तथ्य प्रस्तुत करना है और ये दोनों प्रक्रियाएं एक-दूसरे से बहुत भिन्न हैं। इसी कारण नावलस्मिथ यह कहते हैं कि "अमुक वस्तु शुभ है" इस मूल्यात्मक निर्णय का अर्थ हम उन विशेष गुणों को जाने बिना भी समझ सकते हैं जो

31. वही पुस्तक, पृ० 41

उस वस्तु को शुभ बनाते हैं अथवा जिनके कारण हम उसे शुभ कहते हैं। इससे यह स्पष्ट है कि "अमुक वस्तु शुभ है" और "अमुक वस्तु में क, ख, ग नामक गुण हैं" ये दोनों कथन कभी भी समानार्थक नहीं हो सकते।[32] इस प्रकार यह कहना अनुचित न होगा कि नाघलस्मिथ भी मुख्यत: उसी तर्क के आधार पर प्रकृतिवाद का खंडन करते हैं जो इस सिद्धान्त के विरुद्ध हेयर ने प्रस्तुत किया है।

यहां यह उल्लेखनीय है कि अंत:प्रज्ञावाद तथा प्रकृतिवाद के साथ-साथ संवेगवाद को भी नावलस्मिथ ने अस्वीकार किया है। हेयर की भांति वे भी यह मानते हैं कि नैतिक निर्णय भावनाओं या संवेगों की अभिव्यक्तियां मात्र न होकर वास्तव में बौद्धिक कथन हैं जिनके समर्थन में तर्क प्रस्तुत किए जा सकते हैं। नावलस्मिथ का कथन है कि सामान्यत: हम नैतिक निर्णयों को सत्य अथवा मिथ्या कहते हैं और हम यह भी स्वीकार करते हैं कि ये निर्णय देते समय हम भूल कर सकते हैं। हम कभी-कभी यह कहते हैं कि अमुक व्यक्ति ने गलत नैतिक निर्णय दिया है और अपने इस कथन के लिए हम तर्क भी प्रस्तुत करते हैं। नावलस्मिथ के मतानुसार इन सभी तथ्यों से यही प्रमाणित होता है कि नैतिक निर्णय हमारी संवेगात्मक प्रतिक्रियाएं मात्र नहीं हैं। संवेगवाद के विरुद्ध अपनी इसी आपत्ति को प्रस्तुत करते हुए उन्होंने लिखा है—"यह एक तथ्य है कि नैतिक मामलों के विषय में हम केवल संवेग तथा व्यक्तिगत रुचि की ही बात नहीं करते, अपितु हम सत्य एवं मिथ्या, विचार तथा ज्ञान, सही और गलत की भी बात करते हैं और यह एक ऐसा तथ्य है जिसकी व्याख्या अवश्य की जानी चाहिए।...कभी-कभी यह कहा जाता है कि नैतिक वाक्यों का कार्य 'प्रवर्तक' अथवा 'संवेगात्मक' है और उनका प्रयोग संवेगों या अभिवृत्तियों को जागृत करने अथवा लोगों से कुछ करवाने के लिए किया जाता है।...प्रभावित करना तथा मनाना ऐसी क्रियाएं हैं जिन्हें हम शब्दों द्वारा या शब्दों के बिना भी कर सकते हैं और नैतिक भाषा को समझने के लिए इन्हें आवश्यकता से अधिक महत्त्व दिया गया है।...संवेगात्मक सिद्धान्त नैतिक भाषा की गलत व्याख्या करता है।"[33] यह समझना कठिन नहीं है कि संवेगवाद के विरुद्ध नावलस्मिथ की उपर्युक्त आपत्ति लगभग वही है जो इस सिद्धान्त के विरुद्ध हेयर ने उठाई है और जिस पर हम पिछले खंड में विचार कर चुके हैं। हेयर की भांति उन्होंने भी मुख्यत: इसी आपत्ति के आधार पर संवेगवाद का खंडन किया है।

32. वही पुस्तक, पृ० 144

33. वही पुस्तक, पृ० 26, 137

प्रकृतिवाद, अंत:प्रज्ञावाद तथा संवेगवाद इन तीनों सिद्धान्तों के विषय में नावलस्मिथ के उपर्युक्त विचारों से यह पूर्णत: स्पष्ट है कि वे नैतिक निर्णयों को न तो वर्णनात्मक अथवा तथ्यात्मक कथन मानते हैं और न संवेगात्मक अभिव्यक्तियां। ऐसी स्थिति में यहां यह प्रश्न उठाया जा सकता है कि उनके अनुसार इन निर्णयों का वास्तविक स्वरूप क्या है। संभवत: यह कहना अनुचित न होगा कि अपनी पुस्तक 'ऐथिक्स' में नावलस्मिथ ने मुख्यत: इसी प्रश्न का विस्तारपूर्वक उत्तर देने का प्रयास किया है। उनका मत है कि नैतिक निर्णय तथ्यात्मक कथनों तथा संवेगात्मक अभिव्यक्तियों दोनों से निश्चय ही भिन्न हैं, किन्तु नैतिक निर्णयों में इन दोनों के कुछ तत्त्व अवश्य विद्यमान रहते हैं। तथ्यात्मक कथनों की भांति नैतिक निर्णयों के विषय में भी हम वस्तुपरक भाषा का प्रयोग करते हैं और इन निर्णयों को सत्य अथवा मिथ्या कहते हैं। यह तथ्य नैतिक निर्णयों को संवेगात्मक वाक्यों से पृथक करता है। परन्तु, जैसा कि हम ऊपर बता चुके हैं, ये निर्णय तथ्यात्मक कथनों की भांति वर्णनात्मक भी नहीं हैं, क्योंकि ये किन्हीं तथ्यों का वर्णन मात्र न करके मनुष्य के आचरण का मूल्यांकन तथा मार्गदर्शन करते हैं। इस प्रकार नावलस्मिथ का विचार है कि नैतिक निर्णय वास्तव में तथ्यात्मक कथनों तथा संवेगात्मक अभिव्यक्तियों का मिश्रित रूप हैं, किन्तु ये निर्णय इन दोनों से अवश्य ही भिन्न हैं।[34] हम आगे देखेंगे कि उन्होंने अपनी इसी मान्यता के आधार पर नैतिक निर्णयों के अर्थ और स्वरूप की व्याख्या की है जो हेयर द्वारा की गई इन निर्णयों की व्याख्या से अधिक भिन्न नहीं है।

हेयर की भांति नावलस्मिथ भी मुख्यत: शब्दार्थ विषयक उपयोग सिद्धान्त के आधार पर ही नैतिक निर्णयों तथा शब्दों के अर्थ की व्याख्या करते हैं। वे भी यह मानते हैं कि किसी शब्द का ठीक-ठीक अर्थ समझने के लिए यह जानना आवश्यक है कि किसी विशेष प्रसंग में उस शब्द का उपयोग किस प्रकार किया जाता है। इस सम्बन्ध में स्टीवैन्सन तथा हेयर की भांति नावलस्मिथ ने भी शब्दार्थ सम्बन्धी निर्देशात्मक सिद्धान्त को अस्वीकार किया है। इस सिद्धान्त के विरुद्ध उनका कथन है कि सभी शब्द—विशेषत: विशेषण—हमें किन्हीं गुणों का बोध नहीं कराते। हमारी भाषा में बहुत-से शब्द ऐसे हैं जो वास्तव में वस्तुओं के गुणों का वर्णन नहीं करते। स्पष्ट है कि ऐसे शब्दों के अर्थ की व्याख्या निर्देशात्मक सिद्धान्त द्वारा नहीं की जा सकती। यही कारण है कि नावलस्मिथ ने इस सिद्धान्त की दो आधारभूत मान्यताओं को अस्वीकार किया है। इसकी प्रथम मान्यता यह है कि सभी विशेषण गुणों के नाम हैं और उनका कार्य

34. वही पुस्तक, पृ॰ 44

अनिवार्यतः कुछ गुणों का वर्णन करना ही है। इस सिद्धान्त की दूसरी मान्यता—जो प्रथम मान्यता के साथ अनिवार्यतः संबद्ध है—यह है कि "कोई व्यक्ति किसी शब्द का क्या अर्थ समझता है" यह पूछने के स्थान पर हम यह पूछ सकते हैं कि "किसी शब्द का अर्थ क्या है।" निर्देशात्मक सिद्धान्त की प्रथम मान्यता के विषय में नावलस्मिथ ने यह प्रश्न उठाया है कि क्या सभी विशेषण गुणबोधक हैं। इस प्रश्न का नकारात्मक उत्तर देते हुए वे कहते हैं—"यह कहना कि शुभत्व एक गुण है हमें इस विवादास्पद कथन को स्वीकार करने के लिए बाध्य करना है कि 'शुभ' का प्रयोग भी उसी प्रकार किया जा सकता है जिस प्रकार 'नीला', 'तीव्र' तथा 'गोल' का।"[35] वस्तुतः नावलस्मिथ के विचार में 'शुभ', 'उचित' आदि मूल्यात्मक शब्द किन्हीं विशेष प्राकृतिक या निर्प्राकृतिक गुणों का वर्णन नहीं करते, अतः इन शब्दों को वर्णनात्मक शब्दों की भांति गुणबोधक मानकर इनके अर्थ की व्याख्या नहीं की जा सकती। इसी कारण वे निर्देशात्मक सिद्धान्त की प्रथम मान्यता को अस्वीकार करते हैं। इस सिद्धान्त की दूसरी मान्यता भी मूलतः प्रथम मान्यता पर ही आधारित है, अतः इसे भी नावलस्मिथ उचित नहीं मानते। उनका विचार है कि यह मान्यता भाषा के उपयोग की उपेक्षा करती है। इसी आधार पर निर्देशात्मक सिद्धांत की दूसरी मान्यता को अस्वीकार करते हुए वे कहते हैं कि " 'किसी शब्द का क्या अर्थ है ?' इस प्रश्न के स्थान पर मैं दो प्रश्न प्रस्तुत करना चाहूंगा—'किस कार्य के लिए इस शब्द का प्रयोग किया जाता है ?' और 'किन परिस्थितियों में उस कार्य के लिए इस शब्द का प्रयोग करना उचित है ?' "[36] इस प्रकार नावलस्मिथ यह मानते हैं कि प्रसंगानुसार प्रत्येक शब्द के उपयोग द्वारा ही उसका ठीक-ठीक अर्थ निश्चित किया जा सकता है।

यहां यह उल्लेखनीय है कि नावलस्मिथ के विचार में कोई भी शब्द सभी प्रसंगों में केवल एक ही कार्य नहीं करता। हमारी भाषा में अधिकतर शब्द ऐसे ही हैं जो विभिन्न प्रसंगों में भिन्न-भिन्न प्रकार के कार्य करते हैं। ऐसी स्थिति में किसी शब्द का सभी प्रसंगों में एक ही निश्चित अर्थ बताना न तो संभव है और न उचित। प्रत्येक शब्द का अर्थ किसी विशेष प्रसंग में उसके उपयोग को ध्यान में रखकर ही निश्चित किया जा सकता है। भाषा-विश्लेषण करने वाले दार्शनिक का कार्य प्रसंगानुसार कथनों के उपयोग के आधार पर उनका अर्थ स्पष्ट करना है। अपनी इसी मान्यता के कारण नावलस्मिथ ने नैतिक निर्णयों के अर्थ की व्याख्या करने के लिए भी उपयोग-सिद्धांत को ही स्वीकार किया है। उनका मत

35. वही पुस्तक, पृ० 57
36. वही पुस्तक, पृ० 62

है कि ये निर्णय सभी प्रसंगों में एक ही प्रकार का कार्य नहीं करते, अतः इनका कोई एक अर्थ नहीं हो सकता। वस्तुतः ये निर्णय बहु-उद्देश्यीय होते हैं, क्योंकि विभिन्न प्रसंगों में ये भिन्न-भिन्न प्रकार के कार्य करते हैं। इसी उपयोग-सिद्धांत के आधार पर नैतिक निर्णयों के व्यापक अर्थ की व्याख्या करते हुए नावलस्मिथ कहते हैं कि "सर्वाधिक प्रचलित व्यावहारिक शब्दों का कोई एक ही उपयोग नहीं होता। उनके बहुत से उपयोग होते हैं और किसी भी अवसर पर एक से अधिक कार्यों के लिए उनका प्रयोग किया जा सकता है।...जिन शब्दों के साथ नीतिशास्त्रियों का विशेष संबंध है और जिन्हें सामान्यतः 'मूल्यात्मक शब्द' कहा जाता है वे बहुत-सी भिन्न-भिन्न भूमिकाएं निभाते हैं। उनका प्रयोग वैयक्तिक रुचियों एवं प्राथमिकताओं को व्यक्त करने, निर्णयों तथा पसंद को व्यक्त करने, आलोचना करने, मूल्यांकन करने, परामर्श देने, भर्त्सना करने, चेतावनी देने, मनाने तथा रोकने, प्रशंसा करने, प्रोत्साहित करने, निंदा करने, नियमों को घोषित करने तथा उनकी ओर ध्यान आकृष्ट करने और निस्संदेह अन्य उद्देश्यों के लिए भी किया जाता है। ये क्रियाएं नैतिक भाषा के जटिल ढांचे का निर्माण करती हैं और हमारी समस्या इनमें संबंध खोजना है तथा यह समझना है कि एक ही शब्द का प्रयोग इन सब भिन्न-भिन्न क्रियाओं के लिए किस प्रकार किया जा सकता है। कोई मनुष्य किसी विशेष समय पर किसी विशेष मूल्यात्मक शब्द का प्रयोग किस अर्थ में कर रहा है यह इस बात की परीक्षा करके ही मालूम किया जा सकता है कि वह किसी विशेष प्रसंग में उसके द्वारा क्या कहता है।"[37] नावलस्मिथ के इन विचारों से यह स्पष्ट है कि उनके मतानुसार नैतिक भाषा का क्षेत्र बहुत व्यापक है और इसका प्रयोग विभिन्न प्रसंगों में भिन्न-भिन्न उद्देश्यों के लिए किया जाता है। ऐसी स्थिति में यह कहना उचित नहीं होगा कि नैतिक भाषा वर्णनात्मक, संवेगात्मक या आदेशात्मक है अथवा वह सभी प्रसंगों में कोई एक ही कार्य संपन्न करती है। नैतिक भाषा के संबंध में नावलस्मिथ की इस मान्यता के कारण कुछ दार्शनिकों ने उनके सिद्धांत को 'बहुक्रियावाद' की संज्ञा दी है।[38] नैतिक भाषा के अर्थ और स्वरूप के विषय में नावलस्मिथ का यह बहुक्रियावाद कहां तक उचित एवं युक्तिसंगत है इस प्रश्न पर हम अगले खंड में विचार करेंगे।

स्टीवैन्सन तथा हेयर की भांति नावलस्मिथ ने भी 'शुभ' या 'अच्छा', 'उचित', 'कर्तव्य', 'चाहिए' आदि प्रमुख नैतिक शब्दों के अर्थ का विस्तृत विवे-

37. वही पुस्तक, पृ० 85, 87
38. आर० बी० ब्रान्ट, 'ऐथिकल थ्योरी', पृ० 232, 238

चन किया है। हेयर के समान ही वे भी उपयोग-सिद्धांत के आधार पर ही इन नैतिक शब्दों के अर्थ की व्याख्या करते हैं। 'शुभ' अथवा 'अच्छा' शब्द के संबंध में नावलस्मिथ का कथन है कि इस शब्द का कोई एक ही अर्थ नहीं है, क्योंकि विभिन्न प्रसंगों में या एक ही प्रसंग में इसका प्रयोग एक से अधिक अर्थों में किया जाता है। सर्वप्रथम हम चुनने की क्रिया के संदर्भ में 'शुभ' शब्द का प्रयोग करते हैं। जब हम अनेक वस्तुओं में से किसी एक वस्तु को चुनते हैं अथवा चुनना चाहते हैं तो हम अनिवार्यत: उसे शुभ कहते हैं। हमारे लिए यह कहना निश्चय ही बहुत विचित्र होगा कि "हम अमुक वस्तु को चुनना चाहते हैं, किन्तु वह वस्तु शुभ या अच्छी नहीं है"। इसका कारण यह है कि हम सामान्यत: उसी वस्तु को चुनते हैं जिसे हम अच्छी मानते हैं। इस प्रकार नावलस्मिथ के विचार में चुनने की क्रिया के साथ 'शुभ' का अनिवार्य संबंध है। इसके अतिरिक्त दूसरों को परामर्श देने की क्रिया के साथ भी वे 'शुभ' का अनिवार्य संबंध स्वीकार करते हैं। जब हम किसी को कोई कर्म करने का परामर्श देते हैं तो हम निश्चय ही उस कर्म को शुभ या अच्छा मानते हैं। यदि हम किसी व्यक्ति से यह कहते हैं कि "तुम्हें अमुक कर्म करना चाहिए, किंतु वह कर्म शुभ नहीं है" तो सामान्यत: हमारे इस कथन को युक्तिसंगत नहीं माना जा सकता। इससे यही सिद्ध होता है कि परामर्श देने की क्रिया के साथ भी 'शुभ' का अनिवार्य संबंध है।

वस्तुत: नावलस्मिथ यह मानते हैं कि जब हम किसी वस्तु के विषय में 'शुभ' या 'अच्छी' शब्द का प्रयोग करते हैं तो हम उसके प्रति अनिवार्यत: अपना अनुमोदन अभिव्यक्त करते हैं और हमारा यह अनुमोदन चुनने तथा परामर्श देने की क्रियाओं के साथ अवश्य संबद्ध रहता है। अपनी इसी मान्यता के आधार पर 'शुभ' के अर्थ की व्याख्या करते हुए वे कहते हैं कि "किसी वस्तु को शुभ कहना एक प्रकार से उसके पक्ष में मत देना है; उसका समर्थन करना है; दूसरों को यह बताना है कि मेरा मत क्या है? परन्तु यह इसके अतिरिक्त कुछ और भी है; इसका अर्थ यह है कि मैंने जो मत दिया है उसके लिए मेरे पास कारण हैं। चुनने के संदर्भ में 'शुभ' का प्रयोग करने के लिए जो कारण दिये जाते हैं वे परामर्श के संदर्भ में भी समान रूप से लागू होते हैं।····'यह अच्छा है, किंतु मैं तुम्हें इसे करने का परामर्श नहीं देता' यह कहना उसी प्रकार अयुक्तिसंगत है जिस प्रकार यह कहना कि 'यह सर्वोत्तम कर्म है, किंतु क्या मैं इसे करूं?"[39] इस प्रकार यह स्पष्ट है कि नावलस्मिथ वक्ता के अनुमोदन की अभिव्यक्ति के अतिरिक्त चुनने तथा परामर्श देने की क्रियाओं के साथ भी 'शुभ' को अनिवार्यत: संबद्ध मानते हैं।

39. पी० एच० नावलस्मिथ, 'ऐथिक्स', पृ० 141-142

हेयर की भांति नावलस्मिथ भी यह स्वीकार करते हैं कि 'शुभ' का मुख्य अर्थ मूल्यात्मक या प्रशंसात्मक तथा उसका गौण अर्थ वर्णनात्मक होता है। 'ईमानदार', 'साहसी', 'उदार' आदि सद्गुण सम्बन्धी शब्दों के समान ही 'शुभ' का प्रयोग भी हम मुख्यतः प्रशंसात्मक अर्थ में करते हैं। परन्तु नावलस्मिथ के अनुसार 'शुभ' तथा अन्य सद्गुण संबंधी शब्दों के प्रशंसात्मक अर्थ में एक महत्त्वपूर्ण अंतर होता है। जब हम अन्य सद्गुण सम्बन्धी शब्दों का प्रयोग करते हैं तो इन शब्दों के अर्थ में ही हमारी प्रशंसा का कारण भी स्पष्टतः विद्यमान रहता है। उदाहरणार्थ जब हम किसी मनुष्य को 'साहसी' या 'उदार' कहकर उसकी प्रशंसा करते हैं तो दूसरा व्यक्ति तुरन्त यह जान लेता है कि हम उस मनुष्य के किस प्रकार के आचरण के कारण उसकी प्रशंसा कर रहे हैं। इसका कारण यह है कि इन सद्गुण सम्बन्धी शब्दों का प्रयोग मनुष्य के किसी एक प्रकार के प्रशंसनीय आचरण के लिए ही किया जाता है, अतः इनका वर्णनात्मक अर्थ स्पष्ट और निश्चित होता है। परन्तु 'शुभ' के सम्बन्ध में ऐसा नहीं कहा जा सकता। जब हम किसी वस्तु को शुभ कहते हैं तो इससे यह स्पष्ट नहीं होता कि हम उस वस्तु के किस गुण अथवा किन गुणों के कारण उसकी प्रशंसा कर रहे हैं, क्योंकि 'शुभ' शब्द का वर्णनात्मक अर्थ प्रसंगानुसार परिवर्तित होते रहने के कारण बहुत ही अस्पष्ट तथा अनिश्चित होता है। यदि मैं यह कहता हूं कि "अमुक वस्तु शुभ है" तो मेरे इस कथन से दूसरा व्यक्ति यह नहीं जान सकता कि मैं उस वस्तु को शुभ क्यों कह रहा हूं। इस प्रश्न का उत्तर देने के लिए मुझे उस वस्तु के उन गुणों का स्पष्ट रूप से उल्लेख करना होगा जिनके कारण मैं उसे शुभ कहता हूं। इस दृष्टि से 'शुभ' शब्द अन्य सद्गुण संबंधी शब्दों से भिन्न प्रकार का है।

परन्तु हेयर की भांति नावलस्मिथ भी यह मानते हैं कि प्रशंसात्मक अर्थ के साथ-साथ प्रत्येक प्रसंग में 'शुभ' का वर्णनात्मक अर्थ भी अवश्य होता है। जब हम किसी वस्तु को शुभ कहकर उसकी प्रशंसा करते हैं तो हमारी यह प्रशंसा अकारण नहीं होती। हम इस प्रश्न को उचित मानते हैं और इसका उत्तर देने के लिए भी तैयार रहते हैं कि उस वस्तु के किन गुणों के कारण हम उसे शुभ कहते हैं। वस्तु के इन गुणों में ही 'शुभ' का वर्णनात्मक अर्थ विद्यमान रहता है। 'शुभ' के इस वर्णनात्मक अर्थ की व्याख्या नावलस्मिथ ने इस प्रकार की है—"जब हम किसी वस्तु को शुभ कहते हैं तो हम सदैव उसके किसी गुण के कारण ही उसे शुभ कहते हैं और इस प्रश्न का उत्तर अनुभव द्वारा दिया जा सकता है कि उसमें यह गुण है या नहीं।....'अच्छे चाकू' का अर्थ यह है कि उसमें वे

गुण हैं जो अपना कार्य भली-भांति करने के लिए चाकू में अवश्य होने चाहिएं।''[40] 'शुभ' के संबंध में 'आक्सफोर्ड शब्दकोश' की परिभाषा को स्वीकर करते हुए नावलस्मिथ कहते हैं कि 'शुभ' शब्द वस्तु के जिन गुणों की ओर संकेत करता है वे या तो अपने आप में प्रशंसनीय होते हैं अथवा वे किसी विशेष उद्देश्य की पूर्ति के लिए आवश्यक होते हैं। इस प्रकार 'शुभ' के प्रशंसात्मक अर्थ तथा वर्णनात्मक अर्थ के स्वरूप और महत्त्व के विषय में नावलस्मिथ का मत हेयर के मत के समान ही है।

नावलस्मिथ हेयर के इस मत का भी समर्थन करते हैं कि नैतिक प्रसंगों में 'शुभ' का अर्थ निर्नैतिक प्रसंगों में इसके अर्थ से मूलतः भिन्न नहीं होता। नावलस्मिथ के मतानुसार दोनों प्रसंगों में 'शुभ' शब्द वक्ता के अनुमोदन को अवश्य अभिव्यक्त करता है। परन्तु हेयर की भांति उनका कथन है कि नैतिक प्रसंगों में 'शुभ' के साथ चुनने और परामर्श देने की क्रियाएं अनिवार्यतः संबद्ध रहती हैं। इसी कारण यह कहना बहुत ही अयुक्तिसंगत प्रतीत होता है कि ''अमुक कर्म नैतिक दृष्टि से शुभ है, किंतु मैं उसे नहीं करूंगा अथवा आप उसे न कीजिए।'' नावलस्मिथ यह मानते हैं कि प्रत्यक्ष या अप्रत्यक्ष रूप से किसी कर्म के प्रति अनुमोदन का अनुभव किए बिना हम उसे शुभ नहीं कह सकते।[41] हम ऊपर देख चुके हैं कि किसी भी वस्तु को शुभ या अच्छी कहने का अर्थ यह है कि हम उसकी प्रशंसा करते हैं—अर्थात् उसके प्रति हम अपना अनुमोदन अभिव्यक्त करते हैं। स्पष्ट है कि इस दृष्टि से नैतिक तथा निर्नैतिक प्रसंगों में 'शुभ' के अर्थ में कोई आधारभूत अंतर नहीं है। हेयर के समान ही नॉवलस्मिथ का भी मत है कि जब हम नैतिक निर्णयों में 'शुभ' का प्रयोग करते हैं तो इन निर्णयों का सार्वलौकिक होना अनिवार्य है। यदि कोई व्यक्ति किसी कर्म को नैतिक दृष्टि से शुभ कहता है तो वह समान परिस्थितियों में उसी प्रकार के सभी कर्मों को शुभ कहने के लिए तार्किक दृष्टि से अपने आप को प्रतिबद्ध करता है।[42] 'शुभ' के अर्थ के विषय में नावलस्मिथ का यह मत निश्चय ही उचित है, किंतु, जैसा कि हेयर ने सविस्तार स्पष्ट किया है, इस शब्द के अर्थ की उपर्युक्त विशेषता निर्नैतिक प्रसंगों में भी समान रूप से पाई जाती है। ऐसी स्थिति में वक्ता के अनुमोदन की अभिव्यक्ति के समान ही सार्वलौकिकता के आधार पर भी नैतिक प्रसंगों में 'शुभ' के अर्थ को निर्नैतिक प्रसंगों में उसके अर्थ से पृथक् नहीं किया

40. वही पुस्तक, पृ० 143, 145
41. वही पुस्तक, पृ० 154
42. वही पुस्तक, पृ० 155

जा सकता। इस प्रकार निष्कर्ष के रूप में हम यह कह सकते हैं कि नैतिक तथा निर्नैतिक प्रसंगों में 'शुभ' के अर्थ की आधारभूत समानता के संबंध में भी नावलस्मिथ का हेयर से कोई विशेष मतभेद नहीं है।

'शुभ' की भांति 'उचित', 'चाहिए' तथा 'कर्तव्य' के अर्थ के विषय में भी नावलस्मिथ ने विस्तारपूर्वक विचार किया है। उनका मत है कि 'शुभ' के समान ही ये तीनों शब्द भी अनिवार्यतः वक्ता के अनुमोदन को अभिव्यक्त करते हैं। जब हम किसी कर्म के संबंध में 'उचित', 'चाहिए' और 'कर्तव्य' इन शब्दों का प्रयोग करते हैं तो हम अवश्य ही उस कर्म के प्रति अपना अनुमोदन व्यक्त करते हैं। इस दृष्टि से इन शब्दों का अर्थ 'शुभ' के अर्थ के समान ही है। परन्तु नावलस्मिथ का कथन है कि 'उचित', 'चाहिए' तथा 'कर्तव्य' का प्रयोग मुख्यतः किसी को कुछ करने का परामर्श देने के लिए ही किया जाता है, अतः परामर्श का यह तत्त्व इन तीनों शब्दों के अर्थ की प्रमुख विशेषता है। इस समान विशेषता के होते हुए भी 'उचित' और 'चाहिए' के अर्थ में कुछ अन्तर अवश्य है। इस अन्तर को स्पष्ट करते हुए नावलस्मिथ कहते हैं कि 'चाहिए' का प्रयोग वक्ता के निर्णयों तथा आदेशों को अभिव्यक्त करने के लिए किया जाता है, जबकि 'उचित' का प्रयोग मुख्यतः इन निर्णयों और आदेशों का समर्थन करने के लिए किया जाता है।[43] इसके अतिरिक्त 'शुभ' तथा 'उचित' के अर्थ में भी पर्याप्त अंतर है। 'उचित' शब्द का प्रयोग हम प्रायः 'नियम के अनुरूप होने' के अर्थ में करते हैं, किंतु 'शुभ' के संबंध में ऐसा नहीं कहा जा सकता। इन दोनों शब्दों के अर्थ में इस अन्तर को भी नावलस्मिथ ने स्पष्ट रूप से स्वीकार किया है। उनका कथन है कि " 'उचित' शब्द का प्रयोग प्रायः उस प्रसंग में किया जाता है जिसके साथ नियमों अथवा कानूनों का संबंध होता है और ऐसे प्रसंगों में अंशतः इसका अर्थ होता है 'नियम या कानून के अनुरूप होना'।"[44] हम देख चुके हैं कि रॉस तथा हेयर ने भी 'उचित' के अर्थ की ऐसी ही व्याख्या की है। परन्तु नावलस्मिथ का विचार है कि 'उचित' के साथ उन नियमों अथवा कानूनों के प्रति वक्ता का अनुमोदन अनिवार्यतः संबद्ध रहता है जिनके अनुसार वह कर्म करता है। इसी कारण वे 'शुभ' की भांति 'उचित' को भी मुख्यतः अनुमोदनात्मक शब्द ही मानते हैं।

'चाहिए' के अर्थ के संबंध में नावलस्मिथ का कथन है कि इस शब्द का प्रयोग मुख्यतः किसी को कुछ करने का परामर्श देने के लिए ही किया जाता है।

43. वही पुस्तक, पृ॰ 163
44. वही पुस्तक, पृ॰ 165

यही कारण है कि जिस वाक्य में हम 'चाहिए' शब्द का प्रयोग करते हैं वह हमें आज्ञा अथवा आदेश के समान ही प्रतीत होता है। नावलस्मिथ यह तो स्वीकार करते हैं कि आज्ञाओं तथा जिन वाक्यों में 'चाहिए' शब्द का प्रयोग किया जाता है उनमें कुछ समानता अवश्य है, किंतु उनका मत है कि इन दोनों को समानार्थक मान लेना हमारी बहुत बड़ी भूल होगी। वस्तुत: जिन वाक्यों में हम 'चाहिए' शब्द का प्रयोग करते हैं वे आदेशों अथवा आज्ञाओं से पर्याप्त सीमा तक भिन्न होते हैं। इन दोनों में जो आधारभूत अंतर है उसे नावलस्मिथ ने इस प्रकार स्पष्ट किया है। जब कोई व्यक्ति आज्ञा या आदेश देता है तो उसके लिए यह आवश्यक नहीं है कि वह इसके समर्थन में उचित कारण अथवा तर्क प्रस्तुत करे। इसके विपरीत जब कोई व्यक्ति किसी से यह कहता है कि "तुम्हें अमुक कर्म करना चाहिए" तो हम उससे यह अनुरोध करना आवश्यक समझते हैं कि वह अपने इस कथन के लिए उचित कारण बताए। इससे स्पष्ट है कि उन कथनों या निर्णयों को आज्ञाओं अथवा आदेशों के समान नहीं माना जा सकता जिनमें हम 'चाहिए' शब्द का प्रयोग करते हैं। नावलस्मिथ के मतानुसार इन दोनों को समानार्थक मानना उसी प्रकार अनुचित है जिस प्रकार "अमुक वस्तु शुभ है" और "मैं अमुक वस्तु को पसंद करता हूं" इन दोनों कथनों को समानार्थक मानना। इस प्रकार ये निर्णय आदेशों से भिन्न प्रकार के होते हैं, अत: आदेशों अथवा आज्ञाओं के आधार पर इनका अर्थ स्पष्ट नहीं किया जा सकता। इसी तथ्य को ध्यान में रखते हुए नावलस्मिथ ने उस धर्मशास्त्रीय सिद्धांत को अस्वीकार किया है जो ईश्वरादेशों के आधार पर नैतिक निर्णयों की परिभाषा करता है।[45] यहां यह उल्लेखनीय है कि स्टीवैन्सन, ऐडवर्ड्स, हेयर आदि अन्य दार्शनिकों ने भी नैतिक निर्णयों तथा आदेशों अथवा आज्ञाओं में मुख्यत: यही अंतर बताया है।

हम देख चुके हैं कि नावलस्मिथ के विचार में 'उचित' और 'चाहिए' की भांति 'कर्तव्य' शब्द का प्रयोग भी किसी को कुछ करने का परामर्श देने के लिए ही किया जाता है। परंतु उनका मत है कि 'कर्तव्य' का अर्थ 'उचित' तथा 'चाहिए' के अर्थ से कुछ भिन्न है। मूर की भांति वे भी यह मानते हैं कि 'कर्तव्य' में बाध्यता का तत्त्व अनिवार्यत: निहित रहता है और यही तत्त्व इस शब्द के अर्थ को 'उचित' तथा 'चाहिए' के अर्थ से पृथक करता है। जब मैं यह कहता हूं कि "अमुक कर्म करना मेरा कर्तव्य है" तो सामान्यत: इसका अर्थ यही होता है कि "इच्छा न होते हुए भी वह कर्म करने के लिए मैं बाध्य हूं। स्पष्ट है कि जिस कर्म को हम अपना कर्तव्य मानते हैं उसके संबंध में हमारी स्वतंत्रता अनिवार्यत:

45. वही पुस्तक, पृ० 168-169

सीमित हो जाती है। हम सामान्यत: अपनी इच्छा से वह कर्म नहीं करते, किंतु उसे करने के लिए हमें बाध्य होना पड़ता है। नावलस्मिथ के शब्दों में, "मेरे कर्तव्य वे हैं जिन्हें करने के लिए मैं बाध्य हूं और यह संयोग की बात नहीं है कि नैतिक नियमों तथा देश के कानूनों का पालन करवाने के लिए दंड की व्यवस्था की जाती है।"[46] इसके अतिरिक्त नावलस्मिथ मूर के इस मत का भी समर्थन करते हैं कि प्राय: ऐसे कर्मों को ही व्यक्ति के कर्तव्य माना जाता है जो उसके अपने हित के लिए नहीं, अपितु दूसरों के हित के लिए आवश्यक होते हैं। परंतु नावलस्मिथ के अनुसार केवल इसी तथ्य के आधार पर 'कर्तव्य' की परिभाषा नहीं की जा सकती। हम अनेक कारणों से प्रेरित होकर अपने कर्तव्य का पालन करते हैं जिनमें अवांछनीय परिणामों का भय भी सम्मिलित है। अनेक बार हम कर्तव्य-चेतना—अर्थात् कर्तव्य के लिए ही कर्तव्य का पालन करने की इच्छा—से प्रेरित होकर भी अपने कर्तव्य का पालन करते हैं।

नावलस्मिथ का कथन है कि कानूनी तथा नैतिक कर्तव्यों में परस्पर घनिष्ठ संबंध है। कुछ नैतिक कर्तव्यों को कानूनी कर्तव्यों के रूप में स्वीकार कर लिया जाता है और कुछ कानून ऐसे होते हैं जो अनैतिक आचरण को कानूनी अपराध घोषित करते हैं। इसके अतिरिक्त अपने देश के कानूनों का पालन न करना भी सामान्यत: नैतिक दृष्टि से अपराध माना जाता है। नैतिक कर्तव्य और देश के कानून दोनों ही मनुष्य को विशेष प्रकार का आचरण करने या न करने का आदेश देते हैं। दोनों का उल्लंघन करना सामान्य परिस्थितियों में अनुचित माना जाता है और इसके लिए मनुष्य को दंड दिया जाता है, किंतु इन दोनों के उल्लंघन के लिए दंड के रूप भिन्न-भिन्न होते हैं। कानूनी कर्तव्य की भांति नैतिक कर्तव्य भी मनुष्य की स्वतंत्रता को सीमित करता है। इस बात को एक उदाहरण द्वारा स्पष्ट करते हुए नावल स्मिथ कहते हैं कि "मैं जिस लड़की से विवाह करना चाहता हूं उससे विवाह करने के लिए मैं स्वतंत्र नहीं हूं, क्योंकि मैं जानता हूं कि इससे मेरी माता का दिल टूट जाएगा और उसके प्रति मैं अपने नैतिक कर्तव्य से बाध्य हूं। नैतिक कर्तव्य···ऐसा कर्तव्य है जो मुझे वह कर्म करने के लिए बाध्य करता है जिसे मैं उस कर्तव्य के अभाव में न करता।···नैतिक कर्तव्य की पूर्ति करने के लिए मनुष्य स्वेच्छया कर्म तो करता है, किंतु वह स्वतंत्रतापूर्वक इस कर्म का चुनाव नहीं करता। जो विशेषता नैतिक कर्तव्यों को अन्य सभी कर्तव्यों से पृथक करती है वह यह है कि नैतिक कर्तव्य आत्मारोपित होते हैं।"[47]

46. वही पुस्तक, पृ० 176
47. वही पुस्तक, पृ० 184

जब नावलस्मिथ नैतिक कर्तव्यों को 'आत्मारोपित कर्तव्य' कहते हैं तो इससे उनका तात्पर्य यह है कि मनुष्य स्वयं ही इन कर्तव्यों को अपने ऊपर आरोपित करता है; ईश्वर, समाज, कानून आदि कोई भी बाह्य शक्ति उसे इन कर्तव्यों का पालन करने के लिए बाध्य नहीं करती। इस दृष्टि से नैतिक कर्तव्य अन्य सभी कर्तव्यों से भिन्न प्रकार के हैं। परंतु फिर भी नावलस्मिथ के मतानुसार मनुष्य अन्य कर्तव्यों की भांति नैतिक कर्तव्यों का पालन भी अपनी नैसर्गिक इच्छा से प्रेरित होकर अनायास ही नहीं करता। इसके लिए वह एक विशेष प्रकार की बाध्यता का अनुभव करता है जो उसकी स्वाभाविक इच्छाओं को नियंत्रित करती है। अपनी इसी मान्यता को सोदाहरण स्पष्ट करते हुए नावलस्मिथ कहते हैं कि "यदि···लोग सत्य बोलने के लिए कभी भी अनिच्छुक न होते तो हम सत्य बोलने को कर्तव्य के रूप में स्वीकार न करते।···यदि हम केवल ऐसे कर्मों को करने का वादा करते जिन्हें करने से हमें आनंद मिलता है तो वचन का पालन करना कर्तव्य न माना जाता।[48] इन उदाहरणों से यह स्पष्ट है कि नावलस्मिथ के विचार में अन्य कर्तव्यों की भांति नैतिक कर्तव्यों में भी बाध्यता का तत्त्व अनिवार्यतः विद्यमान रहता है। वस्तुतः कर्तव्य की यही अनिवार्य विशेषता उसे 'शुभ', 'उचित', 'चाहिए' आदि अन्य सभी नैतिक शब्दों से पृथक करती है।

प्रमुख नैतिक शब्दों के अर्थ के अतिरिक्त 'नैतिक नियमों' के अर्थ के विषय में भी नावलस्मिथ ने अपने विचार व्यक्त किए हैं। उनका मत है कि जिन नियमों के आधार पर मनुष्य अपने व्यावहारिक जीवन में सदैव कर्म करने का निर्णय करता है उन्हें ही 'नैतिक नियम' कहा जा सकता है। ये नियम मनुष्य की विशेष अनुमोदनात्मक अभिवृत्तियां हैं जो उसके आचरण को निर्धारित करती हैं। नावलस्मिथ ने नैतिक नियमों की तीन मुख्य विशेषताएं बताई हैं जो उनके अनुसार इन नियमों में अनिवार्यतः विद्यमान रहती हैं। (1) नैतिक नियमों का मनुष्य के जीवन में सर्वप्रमुख स्थान होता है, अतः वह किसी प्रकार के भय अथवा प्रलोभन के कारण इनका परित्याग करने के लिए उद्यत नहीं होता। यही नहीं, वह अपने नैतिक नियमों के लिए अपनी किसी भी बहुमूल्य वस्तु का परित्याग कर सकता है। वह सदैव इन नियमों के अनुरूप आचरण करता है और किसी नैतिक नियम का उल्लंघन तभी करता है जब उस नियम की अपेक्षा अधिक व्यापक तथा महत्त्वपूर्ण नैतिक नियम के लिए ऐसा करना अनिवार्य हो जाए। हेयर की भांति नावलस्मिथ भी यह मानते हैं कि मनुष्य के आचरण से ही हम यह जान सकते हैं

48. वही पुस्तक, पृ० 185

कि वह वास्तव में किन नैतिक नियमों को स्वीकार करता है। इस प्रकार इन दोनों दार्शनिकों के अनुसार नैतिक नियमों का मनुष्य के आचरण के साथ अनिवार्य संबंध है।

(2) नैतिक नियमों की दूसरी महत्त्वपूर्ण विशेषता यह है कि यदि मनुष्य इन नियमों के विरुद्ध आचरण करता है तो उसके मन में अपराध बोध तथा पश्चाताप की भावनाएं अवश्य उत्पन्न होती हैं। यही कारण है कि वह इन नियमों के उल्लंघन को साधारण बात न मान कर बहुत गंभीर दोष के रूप में स्वीकार करता है।

(3) सार्वलौकिकता नैतिक नियमों की तीसरी प्रमुख विशेषता है। किसी भी नियम को 'नैतिक नियम' तब तक नहीं माना जा सकता जब तक मनुष्य समान परिस्थितियों में सभी व्यक्तियों पर उसे लागू करने के लिए उद्यत नहीं होता। इसका अर्थ यह है कि समान परिस्थितियों में किसी नैतिक नियम का कोई अपवाद नहीं हो सकता।[49] स्पष्ट है कि नावलस्मिथ के अनुसार सार्वलौकिकता के अभाव में हम किसी नियम को 'नैतिक नियम' नहीं कह सकते। जैसाकि हम पिछले खंड में देख चुके हैं, हेयर ने भी सार्वलौकिकता को नैतिक नियमों के लिए अनिवार्य माना है। वस्तुतः सार्वलौकिकता केवल नैतिक नियमों की ही नहीं, अपितु सभी प्रकार के नियमों की अनिवार्य विशेषता है, क्योंकि 'नियम' उसे ही कहा जा सकता है जो समान परिस्थितियों में सभी पर समान रूप से लागू हो सके। परंतु अन्य दो विशेषताएं केवल नैतिक नियमों में ही पाई जाती हैं और संभवतः यह कहना अनुचित न होगा कि ये दो विशेषताएं ही इन नियमों को अन्य सभी प्रकार के नियमों से पृथक करती हैं। इस प्रकार उपर्युक्त सभी तथ्यों को ध्यान में रखते हुए हम यह कह सकते हैं कि नावलस्मिथ ने नैतिक नियमों के अर्थ का जो विश्लेषण किया है वह निश्चय ही उचित एवं युक्तिसंगत है।

4. मूल्यांकन

पिछले खंडों में हमने परामर्शवाद की मुख्य आधारभूत मान्यताओं तथा इस सिद्धांत के दो प्रमुख प्रतिनिधियों—हेयर और नावलस्मिथ—के मत का विस्तृत विवेचन किया है। अब अंत में इस प्रश्न पर भी विचार करना आवश्यक है कि यह सिद्धांत नैतिक निर्णयों के अर्थ और प्रमाणीकरण की कहां तक उचित एवं युक्तसंगत व्याख्या कर पाता है। संभवतः यह कहना अनुचित न होगा कि परामर्शवाद उन सभी सिद्धांतों की अपेक्षा अधिक संतोषप्रद है जिन पर हमने पिछले अध्यायों

49. वही पुस्तक, पृ० 267-269

में विचार किया है। इसका कारण यह है कि इस सिद्धांत में नैतिक निर्णयों के वर्णनात्मक पक्ष तथा मूल्यात्मक पक्ष दोनों का समुचित महत्त्व और स्थान स्वीकार किया गया है। हम देख चुके हैं कि इस सिद्धांत के दोनों समर्थक—हेयर तथा नावलस्मिथ—नैतिक निर्णयों के वर्णनात्मक अर्थ को पर्याप्त महत्त्व देते हैं और यह मानते हैं कि इसके अभाव में किसी भी कथन को 'नैतिक निर्णय' की संज्ञा नहीं दी जा सकती। हम जब भी कोई नैतिक निर्णय देते हैं तो इस निर्णय द्वारा हम निर्णीत वस्तु के कुछ विशेष गुणों की ओर अवश्य संकेत करते हैं जिनके आधार पर हमारे निर्णय को उचित अथवा युक्तिसंगत सिद्ध किया जा सकता है। इस प्रकार यह स्पष्ट है कि परामर्शवाद में प्रकृतिवाद, निर्प्रकृतिवाद आदि वर्णनात्मक सिद्धांतों की एक मूल विशेषता—वर्णनात्मक तत्त्व—को समुचित स्थान प्रदान किया गया है। परंतु, जैसा कि हम देख चुके हैं, परामर्शवाद वर्णनात्मक सिद्धांत नहीं है, क्योंकि इस सिद्धांत के अनुसार नैतिक निर्णयों के अर्थ की व्याख्या किसी प्रकार के तथ्यात्मक कथनों के आधार पर ही नहीं की जा सकती। अपनी इसी मान्यता के कारण इस सिद्धांत के समर्थकों ने प्रकृतिवाद तथा निर्प्रकृतिवाद दोनों वर्णनात्मक सिद्धांतों को अस्वीकार किया है। इन सिद्धांतों के विरुद्ध उनकी यह आपत्ति उचित ही प्रतीत होती है कि ये नैतिक निर्णयों को पूर्णतः तथ्यात्मक मान कर उनके मूल्यात्मक तत्त्व की उपेक्षा करते हैं।

इसके अतिरिक्त हेयर तथा नावलस्मिथ का यह मत भी उचित है कि नैतिक निर्णयों का मनुष्य के आचरण के साथ बहुत घनिष्ठ संबंध है और ये निर्णय व्यावहारिक जीवन में उसका मार्गदर्शन करते हैं। हम देख चुके हैं कि मार्गदर्शन की इस क्रिया का संबंध विवेकशील मनुष्य के आचरण से है, अतः यह एक बौद्धिक क्रिया है जिसके लिए तर्क प्रस्तुत करना आवश्यक है। इस दृष्टि से नैतिक निर्णयों को बौद्धिक कथन मान कर हेयर और नावलस्मिथ ने संवेगवाद का जो खंडन किया है वह निश्चय ही उचित है। संवेगवाद के विरुद्ध इन दोनों दार्शनिकों का यह मत भी उचित है कि नैतिक निर्णय मुख्यतः संवेगात्मक नहीं होते—अर्थात् संवेगों या भावनाओं को अभिव्यक्त और जागृत करना इन निर्णयों का प्रमुख उद्देश्य नहीं होता। इस प्रकार वर्णनात्मक सिद्धांतों के साथ-साथ संवेगवाद के विरुद्ध उन्होंने जो आपत्तियां उठाई हैं वे भी अवश्य ही युक्तिसंगत हैं। परंतु इसका अर्थ यह नहीं है कि हेयर और नावलस्मिथ ने संवेगवाद को पूर्णतः अस्वीकार किया है। जैसा कि हम देख चुके हैं, वे संवेगवाद की इस आधारभूत मान्यता को स्वीकार करते हैं कि नैतिक निर्णयों का मानवीय आचरण के साथ अनिवार्य संबंध है और इसी कारण ये निर्णय वर्णनात्मक कथनों से भिन्न होते हैं। इस प्रकार हेयर तथा नावलस्मिथ एक ओर तो नैतिक निर्णयों के मूल्यात्मक पक्ष को

विशेष महत्त्व देते हैं और दूसरी ओर वे इन निर्णयों के वर्णनात्मक पक्ष की भी उपेक्षा नहीं करते, अत: उनका सिद्धांत अभी तक वर्णित अन्य सभी सिद्धांतों की अपेक्षा अधिक संतुलित एवं युक्तिसंगत प्रतीत होता है।

परंतु परामर्शवाद की प्रमुख विशेषताओं के संबंध में ऊपर जो कुछ कहा गया है उससे यह निष्कर्ष निकालना उचित नहीं होगा कि यह सिद्धांत नैतिक निर्णयों के अर्थ एवं प्रमाणीकरण की पूर्णत: संतोषप्रद व्याख्या करता है और सभी दार्शनिक इसे पूर्णरूप से स्वीकार करते हैं। यद्यपि यह सिद्धांत प्रकृतिवाद, निर्प्रकृतिवाद तथा संवेगवाद की अपेक्षा अधिक संतोषप्रद है, फिर भी अनेक दार्शनिकों ने इसके विरुद्ध कुछ आपत्तियां उठाई हैं। इन दार्शनिकों में जी० जे० वारनॉक, ए० सी० मैकिन्टायर, जी० सी० करनर, पी० टी० गीच, फिलिपा फुट और जे० आर० सर्ल के नाम विशेष रूप से उल्लेखनीय हैं। ये सभी दार्शनिक हेयर तथा नावलस्मिथ की इस आधारभूत मान्यता को स्वीकार नहीं करते कि मूल्यात्मक निर्णय तथ्यात्मक कथनों से अनिवार्यत: भिन्न होते हैं और इन दोनों में अलंघ्य तार्किक खाई है। उपर्युक्त दार्शनिकों में से अंतिम तीन दार्शनिकों के मत का विस्तृत विवेचन नौवें अध्याय में किया जाएगा, अत: यहां हम मुख्यत: उन्हीं आपत्तियों पर विचार करेंगे जो वारनॉक, मैकिन्टायर तथा करनर ने परामर्शवाद के विरुद्ध उठाई हैं।

जी० जे० वारनॉक ने अपनी पुस्तक "कन्टैम्प्रेरी मॉरल फ़िलॉसॉफ़ी" में हेयर के परामर्शवाद की तीव्र आलोचना की है। उनका मत है कि नैतिक निर्णयों के अर्थ और प्रमाणीकरण दोनों की दृष्टि से यह सिद्धांत बहुत असंतोषप्रद है। हेयर ने नैतिक निर्णयों के अर्थ की जो व्याख्या की है वह वारनॉक के विचार में नितांत एकांगी है। परामर्शवाद के विरुद्ध अपनी इस आपत्ति को स्पष्ट करते हुए वे कहते हैं कि हेयर सभी नैतिक निर्णयों को परामर्श अथवा मार्गदर्शन सम्बन्धी एक ही क्रिया तक सीमित कर देते हैं जो निश्चय ही उचित नहीं है। यह सत्य है कि कुछ प्रसंगों में नैतिक भाषा परामर्श देने अथवा मार्गदर्शन करने का कार्य करती है। उदाहरणार्थ जब हम इस प्रश्न पर विचार करते हैं कि हमें क्या करना चाहिए अथवा जब हमसे कोई व्यक्ति यह पूछता है कि उसे कौन-सा कर्म करना चाहिए या उसके लिए कौन-सी जीवन-पद्धति सर्वोत्तम होगी तो ऐसे प्रसंगों में हमारे नैतिक निर्णय अवश्य ही स्वयं हमारा अपना अथवा दूसरों का मार्गदर्शन करते हैं। इस प्रकार के प्रसंगों में इन निर्णयों को परामर्शात्मक या मार्गदर्शक माना जा सकता है। वारनॉक का कथन है कि केवल ऐसे ही प्रसंगों को ध्यान में रखकर हेयर ने नैतिक निर्णयों के अर्थ की व्याख्या की है। परन्तु वास्तव में नैतिक भाषा केवल इन्हीं प्रसंगों तक सीमित नहीं है; उसका अर्थ कहीं अधिक व्यापक तथा विविधतापूर्ण है, क्योंकि नैतिक निर्णयों का प्रयोग विभिन्न प्रकार

के प्रसंगों में किया जाता है। इन निर्णयों के अर्थ को एक ही प्रकार के प्रसंग में किसी एक उद्देश्य तक सीमित कर देना निश्चय ही उचित एवं युक्तिसंगत नहीं है।

हेयर के परामर्शवाद के विरुद्ध अपनी उपर्युक्त आपत्ति को प्रस्तुत करते हुए वारनॉक ने लिखा है—"यह कैसे माना जा सकता है कि अपने अगणित विविध रूपों तथा प्रसंगों में नैतिक भाषा सदैव और अनिवार्यतः केवल एक ही भाषा सम्बन्धी कार्य सम्पन्न करती है ? सामान्य भाषा के संबंध में कोई भी व्यक्ति ऐसा कहने का विचार नहीं करेगा; परंतु नैतिक भाषा—अर्थात् वह भाषा जिसमें नैतिक शब्दों का प्रयोग होता है—इस दृष्टि से सामान्य भाषा की अपेक्षा कम व्यापक अथवा विविधार्थक नहीं है। कम से कम ऐसे दर्जनों कार्य हैं जो नैतिक शब्दों का प्रयोग करने वाले व्यक्ति इन शब्दों द्वारा संपन्न करते हैं।"[50] इन कार्यों में वारनॉक ने उपदेश देना, आग्रह करना, आदेश देना, निंदा करना, दुःख व्यक्त करना, निश्चय करना, अपना अपराध स्वीकार करना, उत्तरदायित्व लेना आदि का विशेष रूप से उल्लेख किया है। परंतु उनकी इस आपत्ति के उत्तर में हेयर यह कह सकते हैं कि वे 'परामर्श' अथवा 'मार्गदर्शन' शब्द का प्रयोग बहुत व्यापक अर्थ में करते हैं, अतः उपर्युक्त तथा ऐसे ही अन्य सभी कार्य इसके अंतर्गत सम्मिलित हैं। वस्तुतः वारनॉक ने 'परामर्श' और 'मार्गदर्शन' का जो सीमित अर्थ स्वीकार किया है उस अर्थ में हेयर ने इन शब्दों का प्रयोग नहीं किया। ऐसी स्थिति में उनके सिद्धांत के विरुद्ध वारनॉक की उपर्युक्त आपत्ति पूर्णतः उचित और युक्तिसंगत प्रतीत नहीं होती। संभवतः यही कारण है कि उन्होंने अपनी इस आपत्ति को एक अन्य रूप में प्रस्तुत किया है जिसका संबंध मनुष्य के आचरण से है।

वारनॉक का कथन है कि हेयर के परामर्शवाद की अपेक्षाकृत अधिक युक्ति-संगत व्याख्या एक अन्य प्रकार से की जा सकती है। यह कहा जा सकता है कि हेयर का सिद्धांत इस अर्थ में परामर्शात्मक है कि इसके अनुसार नैतिक शब्दों तथा मनुष्य के कर्मों में विशेष संबंध होता है। मनुष्य द्वारा किसी नैतिक निर्णय को वास्तव में स्वीकार करने का अर्थ यह है कि वह उचित अवसर पर अपनी सामर्थ्यानुसार उस निर्णय के अनुरूप अवश्य आचरण करेगा। यदि वह ऐसा नहीं करता तो इसका अर्थ यही है कि उसने वस्तुतः उस निर्णय को स्वीकार नहीं किया। व्यावहारिक जीवन में मनुष्य के कर्मों द्वारा ही हम निश्चित रूप से यह जान सकते हैं कि उसने किसी नैतिक निर्णय को सचमुच स्वीकार किया है या नहीं।

50. जी० जे० वारनॉक, 'कन्टेम्प्रेरी मॉरल फ़िलॉसॉफ़ी', पृ० 34-35

हम दूसरे खंड में देख चुके हैं कि इसी अर्थ में हेयर नैतिक निर्णयों को परामर्शात्मक अथवा मार्गदर्शक मानते हैं। वारनॉक भी यह स्वीकार करते हैं कि नैतिक निर्णयों तथा मनुष्य के आचरण में बहुत घनिष्ठ संबंध है। परन्तु परामर्शवाद के विरुद्ध उनकी आपत्ति यह है कि हेयर के अनुसार नैतिक भाषा तथा मानवीय आचरण में केवल एक ही प्रकार का संबंध है जिसे वे परामर्श या मार्गदर्शन का संबंध कहते हैं। वारनॉक का विचार है कि हेयर का यह मत नितांत एकांगी है, क्योंकि यह नैतिक भाषा और मानवीय आचरण के संबंध को केवल एक ही पक्ष अथवा क्रिया तक सीमित कर देता है। नैतिक भाषा बहुत ही व्यापक है और जिन प्रसंगों में इसका प्रयोग किया जाता है वे भी विविध प्रकार के होते हैं, अतः उसे परामर्श या मार्गदर्शन संबंधी एक ही क्रिया तक सीमित कर देना निश्चय ही उचित नहीं है। हेयर नैतिक भाषा को मुख्यतः परामर्शात्मक मानकर उसके क्षेत्र तथा उद्देश्य को बहुत ही सीमित कर देते हैं। वे स्पष्ट रूप से यह कहते हैं कि प्रत्येक नैतिक निर्णय में कोई आदेश अवश्य निहित रहता है जिसका अर्थ यही है कि वह अनिवार्यतः परामर्शात्मक अथवा मार्गदर्शक होता है। वारनॉक का कथन है कि यदि हेयर के इस मत को स्वीकार कर लिया जाए तो नैतिक निर्णय तथा आदेश या आज्ञा में कोई मूल भेद नहीं रह जाता। परंतु वास्तव में ये दोनों एक-दूसरे से बहुत भिन्न होते हैं। आज्ञाओं अथवा आदेशों का प्रयोग हम प्रायः एक ही प्रकार की स्थिति में एक ही उद्देश्य के लिए करते हैं, किंतु नैतिक निर्णयों का प्रयोग विविध प्रसंगों तथा परिस्थितियों में विभिन्न प्रकार के बहुत-से उद्देश्यों के लिए किया जाता है। इससे यह स्पष्ट है कि नैतिक निर्णयों तथा मनुष्य के आचरण में वैसा सीमित संबंध नहीं है जैसा आदेशों और मनुष्य के आचरण में होता है। आदेशों तथा मानवीय आचरण के संबंध की व्याख्या हम एक ही प्रकार से कर सकते हैं, किन्तु नैतिक भाषा और मानवीय आचरण के संबंध के विषय में ऐसा करना नितांत अनुचित होगा।[51] इस प्रकार वारनॉक के मतानुसार हेयर का सिद्धांत एकांगी होने के कारण नैतिक निर्णयों के अर्थ की पूर्णतः संतोषप्रद व्याख्या नहीं कर पाता।

हेयर के सिद्धांत के विरुद्ध वारनॉक की उपर्युक्त आपत्ति उचित ही प्रतीत होती है, क्योंकि नैतिक भाषा को अनिवार्यतः परामर्शात्मक भाषा मानकर हेयर उसके क्षेत्र तथा उद्देश्य को सीमित कर देते हैं। संभवतः उनके सिद्धांत की इसी कठिनाई को ध्यान में रखते हुए नावलस्मिथ ने नैतिक भाषा को केवल परामर्शात्मक न मानकर बहु-पक्षीय अथवा बहु-उद्देश्यीय माना है। यह सत्य है

51. वही पुस्तक, पृ० 39-40

कि कुछ नैतिक निर्णय—विशेषतः वे निर्णय जिनमें 'उचित', 'चाहिए', 'कर्तव्य' आदि शब्दों का प्रयोग किया जाता है—अवश्य ही परामर्शात्मक या मार्गदर्शक होते हैं, किन्तु सभी नैतिक निर्णयों को केवल परामर्श देने अथवा मार्गदर्शन करने की क्रिया तक ही सीमित मान लेना उचित एवं युक्तिसंगत प्रतीत नहीं होता। हम देख चुके हैं कि हेयर उन नैतिक निर्णयों को भी अनिवार्यतः परामर्शात्मक मानते हैं जिनमें हम 'शुभ' या 'अच्छा' शब्द का प्रयोग करते हैं। उनका स्पष्ट और निश्चित मत है कि 'शुभ' शब्द अपने मुख्य प्रशंसात्मक अर्थ द्वारा प्रत्यक्ष या परोक्ष रूप से अवश्य ही हमारा मार्गदर्शन करता है। परंतु हेयर की इस मान्यता को पूर्णतः स्वीकार करना कुछ कठिन ही प्रतीत होता है। इसका कारण यह है कि अनेक प्रसंगों में हम 'शुभ' या 'अच्छा' शब्द का प्रयोग निर्णीत वस्तु की प्रशंसा करने के लिए ही करते हैं, किसी का मार्गदर्शन करने के लिए नहीं। उदाहरणार्थ यदि हम किसी मरणासन्न व्यक्ति से यह कहते हैं कि उसने अच्छा जीवन व्यतीत किया तो हम वास्तव में किसी का मार्गदर्शन न करके उस व्यक्ति की प्रशंसा ही करते हैं, क्योंकि हमारे लिए उसकी जीवन-पद्धति का अनुसरण करना अनिवार्य नहीं है। इसी प्रकार निर्नैतिक प्रसंगों में भी हम 'शुभ' या 'अच्छा' शब्द का प्रयोग सदैव किसी का मार्गदर्शन करने के लिए नहीं करते। यदि हम यह कहते हैं कि कल हमने जो भोजन किया वह बहुत अच्छा था तो अपने इस कथन द्वारा हम उस भोजन की प्रशंसा करते हैं, किसी व्यक्ति का मार्गदर्शन नहीं। इन उदाहरणों से यह स्पष्ट है कि सभी परिस्थितियों तथा प्रसंगों में 'शुभ' या 'अच्छा' शब्द का प्रयोग मार्गदर्शन करने के लिए नहीं किया जाता जैसा कि हेयर मानते हैं। अनेक प्रसंगों में हम इस शब्द का प्रयोग निर्णीत वस्तु के मूल्यांकन के लिए ही करते हैं जिसमें परामर्श या मार्गदर्शन का निहित होना अनिवार्य नहीं है।

कुछ दार्शनिकों ने हेयर के सिद्धांत के विरुद्ध यह आपत्ति भी की है कि नैतिक निर्णयों का परामर्शात्मक होना अनिवार्य नहीं है, क्योंकि यह संभव है कि कोई व्यक्ति किन्हीं नैतिक निर्णयों को सचमुच स्वीकार करते हुए भी स्वयं उनके अनुसार आचरण न करे। ऐसा व्यक्ति जिन नैतिक निर्णयों अथवा नियमों का समर्थन करता है उन्हें वह अपने व्यावहारिक जीवन में कार्यान्वित नहीं करता, अतः यह स्पष्ट है कि उसके लिए ये निर्णय या नियम परामर्शात्मक अथवा मार्गदर्शक नहीं हो सकते। हेयर के सिद्धांत के विरुद्ध यही आपत्ति उठाते हुए ए० सी० मैकिन्टायर कहते हैं कि "एक मनुष्य किसी नैतिक निर्णय के संबंध में अपनी प्रतिबद्धता व्यक्त कर सकता है, किंतु यह संभव है कि वह अपने कर्म के

मार्गदर्शन के लिए इसका प्रयोग न करे।"[52] यहां यह उल्लेखनीय है कि अपनी इस आपत्ति में मैकिन्टायर मनुष्य की नैतिक दुर्बलता की ओर संकेत नहीं कर रहे हैं जिसके कारण वह चाहते हुए भी अपने नैतिक नियमों के अनुरूप आचरण नहीं कर पाता। हम देख चुके हैं कि हेयर ने नैतिक दुर्बलता संबंधी इस आपत्ति का विस्तारपूर्वक समुचित उत्तर दिया है और मैकिन्टायर भी यह स्वीकार करते हैं कि इस आपत्ति के आधार पर उनके सिद्धांत का खंडन नहीं किया जा सकता। वस्तुतः मैकिन्टायर के मतानुसार मनुष्य के लिए यह संभव है कि वह शारीरिक तथा मानसिक दृष्टि से समर्थ होते हुए भी उन नैतिक नियमों अथवा निर्णयों के अनुरूप आचरण न करे जिन्हें वह सचमुच निष्ठापूर्वक स्वीकार करता है। परन्तु उनकी यह मान्यता उचित एवं युक्तिसंगत प्रतीत नहीं होती, क्योंकि मनुष्य द्वारा किसी नैतिक नियम को वास्तव में स्वीकार करने का अर्थ यही है कि वह उचित अवसर आने पर अपनी सामर्थ्यानुसार उस नियम के अनुरूप आचरण करने का प्रयास अवश्य करेगा। यदि वह ऐसा नहीं करता तो स्पष्टतः इसका अर्थ यही है कि उसने उस नियम को सचमुच स्वीकार नहीं किया। जो व्यक्ति अपने नैतिक नियमों के अनुसार आचरण न करके केवल उनका शाब्दिक समर्थन करता है उसे निश्चय ही निष्ठावान मनुष्य नहीं कहा जा सकता। इन तथ्यों से यह स्पष्ट है कि हेयर के सिद्धान्त के विरुद्ध मैकिन्टायर की उपर्युक्त आपत्ति उचित नहीं है।

मैकिन्टायर के अतिरिक्त एक अन्य दार्शनिक जी०सी० करनर ने भी नैतिक निर्णयों के अर्थ की व्याख्या के सम्बन्ध में हेयर के सिद्धान्त के विरुद्ध एक विशेष आपत्ति उठाई है जिस पर यहां विचार करना आवश्यक है। करनर का कथन है कि नैतिक निर्णयों के दो प्रकार के अर्थ स्वीकार करके हेयर ने बहुत बड़ी भूल की है। हम देख चुके हैं कि हेयर के अनुसार प्रत्येक नैतिक निर्णय के दो अर्थ होते हैं—मुख्य मूल्यात्मक अर्थ और गौण वर्णनात्मक अर्थ। परन्तु करनर का मत है कि हेयर की यह मान्यता उचित नहीं है, क्योंकि कोई भी कथन एक ही साथ मूल्यात्मक तथा वर्णनात्मक ये दोनों कार्य नहीं कर सकता। इसका कारण यह है कि ये दोनों कार्य एक-दूसरे से पूर्णतः भिन्न हैं और इन दोनों की परीक्षा करने की कसौटियां भी बिल्कुल अलग-अलग होती हैं। ऐसी स्थिति में यह कहना उचित नहीं होगा कि नैतिक निर्णय ये दोनों भिन्न-भिन्न कार्य एक ही साथ सम्पन्न करते हैं। हेयर के सिद्धान्त के विरुद्ध अपनी इसी आपत्ति को

52. ए० सी० मैकिन्टायर का लेख, 'ह्यूम ऑन "इज़" एंड "ओट"', 'फिलॉसफ़ी', 1957 पृ० 330

सविस्तार स्पष्ट करते हुए करनर ने लिखा है—"यह आश्चर्य की बात है कि हेयर ने स्टीवेन्सन के इस आधारभूत विचार को स्वीकार कर लिया कि नैतिक निर्णयों के दो प्रकार के अर्थ होते हैं। उनका दावा केवल यही है कि वर्णनात्मक अर्थ के अतिरिक्त दूसरा अर्थ प्रवर्तक या संवेगात्मक न होकर परामर्शात्मक अथवा मूल्यात्मक ही होता है। वर्णन करना और भावनाएं जागृत करना ऐसी क्रियाएं हैं जो एक कथन में एक ही साथ उचित ढंग से सम्पन्न की जा सकती हैं। परन्तु क्या यही बात वर्णन करने तथा परामर्श देने के विषय में भी कही जा सकती है ?...यह स्पष्ट है कि वर्णन और मूल्यांकन के मानदण्ड भिन्न-भिन्न होते हैं।...वर्णनात्मक तथा मूल्यात्मक कथनों में भाषा का विभाजन उसी प्रकार भ्रामक है जिस प्रकार प्रत्यक्षवादियों का यह विचार कि केवल सत्यापनीय वर्णनात्मक तथ्यपरक वाक्य ही वास्तव में सार्थक हैं। जिस बात की आवश्यकता है वह है अधिक सूक्ष्म विश्लेषण। यदि कसौटियां केवल वर्णनात्मक अर्थ के लिए ही हैं तो ऐसा प्रतीत होता है कि मूल्यात्मक अर्थ के लिए किसी प्रकार की कसौटियां हो ही नहीं सकतीं। इसका अर्थ यही होगा कि हम अपने मूल्यांत्मक कथनों के लिए कोई कारण नहीं दे सकते।...वस्तुतः हेयर ने वर्णनात्मक अर्थ और कसौटियों को एक ही मानकर भूल की है।...बात यह नहीं है कि मूल्यात्मक निर्णय वर्णन करने के अतिरिक्त कुछ और भी करते हैं। ऐसे निर्णय वर्णन करते ही नहीं, यद्यपि यह सत्य है कि नैतिक निर्णय देने और वर्णन करने दोनों के लिए कसौटियों का प्रयोग किया जाता है।...केवल यही कहकर छोड़ देना कि नैतिक निर्णयों के वर्णनात्मक और मूल्यात्मक ये दो प्रकार के अर्थ होते हैं स्पस्टतः असन्तोषप्रद होगा। यदि हम इस बात की व्याख्या नहीं करते कि इन दोनों अर्थों में क्या तार्किक सम्बन्ध है तो हम यह नहीं समझ सकेंगे कि नैतिक निर्णयों के लिए तर्क देना कैसे संभव है।...नैतिक निर्णयों के दो प्रकार के अर्थों में भेद के कारण ऐसी खाई उत्पन्न हो गई है जिसे तर्कों द्वारा भरा नहीं जा सकता।"[53] इस प्रकार हेयर के विरुद्ध करनर की मुख्य आपत्ति यह है कि वे नैतिक निर्णयों के दो विभिन्न प्रकार के अर्थों को स्वीकार करके इन निर्णयों के अर्थ और प्रमाणीकरण की संतोषप्रद व्याख्या नहीं कर पाते।

परंतु हेयर के सिद्धांत के विरुद्ध करनर की उपर्युक्त आपत्ति वास्तव में उचित और तर्कसंगत प्रतीत नहीं होती। इसका कारण यह है कि उन्होंने नैतिक निर्णयों में वर्णनात्मक तथा मूल्यात्मक अर्थ के स्थान और इन दोनों अर्थों के संबंध के विषय में हेयर के मत की जो व्याख्या की है वह अनुचित एवं

53. जी० सी० करनर, 'दि रिवोल्यूशन इन ऐथिकल थ्योरी', पृ० 148, 159, 166

भ्रामक है। हेयर यह अवश्य मानते हैं कि प्रत्येक नैतिक निर्णय के दो प्रकार के अर्थ होते हैं। उन्होंने स्वयं स्पष्टतः यह स्वीकार किया है कि ये दोनों कार्य भिन्न-भिन्न प्रकार के हैं और इन दोनों में भेद करना बहुत आवश्यक है। परंतु उनका कथन है कि नैतिक निर्णय के अर्थ की समुचित व्याख्या करने के लिए इसमें विद्यमान मूल्यात्मक तथा वर्णनात्मक दोनों अर्थों के पारस्परिक विशेष संबंध और इन दोनों के महत्त्व को स्वीकार करना अनिवार्य है। जब हम कोई नैतिक निर्णय देते हैं तो हम अपने इस निर्णय द्वारा निर्णीत वस्तु का न तो केवल मूल्यांकन करते हैं और न केवल वर्णन। हमारे इस निर्णय में उस वस्तु के कुछ विशेष गुणों का वर्णन और इन गुणों के आधार पर उसका मूल्यांकन ये दोनों ही अनिवार्यतः सम्मिलित रहते हैं जिनकी हम अलग-अलग व्याख्या कर सकते हैं। उदाहरणार्थ जब हम यह कहते हैं कि "अमुक व्यक्ति एक अच्छा मनुष्य है" तो हम उसकी उदारता, ईमानदारी, सत्यवादिता आदि कुछ विशेष गुणों की ओर संकेत करते हैं और इन्हीं गुणों के आधार पर उसकी प्रशंसा करते हैं। हेयर का विचार है कि इन दोनों तत्त्वों का समुचित विश्लेषण करके ही हम उपर्युक्त नैतिक निर्णय के अर्थ को भली-भांति स्पष्ट कर सकते हैं और अन्य सभी नैतिक निर्णयों के अर्थ के विषय में भी यही बात कही जा सकती है। नैतिक निर्णयों के अर्थ की व्याख्या के संबंध में उनका यह मत उचित ही प्रतीत होता है। करनर की इस मान्यता का समर्थन करना बहुत कठिन है कि नैतिक निर्णयों का वर्णनात्मक अर्थ होता ही नहीं। इसके अतिरिक्त हेयर के विरुद्ध उनका यह आरोप भी उचित नहीं है कि हेयर के सिद्धांत को स्वीकार कर लेने पर हम नैतिक निर्णयों के लिए कोई तर्क प्रस्तुत नहीं कर सकते। हम देख चुके हैं कि हेयर के मतानुसार किसी नैतिक निर्णय का मूल्यात्मक अर्थ अंततः उसके वर्णनात्मक अर्थ पर ही निर्भर रहता है और इस दृष्टि से इन दोनों प्रकार के अर्थों में अनिवार्य तार्किक संबंध होता है। नैतिक निर्णय के वर्णनात्मक अर्थ के आधार पर ही हम इस निर्णय के समर्थन में तर्क प्रस्तुत कर सकते हैं। यह वर्णनात्मक अर्थ ही नैतिक निर्णय को सार्वलौकिक बनाता है जिसके आधार पर हम उसे उचित सिद्ध कर सकते हैं। नैतिक निर्णयों के प्रमाणीकरण के विषय में हेयर के इस मत का विस्तृत वर्णन हम पहले ही कर चुके हैं। इससे यह स्पष्ट है कि वे इन निर्णयों के लिए तर्कों की संभावना तथा उनके महत्त्व को पूर्णतः स्वीकार करते हैं। ऐसी स्थिति में उनके सिद्धांत के विरुद्ध करनर का यह आरोप उचित नहीं है कि इसके अनुसार हम अपने नैतिक निर्णयों के लिए कोई तर्क नहीं दे सकते।

अभी तक हमने मुख्यतः परामर्शात्मकता की दृष्टि से ही नैतिक निर्णयों के अर्थ के विषय में हेयर के मत के विरुद्ध कुछ आलोचकों की आपत्तियों पर विचार किया है। परंतु इन निर्णयों के अर्थ की दूसरी विशेषता—अर्थात् सार्वलौकिकता—के संबंध में भी उनके सिद्धांत के विरुद्ध अनेक दार्शनिकों ने कुछ आपत्तियां उठाई हैं जिनकी यहां विवेचना करना आवश्यक है। उदाहरणार्थ मैंकिन्टायर हेयर की इस मान्यता को स्वीकार नहीं करते कि सभी नैतिक निर्णय अनिवार्यतः सार्वलौकिक होते हैं। उनका कथन है कि कुछ नैतिक निर्णय अवश्य ही सार्वलौकिक होते हैं, किंतु सभी नैतिक निर्णयों को सार्वलौकिक मान लेना उचित नहीं है। हेयर द्वारा सभी नैतिक निर्णयों को सार्वलौकिक मानने का मुख्य कारण यह है कि वे नैतिक नियमों को विशेष महत्त्व देते हैं और इन नियमों तथा नैतिक निर्णयों में कोई मूल भेद स्वीकार नहीं करते। निश्चय ही सभी नियम—चाहे वे नैतिक हों या निर्नैतिक—अनिवार्यतः सार्वलौकिक होते हैं, किंतु इससे यह निष्कर्ष निकालना उचित नहीं होगा कि सभी नैतिक निर्णयों का सार्वलौकिक होना भी अनिवार्य है। वस्तुतः मैंकिन्टायर के विचार में जो नैतिक निर्णय नैतिक नियमों को अभिव्यक्त नहीं करते उनका सार्वलौकिक होना आवश्यक नहीं है। ऐसे अनेक नैतिक निर्णयों के उदाहरण दिए जा सकते हैं जिन्हें वक्ता स्वयं सार्वलौकिक मानने के लिए उद्यत नहीं होता। उदाहरणार्थ कोई व्यक्ति यह कह सकता है कि "मुझे युद्ध में भाग नहीं लेना चाहिए", किंतु इसके साथ ही वह यह भी कह सकता है कि "जो व्यक्ति युद्ध में भाग लेते हैं उनकी आलोचना या निन्दा करना मेरे लिए उचित नहीं होगा।" ऐसा व्यक्ति यह मान सकता है कि उसे दूसरों को युद्ध में भाग लेने से रोकने का कोई अधिकार नहीं है। ऐसी स्थितियों में यह स्वयं एक नैतिक समस्या हो जाती है कि वह केवल अपने लिए निर्णय करे अथवा अन्य व्यक्तियों के संबंध में भी नैतिक निर्णय दे।[54] इस प्रकार मैंकिन्टायर हेयर के इस मत को अस्वीकार करते हैं कि सभी नैतिक निर्णय अनिवार्यतः सार्वलौकिक होते हैं।

परंतु हेयर के सिद्धांत के विरुद्ध मैकिन्टायर की उपर्युक्त आपत्ति उचित प्रतीत नहीं होती, क्योंकि सार्वलौकिकता नैतिक निर्णयों की अनिवार्य विशेषता है। यदि कोई व्यक्ति अपने किसी कथन को सार्वलौकिक मानने के लिए उद्यत नहीं होता तो उसके इस कथन को 'व्यक्तिगत निर्णय' ही कहा जा सकता है, 'नैतिक निर्णय' नहीं। हेयर का यह मत उचित है कि प्रत्येक नैतिक निर्णय

54. ए० सी० मैंकिन्टायर का लेख, 'व्हट मॉरेलिटी इज नाट', जी० वैलेस तथा ए० डी०एम० वाकर द्वारा सम्पादित 'दि डेफिनिशन ऑफ़ मॉरेलिटी' में संकलित, पृ० 29-30

समान परिस्थितियों में सभी समान व्यक्तियों पर अवश्य लागू होता है और उसकी यही सार्वलौकिकता उसे व्यक्तिगत निर्णयों से पृथक करती है। मैकिन्टायर ने जो उदाहरण दिया है उसे अनुचित सिद्ध करने के लिए हेयर निम्नलिखित तर्क दे सकते हैं। यदि कोई व्यक्ति अपने संबंध में यह नैतिक निर्णय देता है कि उसे युद्ध में भाग नहीं लेना चाहिए तो वह तार्किक दृष्टि से यह स्वीकार करने के लिए प्रतिबद्ध है कि समान परिस्थितियों में उस जैसे अन्य व्यक्ति को युद्ध में भाग नहीं लेना चाहिए। यदि वह यह स्वीकार नहीं करता तो उसके निर्णय को वास्तव में 'नैतिक निर्णय' की संज्ञा नहीं दी जा सकती, क्योंकि समान परिस्थितियों में भिन्न-भिन्न नैतिक निर्णय देना तार्किक व्याघात है। मैकिन्टायर के मत के विरुद्ध हेयर का यह तर्क उचित और युक्तिसंगत प्रतीत होता है।

उपर्युक्त आपत्ति के अतिरिक्त मैकिन्टायर ने हेयर के सिद्धांत के विरुद्ध यह आपत्ति भी उठाई है कि उनका सार्वलौकिकता का नियम वास्तव में 'तार्किक नियम' न होकर 'नैतिक नियम' ही है। हम विस्तार से यह बता चुके हैं कि हेयर सार्वलौकिकता के नियम को 'तार्किक नियम' मानते हैं; क्योंकि उनके अनुसार प्रत्येक नैतिक शब्द के अर्थ में ही सार्वलौकिकता का तत्त्व अनिवार्यतः विद्यमान रहता है। परंतु मैकिन्टायर का कथन है कि "संगति से संबंधित मांग वस्तुतः नैतिक आवश्यकता है, तार्किक आवश्यकता नहीं। हम नैतिक असंगति के लिए मनुष्य को शायद दोषी मानते हैं, किंतु जो कुछ वह कहता है उसे हम निरर्थक नहीं मानते।...यह 'नैतिकता' के अर्थ का अंश नहीं है कि नैतिक निर्णय सार्वलौकिक होते हैं, परंतु उदारवादी लोग 'नैतिकता' शब्द का प्रयोग इस प्रकार करते हैं कि इसे इस शब्द के अर्थ का अंश बना दिया जाता है।"[55] मैकिन्टायर का विचार है कि हेयर ने वास्तव में अपनी उदारवादी नैतिक मान्यता को ही नैतिक निर्णयों की तार्किक आवश्यकता मान लिया है जो उचित नहीं है। परंतु हेयर के विरुद्ध उनके इस आरोप का समर्थन करना बहुत कठिन है। इसका कारण यह है कि हेयर स्वयं नैतिक निर्णयों से संबंधित अपने विश्लेषण को पूर्णतः तटस्थ मानते हैं। उनका उद्देश्य उसी रूप में नैतिक शब्दों तथा निर्णयों का अर्थ स्पष्ट करना है जिस रूप में हम इनका प्रयोग करते हैं। वस्तुतः इसी तथ्य को ध्यान में रखते हुए हमें हेयर के सिद्धांत की परीक्षा करनी चाहिए, उनकी नैतिक मान्यताओं के आधार पर नहीं। दार्शनिक के रूप में हमारे लिए इस प्रश्न का कोई महत्त्व नहीं है कि हेयर की नैतिक मान्यताएं क्या

55. वही पुस्तक, पृ० 35-36

हैं; हमें जिस प्रश्न पर विचार करना है वह केवल यही है कि उन्होंने नैतिक शब्दों तथा निर्णयों के अर्थ का जो विश्लेषण किया है वह उचित और तर्कसंगत है या नहीं। इस दृष्टि से विचार करने पर उनका यह मत उचित प्रतीत होता है कि नैतिक निर्णय अनिवार्यत: सार्वलौकिक होते हैं और सार्वलौकिकता का नियम वास्तव में 'तार्किक नियम' है।

नैतिक निर्णयों के अर्थ की भांति इन निर्णयों के प्रमाणीकरण के संबंध में भी हेयर के सिद्धांत की कुछ दार्शनिकों ने तीव्र आलोचना की है। इन दार्शनिकों में जी० जे० वारनॉक का नाम विशेष रूप से उल्लेखनीय है। वारनॉक का कथन है कि संवेगवाद की भांति हेयर के सिद्धांत में भी नैतिक निर्णयों को उचित या अनुचित सिद्ध करने के लिए वास्तविक तर्कों का कोई विशेष स्थान नहीं है। यह सत्य है कि स्टीवैन्सन के विपरीत हेयर नैतिक निर्णयों के लिए प्रस्तुत किये जाने वाले तर्कों को केवल 'मनोवैज्ञानिक तर्क' नहीं मानते। वे इन निर्णयों तथा इनके समर्थन में दिये जाने वाले तर्कों में तार्किक संबंध स्वीकार करते हैं। इस दृष्टि से उनका सिद्धांत स्टीवैन्सन के सिद्धांत की अपेक्षा निश्चय ही अधिक संतोषप्रद है। परंतु वारनॉक का मत है कि हेयर के सिद्धांत के अनुसार केवल सार्वलौकिकता के तत्त्व के आधार पर ही नैतिक निर्णयों के समर्थन मे तर्क प्रस्तुत किए जा सकते हैं। इसी कारण हेयर सार्वलौकिकता के इस तत्त्व को अत्यधिक महत्त्व देते हैं। उनका कथन है कि नैतिक निर्णय देने वाले व्यक्ति के लिए सार्वलौकिकता के नियम को स्वीकार करना अनिवार्य है—अर्थात् वह अपने इस निर्णय को समान परिस्थितियों में स्वयं अपने ऊपर तथा अन्य सभी व्यक्तियों पर लागू करने के लिए तार्किक दृष्टि से प्रतिबद्ध है। इसी आधार पर वह अपने नैतिक निर्णय को उचित सिद्ध कर सकता है। यदि वह सार्वलौकिकता के इस नियम को स्वीकार नहीं करता तो उसके नैतिक निर्णय को भी उचित नहीं माना जा सकता। नैतिक निर्णयों के प्रमाणीकरण के लिए स्वयं वारनॉक भी इस नियम के महत्त्व को स्पष्टत: स्वीकार करते हैं। वे यह मानते हैं कि अनेक व्यक्ति इस नियम के विरुद्ध आचरण करते हुए समान परिस्थितियों में भिन्न-भिन्न नैतिक निर्णय देने की भूल करते हैं जिसके कारण उनके इन निर्णयों को तार्किक दृष्टि से निश्चय ही उचित नहीं माना जा सकता।

परंतु वारनॉक का विचार है कि सार्वलौकिकता का यह नियम किसी नैतिक निर्णय को उचित सिद्ध करने के लिए एकमात्र पर्याप्त आधार नहीं हो सकता जैसा कि हेयर मानते हैं। यह नियम हमें केवल इतना ही बता सकता है कि किसी व्यक्ति के नैतिक निर्णय में वस्तुत: संगति विद्यमान है या नहीं। दूसरे शब्दों में, इस नियम की सहायता से हम केवल यही जान सकते हैं कि कौन-सा

नैतिक निर्णय सुसंगत है और कौन-सा असंगत। सार्वलौकिकता का नियम हमें इसके अतिरिक्त और कुछ नहीं बताता। वह हमें यह नहीं बताता कि कोई नैतिक निर्णय वास्तव में उचित है या अनुचित। सार्वलौकिकता के नियम के विरुद्ध अपनी इसी आपत्ति को स्पष्ट करते हुए वारनॉक कहते हैं कि "मैं जो नैतिक निर्णय देता हूं उस पर सार्वलौकिकता की दृष्टि से विचार करना यह प्रश्न उठाना नहीं है कि क्या मेरा यह निर्णय उचित है, अपितु केवल यही प्रश्न उठाना है कि क्या यह वही निर्णय है अथवा उन निर्णयों के समान है जो मैं इसी प्रकार के अन्य मामलों के संबंध में देता हूं या दूंगा।"[56] इस प्रकार वारनॉक के अनुसार सार्वलौकिकता के नियम का क्षेत्र बहुत सीमित है। इसी कारण वे यह मानते हैं कि केवल इस नियम के आधार पर नैतिक निर्णयों को उचित या अनुचित सिद्ध नहीं किया जा सकता।

वस्तुतः सार्वलौकिकता के नियम के विरुद्ध वारनॉक की मूल आपत्ति यह है कि इस नियम के द्वारा कोई भी व्यक्ति अपने किसी भी नैतिक निर्णय का तर्कसंगत रूप से समर्थन कर सकता है। हम देख चुके हैं कि यह नियम नैतिक निर्णयों के लिए केवल संगति को ही आवश्यक मानता है। वारनॉक के मतानुसार इसका अर्थ यह है कि यदि कोई व्यक्ति अपने नैतिक निर्णय में संगति बनाए रखता है—अर्थात् वह समान परिस्थितियों में सदा वही निर्णय देता है अथवा देने के लिए तैयार होता है—तो हम उसके इस निर्णय के विरुद्ध तार्किक दृष्टि से कोई आपत्ति नहीं कर सकते—फिर चाहे उसका यह निर्णय कितना ही अनुचित एवं आपत्तिजनक क्यों न हो। उदाहरणार्थ यदि कोई व्यक्ति यह कहता है कि "काले व्यक्तियों के साथ केवल उनके रंग के आधार पर भेदभाव किया जाना चाहिए" और यदि वह अपने इस निर्णय को सभी काले व्यक्तियों पर—जिनमें वह स्वयं भी सम्मिलित है—समान रूप से लागू करने के लिए उद्यत होता है तो सार्वलौकिकता के नियम के अनुसार हम उसके इस निर्णय को अनुचित नहीं कह सकते। इसका कारण यह है कि उसके उक्त निर्णय में कोई तार्किक असंगति विद्यमान नहीं है। इसी प्रकार यदि कोई व्यक्ति यह कहता है कि "चोरी करने वाले प्रत्येक व्यक्ति के हाथ काट दिये जाने चाहिएं" और यदि वह समान परिस्थितियों में इस निर्णय को स्वयं अपने पर तथा अन्य सभी व्यक्तियों पर लागू करने के लिए अपने आपको तार्किक दृष्टि से प्रतिबद्ध मानता है तो सार्वलौकिकता के नियम को ध्यान में रखते हुए हमें उसके इस निर्णय को उचित मानना पड़ेगा। स्पष्टतः इसका अर्थ यही है कि इस नियम के आधार पर मनुष्य अपने किसी भी

56. जी० जे० वारनॉक, 'कन्टेम्प्रेरी मॉरल फ़िलॉसॉफ़ी', पृ० 43

नैतिक निर्णय को तार्किक दृष्टि से उचित सिद्ध कर सकता है। वारनॉक के शब्दों में : "मेरे सभी प्रतिमान तथा नियम आपको अत्यंत आपत्तिजनक प्रतीत हो सकते हैं; परंतु यदि मैं उन्हें प्रत्येक मामले में संगतिपूर्वक लागू करता हूं तो इस प्रकार के तर्क के आधार पर उनकी आलोचना बिल्कुल नहीं की जा सकती।...यह कहना सरल है कि व्यावहारिक जीवन में सिद्धांतत: किसी भी नैतिक निर्णय को —चाहे वह कितना ही आपत्तिजनक क्यों न हो—संगतिपूर्वक सार्वलौकिक बनाया जा सकता है और इस प्रकार उक्त नियम पर आधारित तर्क द्वारा उसे अनुचित सिद्ध नहीं किया जा सकता।"[57] मुख्यत: इसी कारण वारनॉक यह मानते हैं कि सार्वलौकिकता का नियम नैतिक निर्णयों के समर्थन में दिये जाने वाले तर्कों का संतोषप्रद आधार नहीं हो सकता।

हेयर के सिद्धांत के विरुद्ध वारनॉक ने ऊपर जो आपत्ति उठाई है उसका उत्तर स्वयं हेयर ने अपनी दूसरी पुस्तक—'फ्रीडम ऐंड रीज़न'—के अन्त में देने का प्रयास किया है। वे यह स्वीकार करते हैं कि मनुष्य के लिए तार्किक दृष्टि से किसी भी नैतिक निर्णय को सार्वलौकिक बनाना संभव है। परन्तु उनका कथन है कि कोई भी 'विवेकशील' व्यक्ति सामान्य परिस्थितियों में स्वयं अपनी इच्छाओं तथा आवश्यकताओं की पूर्ति में बाधा डालने और अपने हितों को हानि पहुंचाने के लिए उद्यत नहीं होगा। ऐसी स्थिति में वह ऐसे किसी नैतिक निर्णय अथवा नियम को स्वीकार नहीं करना चाहेगा जो सार्वलौकिक हो जाने पर स्वयं उसके अपने हितों के विरुद्ध हो। विवेकशील होने के कारण वह केवल ऐसे नियमों या निर्णयों का ही समर्थन करना चाहेगा जो सार्वलौकिक बना दिए जाने पर स्वयं उसकी अपनी इच्छाओं और आवश्यकताओं की पूर्ति में सहायक हों। यदि कोई व्यक्ति ऐसा नहीं करता तो हेयर उसे 'विवेकशील मनुष्य' न मानकर 'हठधर्मी' की संज्ञा देते हैं। संभवत: वे यह भी कहना चाहेंगे कि सामान्य परिस्थितियों में स्वयं अपने हितों के विरुद्ध किसी निर्णय या नियम को स्वीकार करके उसे सार्वलौकिक बनाने वाले ऐसे 'हठधर्मी' व्यक्तियों की संख्या संसार में लगभग नगण्य है। अधिकतर व्यक्ति ऐसे ही हैं जो उस नैतिक नियम अथवा निर्णय को सार्वलौकिक नहीं बनाना चाहेंगे जो उनके अपने हितों के विरुद्ध है और उनकी अपनी मूल आवश्यकताओं तथा इच्छाओं की पूर्ति में बाधक सिद्ध होता है। ऐसे विवेकशील व्यक्ति दूसरों की इच्छाओं तथा आवश्यकताओं की ओर भी अवश्य ही उचित ध्यान देंगे।[58] इस प्रकार हेयर के मतानुसार हमारे व्याव-

57. वही पुस्तक, पृ॰ 44
58. आर॰ एम॰ हेयर, 'फ्रीडम' ऐंड रीज़न', पृ॰ 193, 195

हारिक जीवन में इस बात की संभावना बहुत कम है कि सामान्य परिस्थितियों में कोई विवेकशील व्यक्ति स्वयं अपने हितों के विरुद्ध किसी नैतिक निर्णय या नियम को सार्वलौकिक निर्णय अथवा नियम के रूप में स्वीकार करे।

परन्तु वारनॉक को हेयर का उपर्युक्त उत्तर संतोषप्रद प्रतीत नहीं होता। वे यह तो स्वीकार करते हैं कि कोई भी विवेकशील व्यक्ति स्वयं अपनी इच्छाओं तथा आवश्यकताओं की पूर्ति में बाधा डालना और अपने हितों को हानि पहुंचाना नहीं चाहता। परन्तु उनका कथन है कि हमारी मूल समस्या यह नहीं है कि मनुष्य क्या चाहता है और क्या नहीं चाहता; हमारे समक्ष मूल प्रश्न यह है कि वह नैतिक दृष्टि से किस निर्णय का अनुमोदन करता है और किसे आपत्तिजनक मानता है। ये दोनों प्रश्न निश्चय ही एक-दूसरे से भिन्न हैं। हेयर के सिद्धान्त के विरुद्ध अपने इसी तर्क को सोदाहरण स्पष्ट करते हुए वारनॉक कहते हैं कि "यदि मैं किसी ऐसे कर्म की प्रशंसा करता हूं अथवा उसे उचित कहता हूं जो दूसरे व्यक्ति के हितों को अत्यधिक हानि पहुंचाता है तो आपका मुझसे यह कहना निस्संदेह उचित होगा कि यदि मेरे हितों को इस प्रकार हानि पहुंचाई जाए तो मैं इसे पसंद नही करूंगा। परन्तु मैं इस बात को स्वीकार करते हुए भी यह कह सकता हूं कि यदि हमारी स्थितियां उलट जाएं तो दूसरे व्यक्ति के लिए भी मेरे हितों को हानि पहुंचाना ठीक उसी प्रकार उचित होगा जिस प्रकार अब मैं उसके हितों को हानि पहुँचाना चाहता हूं।"[59] इस प्रकार अपने उपर्युक्त तर्क द्वारा वारनॉक ने यह प्रमाणित करने का प्रयास किया है कि हेयर का सार्वलौकिकता का नियम नैतिक निर्णयों के प्रमाणीकरण के लिए पर्याप्त और संतोषप्रद आधार नहीं है।

मेरे विचार में विशुद्ध तार्किक दृष्टि से हेयर के सिद्धांत के विरुद्ध वारनॉक की उपर्युक्त आपत्ति उचित हो सकती है, किंतु मनुष्य की मूल आवश्यकताओं तथा उसके स्वभाव को ध्यान में रखते हुए हेयर के मत का समर्थन करना ही उचित प्रतीत होता है। सामान्य परिस्थितियों में कोई भी विवेकशील व्यक्ति अपने हितों को हानि नहीं पहुंचाना चाहता, अतः वह वास्तव में ऐसे किसी नैतिक निर्णय को सार्वलौकिक नहीं बनाना चाहेगा जो उसकी अपनी मूल आवश्यकताओं तथा इच्छाओं की पूर्ति में बाधक सिद्ध हो। यदि कोई व्यक्ति ऐसे निर्णय को सार्वलौकिक बनाने की बात करता है तो यह अत्यन्त संदेहास्पद है कि वह उसे सचमुच सार्वलौकिक बनाना चाहता है। इस दृष्टि से कान्ट का अनुसरण करते हुए हेयर ने नैतिक निर्णयों के औचित्य अथवा प्रमाणीकरण के लिए

59. जी० जे० वारनॉक, 'कन्टैम्प्रैरी मॉरल फ़िलॉसॉफ़ी', पृ० 45

सार्वलौकिकता संबंधी जो मानदंड प्रस्तुत किया है वह पर्याप्त सीमा तक संतोषप्रद प्रतीत होता है ।

हम पिछले खंड में देख चुके हैं कि नैतिक निर्णयों के अर्थ और प्रमाणीकरण के विषय में नावलस्मिथ का मत हेयर के मत से अधिक भिन्न नहीं है, अत: हेयर के सिद्धांत की आलोचना के संदर्भ में ऊपर जो कुछ कहा गया है वह नावलस्मिथ के सिद्धांत पर भी लागू होता है । परन्तु कुछ दार्शनिक नावलस्मिथ के इस मत का समर्थन करते हैं कि नैतिक भाषा वर्णनात्मक, संवेगात्मक या परामर्शात्मक न होकर बहु-पक्षीय अथवा बहु-उद्देशीय होती है । उदाहरणार्थ वारनॉक इस दृष्टि से नावलस्मिथ के सिद्धांत को हेयर के सिद्धांत की अपेक्षा अधिक संतोषजनक मानते हैं । नावलस्मिथ के मत का समर्थन करते हुए वे कहते हैं कि विविध प्रसंगों में नैतिक भाषा भिन्न-भिन्न प्रकार के कार्य करती है, अत: उसे किसी एक ही कार्य तक सीमित कर देना अनुचित है ।[60] परन्तु यहां यह मूल प्रश्न उठाया जा सकता है कि क्या नैतिक भाषा को 'बहु-पक्षीय' कह देने मात्र से वास्तव में उसके स्वरूप की ठीक-ठीक व्याख्या हो जाती है । मेरे विचार में इस प्रश्न का उत्तर नकारात्मक ही हो सकता है । यह कहना कि नैतिक भाषा के बहुत-से भिन्न-भिन्न कार्य हैं उसके वास्तविक स्वरूप के संबंध में हमें कोई स्पष्ट तथा निश्चित जानकारी प्रदान नहीं करता । हम यह जानना चाहते हैं कि नैतिक भाषा निर्नैतिक भाषा से किस प्रकार भिन्न होती है । परन्तु जहां तक मुझे ज्ञात है, नावलस्मिथ इस प्रश्न का कोई स्पष्ट और संतोषप्रद उत्तर नहीं देते । ऐसी स्थिति में इस दृष्टि से उनके सिद्धांत को हेयर के सिद्धांत की अपेक्षा अधिक संतोषजनक तथा युक्तिसंगत मानना बहुत कठिन है ।

60. वही पुस्तक, पृ० 40

अध्याय 8

उचित तर्क संबंधी सिद्धांत

1. आधारभूत मान्यताएं

पिछले अध्यायों में हमने जिन वर्णनात्मक तथा अवर्णनात्मक अधि-नैतिक सिद्धांतों का विवेचन किया है वे सभी नैतिक शब्दों और निर्णयों के अर्थ को विशेष महत्त्व देते हैं। हम देख चुके हैं कि प्रकृतिवाद, निप्रंकृतिवाद, संवेगवाद, परामर्शवाद आदि सिद्धांतों के समर्थकों ने नैतिक शब्दों तथा नैतिक निर्णयों के अर्थ की विस्तृत व्याख्या की है और इसे अधि-नीतिशास्त्र की मूल समस्या माना है। मूर के मत का अनुसरण करते हुए इन सभी सिद्धांतों के समर्थकों ने यह कहा है कि हमारे समक्ष मूल प्रश्न यह है कि 'शुभ', 'उचित', 'कर्तव्य', 'चाहिए' आदि नैतिक शब्दों का वास्तविक अर्थ क्या है। अपने सिद्धांतों द्वारा उन्होंने मुख्यतः अधि-नीतिशास्त्र के इस मूल प्रश्न का विस्तारपूर्वक उत्तर देने का प्रयास किया है। परन्तु कुछ समकालीन दार्शनिक इन सिद्धातों के समर्थकों की उपर्युक्त मान्यता को स्वीकार नहीं करते। इन दार्शनिकों के मतानुसार अधिनीतिशास्त्र के संबंध में हमारे समक्ष मूल प्रश्न यह नहीं है कि नैतिक शब्दों एवं निर्णयों का वास्तविक अर्थ क्या है; वस्तुतः नैतिक दर्शन से सम्बन्धित मूल प्रश्न यह है कि नैतिक निर्णयों के समर्थन में किस प्रकार के तर्क प्रस्तुत किए जा सकते हैं। इन दार्शनिकों का विचार है कि नैतिक निर्णयों के समर्थन में दिए जाने वाले उचित तर्कों की खोज करना और इन तर्कों के स्वरूप को निर्धारित करना अधि-नीतिशास्त्र की सर्वाधिक महत्त्वपूर्ण समस्या है। इसी कारण इन दार्शनिकों के अधि-नैतिक सिद्धांत को 'उचित तर्क सम्बन्धी सिद्धांत' की संज्ञा दी गई है। एस० ई० टूलमिन इस नवीन सिद्धांत के मुख्य प्रणेता माने जाते हैं जिनके मत पर हम अगले खंड में विस्तारपूर्वक विचार करेंगे। टूलमिन के अतिरिक्त एक अन्य दार्शनिक कर्ट बेयर ने भी मुख्यतः इसी सिद्धांत का समर्थन किया है। ये दोनों दार्शनिक नैतिक निर्णयों के अर्थ की अपेक्षा इन निर्णयों के समर्थन में प्रस्तुत किए जाने वाले तर्कों को कहीं अधिक महत्त्व देते हैं।

उचित तर्क सम्बन्धी सिद्धांत की प्रथम मुख्य आधारभूत मान्यता यह है कि हमें उन तर्कों पर विशेष ध्यान देना चाहिए जो नैतिक निर्णयों को सत्य अथवा

मिथ्या सिद्ध करने के लिए प्रस्तुत किए जाते हैं। इस सिद्धांत के समर्थकों का कथन है कि अभी तक दार्शनिकों ने इन तर्कों से सम्बन्धित समस्याओं पर अधिक गंभीरतापूर्वक विचार नहीं किया। ऐसी स्थिति में इन समस्याओं की ओर विशेष रूप से ध्यान देना हमारे लिए बहुत आवश्यक हो जाता है। नैतिक निर्णयों के समर्थन में दिए जाने वाले किस प्रकार के तर्कों को हम वास्तव में 'उचित तर्क' कह सकते हैं? इन तर्कों का मूल उद्देश्य क्या है और ये तथ्यात्मक कथनों के समर्थन में दिए जाने वाले तर्कों से किस प्रकार भिन्न होते हैं? हम किन विधियों द्वारा इन तर्कों की प्रामाणिकता की परीक्षा कर सकते हैं? ये कुछ ऐसे प्रश्न हैं जिन पर गंभीरतापूर्वक विचार करना और जिनका ठीक-ठीक उत्तर खोजना उचित तर्क सम्बन्धी सिद्धांत के समर्थक नैतिक दर्शन के लिए अनिवार्य मानते हैं। उनका मत है कि इन प्रश्नों का समुचित उत्तर दिए बिना हम नैतिक निर्णयों के अर्थ, स्वरूप तथा उद्देश्य की ठीक-ठीक व्याख्या नहीं कर सकते। इसी कारण ये दार्शनिक नैतिक तर्कना संबंधी समस्या को ही अधि-नीतिशास्त्र की सर्वाधिक महत्त्वपूर्ण तथा आधारभूत समस्या मानते हैं। हम अगले खंड में देखेंगे कि उचित तर्क संबंधी सिद्धांत के प्रणेता टूलमिन ने इस समस्या को अधि-नीतिशास्त्र की अन्य मूल समस्याओं की अपेक्षा कहीं अधिक महत्त्व दिया है।

उचित तर्क सम्बन्धी सिद्धांत की दूसरी आधारभूत मान्यता नैतिक निर्णयों के मुख्य कार्य अथवा उद्देश्य से सम्बन्धित है। इस सिद्धान्त के समर्थकों का मत है कि नैतिक निर्णयों का उद्देश्य किन्हीं प्राकृतिक या निर्प्राकृतिक गुणों तथा किसी व्यक्ति की मनोदशाओं का वर्णन करना अथवा मनुष्य की भावनाओं को अभिव्यक्त और जागृत करना नहीं है। अपनी इसी मान्यता के कारण ये दार्शनिक प्रकृतिवाद, निर्प्रकृतिवाद तथा संवेगवाद का खंडन करते हैं। इन सभी सिद्धान्तों के समर्थकों के विपरीत वे यह मानते हैं कि नैतिक निर्णयों का मुख्य उद्देश्य किसी समुदाय के सदस्यों की इच्छाओं तथा आवश्यकताओं और उनके हितों में यथा संभव अधिकतम सामंजस्य स्थापित करना ही है। जो नैतिक नियम अथवा प्रथाएं इस मूल उद्देश्य में सहायक हैं उन पर आधारित नैतिक निर्णयों को अवश्य ही उचित कहा जा सकता है। इस सम्बन्ध में टूलमिन ने एक विशेष आधारभूत नैतिक नियम का उल्लेख किया है जो इस प्रकार है: "हमें ऐसे दुःख का अवश्य ही निराकरण करना चाहिए जो निवारणीय है—अर्थात् जिसे समाप्त किया जा सकता है"। अगले खण्ड में हम टूलमिन के इस मूल नैतिक नियम पर विस्तारपूर्वक विचार करेंगे। यहां इतना कह देना ही पर्याप्त है कि उनके मतानुसार किसी समुदाय में प्रचलित नैतिक नियमों और प्रथाओं के औचित्य की परीक्षा इसी नियम के आधार पर की जा सकती है। इसका कारण यह है कि

यही नियम किसी समुदाय के सदस्यों की इच्छाओं, आवश्यकताओं और उनके हितों में सामंजस्य स्थापित करने का मूल आधार हो सकता है। हम आगे देखेंगे कि टूलमिन मुख्यत: इसी नियम के आधार पर नीतिशास्त्र के कार्य अथवा उद्देश्य की व्याख्या करते हैं। यह नियम उनके उचित तर्क सम्बन्धी सिद्धांत को ऐसा उपयोगितावादी सिद्धान्त बना देता है जिसका मूल आधार किसी समुदाय के अधिकतम सदस्यों का अधिकतम सुख है। प्रत्येक समुदाय में प्रचलित नैतिक प्रथाओं अथवा नियमों को उचित या अनुचित सिद्ध करने के लिए टूलमिन, कर्ट बेयर आदि दार्शनिकों ने इसी नियम को एकमात्र आधार माना है। इस दृष्टि से भी इन दार्शनिकों का उचित तर्क संबंधी सिद्धान्त अभी तक वर्णित अन्य सभी सिद्धांतों से पर्याप्त सीमा तक भिन्न है।

2. एस० ई० टूलमिन

उचित तर्क संबंधी सिद्धांत का प्रतिपादन सर्वप्रथम एस० ई० टूलमिन ने अपनी पुस्तक 'एन ऐग्ज़ामिनेशन ऑफ़ दि प्लेस ऑफ़ रीज़न इन ऐथिक्स' में किया था जो 1950 में प्रकाशित हुई थी। जैसा कि इस पुस्तक के शीर्षक से ही स्पष्ट है, इसका मुख्य उद्देश्य नैतिक दर्शन में तर्क के स्थान अथवा महत्त्व को निश्चित करना और उसके स्वरूप की व्याख्या करना है। इसके प्रथम अध्याय में टूलमिन स्पष्ट रूप से यह कहते हैं कि नैतिक निर्णयों के समर्थन में दिए जाने वाले उचित तर्कों के स्वरूप की ठीक-ठीक व्याख्या करना ही नैतिक दर्शन की मूल समस्या है। जिस प्रश्न पर हमें विचार करना है वह यह नहीं है कि "शुभत्व क्या है" अथवा " 'शुभ' का अर्थ क्या है", अपितु यह है कि "उचित तर्क क्या है और नैतिक निर्णयों के समर्थन में दिए जाने वाले किस प्रकार के तर्कों को 'उचित तर्क' कहा जा सकता है"। टूलमिन का विचार है कि दार्शनिकों ने अभी तक नैतिक दर्शन की इस मूल समस्या की ओर विशेष ध्यान नहीं दिया, अत: इस पर गंभीरतापूर्वक विचार करने की आवश्यकता है। इस समस्या के स्वरूप तथा नैतिक दर्शन के लिए इसके महत्त्व को स्पष्ट करते हुए वे कहते हैं कि "हम जब भी किसी नैतिक निर्णय पर पहुंचते हैं तो हम उससे सम्बद्ध कारणों—अर्थात् ऐसे प्रासंगिक तथ्यों—की जांच करते हैं जिनसे हम परिचित हैं और तब हम अपना मत निश्चित करते हैं। ऐसा करते समय हम तथ्यात्मक तर्कों से नैतिक निष्कर्ष तक पहुंचते हैं। तब हम अपने आप से सदा यह पूछ सकते हैं,··· क्या यह तथ्य इस नैतिक निष्कर्ष के लिए उचित तर्क है? इसलिए नीतिशास्त्र पर सामान्य रूप से विचार करते हुए स्वभावत: हमारी रुचि इस प्रश्न में होगी कि

'वह क्या है जो कुछ विशेष तथ्यों को किसी विशेष नैतिक निष्कर्ष के लिए उचित तर्क बनाता है? 'नीतिशास्त्र में उचित तर्क क्या है?' इस प्रश्न में हमारी रुचि इन प्रश्नों की अपेक्षा कहीं अधिक होगी कि 'उचित' का विश्लेषण क्या है और 'क्या सुख ज्ञान की अपेक्षा अधिक उत्कृष्ट है अथवा क्या ज्ञान सुख की अपेक्षा अधिक उत्कृष्ट है?' इसलिए नीतिशास्त्र में उचित तर्कों से सम्बन्धित प्रश्न का अत्यधिक व्यावहारिक महत्त्व है।"[1] वस्तुत: टूलमिन के विचार में यही प्रश्न नैतिक दर्शन का मूल प्रश्न है और इसी कारण उन्होंने अपनी उपर्यक्त पुस्तक में इसकी विस्तृत विवेचना की है।

परन्तु नैतिक दर्शन के उक्त मूल प्रश्न पर विचार करने से पूर्व टूलमिन ने अपनी पुस्तक के प्रथम भाग में निर्प्राकृतिवाद या अन्त:प्रज्ञावाद, व्यक्ति निष्ठवाद तथा संवेगवाद का दृढ़तापूर्वक खंडन किया है। इन तीनों सिद्धान्तों के विरुद्ध उनकी मुख्य आपत्ति यह है कि ये सिद्धान्त उचित तर्कों से सम्बन्धित नैतिक दर्शन की मूल समस्या की उपेक्षा करते हैं। हम चौथे अध्याय में देख चुके हैं कि अन्त:प्रज्ञावाद के अनुसार 'उचित', 'शुभ' आदि नैतिक शब्द हमें विशेष निर्प्राकृतिक गुणों का बोध कराते हैं। परन्तु टूलमिन अन्त.प्रज्ञावाद की इस आधारभूत मान्यता को पूर्णत: अस्वीकार करते हैं। उनका कथन है कि नैतिक शब्द गुण बोधक शब्दों से मूलत: भिन्न प्रकार के होते हैं, अत: इन शब्दों द्वारा हमें किसी प्रकार के गुणों का बोध नहीं होता। सामान्य व्यक्ति जब नैतिक शब्दों का प्रयोग करता है तो वह इनके द्वारा किन्हीं विशेष गुणों की ओर संकेत नहीं करता। वह ऐसे गुणों को बिल्कुल नहीं जानता जिन्हें अन्त:-प्रज्ञावादी 'निर्प्राकृतिक गुण' कहते हैं। यह इस बात का स्पष्ट प्रमाण है कि अन्त:-प्रज्ञावाद की उपर्युक्त आधारभूत मान्यता मिथ्या है। इसी आधार पर अन्त:-प्रज्ञावाद का खंडन करते हुए टूलमिन ने लिखा है कि "जब हम नैतिक अर्थ में शुभत्व अथवा औचित्य की बात करते हैं तो हम वस्तु के प्रत्यक्षत: ज्ञात होने वाले किसी गुण की बात नहीं करते; यह सोचना कि हम ऐसे गुणों की बात करते हैं मूल्यों और गुणों के विषय में प्रयुक्त शब्दों के रूपों की समानता के कारण भ्रम में पड़ना है।"[2] टूलमिन निश्चित रूप से यह मानते हैं कि शुभत्व तथा औचित्य कोई गुण नहीं हैं, अत: जब हम किसी कर्म को शुभ या उचित कहते हैं तो हम उसके किसी गुण का वर्णन नहीं करते। किसी कर्म को शुभ कहने का अर्थ यही है कि उसे करने के लिए हमारे पास उचित तर्क हैं। जब हम यह

1. एस० ई० टूलमिन, 'ऐन ऐग्ज़ामिनेशन ऑफ़ दि प्लेस ऑफ़ रीज़न इन ऐथिक्स', पृ० 4
2. वही पुस्तक, पृ० 9

प्रश्न उठाते हैं कि अमुक कर्म उचित है या नहीं तो वास्तव में हम यह जानना चाहते हैं कि उस कर्म को करने के समर्थन में उचित तर्क दिए जा सकते हैं अथवा नहीं। परन्तु टूलमिन के अनुसार अन्तःप्रज्ञावादी हमारे इस मूल प्रश्न की ओर कोई ध्यान नहीं देते। इसके विपरीत वे काल्पनिक निर्प्राकृतिक गुणों की समस्या उठा कर उक्त मूल प्रश्न से हमारा ध्यान हटा देते हैं।[3] मुख्यतः इसी कारण टूलमिन अंतःप्रज्ञावाद को अस्वीकार करते हैं।

व्यक्तिनिष्ठवाद के विरुद्ध टूलमिन ने यह आपत्ति उठाई है कि यदि इसे स्वीकार कर लिया जाए तो एक ही वस्तु के विषय में विरोधी नैतिक निर्णय देने वाले व्यक्तियों की असहमति की सन्तोषप्रद व्याख्या नहीं की जा सकती। इसका कारण यह है कि इस सिद्धान्त के अनुसार हमारे नैतिक निर्णय निर्णीत वस्तु के सम्बन्ध में कुछ न कह कर स्वयं वक्ता अथवा उसके समुदाय की मनोदशाओं का वर्णन मात्र करते हैं। व्यक्तिनिष्ठवाद के विरुद्ध इस आपत्ति पर हम तीसरे अध्याय में विस्तारपूर्वक विचार कर चुके हैं, अतः यहां इसकी अधिक विस्तृत विवेचना अनावश्यक है। इस आपत्ति के अतिरिक्त टूलमिन ने व्यक्तिनिष्ठवाद के विरुद्ध यह आपत्ति भी उठाई है कि अन्तःप्रज्ञावाद की भांति यह सिद्धान्त भी उचित तर्कों से सम्बन्धित हमारी मूल समस्या की उपेक्षा करता है। नैतिक निर्णयों को व्यक्ति अथवा समुदाय की मनोदशाओं तक ही सीमित मानने के कारण यह सिद्धात उनकी पुष्टि के लिए तर्कों की संभावना को ही स्वीकार नहीं करता। व्यक्तिनिष्ठवाद के विरुद्ध अपनी इसी आपत्ति को स्पष्ट करते हुए टूलमिन कहते हैं कि "कोई भी व्यक्तिनिष्ठ सिद्धांत नैतिक निर्णय के लिए उचित तर्क की व्याख्या नहीं कर सकता अथवा नैतिक तर्कना की आलोचना करने के लिए किसी प्रकार का प्रतिमान नहीं दे सकता। यह दुर्बलता व्यक्तिनिष्ठ सिद्धान्त को इतना अधिक प्रभावित करती है कि इसके समर्थक हमारे मूल प्रश्न को महत्त्वहीन समझने लगते हैं; वे उचित तथा अनुचित नैतिक तर्कना में पाए जाने वाले अन्तर को व्यक्तिगत पसन्द मात्र मान लेते हैं और हमारी खोज में सहायता देने से इंकार करते हैं।"[4] इस प्रकार व्यक्तिनिष्ठवाद के विरुद्ध अपनी उपर्युक्त दोनों आपत्तियों के आधार पर टूलमिन ने इस सिद्धान्त का खंडन किया है।

संवेगवाद—जिसे टूलमिन 'आदेश संबंधी सिद्धान्त' कहते हैं—के विरुद्ध उनकी मुख्य आपत्ति यह है कि यह सिद्धान्त नैतिक निर्णयों के अर्थ की नितांत एकांगी

3. वही पुस्तक, पृ० 28
4. वही पस्तक, प० 29

व्याख्या करता है और इन निर्णयों के समर्थन में दिए जाने वाले तर्कों की समस्या को कोई महत्त्व नहीं देता। जैसा कि हम छठे अध्याय में देख चुके हैं, इस सिद्धान्त के अनुसार नैतिक निर्णयों का मुख्य उद्देश्य संवेगों अथवा भावनाओं को अभिव्यक्त और जागृत करना ही है। परन्तु टूलमिन का विचार है कि यदि संवेगवाद की इस आधारभूत मान्यता को स्वीकार कर लिया जाए तो नैतिक निर्णयों का अर्थ बहुत ही सीमित हो जाता है। अपने व्यावहारिक जीवन में हम इन निर्णयों का प्रयोग केवल आदेशों अथवा विस्मयबोधक वाक्यों के रूप में नहीं करते जैसा कि इस सिद्धान्त के समर्थकों का मत है। हम प्राय: यह प्रश्न उठाते हैं कि हमारे नैतिक निर्णय सत्य हैं या मिथ्या और उनके समर्थन में किस प्रकार के तर्क दिए जा सकते हैं। टूलमिन का कथन है कि संवेगवादी हमारे इस महत्त्वपूर्ण प्रश्न की उपेक्षा करते हैं और इसका कोई सन्तोषप्रद उत्तर नहीं देते। तर्कों के प्रयोग के विषय में संवेगवादियों का मत नितांत एकांगी है। वे यह मानते हैं कि केवल गणित, तर्कशास्त्र तथा विज्ञान के कथनों के समर्थन में ही प्रमाण या उचित तर्क दिए जा सकते हैं, अत: नैतिक निर्णयों के सम्बन्ध में वे इस प्रकार के तर्कों के महत्त्व और उनकी संभावना को स्वीकार नहीं करते। इस प्रकार टूलमिन के विचार में संवेगवादी उचित तर्कों से सम्बन्धित नैतिक दर्शन की मूल समस्या को केवल महत्त्वहीन ही नहीं, अपितु निरर्थक भी मानते हैं। परन्तु उनका यह मत नैतिक निर्णयों के विषय में जनसाधारण के मत के नितांत विपरीत है, अत: इसे स्वीकार नहीं किया जा सकता।

संवेगवाद के विरुद्ध अपनी उपर्युक्त आपत्ति को टूलमिन ने निम्नलिखित उद्धरण में इस प्रकार स्पष्ट किया है—"सत्य, मिथ्या और बौद्धिक प्रमाणीकरण से सम्बन्धित प्रश्न नीतिशास्त्र में निरंतर उठते रहते हैं।···हम आदेशों के सम्बन्ध में भी प्राय: उचित और अनुचित तर्कों की बात करते हैं।···आदेश सम्बन्धी सिद्धान्त की मुख्य दुर्बलता यह है कि···यह सिद्धान्त नैतिक कथनों को—जो कुछ सीमा तक आदेशों तथा विस्मयबोधक वाक्यों के समान होते हैं—केवल आदेश और विस्मयबोधक वाक्य ही मान लेता है। यदि सभी मूल्यात्मक अनुमानों को तर्कना के क्षेत्र से परे माना जाए तो यह विरोधाभास अनिवार्य हो जाता है। यदि हमें इस विरोधाभास को समाप्त करना है तो हमें यह स्वीकार करना होगा कि नैतिक तर्कना संभव है और कुछ तर्क उचित होते हैं तथा कुछ अनुचित। जो तर्क हमें सही निष्कर्षों की ओर ले जाते हैं वे उचित अथवा प्रामाणिक हैं और जो तर्क हमें गलत निष्कर्षों की ओर ले जाते हैं वे अनुचित या अप्रामाणिक हैं।···जब हम नैतिक निर्णय देते हैं तो हम केवल अपनी भावनाएं ही अभिव्यक्त नहीं करते। जब हम यह कहते हैं कि अमुक व्यक्ति अच्छा है अथवा

मुझे अमुक कर्म करना चाहिए तो हम ऐसा कभी उचित तर्कों के आधार पर करते हैं और कभी अनुचित तर्कों के आधार पर। आदेश सम्बन्धी सिद्धान्त उचित तर्कों को अनुचित तर्कों से पृथक करने में हमारी ज़रा भी सहायता नहीं करता। वस्तुत: यह कह कर कि इस प्रसंग में तर्कों की बात करना निरर्थक है यह सिद्धान्त हमारे प्रश्न को पूर्णत: समाप्त कर देता है।"[5] जैसा कि हम पहले देख चुके हैं, उपर्युक्त उद्धरण में 'आदेश सम्बन्धी सिद्धान्त' से टूलमिन का तात्पर्य 'संवेगवाद' से ही है। इस उद्धरण में उन्होंने संवेगवाद के विरुद्ध जिस आपत्ति का उल्लेख किया है मुख्यत: उसी के आधार पर वे इस सिद्धान्त का खंडन करते हैं।

यह सत्य है कि टूलमिन ने अंत:प्रज्ञावाद, व्यक्तिनिष्ठवाद तथा संवेगवाद की आलोचना की है, किन्तु इसका अर्थ यह नहीं है कि वे इन सिद्धान्तों को पूर्णत: अनुचित और मिथ्या मानते हैं। उन्होंने स्पष्टत: यह स्वीकार किया है कि इन तीनों सिद्धान्तों में आंशिक सत्य अवश्य विद्यमान है। उनके मतानुसार अंत:-प्रज्ञावाद की विवेचना से हमें यह ज्ञात होता है कि परस्पर विरोधी नैतिक निर्णयों में पाई जाने वाली असहमति की व्याख्या हम तब तक नहीं कर सकते जब तक इन निर्णयों के लिए उचित तर्क या कारण न हों। व्यक्तिनिष्ठवाद की यह मान्यता उचित है कि हमारे नैतिक निर्णयों के साथ भावनाओं—विशेषत: अनुमोदन तथा कर्तव्य की भावना—का घनिष्ठ सम्बन्ध है। इसी प्रकार हम संवेगवादियों के इस मत को भी स्वीकार कर सकते हैं कि मनुष्य की भावनाओं को अभिव्यक्त और जागृत करना नैतिक निर्णयों की महत्त्वपूर्ण विशेषता है। वस्तुत इन सभी सिद्धान्तों के उपर्युक्त विवेचन के फलस्वरूप हमें स्पष्टत: यह ज्ञात होता है कि उचित तर्कों से सम्बन्धित नैतिक दर्शन की मूल समस्या का हमारे लिए कितना अधिक महत्त्व है।[6] इस प्रकार टूलमिन यह मानते हैं कि अंत:प्रज्ञावाद, व्यक्तिनिष्ठवाद और संवेगवाद की मुख्य दुर्बलताओं पर विचार करके हम नैतिक निर्णयों के समर्थन में दिए जाने वाले उचित तर्कों की आवश्यकता को अधिक अच्छी तरह समझ सकते हैं।

अपनी पुस्तक के अंतिम दो भागों में टूलमिन ने उस प्रश्न पर विस्तारपूर्वक विचार किया है जिसे वे 'नैतिक दर्शन का मूल प्रश्न' कहते हैं। जैसा कि हम ऊपर बता चुके हैं, उनके अनुसार नैतिक दर्शन का मूल प्रश्न यह है कि हम किस प्रकार के तर्कों को नैतिक निर्णयों के लिए उचित तर्कों के रूप में स्वीकार

5. वही पुस्तक, पृ० 52, 53, 60
6. वही पुस्तक, पृ० 63

कर सकते हैं। इस प्रश्न के स्वरूप को स्पष्ट करते हुए वे कहते हैं कि क्या हम मानवीय परिस्थितियों तथा क्रियाओं के ज्ञान के आधार पर ऐसे प्रासंगिक तर्कों की खोज कर सकते हैं जो हमारे कर्मों को नैतिक दृष्टि से उचित या अनुचित सिद्ध कर सकें। इस प्रश्न का समुचित उत्तर देने के लिए यह जानना आवश्यक है कि सामान्यत: 'तर्क' से हमारा क्या तात्पर्य है। इसी कारण टूलमिन ने सर्व-प्रथम 'तर्क' के स्वरूप की व्याख्या की है। उनका कथन है कि यदि हम 'तर्क' के अर्थ को भली-भांति समझ लें तो हम नैतिक तर्कों से सम्बन्धित विशेष समस्या का समाधान कर सकते हैं। वे तर्कना को ऐसी प्रक्रिया मानते हैं जो वस्तुपरक अथवा निर्वैयक्तिक है—अर्थात् जो तर्क देने वाले व्यक्ति के अपने विचारों तथा विश्वासों पर आधारित नहीं होती। 'तर्क' वह है जो वस्तुपरक रूप से किसी निर्णय की पुष्टि करता है और जिसके फलस्वरूप हम उस निर्णय को स्वीकार करने के लिए तार्किक दृष्टि से बाध्य होते हैं। इस प्रकार टूलमिन के विचार में वस्तुनिष्ठता तर्क की अनिवार्य विशेषता है। इस विशेषता के आधार पर तर्क के स्वरूप की व्याख्या करते हुए उन्होंने लिखा है कि "जब हम किसी कथन की सत्यता अथवा किसी तर्क की प्रामाणिकता की बात करते हैं तो हम ऐसे तत्त्व को जानना चाहते हैं जो इस बात पर विचार किए बिना उस कथन या तर्क पर लागू होता है कि उसमें कौन विश्वास करता है।···किसी तर्क की प्रामाणिकता के सम्बन्ध में निर्णय करने के लिए हम इस तथ्य पर निर्भर नहीं रह सकते कि अमुक व्यक्ति उसे उचित मानता है। तर्क ऐसा होना चाहिए जो स्वयं स्वीकार करने के योग्य हो और जिसके आधार पर हम उससे निकलने वाले निष्कर्ष में विश्वास कर सकें।"[7] इस प्रकार टूलमिन का यह निश्चित मत है कि उचित तर्क वही है जो निर्वैयक्तिक तथा वस्तुनिष्ठ है और जो उस कथन की अनिवार्यत: पुष्टि करता है जिसके समर्थन में वह दिया जाता है।

हम देख चुके हैं कि टूलमिन के अनुसार नैतिक निर्णयों के समर्थन में इस प्रकार के उचित तर्क दिए जा सकते हैं और दिए जाते हैं। इन तर्कों के स्वरूप को स्पष्ट करने से पूर्व उन्होंने संक्षेप में नैतिक निर्णयों के अर्थ की व्याख्या की है। वे इन निर्णयों को वर्णनात्मक कथनों और विज्ञान सम्बन्धी निर्णयों से मूलत: भिन्न मानते हैं। उनका कथन है कि वर्णनात्मक निर्णयों के विपरीत नैतिक निर्णयों का उद्देश्य हमारे आचरण को प्रभावित करना होता है। ये निर्णय किन्हीं तथ्यों का वर्णन करने के लिए नहीं, अपितु हमारे भावी आचरण में परिवर्तन करने के उद्देश्य से ही दिए जाते हैं। वस्तुत: नैतिक निर्णयों के अर्थ के

7. वही पुस्तक, पृ० 71

सम्बन्ध में टूलमिन वर्णनात्मक सिद्धान्तों की अपेक्षा संवेगवादी विचारधारा को अधिक युक्तिसंगत मानते हैं। इस सम्बन्ध में उन्होंने स्पष्ट कहा है कि "नैतिक अवधारणाएं स्वयं वक्ता में अथवा उसके चतुर्दिक संसार में विद्यमान किसी वस्तु की ओर बिल्कुल संकेत नहीं करतीं।...नैतिक निर्णयों का उद्देश्य निश्चय ही हमारे कर्मों तथा हमारी प्रतिक्रियाओं के विषय में भविष्यवाणी करने में हमारी सहायता करना नहीं होता।...यदि मैं कहता हूं कि 'नम्रता सद्गुण है' तो... मैं अपने श्रोताओं को भिन्न प्रकार की भावना का अनुभव करने तथा भिन्न प्रकार का आचरण करने के लिए प्रोत्साहित करता हूं।...वैज्ञानिक निर्णयों का कार्य मनुष्य की भावी आशाओं को परिवर्तित करना है; इसके विपरीत नैतिक निर्णयों का कार्य मनुष्य की भावनाओं और उसके आचरण में परिवर्तन करना है।"[8] इस उद्धरण से यह स्पष्ट है कि टूलमिन के अनुसार नैतिक निर्णयों का मनुष्य की भावनाओं तथा उसके आचरण के साथ अनिवार्य सम्बन्ध है, अतः ये निर्णय वर्णनात्मक कथनों और विज्ञान सम्बन्धी निर्णयों से मूलतः भिन्न प्रकार के होते हैं।

अब विचारणीय प्रश्न यह है कि नैतिक निर्णयों के समर्थन में दिए जाने वाले किन तर्कों को हम 'उचित तर्क' कह सकते हैं और इन्हें 'उचित तर्क' कहने का आधार क्या है। टूलमिन ने अपनी पुस्तक के दूसरे और तीसरे भाग में इस प्रश्न का विस्तारपूर्वक उत्तर दिया है। उनका कथन है कि सभी नैतिक निर्णयों की पुष्टि के लिए एक ही प्रकार के तर्क नहीं दिए जा सकते। इसका कारण यह है कि हमारे कुछ नैतिक निर्णय विशेष कर्मों से सम्बन्धित होते हैं और कुछ अन्य नैतिक निर्णय आचरण के सामान्य नियमों अथवा जीवन-पद्धतियों से। इसी आधार पर टूलमिन ने नैतिक तर्कों को भी दो वर्गों में विभाजित किया है। प्रथम वर्ग में वे उन तर्कों को रखते हैं जो केवल विशेष कर्मों से सम्बन्धित नैतिक निर्णयों की पुष्टि करते हैं। इन तर्कों को उन्होंने 'कर्तव्यमूलक तर्क कहा है'। टूलमिन का मत है कि जो तर्क किसी समुदाय में प्रचलित नैतिक नियमों अथवा प्रथाओं के आधार पर किसी कर्म को उचित या अनुचित सिद्ध करते हैं वे 'कर्तव्यमूलक तर्क' हैं। ये तर्क अनिवार्यतः किसी समुदाय में प्रचलित नैतिक प्रथाओं अथवा नियमों तक ही सीमित होते हैं और केवल विशेष कर्मों से संबंधित नैतिक निर्णयों को ही उचित या अनुचित सिद्ध करते हैं। इसका अर्थ यह है कि यदि किसी व्यक्ति का कोई विशेष कर्म उसके समुदाय में प्रचलित किसी नैतिक नियम या कर्तव्य के अनुरूप है तो उस कर्म को नैतिक दृष्टि से उचित मानना

8. वही पुस्तक, पृ० 78, 125, 128, 130

हमारे लिए अनिवार्य हो जाता है। उदाहरणार्थ यदि किसी व्यक्ति ने सत्य बोला है और अपने वचन का पालन किया है तो उसके समुदाय में प्रचलित सत्यवादिता तथा वचन-पालन से सम्बन्धित नियमों के आधार पर उसके इन दोनों कर्मों को नैतिक दृष्टि से अवश्य ही उचित माना जा सकता है।

दूसरे वर्ग के अन्तर्गत टूलमिन ने उन तर्कों को रखा है जिनके आधार पर आचरण विषयक सामान्य नैतिक नियमों अथवा जीवन-पद्धतियों से सम्बन्धित नैतिक नियमों को उचित या अनुचित सिद्ध किया जा सकता है। इन तर्कों को वे 'मनुष्यों के हित से सम्बन्धित तर्क' कहते हैं। दूसरे वर्ग के ये तर्क एक विशेष नैतिक नियम पर आधारित हैं जिसे टूलमिन 'मूल नैतिक नियम' मानते हैं। यह नियम हमें बताता है कि "निवारणीय दुःख का निराकरण अवश्य किया जाना चाहिए"। टूलमिन का कथन है कि आचरण विषयक जो सामान्य नैतिक नियम या सिद्धांत इस मूल नैतिक नियम के अनुरूप हैं वे उचित और जो इसका उल्लंघन करते हैं वे अनुचित हैं। इसका अर्थ यह है कि जो सामान्य नैतिक नियम निवारणीय दुःख का निराकरण करता है वह उचित है और जो ऐसा नहीं करता अथवा इस दुःख में वृद्धि करता है वह अनुचित है। हम आगे देखेंगे कि टूलमिन ने नीतिशास्त्र के कार्य अथवा उद्देश्य की व्याख्या इसी मूल नैतिक नियम के आधार पर ही की है। यही कारण है कि उनके नैतिक दर्शन में इस नियम का विशेष महत्त्व है। इस प्रकार यह स्पष्ट है कि टूलमिन के अनुसार उपर्युक्त दोनों वर्गों के तर्कों द्वारा ही हम अपने नैतिक निर्णयों की पुष्टि कर सकते हैं।[9]

सर्वप्रथम टूलमिन ने इस प्रश्न पर विचार किया है कि हम अपने विशेष नैतिक कर्मों को उचित सिद्ध करने के लिए किस प्रकार के तर्क दे सकते हैं। मान लीजिए किसी व्यक्ति के समक्ष यह समस्या है कि क्या उसे अमुक परिस्थितियों में सत्य बोलना चाहिए अथवा अपने वचन का पालन करना चाहिए। टूलमिन का कथन है कि इस समस्या का समाधान वह अपने समुदाय में प्रचलित सत्यवादिता और वचन-पालन से सम्बन्धित नियमों अथवा कर्तव्यों के आधार पर ही कर सकता है। यदि उसके समुदाय में सत्य बोलना तथा वचन का पालन करना कर्तव्य माने जाते हैं तो उसे अवश्य ही सत्य बोलना और अपने वचन का पालन करना चाहिए। इस स्थिति में उसे इन कर्तव्यों के औचित्य के सम्बन्ध में प्रश्न उठाने का कोई अधिकार नहीं है। सामान्य परिस्थितियों में उसे इन कर्तव्यों का अनिवार्यतः पालन करना चाहिए। इसका अर्थ यह है कि यदि सत्यवादिता एवं वचन-पालन तथा अन्य किन्हीं कर्तव्यों में कोई संघर्ष नहीं है तो उसे अनिवार्यतः

9. वही पुस्तक, पृ० 132-136

सत्य बोलना चाहिए और अपने वचन का पालन करना चाहिए। परन्तु जब किन्हीं दो कर्तव्यों में संघर्ष होता है और व्यक्ति उनमें से किसी एक कर्तव्य का ही पालन कर सकता है तो उसे उस कर्तव्य का पालन करना चाहिए जिससे कम बुराई उत्पन्न होने की संभावना हो। इस प्रकार की कठिन स्थिति में हम अपने कर्मों को उनके परिणामों के आधार पर उचित सिद्ध कर सकते हैं।[10] उपर्युक्त विवेचन से स्पष्ट है कि टूलमिन किसी व्यक्ति के समुदाय में प्रचलित नैतिक नियमों अथवा कर्तव्यों को सामान्य परिस्थितियों में उसके कर्मों के औचित्य का एकमात्र आधार मानते हैं।

अब इस प्रश्न पर विचार करना आवश्यक है कि नैतिक नियमों अथवा प्रथाओं के समर्थन में हम किस प्रकार के तर्क दे सकते हैं। इस प्रश्न का उत्तर देते हुए टूलमिन कहते हैं कि किसी समुदाय में प्रचलित प्रथाओं को एक ही मूल नैतिक नियम के आधार पर उचित सिद्ध किया जा सकता है और वह नियम यह है कि समुदाय के सभी सदस्यों के निवारणीय दुःख का निराकरण होना चाहिए तथा उनके आनन्द में वृद्धि होनी चाहिए। कोई नियम या प्रथा नैतिक दृष्टि से वांछनीय है अथवा नहीं इसका निर्णय केवल उपर्युक्त कसौटी द्वारा ही किया जा सकता है। हमें यह जानना चाहिए कि वह नियम अथवा प्रथा समुदाय के सभी सदस्यों के निवारणीय दुःख के निराकरण तथा उनके आनन्द में वृद्धि करने में सहायक है या नहीं। यदि वह इस उद्देश्य की पूर्ति में सहायक नहीं है तो नैतिक दृष्टि से उसकी वांछनीयता समाप्त हो जाती है और उसमें परिवर्तन करना अनिवार्य हो जाता है। नैतिक नियमों या प्रथाओं के विषय में अपनी इसी मान्यता को स्पष्ट करते हुए टूलमिन कहते हैं कि "किसी विशेष कर्म के औचित्य के सम्बन्ध में प्रश्न उठाना एक बात है, किसी प्रथा के न्यायपूर्ण होने के विषय में प्रश्न उठाना दूसरी बात है।···यदि किसी समाज के आचार का विकास हो रहा है तो आर्थिक, सामाजिक, राजनैतिक या मनोवैज्ञानिक स्थिति में परिवर्तनों के कारण लोग वर्तमान प्रथाओं को अनावश्यक रूप से सीमित अथवा खतरनाक ढंग से शिथिल मान सकते हैं।···यदि वास्तव में यह मानने का पर्याप्त कारण है कि प्रस्तावित परिवर्तन के परिणाम कुछ वर्तमान कष्टों के निराकरण के रूप में ही होंगे तो नैतिकता की दृष्टि से ऐसा परिवर्तन करने के लिए निश्चय ही उचित कारण विद्यमान है"[11]। इस प्रकार टूलमिन के विचार में किसी समुदाय के सदस्यों के निवारणीय दुःख के निराकरण से सम्बन्धित मूल नैतिक नियम के

10. वही पुस्तक, पृ० 146-148
11. वही पुस्तक, पृ० 149-150

आधार पर ही उसमें प्रचलित नियमों या प्रथाओं के औचित्य का तर्कसंगत रूप से निर्णय किया जा सकता है ।

यह सत्य है कि टूलमिन सामाजिक, आर्थिक तथा राजनैतिक परिस्थितियों में परिवर्तन के फलस्वरूप नैतिक नियमों में परिवर्तन की वांछनीयता के विचार को स्वीकार करते हैं, किन्तु उनका मत है कि अनेक नैतिक नियम ऐसे हैं जिनमें परिवर्तन की कोई सम्भावना नहीं है और ऐसे नियमों में परिवर्तन करना वांछनीय भी नहीं है । ये वे नैतिक नियम हैं जो सभी परिस्थितियों में मनुष्य के लिए सामाजिक प्राणी होने के नाते सामान्यतः हितकर होते हैं । इन नैतिक नियमों का सदैव पालन करने के कारण सामान्यतः समुदाय के सभी सदस्यों के निवारणीय दुःख का निराकरण तथा उनके सुख में वृद्धि होती है । ऐसे नियमों की अनिवार्य वांछनीयता के संबंध में अपनी इस मान्यता को टूलमिन ने एक उदाहरण द्वारा इस प्रकार स्पष्ट किया है—"यद्यपि तार्किक दृष्टि से किसी भी सामाजिक प्रथा के औचित्य की विवेचना करना सार्थक हो सकता है, फिर भी वास्तव में कुछ प्रथाएं सदैव ऐसी रहेंगी जिनके औचित्य के विषय में कभी भी प्रश्न नहीं उठाया जा सकता । उदाहरणार्थ हम यह सोच भी नहीं सकते कि वादा करने तथा वचन का पालन करने के स्थान पर किसी ऐसी प्रथा का सुझाव दिया जा सकता है जो इसके समान ही प्रभावशाली होगी । इसलिए नैतिकता की सर्वाधिक 'उन्नत' अवस्थाओं में भी वचन का पालन करना उचित ही माना जाता रहेगा ।"[12] इस उद्धरण से स्पष्ट है कि टूलमिन कुछ नैतिक नियमों अथवा प्रथाओं को सामान्यतः सभी परिस्थितियों में मनुष्यों के लिए हितकर मानते हैं, अतः उनके मतानुसार इनमें परिवर्तन करना उचित और वांछनीय नहीं होगा ।

नैतिक प्रथाओं के सम्बन्ध में टूलमिन ने यह प्रश्न भी उठाया है कि क्या समान प्रतीत होने वाली ऐसी प्रथाओं की तुलना की जा सकती है जो भिन्न-भिन्न जीवन-पद्धतियों में पाई जाती हैं । इस प्रश्न का वे स्पष्ट रूप से नकारात्मक उत्तर देते हैं । उनका कथन है कि हम एक ही जीवन-पद्धति में पाई जाने वाली दो प्रथाओं के विषय में यह प्रश्न पूछ सकते हैं कि उनमें से कौन-सी प्रथा अधिक हितकर है । परन्तु भिन्न-भिन्न जीवन पद्धतियों में प्रचलित प्रथाओं के सम्बन्ध में हमारा यह प्रश्न निरर्थक हो जाता है, क्योंकि इन प्रथाओं की उपादेयता अथवा वांछनीयता की तुलना करना सम्भव नहीं है । वस्तुतः हम केवल विभिन्न जीवन-पद्धतियों की ही समग्र रूप में तुलना कर सकते हैं, उनमें पाई जाने वाली नैतिक प्रथाओं की नहीं । हम इस प्रश्न पर विचार कर सकते हैं कि किन्हीं दो जीवन-

12. वही पुस्तक, पृ० 150

पद्धतियों में से कौन-सी जीवन पद्धति मनुष्य के लिए अधिक वांछनीय या हितकर है। परन्तु टूलमिन यह मानते हैं कि इस प्रश्न का भी कोई वस्तुपरक उत्तर देना सम्भव नहीं है। इसके सम्बन्ध में प्रत्येक व्यक्ति स्वयं ही अन्तिम निर्णय कर सकता है और उसके इस निर्णय के औचित्य की वस्तुपरक विवेचना नहीं की जा सकती।[13]

नैतिक प्रथाओं तथा जीवन-पद्धतियों के विषय में टूलमिन की उपर्युक्त मान्यता पूर्णतः स्पष्ट और संतोषप्रद प्रतीत नहीं होती। सर्वप्रथम उन्होंने इस प्रश्न का कोई स्पष्ट उत्तर नहीं दिया कि 'जीवन-पद्धति' से वास्तव में उनका क्या तात्पर्य है। संभवतः हिन्दू धर्म, बौद्ध धर्म, इस्लाम धर्म, ईसाई धर्म आदि विभिन्न धर्मों में पाई जाने वाली आचार-प्रणालियों को ही वे 'जीवन-पद्धतियां' कहते हैं। यदि 'जीवन-पद्धति' शब्द की इस व्याख्या को स्वीकार कर लिया जाए तो प्रश्न यह है कि क्या इन विभिन्न जीवन-पद्धतियों की नैतिक दृष्टि से वांछनीयता की तुलना की जा सकती है। इस प्रश्न के उत्तर में टूलमिन एक ओर तो यह कहते हैं कि समग्र रूप से विभिन्न जीवन-पद्धतियों की तुलना करना सम्भव है और दूसरी ओर वे यह भी मानते हैं कि कौन-सी जीवन-पद्धति नैतिक दृष्टि से सर्वोत्तम है इसका अन्तिम निर्णय प्रत्येक व्यक्ति स्वयं ही कर सकता है जिसके औचित्य की वस्तुपरक विवेचना सम्भव नहीं है। टूलमिन के इन विचारों में असंगति स्पष्ट रूप से देखी जा सकती है। यहां यह उल्लेखनीय है कि नैतिक दृष्टि से विभिन्न जीवन-पद्धतियों की वांछनीयता का निर्णय करने के लिए वे 'निवारणीय दुःख के निराकरण' से सम्बन्धित अपने मूल नैतिक नियम का प्रयोग कर सकते थे, किन्तु उन्होंने ऐसा नहीं किया जिससे उनके सिद्धांत में असंगति उत्पन्न हो गई है। इसके अतिरिक्त यदि विभिन्न जीवन-पद्धतियों की तर्कसंगत और वस्तुपरक तुलना नहीं की जा सकती तो इस दृष्टि से इन जीवन-पद्धतियों को नैतिक प्रथाओं से मूलतः भिन्न मानना बहुत कठिन है। परन्तु टूलमिन स्वयं यह स्पष्टतः स्वीकार करते हैं कि जीवन-पद्धति प्रथा की अपेक्षा कहीं अधिक व्यापक होती है, अतः इन दोनों को एक ही नहीं माना जा सकता। इस प्रकार यह कहना अनुचित न होगा कि नैतिक प्रथाओं तथा जीवन-पद्धतियों के विषय में उनके विचार पूर्णतः स्पष्ट और युक्तिसंगत प्रतीत नहीं होते।

जैसा कि हम पहले ही संकेत कर चुके हैं, टूलमिन ने निवारणीय दुःख के निराकरण से सम्बन्धित अपने मूल नैतिक नियम के आधार पर ही नीतिशास्त्र के कार्य अथवा उद्देश्य की व्याख्या की है। उनका कथन है कि नीतिशास्त्र तथा

13. वही पुस्तक, पृ० 153

नैतिक निर्णयों का मुख्य उद्देश्य किसी समुदाय के सदस्यों की इच्छाओं और उनके हितों में यथासम्भव अधिकतम सामंजस्य उत्पन्न करना है। यह अनुभव सिद्ध तथ्य है कि मनुष्यों के हितों में प्रायः संघर्ष होता है जिसके कारण उनके दुःख में वृद्धि होती है। यह संघर्ष जितना अधिक होता है मनुष्यों का कष्ट भी उतना ही बढ़ता जाता है। ऐसी स्थिति में उनके आनन्दमय जीवन के लिए इस संघर्ष को समाप्त या कम करना बहुत आवश्यक है। नीतिशास्त्र का कार्य इस संघर्ष को यथासम्भव कम करके समुदाय के सभी सदस्यों की इच्छाओं तथा उनके हितों में अधिकाधिक सामंजस्य स्थापित करना है। हम नैतिक भाषा का प्रयोग मुख्यतः इसी उद्देश्य की पूर्ति के लिए करते हैं। इस दृष्टि से नैतिक भाषा वैज्ञानिक और तथ्यात्मक भाषा से निश्चय ही भिन्न होती है।

अपनी उपर्युक्त मान्यता के आधार पर नीतिशास्त्र तथा नैतिक भाषा के कार्य अथवा उद्देश्य की व्याख्या करते हुए टूलमिन कहते हैं कि "नीतिशास्त्र तथा नैतिक भाषा को उस प्रक्रिया का भाग माना जा सकता है जिसके द्वारा हम एक समुदाय के सदस्यों के रूप में अपनी प्रवृत्तियों को संयमित करते हैं और अपनी मांगों को इस प्रकार समायोजित करते हैं कि उनमें तथा दूसरों की मांगों में यथासंभव सामंजस्य स्थापित हो जाए।···हम नीतिशास्त्र की परिभाषा उस प्रक्रिया के भाग के रूप में कर सकते हैं जिसके द्वारा समुदाय के सदस्यों की इच्छाओं और उनके कर्मों में सामंजस्य स्थापित होता है।···जिस तथ्य के कारण हम किसी निर्णय को 'नैतिक निर्णय' कहते हैं वह यह है कि इस निर्णय का प्रयोग लोगों के कर्मों में सामंजस्य स्थापित करने के लिए किया जाता है, किसी स्थिति का वर्णन करने के लिए नहीं।···'औचित्य', 'न्याय', 'कर्तव्य', तथा 'नीतिशास्त्र' संबंधी विचार सर्वप्रथम उन परिस्थितियों में लागू होते हैं जिनमें हमारे कर्मों अथवा हमारी संस्थाओं के कारण दूसरों के लिए निवारणीय दुःख उत्पन्न हो सकता है।···नीतिशास्त्र का संबंध इच्छाओं तथा हितों की सामंजस्यात्मक पूर्ति से है।"[14] टूलमिन के इन विचारों से यह पूर्णतः स्पष्ट है कि वे किसी समुदाय के सभी सदस्यों की इच्छाओं तथा उनके हितों में संघर्ष को कम या समाप्त करके उनमें यथासंभव अधिकतम सामंजस्य स्थापित करना ही नीतिशास्त्र का मूल उद्देश्य मानते हैं और उनके मतानुसार नैतिक भाषा की सार्थकता वस्तुतः इसी उद्देश्य की पूर्ति में निहित है। उन्होंने निवारणीय दुःख के निराकरण से संबंधित जिस नियम का उल्लेख किया है उसका पालन करने से इस उद्देश्य की पूर्ति हो सकती है। यही कारण है कि वे इस नियम को नीतिशास्त्र

14. वही पुस्तक, पृ० 132, 136, 145, 160, 223

का आधारभूत नियम मानते हैं। उनका विचार है कि अन्य नैतिक नियमों या प्रथाओं को इसी नियम के आधार पर उचित सिद्ध किया जा सकता है, किंतु इसे उचित सिद्ध करने के लिए हम कोई तर्क नहीं दे सकते, क्योंकि यह नीतिशास्त्र का अंतिम मूल नियम है।

3. कर्ट बेयर

टूलमिन की भांति कर्ट बेयर भी मूलतः उचित तर्क संबंधी सिद्धांत का ही समर्थन करते हैं। 1958 में प्रकाशित अपनी पुस्तक 'दि मॉरल पॉइन्ट् ऑफ़ व्यू' में उन्होंने नैतिकता और नैतिक तर्कना के अर्थ की विस्तृत विवेचना की है। इस पुस्तक के अतिरिक्त अपने कुछ लेखों में भी उन्होंने नैतिकता एवं नैतिक तर्कना के विषय में विचार व्यक्त किए हैं। इन लेखों में 'गुड रीज़न्ज़' तथा 'दि पॉइन्ट् ऑफ़ व्यू ऑफ़ मॉरैलिटी' के नाम विशेष रूप से उल्लेखनीय हैं जो क्रमशः 1953 के 'फ़िलॉसॉफ़िकल स्टडीज़' और 1954 के 'ऑस्ट्रेलेशियन जर्नल ऑफ़ फ़िलॉसॉफ़ी' में प्रकाशित हुए थे।

टूलमिन के समान ही बेयर भी नैतिक निर्णयों के अर्थ की अपेक्षा इन निर्णयों के समर्थन में प्रस्तुत किए जाने वाले तर्कों को कहीं अधिक महत्त्व देते हैं। उनका कथन है कि हम अपने दैनिक जीवन में जो कर्म करते हैं उन्हें उचित सिद्ध करने के लिए हमसे प्रायः तर्कों या कारणों की मांग की जाती है और हम सामान्यतः इस मांग को युक्तिसंगत मानकर इसकी पूर्ति का प्रयत्न भी करते हैं। इसी प्रकार जब हम अन्य व्यक्तियों से यह पूछते हैं कि उन्होंने अमुक कर्म क्यों किया तो वे हमारे इस प्रश्न के उत्तर में प्रायः हमें उस कर्म के लिए अपने तर्क या कारण बताते हैं। हमें सामान्यतः इस बात का निर्णय करने में भी कोई विशेष कठिनाई नहीं होती कि उनके वे तर्क या कारण उचित हैं अथवा नहीं। परंतु बेयर के मतानुसार हमारे लिए इस प्रश्न का ठीक-ठीक उत्तर देना बहुत कठिन है कि हम किस आधार पर कुछ तर्कों या कारणों को उचित और कुछ अन्य तर्कों अथवा कारणों को अनुचित कहते हैं। प्रायः ऐसे तर्कों को 'उचित तर्क' माना जाता है जो हमारी इच्छाओं की तृप्ति में सहायक कर्मों का समर्थन करते हैं। इस मत को अस्वीकार करते हुए बेयर कहते हैं कि "मैं यह दिखाना चाहता हूं कि कुछ तथ्य कुछ विशेष कर्मों को करने के लिए उचित कारण तथा कुछ अन्य तथ्य उन कर्मों को करने के लिए अनुचित कारण होते हैं और इस संबंध में किसी व्यक्ति के उद्देश्यों, उसकी आकांक्षाओं, योजनाओं, इच्छाओं एवं भावनाओं

की ओर ध्यान देना नितांत अनावश्यक है।"[15] बेयर के इन विचारों से यह स्पष्ट है कि टूर्लामिन की भांति वे भी मानवीय कर्मों के समर्थन में दिए जाने वाले कारणों या तर्कों की वस्तुनिष्ठता को अनिवार्य मानते हैं।

यहां यह प्रश्न किया जा सकता है कि 'तर्क' या 'क़ारण' से बेयर का ठीक-ठीक तात्पर्य क्या है। इस प्रश्न का उत्तर देते हुए वे कहते हैं कि जो तथ्य कोई कर्म करने के विषय में हमारे निर्णय को अंतिम रूप से निर्धारित करता है—अर्थात् जिससे प्रेरित होकर हम वह कर्म करने का निश्चय करते हैं—वही हमारे उस कर्म के समर्थन में 'तर्क' या 'कारण' होता है। उदाहरणार्थ यदि हम यह जानते हैं कि कोई कर्म करने से स्वयं हमें अथवा किसी अन्य व्यक्ति को सुख मिलेगा तो यह तथ्य हमारे लिए उस कर्म को करने का तर्क या कारण हो सकता है। परंतु बेयर के विचार में 'अन्य बातों के समान रहने पर' ही किसी तथ्य को 'तर्क' अथवा 'कारण' माना जा सकता है। इसका अर्थ यह है कि कोई भी तथ्य किसी कर्म के लिए सदैव तथा अनिवार्यत: एकमात्र अंतिम कारण नहीं होता; उस तथ्य के विरुद्ध अन्य अनेक तथ्य ऐसे हो सकते हैं जो हमें वह कर्म न करने के लिए प्रेरित करें। उदाहरण के लिए यदि कोई कर्म करने से मुझे सुख मिलता है किन्तु किसी अन्य व्यक्ति को कष्ट होता है तो मेरे सुख की प्राप्ति से संबंधित तथ्य उस कर्म को करने का उचित कारण या तर्क नहीं हो सकता, क्योंकि किसी अन्य व्यक्ति को होने वाला कष्ट इस तथ्य के उचित कारण होने का निषेध करता है। इससे स्पष्ट है कि किसी तथ्य को उचित तर्क या कारण मानने से पूर्व हमारे लिए अन्य सभी प्रासंगिक तथ्यों पर भी विचार करना आवश्यक है। इसी महत्त्वपूर्ण तथ्य को बेयर ने 'अन्य बातों के समान रहने पर' इस वाक्यांश द्वारा व्यक्त किया है। इस संबंध में उनका कथन है कि "सामान्यत: जब हम यह दावा करते हैं कि कोई तथ्य किसी कर्म को करने के लिए उचित कारण है तो इससे हमारा तात्पर्य यह होता है कि अन्य बातों के समान रहने पर ही ऐसा है।...इस प्रकार सामान्यत: किसी कर्म को करने का कोई भी उचित कारण एकमात्र कारण नहीं होता। इसे उसी कर्म को करने के पक्ष तथा विपक्ष में अन्य कारणों के साथ प्रतियोगिता करनी पड़ेगी। हम अन्य बातों के समान रहने पर ही इन्हें 'कारण' या 'तर्क' कहते हैं।...व्यावहारिक तर्कना का अर्थ है परिस्थिति का सर्वेक्षण करना, कर्ता के समक्ष विद्यमान विकल्पों की समीक्षा करना, अन्य बातों के समान रहने पर समस्या से सम्बद्ध कारणों या तर्कों की समीक्षा करना,

15. कर्ट बेयर का लेख, 'गुड रीजन्ज', कैनेथ पैहल तथा मार्विन शिलर द्वारा संपादित 'रीडिंग्ज इन कन्टैम्प्रेरी ऐथिकल थ्योरी' में संकलित, पृ० 100

उनकी एक-दूसरे के साथ तुलना करना और तब निर्णय करना।"[16] बेयर द्वारा की गई 'व्यावहारिक तर्कना' की उपर्युक्त परिभाषा से यह स्पष्ट है कि वे 'तर्कना' शब्द का प्रयोग व्यापक अर्थ में करते हैं।

जैसाकि हम ऊपर बता चुके हैं, बेयर उन कारणों या तर्कों का वस्तुनिष्ठ होना अनिवार्य मानते हैं जो हम अपने निर्णयों अथवा कर्मों के समर्थन में प्रस्तुत करते हैं। उनका मत है कि ये कारण अथवा तर्क किसी मनुष्य की व्यक्तिगत पसंद या रुचि पर निर्भर नहीं होते। हम किसी तथ्य को केवल इसलिए उचित कारण या तर्क नहीं मानते कि वह किसी व्यक्ति को अच्छा लगता है। इसके विपरीत हम किसी निर्वैयक्तिक या वस्तुपरक कसौटी के आधार पर ही किसी तथ्य को उचित कारण अथवा तर्क के रूप में स्वीकार करते हैं। यही कारण है कि जब किसी कर्म या निर्णय के समर्थन में दिए जाने वाले तर्कों के विषय में दो व्यक्तियों में मतभेद होता है तो हम उन दोनों के मत को समान रूप से उचित न मान कर एक के मत को उचित और दूसरे के मत को अनुचित मानते हैं। जब एक व्यक्ति 'क' को 'ख' के समर्थन में उचित कारण और दूसरा व्यक्ति 'क' को 'ख' के विरुद्ध उचित कारण मानता है तो हम यही कहते हैं कि उन दोनों में से केवल एक व्यक्ति का मत ही सत्य हो सकता है, दोनों का नहीं। परस्पर विरोधी होने के कारण इन दोनों व्यक्तियों के मत समान रूप से सत्य नहीं हो सकते। हमारी इस सामान्य मान्यता से यह स्पष्ट है कि हम किसी कर्म या निर्णय के समर्थन में प्रस्तुत किये जाने वाले कारणों अथवा तर्कों को व्यक्तिनिष्ठ न मानकर वस्तुपरक ही मानते हैं। इन कारणों या तर्कों की इसी वस्तुनिष्ठता को सोदाहरण स्पष्ट करते हुए बेयर कहते हैं कि "जब दो व्यक्तियों के विश्वास परस्पर विरोधी होते हैं तो अनिवार्यतः यह प्रश्न उठता है कि उन दोनों में से कौन-सा विश्वास सत्य है। इसी प्रकार जब दो व्यक्ति अथवा दो समुदाय एक ही तथ्य—यथा, किसी मनुष्य को आनंद की प्राप्ति—को किसी कर्म के पक्ष तथा विपक्ष में समान रूप से उचित कारण मानते हैं तो अनिवार्यतः यह प्रश्न उठता है कि उन दोनों में से किसका मत उचित है। हम इस मामले को यों ही नहीं छोड़ सकते और केवल यह कहकर संतुष्ट नहीं हो सकते कि उन दोनों के मत एक-दूसरे से भिन्न हैं जैसाकि हम उन दोनों द्वारा भिन्न-भिन्न वस्तुओं का आनंद लेने के संबंध में कर सकते हैं।"[17] इस प्रकार बेयर किसी

16. वही पुस्तक, पृ० 100-101
17. वही पुस्तक, पृ० 104

कर्म या निर्णय के पक्ष अथवा विपक्ष में प्रस्तुत किए जाने वाले कारणों या तर्कों का वस्तुपरक होना अनिवार्य मानते हैं।

यहां स्वभावत: यह प्रश्न उठता है कि ऐसी कौन-सी वस्तुनिष्ठ कसौटी है जिसके आधार पर हम किसी कारण या तर्क को 'उचित' कारण अथवा 'उचित' तर्क कह सकते हैं। बेयर ने इस महत्त्वपूर्ण प्रश्न पर विस्तारपूर्वक विचार किया है। इस संबंध में उनका कथन है कि मनुष्यों को प्राप्त होने वाला सुख अथवा दु:ख ही वह वस्तुपरक कसौटी है जिसके आधार पर हम किसी कारण या तर्क के औचित्य का ठीक-ठीक निर्णय कर सकते हैं। यह एक सर्वविदित तथा निर्विवाद तथ्य है कि कुछ कर्मों के फलस्वरूप मनुष्यों को सुख प्राप्त होता है और कुछ अन्य कर्मों के फलस्वरूप उन्हें दु:ख का अनुभव होता है। सुख तथा दु:ख की यह अनुभूति किसी व्यक्ति विशेष की पसंद या रुचि पर निर्भर न होकर मूल रूप से मनुष्य के शरीर और मन की रचना पर ही निर्भर होती है। यही कारण है कि सुख-दु:ख की यह अनुभूति सार्वभौमिक है और इस दृष्टि से उक्त अनुभूति को 'वस्तुपरक तथ्य' कहा जा सकता है। सामान्यत: सभी मनुष्य समान कारणों के फलस्वरूप लगभग समान रूप से सुख-दु:ख का अनुभव करते हैं, अत: इस सार्वभौमिक अनुभूति के आधार पर हम उचित कारणों या तर्कों के विषय में वस्तुपरक रूप से निर्णय कर सकते हैं। बेयर के मतानुसार यह तथ्य कि कोई कर्म करने से मुझे कष्ट होगा सामान्यत: उस कर्म को करने के विरुद्ध उचित कारण है। उन्हीं के शब्दों में, "किसी कर्म को न करने के लिए कोई व्यक्ति इसकी अपेक्षा और अधिक अच्छा कारण क्या दे सकता है कि उसे करने के फलस्वरूप संभवत: कर्ता का जीवन समाप्त हो जाएगा, अथवा उसका हाथ कट जाएगा, या उसे अत्यधिक कष्ट होगा? इन तथ्यों को जानते हुए भी किसी कर्म को करने के विरुद्ध इन्हें उचित कारणों के रूप में स्वीकार न करना बहुत ही अयुक्तिसंगत होगा।···जो बात मैं प्रमाणित करना चाहता हूं वह यह है कि 'कोई कर्म करने से मुझे कष्ट होगा' यह कहना उस कर्म को करने के विरुद्ध सामान्यत: उचित कारण देना है, क्योंकि 'इससे मुझे कष्ट होगा' यह तथ्य इसके विरुद्ध सामान्यत: उचित कारण है।"[18] बेयर यह मानते हैं कि अन्य बातों के समान रहने पर इस तथ्य को किसी कर्म के विरुद्ध उचित कारण के रूप में स्वीकार न करना मनुष्य के लिए अविवेकपूर्ण आचरण है। 'दु:ख' शब्द के अर्थ में ही यह तथ्य निहित है कि मनुष्य सामान्यत: उसका निराकरण करना चाहता है, अत: यह कहना कि 'अमुक कर्म दुखद है' उसे न करने का सामान्यत: उचित कारण है।

18. वही पुस्तक, पृ० 104, 106

इसी प्रकार बेयर यह भी कहते है कि हमारे लिए किसी कर्म का सुखद होना उसे करने के पक्ष में सामान्यतः उचित कारण है। यदि हम यह जानते हैं कि किसी कर्म को करने से हमें सुख प्राप्त होगा तो हम सामान्यतः इस तथ्य को वह कर्म करने के लिए उचित कारण के रूप में प्रस्तुत करते हैं और अन्य बातों के समान रहने पर इसे उचित कारण माना भी जाता है। सामान्य परिस्थितियों में प्रत्येक विवेकशील व्यक्ति वही कर्म करता है जो उसके लिए सुखद होता हैं और इसी प्रकार वह ऐसा कोई कर्म नहीं करता जो उसके लिए दुखद होता है। यदि कोई व्यक्ति सामान्य परिस्थितियों में इसके विपरीत आचरण करता है तो उसके आचरण को अबौद्धिक अथवा अयुक्तिसंगत ही माना जाएगा। अपनी इसी मान्यता को स्पष्ट करते हुए बेयर ने लिखा है कि "जो लोग आनन्द न देने वाले कर्म को आनन्ददायक कर्म की अपेक्षा अधिक पसन्द करते हैं वे सामान्य लोगों से मूलतः तथा अवांछनीय रूप से भिन्न होते हैं और उनके लिए 'पागल' शब्द का प्रयोग करना उचित होगा।"[19] इस प्रकार बेयर किसी कर्म को करने के लिए सामान्य परिस्थितियों में इस तथ्य को उचित कारण या तर्क मानते हैं कि वह कर्म स्वयं कर्ता के लिए सुखद अथवा आनन्ददायक है। उनका विचार है कि तर्कना का उद्देश्य ही मनुष्य को सुखद कर्म करने तथा दुखद कर्म न करने के लिए समर्थ बनाना अथवा प्रोत्साहित करना है। किन्हीं कर्मों को करने से पूर्व हम उनके उचित या अनुचित होने के सम्बन्ध में जो प्रश्न उठाते हैं तथा उनके औचित्य की जो तुलना करते हैं उसका उद्देश्य यही होता है कि हम अपनी परिस्थितियों में सर्वोत्तम कर्म कर सकें और सामान्यतः सर्वोत्तम कर्म वही है जो हमारे लिए अधिकतम आनन्ददायक हो। बेयर के शब्दों में, "सर्वोत्तम कर्म की कसौटियां 'अच्छे जीवन' के साथ सम्बद्ध रहती हैं। जीवन का मूल्यांकन करने के लिए हम जिन कसौटियों का प्रयोग करते हैं उनमें से एक यह है कि उस जीवन में कितना अधिक संतोष तथा कितनी कम निराशा है। 'तर्कना का प्रयोग' करने में हमारा उद्देश्य तृप्तियों को अधिकतम और निराशाओं को न्यूनतम करना ही होता है। जानबूझ कर अपने आपको निराश करना तथा तृप्ति को कम करना निश्चय ही उस उद्देश्य के विरुद्ध आचरण करना होगा जिसके लिए हम चिंतन करते हैं और पक्ष एवं विपक्ष में प्रस्तुत किए जाने वाले कारणों की तुलना करते हैं।"[20] इस प्रकार बेयर के मतानुसार तर्कना के औचित्य की कसौटियां अन्ततः स्वयं मनुष्य के अपने सुख-दुःख में ही निहित रहती हैं।

19. कर्ट बेयर का लेख, 'व्हाई शुड वी बि मॉरल ?' वही पुस्तक, पृ० 430
20. वही पुस्तक, पृ० 429

अब इस प्रश्न पर विचार करना आवश्यक है कि जब किसी कर्म के लिए स्वार्थपरक कारणों तथा परोपकारात्मक कारणों में संघर्ष हो तो हमें इन दोनों में से किस को प्राथमिकता देनी चाहिए और क्यों। इस प्रश्न के सम्बन्ध में भी बेयर ने विस्तारपूर्वक अपने विचार व्यक्त किए हैं। वे मानते हैं कि हम प्राय: अपने हित या सुख से सम्बन्धित स्वार्थपरक कारणों के आधार पर ही कर्मों के औचित्य का निर्णय करते हैं और सामान्य परिस्थितियों में ऐसा करने में कोई हानि भी नहीं है। परन्तु जब हमारे अपने हित तथा दूसरों के हित में संघर्ष होता है और हम इन दोनों में से किसी एक के अनुसार ही आचरण कर सकते हैं तो बेयर के मतानुसार नैतिकता की मांग यह है कि हमें दूसरों के हित के लिए स्वयं अपने हित का त्याग करना चाहिए। इसका अर्थ यह है कि नैतिकता की दृष्टि से कर्मों के औचित्य का निर्णय करने के लिए हमें स्वार्थपरक कारणों के स्थान पर परोपकारात्मक कारणों को ही प्राथमिकता देनी चाहिए। यह निश्चयपूर्वक कहा जा सकता है कि नैतिकता का दृष्टिकोण आत्म-प्रेम सम्बन्धी दष्टिकोण की अपेक्षा कहीं अधिक व्यापक है, क्योंकि नैतिकता के दृष्टिकोण के अनुरूप आचरण करने से ही अन्ततः सभी मनुष्यों का हित सम्भव है। इसी कारण बेयर परोपकारात्मक तर्कों को ही 'नैतिक तर्क' कहते हैं और उन्हें व्यक्ति विशेष के हित तक सीमित स्वार्थपरक तर्कों की अपेक्षा कहीं अधिक उत्कृष्ट तथा वांछनीय मानते हैं। इस सम्बन्ध में उनका कथन है कि "सामान्यत: यह माना जाता है कि जब आत्म-हित सम्बन्धी तर्कों का नैतिक तर्कों के साथ संघर्ष होता है तो नैतिक तर्क आत्म-हित सम्बन्धी तर्कों को अभिभूत या समाप्त कर देते हैं। यह हमारा सामान्य विश्वास है कि नैतिक तर्क अन्य सभी तर्कों की अपेक्षा अधिक उत्कृष्ट होते हैं।···नैतिक नियम वे सार्वभौमिक नियम हैं जो आत्म-हित संबंधी उन नियमों का दमन करने के लिए बनाए जाते हैं जिनके अनुरूप आचरण करने के कारण दूसरों को हानि पहुंचती है। 'तुम किसी की हत्या नहीं करोगे', 'तुम झूठ नहीं बोलोगे', 'तुम चोरी नहीं करोगे' ये ऐसे नियम हैं जो किसी अन्य व्यक्ति को हानि पहुँचाने का निषेध करते हैं—फिर चाहे उसे हानि पहुंचाना स्वयं व्यक्ति के अपने हित में ही क्यों न हो।···इसी कारण नैतिक तर्क अन्य सभी तर्कों की अपेक्षा अधिक उत्कृष्ट माने जाते हैं।"[21] बेयर के उपर्युक्त विचारों से यह स्पष्ट है कि उनके मतानुसार नैतिकता का दृष्टिकोण मूलत: परोपकारात्मक होने के कारण आत्म-प्रेम सम्बन्धी दृष्टिकोण से केवल भिन्न ही नहीं, अपितु उसकी अपेक्षा कहीं अधिक उत्कृष्ट तथा वांछनीय भी है।

21. वही पुस्तक, पृ० 433-436

यहां यह स्पष्ट कर देना आवश्यक है कि बेयर उन सार्वभौमिक नैतिक नियमों पर आधारित तर्कों को ही 'नैतिक तर्क' कहते हैं जो सम्पूर्ण मानव-समाज के कल्याण को ध्यान में रखकर स्वीकार किए जाते हैं और जिनका पालन करना सभी मनुष्यों के हित के लिए आवश्यक माना जाता है। उन्होंने इन नैतिक नियमों के स्वरूप की विस्तृत विवेचना की है। जैसा कि हम ऊपर देख चुके हैं, उनके विचार में ये नैतिक नियम अन्य सभी प्रकार के नियमों की अपेक्षा हमारे लिए अधिक आवश्यक तथा महत्त्वपूर्ण होते हैं। बेयर ने नैतिक नियमों की निम्नलिखित मुख्य चार विशेषताएं बताई हैं जो उनके मतानुसार इन नियमों में अनिवार्यत: विद्यमान रहतीं हैं :—(1) नैतिक नियम समाज के रीति-रिवाज़ों अथवा उसकी परम्पराओं के अभिन्न अंग होते हैं। इन नियमों को किसी एक व्यक्ति या कुछ व्यक्तियों के समुदाय द्वारा बनाया, बदला अथवा समाप्त नहीं किया जा सकता, अत: इस दृष्टि से ये नियम कानूनों तथा धार्मिक नियमों से भिन्न प्रकार के होते हैं। (2) नैतिक नियमों का पालन करने के लिए प्रत्येक व्यक्ति पर समाज द्वारा नैतिक दबाव डाला जाता है और जान-बूझकर इनका उल्लंघन करने के लिए उसकी निन्दा तथा भर्त्सना की जाती है। वस्तुत: इस नैतिक दबाव के कारण ही अधिकतर व्यक्ति इन नियमों का पालन करते हैं। इसके अतिरिक्त नैतिक नियमों का उल्लंघन करने के फलस्वरूप स्वयं व्यक्ति अपराध-बोध तथा पश्चाताप का अनुभव करता है। (3) नैतिक नियम अनिवार्यत: सार्वलौकिक होते हैं—अर्थात् ये समान परिस्थितियों में सभी व्यक्तियों पर समान रूप से लागू होते हैं। समाज के सभी सदस्यों को इन नियमों की शिक्षा दी जाती है और इनका उल्लंघन करना बहुत गम्भीर बात समझी जाती है जिसके लिए सभी व्यक्तियों को समान रूप से दंड दिया जाता है। सामान्य परिस्थितियों में समाज के सभी सदस्यों से इन नियमों का पालन करने की आशा की जाती है, किन्तु कुछ विशेष परिस्थितियों में इनके अपवाद भी स्वीकार किए जाते हैं। इन नियमों का पालन करके मनुष्य संतोष तथा गर्व का अनुभव करता है और वह अन्य व्यक्तियों को भी इनका पालन करने के लिए प्रोत्साहित करता है। (4) ऐसे नियमों को 'नैतिक नियम' नहीं कहा जा सकता जिनका पालन करने के लिए कोई युक्तिसंगत कारण नहीं बताया जाता। "शनिवार को यात्रा आरम्भ न करो", "प्याज मत खाओ" आदि नियम ऐसे ही नियम हैं। नितांत अबौद्धिक होने के कारण ऐसे नियम मानव-समाज की नैतिकता के भाग नहीं हो सकते। इस प्रकार बेयर के मतानुसार उपर्युक्त सभी विशेषताएं नैतिक नियमों की अनिवार्य विशेषताएं हैं जो इन्हें अन्य सभी प्रकार

के नियमों से पृथक् करती हैं।[22] यहां यह उल्लेखनीय है कि नावलस्मिथ ने भी नैतिक नियमों की लगभग यही विशेषताएं बताई हैं जिनका विवेचन हम पिछले अध्याय में कर चुके हैं।

बेयर ने इस महत्वपूर्ण प्रश्न पर भी विस्तारपूर्वक विचार किया है कि किन्हीं नैतिक नियमों के औचित्य का वास्तविक आधार क्या है—अर्थात् हम उन्हें किस आधार पर स्वीकार करते हैं अथवा वांछनीय मानते हैं। इस प्रश्न के उत्तर में उनका कथन है कि जिस कसौटी अथवा प्रतिमान के आधार पर हम नैतिक नियमों की वांछनीयता या अवांछनीयता की परीक्षा कर सकते हैं वह सभी मनुष्यों का हित ही है। वस्तुतः वही नैतिक नियम उचित या वांछनीय है जिससे मनुष्यों का कल्याण अथवा हित होता है। उदाहरणार्थ "तुम झूठ नहीं बोलोगे", "तुम वचन भंग नहीं करोगे", "तुम निर्दयी नहीं बनोगे", "तुम चोरी नहीं करोगे", "तुम किसी की हत्या नहीं करोगे" आदि नियम ऐसे नैतिक नियम हैं जिनका पालन करना समान रूप से सभी मनुष्यों के हित में है। अन्य सभी आधारभूत नैतिक नियमों के सम्बन्ध में भी हम यही बात कह सकते हैं।[23]

यहां यह प्रश्न किया जा सकता है कि हम यह कैसे जान सकते हैं कि कोई नियम सभी मनुष्यों के हित में है। इस प्रश्न के उत्तर में बेयर ने तीन विशेष कसौटियां प्रस्तुत की हैं। सर्वप्रथम उनका कथन है कि वही नैतिक नियम सभी मनुष्यों के हित में हो सकता है जिसका पालन करने के कारण स्वयं व्यक्ति अथवा समाज को किसी प्रकार की हानि नहीं पहुंचती। इसका अर्थ यही है कि व्यक्ति अथवा समाज को हानि पहुंचाने वाला कोई भी नियम वास्तव में 'नैतिक नियम' नहीं हो सकता। उदाहरण के लिए "यदि तुम्हें पकड़े जाने का भय न हो तो व्यापार में धोखा करो" यह नियम समाज के लिए हानिकारक है, अतः इसे 'नैतिक नियम' के रूप में स्वीकार नहीं किया जा सकता। उपर्युक्त कसौटी के अतिरिक्त बेयर के मतानुसार किसी नैतिक नियम के सभी मनुष्यों के हित में होने की एक अन्य कसौटी यह है कि वह उन पर कोई अनावश्यक प्रतिबन्ध नहीं लगाता। इस आधार पर हम उन नियमों को वास्तव में 'नैतिक नियम' नहीं मान सकते जो मनुष्यों पर किसी प्रकार के अनावश्यक प्रतिबन्ध लगाते हैं। उदाहरणार्थ "मटर मत खाओ" यह ऐसा नियम है जो उपर्युक्त कसौटी के अनुसार 'नैतिक नियम' नहीं हो सकता। इस सम्बन्ध में अपनी अन्तिम कसौटी प्रस्तुत करते हुए बेयर कहते हैं कि जो नियम किसी को हानि पहुंचाए बिना कुछ

22. कर्ट बेयर का लेख, 'दि पॉइन्ट् ऑफ़ व्यू ऑफ मॉरेलिटी', वही पुस्तक, पृ० 325-330

23. वही पुस्तक, पृ० 337

व्यक्तियों को सुख प्रदान करता है वह भी मनुष्यों के हित में है। "दूसरों के प्रति दयालु बनो", "दान करो", "उदार बनो", "अपने माता-पिता की सहायता करो" आदि नियम ऐसे ही नैतिक नियम हैं।[24] इस प्रकार बेयर के विचार में उपर्युक्त तीनों कसौटियों के आधार पर हम यह निर्णय कर सकते हैं कि कोई विशेष नैतिक नियम सभी मनुष्यों के हित में है या नहीं। किसी कर्म को करने के समर्थन में प्रस्तुत किए जाने वाले जो कारण या तर्क सभी मनुष्यों के लिए कल्याणकारी नैतिक नियमों पर आधारित होते हैं उन्हें ही वास्तव में 'उचित कारण' अथवा 'उचित तर्क' कहा जा सकता है। उचित तर्कों के स्वरूप तथा उद्देश्य के विषय में बेयर के उपर्युक्त विचारों से यह स्पष्ट है कि उनका सिद्धांत टूलमिन के सिद्धान्त से मूलत: भिन्न नहीं है।

4 मूल्यांकन

अन्य अधि-नैतिक सिद्धान्तों की भांति टूलमिन तथा बेयर के उपर्युक्त 'उचित तर्क सम्बन्धी सिद्धान्त' में भी आंशिक सत्य निश्चय ही विद्यमान है। अपने इस सिद्धान्त द्वारा उन्होंने नीतिशास्त्र में तर्कना की जो आवश्यकता बताई है उसे अस्वीकार नहीं किया जा सकता। जैसा कि हम पिछले अध्यायों में देख चुके हैं, नैतिक निर्णयों के लिए वस्तुपरक तथा उचित तर्कों का बहुत महत्त्व है। हम ऐसे किसी कथन को वास्तव में 'नैतिक निर्णय' नहीं कह सकते जिसकी पुष्टि के लिए उचित तर्क देना सम्भव नहीं है। व्यक्तिनिष्ठवाद तथा संवेगवाद का विवेचन करते हुए हम पहले ही यह बता चुके हैं कि ऐसे किसी भी व्यक्तिनिष्ठ या संवेगात्मक वाक्य को 'नैतिक निर्णय' की संज्ञा नहीं दी जा सकती जिसके समर्थन में वक्ता कोई वस्तुनिष्ठ तर्क नहीं देता अथवा नहीं दे सकता। इससे स्पष्ट है कि नैतिक निर्णयों के लिए उचित तर्कों का विशेष महत्त्व है जो इन निर्णयों को व्यक्तिनिष्ठ तथा संवेगात्मक अभिव्यक्तियों से पृथक करते हैं। इसी कारण नैतिक निर्णयों के प्रमाणीकरण को अधि-नीतिशास्त्र की एक महत्त्वपूर्ण मूल समस्या माना गया है जिसकी विस्तृत विवेचना हम इस पुस्तक के प्रथम अध्याय में कर चुके हैं। टूलमिन और बेयर ने अपने उचित तर्क सम्बन्धी सिद्धांत द्वारा अधिनीतिशास्त्र की इस मूल समस्या की ओर विशेष रूप से हमारा ध्यान आकृष्ट करके इस नवीनतम विधा के विकास में निश्चय ही महत्त्वपूर्ण योगदान किया है। ऐसी स्थिति में अधि-नीतिशास्त्र के लिए उनके उक्त सिद्धान्त की महत्ता और आवश्यकता निर्विवाद है।

इसके अतिरिक्त टूलमिन ने अन्तःप्रज्ञावाद, व्यक्तिनिष्ठवाद तथा संवेगवाद के विरुद्ध जो आपत्तियां उठाई हैं वे भी अवश्य ही उचित एवं युक्तिसंगत हैं। हम पिछले अध्यायों में देख चुके हैं कि अन्य अनेक दार्शनिकों ने भी इन तीनों सिद्धान्तों के विरुद्ध वे सभी आपत्तियां उठाई हैं जिनके आधार पर टूलमिन ने इन सिद्धान्तों का खंडन किया है। इन सभी सिद्धान्तों की कुछ विशेष त्रुटियों का विस्तृत विवेचन करके उन्होंने एक अधिक संतुलित नवीन सिद्धान्त की आवश्यकता की ओर हमारा ध्यान आकृष्ट किया है। इस प्रकार यह निश्चयपूर्वक कहा जा सकता है कि समकालीन अधि-नैतिक सिद्धान्तों में टूलमिन तथा बेयर के उचित तर्क सम्बन्धी सिद्धान्त का अपना विशेष स्थान है।

परन्तु उपर्युक्त विवेचन से यह निष्कर्ष निकालना उचित नहीं होगा कि टूलमिन तथा बेयर का सिद्धान्त पूर्णतः सन्तोषप्रद तथा दोषमुक्त है। इसमें सन्देह नहीं कि यह सिद्धान्त अंशतः सत्य है, किन्तु अन्य अधि-नैतिक सिद्धान्तों की भांति इसके विरुद्ध भी अनेक गम्भीर आपत्तियां उठाई जा सकती हैं। यहां हम इस सिद्धान्त के विरुद्ध कुछ मुख्य आपत्तियों पर संक्षेप में विचार करेंगे।

(1) उचित तर्क सम्बन्धी सिद्धान्त के विरुद्ध प्रथम गम्भीर आपत्ति यह है कि नीतिशास्त्र में तर्कना को आवश्यकता से कहीं अधिक महत्त्व देने तथा नैतिक निर्णयों के अर्थ से सम्बन्धित अधि-नीतिशास्त्र की एक मूल समस्या की उपेक्षा करने के कारण यह सिद्धान्त एकांगी हो गया है। हम ऊपर देख चुके हैं कि टूलमिन केवल उचित तर्क सम्बन्धी समस्या को ही नीतिशास्त्र की मूल समस्या मानते हैं। यही कारण है कि वे नैतिक निर्णयों के अर्थ से सम्बन्धित समस्या को कोई विशेष महत्त्व नहीं देते। उनके मतानुसार 'क शुभ है' का अर्थ केवल यही है कि "मेरे पास 'क' के लिए उचित तर्क है"। इतना ही नहीं, जब दो व्यक्ति किसी कर्म के सम्बन्ध में परस्पर विरोधी नैतिक निर्णय देते हैं तो टूलमिन के विचार में उनकी इस असहमति की व्याख्या इन निर्णयों के समर्थन में दिए जाने वाले उचित तर्कों के आधार पर ही की जा सकती है। इस सम्बन्ध में उन्होंने स्पष्ट कहा है कि "नैतिक निर्णयों के विषय में परस्पर असहमति व्यक्त करने वाले व्यक्ति जो कुछ करते हैं वह केवल इस या उस कर्म के समर्थन में तर्क देना ही है।"[25] इसका तात्पर्य यह है कि जब एक व्यक्ति यह कहता है कि "क शुभ है" और दूसरा व्यक्ति यह कहता है कि "क अशुभ है"

25. एस० ई० टूलमिन, 'ऐन ऐग्ज़ामिनेशन ऑफ़ दि प्लेस ऑफ़ रीज़न इन ऐथिक्स', पृ० 28

तो वे दोनों 'क' के समर्थन में दिए जाने वाले तर्कों के सम्बन्ध में ही अपनी असहमति अभिव्यक्त करते हैं। जो व्यक्ति यह कहता है कि "क शुभ है" वह यह मानता है कि 'क' के पक्ष में उचित तर्क दिए जा सकते हैं, किन्तु जो व्यक्ति यह कहता है कि "क अशुभ है" उसके अनुसार 'क' के समर्थन में उचित तर्क देना सम्भव नहीं है। इस प्रकार टूलमिन नैतिक निर्णयों के अर्थ और उनके विषय में असहमति को इन निर्णयों के पक्ष या विपक्ष में प्रस्तुत किए जाने वाले तर्कों तक ही सीमित कर देते हैं।

परन्तु नैतिक निर्णयों के सम्बन्ध में टूलमिन की उपर्युक्त व्याख्या निश्चय ही उचित एवं युक्तिसंगत नहीं है। इसका कारण यह है कि हम केवल तर्कना के आधार पर इन निर्णयों के अर्थ और स्वरूप का विश्लेषण नहीं कर सकते। जब हम यह कहते हैं कि "अमुक कर्म शुभ है" तो हमारे इस नैतिक निर्णय का अर्थ यह नहीं होता कि "इस कर्म को करने के लिए हमारे पास उचित तर्क या पर्याप्त कारण हैं"। जैसा कि हम पिछले अध्यायों में देख चुके हैं, किसी कर्म को शुभ कहने का अर्थ यह है कि हम उसकी प्रशंसा अथवा उसका अनुमोदन करते हैं। यह सत्य है कि अपने इस अनुमोदन के लिए हम तर्क दे सकते हैं और प्रायः देते हैं, किन्तु तर्क देने की यह प्रक्रिया हमारे नैतिक निर्णय के अर्थ का भाग नहीं है। वस्तुतः किसी नैतिक निर्णय का अर्थ तथा उसका प्रमाणीकरण ये दोनों भिन्न-भिन्न प्रक्रियाएं हैं और इन दोनों को एक ही प्रक्रिया मानकर टूलमिन ने तार्किक भूल की है। इसके अतिरिक्त वे इस महत्वपूर्ण तथ्य की भी उपेक्षा करते हैं कि किसी नैतिक निर्णय के समर्थन में तर्क देने से पूर्व हमारे लिए उस निर्णय का ठीक-ठीक अर्थ जानना अनिवार्य है। नैतिक निर्णयों के अर्थ को समझे बिना उनके प्रमाणीकरण पर विचार करना तार्किक दृष्टि से सम्भव नहीं है। हम किसी निर्णय का अर्थ जान लेने के पश्चात् ही उसके पक्ष या विपक्ष में तर्क देने की बात सोच सकते हैं। इससे स्पष्ट है कि नैतिक निर्णयों के प्रमाणीकरण से सम्बन्धित समस्या का समुचित समाधान अन्ततः इन निर्णयों के अर्थ की समस्या के समाधान पर ही निर्भर है। परन्तु इस अनिवार्य तथ्य की उपेक्षा करते हुए टूलमिन नैतिक निर्णयों के समर्थन में प्रस्तुत किए जाने वाले तर्कों को ही महत्त्व देते हैं जिसके फलस्वरूप उनका सिद्धान्त एकांगी हो गया है। वस्तुतः, जैसा कि हम इस पुस्तक के प्रथम अध्याय में बता चुके हैं, नैतिक निर्णयों के अर्थ की समस्या भी उतनी ही महत्त्वपूर्ण है जितनी इन निर्णयों के प्रमाणीकरण की समस्या, अतः अधि-नीतिशास्त्र इन दोनों मूल समस्याओं में से किसी एक समस्या की उपेक्षा करके नैतिक निर्णयों की पूर्णतः संतोषप्रद और युक्तिसंगत

व्याख्या नहीं कर सकता। परन्तु इस महत्त्वपूर्ण तथ्य की ओर ध्यान न देकर टूलमिन ने अपने सिद्धान्त को दोषपूर्ण तथा एकांगी बना दिया है।

मेरे विचार में टूलमिन का यह आरोप भी उचित नहीं है कि उनके पूर्ववर्ती दार्शनिकों ने नैतिक तर्कना सम्बन्धी समस्या की उपेक्षा की है। जैसा कि हम पिछले अध्यायों में देख चुके हैं, मूर, रॉस, स्टीवेन्सन, हेयर आदि दार्शनिकों ने नैतिक निर्णयों के अर्थ के साथ-साथ इन निर्णयों के समर्थन में दिए जाने वाले तर्कों के स्वरूप तथा उद्देश्य पर भी विचार किया है। ये दार्शनिक नैतिक निर्णयों के अर्थ की समस्या को विशेष महत्त्व अवश्य देते हैं, किन्तु वे इसी समस्या को नैतिक दर्शन की एकमात्र मूल समस्या नहीं मानते। वे नैतिक निर्णयों के लिए उचित तर्कों की आवश्यकता को स्पष्टत: स्वीकार करते हैं। यह सत्य है कि इन दार्शनिकों ने नैतिक निर्णयों के समर्थन में दिए जाने वाले तर्कों के स्वरूप तथा उद्देश्य की जो व्याख्या की है वह पूर्णत: सन्तोषप्रद नहीं है, किन्तु इससे यह सिद्ध नहीं होता कि वे नैतिक तर्कना सम्बन्धी समस्या को कोई महत्त्व नहीं देते जैसा कि टूलमिन का आरोप है। इस प्रकार अपने पूर्ववर्ती दार्शनिकों पर नैतिक तर्कना की उपेक्षा का आरोप लगाकर टूलमिन ने उनके प्रति न्याय नहीं किया। वस्तुत: स्वयं टूलमिन पर यह आरोप लगाया जा सकता है कि उन्होंने नैतिक निर्णयों के अर्थ से सम्बन्धित मूल समस्या की लगभग उपेक्षा की है और नैतिक तर्कना की समस्या को आवश्यकता से कहीं अधिक महत्त्व दिया है जिसके कारण उनका सिद्धान्त बहुत असन्तोषप्रद हो गया है।

(2) नैतिक कर्मों के औचित्य का निर्णय करने के लिए टूलमिन ने जो कसौटी बताई है वह पूर्णत: उचित और युक्तिसंगत प्रतीत नहीं होती। हम देख चुके हैं कि उनके अनुसार किसी समुदाय द्वारा स्वीकृत नियमों या कर्तव्यों के आधार पर ही नैतिक कर्मों के औचित्य का निर्णय किया जा सकता है। यह सत्य है कि सामान्य व्यक्ति प्राय: वे ही कर्म करते हैं जो उनके समुदाय में प्रचलित नियमों अथवा कर्तव्यों के अनुरूप होते हैं। परन्तु इससे यह प्रमाणित नहीं होता कि किसी व्यक्ति का ऐसा प्रत्येक कर्म सदैव नैतिक दृष्टि से उचित होता है जो उसके समुदाय द्वारा मान्य नियम या कर्तव्य के अनुरूप है। कुछ विशेष परिस्थितियों में समुदाय द्वारा स्वीकृत कर्तव्य के अनुरूप होने पर भी मनुष्य के किसी कर्म को नैतिक दृष्टि से अनुचित माना जा सकता है। उदाहरणार्थ जब योरोप तथा अमेरिका में दास-प्रथा प्रचलित थी तब अधिकतर धनवान व्यक्ति अफ्रीका एवं एशिया के निर्धन व्यक्तियों को बलपूर्वक दास बना लेते थे और उन पर घोर अत्याचार करते थे। उस समय ऐसा करना उनके समुदाय में प्रचलित दास-प्रथा के अनुरूप ही था जिसे निंदनीय नहीं समझा जाता था। परन्तु नैतिक दृष्टि से

उनके इस आचरण को निश्चय ही उचित और वांछनीय नहीं माना जा सकता। इसी प्रकार आज भी हमारे देश के कुछ दक्षिणी राज्यों तथा महाराष्ट्र के कुछ भागों में 'देव-दासी प्रथा' प्रचलित है जिसके अनुसार कुमारी लड़कियों को धर्म के नाम पर मंदिरों में काल्पनिक देवताओं को समर्पित कर दिया जाता है जहां वे भ्रष्ट पुजारियों की वासना-तृप्ति का साधन मात्र बन जाती हैं। स्पष्ट है कि एक विशेष समुदाय द्वारा स्वीकृत प्रथा के अनुरूप होते हुए भी कुछ धर्मान्ध व्यक्तियों के इस कर्म को नैतिक दृष्टि से कभी भी उचित नहीं माना जा सकता। यह सर्वविदित तथ्य है कि दक्षिणी अफ्रीका में आज भी श्वेत व्यक्तियों का समुदाय क्रूरतापूर्ण रंगभेद की नीति का दृढ़तापूर्वक अनुसरण कर रहा है जिसके अनुसार वहां लाखों मनुष्यों पर केवल इसलिए अमानवीय अत्याचार किए जाते हैं कि उनका रंग काला है। यदि कर्मों के औचित्य का निर्णय करने के लिए टूलमिन की कसौटी को स्वीकार किया जाए तो हमें इन निरीह काले मनुष्यों के प्रति श्वेत व्यक्तियों के इस अत्याचार को नैतिक दृष्टि से उचित मानना पड़ेगा। परन्तु कोई भी विवेकशील व्यक्ति नैतिक आधार पर इस प्रकार के निंदनीय आचरण का समर्थन नहीं कर सकता। इन उदाहरणों से यह स्पष्ट है कि किसी विशेष समुदाय में प्रचलित प्रथा या नियम के अनुरूप होना कर्मों के नैतिक औचित्य का अनिवार्य तथा एकमात्र आधार नहीं हो सकता। यदि ऐसा होता तो समाज में 'नैतिक सुधार' का विचार नितांत निरर्थक तथा अनावश्यक हो जाता। परन्तु टूलमिन स्वयं नैतिक सुधार के महत्त्व और उसकी आवश्यकता को पूर्णत: स्वीकार करते हैं। इस पुस्तक के तीसरे अध्याय में व्यक्तिनिष्ठवाद की आलोचना करते हुए हम उपर्युक्त आपत्ति पर विस्तारपूर्वक विचार कर चुके हैं, अत: यहां इतना कह देना ही पर्याप्त है कि टूलमिन ने कर्मों के औचित्य का निर्णय करने के लिए जो कसौटी प्रस्तुत की है उसे पूर्णत: संतोषप्रद तथा युक्तिसंगत नहीं माना जाना जा सकता।

(3) किसी समुदाय में प्रचलित नैतिक नियमों अथवा प्रथाओं के औचित्य की परीक्षा करने के लिए टूलमिन ने जिस मूल नैतिक नियम का उल्लेख किया है उसके संबंध में भी कुछ कठिनाइयां हैं जिन पर यहां विचार करना आवश्यक है। हम देख चुके हैं कि उनके अनुसार वह नियम या प्रथा नैतिक दृष्टि से उचित है जिसके द्वारा निवारणीय दुःख का निराकरण होता है। परन्तु यहां सर्वप्रथम प्रश्न यह है कि 'निवारणीय दुःख, से टूलमिन का क्या तात्पर्य है। जहां तक मुझे ज्ञात है, उन्होंने इस महत्त्वपूर्ण प्रश्न का कोई स्पष्ट और निश्चित उत्तर नहीं दिया। ऐसी स्थिति में निश्चयपूर्वक यह कहना बहुत कठिन है कि वे किस अर्थ में निवारणीय दुःख को नैतिक नियमों अथवा प्रथाओं के औचित्य का आधार

मानते हैं। वस्तुतः 'निवारणीय दुःख' की अवधारणा का सूक्ष्म विश्लेषण करने से ज्ञात होता है कि इसके मुख्य दो अर्थ हो सकते हैं जो एक-दूसरे से पर्याप्त सीमा तक भिन्न हैं। प्रथम अर्थ में ऐसे दुःख को 'निवारणीय दुःख' माना जा सकता है जिसे समाप्त करना संभव है। इस अर्थ में ऐसा प्रत्येक दुःख 'निवारणीय' है जिसे मनुष्य अपने प्रयास द्वारा समाप्त कर सकता है। दूसरे अर्थ में हम ऐसे दुःख को 'निवारणीय दुःख' कह सकते हैं जिसे समाप्त किया जाना चाहिए—अर्थात् जिसका अन्त करना नैतिक दृष्टि से वांछनीय है। ऐसे दुःख के निराकरण के लिए प्रयास करना मनुष्य का नैतिक कर्तव्य हो जाता है। इस विश्लेषण से यह स्पष्ट है कि 'निवारणीय दुःख' के प्रथम अर्थ को 'निर्नैतिक अर्थ' और इसके द्वितीय अर्थ को 'नैतिक अर्थ' कहा जा सकता है। इस दृष्टि से ये दोनों अर्थ निश्चय ही एक-दूसरे से बहुत भिन्न हैं। यह संभव है कि कोई दुःख प्रथम अर्थ में तो 'निवारणीय' हो, किन्तु वह दूसरे अर्थ में 'निवारणीय' न हो। उदाहरणार्थ जब न्यायालय द्वारा किसी अपराधी को दंड दिया जाता है तो इस दंड के फलस्वरूप उसे मिलने वाला दुःख प्रथम अर्थ में निवारणीय है, किंतु द्वितीय अर्थ में इसे निवारणीय नहीं माना जा सकता। इसी प्रकार जब किसी सैनिक को युद्धक्षेत्र में भेजा जाता है तो इस बात की पर्याप्त संभावना होती है कि वह शत्रु द्वारा बंदी बना लिया जाए, युद्ध में गंभीर रूप से घायल हो जाए अथवा मारा जाए। इस सैनिक के दुःख को भी प्रथम अर्थ में निवारणीय माना जा सकता है, किंतु संपूर्ण राष्ट्र के व्यापक हित और सैनिक के कर्तव्य को ध्यान में रखते हुए हम उसके इस दुःख को दूसरे अर्थ में निवारणीय नहीं मान सकते। इन उदाहरणों से यह स्पष्ट है कि जो दुःख प्रथम अर्थ में निवारणीय है उसका दूसरे अर्थ में निवारणीय होना अनिवार्य नहीं है। इसी प्रकार यह भी संभव है कि कोई दुःख प्रथम अर्थ में तो निवारणीय न हो, किंतु दूसरे अर्थ में वह अवश्य ही निवारणीय हो। उदाहरणार्थ कुछ अवस्थाओं में कैंसर आज भी एक असाध्य रोग है जिसके फलस्वरूप रोगी को होने वाली असह्य पीड़ा का अन्त करना चिकित्सा विज्ञान के लिए संभव नहीं है। परन्तु इस पीड़ा को समाप्त करना नैतिक दृष्टि से निश्चय ही वांछनीय है। हम निर्विवाद रूप से यह मानते हैं कि ऐसे दुःख के निराकरण के लिए प्रयास करना मनुष्य का नैतिक कर्तव्य है। इस प्रकार यह स्पष्ट है कि कोई दुःख प्रथम अर्थ में निवारणीय न होते हुए भी दूसरे अर्थ में निवारणीय हो सकता है। परन्तु टूलमिन हमें यह नहीं बताते कि उनके अनुसार किस अर्थ में निवारणीय दुःख नैतिक तर्कना का अनिवार्य आधार है। इसके कारण उनके सिद्धांत में निश्चय ही बहुत अस्पष्टता आ गई है। यदि हम दूसरे अर्थ में निवारणीय दुःख को नैतिक तर्कना का आधार मानें तो उनके सिद्धांत की यह अस्पष्टता

अवश्य ही दूर हो सकती है। इस अर्थ के अनुसार हमें यह मानना पड़ेगा कि केवल वही दुःख निवारणीय है जिसे समाप्त करना नैतिक दृष्टि से वांछनीय अथवा उचित है। मेरे विचार में 'निवारणीय दुःख' के इस अर्थ को स्वीकार करने में टूलमिन को संभवतः कोई आपत्ति नहीं हो सकती।

परन्तु यदि 'निवारणीय दुःख' के उपर्युक्त दूसरे अर्थ को स्वीकार किया जाए तो अनिवार्यतः यह प्रश्न उठता है कि किसके निवारणीय दुःख का निराकरण किया जाना चाहिए। इस सम्बन्ध में टूलमिन के विचारों से यह स्पष्ट है कि वे अपने मूल नैतिक नियम को स्वयं व्यक्ति के समुदाय के सदस्यों के निवारणीय दुःख का निराकरण करने तक ही सीमित मानते हैं। उन्होंने अपनी पुस्तक में 'समाज' अथवा 'मानव-समाज' के स्थान पर बार-बार केवल 'समुदाय' शब्द का प्रयोग किया है जिससे उक्त निष्कर्ष की पुष्टि होती है। 'समुदाय' शब्द से प्रायः कुछ व्यक्तियों के समूह का ही बोध होता है, संपूर्ण मानव-समाज का नहीं। इसका अर्थ यह है कि टूलमिन के अनुसार प्रत्येक व्यक्ति को केवल अपने समुदाय के सदस्यों के निवारणीय दुःख का निराकरण करना चाहिए। परन्तु इस अर्थ में उनका यह मूल नैतिक नियम बहुत ही सीमित हो जाता है और ऐसा संकुचित नियम हमारे सार्वभौमिक नैतिक निर्णयों का आधार नहीं हो सकता। हम पिछले अध्यायों में देख चुके हैं कि नैतिक निर्णयों की एक महत्त्वपूर्ण विशेषता यह है कि वे समान परिस्थितियों में सभी व्यक्तियों पर बिना किसी अपवाद के लागू होते हैं। इस दृष्टि से विचार करने पर यह स्पष्ट हो जाता है कि हमें प्रत्येक मनुष्य के निवारणीय दुःख के निराकरण का प्रयास करना चाहिए, किसी विशेष समुदाय के सदस्यों के निवारणीय दुःख के निराकरण का नहीं। परन्तु टूलमिन अपने मूल नैतिक नियम को स्वयं व्यक्ति के अपने समुदाय तक सीमित मानकर इस महत्त्वपूर्ण तथ्य की उपेक्षा करते हैं। यदि उनके मत को स्वीकार कर लिया जाए तो हमें प्रत्येक समुदाय में प्रचलित ऐसे नियम को नैतिक दृष्टि से उचित मानना पड़ेगा जिसके द्वारा उसके अपने सदस्यों के निवारणीय दुःख का निराकरण होता है किंतु जिसके कारण अन्य समुदायों के सदस्यों को अत्यधिक कष्ट पहुंचता है। परन्तु नैतिकता के सार्वभौमिक स्वरूप को ध्यान में रखते हुए हम यह कह सकते हैं कि वास्तव में ऐसा संकुचित नियम नैतिक दृष्टि से उचित नहीं हो सकता। इस प्रकार यह स्पष्ट है कि टूलमिन ने अपने मूल नैतिक नियम को जिस संकुचित रूप में प्रस्तुत किया है उस रूप में वह कभी भी सार्वभौमिक नैतिकता का आधार नहीं बन सकता। यह आश्चर्य की बात है कि उन्होंने इस नियम को व्यक्ति के अपने समुदाय तक ही सीमित कर दिया है। वे अपने मूल सिद्धांत में कोई परिवर्तन किए बिना ही सुसंगत रूप से इस नियम को संपूर्ण मानव-समाज पर लागू

कर सकते थे। यदि वे ऐसा करते तो उनका यह नियम नैतिकता का आधार हो सकता था और तब उनका सिद्धांत अपेक्षाकृत अधिक युक्तिसंगत तथा संतोषप्रद होता।

(4) टूलमिन ने व्यक्ति के विशेष कर्मों तथा सामान्य नैतिक नियमों या प्रथाओं के औचित्य का निर्णय करने के लिए जो दो कसौटियां प्रस्तुत की हैं वे दोनों ही बहुत सीमित हैं। इन कसौटियों को स्वीकार कर लेने पर नैतिकता की अवधारणा व्यक्ति के अपने समुदाय तक ही सीमित हो जाती है और उसमें सार्वभौमिकता के लिए कोई स्थान नहीं रह जाता। इसका कारण यह है कि टूलमिन ने व्यक्ति के अपने समुदाय के संदर्भ में ही इन दोनों कसौटियों को प्रस्तुत किया है, संपूर्ण मानव-समाज के संदर्भ में नहीं। इन कसौटियों का विवेचन करते हुए उन्होंने अपनी पुस्तक में कहीं भी 'मानव-जाति' या 'मानव-समाज' शब्दों का प्रयोग नहीं किया। इस सम्बन्ध में वे सदैव केवल 'समुदाय' की बात करते हैं। ऐसी स्थिति में यदि उनके मत को स्वीकार कर लिया जाए तो समुदाय से बाहर नैतिकता का कोई अर्थ नहीं रह जाता और एक समुदाय का सदस्य दूसरे समुदाय के सदस्यों के आचरण के संबंध में कोई नैतिक निर्णय नहीं दे सकता। उदाहरणार्थ यदि चोरों तथा ठगों के समुदाय का कोई सदस्य अपने समुदाय द्वारा स्वीकृत कर्तव्यों का पालन करता है और अपने समुदाय के सदस्यों के निवारणीय दुःख का निराकरण करने का भी प्रयास करता है तो टूलमिन के सिद्धांत के अनुसार उसके आचरण को नैतिक दृष्टि से उचित मानना अनिवार्य है। उसके समुदाय से बाहर कोई भी व्यक्ति उसके आचरण को अनुचित सिद्ध करने के लिए किसी प्रकार का तर्क नहीं दे सकता। स्पष्टतः इसका अर्थ यही है कि यदि किन्हीं दो समुदायों के सदस्यों का आचरण परस्पर विरोधी है तो हमारे पास यह कहने का कोई तर्कसंगत आधार नहीं है कि उनमें से किस समुदाय के सदस्यों का आचरण नैतिक दृष्टि से उचित या अनुचित है। इस प्रकार टूलमिन के सिद्धांत में नैतिकता से संबंधित अंतर्सामुदायिक वाद-विवाद के लिए कोई स्थान नहीं है। दूसरे शब्दों में, यदि किन्हीं दो भिन्न-भिन्न समुदायों के सदस्यों में किसी कर्म की नैतिकता के विषय में तीव्र मतभेद है तो टूलमिन का सिद्धांत उनकी कोई सहायता नहीं कर सकता, क्योंकि यह सिद्धांत ऐसे मतभेद का निराकरण करने के लिए कोई वस्तुपरक एवं तर्कसंगत आधार प्रस्तुत नहीं करता। उनके सिद्धांत में इस गंभीर दोष के आ जाने का मूल कारण यही है कि वे 'मानव-जाति' या 'मानव-समाज' के स्थान पर केवल व्यक्ति के अपने 'समुदाय' की दृष्टि से सभी कर्मों, नियमों तथा प्रथाओं के औचित्य पर विचार करते हैं

और इस प्रकार नैतिकता की अवधारणा को अत्यंत सीमित कर देते हैं। सामान्यत: हम इस संभावना को स्वीकार करते हैं कि एक समुदाय के नियम दूसरे समुदायों के नियमों की अपेक्षा नैतिक दृष्टि से अधिक उत्कृष्ट या निकृष्ट हो सकते हैं, किंतु टूलमिन के सिद्धांत में विभिन्न समुदायों के नैतिक नियमों की ऐसी तुलनात्मक विवेचना के लिए कोई स्थान नहीं है। यह उनके सिद्धांत में निश्चय ही एक गंभीर दोष है जो इसे बहुत असंतोषप्रद बना देता है। यहां यह उल्लेखनीय है कि टूलमिन के सिद्धांत के विरुद्ध उपर्युक्त आपत्ति लगभग वही है जो समुदायपरक व्यक्तिनिष्ठवाद के विरुद्ध प्राय: उठाई जाती है और जिस पर हम इस पुस्तक के तीसरे अध्याय में विस्तार से विचार कर चुके हैं। यदि टूलमिन नैतिक तर्कना से संबंधित अपनी कसौटियों को केवल 'समुदाय' के स्थान पर सम्पूर्ण मानव समाज' के संदर्भ में प्रस्तुत करते तो वे अवश्य ही इस आपत्ति से बच सकते थे और उनका सिद्धांत अधिक तर्कसंगत तथा संतोषप्रद हो सकता था। परन्तु उन्होंने नैतिक तर्कना संबंधी अपनी संपूर्ण विवेचना को केवल 'समुदाय' तक ही सीमित कर दिया है जिसके फलस्वरूप उनका सिद्धांत नितांत एकांगी हो गया है।

(5) टूलमिन के सिद्धांत के विरुद्ध एक अन्य गंभीर आपत्ति यह है कि वे नैतिक भाषा को केवल एक विशेष उद्देश्य तक ही सीमित कर देते हैं। हम देख चुके हैं कि उनके मतानुसार 'शुभ', 'उचित' आदि नैतिक शब्दों के प्रयोग का एकमात्र उद्देश्य किसी समुदाय के सदस्यों की इच्छाओं तथा उनके हितों में सामंजस्य स्थापित करना अथवा उनमें होने वाले संघर्ष को समाप्त या कम करना है। इस उद्देश्य को वे नैतिक भाषा के अर्थ का अनिवार्य तत्त्व मानते हैं। इसका अर्थ यही है कि नैतिक भाषा का प्रयोग केवल इसी उद्देश्य की पूर्ति के लिए किया जाता है और इसके स्थान पर किसी अन्य उद्देश्य के लिए इस भाषा का प्रयोग निरर्थक हो जाता है। इस प्रकार टूलमिन नैतिक भाषा के अर्थ को केवल सामुदायिक सामंजस्य तक ही सीमित कर देते हैं। इस संबंध में उन्होंने स्पष्ट कहा है कि "सामुदायिक जीवन ही एकमात्र ऐसा संदर्भ है जिसके अंतर्गत 'कर्तव्य' की अवधारणा को भली-भांति समझा जा सकता है।"[26] इसका तात्पर्य यह है कि हम जब भी 'शुभ', 'उचित', 'चाहिए', 'कर्तव्य' आदि नैतिक शब्दों का प्रयोग करते हैं तो इन शब्दों का अर्थ सामुदायिक सामंजस्य में ही खोजा जा सकता है। परंतु नैतिक भाषा के अर्थ के विषय में टूलमिन की यह मान्यता नितांत एकांगी होने के कारण उचित और युक्तिसंगत नहीं है। यह सत्य है कि हम कुछ विशेष

26. वही पुस्तक, पृ० 133

परिस्थितियों में नैतिक भाषा का प्रयोग सामाजिक सामंजस्य के लिए करते हैं और उन परिस्थितियों में यह भाषा इस उद्देश्य की पूर्ति में सहायक भी होती है। परंतु इससे यह निष्कर्ष निकालना नितांत अनुचित होगा कि नैतिक भाषा के अर्थ की व्याख्या केवल इसी उद्देश्य के आधार पर की जा सकती है। सामाजिक सामंजस्य नैतिक भाषा के अनेक कार्यों में से केवल एक कार्य हो सकता है; वह किसी नैतिक शब्द का अनिवार्य तत्त्व नहीं है। उदाहरणार्थ जब हम यह कहते हैं कि "अमुक अभिप्रेरणा शुभ है" अथवा "अमुक कर्म उचित है" तो हमारे इन नैतिक कथनों का अर्थ सदैव और अनिवार्यतः केवल यह नहीं होता कि वह अभिप्रेरणा या कर्म सामाजिक सामंजस्य में सहायक है। अनेक बार हम किसी व्यक्ति अथवा उसके आचरण की प्रशंसा करने के लिए ही इन नैतिक शब्दों का प्रयोग करते हैं और हमारी इस प्रशंसा का सामाजिक सामंजस्य में सहायक होना अनिवार्य नहीं है। जब हम यह कहते हैं कि "डूबते हुए मनुष्य की जीवन-रक्षा करना उचित कर्म है" अथवा "अपनी क्षमताओं का अधिकतम विकास करना हमारा कर्तव्य है" तो हमारे इन नैतिक निर्णयों का सामाजिक सामंजस्य के साथ कोई अनिवार्य संबंध नहीं है। यही बात अन्य अनेक नैतिक निर्णयों के विषय में भी कही जा सकती है। इससे स्पष्ट है कि सामाजिक सामंजस्य के अतिरिक्त अन्य बहुत-से उद्देश्यों के लिए भी हम नैतिक भाषा का सार्थक प्रयोग करते हैं। परंतु इस महत्त्वपूर्ण तथ्य की उपेक्षा करते हुए टूलमिन नैतिक भाषा को केवल सामाजिक सामंजस्य का एकमात्र साधन मान लेते हैं जो निश्चय ही उचित और तर्कसंगत नहीं है। वस्तुतः इस संबंध में उन्होंने वैसी ही भूल की है जैसी कार्नैप, एयर, स्टीवैन्सन आदि संवेगवादियों ने नैतिक भाषा के अर्थ की व्याख्या करते हुए की थी। इन संवेगवादियों तथा टूलमिन के मत में अंतर केवल यही है कि संवेग-वादियों के अनुसार नैतिक भाषा का मुख्य उद्देश्य संवेगों अथवा भावनाओं को अभिव्यक्त और जागृत करना है, जबकि टूलमिन सामाजिक सामंजस्य की स्थापना को ही इस भाषा का एकमात्र उद्देश्य मानते हैं। परंतु नैतिक भाषा के अर्थ और उद्देश्य के विषय में ये दोनों ही मत समान रूप से एकांगी हैं। इस प्रकार संवेगवाद की तीव्र आलोचना करते हुए भी स्वयं टूलमिन ने इस सिद्धांत के समर्थकों के समान ही नैतिक भाषा के अर्थ एवं उद्देश्य की अत्यंत सीमित और संकुचित व्याख्या की है जिसके फलस्वरूप उनका अपना सिद्धांत असंतोषप्रद हो गया है।

(6) टूलमिन यह मानते हैं कि सामाजिक सामंजस्य के आधार पर नैतिक भाषा के अर्थ के विषय में उन्होंने जो सिद्धांत प्रस्तुत किया है वह वास्तव में 'तार्किक सिद्धांत' है। इसका तात्पर्य यह है कि 'सामाजिक सामंजस्य' की अवधारणा

अनिवार्यतः नैतिक शब्दों के अर्थ में ही निहित रहती है। उदाहरणार्थ "अमुक कर्म उचित अथवा हमारा कर्तव्य है" इस कथन का अर्थ केवल यही है कि "वह कर्म सामाजिक सामंजस्य की स्थापना या वृद्धि में सहायक है।" इस प्रकार टूलमिन के अनुसार सामाजिक सामंजस्य की अवधारणा नैतिक भाषा के अर्थ का अनिवार्य अंश है। परंतु उनके इस मत को नैतिक भाषा के विषय में 'तार्किक सिद्धांत' के रूप में स्वीकार नहीं किया जा सकता। इसका कारण यह है कि सामाजिक सामंजस्य का नैतिक भाषा के अर्थ के साथ कोई अपरिहार्य संबंध नहीं है—अर्थात् सामाजिक सामंजस्य पर विचार किए बिना भी हम सार्थकतापूर्वक नैतिक भाषा का प्रयोग कर सकते हैं और करते हैं। ऐसी स्थिति में टूलमिन के उक्त सिद्धांत को हम या तो ऐसा अनुभवमूलक सिद्धांत मान सकते हैं जो नैतिक भाषा के एक पक्ष का तथ्यात्मक वर्णन करता है अथवा इसे हम ऐसा मानकीय सिद्धांत मान सकते हैं जो हमें यह बताता है कि नैतिक भाषा का प्रयोग हमें किस प्रकार करना चाहिए। हम देख चुके हैं कि अनुभवमूलक वर्णनात्मक सिद्धांत के रूप में यह बहुत ही संकुचित अथवा सीमित सिद्धांत है जो नैतिक भाषा के अर्थ की केवल आंशिक व्याख्या करता है। मानकीय सिद्धांत के रूप में इसे स्वीकार करने के लिए टूलमिन ने कोई संतोषप्रद तर्क या प्रमाण प्रस्तुत नहीं किए। इस संबंध में यह प्रश्न भी उठाया जा सकता है कि केवल इसी सिद्धांत को मानकीय सिद्धांत के रूप में स्वीकार क्यों किया जाए। हम केवल उसी कर्म को उचित क्यों मान लें जो सामाजिक सामंजस्य में सहायक है और ऐसे कर्म को उचित क्यों न मानें जो अधिक विकसित आचरण का द्योतक है, जिसका किसी समुदाय के अधिकतर सदस्य अनुमोदन करते हैं अथवा जो अधिकतम व्यक्तियों के लिए अधिकतम सुख उत्पन्न करता है ? जहां तक मुझे ज्ञात है, टूलमिन ने इस प्रश्न पर विचार नहीं किया। वे केवल सामाजिक सामंजस्य की अवधारणा को ही मूल आधार मानकर नैतिक भाषा तथा नीतिशास्त्र के कार्य अथवा उद्देश्य की व्याख्या करते हैं। उपर्युक्त प्रश्न के अतिरिक्त उन्होंने इस महत्त्वपूर्ण प्रश्न का भी कोई संतोषप्रद उत्तर नहीं दिया कि किसी कर्म के उचित होने तथा सामाजिक सामंजस्य के लिए उसके सहायक होने में क्या तार्किक संबंध है। उनके सिद्धांत से यह स्पष्ट नहीं होता कि "क सामाजिक सामंजस्य में सहायक है" इस कथन को "क उचित है" इस कथन का एकमात्र तार्किक आधार मानना क्यों अनिवार्य है। इस प्रकार निष्कर्ष के रूप में हम यह कह सकते हैं कि टूलमिन का सामाजिक सामंजस्य संबंधी उक्त सिद्धांत वस्तुतः तार्किक सिद्धांत नहीं है।

(7) टूलमिन का यह दावा है कि हम एक विशेष अनुमान के आधार पर तथ्यात्मक कारणों या तर्कों से नैतिक निष्कर्ष निकाल सकते हैं। इस विशेष

अनुमान को उन्होंने 'मूल्यात्मक अनुमान' की संज्ञा दी है। उदाहरणार्थ यदि हम यह जानते हैं कि "क किसी समुदाय में प्रचलित नियम या कर्तव्य है" अथवा "क सामाजिक सामंजस्य में सहायक है" तो हम इन तथ्यात्मक कथनों से अनिवार्यतः यह नैतिक निष्कर्ष निकाल सकते हैं कि "क उचित है"। टूलमिन के अनुसार हमारा यह नैतिक निष्कर्ष सामान्य निगमनात्मक तथा आगमनात्मक अनुमानों पर आधारित न होकर एक विशेष मूल्यात्मक अनुमान पर ही आधारित होता है। इस मूल्यात्मक अनुमान की विशेषता यह है कि इसके द्वारा हम कुछ विशेष तथ्यों के आधार पर उचित रूप से नैतिक निष्कर्ष निकाल सकते हैं। परंतु टूलमिन के इस दावे के विरुद्ध भी अनेक गंभीर आपत्तियां हैं जिन पर यहां संक्षेप में विचार करना आवश्यक है। सर्वप्रथम प्रश्न यह है कि जिन अवधारणाओं को टूलमिन 'तथ्यात्मक' कहते हैं क्या वे अवधारणाएं वास्तव में 'तथ्यात्मक' हैं। मेरे विचार में इस प्रश्न का उत्तर केवल नकारात्मक ही हो सकता है। हम देख चुके हैं कि टूलमिन के मतानुसार "किसी समुदाय द्वारा स्वीकृत नियम या कर्त्तव्य का विचार" तथा "सामाजिक सामंजस्य" ये दोनों ही तथ्यात्मक अवधारणाएं हैं। परंतु उनकी यह मान्यता उचित प्रतीत नहीं होती, क्योंकि ये दोनों अवधारणाएं मूल्यात्मक दृष्टि से तटस्थ तथ्यात्मक अवधारणाएं नहीं हैं। इन अवधारणाओं में 'चाहिए' तथा 'मूल्य' संबंधी विचार अनिवार्यतः निहित हैं जो इन्हें तथ्यात्मक अवधारणाओं से पृथक करते हैं। यही कारण है कि 'कर्तव्य' तथा 'सामाजिक सामंजस्य' 'लाल', 'काला', 'पीला' आदि शब्दों की भांति तथ्यात्मक शब्द नहीं हैं। वस्तुतः सामान्य व्यक्तियों के समान ही टूलमिन भी पहले से यह मान लेते हैं कि "जो कर्म किसी समुदाय द्वारा स्वीकृत कर्तव्य है" अथवा "जो कर्म सामाजिक सामंजस्य में सहायक है" वह नैतिक दृष्टि से अनिवार्यतः उचित है। ऐसी स्थिति में उनका यह दावा तर्कसंगत प्रतीत नहीं होता कि हम मूल्यात्मक अनुमान के आधार पर कुछ विशेष तथ्यों से नैतिक निष्कर्ष निकाल सकते हैं।

इसके अतिरिक्त टूलमिन के उपर्युक्त दावे के विरुद्ध एक अन्य गंभीर आपत्ति यह है कि यदि इसे सत्य मान लिया जाए तो उनके सिद्धांत में अनिवार्यतः प्रकृतिवादी दोष उत्पन्न हो जाता है। इस दोष के कारण उनके सिद्धांत के विरुद्ध भी वे सभी आपत्तियां उठाई जा सकती हैं जो अन्य प्रकृतिवादी सिद्धांतों के विरुद्ध उठाई गई हैं। जैसा कि हम पिछले अध्यायों में देख चुके हैं, मूर, स्टीवेंसन, हेयर, नावलस्मिथ आदि दार्शनिकों ने अनेक प्रबल तर्कों द्वारा यह प्रमाणित किया है कि केवल तथ्यात्मक या वर्णनात्मक कथनों से मूल्यात्मक अथवा नैतिक

निष्कर्षों को कभी भी प्राप्त नहीं किया जा सकता। ऐसी स्थिति में टूलमिन की इस मान्यता का तर्कसंगत रूप से समर्थन करना अत्यंत कठिन है कि हम कुछ विशेष तथ्यों से नैतिक निष्कर्ष निकाल सकते हैं। उदाहरणार्थ "क सामाजिक सामंजस्य में सहायक है" यह कथन यदि केवल तथ्यात्मक है तो हम इस कथन से यह निष्कर्ष नहीं निकाल सकते कि "क उचित है"। इसका कारण यह है कि पहला कथन 'क' से संबंधित एक तथ्य का केवल वर्णन करता है जबकि दूसरा कथन 'क' की प्रशंसा करता है अथवा उसका मूल्यांकन करता है। इन दोनों कथनों में यह आधारभूत अंतर है जो इन्हें एक-दूसरे से पृथक करता है, अतः इन्हें समानार्थक नहीं माना जा सकता। परंतु इस महत्त्वपूर्ण तथ्य की उपेक्षा करते हुए टूलमिन दूसरे नैतिक कथन को पहले तथ्यात्मक कथन का अनिवार्य निष्कर्ष मानते हैं। स्पष्ट है कि यदि उनकी इस मान्यता को स्वीकार कर लिया जाए तो उनके सिद्धांत और अन्य प्रकृतिवादी सिद्धांतों में कोई मूल भेद नहीं रह जाता। ऐसी स्थिति में टूलमिन के सिद्धांत में भी वे सभी दोष अनिवार्यतः आ जाते हैं जो अन्य प्रकृतिवादी सिद्धांतों में पाए जाते हैं। इन सभी दोषों के कारण भी उनका सिद्धांत नैतिक भाषा की पूर्णतः संतोषप्रद व्याख्या नहीं कर पाता।

ऊपर हमने टूलमिन के उचित तर्क संबंधी सिद्धांत के विरुद्ध कुछ मुख्य आपत्तियों पर विचार किया है। इन सभी आपत्तियों को ध्यान में रखते हुए यह कहा जा सकता है कि उनका यह सिद्धांत नैतिक निर्णयों के अर्थ और प्रमाणीकरण की पूर्णतः संतोषप्रद व्याख्या करने में असमर्थ है। परंतु इसका अर्थ यह नहीं है कि समकालीन नैतिक दर्शन में उनके इस सिद्धांत का महत्त्व नगण्य है। वस्तुतः कुछ गंभीर दोषों के होते हुए भी टूलमिन के इस उचित तर्क संबंधी सिद्धांत ने वर्तमान शताब्दी के उत्तरार्ध में नैतिक दर्शन के विकास को पर्याप्त सीमा तक प्रभावित किया है। उन्होंने नैतिक तर्कना को जो विशेष महत्त्व दिया है उसका पॉल ऐडवर्ड्स, आर० एम० हेयर, पी० एच० नावलस्मिथ आदि परवर्ती दार्शनिकों के विचारों पर प्रत्यक्ष अथवा परोक्ष रूप से कुछ प्रभाव अवश्य पड़ा है। इन दार्शनिकों की कृतियां टूलमिन की पुस्तक के पश्चात ही प्रकाशित हुई थीं। संभवतः टूलमिन के विचारों से प्रभावित होकर इन दार्शनिकों ने नैतिक तर्कना को बहुत महत्त्वपूर्ण माना है। जैसा कि हम छठे अध्याय में देख चुके हैं, कार्नेप, एयर, स्टीवैन्सन आदि पूर्ववर्ती संवेगवादी नैतिक निर्णयों के प्रमाणीकरण के लिए वस्तुपरक तर्कों की संभावना को स्वीकार नहीं करते थे। परन्तु संवेगवादी होते हुए भी ऐडवर्ड्स ने 1955 में प्रकाशित अपनी पुस्तक 'दि लॉजिक ऑफ़ मॉरल डिस्कोर्स' में नैतिक निर्णयों के लिए ऐसे तर्कों के महत्त्व को स्पष्टतः स्वीकार किया है। इस संबंध में

उनके मत का विवेचन हम छठे अध्याय में विस्तारपूर्वक कर चुके हैं। ऐडवर्ड्स के अतिरिक्त हेयर तथा नावलस्मिथ ने भी अपने सिद्धांत में नैतिक तर्कना को बहुत महत्त्व दिया है। यह कहना संभवतः अनुचित न होगा कि इस सम्बन्ध में उनके विचारों पर टूलमिन के सिद्धांत का कुछ प्रभाव अवश्य पड़ा है। यह सत्य है कि ये दोनों दार्शनिक टूलमिन के सिद्धांत को पूर्णतः स्वीकार नहीं करते, किन्तु फिर भी वे नैतिक तर्कना के सम्बन्ध में उनके विचारों से कुछ सीमा तक प्रभावित हुए हैं। इस प्रकार उक्त परवर्ती दार्शनिकों के नैतिक तर्कना सम्बन्धी विचारों पर टूलमिन के मत का जो प्रभाव पड़ा है उससे समकालीन नैतिक दर्शन में उनके सिद्धांत का विशेष महत्त्व स्वतः स्पष्ट हो जाता है। निष्कर्ष के रूप में हम यह कह सकते हैं कि वर्त्तमान शताब्दी के उत्तरार्ध में नैतिक दर्शन का जो विकास हुआ है उसमें टूलमिन तथा बेयर के उचित तर्क सम्बन्धी सिद्धांत का बहुत महत्त्वपूर्ण योगदान रहा है।

हम देख चुके हैं कि नैतिक तर्कना के स्वरूप तथा उद्देश्य के विषय में बेयर के विचार टूलमिन के विचारों से बहुत भिन्न नहीं हैं। ऐसी स्थिति में टूलमिन के मत के विरुद्ध ऊपर जो आपत्तियां उठाई गई हैं उनमें से कुछ आपत्तियां बेयर के मत पर भी लागू होती हैं। उदाहरणार्थ टूलमिन की भांति बेयर भी नैतिक निर्णयों के अर्थ और स्वरूप से सम्बन्धित समस्या की लगभग उपेक्षा करते हैं। उन्होंने भी इन निर्णयों के समर्थन में दिए जाने वाले तर्कों या कारणों की ही विस्तृत विवेचना की है, इनके अर्थ एवं स्वरूप की नहीं। परन्तु, जैसा कि हम टूलमिन के मत की आलोचना करते हुए पहले ही स्पष्ट कर चुके हैं, यह दृष्टिकोण नितांत एकांगी है, अतः नैतिक निर्णयों की पूर्णतः संतोषप्रद व्याख्या के लिए इसे उचित एवं युक्तिसंगत नहीं माना जा सकता। इसके अतिरिक्त उचित तर्कों या कारणों की परीक्षा करने के लिए बेयर ने जो कसौटी प्रस्तुत की है वह भी पूर्णतः स्पष्ट और सुसंगत प्रतीत नहीं होती। वे एक ओर तो स्वयं व्यक्ति के अपने सुख या हित तक सीमित स्वार्थपरक तर्कों को 'उचित तर्क' मानते हैं और दूसरी ओर यह भी कहते हैं कि ये तर्क अत्यंत संकुचित होने के कारण नैतिकता के व्यापक दृष्टिकोण के विरुद्ध हैं। इन दोनों परस्पर विरोधी मान्यताओं को एक ही साथ स्वीकार करने के कारण उनके विचारों में असंगति उत्पन्न हो गई है। यदि आत्म-प्रेम सम्बन्धी दृष्टिकोण नैतिकता के दृष्टिकोण के विरुद्ध है जैसा कि बेयर मानते हैं तो प्रथम दृष्टिकोण से सम्बन्धित स्वार्थपरक तर्कों को वास्तव में 'उचित तर्क' नहीं माना जा सकता। "किसी कर्म को करने के फलस्वरूप स्वयं मुझे सुख प्राप्त होता है अथवा मेरे दुःख का निराकरण होता है" इस तथ्य को नैतिकता की दृष्टि से 'उचित तर्क' के रूप में स्वीकार नहीं किया जा सकता, क्योंकि इसमें

नैतिकता के व्यापक दृष्टिकोण के लिए कोई स्थान नहीं है। बेयर स्वयं स्पष्टत: यह स्वीकार करते हैं कि विशुद्ध आत्म-प्रेम सम्बन्धी दृष्टिकोण नैतिकता के दृष्टिकोण का निषेध करता है, अत: इन दोनों में संघर्ष होने पर हमें आत्म-प्रेम सम्बन्धी दृष्टिकोण का परित्याग करके केवल नैतिकता के दृष्टिकोण के अनुरूप ही आचरण करना चाहिए। उनकी इस मान्यता से यह स्पष्ट है कि केवल व्यक्ति विशेष के हित तक सीमित होने के कारण आत्म-प्रेम सम्बन्धी दृष्टिकोण के आधार पर नैतिकता की दृष्टि से उचित तर्कों या कारणों का निर्णय नहीं किया जा सकता। परन्तु सामान्य परिस्थितियों में स्वार्थपरक तर्कों को 'उचित तर्क' मानते हुए उन्होंने अपने सिद्धांत में इन तर्कों को पर्याप्त महत्त्व दिया है जो उनकी उपर्युक्त मान्यता के विरुद्ध प्रतीत होता है। वस्तुत: अपने सिद्धांत में संगति बनाए रखने के लिए उन्हें स्वार्थपरक तर्कों को उचित तर्कों के रूप में स्वीकार नहीं करना चाहिए था। उपर्युक्त विवेचन से यह स्पष्ट है कि टूलमिन की भांति बेयर भी नैतिक निर्णयों की पूर्णत: संतोषप्रद व्याख्या करने में सफल नहीं हो सके। परन्तु अनेक कठिनाइयों तथा दोषों के होते हुए भी इन दोनों दार्शनिकों के उचित तर्क सम्बन्धी सिद्धांत का समकालीन नैतिक दर्शन में बहुत महत्त्वपूर्ण स्थान है, क्योंकि, जैसा कि हम ऊपर देख चुके हैं, ऐडवर्ड्स, हेयर, नावलस्मिथ आदि कुछ परवर्ती दार्शनिकों के विचारों पर इस सिद्धांत का पर्याप्त प्रभाव पड़ा है।

अध्याय 9

नव्य प्रकृतिवाद

1. आधारभूत मान्यताएं

पिछले अध्यायों में हमने प्रकृतिवाद से परामर्शवाद तक प्रमुख अधि-नैतिक सिद्धांतों के क्रमिक विकास की आलोचनात्मक विवेचना की है। हम यह भी देख चुके हैं कि कुछ कठिनाइयों के होते हुए भी परामर्शवाद अन्य सभी अधि-नैतिक सिद्धांतों की अपेक्षा अधिक संतोषप्रद सिद्धांत है। परंतु, जैसा कि हम सातवें अध्याय के अंतिम खंड में संकेत कर चुके हैं, कुछ समकालीन दार्शनिक परामर्शवाद को भी उचित और संतोषजनक सिद्धांत नही मानते। परामर्शवाद का खंडन करते हुए इन दार्शनिकों ने जिस सिद्धांत का प्रतिपादन किया है उसे 'नव्य प्रकृतिवाद' अथवा 'वर्णनात्मक सिद्धांत' की संज्ञा दी गई है। पी० टी० गीच, श्रीमती फ़िलिपा फ़ुट, जी० जे० वारनॉक आदि दार्शनिक किसी न किसी रूप में इसी नव्य प्रकृतिवाद का समर्थन करते हैं। ये दार्शनिक परामर्शवाद की इस आधारभूत मान्यता को स्वीकार नहीं करते कि नैतिक निर्णयों का मुख्य अर्थ परामर्शात्मक या मूल्यात्मक होता है। इसके विपरीत इन दार्शनिकों का विचार है कि नैतिक निर्णयों का प्रमुख अर्थ वर्णनात्मक ही होता है और उनका मूल्यात्मक अर्थ इस वर्णनात्मक अर्थ से स्वतंत्र न होकर इस पर आधारित रहता है। वस्तुत: नव्य प्रकृतिवाद के समर्थकों की यह प्रथम मुख्य आधारभूत मान्यता है जिसकी पुष्टि करने के लिए उन्होंने अनेक तर्क प्रस्तुत किए हैं। उनके इन तर्कों पर हम अगले खंडों में विस्तारपूर्वक विचार करेंगे। यहां नव्य प्रकृतिवाद की कुछ अन्य प्रमुख आधारभूत मान्यताओं का उल्लेख कर देना भी आवश्यक है।

जैसा कि इस सिद्धांत के नाम से ही स्पष्ट है, नव्य प्रकृतिवाद उस प्रकृतिवाद का नवीन अथवा संशोधित रूप है जिसका विस्तृत विवेचन हम तीसरे अध्याय में कर चुके हैं। यही कारण है कि प्रकृतिवाद के समान ही नव्य प्रकृतिवाद को भी 'वर्णनात्मक सिद्धांत' कहा जाता है। इस दृष्टि से यह सिद्धांत संवेगवाद तथा परामर्शवाद इन दोनों अवर्णनात्मक सिद्धांतों से मूलतः भिन्न है। इन दोनों सिद्धांतों के विपरीत नव्य प्रकृतिवाद नैतिक निर्णयों को मुख्यतः वर्णनात्मक निर्णय

ही मानता है। प्रकृतिवादियों की भांति इस सिद्धांत के समर्थकों का भी निश्चित मत है कि नैतिक निर्णय मुख्यतः किन्हीं विशेष तथ्यों का वर्णन करते हैं और इन निर्णयों का मूल्यात्मक अर्थ इन्हीं तथ्यों पर आधारित रहता है। स्पष्टतः इसका अर्थ यही है कि नव्य प्रकृतिवादियों के अनुसार नैतिक निर्णयों का वर्णनात्मक अर्थ मुख्य और उनका मूल्यात्मक अर्थ गौण ही होता है। ये निर्णय जिन विशेष तथ्यों का वर्णन करते हैं वे अनिवार्यतः मनुष्य के सुख-दुःख, हित-अहित और उसकी इच्छाओं तथा आवश्यकताओं से संबंधित होते हैं। जब हम कोई नैतिक निर्णय देते हैं तो उसका अंतिम आधार मानव से संबंधित इन्हीं तथ्यों में खोजा जा सकता है। हमारे जिस नैतिक निर्णय का मनुष्य की इच्छाओं तथा आवश्यकताओं अथवा उसके हितों से कोई संबंध नहीं है वह वास्तव में हमारे लिए कभी भी सार्थक और महत्त्वपूर्ण नहीं हो सकता। इस दृष्टि से हमारे नैतिक निर्णयों का मानव-स्वभाव संबंधी कुछ विशेष तथ्यों के साथ अपरिहार्य संबंध है। नव्य प्रकृतिवादियों का विचार है कि जब हम किसी कर्म को शुभ या उचित कहते हैं तो अनिवार्यतः इसका अर्थ यही होता है कि वह कर्म मनुष्य की किसी आवश्यकता अथवा इच्छा की पूर्ति में सहायक है। यह नव्य प्रकृतिवाद की दूसरी महत्त्वपूर्ण आधारभूत मान्यता है जो इस सिद्धांत को अवर्णनात्मक सिद्धांतों से पृथक करती है। हम अगले खंडों में देखेंगे कि सभी नव्य प्रकृतिवादी किसी न किसी रूप में इस आधारभूत मान्यता का भी समर्थन करते हैं।

नव्य प्रकृतिवाद की तीसरी आधारभूत मान्यता—जो उपर्युक्त मान्यता से अनिवार्यतः संबद्ध है—यह है कि नैतिक निर्णयों को कुछ विशेष तथ्यात्मक या वर्णनात्मक निर्णयों से निगमित किया जा सकता है, क्योंकि इन दोनों प्रकार के निर्णयों में कोई अलंघ्य दूरी या अनिवार्य अंतराल नहीं है। यदि हम कुछ विशेष तथ्यों को भली-भांति जानते हैं तो हम अनिवार्यतः इन तथ्यों से कुछ विशेष नैतिक निर्णयों को प्राप्त कर सकते हैं। उदाहरणार्थ यदि हम यह जानते हैं कि अमुक कर्म करने से मनुष्यों का हित होगा तो हम सामान्य परिस्थितियों में इस तथ्य से यह नैतिक निर्णय निगमित कर सकते हैं कि वह कर्म शुभ या उचित है। इसी प्रकार यदि हम यह जानते हैं कि अमुक कर्म से मनुष्यों को कष्ट पहुंचेगा तो हम सामान्य परिस्थितियों में इस तथ्य से यह नैतिक निर्णय प्राप्त कर सकते हैं कि वह कर्म अशुभ या अनुचित है। अन्य नैतिक निर्णयों के संबंध में भी यही बात कही जा सकती है। नव्य प्रकृतिवादियों के मतानुसार इससे यह प्रमाणित होता है कि नैतिक निर्णयों और तथ्यात्मक कथनों में ऐसा कोई मूल भेद नहीं है जिसे समाप्त न किया जा सके। अपनी इसी मान्यता के कारण वे परामर्शवादियों के इस मत को स्वीकार नहीं करते कि तार्किक दृष्टि से नैतिक निर्णयों को तथ्यात्मक निर्णयों

से निगमित नहीं किया जा सकता, क्योंकि इन दोनों प्रकार के निर्णयों में अलंघ्य दूरी या अनिवार्य अंतराल होता है। परामर्शवादियों के विपरीत नव्य प्रकृतिवादी यह मानते हैं कि वस्तुतः 'चाहिए' और 'है' में कोई अलंघ्य खाई नहीं है, क्योंकि ये दोनों अनिवार्यतः संबद्ध रहते हैं। उनका विचार है कि परामर्शवादी 'चाहिए' और 'है' में दूर न हो सकने वाली जिस खाई की बात करते हैं वह वास्तविक न होकर नितांत काल्पनिक है। नव्य प्रकृतिवादियों की इस मान्यता के कारण समकालीन नैतिक दर्शन में एक तीव्र एवं गंभीर विवाद उत्पन्न हो गया है जिसे "'है' और 'चाहिए' संबंधी विवाद" कहा जाता है। इस विवाद में कुछ दार्शनिक नव्य प्रकृतिवादियों के मत का समर्थन करते हैं और कुछ अन्य दार्शनिक परामर्शवादियों के मत का। अगले अध्याय में हम इस विवाद पर विस्तार से विचार करेंगे। यहां इतना कह देना ही पर्याप्त है कि नव्य प्रकृतिवादियों तथा परामर्शवादियों में " 'है' और 'चाहिए' संबंधी विवाद" समकालीन नैतिक दर्शन के विकास का बहुत महत्त्वपूर्ण पक्ष है। यही कारण है कि गत 30-35 वर्षों में बहुत से दार्शनिक समकालीन नैतिक दर्शन के इस पक्ष की आलोचनात्मक विवेचना करते रहे हैं। वस्तुतः नव्य प्रकृतिवादियों और परामर्शवादियों का उपर्युक्त विवाद अब भी समाप्त नही हुआ है जिससे यह स्पष्टतः प्रमाणित होता है कि समकालीन नैतिक दर्शन में 'चाहिए' और 'है' में अंतराल की समस्या को कितना अधिक महत्त्व दिया जा रहा है।

यहां यह उल्लेखनीय है कि यद्यपि प्रकृतिवाद तथा नव्य प्रकृतिवाद की आधारभूत मान्यताओं में पर्याप्त समानताएं हैं, फिर भी इन दोनों में कुछ भेद अवश्य है जिस पर विचार करना आवश्यक है। तीसरे अध्याय में हम देख चुके हैं कि प्रकृतिवादी नैतिक निर्णयों को केवल वर्णनात्मक कथन मानते हैं। वे इन निर्णयों में परामर्शात्मक या मूल्यात्मक तत्त्व के अस्तित्त्व को स्वीकार नहीं करते। उदाहरणार्थ प्रकृतिवादियों के अनुसार "क शुभ है" यह नैतिक निर्णय "क सुखद है" इस तथ्यात्मक कथन के समान ही एक तथ्य का वर्णन मात्र करता है, अतः इन दोनों के स्वरूप में कोई आधारभूत अंतर नहीं है। इसका अर्थ यही है कि तथ्यात्मक कथनों की भांति नैतिक निर्णयों का एकमात्र कार्य या उद्देश्य भी कुछ तथ्यों का वर्णन करना ही है, किसी वस्तु का मूल्यांकन करना अथवा किसी को कुछ करने या न करने का परामर्श देना नहीं। परंतु नव्य प्रकृतिवादियों ने नैतिक निर्णयों के अर्थ और स्वरूप की जो व्याख्या की है वह प्रकृतिवादियों द्वारा की गई इन निर्णयोंकी उपर्युक्त व्याख्या से कुछ भिन्न है। नव्य प्रकृतिवादी नैतिक निर्णयों को 'मुख्यतः' वर्णनात्मक कथन अवश्य मानते हैं, किंतु वे इन निर्णयों को 'केवल' वर्णनात्मक कथन नहीं मानते। वे नैतिक निर्णयों में परामर्शात्मक अथवा

मूल्यात्मक तत्त्व की उपस्थिति को भी स्पष्टतः स्वीकार करते हैं। जैसा कि हम अगले खंडों में देखेंगे, गीच, श्रीमती फुट, वारनॉक आदि सभी नव्य प्रकृतिवादी यह मानते हैं कि नैतिक निर्णयों में मूल्यात्मक तत्त्व अवश्य विद्यमान रहता है। उनकी इस मान्यता से यह स्पष्ट है कि वे इन निर्णयों और तथ्यात्मक कथनों में कुछ भेद अवश्य स्वीकार करते हैं।

नैतिक निर्णयों और तथ्यात्मक कथनों में पाए जाने वाले इस भेद के विषय में नव्य प्रकृतिवादियों के मत को इस प्रकार स्पष्ट किया जा सकता है। हम देख चुके हैं कि उनके अनुसार प्रत्येक नैतिक निर्णय का मनुष्य के हितों अथवा उसकी इच्छाओं तथा आवश्यकताओं से संबद्ध होना अनिवार्य है, किंतु प्रत्येक तथ्यात्मक कथन के विषय में हम यह बात नहीं कह सकते। इससे स्पष्ट है कि नव्य प्रकृतिवादियों के विचार में नैतिक निर्णय मुख्यतः वर्णनात्मक होते हुए भी कुछ तथ्यों का वर्णन मात्र करने वाले तथ्यात्मक कथनों से अवश्य ही भिन्न होते हैं, अतः इन दोनों के अर्थ और स्वरूप को पूर्णतः समान मानना उचित एवं तर्कसंगत नहीं होगा। नैतिक निर्णयों के संबंध में नव्य प्रकृतिवादियों के उपर्युक्त विचारों को ध्यान में रखते हुए यह कहा जा सकता है कि इन निर्णयों के अर्थ और स्वरूप के विषय में उनका मत प्रकृतिवादियों के मत से कुछ सीमा तक भिन्न है। यही कारण है कि उनके सिद्धांत को 'प्रकृतिवाद' की संज्ञा न देकर 'नव्य प्रकृतिवाद' की संज्ञा दी गई है।

ऐसा प्रतीत होता है कि नव्य प्रकृतिवादी पूर्णरूप से न तो परामर्शवाद का समर्थन करते हैं और न प्रकृतिवाद का; किंतु वे इन दोनों विरोधी सिद्धांतों के कुछ मूल तत्त्वों को स्वीकार करते हुए एक मध्यवर्ती सिद्धांत का प्रतिपादन करना चाहते हैं। संभवतः उनका विचार है कि इससे उनके सिद्धांत में प्रकृतिवाद तथा परामर्शवाद दोनों के गुणों का समुचित समावेश हो सकेगा और साथ ही वह इन दोनों सिद्धांतों के दोषों से भी मुक्त रह सकेगा। नव्य प्रकृतिवादी अपने इस प्रयास में कहां तक सफल हो पाए हैं इस प्रश्न पर हम अगले खंडों में यथास्थान विस्तारपूर्वक विचार करेंगे। परंतु यहां यह स्पष्ट कर देना आवश्यक है कि प्रकृतिवाद के विरुद्ध अंतःप्रज्ञावादियों, संवेगवादियों तथा परामर्शवादियों के प्रबल एवं प्रभावशाली तर्कों को जान लेने के पश्चात नव्य प्रकृतिवादियों के लिए तर्कसंगत रूप से पुनः इस सिद्धांत का पूर्णतः समर्थन करना संभव नहीं था। इसी कारण उन्हें प्रकृतिवाद में कुछ आवश्यक संशोधन करने के लिए बाध्य होना पड़ा।

2. पी० टी० गीच

नव्य प्रकृतिवाद की मुख्य आधारभूत मान्यताओं का विवेचन करने के पश्चात अब इस सिद्धांत के कुछ प्रमुख समर्थकों के मत पर विचार करना आवश्यक है। यहां हम नव्य प्रकृतिवाद के तीन मुख्य समर्थकों का मत सविस्तार प्रस्तुत करेंगे। ये विचारक हैं पी० टी० गीच, श्रीमती फिलिपा फ़ुट तथा जी० जे० वारनॉक। प्रस्तुत खंड में गीच के मत पर, तीसरे खंड में श्रीमती फ़ुट के मत पर और चौथे खंड में वारनॉक के मत पर विचार किया जाएगा।

संभवत: यह कहना अनुचित न होगा कि पी० टी० गीच नव्य प्रकृतिवाद के प्रथम मुख्य प्रणेता थे। इस सिद्धांत का प्रतिपादन उन्होंने अपने एक संक्षिप्त लेख 'गुड ऐंड ईविल' में किया था जो सर्वप्रथम 1956 में 'ऐनालिसिस' नामक दर्शन संबंधी पत्रिका में प्रकाशित हुआ था। अपने इस लेख में गीच ने यह प्रमाणित करने का प्रयास किथा है कि 'शुभ', 'अशुभ' आदि नैतिक शब्दों का मुख्य अर्थ वर्णनात्मक ही होता है। अपनी इस आधारभूत मान्यता के समर्थन में तर्क देने से पूर्व उन्होंने अंत:प्रज्ञावाद तथा परामर्शवाद इन दोनों सिद्धांतों का खंडन करने का प्रयास किया है।

अंत:प्रज्ञावाद के विरुद्ध गीच की मुख्य आपत्ति यह है कि इस सिद्धांत के समर्थक 'शुभ' को सरल तथा अपरिभाष्य निर्प्राकृतिक गुण का बोध कराने वाला शब्द मानते हैं, किंतु वे हमें यह नहीं बताते कि इस निर्प्राकृतिक गुण का स्वरूप क्या है और यह प्राकृतिक गुणों से किस प्रकार भिन्न होता है। गीच का कथन है कि प्रकृतिवादी दोष से बचने के लिए अंत:प्रज्ञावादी केवल शब्दाडंबर का आधार लेते हैं। वे यह स्पष्ट नहीं करते कि 'शुभ' का अर्थ अन्य शब्दों के अर्थ से क्यों और किस प्रकार भिन्न होता है। अंत:प्रज्ञावादियों की व्याख्या के फलस्वरूप 'शुभ' के अर्थ से संबंधित हमारी समस्या सुलझने के स्थान पर और अधिक उलझ जाती है।[1] अंत:प्रज्ञावाद के विरुद्ध गीच की उपर्युक्त आपत्ति अवश्य ही उचित एवं युक्तिसंगत है; परंतु जैसा कि हम पिछले अध्यायों में देख चुके हैं, उनसे पूर्व अन्य अनेक दार्शनिकों ने भी इस सिद्धांत के विरुद्ध यही आपत्ति उठाई है, अत: उनकी यह आपत्ति कोई नवीन या मौलिक आपत्ति नहीं है।

गीच ने अंत:प्रज्ञावाद के साथ-साथ परामर्शवाद का भी खंडन करने का प्रयास किया है। परामर्शवादियों को वे 'आक्सफ़ोर्ड नीतिज्ञ' कहते हैं। हम सातवें अध्याय में देख चुके हैं कि परामर्शवाद के प्रमुख प्रणेता आर० एम०

1. पी० टी० गीच का लेख, 'गुड ऐंड ईविल', श्रीमती फिलिपा फुट द्वारा संपादित 'थ्योरीज ऑफ़ ऐथिक्स' में संकलित, पृ० 67

हेयर ही हैं, अतः इस सिद्धांत के विरुद्ध गीच ने जो आपत्तियां उठाई हैं वे हेयर के मत को ध्यान में रख कर ही उठाई गई हैं। स्वयं गीच ने हेयर से यह अनुरोध किया था कि वे उनके लेख के उत्तर में अपनी प्रतिक्रिया व्यक्त करें। इस अनुरोध को स्वीकार करते हुए हेयर ने अपने सिद्धांत के विरुद्ध गीच की आपत्तियों का सविस्तार उत्तर दिया है जिस पर हम आगे विचार करेंगे। परामर्शवाद के विरुद्ध गीच की मुख्य आपत्ति यह है कि यह सिद्धांत 'शुभ' या 'अच्छा' शब्द के प्रशसांत्मक अर्थ को ही उसका प्रमुख अर्थ मान लेता है और इस शब्द के वर्णनात्मक अर्थ की उपेक्षा करता है। इस सिद्धांत के समर्थक 'शुभ' या 'अच्छा' शब्द के अर्थ को चयन अथवा मार्गदर्शन की क्रिया के साथ अनिवार्यतः संबद्ध कर देते हैं। उनके अनुसार "अमुक पुस्तक अच्छी है" का अर्थ यह है कि "आप उस पुस्तक को चुनें"। परंतु गीच का मत है कि 'शुभ' के अर्थ की यह व्याख्या नितांत अनुचित है। इस व्याख्या के विरुद्ध आपत्ति करते हुए वे कहते हैं: "मैं इस विचार को पूर्णतः अस्वीकार करता हूं कि 'शुभ' का मुख्य अर्थ वर्णनात्मक नहीं होता।···यदि मैं किसी मनुष्य को 'अच्छा लुटेरा' या 'अच्छा हत्यारा' कहता हूं तो निश्चय ही मैं स्वयं उसकी प्रशंसा नहीं करता।···यह स्पष्ट रूप से समझ लेना चाहिए कि किसी वस्तु को 'शुभ क' कहना चयन की क्रिया को तब तक प्रभावित नहीं करता जब तक चयन करने वाला व्यक्ति 'क' की इच्छा नहीं करता; और कर्म पर पड़ने वाला यह प्रभाव तार्किक दृष्टि से 'शुभ' शब्द का मुख्य अर्थ नहीं है। 'आपकी पैंट में चींटियां हैं' यह कथन—जिसका मुख्य अर्थ स्पष्टतः वर्णनात्मक है—'शुभ' शब्द के बहुत से प्रयोगों की अपेक्षा कर्म को कहीं अधिक प्रभावित करता है।"[2] गीच के इन विचारों से यह पूर्णतः स्पष्ट है कि वे हेयर के विपरीत 'शुभ' के वर्णनात्मक अर्थ को ही उसका मुख्य अर्थ मानते हैं और इस शब्द के प्रशंसात्मक अर्थ को कोई विशेष महत्त्व नहीं देते। इसी कारण उन्होंने परामर्शवाद को अस्वीकार किया है जिसके अनुसार 'शुभ' का प्रशंसात्मक अर्थ ही वास्तव में उसका प्रमुख अर्थ होता है।

गीच ने स्वयं उस तर्क का उल्लेख किया है जिसके आधार पर हेयर ने 'शुभ' के प्रशंसात्मक या मूल्यात्मक अर्थ को ही उसका मुख्य अर्थ माना है, वर्णनात्मक अर्थ को नहीं। यह तर्क संक्षेप में इस प्रकार है। यदि हम 'शुभ' या 'अच्छा' शब्द का स्पष्ट एवं निश्चित अर्थ जानना चाहते हैं और इस संबंध में प्रकृतिवाद तथा अंतःप्रज्ञावाद की कठिनाइयों से भी बचना चाहते हैं तो हमें इस शब्द के प्रशंसात्मक अथवा मूल्यात्मक अर्थ को ही इसका मुख्य अर्थ मानना

2. वही पुस्तक, पृ० 67-68

पड़ेगा, इसके वर्णनात्मक अर्थ को नहीं। इसका कारण यह है कि 'शुभ' का प्रशंसात्मक अर्थ ही सभी प्रसंगों में सदैव विद्यमान रहता है, जबकि उसका वर्णनात्मक अर्थ प्रसंगानुसार परिवर्तित होता रहता है। हेयर के इस तर्क पर हम सातवें अध्याय में विचार कर चुके हैं। यहां यह बता देना आवश्यक है कि गीच उनके इस तर्क को अनुचित और भ्रामक मानते हैं।[3] परन्तु, जहां तक मुझे ज्ञात है, अपने इस मत के लिए गीच ने कोई स्पष्ट तथा विश्वसनीय तर्क प्रस्तुत नहीं किया। इस संबंध में वे कहते हैं कि यदि 'अच्छे चाकू' का अर्थ ऐसा चाकू है जिसमें 'क, ख, ग' नामक गुण हैं तो इससे यह निष्कर्ष नहीं निकलता कि 'शुभ' का अर्थ भी 'क, ख, ग' है। परन्तु, जैसा कि हम सातवें अध्याय में देख चुके हैं, हेयर स्वयं किसी वस्तु के वर्णनात्मक गुणों को 'शुभ' का एकमात्र अर्थ नहीं मानते। इतना ही नहीं, वे तो किसी वस्तु के वर्णनात्मक गुणों को 'शुभ' का मुख्य अर्थ भी नहीं मानते। ऐसी स्थिति में हेयर के सिद्धान्त के विरुद्ध गीच की उपर्युक्त आपत्ति का कोई विशेष महत्व नहीं रह जाता। वे स्वयं हेयर के इस मत को स्वीकार करते हैं कि विभिन्न वस्तुओं के साथ-साथ 'शुभ' के वर्णनात्मक अर्थ में भी परिवर्तन होता है। परन्तु उनके अनुसार इससे यह निष्कर्ष निकालना उचित नहीं होगा कि 'शुभ' का अर्थ बहुत अस्पष्ट है अथवा किसी वस्तु को शुभ कहना उसका वर्णन करने से भिन्न है।

वस्तुतः गीच यह मानते हैं कि जब हम किसी वस्तु को शुभ या अच्छी कहते हैं तो हम उसके कुछ विशेष गुणों का वर्णन करते हैं और ये वे गुण होते हैं जिनको ध्यान में रखकर उसका निर्माण किया गया है। वस्तु के ये विशेष गुण ही उसके उपयोग में हमारे लिए सहायक होते हैं। इन गुणों के कारण जब तक हम किसी वस्तु के कार्य अथवा उपयोग को नहीं जान लेते तब तक हम उसे शुभ या अच्छी नहीं कह सकते। उदाहरणार्थ यदि हम चाकू का कार्य अथवा उपयोग नहीं जानते तो हम 'चाकू' शब्द का अर्थ नहीं समझ सकते। स्पष्ट है कि ऐसी स्थिति में हम 'अच्छे चाकू' का अर्थ भी नहीं समझ सकते। अपने इस तर्क से गीच यह निष्कर्ष निकालते हैं कि किसी वस्तु को शुभ या अच्छी कहना उसके उन विशेष गुणों का वर्णन करना है जिनके कारण वह हमारे लिए उपयोगी है और जिनके अभाव में उसे शुभ अथवा अच्छी कहने का कोई अर्थ नहीं हो सकता।[4] इस प्रकार वे हेयर के इस मत को अस्वीकार करते हैं कि हम 'क' का अर्थ जाने बिना भी "क शुभ है" इस कथन में प्रयुक्त 'शुभ' शब्द के मुख्य प्रशंसात्मक अर्थ

3. वही पुस्तक, पृ० 68
4. वही पुस्तक, पृ० 69

को भली-भांति समझ सकते हैं। हेयर के सिद्धान्त के विरुद्ध गीच की यह आपत्ति कहां तक उचित है इस प्रश्न पर हम आगे विचार करेंगे। यहां इतना कह देना ही पर्याप्त है कि अपने उपर्युक्त तर्क द्वारा हेयर के परामर्शवाद का खण्डन करते हुए गीच ने नव्य प्रकृतिवाद की पुष्टि करने का प्रयास किया है।

यद्यपि गीच 'शुभ' के वर्णनात्मक अर्थ को ही उसका मुख्य अर्थ मानते हैं, फिर भी उन्होंने मनुष्य की इच्छा तथा वस्तुओं को चुनने की क्रिया के साथ 'शुभ' के अनिवार्य संबंध को स्पष्टतः स्वीकार किया है। उनका कथन है कि हम सदैव ऐसी वस्तु का चुनाव करते हैं जिसे हम अच्छी मानते हैं और हम कभी भी ऐसी किसी वस्तु का चुनाव नहीं करते जिसे हम बुरी समझते हैं। इससे यह सिद्ध होता है कि किसी वस्तु को शुभ या अच्छी कहने और उसकी इच्छा करने अथवा उसे चुनने में अनिवार्य संबंध है। इन दोनों के इसी अनिवार्य संबंध की व्याख्या करते हुए गीच कहते हैं कि "सामान्यतः और अन्य बातों के समान रहने पर कोई भी मनुष्य, जो 'क' की इच्छा करता है, अच्छे 'क' को ही चुनेगा तथा बुरे 'क' को नहीं चुनेगा—अथवा वह उस 'क' को चुनेगा जिसे वह अच्छा समझता है और उस 'क' को नहीं चुनेगा जिसे वह बुरा समझता है। यह नियम उन सभी वस्तुओं पर लागू होता है जिनका हम चुनाव करते हैं—फिर चाहे वे चाकू हों, घोड़े हों अथवा चोर हों।···यदि हम ऐसे समाज का वर्णन करने का प्रयास करते हैं जिसमें यह प्रथा है कि लोग उन वस्तुओं का चुनाव करते हैं जिन्हें वे बुरी समझते हैं और उन वस्तुओं को चुनने से इन्कार करते हैं जिन्हें वे अच्छी समझते हैं तो हम निरर्थक बात करेंगे।"[5] इस उद्धरण से स्पष्ट है कि गीच मूल्यात्मक शब्दों के अर्थ और मानवीय चयनक्रिया के पारस्परिक अनिवार्य संबंध को पूर्णतः स्वीकार करते हैं, अतः उनका वर्णनात्मक सिद्धान्त प्रकृतिवादियों के वर्णनात्मक सिद्धान्त से निश्चय ही कुछ भिन्न है।

यहां गीच के सिद्धांत में एक गम्भीर कठिनाई उत्पन्न हो जाती है जिसका उल्लेख उन्होंने स्वयं ही किया है। इस कठिनाई का संबंध नैतिक शब्दों के अर्थ और मानवीय आचरण पर उनके प्रभाव से है। हम देख चुके हैं कि गीच नैतिक शब्दों को मार्गदर्शक अथवा परामर्शात्मक नहीं मानते। इसका अर्थ यही है कि नैतिक निर्णय मनुष्य के आचरण का मार्गदर्शन नहीं करते। परन्तु अपने सिद्धांत के इस अनिवार्य निष्कर्ष को स्वीकार करने में गीच स्वयं ही कठिनाई का अनुभव करते हैं। वे स्पष्ट रूप से यह कहते हैं कि यदि नैतिक निर्णयों को पूर्णतः वर्णनात्मक मान लिया जाए तो उनसे किसी प्रकार का मार्गदर्शन प्राप्त नहीं

5. वही पुस्तक, पृ० 69-70

किया जा सकता। अपने सिद्धांत की इस कठिनाई को गीच ने एक उदाहरण द्वारा इस प्रकार स्पष्ट किया है। निम्नलिखित कथन पर विचार कीजिए—"परस्त्री-गमन एक बुरा कर्म है"। यदि हम इस कथन को पूर्णतः वर्णनात्मक अथवा तथ्यात्मक कथन मानते हैं तो हम इससे कभी भी यह निष्कर्ष नहीं निकाल सकते कि "किसी को परस्त्री-गमन नहीं करना चाहिए"। इसका कारण यह है कि केवल वर्णनात्मक अथवा तथ्यात्मक कथनों से आदेश या मार्गदर्शन कभी भी प्राप्त नहीं किया जा सकता।[6] गीच का दावा है कि उनके सिद्धान्त की इस कठिनाई को दूर किया जा सकता है। परन्तु, जहां तक मुझे ज्ञात है, वे अपने लेख में कहीं भी हमें यह नहीं बताते कि इस कठिनाई को दूर करने का क्या उपाय है। वस्तुतः यदि नैतिक निर्णयों को केवल वर्णनात्मक या तथ्यात्मक कथन माना जाए तो गीच के सिद्धांत के लिए इस कठिनाई से मुक्त होना संभव प्रतीत नहीं होता। यही कारण है कि नव्य प्रकृतिवाद के अन्य समर्थक भी अपने सिद्धांत की इस कठिनाई के निराकरण का कोई संतोषप्रद उपाय नहीं बता सके। ऐसी स्थिति में उपर्युक्त कठिनाई को नव्य प्रकृतिवाद की मूल समस्या माना जा सकता है जो इस सिद्धांत को बहुत असंतोषजनक बना देती है और जिस पर हम इस अध्याय के अंतिम खंड में अधिक विस्तार से विचार करेंगे।

अपने लेख के अंत में गीच ने यह प्रश्न भी उठाया है कि हम किस आधार पर कर्मों को शुभ या अशुभ कहते हैं अथवा हमें कोई कर्म क्यों करना चाहिए या क्यों नहीं करना चाहिए। वे इस प्रश्न को नैतिक दर्शन के लिए बहुत महत्त्वपूर्ण प्रश्न मानते हैं। उनका विचार है कि यह प्रश्न मनुष्य की इच्छाओं एवं आवश्यकताओं से अनिवार्यतः संबद्ध है और वास्तव में इसका उत्तर भी इन्हीं इच्छाओं तथा आवश्यकताओं के संदर्भ में ही दिया जा सकता है। इस संबंध में गीच ने उस सिद्धान्त का खंडन किया है जिसके अनुसार हमें कोई कर्म अपनी किसी इच्छा की तृप्ति के लिए नहीं, अपितु केवल इसलिए करना चाहिए कि वह हमारा कर्तव्य है। हम चौथे अध्याय में देख चुके हैं कि कान्ट के मत का अनुसरण करते हुए वर्तमान शताब्दी में रॉस, प्रिचर्ड, ब्रोड आदि अनेक दार्शनिकों ने इसी 'कर्तव्य के लिए कर्तव्य' के सिद्धांत का समर्थन किया है। परन्तु गीच इसे उचित एव तर्कसंगत सिद्धांत नहीं मानते। इस सिद्धांत के विरुद्ध आपत्ति करते हुए उन्होंने लिखा है—" 'मुझे वह कर्म क्यों नहीं करना चाहिए' इस प्रश्न का अंतिम उत्तर यह कह कर दिया जा सकता है कि 'आपको वह कर्म नहीं करना चाहिए'; किन्तु यह उत्तर तर्कसंगत बिल्कुल नहीं है। मेरे विचार में यह प्रमाणित किया जा सकता

6. वही पुस्तक, पृ० 70

है कि किसी कर्म का शुभ या अशुभ मानवीय कर्म होना अपने आप में कुछ ऐसा है जिसका कर्ता की इच्छाओं से संबंध है। यद्यपि किसी वस्तु को 'शुभ क' या "अशुभ क' कहना अपने आप में श्रोता की इच्छाओं को प्रभावित नहीं करता, फिर भी यदि श्रोता 'क' का चयन कर रहा है तो उसकी इच्छाओं पर ऐसा प्रभाव पड़ने की आशा की जा सकती है।"[7] इस प्रकार यह स्पष्ट है कि गीच 'कर्तव्य के लिए कर्तव्य' के सिद्धान्त को अस्वीकार करते हुए मानवीय इच्छाओं के आधार पर ही कर्तव्य तथा कर्मों के शुभ या अशुभ होने की व्याख्या करते हैं। परन्तु उनकी यह व्याख्या बहुत ही संक्षिप्त और अस्पष्ट है। वे हमें यह नहीं बताते कि किसी कर्म के शुभ या अशुभ होने तथा मनुष्य की इच्छा में किस प्रकार का संबंध है। उन्होंने स्वयं यह स्वीकार किया है कि इस संबंध में वे अपना मत स्पष्टरूप से निश्चित नहीं कर पाए हैं।[8] परन्तु उनका दावा है कि उन्होंने कुछ बातों को अवश्य ही अधिक स्पष्ट कर दिया है।

जैसा कि हम पहले ही संकेत कर चुके हैं, गीच ने स्वयं हेयर से यह अनुरोध किया था कि वे उनके लेख 'गुड एण्ड ईविल' के उत्तर में अपने विचार व्यक्त करें। इस अनुरोध को स्वीकार करते हुए हेयर ने 'ऐनालिसिस' के 1957 के अंक में उन आपत्तियों का उत्तर दिया है जो गीच ने अपने इस लेख में उनके सिद्धांत परामर्शवाद के विरुद्ध उठाई हैं। हेयर का कथन है कि वे स्वयं 'शुभ के' अर्थ के विषय में उन सभी विचारों को स्वीकार नहीं करते जो गीच के मतानुसार 'ऑक्सफ़ोर्ड नीतिज्ञों' के विचार हैं। उदाहरणार्थ गीच का यह आरोप है कि ऑक्सफ़ोर्ड नीतिज्ञों के विचार में "अमुक पुस्तक अच्छी है" का अर्थ केवल यही है कि "आप उस पुस्तक को चुनें"। इसका तात्पर्य यह है कि नैतिक शब्दों का प्रयोग दूसरों की इच्छाओं को प्रभावित करने के लिए ही किया जाता है। गीच की इस आपत्ति का उत्तर देते हुए हेयर कहते हैं कि वे स्वयं 'शुभ' के अर्थ की इस व्याख्या का समर्थन नहीं करते। उन्होंने अपनी पुस्तक 'दि लैंग्वेज ऑफ़ मॉरल्ज़' में स्पष्ट रूप से इस व्याख्या का खण्डन किया है। उनका कथन है कि वास्तव में कार्नैप, एयर, स्टीवैन्सन आदि संवेगवादी ही 'शुभ' के अर्थ की इस व्याख्या का समर्थन करते हैं जिनके सिद्धांत को उन्होंने अपनी उक्त पुस्तक में दृढ़तापूर्वक अस्वीकार किया है। 'शुभ' के अर्थ के संबंध में स्वयं अपने मत की व्याख्या करते हुए हेयर ने लिखा है—"मेरा अपना विचार यह है कि सामान्यत: 'शुभ' के वर्णनात्मक तथा मूल्यात्मक अथवा प्रशंसात्मक ये दोनों अर्थ होते हैं और

7. वही पुस्तक, पृ० 71
8. वही पुस्तक, पृ० 73

मूल्यात्मक अर्थ मुख्य होता है। इस विचार को एक अन्य विचार से भिन्न समझना चाहिए जिसके अनुसार 'शुभ' का अर्थ मुख्य रूप से वर्णनात्मक बिल्कुल न होकर प्रशंसात्मक ही होता है।··· इस विचार को मैंने 'दि लैंग्वेज ऑफ़ मॉरल्ज़' (पृष्ठ 121) में विशेषरूप से अस्वीकार किया है।"[9] इस प्रकार हेयर का विचार है कि 'शुभ' के अर्थ की व्याख्या के संबंध में गीच ने ऑक्सफ़ोर्ड नीतिज्ञों के मत के विरुद्ध जो आपत्ति उठाई है उसे उनके सिद्धांत परामर्शवाद के विरुद्ध उठाना उचित एवं तर्कसंगत नहीं होगा।

हम देख चुके हैं कि गीच के अनुसार किसी वस्तु को शुभ या अच्छी कहना वास्तव में उसका वर्णन करना है, अतः 'शुभ' का सामान्य अर्थ सभी प्रसंगों में मुख्यतः वर्णनात्मक होता है, मूल्यात्मक या परामर्शात्मक नहीं। परन्तु, हेयर 'शुभ' के अर्थ के विषय में गीच की इस व्याख्या को स्वीकार नहीं करते। इसके विरुद्ध उन्होंने जो तर्क दिया है वह इस प्रकार है। गीच स्वयं यह मानते हैं कि हम विभिन्न गुणों के कारण भिन्न-भिन्न प्रकार की वस्तुओं को शुभ या अच्छी कहते हैं, अतः 'शुभ' अथवा 'अच्छा शब्द' विविध प्रसंगों में भिन्न-भिन्न गुणों का वर्णन करता है। हम जिन गुणों के कारण किसी घड़ी को 'अच्छी घड़ी' कहते हैं वे उन गुणों से पूर्णतः भिन्न होते हैं जिनके कारण हम किसी कार को 'अच्छी कार' कहते हैं। परन्तु गीच का मत है कि इन दोनों प्रसंगों में 'अच्छी शब्द का मुख्य अर्थ वर्णनात्मक ही है और यह शब्द किस प्रसंग में किन गुणों का वर्णन करता है इसका ज्ञान हमें 'घड़ी' तथा 'कार' इन शब्दों का अर्थ जान लेने से ही हो जाता है। अन्य सभी वस्तुओं के प्रसंग में भी 'शुभ' या 'अच्छी' शब्द के अर्थ के संबंध में यही बात कही जा सकती है। इस प्रकार गीच का यह दावा है कि सभी प्रसंगों में हम 'शुभ' के वर्णनात्मक अर्थ का ज्ञान उन शब्दों के अर्थ के आधार पर तुरन्त प्राप्त कर लेते हैं जिनका प्रयोग शुभ कही जाने वाली वस्तुओं के लिए किया जाता है। उदाहरणार्थ 'अच्छा चाकू' तथा 'अच्छा नौकर' इन दोनों प्रसंगों में 'चाकू' और 'नौकर' शब्दों के अर्थ के आधार पर हम तुरन्त यह जान लेते हैं कि 'अच्छा' शब्द किस प्रसंग में किन विशेष गुणों का वर्णन करता है। गीच के मतानुसार इससे यह प्रमाणित होता है कि 'शुभ' या 'अच्छा' शब्द का मुख्य अर्थ वास्तव में वर्णनात्मक ही है।

परन्तु हेयर 'शुभ' के अर्थ के संबंध में गीच की उपर्युक्त मान्यता को पूर्णतः उचित एवं युक्तिसंगत नहीं मानते। उनका कथन है कि इस मान्यता को केवल उन्हीं प्रसंगों में स्वीकार किया जा सकता है जिनमें 'शुभ' या 'अच्छा' शब्द का

9. आर० एम० हेयर का लेख, 'गीच : गुड ऐंड ईविल', वही पुस्तक, पृ० 75

प्रयोग कार्यात्मक शब्दों से पहले किया जाता है। हेयर के अनुसार 'कार्यात्मक शब्द' वे हैं जो उन वस्तुओं तथा व्यक्तियों के लिए प्रयुक्त होते हैं जिनका कोई स्पष्ट और निश्चित कार्य होता है। 'चाकू', 'कैंची', 'घड़ी', 'कार', 'नौकर', 'सैनिक', 'चिकित्सक', 'वकील', 'शिक्षक' आदि शब्द कार्यात्मक शब्द हैं। जिन वस्तुओं तथा व्यक्तियों के लिए हम इन कार्यात्मक शब्दों का प्रयोग करते हैं उनके विशेष कार्यों को हम पहले से ही भली-भांति जानते हैं। यही कारण है कि जब इन कार्यात्मक शब्दों से पूर्व 'शुभ' या 'अच्छा' शब्द का प्रयोग किया जाता है तो हम तुरन्त यह जान लेते हैं कि यह शब्द किस वस्तु के किन विशेष गुणों का वर्णन करता है। इस प्रकार हमें विभिन्न प्रसंगों में शुभ शब्द के भिन्न-भिन्न वर्णनात्मक अर्थ का स्पष्ट ज्ञान हो जाता है। इसी तथ्य को ध्यान में रखते हुए हेयर यह कहते हैं कि कार्यात्मक शब्दों से पूर्व 'शुभ' शब्द के प्रयोग के विषय में गीच ने जो कुछ कहा है उसे स्वीकार किया जा सकता है।[10]

परंतु हेयर का विचार है कि जब हम अकार्यात्मक शब्दों से पूर्व 'शुभ' शब्द का प्रयोग करते हैं तो गीच के उपर्युक्त मत को उचित नहीं माना जा सकता। अकार्यात्मक शब्द वे हैं जो उन वस्तुओं तथा व्यक्तियों के लिए प्रयुक्त होते हैं जिनका कोई निश्चित कार्य नहीं होता। 'सूर्यास्त', 'मनुष्य', 'कर्म' आदि शब्द ऐसे ही अकार्यात्मक शब्द हैं। ये शब्द किसी वस्तु या व्यक्ति के विशेष कार्य की ओर संकेत नहीं करते। इसी कारण जब इन अकार्यात्मक शब्दों से पूर्व 'शुभ' शब्द का प्रयोग होता है तो हम यह नहीं जान पाते कि यह शब्द किस वस्तु के किन विशेष गुणों का वर्णन करता है। इसका तात्पर्य यह है कि ऐसे प्रसंगों में हमें 'शुभ' या 'अच्छा' शब्द के वर्णनात्मक अर्थ का ज्ञान नहीं हो पाता। उदाहणार्थ जब हम किसी कर्म को 'शुभ कर्म' कहते हैं तो 'कर्म' शब्द के अर्थ का ज्ञान होने पर भी हम इस प्रसंग में 'शुभ' शब्द का ठीक-ठीक वर्णनात्मक अर्थ नहीं जान पाते, क्योंकि यह पूर्णतः निश्चित नहीं है कि कौन-सा कर्म वास्तव में शुभ कर्म है। यही बात 'अच्छा मनुष्य', 'अच्छी अभिप्रेरणा', 'शुभ संकल्प' आदि के विषय में भी कही जा सकती है। इस प्रकार हेयर के विचार में अकार्यात्मक शब्दों से पूर्व प्रयुक्त होने पर 'शुभ' शब्द का वर्णनात्मक अर्थ बहुत ही अस्पष्ट तथा अनिश्चित होता है, अतः ऐसे प्रसंगों में गीच द्वारा की गई 'शुभ' के अर्थ की व्याख्या को उचित एवं तर्कसंगत नहीं माना जा सकता।

10. वही पुस्तक, पृ० 79

हेयर ने ऊपर कार्यात्मक तथा अकार्यात्मक शब्दों का जो वर्गीकरण किया है और इन दोनों प्रकार के शब्दों से पूर्व प्रयुक्त होने पर 'शुभ' के वर्णनात्मक अर्थ में जो अंतर बताया है उसका नैतिक प्रसंगों में इस शब्द के अर्थ को भली-भांति समझने के लिए विशेष महत्त्व है। वे यह मानते हैं कि जब कार्यात्मक शब्दों से पूर्व 'शुभ' शब्द का प्रयोग किया जाता है तो इस शब्द का अर्थ निर्नैतिक ही होता है, नैतिक नहीं। ऐसे प्रसंगों में 'शुभ' या 'अच्छा' शब्द का नैतिकता अथवा नैतिक आचरण से कोई संबंध नहीं होता। उदाहरणार्थ "यह अच्छा चाकू है", "वह अच्छी कार है", "मोहन अच्छा वकील है" आदि कथन नैतिक निर्णय न होकर केवल निर्नैतिक मूल्यात्मक निर्णय हैं। हेयर का कथन है कि गीच ने 'शुभ' के अर्थ की जो व्याख्या की है उसे केवल ऐसे ही निर्नैतिक मूल्यात्मक निर्णयों के लिए स्वीकार किया जा सकता है। परंतु नैतिक निर्णयों में 'शुभ' या 'अच्छा' शब्द का प्रयोग अकार्यात्मक शब्दों से पूर्व ही किया जाता है, अत: ऐसे प्रसंगों में गीच द्वारा की गई इस शब्द के अर्थ की व्याख्या उचित प्रतीत नहीं होती। जब हम यह कहते हैं कि "वह एक अच्छा मनुष्य है" तो 'मनुष्य' शब्द के अर्थ का ठीक-ठीक ज्ञान होने पर भी हम यह नहीं जान पाते कि इस नैतिक निर्णय में 'अच्छा' शब्द मनुष्य के किन विशेष गुणों का वर्णन करता है, क्योंकि यह पूर्णत: निश्चित नहीं है कि किन विशेष गुणों के आधार पर किसी व्यक्ति को 'अच्छा मनुष्य' कहा जा सकता है। इसी प्रकार जब हम यह कहते हैं कि "अमुक कर्म शुभ है" तो 'कर्म' शब्द का ठीक-ठीक अर्थ ज्ञात होने पर भी हम यह नही कह सकते कि इस नैतिक निर्णय में 'शुभ' शब्द उस कर्म के किन विशेष गुणों की ओर संकेत करता है, क्योंकि यह भी पूर्णत: निश्चित नहीं है कि किसी कर्म के शुभ होने के लिए उसमें कौन-से गुणों का होना अनिवार्य है। हेयर का विचार है कि अन्य सभी नैतिक निर्णयों में प्रयुक्त 'शुभ' या 'अच्छा' शब्द के अर्थ के विषय में भी हम यही बात कह सकते हैं। इससे यह स्पष्ट है कि नैतिक निर्णयों के प्रसंग में अकार्यात्मक शब्दों से पूर्व प्रयुक्त होने पर 'शुभ' के अर्थ को हम उसी प्रकार नहीं जान सकते जिस प्रकार हम निर्नैतिक मूल्यात्मक निर्णयों के प्रसंग में कार्यात्मक शब्दों से पूर्व प्रयुक्त होने पर इस शब्द के अर्थ को जान लेते हैं। इसी कारण नैतिक निर्णयों के प्रसंग में गीच द्वारा की गई 'शुभ' के अर्थ की व्याख्या को स्वीकार करना संभव नहीं है।

गीच के सिद्धांत के विरुद्ध अपनी उपर्युक्त आपत्ति को स्पष्ट करते हुए हेयर कहते हैं कि " 'शुभ' प्राय: ऐसे शब्दों से पहले आता है जो कार्यात्मक नहीं हैं। ऐसे प्रसंगों में किन गुणों के आधार पर किसी वस्तु को शुभ कहा जा सकता है

यह जानने के लिए उस वस्तु से संबंधित शब्द के अर्थ को जानना ही पर्याप्त नहीं है। हमारे लिए यह जानना भी आवश्यक है कि इस प्रकार की वस्तु के शुभत्व का निर्णय करने के लिए कौन-सा प्रतिमान स्वीकार किया जाता है और 'शुभ' के पश्चात प्रयुक्त होने वाले शब्द के अर्थ से हमें इस प्रतिमान का आंशिक ज्ञान भी नहीं हो पाता जैसा कि कार्यात्मक शब्दों के संदर्भ में होता है।··· इस बात पर जोर देना चाहिए कि कार्यात्मक शब्द से पूर्व प्रयुक्त होने पर 'शुभ' के कार्य में तथा अकार्यात्मक शब्द से पूर्व प्रयुक्त होने पर इसके कार्य में जो अंतर है वह 'शुभ' के अपने अर्थ में अंतर के कारण नहीं है। हम सामान्यतः यह कह सकते हैं कि दोनों प्रसंगों में इसका कार्य वस्तु के उन विशेष गुणों—चाहे वे कुछ भी हों—की ओर संकेत करना है जो प्रशंसनीय हैं। इन दोनों प्रसंगों में अंतर यह है कि कार्यात्मक शब्द हमें यह संकेत देता है कि ये गुण कौन-से हैं जबकि अकार्यात्मक शब्द ऐसा नहीं करता।···स्पष्टतः गीच का यह विचार है कि उन्होंने सामान्य रूप से 'शुभ' के विषय में जो कुछ कहा है वह इस शब्द के नैतिक प्रयोगों पर भी लागू होना चाहिए। ऐसी स्थिति में यह प्रश्न उठता है कि नैतिक प्रसंगों में 'शुभ' के पश्चात जो शब्द आते हैं क्या वे कार्यात्मक शब्द हैं। मेरा अपना विचार यह है कि 'शुभ' के पश्चात कार्यात्मक शब्द का आना ही सामान्यतः इस बात का द्योतक है कि वह नैतिक प्रसंग नहीं है।···यदि सभी प्रसंगों में 'शुभ' का कोई सामान्य अर्थ है तो गीच द्वारा की गई इस सामान्य अर्थ की व्याख्या अपर्याप्त है।···यदि 'मनुष्य' का प्रयोग 'मानव-जाति के सदस्य' के सामान्य अर्थ में किया जाता है तो यह शब्द कार्यात्मक नहीं होता; और नैतिक प्रसंगों में इस शब्द का प्रयोग इसी प्रकार किया जाता है। मेरा विचार है कि शुभ मानवीय कर्म के विषय में भी यही सत्य है जिसका गीच प्रयोग करते हैं; किन्तु इस संबंध में निश्चित रूप से कुछ कहना कठिन है, क्योंकि इस वाक्यांश का अधिक प्रयोग नहीं किया जाता। कम से कम सामान्यतः प्रचलित 'शुभ कर्म' वाक्यांश में 'कर्म' शब्द कार्यात्मक नहीं है। कोई भी व्यक्ति 'कर्म' का अर्थ जान लेने पर भी यह बिल्कुल नहीं जान सकता कि वह कौन-सा तत्त्व है जिसके कारण कर्मों को शुभ या अशुभ कहा जाता है, और यदि 'मानव' अकार्यात्मक शब्द है तो यही बात 'मानवीय कर्म' के विषय में भी सत्य होगी।"[11] इस प्रकार यह स्पष्ट है कि हेयर के मतानुसार 'शुभ' के अर्थ के संबंध में गीच ने जो व्याख्या की है वह नैतिक प्रसंगों में उचित और संतोषप्रद नहीं है।

11. वही पुस्तक, पृ० 79-80

3. फ़िलिपा फ़ुट

पी० टी० गीच की भांति श्रीमती फ़िलिपा फ़ुट भी नव्य प्रकृतिवाद का दृढ़तापूर्वक समर्थन करती हैं। गीच के समान ही उन्होंने भी हेयर के परामर्शवाद का खंडन करने का प्रयास किया है। नव्य प्रकृतिवाद की आधारभूत मान्यताओं के विषय में उनकी व्याख्या गीच की व्याख्या की अपेक्षा अधिक विस्तृत और स्पष्ट है। श्रीमती फ़ुट ने इस सिद्धांत के विभिन्न पक्षों के संबंध में अपने विचार 'मॉरल बिलीफ़्स', 'मॉरल आर्गुमेंट्स', 'गुडनेस ऐंड चॉइस' आदि अनेक लेखों में विस्तार से व्यक्त किए हैं। उनके ये लेख 1958 और 1962 के बीच में दर्शन विषयक विभिन्न पत्रिकाओं में प्रकाशित हुए थे। इन लेखों में श्रीमती फ़ुट ने नव्य प्रकृतिवाद की उन सभी आधारभूत मान्यताओं के समर्थन में अपने तर्क प्रस्तुत किए हैं जिनका उल्लेख हम इस अध्याय के प्रथम खंड में कर चुके हैं। यहां हम श्रीमती फ़ुट के इन्हीं लेखों के आधार पर नव्य प्रकृतिवाद के विषय में उनके मत की विवेचना करेंगे और परामर्शवाद के विरुद्ध उनकी मुख्य आपत्तियों पर भी विचार करेंगे।

'मॉरल बिलीफ़्स' श्रीमती फ़ुट का सर्वप्रथम और संभवत: सर्वाधिक चर्चित लेख है जो 'प्रोसीडिंग्स ऑफ़ दि ऐरिस्टोटेलियन सोसाइटी' नामक दर्शन संबंधी पत्रिका के 1958-59 के अंक में प्रकाशित हुआ था। यह लेख स्वयं उन्हीं के द्वारा संपादित 'थ्योरीज़ ऑफ़ ऐथिक्स' नामक पुस्तक में भी संकलित है जिस की चर्चा हम गीच के संदर्भ में इस अध्याय की प्रथम पाद टिप्पणी में कर चुके हैं। अपने इस लेख के प्रारम्भ में ही श्रीमती फ़ुट स्पष्ट रूप से यह कहती हैं कि वे उस प्रकृतिवाद के औचित्य के विषय में पुन: प्रश्न उठाना चाहती हैं जिसे पूर्णत: अनुचित तथा असंतोषप्रद मान लिया गया है। उनका कथन है कि बहुत-से दार्शनिकों के मतानुसार प्रकृतिवाद का खंडन गत अर्द्ध शताब्दी में नैतिक दर्शन की महत्त्वपूर्ण उपलब्धि है। परंतु श्रीमती फ़ुट इन दार्शनिकों के इस मत को स्वीकार नहीं करतीं, क्योंकि उनके विचार में यह मत कुछ भ्रामक मान्यताओं पर आधारित है जिनकी आलोचनात्मक परीक्षा करना बहुत आवश्यक है। उन्होंने स्पष्ट कहा है कि उनके उपर्युक्त लेख का उद्देश्य प्रकृतिवाद के विरोधी दार्शनिकों को अपनी इन मान्यताओं का पुनर्मूल्यांकन करने के लिए प्रोत्साहित करना है।

श्रीमती फ़ुट यह मानती हैं कि जिस प्रमुख मान्यता के आधार पर परामर्शवादी प्रकृतिवाद का खंडन करते हैं उसका संबंध तथ्यात्मक कथनों तथा मूल्यात्मक निर्णयों में पाए जाने वाले तथाकथित अनिवार्य अंतराल से है।

यह कहा जाता है कि तथ्यात्मक कथनों का सत्य अथवा मिथ्या होना उन प्रमाणों पर निर्भर होता है जो इन कथनों में प्रयुक्त शब्दों के अर्थ में ही अनिवार्यतः निहित रहते हैं। इसका तात्पर्य यह है कि दो व्यक्ति एक ही तथ्यात्मक कथन की सत्यता के लिए पूर्णतः भिन्न प्रमाण नहीं दे सकते। यदि वे ऐसा करते हैं तो हम निश्चयपूर्वक यह कह सकते हैं कि उन दोनों व्यक्तियों में से एक अवश्य ही उस कथन में प्रयुक्त शब्दों के अर्थ से अनभिज्ञ है। इसके अतिरिक्त यह भी कहा जाता है कि यदि किसी तथ्यात्मक कथन की सत्यता के समर्थन में पर्याप्त प्रमाण प्रस्तुत किया गया है तो कोई भी व्यक्ति इस आधार पर उस कथन की सत्यता को अस्वीकार नहीं कर सकता कि वह स्वयं उस प्रमाण को 'प्रमाण' मानने के लिए उद्यत नहीं है।

परंतु मूल्यात्मक निर्णयों के संबंध में उपर्युक्त दोनों बातों को स्वीकार नहीं किया जाता, क्योंकि इन निर्णयों को तथ्यात्मक कथनों से पूर्णतः भिन्न माना जाता है। मूल्यात्मक निर्णयों के विषय में यह कहा जाता है कि तथ्यात्मक कथनों के विपरीत इन निर्णयों का किन्हीं तथ्यों के साथ अनिवार्य तार्किक संबंध नहीं होता। उदाहरणार्थ एक व्यक्ति किसी वस्तु में विद्यमान 'क, ख, ग' नामक गुणों के कारण उसे शुभ कह सकता है, किन्तु दूसरा व्यक्ति उस वस्तु में इन गुणों की उपस्थिति को स्वीकार करते हुए भी उसे शुभ मानने से इन्कार कर सकता है, क्योंकि उसके अनुसार ये गुण किसी वस्तु को शुभ नहीं बनाते। इस मतभेद की संभावना का कारण यह है कि 'शुभ' का अर्थ बहुत अस्पष्ट तथा अनिश्चित है और यह शब्द अनिवार्यतः किन्हीं निश्चित गुणों की ओर संकेत नहीं करता। इससे यह निष्कर्ष निकाला जाता है कि कोई भी व्यक्ति अपनी इच्छानुसार किसी वस्तु को शुभ या अशुभ अथवा अच्छी या बुरी कह सकता है। इसी प्रकार वह किसी वस्तु के शुभत्व के समर्थन में प्रस्तुत किए गए उन प्रमाणों या तर्कों को भी मनमाने ढंग से अस्वीकार कर सकता है जो अन्य व्यक्ति उस वस्तु के शुभत्व के लिए प्रस्तुत करते हैं।[12] इस प्रकार श्रीमती फ़ुट के मतानुसार तथ्यात्मक कथनों तथा मूल्यात्मक निर्णयों में एक अपरिहार्य विरोध मान लिया गया है। परंतु उनका निश्चित मत है कि इन दोनों में इस प्रकार का विरोध मानना उचित और युक्तिसंगत नहीं है। अपने लेख में उन्होंने यही प्रमाणित करनें का प्रयास किया है कि तथ्यात्मक कथनों और मूल्यात्मक निर्णयों में यह अनिवार्य विरोध वास्तविक न होकर केवल काल्पनिक है।

12. श्रीमती फ़िलिपा फुट का लेख 'मॉरल बिलीफ्स', वही पुस्तक, पृ० 83-84

श्रीमती फ़ुट का कथन है कि मुख्यतः दो मान्यताओं के आधार पर मूल्यात्मक निर्णयों को तथ्यात्मक कथनों से पूर्णतः भिन्न माना जाता है। जो दार्शनिक इनकी पूर्ण भिन्नता में विश्वास करते हैं वे इन दोनों मान्यताओं को अनिवार्यतः स्वीकार करते हैं। इन दो मान्यताओं में से प्रथम मान्यता यह है कि कोई व्यक्ति तार्किक भूल किए बिना अपने मूल्य संबंधी विश्वासों को पूर्णतः ऐसे तथ्यों पर आधारित मान सकता है जिन्हें अन्य कोई भी व्यक्ति प्रमाणों के रूप में स्वीकार नहीं करता। दूसरी मान्यता यह है कि मूल्यात्मक निष्कर्ष के लिए जिसे अन्य व्यक्ति प्रमाण मानते हैं उससे कोई भी व्यक्ति ऐसा निष्कर्ष निकालने से इस आधार पर इन्कार कर सकता है कि उसके विचार में वह वस्तुतः प्रमाण नहीं है। श्रीमती फ़ुट का स्पष्ट और निश्चित मत है कि ये दोनों ही मान्यताएं पूर्णतः अनुचित हैं, अतः इन्हें स्वीकार नहीं किया जा सकता। उन्होंने इन दोनों मान्यताओं पर बिस्तारपूर्वक विचार किया है और इनके विरुद्ध अपने तर्क भी प्रस्तुत किए हैं।

प्रथम मान्यता के विरुद्ध श्रीमती फ़ुट का मुख्य तर्क यह है कि हम किसी भी वस्तु को मनमाने ढंग से शुभ या अशुभ नहीं कह सकते। इसका कारण यह है कि किसी वस्तु के शुभ या अशुभ होने तथा उसके कुछ विशेष गुणों में अनिवार्य 'आंतरिक संबंध' होता है। इस 'आंतरिक संबंध' की व्याख्या करने से पूर्व श्रीमती फ़ुट ने परामर्शवादियों द्वारा मान्य 'शुभ' के अर्थ की दो विशेषताओं का उल्लेख किया है जिन्हें वे स्वयं भी स्वीकार करती हैं। 'शुभ' के अर्थ की प्रथम विशेषता यह है कि विभिन्न वस्तुओं के लिए इस शब्द का प्रयोग प्रशंसा संबंधी कुछ सामान्य नियमों के आधार पर किया जाता है जिन्हें स्वीकार करना प्रत्येक व्यक्ति के लिए अनिवार्य है। इस शब्द के अर्थ की दूसरी विशेषता यह है कि मनुष्य द्वारा कोई कर्म करने अथवा किसी वस्तु को चुनने के साथ इसका अनिवार्य संबंध है। यही कारण है कि हम किसी व्यक्ति को केवल इसलिए 'अच्छा मनुष्य' नहीं कह सकते कि वह एक हजार वर्ष तक जीवित रहा है। इस प्रकार 'शुभ' शब्द का प्रयोग मानवीय कर्मों और चयन की क्रिया तक ही सीमित है। अपने लेख 'मॉरल बिलीफ़्स' में श्रीमती फ़ुट 'शुभ' के अर्थ की उपर्युक्त दोनों विशेषताओं को स्वीकार करती हैं, किंतु उनके मतानुसार इस शब्द के अर्थ की समुचित एवं संतोषप्रद व्याख्या के लिए केवल ये दोनों विशेषताएं ही पर्याप्त नहीं हैं।[13] इसके लिए यह जानना आवश्यक है कि कुछ विशेष मानवीय कर्म ही हमारी प्रशंसा के विषय हो सकते हैं और इसी कारण

13. वही पुस्तक, पृ० 84-85

ऐसे कर्मों को ही शुभ कहा जा सकता है, हम किसी भी कर्म को मनमाने ढंग से शुभ नहीं कह सकते। इसका अर्थ यह है कि शुभ कर्मों तथा उन्हें शुभ बनाने वाले विशेष गुणों में अनिवार्य आंतरिक संबंध होता है जिसमें हम अपनी इच्छानुसार परिवर्तन नहीं कर सकते।

यहां यह उल्लेखनीय है कि अपने एक अन्य लेख 'गुडनेस ऐंड चॉइस' में श्रीमती फ़ुट 'शुभ' के अर्थ की उपर्युक्त दूसरी विशेषता को स्पष्टत: अस्वीकार करती हैं। उनके इस लेख पर हम आगे विस्तार से विचार करेंगे।

श्रीमती फ़ुट ने शुभ कर्मों और उनके विशेष गुणों में पाए जाने वाले इस अनिवार्य आंतरिक संबंध को अनेक उदाहरणों द्वारा स्पष्ट करने का प्रयास किया है। सर्वप्रथम वे इस संबंध को 'गर्व' नामक मनोवेग के उदाहरण की सहायता से स्पष्ट करती हैं। उनका कथन है कि हम किसी वस्तु के संबंध में यों ही गर्व नहीं कर सकते, क्योंकि 'गर्व' नामक मनोवेग की कुछ निश्चित सीमाएं हैं। जब कोई मनुष्य किसी वस्तु के विषय में गर्व का अनुभव करता है तो उसके इस गर्व को तभी उचित और युक्तिसंगत कहा जा सकता है जब कम-से-कम निम्नलिखित दो शर्तें पूरी हों। पहली शर्त यह है कि जिस वस्तु के विषय में वह गर्व का अनुभव करता है वह वास्तव में उसकी अपनी हो और दूसरी शर्त यह है कि वह कोई महान उपलब्धि या सफलता हो जिसे उसने स्वयं अपने प्रयास द्वारा प्राप्त किया हो। इन दोनों शर्तों में से एक के भी अपूर्ण रहने पर हम मनुष्य के किसी मनोवेग को 'गर्व' की संज्ञा नहीं दे सकते। उदाहरणार्थ यदि कोई व्यक्ति यह कहता है कि "मैं समुद्र या आकाश के विषय में गर्व का अनुभव करता हूं" तो विशेष व्याख्या के अभाव में हम उसके इस कथन को सत्य नहीं मान सकते, क्योंकि यह कथन गर्व से संबंधित उपर्युक्त दोनों शर्तों को पूरा नहीं करता। यह संभव है कि उसके मन में यह भ्रम हो कि उसने समुद्र को सूखने और आकाश को पृथ्वी पर गिरने से बचा लिया है, अत: वह इन दोनों के संबंध में गर्व का अनुभव करता है। परन्तु केवल भ्रम पर आधारित होने के कारण उसके इस गर्व को उचित और वास्तविक नहीं माना जा सकता। इसी प्रकार कोई यह कह सकता है कि वह एक घंटे में तीन बार अपने एक हाथ को दूसरे पर रखने के लिए गर्व का अनुभव करता है। स्पष्ट है कि उपर्युक्त दोनों शर्तों को पूरा न करने के कारण सामान्य परिस्थितियों में उसका यह गर्व भी निरर्थक और मिथ्या होगा। परन्तु कुछ विशेष परिस्थितियों में उसके इस गर्व को उचित और वास्तविक माना जा सकता है। संभवत: वह व्यक्ति इतना दुर्बल हो चुका है कि एक घंटे में तीन बार अपने एक हाथ को दूसरे हाथ पर रखना उसके लिए बहुत बड़ी सफलता है। यह भी कहा जा सकता है कि इस शारीरिक क्रिया का संभवत·

विशेष धार्मिक अथवा राजनैतिक महत्त्व है, क्योंकि इस क्रिया द्वारा उसने देवताओं या शासकों के विरुद्ध-विद्रोह करने का साहसपूर्ण कार्य किया है। ऐसी विशेष परिस्थितियों में इस क्रिया के लिए उस व्यक्ति के उक्त मनोवेग को 'गर्व' की संज्ञा दी जा सकती है। परन्तु इस प्रकार की विशेष परिस्थितियों के अभाव में उक्त शारीरिक क्रिया के लिए उसके गर्व का कोई अर्थ अथवा औचित्य नहीं हो सकता।[14] इन उदाहरणों से श्रीमती फ़ुट ने यह प्रमाणित करने का प्रयास किया है कि हम यों ही किसी वस्तु के संबंध में गर्व का अनुभव नहीं कर सकते। उनके विचार में यही बात भय, क्षोभ आदि अन्य मनोवेगों के विषय में भी कही जा सकती है। इससे स्पष्ट है कि हमारे मनोवेगों तथा उन वस्तुओं में अनिवार्य आंतरिक संबंध होता है जिनके विषय में हम इनका अनुभव करते हैं।

श्रीमती फ़ुट का कथन है कि उनके उपर्युक्त उदाहरणों के विरुद्ध यह आपत्ति उठाई जा सकती है कि गर्व, भय, क्षोभ आदि केवल संवेग या भावनाएं हैं, अतः इनके साथ 'शुभ' की समुचित रूप से तुलना नहीं की जा सकती। इस आपत्ति को ध्यान में रखते हुए उन्होंने 'शुभ' के अर्थ के विषय में अपने मत को स्पष्ट करने के लिए एक अन्य उदाहरण दिया है। इस उदाहरण का संबंध किसी वस्तु को खतरनाक मानने से है। श्रीमती फ़ुट कहती हैं कि निम्नलिखित कथन पर विचार कीजिए—"अमुक वस्तु खतरनाक है"। इस कथन के संबंध में वे यह प्रश्न उठाती हैं कि क्या हम किसी भी वस्तु के लिए मनमाने ढंग से सार्थकता-पूर्वक इसका प्रयोग कर सकते हैं। उनका मत है कि इसका उत्तर केवल नकारात्मक ही हो सकता है। हम किसी भी वस्तु को यों ही 'खतरनाक' नहीं कह सकते। इसका कारण यह है कि किसी ऐसी वस्तु को ही सार्थकतापूर्वक 'खतरनाक' कहा जा सकता है जिससे किसी मनुष्य को गंभीर शारीरिक या मानसिक क्षति पहुंचने की आशंका हो।

श्रीमती फ़ुट का कथन है कि 'खतरनाक' और 'शुभ' इन दोनों शब्दों के अर्थ में पर्याप्त समानता है। "अमुक वस्तु खतरनाक है" तथा "अमुक वस्तु शुभ है" इन दोनों कथनों को हम सत्य अथवा मिथ्या कह सकते हैं और दोनों की पुष्टि के लिए हम उचित तर्क या प्रमाण की मांग कर सकते हैं। इसके अतिरिक्त जिस प्रकार 'शुभ' का कार्य प्रशंसा करना माना जाता है उसी प्रकार 'खतरनाक' का कार्य चेतावनी देना है।[15] स्पष्टतः इसका अर्थ यह है कि 'शुभ' शब्द की भांति 'खतरनाक' शब्द भी आचरण के संबंध में हमारा मार्गदर्शन करता है। जब हम

14. वही पुस्तक, पृ० 86
15. वही पुस्तक, पृ० 87

किसी वस्तु को 'खतरनाक' कहते हैं तो अनिवार्यतः हम स्वयं अपने आप को तथा दूसरों को उससे दूर रहने के लिए प्रेरित करते हैं। यदि कोई व्यक्ति किसी विचित्र वस्तु को देखकर यह कहता है कि यह खतरनाक है तो हमारे लिए उसका यह कथन निरर्थक ही होगा, क्योंकि जिस वस्तु से किसी को हानि पहुंचने की आशंका नहीं है उसे सार्थक रूप से 'खतरनाक' नहीं कहा जा सकता। 'खतरनाक' शब्द के साथ चेतावनी देने तथा खतरनाक मानी जाने वाली वस्तु से दूर रहने का विचार अनिवार्यतः संबद्ध है। अपने इसी मत की व्याख्या करते हुए श्रीमती फ़ुट कहती हैं कि "तार्किक दृष्टि से ऐसी किसी वस्तु के विषय में चेतावनी देना असंभव है जिसे हानिकारक नहीं समझा जाता; खतरे की बात करने के लिए किसी विशेष गंभीर आघात अथवा मृत्यु की आशंका का होना आवश्यक है।··· यदि कोई व्यक्ति यह कहता है कि अमुक वस्तु खतरनाक है और बाद में उसे मालूम होता है कि उसने यह सोचकर भूल की थी कि उस वस्तु से किसी को आघात पहुंच सकता है तो उसे अपने पहले कथन को वापस लेना पड़ेगा और यह स्वीकार करना पड़ेगा कि उसने गलती की थी।···इस प्रकार भावनाएं भी तार्किक दृष्टि से तथ्यों के साथ संबद्ध रहती हैं।"[16] इस प्रकार श्रीमती फ़ुट का यह निश्चित मत है कि कोई व्यक्ति किसी भी वस्तु को मनमाने ढंग से 'खतरनाक' नहीं कह सकता। अपने इस उदाहरण द्वारा भी उन्होंने यही प्रमाणित करने का प्रयास किया है कि 'खतरनाक' शब्द की भांति 'शुभ' शब्द का प्रयोग भी हम किसी वस्तु के संबंध में यों ही मनमाने ढंग से नहीं कर सकते।

श्रीमती फ़ुट का विचार है कि जिस प्रकार 'गर्व', 'भय', 'क्षोभ', 'खतरनाक' आदि शब्दों तथा उनसे संबंधित वस्तुओं में अनिवार्य आंतरिक संबंध पाया जाता है उसी प्रकार 'शुभ' शब्द और उन वस्तुओं में भी यही अनिवार्य आंतरिक संबंध होता है जिन्हें हम शुभ या अच्छी कहते हैं। जब हम नैतिक अर्थ में 'शुभ' शब्द का प्रयोग करते हैं तो हम अपनी इच्छानुसार किसी भी कर्म को यों ही शुभ नहीं कह सकते। हमारे लिए इस प्रश्न का उत्तर देना अनिवार्य है कि हम किसी विशेष कर्म को शुभ क्यों कहते हैं। यदि हम इस प्रश्न का समुचित एवं संतोषप्रद उत्तर नहीं दे पाते तो हमारे लिए किसी कर्म को शुभ कहना निरर्थक हो जाता है। अपनी इसी मान्यता को श्रीमती फ़ुट ने एक उदाहरण द्वारा विस्तारपूर्वक स्पष्ट किया है। मान लीजिए कोई व्यक्ति यह कहता है कि "एक घंटे में तीन बार हाथों की मुट्ठियाँ बंद करना नैतिक दृष्टि से शुभ कर्म है"। यह स्पष्ट है कि सामान्य परिस्थितियों में हमारे लिए उसके इस कथन का अर्थ समझना बहुत कठिन है।

16. वही पुस्तक, पृ० 87-88

इसका कारण यह है कि एक घंटे में तीन बार हाथों की मुट्ठियाँ बन्द करने के कर्म का सामान्यतः मनुष्य के हितों और उसकी आवश्यकताओं से कोई संबंध नहीं है। ऐसी स्थिति में हमारे लिए उस व्यक्ति से यह प्रश्न करना अनिवार्य हो जाता है कि उपर्युक्त कथन से उसका वास्तविक तात्पर्य क्या है। यदि वह अपने इस कथन की कोई ऐसी व्याख्या नहीं करता जिसका किसी मनुष्य के हितों पर प्रभाव पड़ता हो तो उसका यह कथन हमारे लिए बोधगम्य नहीं हो सकता।

श्रीमती फ़ुट यह मानती हैं कि "अमुक कर्म शुभ है" इस कथन का अर्थ स्पष्ट और निश्चित नहीं होता। इसी कारण हमारे लिए यह पूछना आवश्यक हो जाता है कि इस कथन से किसी व्यक्ति का वास्तव में क्या तात्पर्य है। निर्नैतिक प्रसंगों में ही नहीं, अपितु नैतिक प्रसंगों में भी उपर्युक्त कथन का सदा एक ही अर्थ नहीं होता। हम अनेक कारणों से किसी कर्म को नैतिक दृष्टि से शुभ कहते हैं। उदाहरणार्थ यदि कर्तव्य-पालन के लिए कोई कर्म किया गया है तो हम उसे नैतिक दृष्टि से शुभ मानते हैं। इसी प्रकार यदि कोई कर्म, साहस, संयम, दान, न्याय आदि सद्गुणों में से किसी विशेष सद्गुण के अनुरूप है तो उसे भी हम नैतिक दृष्टि से शुभ कहते हैं। अब प्रश्न यह है कि एक घंटे में तीन बार हाथों की मुट्ठियाँ बन्द करने के कर्म को हम किस आधार पर शुभ मान सकते हैं। क्या इससे किसी कर्तव्य की पूर्ति होती है अथवा क्या यह किसी विशेष सद्गुण के अनुरूप है? यदि इससे किसी कर्तव्य की पूर्ति होती है तो यह कर्तव्य क्या, किसका और किसके प्रति है? यदि यह कर्म किसी सद्गुण के अनुरूप है तो वह कौन-सा सद्गुण है? इन प्रश्नों का समुचित एवं संतोषप्रद उत्तर दिए बिना हम इस कर्म को नैतिक दृष्टि से शुभ नहीं कह सकते। वस्तुतः सामान्य परिस्थितियों में इस कर्म का किसी कर्तव्य और सद्गुण से कोई संबंध नहीं है, अतः इसे नैतिक दृष्टि से शुभ कहने का हमारे लिए कोई अर्थ नहीं हो सकता।[17] इस प्रकार श्रीमती फ़ुट निश्चित रूप से यह मानती हैं कि 'शुभ' शब्द तथा उस कर्म में अनिवार्य आंतरिक संबंध है जिसे हम शुभ कहते हैं, अतः हम किसी कर्म को यों ही मनमाने ढंग से शुभ नहीं कह सकते।

श्रीमती फ़ुट का कथन है कि उन्होंने ऊपर जो उदाहरण दिया है उसके विरुद्ध यह आपत्ति की जा सकती है कि एक घंटे में तीन बार हाथों की मुट्ठियां बन्द करने का कर्म किसी सद्गुण के अनुरूप केवल इसलिए नहीं माना जाता कि हम जिस आचरण-पद्धति को स्वीकार करते हैं उसके अन्तर्गत ऐसे किसी सद्गुण का स्थान नहीं है। परन्तु यह संभव है कि किसी नवीन आचरण-पद्धति

17. वही पुस्तक, पृ० 90-91

में पूर्णतः भिन्न सद्‌गुणों को स्वीकार किया जाए और तब इस कर्म को भी किसी सद्‌गुण के अनुरूप मान लिया जाए। इसका अर्थ यह है कि तार्किक दृष्टि से इस कर्म को शुभ कहना निरर्थक या असंभव नहीं है। इस आपत्ति का उत्तर देते हुए श्रीमती फ़ुट कहती हैं कि जो व्यक्ति इस कर्म को किसी नवीन सद्‌गुण के साथ संबद्ध करना चाहता है वह स्वयं यह प्रयास करके देख सकता है। परन्तु उनका निश्चित मत है कि ऐसा व्यक्ति अपने इस प्रयास में कभी सफल नहीं हो सकता। जब तक वह किन्हीं विशेष परिस्थितियों की कल्पना नहीं करता तब तक वह यह प्रमाणित नहीं कर सकता कि एक घंटे में तीन बार हाथों की मुट्ठियां बन्द करना शुभ कर्म है। इसका कारण यह है कि कुछ विशेष परिस्थितियों की कल्पना किए बिना वह हमारे इस मूल प्रश्न का कोई संतोषजनक उत्तर नहीं दे सकता कि यह कर्म मनुष्य के हितों अथवा उसकी आवश्यकताओं को किस प्रकार प्रभावित करता है। परन्तु, जैसा कि हम पहले बता चुके हैं, श्रीमती फुट के मतानुसार ऐसा कोई भी कर्म नैतिक दृष्टि से शुभ या अशुभ नहीं हो सकता जिसका मनुष्य के हितों अथवा उसकी आवश्यकताओं से कोई संबंध नहीं है। समस्त नैतिक सद्‌गुण अनिवार्यतः मानव के हित अथवा कल्याण से संबंधित होते हैं और हम किसी भी वस्तु को अपनी इच्छानुसार यों ही कल्याणकारी या हानिकारक नहीं कह सकते। मान लीजिए कोई व्यक्ति यह कहता है कि "किसी मनुष्य द्वारा समुद्र से एक बाल्टी पानी भर लेने के कारण मेरा बहुत अहित हुआ है"। स्पष्ट है कि किसी विशेष व्याख्या के अभाव में हम उसके इस कथन को सत्य और युक्तिसंगत नहीं मान सकते, क्योंकि किसी व्यक्ति द्वारा समुद्र से एक बाल्टी पानी भर लेने के कर्म का सामान्यतः मनुष्य के हित या अहित से कोई संबंध नहीं है।[18] इस प्रकार उपर्युक्त सभी तर्कों के आधार पर श्रीमती फ़ुट ने उन दो मान्यताओं में से प्रथम मान्यता को पूर्णतः अस्वीकार किया है जिनका उल्लेख हम पहले कर चुके हैं।

अब इस प्रश्न पर विचार करना आवश्यक है कि दूसरी मान्यता के सम्बन्ध में श्रीमती फ़ुट का क्या मत है। संक्षेप में दूसरी मान्यता यह है कि कोई भी व्यक्ति मूल्य सम्बन्धी तर्क के निष्कर्ष को केवल इस आधार पर अस्वीकार कर सकता है कि जिसे अन्य सभी व्यक्ति प्रमाण मानते हैं वह उसके विचार में वस्तुतः प्रमाण नहीं है। इस मान्यता में विश्वास करने वाले दार्शनिक यह तर्क देते हैं कि तथ्यों और मूल्यों में अनिवार्य अन्तराल या अलंघ्य दूरी है, अतः कोई भी व्यक्ति किन्हीं विशेष तथ्यों को स्वीकार करते हुए भी उनके आधार पर मूल्य

18. वही पुस्तक, पृ० 92

सम्बन्धी कोई विशेष निष्कर्ष निकालने से तार्किक दृष्टि से इन्कार कर सकता है। उदाहरणार्थ दो व्यक्ति किसी विशेष कर्म के सभी परिणामों के सम्बन्ध में पूर्णतः सहमत हो सकते हैं, किन्तु फिर भी उनमें से एक व्यक्ति उस कर्म को शुभ मान सकता है और दूसरा व्यक्ति यह कह सकता है कि वह कर्म शुभ नहीं है। इसका कारण यह है कि किसी कर्म के तथ्यपरक परिणामों को स्वीकार करना एक बात है और उन परिणामों के आधार पर उस कर्म को शुभ या अशुभ कहना बिल्कुल दूसरी बात है। परन्तु श्रीमती फ़ुट का विचार है कि दूसरी मान्यता के समर्थन में दिया जाने वाला यह तर्क वास्तव में उचित और सन्तोषप्रद नहीं है। इस तर्क को अस्वीकार करते हुए वे कहती हैं कि जो दार्शनिक यह तर्क देते हैं उन्होंने नैतिक शब्दों के व्यावहारिक प्रयोग को समझने में भूल की है। यदि व्यावहारिक जीवन में नैतिक शब्दों के प्रयोग को ठीक-ठीक समझा जाए तो तथ्यात्मक निष्कर्षों में दिखाई देने वाला यह अंतराल समाप्त हो जाता है।

अपनी उपर्युक्त मान्यता को श्रीमती फ़ुट ने एक उदाहरण द्वारा इस प्रकार स्पष्ट किया है। उनका कथन है कि 'शुभ', 'उचित' आदि नैतिक शब्दों के समान ही 'आघात' या 'चोट' शब्द भी कर्मों के सम्बन्ध में हमारा मार्गदर्शन करता है। आघात या चोट अनिवार्यतः बुरी वस्तु है जिससे प्रत्येक व्यक्ति सदैव बचना चाहता है। इसका अर्थ यह है कि जिन्हें हम आघात पहुँचाने वाली वस्तुएँ मानते हैं उनसे हम अनिवार्यतः सदैव दूर रहना चाहते हैं। हमारे किसी अंग को चोट लग जाने का अनिवार्य परिणाम यही होता है कि वह अपना कार्य भली-भांति सम्पन्न नहीं कर पाता जिसके फलस्वरूप हम अपने उस अंग की सहायता से वह प्राप्त करने में असमर्थ हो जाते हैं जो हम प्राप्त करना चाहते हैं। यही कारण है कि हम अपने संपूर्ण शरीर को स्वस्थ रखने और उसे आघात से बचाने का सदा प्रयास करते हैं। इस उदाहरण की सहायता से श्रीमती फ़ुट संभवतः यह सिद्ध करना चाहती हैं कि "अमुक वस्तु आघात पहुंचाने वाली है" इस तथ्यात्मक कथन से हम अनिवार्यतः यह मूल्यात्मक निष्कर्ष निकाल सकते हैं कि "हमें उस वस्तु से दूर रहना चाहिए"। स्पष्टतः इसका अर्थ यही है कि उनके मतानुसार कुछ तथ्यात्मक कथनों और मूल्यात्मक निष्कर्षों में अनिवार्य अंतराल या अलंघ्य खाई नहीं हैं जैसा कि कुछ दार्शनिक मानते हैं। यदि हम कुछ विशेष तथ्यों को स्वीकार करते हैं तो हमें उन तथ्यों से निकलने वाले मूल्यात्मक निष्कर्षों को भी अनिवार्यतः स्वीकार करना पड़ेगा।

परन्तु मेरे विचार में परामर्शवादी श्रीमती फ़ुट के इस तर्क का निम्नलिखित उत्तर दे सकते हैं। "क आघात पहुंचाने वाली वस्तु है" और "क से हमें दूर रहना चाहिए" इन दोनों कथनों में कोई अनिवार्य तार्किक सम्बन्ध नहीं है। यह

संभव है कि कोई व्यक्ति इस तथ्य को भली-भांति जानता हो कि अमुक वस्तु या स्थिति से उसे भारी आघात पहुंच सकता है अथवा उसकी मृत्यु भी हो सकती है, किन्तु फिर भी वह उससे बचने का प्रयास न करे। युद्ध में कर्तव्य-पालन तथा देश-रक्षा के लिए सैनिकों का अपनी इच्छा से किया गया बलिदान इस बात का स्पष्ट और ज्वलंत प्रमाण है। वस्तुत: श्रीमती फ़ुट स्वयं भी इस संभावना को स्वीकार करती हैं। इस सम्बत्ध में उन्होंने स्पष्ट कहा है कि "व्यावहारिक दृष्टि से 'आघात' शब्द का अर्थ केवल यही है कि किसी व्यक्ति के पास आघातों से दूर रहने का कारण है, किन्तु ऐसा करने के लिए यह सर्वोपरि कारण नहीं है।"[19] इस प्रकार दूसरी मान्यता के विरुद्ध श्रीमती फ़ुट ने ऊपर जो तर्क दिया है वह बहुत प्रबल तथा विश्वसनीय प्रतीत नहीं होता। यहां यह उल्लेखनीय है कि पहली मान्यता के विरुद्ध उन्होंने जो कुछ कहा है उस पर भी यही आपत्ति लागू होती है, क्योंकि यह मान्यता भी दूसरी मान्यता से मूलत: भिन्न नहीं है।

हम सातवें अध्याय में देख चुके हैं कि हेयर के अनुसार प्रत्येक नैतिक निर्णय में कोई आदेश अनिवार्यत: निहित रहता है और यह निर्णय देने वाला व्यक्ति इस आदेश के अनुरूप आचरण करने के लिए अपने आपको प्रतिबद्ध करता है। यदि कोई व्यक्ति इस नैतिक निर्णय को वास्तव में स्वीकार करता है कि "अमुक कर्म शुभ है" तो अनिवार्यत: वह यह भी स्वीकार करता है कि शारीरिक तथा मानसिक दृष्टि से समर्थ होने पर और उचित अवसर के उपस्थित होने पर वह स्वयं भी उस कर्म को करेगा अथवा कम से कम उसे करने का यथासंभव प्रयास अवश्य करेगा। यदि वह ऐसा नहीं करता तो इसका अर्थ यही है कि उसने उक्त नैतिक निर्णय को वस्तुत: स्वीकार नहीं किया। परन्तु श्रीमती फ़ुट का कथन है कि नैतिक निर्णयों के सम्बन्ध में हेयर की यह मान्यता उचित नहीं है। वे यह मानती हैं कि कोई व्यक्ति किसी नैतिक निर्णय को वास्तव में स्वीकार करते हुए भी और शारीरिक तथा मानसिक दृष्टि से उसके अनुरूप आचरण करने में पूर्णत: समर्थ होते हुए भी स्वयं ऐसा न करने के लिए स्वतन्त्र है। अपने इस मत को एक उदाहरण द्वारा स्पष्ट करते हुए वे कहती हैं कि "मैं किसी दूसरे व्यक्ति में साहस के होने की बात कह सकती हूं और इस साहस को अवश्य ही वास्तविक अर्थ में सद्‌गुण भी मान सकती हूं, जबकि मैं यह जानती हूं कि मैं पूर्णत: कायर हूं तथा अपने आप को सुधारने के लिए कोई प्रयास भी नहीं करती। मैं यह जानती हूँ कि यदि मैं साहसी बनू तो मैं अधिक श्रेष्ठ हूंगी और इस प्रकार अपने भीतर साहस उत्पन्न करने के लिए मेरे पास कारण है, किन्तु मैं यह भी जानती

19. वही पुस्तक, पृ० 95

हूं कि मैं स्वयं साहसी बनने के लिए कुछ नहीं करूंगी।"[20] इस प्रकार हेयर के विपरीत श्रीमती फ़ुट यह मानती हैं कि किसी भी नैतिक निर्णय में उसके अनुरूप आचरण करने के लिए आदेश का निहित रहना अनिवार्य नहीं है। परन्तु मेरे विचार में उनकी इस मान्यता का तर्कसंगत रूप से समर्थन करना बहुत कठिन है। इसका कारण यह है कि नैतिक निर्णयों का मनुष्य के आचरण के साथ अनिवार्य सम्बन्ध है, अत: यदि कोई व्यक्ति किसी नैतिक निर्णय को वास्तव में स्वीकार करते हुए भी उचित अवसर पर स्वयं उसके अनुरूप आचरण करने का प्रयास नहीं करता तो यही कहा जा सकता है या तो उसमें निष्ठा का अभाव है अथवा वह उस निर्णय के अनुरूप आचरण करने में शारीरिक या मानसिक दृष्टि से असमर्थ है। वस्तुत: इस संबंध में हेयर का मत श्रीमती फुट के मत की अपेक्षा अधिक उचित और युक्तिसंगत प्रतीत होता है।

गीच की भांति श्रीमती फ़ुट ने भी यह प्रश्न उठाया है कि हमें साहस, संयम, न्याय आदि नैतिक सद्गुणों के अनुसार आचरण क्यों करना चाहिए। इस प्रश्न का उत्तर देते हुए वे कहती हैं कि ये सभी नैतिक सद्गुण अतत: स्वयं व्यक्ति के लिए लाभदायक अथवा हितकर सिद्ध होते हैं, अत: उसके लिए इनके अनुरूप सदैव आचरण करना आवश्यक है। श्रीमती फ़ुट यह स्वीकार करती हैं कि कुछ विशेष परिस्थितियों में किसी सद्गुण के अनुसार आचरण करने के कारण मनुष्य को कभी-कभी हानि हो सकती है। उदाहरणार्थ किसी खतरनाक स्थिति का ठीक-ठीक अनुमान न लगा सकने के फलस्वरूप साहसी व्यक्ति को कभी-कभी बहुत कष्ट हो सकता है। परन्तु फिर भी श्रीमती फ़ुट के मतानुसार साहस उसके लिए कुल मिला कर अंतत: लाभप्रद ही सिद्ध होता है। यही बात व्यावहारिक बुद्धिमत्ता और संयम इन दोनों सद्गुणों के विषय में भी कही जा सकती है। यहां यह प्रश्न उठाया जा सकता है कि क्या अन्य सद्गुणों की भांति न्याय भी उस व्यक्ति के लिए लाभदायक सिद्ध होता है जो इसके अनुसार आचरण करता है। श्रीमती फ़ुट ने इस प्रश्न पर विस्तारपूर्वक विचार किया है। वे यह स्वीकार करती हैं कि न्याय-शील व्यक्ति को सदैव न्याय के अनुरूप आचरण करने के फलस्वरूप कभी-कभी बहुत कष्ट सहन करना पड़ सकता है। इसका कारण यह है कि न्याय का सम्बन्ध व्यक्ति के अपने सुख से न होकर दूसरों के हित या कल्याण से ही है। न्यायशील व्यक्ति को दूसरों के हित के लिए स्वयं अपने सुख का परित्याग करना पड़ सकता है और कुछ विशेष परिस्थितियों में अपने जीवन का बलिदान भी करना पड़ सकता है। परन्तु श्रीमती फ़ुट के विचार में इससे यह निष्कर्ष निकालना उचित

20. वही पुस्तक, पृ० 96

नहीं होगा कि न्याय स्वयं न्यायशील व्यक्ति के लिए अंततः हानिकारक है और कोई मनुष्य सदा अन्याय के अनुसार आचरण करके आनन्दपूर्वक जीवन व्यतीत कर सकता है। इस संबन्ध में वे यह प्रश्न उठाती हैं कि ऐसे कितने व्यक्ति हैं जो स्पष्टतः अन्याय को न्याय की अपेक्षा अधिक लाभदायक मानने के लिए तैयार हैं।

वस्तुतः श्रीमती फ़ुट का निश्चित मत है कि अन्याय के अनुसार आचरण करके कोई भी व्यक्ति स्वयं सुखमय जीवन व्यतीत नहीं कर सकता। चाहे कोई व्यक्ति कितना ही शक्तिशाली क्यों न हो, वह सदा अन्याय के पथ पर चलकर अपने जीवन में आनन्द प्राप्त करने की आशा नहीं कर सकता। अपने इस मत की पुष्टि के लिए श्रीमती फ़ुट ने निम्नलिखित मुख्य दो तर्क प्रस्तुत किए हैं—(1) यदि कोई मनुष्य सफलतापूर्वक अन्याय के मार्ग पर चलना चाहता है तो उसे अन्य व्यक्तियों के साथ अनिवार्यतः छल करना पड़ेगा और उन्हें यह विश्वास दिलाना पड़ेगा कि वह वास्तव में न्यायशील व्यक्ति है। परन्तु उसके लिए ऐसा करना संभव नहीं है, क्योंकि सभी व्यक्तियों को सदा सफलतापूर्वक धोखा नहीं दिया जा सकता। फिर यदि वह ऐसा करने का प्रयास करता है तो उसे जीवन में मानसिक शांति कभी प्राप्त नहीं हो सकती। (2) अन्याय के अनुसार सदा सफलतापूर्वक आचरण करने के लिए उसे अन्य सभी व्यक्तियों को स्वतन्त्र और प्रतिष्ठित मनुष्य न मान कर केवल अपने सुख या हित का साधन मानना पड़ेगा जिसके फलस्वरूप उनके साथ उसके मधुर मानवीय संबंध निश्चय ही समाप्त हो जायेंगे। यह समझना कठिन नहीं है कि इस स्थिति का उस व्यक्ति के जीवन पर दुष्प्रभाव पड़ना अनिवार्य है। अपने इन दोनों तर्कों के आधार पर श्रीमती फ़ुट ने यह निष्कर्ष निकाला है कि सदा न्याय के अनुरूप आचरण करना स्वयं न्यायशील व्यक्ति के लिए अंततः हितकर है, अतः यह अत्यन्त संदेहास्पद है कि न्याय की अपेक्षा अन्याय मनुष्य के लिए अधिक लाभदायक सिद्ध हो सकता है।[21] इस प्रकार उनके मतानुसार न्याय सहित सभी नैतिक सद्गुणों के अनुरूप आचरण करना अंततः मनुष्य की अपनी मूल आवश्यकताओं की पूर्ति के लिए अनिवार्य है।

यहां यह उल्लेखनीय है कि न्याय तथा अन्य नैतिक सद्गुणों के विषय में श्रीमती फ़ुट का उपर्युक्त मत इन सद्गुणों के सम्बन्ध में डेविड ह्यूम के मत से अधिक भिन्न नहीं है। जैसाकि हम तीसरे अध्याय में देख चुके हैं, अपनी दो प्रसिद्ध पुस्तकों—'ए ट्रिटाइज़ ऑफ़ ह्यूमन नेचर' तथा ऐन इन्क्वायरी कन्सर्निंग

21. वही पुस्तक, पृ० 100

दि प्रिंसिपल्ज़ ऑफ़ मॉरल्ज़'—में ह्यूम ने यही मत प्रस्तुत किया है कि नैतिक सद्गुण अपने आप में शुभ न होकर व्यक्ति और समाज दोनों के हित के साधन मात्र हैं। हम ऊपर देख चुके हैं कि श्रीमती फ़ुट भी सद्गुणों के विषय में मूलत: इसी उपयोगितावादी दृष्टिकोण को स्वीकार करती हैं। परन्तु डी० जैड० फ़िलिप्स तथा कुछ अन्य समकालीन दार्शनिकों ने नैतिकता के संबन्ध में उनके इस दृष्टिकोण की तीव्र आलोचना की है। इन दार्शनिकों के मतानुसार श्रीमती फ़ुट की इस मान्यता को प्रमाणित करना संभव नहीं है कि न्याय के फलस्वरूप कुल मिलाकर स्वयं न्यायशील व्यक्ति को किसी प्रकार का लाभ होता है। इसके विपरीत प्राय: यह देखा जाता है कि अन्यायी व्यक्ति समाज में धन, सुख, यश, सम्मान आदि सब कुछ प्राप्त कर लेते हैं। ऐसी स्थिति में यह नहीं कहा जा सकता कि न्याय अंतत: न्यायशील व्यक्ति के लिए लाभप्रद या हितकर है। इसके अतिरिक्त श्रीमती फ़ुट के आलोचकों का यह भी कथन है कि वे नैतिकता को मनुष्य की आवश्यकताओं की पूर्ति का साधन मात्र मान लेती हैं जो वास्तव में उचित नहीं है। हमें न्याय के मार्ग पर केवल इसलिए चलना चाहिए कि वह न्याय का मार्ग है; उसे अपनी इच्छाओं या आवश्यकताओं की पूर्ति का साधन मानना निश्चय ही अनुचित है।[22] जैसाकि हम चौथे अध्याय में देख चुके हैं, कान्ट के मत का अनुसरण करते हुए रॉस, प्रिचर्ड आदि कुछ अन्य समकालीन दार्शनिकों ने भी नैतिकता के सम्बन्ध में मूलत: इसी परिणाम निरपेक्षवादी दृष्टिकोण का समर्थन किया है। परन्तु पी० टी० गीच तथा श्रीमती फ़िलिपा फ़ुट दोनों ही कान्ट की इस विचारधारा को अस्वीकार करते हैं। वस्तुत: बहुत प्राचीनकाल से ही नैतिकता के सम्बन्ध में परिणाम निरपेक्षवाद तथा परिणाम सापेक्षवाद इन दोनों विचारधाराओं के समर्थकों में तीव्र विवाद चला आ रहा है और यह विवाद आज भी समाप्त नहीं हुआ है। ऐसी स्थिति में निश्चयपूर्वक यह कहना बहुत कठिन है कि इन दोनों विरोधी विचारधाराओं में से कौन-सी विचारधारा अधिक वांछनीय और तर्क संगत है। यहां इस विवाद में न उलझकर हम इतना ही कह सकते हैं कि गीच तथा श्रीमती फ़ुट दोनों ही नैतिकता के विषय में अरस्तू और ह्यूम की उपयोगितावादी अथवा परिणाम सापेक्षवादी विचारधारा का समर्थन करते हैं।

अपने एक अन्य लेख 'गुडनेस ऐंड चॉइस' में श्रीमती फ़ुट ने अनेक तर्कों के आधार पर यह प्रमाणित करने का प्रयास किया है कि किसी वस्तु के शुभ या

22. डी० जेड० फिलिप्स का लेख, 'डज़ इट पे टु बी गुड ?' प्रोसीडिंग्ज ऑफ दि ऐरिस्टोटेलियन सोसाइटी', 1964-1965

अच्छी होने तथा किसी व्यक्ति द्वारा उसका चयन करने में कोई अनिवार्य सम्बन्ध नहीं है। उनका यह लेख सर्वप्रथम 'प्रोसीडिंग्ज़ ऑफ़ दि ऐरिस्टोटेलियन सोसाइटी, सप्लीमेंट्री वोल्यूम 35 के 1961 अंक में प्रकाशित हुआ था। अपने पहले लेख 'मॉरल विलीफ़्स' की भांति इस लेख में भी उन्होंने हेयर के परामर्शवाद का खंडन करते हुए यह सिद्ध करने का प्रयत्न किया है कि नव्य प्रकृतिवाद परामर्शवाद की अपेक्षा कहीं अधिक संतोषप्रद सिद्धांत है। जैसा कि श्रीमती फ़ुट के दूसरे लेख के शीर्षक से ही स्पष्ट है, इसमें उन्होंने किसी वस्तु के शुभ होने और किसी मनुष्य द्वारा उसका चुनाव करने के पारस्परिक संबंध की विवेचना की है। उनका कथन है कि कुछ दार्शनिक वस्तुओं को शुभ कहने तथा उनका चयन करने में अनिवार्य संबंध मानते हैं और इसी आधार पर 'शुभ' शब्द के अर्थ की व्याख्या करते हैं। इन दार्शनिकों के मतानुसार जब हम किसी वस्तु को शुभ या अच्छी कहते हैं तो हम अनिवार्यत: उसे चुनना चाहते हैं और जिस वस्तु को हम चुनना चाहते हैं उसे हम अनिवार्यत: शुभ अथवा अच्छी कहते हैं। ये दार्शनिक अपने इस सिद्धांत के निम्नलिखित मुख्य तीन लाभ बताते हैं। (1) यह सिद्धान्त विशेष निर्प्राकृतिक गुणों के विचार को स्वीकार किए बिना ही 'शुभ', 'उचित' आदि मूल्यात्मक शब्दों तथा 'पीला', 'गोल', 'चौरस' आदि वर्णनात्मक शब्दों के अर्थ में पाए जाने वाले मूल भेद की समुचित व्याख्या करता है। (2) यह हमें बताता है कि मूल्यात्मक निर्णय—विशेषत: नैतिक निर्णय—मार्गदर्शक होते हैं, क्योंकि ये निर्णय हमारे कर्मों का मार्ग दर्शन करते हैं। इस दृष्टि से ये निर्णय वर्णनात्मक कथनों से मूलत: भिन्न होते हैं। (3) यह सिद्धांत हमारी इस समस्या का भी समाधान करता है कि विभिन्न प्रकार की वस्तुओं के लिए प्रयुक्त होने पर भी 'शुभ' शब्द का अर्थ सदा समान क्यों रहता है। इसका कारण स्पष्ट करते हुए यह सिद्धांत हमें बताता है कि भिन्न-भिन्न प्रकार की वस्तुओं के लिए 'शुभ' शब्द के अर्थ की समानता का आधार उन सभी वस्तुओं को चुनने की हमारी अनिवार्य इच्छा है। परंतु श्रीमती फ़ुट उपर्युक्त सिद्धांत के इन तीनों लाभों को भ्रामक मानते हुये इस सिद्धांत का दृढ़तापूर्वक खंडन करती हैं। उनका कथन है कि इस सिद्धांत के समर्थकों के बिचारों में अनेक अस्पष्टताएं तथा भ्रांतियां हैं।[23]

'शुभ' शब्द के अर्थ के विषय में उपर्यक्त सिद्धांत को अस्वीकार करते हुए श्रीमती फ़ुट कहती हैं कि किसी वस्तु को शुभ या अच्छी कहने और उसका चयन करने में वस्तुत: कोई अनिवार्य सबंध नहीं है। किसी वस्तु का चयन करने के

23. श्रीमती फिलिपा फुट का लेख, 'गुडनेस एण्ड चॉइस', डब्ल्यू० डी० हडसन द्वारा सम्पादित' दि इज-ऑट क्वश्चन' में संकलित, पृ० 214

लिये तैयार होना उसे शुभ कहने की पर्याप्त और अनिवार्य शर्त नहीं हो सकती। यह संभव है कि हम किसी वस्तु का चयन करें किंतु वह शुभ न हो। इसी प्रकार यह भी संभव है कि कोई वस्तु शुभ हो किंतु हम उसका चयन न करें। मान लीजिए कोई व्यक्ति यह कहता है कि "अमुक वस्तु अच्छी है" और हम उससे यह पूछते हैं कि वह वस्तु क्यों अच्छी है। यदि वह हमारे इस प्रश्न का यह उत्तर देता है कि "वह वस्तु अच्छी है, क्योंकि मैं स्वयं उसे पसन्द करता हूं और उसे चुनना चाहता हूं" तो निश्चय ही हम उसके इस उत्तर को उचित, पर्याप्त एवं संतोषप्रद नहीं मान सकते। इसका कारण यह है कि किसी व्यक्ति द्वारा किसी वस्तु का चयन करना उसे अनिवार्यतः शुभ या अच्छी नहीं बना देता। श्रीमती फ़ुट का मत है कि किसी वस्तु को अच्छी कहने की कुछ निश्चित कसौटियां होती हैं जिन्हें कोई भी व्यक्ति स्वयं अपनी इच्छानुसार निर्धारित नहीं कर सकता। ये कसौटियां उस वस्तु के कार्य अथवा उपयोग के आधार पर पहले से ही निर्धारित रहती हैं ओर प्रत्येक व्यक्ति के लिए इन्हें स्वीकार करना अनिवार्य होता है। इन पूर्वनिर्धारित कसौटियों को ध्यान में रखकर ही वह उस वस्तु को अच्छी कह सकता है, स्वयं अपनी इच्छा से स्वीकार की हुई कसौटियों के आधार पर नहीं। स्पष्टतः इसका अर्थ यही है कि श्रीमती फ़ुट के मतानुसार कोई भी व्यक्ति किसी वस्तु को शुभ या अच्छी कहने की कसौटियों को निर्धारित करने के लिए स्वतन्त्र नहीं है। वह किसी वस्तु के शुभत्व के लिए पूर्व निर्धारित कसौटियों की उपेक्षा करते हुए उसे केवल इसलिए शुभ या अच्छी नहीं कह सकता कि वह स्वयं उसका चयन करना चाहता है। यह नियम निर्नैतिक तथा नैतिक दोनों प्रसंगों में 'शुभ' शब्द के प्रयोग पर समान रूप से अनिवार्यतः लागू होता है।

सभी प्रकार की वस्तुओं के लिए 'शुभ' के प्रयोग के विषय में अपनी उपर्युक्त मान्यता को श्रीमती फ़ुट ने अनेक उदाहरणों द्वारा स्पष्ट किया है। उनका कथन है कि हम केवल उसी चाकू को 'अच्छा चाकू' कह सकते हैं जो काटने का कार्य भली-भांति संपन्न करता है, क्योंकि यही उसके अच्छे होने की निश्चित कसौटी है जिसमें हम अपनी इच्छानुसार परिवर्तन नहीं कर सकते। हम यह नहीं कह सकते कि 'अच्छा चाकू' वह है जिस से काटने में हमें बहुत कठिनाई होती है और जिसे शीघ्र ही ज़ंग लग जाता है। यदि कोई विशेष स्पष्टीकरण दिए बिना हम ऐसा कहते हैं तो हमारा कथन वास्तव में सार्थक नहीं होगा। इसी प्रकार हम उसी कलम को 'अच्छा कलम' कह सकते हैं जो बहुत स्पष्ट अक्षर लिखता है और जिससे लिखना हमारे लिए सरल होता है। हम ऐसे कलम को 'अच्छा कलम' नहीं कह सकते जिससे लिखने में हमें कठिनाई होती है और जो अस्पष्ट तथा अपाठ्य अक्षर लिखता है। यदि हम ऐसे कलम को 'अच्छा कलम' कहते हैं तो

सामान्य परिस्थितियों में दूसरों के लिए हमारे कथन का अर्थ समझना निश्चय ही बहुत कठिन होगा। यही बात ऐसी अन्य सभी वस्तुओं के संबंध में भी कही जा सकती है जिन्हें हम अच्छी या बुरी कहते हैं।[24]

श्रीमती फ़ुट का कथन है कि कुछ दार्शनिक निर्नैतिक प्रसंगों में 'शुभ' शब्द के प्रयोग के विषय में उपर्युक्त मत को स्वीकार करते हुए भी नैतिक प्रसंगों में इसे स्वीकार नहीं करते। इन दार्शनिकों का विचार है कि नैतिक प्रसंगों में प्रत्येक व्यक्ति 'शुभ' से संबंधित कसौटियों को स्वयं अपनी इच्छानुसार निर्धारित कर सकता है। इसका अर्थ यह है कि वह किसी कर्म के शुभत्व के लिए पूर्वनिर्धारित कसौटियों को अस्वीकार करते हुए उनसे पूर्णतः भिन्न अथवा विरोधी कसौटियों के आधार पर उसे शुभ कह सकता है। परंतु श्रीमती फ़ुट के मतानुसार निर्नैतिक प्रसंगों की भांति नैतिक प्रसंगों में भी 'शुभ' के प्रयोग के विषय में यह मान्यता नितांत अनुचित है। जैसा कि उन्होंने अपने पहले लेख 'मॉरल बिलीफ़्स' में विस्तार से स्पष्ट किया है, हम किसी कर्म को यों ही अपनी इच्छानुसार शुभ या अशुभ नहीं कह सकते। इसी प्रकार हम किसी व्यक्ति को मनमाने ढंग से 'अच्छा मनुष्य', 'अच्छा मित्र', या 'अच्छा पिता' नहीं कह सकते। इससे स्पष्ट है कि निर्नैतिक प्रसंगों की भांति नैतिक प्रसंगों में भी 'शुभ' या 'अच्छा' शब्द के सार्थक प्रयोग की कसौटियां पहले से ही निश्चित होती हैं, अतः इन प्रसंगों में भी किसी व्यक्ति को इन कसौटियों का चयन करने की स्वतन्त्रता प्राप्त नहीं है।

नैतिक तथा निर्नैतिक इन दोनों प्रकार के प्रसंगों में 'शुभ' या 'अच्छा' शब्द के प्रयोग के संबंध में अपनी उपर्युक्त मान्यता को स्पष्ट करते हुए श्रीमती फ़ुट ने लिखा है—"प्रायः यह कहा जाता है कि मूल्यात्मक अर्थ में 'शुभ' शब्द का प्रयोग मनुष्य को अन्य वस्तुओं के स्थान पर उन वस्तुओं का चयन करने के लिए प्रतिबद्ध करता है जिन्हें वह शुभ कहता है, अथवा अन्य बातों के समान रहने पर उसे कम से कम ऐसा अवश्य करना चाहिए। इस प्रकार के कथन पूर्णतः भ्रामक हैं जो हमें यह बताते हैं कि यदि कोई व्यक्ति यह सोचता है कि उसके पास 'क' को चुनने का कारण है तो वह 'क' को शुभ कहने के लिए स्वतंत्र है।···निष्कर्ष यही प्रतीत होता है कि सामान्य अर्थ में 'शुभ' शब्द के प्रयोग के लिए वक्ता द्वारा किसी वस्तु के चुनाव के साथ उसका संबद्ध होना कोई अनिवार्य शर्त नहीं है। अन्य बातों के समान रहने पर यदि कोई व्यक्ति दूसरी वस्तुओं की अपेक्षा उस 'क' को अधिक पसंद करता है जिसे वह शुभ कहता है तो इसका कारण उस 'क' का विशेष

24. वही पुस्तक, पृ० 215

स्वरूप और उसकी अपनी इच्छाओं तथा आवश्यकताओं के साथ उसके संबंध का होना है।"[25] इस प्रकार श्रीमती फ़ुट इस मान्यता को पूर्णतः अस्वीकार करती हैं कि किसी वस्तु का चयन करना उसे शुभ कहने की अनिवार्य शर्त है।

अपने उपर्युक्त दोनों लेखों में श्रीमती फ़ुट ने 'शुभ' तथा अन्य नैतिक शब्दों के अर्थ के विषय में परामर्शवाद के विरुद्ध जो आपत्तियां उठाई हैं उनका हेयर ने 'डिस्क्रिप्टिविज़्म' नामक अपने एक लेख में विस्तारपूर्वक उत्तर दिया है। उनका यह लेख 'प्रोसीडिंग्ज़ ऑफ़ दि ब्रिटिश ऐकेडेमी' में सर्वप्रथम 1963 में प्रकाशित हुआ था। इस लेख में उन्होंने अपने सिद्धांत के विरुद्ध श्रीमती फ़िलिपा फ़ुट तथा अन्य नव्य प्रकृतिवादियों द्वारा प्रस्तुत किए गए तर्कों का खंडन किया है। हेयर स्वयं यह स्वीकार करते हैं कि किसी व्यक्ति द्वारा किसी वस्तु को चुनना या चुनने की इच्छा करना उस वस्तु को शुभ कहने की पर्याप्त और अनिवार्य शर्त नहीं है। जैसा कि हम इस अध्याय के पिछले खंड में देख चुके हैं, गीच के लेख के उत्तर में उन्होंने स्पष्ट कहा है कि "अमुक पुस्तक अच्छी है" इस कथन का अर्थ अनिवार्यतः और केवल यह नहीं है कि "आप इस पुस्तक को चुनें।" परन्तु हेयर के मतानुसार यदि कोई व्यक्ति यह कहता है कि "मैं सोचता हूं कि अमुक वस्तु अच्छी है" तो उसके इस कथन का अर्थ अनिवार्यतः यही है कि वह उस वस्तु का चयन करना चाहता है अथवा उचित अवसर आने पर वह उसका चयन करेगा। इसी प्रकार यदि कोई व्यक्ति किसी वस्तु का चयन करता है तो इसका अर्थ यही है कि वह स्वयं यह सोचता है कि वह वस्तु अच्छी है। इस प्रकार हेयर ने निम्नलिखित दो कथनों में स्पष्टतः भेद किया है : (1) "अमुक वस्तु शुभ है"; (2) "मैं सोचता हूं कि अमुक वस्तु शुभ है।" वे यह मानते हैं कि केवल दूसरे प्रकार के कथनों के प्रसंग में किसी वस्तु को शुभ कहने तथा वक्ता द्वारा उसका चयन करने में अनिवार्य संबंध है, प्रथम प्रकार के कथनों के प्रसंग में नहीं।··· "'क' शुभ है" और "मैं 'क' का चयन करना चाहता हूं" ये दोनों कथन समानार्थक नहीं हैं। परन्तु "मैं सोचता हूँ कि 'क' शुभ है" और "मैं स्वयं 'क' का चयन करना चाहता हूं" ये दोनों कथन अवश्य ही समानार्थक हैं। इस प्रकार हेयर के विचार में उनके सिद्धांत के विरुद्ध वह आपत्ति उठाना उचित नहीं है जो श्रीमती फ़ुट ने उठाई है क्योंकि वे स्वयं ही किसी वस्तु के चयन को उसके शुभत्व की पर्याप्त और अनिवार्य शर्त नहीं मानते।

अपने उपर्युक्त लेख में हेयर ने श्रीमती फ़ुट की इस आपत्ति का भी सविस्तार उत्तर दिया है कि परामर्शवादी तथ्यात्मक कथनों और मूल्यात्मक निर्णयों में अनिवार्य अन्तराल अथवा अलंघ्य दूरी मानते हैं, अतः उनके अनुसार

25. वही पुस्तक, पृ० 224, 227

कोई व्यक्ति किसी वस्तु के शुभत्व के लिए सामान्य प्रतिमानों को अस्वीकार करते हुए उसे मनमाने ढंग से शुभ या अशुभ कह सकता है। हम देख चुके हैं कि इस संबंध में श्रीमती फ़ुट ने एक घण्टे में तीन बार हाथों की मुट्ठियां खोलने या बंद करने के कर्म को शुभ मानने का उदाहरण दिया है। उनकी इस आपत्ति के उत्तर में हेयर का मत है कि तार्किक दृष्टि से 'शुभ' शब्द का अर्थ हमें किसी वस्तु के शुभत्व के संबंध में किन्हीं विशेष प्रतिमानों अथवा कसौटियों को अनिवार्यतः स्वीकार करने के लिए बाध्य नहीं करता। स्वयं इस शब्द के अर्थ में ऐसा कुछ नहीं है जो इसे किंहीं विशेष कसौटियों या प्रतिमानों के साथ अनिवार्यतः संबद्ध कर दे। इसका तात्पर्य यह है कि 'शुभ' शब्द के अर्थ को ध्यान में रखते हुए हम अवश्य ही किसी भी वस्तु को शुभ कह सकते हैं और ऐसा करना हमारे लिए इस शब्द के अर्थ को समझने में कोई बाधा नहीं डालता। यदि कोई व्यक्ति यह कहता है कि "एक घण्टे में तीन बार हाथों की मुट्ठियां बंद करना शुभ है" तो हेयर के मतानुसार उसका यह कथन तार्किक दृष्टि से हमारे लिए अबोधगम्य नहीं है—अर्थात् उसके इस कथन का अर्थ समझने में हमारे लिए कोई तार्किक बाधा नहीं है। हम यह भलीभांति समझ सकते हैं कि वह व्यक्ति उक्त कर्म की प्रशंसा कर रहा है, यद्यपि हम उसकी इस प्रशंसा के कारणों को नहीं जानते। हेयर श्रीमती फ़ुट के इस मत को स्वीकार करते हैं कि सामान्य परिस्थितियों में कोई भी व्यक्ति इस कर्म को शुभ नहीं कहेगा, क्योंकि इसका मनुष्य के हितों अथवा उसकी इच्छाओं या आवश्यकताओं के साथ सामान्यतः कोई संबंध नहीं है। परन्तु हेयर के विचार में उक्त कर्म को शुभ न कहने का कारण यह नहीं है कि इसे शुभ कहने में किसी प्रकार का तार्किक व्याघात है अथवा इसे शुभ कहना हमारे लिए अबोधगम्य है। उनके इस कथन की सत्यता का प्रमाण यह है कि श्रीमती फुट स्वयं यह मानती हैं कि किन्हीं विशेष परिस्थितियों में इस कर्म को शुभ कहना हमारे लिए सार्थक और बोधगम्य हो सकता है। इससे यह पूर्णतः स्पष्ट है कि उक्त कर्म को शुभ कहने में शब्दार्थ विषयक कोई तार्किक बाधा नहीं है।

अब विचारणीय प्रश्न यह है कि हम सामान्यतः एक घण्टे में तीन बार हाथों की मुट्ठियां बंद करने या खोलने के कर्म को शुभ क्यों नहीं कहते और यदि कोई व्यक्ति इसे शुभ कहता है तो हमें आश्चर्य क्यों होता है। अपने लेख में हेयर ने इस प्रश्न पर भी विस्तारपूर्वक विचार किया है। उनका कथन है कि सामान्यतः हम ऐसे कर्मों को शुभ कहते हैं जिनके प्रति हमारी प्रशंसात्मक अभिवृत्ति होती है और हमारी यह प्रशंसात्मक अभिवृत्ति केवल उन्हीं कर्मों के प्रति होती है जो हमारे जीवन की रक्षा तथा वृद्धि में सहायक हैं और जो हमारी

किसी इच्छा या आवश्यकता की पूर्ति करते हैं। ऐसे कर्मों को हम निश्चय ही अशुभ नहीं कहते, यद्यपि इन्हें अशुभ कहने में कोई तार्किक व्याघात नहीं है।[26] श्रीमती फ़ुट ने जिस कर्म का उदाहरण दिया है उसे शुभ न कहने का कारण यही है कि वह सामान्यतः मनुष्य की किसी इच्छा या आवश्यकता की पूर्ति नहीं करता। ऐसी स्थिति में जब कोई व्यक्ति इस कर्म को शुभ कहता है तो किसी विशेष व्याख्या के अभाव में उसके कथन पर हमारा आश्चर्यचकित होना स्वाभाविक ही है। परन्तु इसका अर्थ यह नहीं है कि इस कर्म को शुभ कहना हमारे लिए उसी प्रकार व्याघातपूर्ण तथा अबोधगम्य हो जाता है जिस प्रकार किसी विवाहिता नारी को 'कुमारी कन्या' कहना। यदि हम 'विवाहिता' और 'कुमारी' का अर्थ जानते हैं तो हम किसी नारी के लिए तार्किक दृष्टि से सार्थकतापूर्वक इन दोनों शब्दों का प्रयोग एक साथ नहीं कर सकते। ऐसा करने से हमारे कथन में अनिवार्यतः स्वतोव्यावात का दोष उत्पन्न हो जाता है। परन्तु यदि हम एक घण्टे में तीन बार हाथों की मुटिठयां बन्द करने के कर्म को शुभ कहते हैं तो निश्चय ही हमारे कथन में यह दोष नहीं आता, क्योंकि 'शुभ' शब्द का अर्थ अपने आप में इस कर्म की प्रशंसा करने का निषेध नहीं करता। इस प्रकार हेयर का मत है कि उक्त कर्म का उदाहरण देते हुए श्रीमती फ़ुट ने परामर्शवाद के विरुद्ध जो तर्क प्रस्तुत किया है वह वास्तव में उचित नहीं है।

अपनी उपर्युक्त मान्यता को सत्य प्रमाणित करने के लिए हेयर ने 'अनुभवमूलक असंभाव्यता' तथा 'तार्किक असंभाव्यता' इन दोनों में स्पष्ट भेद किया है और इन्हें एक-दूसरे से पूर्णतः भिन्न मानना अनिवार्य बतलाया है। उनके मतानुसार यह सम्भव है कि हमारे किसी कथन में 'अनुभवमूलक असंभाव्यता' हो किन्तु उसमें 'तार्किक असंभाव्यता' न हो। अपने इस मत को उन्होंने एक उदाहरण द्वारा इस प्रकार स्पष्ट किया है। मान लीजिए कोई व्यक्ति यह कहता है कि "मैंने एक टन भारी पत्थर को अपने हाथ से उठाकर ऊपर आकाश में फेंक दिया है"। हम अपने अनुभव द्वारा निश्चित रूप से यह जानते हैं कि किसी भी मनुष्य के लिए ऐसा करना संभव नहीं है। इसी कारण हम यह मानते हैं कि उस व्यक्ति के उपर्युक्त कथन में 'अनुभवमूलक असंभाव्यता' है। परन्तु उसके इस कथन में कोई 'तार्किक असंभाव्यता' अथवा स्वतोव्याघात नहीं है, क्योंकि शब्दार्थ की दृष्टि से उसका यह कथन हमारे लिए पूर्णतः बोधगम्य और सार्थक है। यदि हम इस कथन में प्रयुक्त शब्दों का ठीक-ठीक अर्थ जानते हैं तो हम

26. आर० एम० हेयर का लेख, 'डिस्क्रिप्टिविज्म', डब्ल्यू० डी० हडसन द्वारा सम्पादित 'दि इज-आट क्वश्चन' में संकलित, पृ० 255

भली-भांति यह समझ सकते हैं कि वह व्यक्ति अपने इस कथन द्वारा वास्तव में क्या कह रहा है। अपने अनुभव के विरुद्ध होने के कारण हम चाहे इस कथन को सत्य न मानें, किन्तु इसकी बोध गम्यता में हमारे लिए कोई तार्किक कठिनाई नहीं है। इस प्रकार यह स्पष्ट है कि हमारा कोई कथन अनुभवात्मक दृष्टि से पूर्णतः मिथ्या होते हुए भी तार्किक दृष्टि से सार्थक तथा बोधगम्य हो सकता है। अपने इस तर्क द्वारा हेयर ने यह प्रमाणित किया है कि श्रीमती फ़ुट ने एक घण्टे में तीन बार हाथों की मुट्ठियां बंद करने के कर्म को शुभ कहने की जिस निरर्थकता की बात कही है वह वास्तव में तार्किक निरर्थकता न होकर केवल अनुभवात्मक निरर्थकता है। परामर्शवाद के विरुद्ध श्रीमती फ़ुट की आपत्ति के उत्तर में उनका यह तर्क उचित और विश्वसनीय प्रतीत होता है।

'शुभ' शब्द के अर्थ के विषय में हेयर ने ऊपर जो कुछ कहा है उससे यह पूर्णतः स्पष्ट है कि वे नैतिक तथा निर्नैतिक दोनों प्रसंगों में इस शब्द के सार्थक प्रयोग और उसकी कसौटियों में कोई अनिवार्य तार्किक संबंध नहीं मानते। वे नव्य प्रकृतिवादियों के इस मत को अवश्य स्वीकार करते हैं कि हम सामान्यतः उन्हीं वस्तुओं को शुभ या अच्छी कहते हैं जो हमारे जीवन की रक्षा तथा वृद्धि में सहायक होती हैं और जो हमारी इच्छाओं अथवा आवश्यकताओं की पूर्ति करती हैं। इस दृष्टि से हमारी इच्छाओं और आवश्यकताओं के साथ 'शुभ' शब्द के प्रयोग का निश्चय ही संबन्ध है। सामान्यतः जो वस्तुएँ हमारी आवश्यकताओं की पूर्ति करती हैं उन्हें हम अच्छी कहते हैं और जो इन आवश्यकताओं की पूर्ति में बाधा डालती हैं उन्हें हम बुरी कहते हैं। उदाहरणार्थ हम उस भोजन को 'अच्छा' कहते हैं जो हमारे लिए पौष्टिक तथा स्वास्थ्यवर्धक है। इसके विपरीत हम विषैले भोजन को 'बुरा' कहते हैं, क्योंकि वह हमारे जीवन के लिए घातक है। परन्तु हेयर के मतानुसार इससे यह निष्कर्ष निकालना उचित नहीं होगा कि 'शुभ' तथा 'अशुभ' इन शब्दों का कुछ विशेष वस्तुओं के साथ अनिवार्य तार्किक संबंध है। शब्दार्थ विषयक तार्किक नियमों का उल्लंघन किए बिना हम किसी भी वस्तु को शुभ या अच्छी कह सकते हैं। उदाहरणार्थ हम सामान्यतः विषैले भोजन को 'बुरा' कहते हैं, किन्तु यदि कोई व्यक्ति आत्महत्या करना चाहता है तो वह अपने इस उद्देश्य की पूर्ति में सहायक होने के कारण उसी विषैले भोजन को 'अच्छा' कह सकता है। और उसके ऐसा कहने में कोई तार्किक व्याघात नहीं है। यही बात ऐसी अन्य सभी वस्तुओं के विषय में भी कही जा सकती है जिन्हें हम अच्छी या बुरी कहते हैं। इससे यह स्पष्ट है कि हेयर के मतानुसार 'शुभ' शब्द के अर्थ और इसके प्रयोग की कसौटियों में कोई अनिवार्य तार्किक संबंध नहीं है।

अपने उर्युक्त मत की व्याख्या करते हुए हेयर कहते हैं कि "यदि तर्कशास्त्र हमें नई वस्तुओं की इच्छा करने अथवा पुरानी वस्तुओं की इच्छा का त्याग करने से नहीं रोकता तो वह यह भी निश्चित नहीं कर सकता कि हमारी आवश्यकता क्या है अथवा क्या नहीं है। जो मनुष्य ऐसी वस्तुओं के लिए 'शुभ' शब्द का प्रयोग करता है जिनका उन लक्ष्यों के साथ कोई संबन्ध नहीं है जिन्हें हम में से अधिकतर 'आवश्यकताएं' कहते हैं, वह अपने विचार को अभिव्यक्त करने के लिए इसका बिल्कुल ठीक प्रयोग करता है, परंतु उस मनुष्य के लिए ऐसा विचार रखना बहुत असाधारण बात होगी, क्योंकि हम में से अधिकतर अपने जीवन की सुरक्षा को अत्यधिक महत्व देते हैं।...संक्षेप में केवल कुछ विशेष वस्तुओं को शुभ कहने तथा उनका चयन और उनकी इच्छा करने की हमारी प्रवृति की व्याख्या तर्कशास्त्र की सहायता के बिना ही की जा सकती है;- इसलिए यह व्याख्या तर्कशास्त्र की कोई सहायता भी नहीं करती, और विशेषत: यह हमें मूल्यात्मक शब्दों के अर्थों या प्रयोगों के विषय में इसके अतिरिक्त और कुछ नहीं बताती कि उनके कुछ सामान्य वर्णनात्मक अर्थ होते हैं।...चयन करने तथा चयन करने के कारणों में कोई तार्किक संबंध नहीं है। ऐसी वस्तु न खाने के लिए मुझ पर कोई तार्किक प्रतिबन्ध नहीं है जो मैं जानता हूं कि मुझे मार डालेगी। मैं उसे नहीं खाता, क्योंकि मैं जानता हूं कि उसे खाने से मेरी मृत्यु हो जायेगी; परन्तु यह जानते हुए भी यदि मैं इसके विपरीत आचरण करूं और उसे खा लूं तो मैं शब्दों के प्रयोगों से संबन्धित किसी तार्किक नियम का उल्लंघन नहीं करूंगा।...वर्णनात्मक आधार वाक्यों तथा परामर्शात्मक निष्कर्षों में कोई तार्किक संबंध नहीं है।"[27] इस उदाहरण से यह स्पष्ट है कि हेयर परामर्शवाद के विरुद्ध उस आपत्ति को उचित एवं तर्कसंगत नहीं मानते जिसके आधार पर श्रीमती फ़ुट ने इस सिद्धांत का खंडन करने का प्रयास किया है।

परन्तु यहां यह उल्लेखनीय है कि हेयर नैतिक निर्णयों सहित हमारे मूल्यात्मक निर्णयों को निराधार या अकारण नहीं मानते। उन्होंने स्पष्टत: यह स्वीकार किया है कि प्रत्येक मूल्यात्मक निर्णय के कुछ विशेष कारण अवश्य होते हैं जिनके आधार पर हम सामान्यत: वह निर्णय देते हैं। यहां तक वे गीच तथा श्रीमती फ़ुट दोनों से सहमत हैं। परन्तु, जैसा कि हम ऊपर देख चुके हैं, इन दोनों दार्शनिकों के विपरीत वे निश्चित रूप से यह मानते हैं कि किसी भी मूल्यात्मक निर्णय तथा उसके कारणों में कोई अनिवार्य तार्किक संबंध नहीं होता। वस्तुत: यह परामर्शवादियों तथा नव्य प्रकृतिवादियों के विचारों में मूल अन्तर है जो इन दोनों के सिद्धांतों को एक-दूसरे से पृथक करता है।

27. वही पुस्तक, पृ० 256-258

नैतिक शब्दों के अर्थ के साथ-साथ नैतिक निर्णयों के समर्थन में दिए जाने वाले तर्कों के स्वरूप तथा उद्देश्य की भी श्रीमती फ़ुट ने विस्तृत विवेचना की है। उन्होंने नैतिक तर्कना संबंधी समस्या पर अपने विचार 'मॉरल आर्गुमैंट्स' नामक एक लेख में प्रस्तुत किए हैं जो दर्शन विषयक पत्रिका 'माइन्ड' में सर्वप्रथम 1958 में प्रकाशित हुआ था। इस लेख में श्रीमती फ़ुट ने नैतिक तर्कना के विषय में संवेगवादियों तथा परामर्शवादियों के मत का खंडन करते हुए यह प्रमाणित करने का प्रयास किया है कि नैतिक निर्णयों के लिए प्रस्तुत किए जाने वाले तर्कों का स्वरूप और उद्देश्य तथ्यात्मक कथनों के समर्थन में दिए जाने वाले तर्कों के स्वरूप तथा उद्देश्य से भिन्न नहीं होता। हम मूल्यात्मक तथा नैतिक निर्णयों के समर्थन में जो तर्क देते हैं वे उसी प्रकार के होते हैं जिस प्रकार के तर्क तथ्यात्मक कथनों की पुष्टि के लिए प्रस्तुत किए जाते हैं। श्रीमती फ़ुट यह मानती हैं कि नैतिक निर्णयों के समर्थन में दिए जाने वाले तर्कों को तथ्यात्मक या वर्णनात्मक कथनों के लिए प्रस्तुत तर्कों से मूलत: भिन्न मानकर संवेगवादियों तथा परार्श-वादियों ने बहुत बड़ी भूल की है। संवेगवाद एवं परामर्शवाद के समर्थकों के विरुद्ध श्रीमती फुट का मुख्य आरोप यह है कि उनके मतानुसार दो व्यक्ति किसी कर्म के विषय में सभी तथ्यों को समान रूप से स्वीकार करते हुए भी उसके संबंध में परस्पर भिन्न अथवा विरोधी निर्णय दे सकते हैं—अर्थात एक उसे शुभ और दूसरा अशुभ कह सकता है, क्योंकि नैतिक तर्कों का तथ्यों से कोई अनिवार्य संबंध नहीं है। परन्तु श्रीमती फ़ुट यह प्रश्न उठाती हैं कि समान तथ्यों के आधार पर एक व्यक्ति किसी कर्म को शुभ और दूसरा व्यक्ति उसी कर्म को अशुभ कैसे कह सकता है। यह सर्वविदित तथ्य है कि वर्णनात्मक कथनों के विषय में इस प्रकार का मतभेद संभव नहीं है। उदाहरणार्थ यदि किसी व्यक्ति को पृथ्वी के आकार से संबंधित सभी तथ्यों से अवगत करा दिया जाए तो इन तथ्यों को जानने के पश्चात वह यह नहीं कह सकता कि "मैं फिर भी पृथ्वी को गोल मानने के लिए तैयार नहीं हूं।" यही बात नैतिक निर्णयों के विषय में भी कही जा सकती है। जो व्यक्ति नैतिक निर्णय देता है उसे केवल दो तथ्यों के आधार पर आलोचना से मुक्त माना जा सकता है—(1) जहां प्रमाण की आवश्यकता है वहां उसे उचित प्रमाण प्रस्तुत करना चाहिए; (2) उसे विरोधी प्रमाण का तर्कसंगत रूप से खंडन करना चाहिए।[28]

वस्तुतः श्रीमती फुट का मत है कि तथ्यात्मक निर्णयों के समान ही नैतिक निर्णयों के समर्थन में भी किन्हीं तथ्यों को प्रमाण के रूप में स्वीकार करने या

28. श्रीमती फ़िलिपा फुट का लेख, 'मॉरल आर्गुमैंट्स', जी० वॉलेस तथा ए० डी० एम० वॉकर द्वारा सम्पादित 'दि डेफ़िनिशन ऑफ मॉरेलिटी' में संकलित, पृ० 175

न करने के सम्बन्ध में हमारी स्वतन्त्रता निश्चय ही सीमित है। हम उचित और पर्याप्त कारणों के अभाव में किन्हीं तथ्यों से अपनी इच्छानुसार नैतिक निष्कर्ष नहीं निकाल सकते। जिस प्रकार पृथ्वी के आकार से संबंधित सभी तथ्यों को जानने के बाद दो व्यक्ति उसके आकार के विषय में भिन्न-भिन्न निर्णय नहीं दे सकते उसी प्रकार किसी मनुष्य या कर्म से संबद्ध सभी प्रांसगिक तथ्यों से अवगत होने के पश्चात दो व्यक्ति उसके संबंध में भिन्न-भिन्न अथवा परस्पर विरोधी नैतिक निर्णय नहीं दे सकते। यदि वे ऐसा करते हैं तो उन दोनों व्यक्तियों में से एक का नैतिक निर्णय अवश्य ही मिथ्या होगा। यह कहना नितांत अनुचित है कि कोई व्यक्ति अपनी इच्छानुसार किन्हीं तथ्यों को नैतिक निर्णय के लिए तर्कों के रूप में स्वीकार या अस्वीकार कर सकता है। इस दृष्टि से नैतिक निर्णयों और तथ्यात्मक निर्णयों के समर्थन में दिए जाने वाले तर्कों में कोई अन्तर नहीं है। इन दोनों प्रकार के निर्णयों के लिए प्रस्तुत किए जाने वाले तर्कों को पूर्णतः समान मानते हुए श्रीमती फ़ुट ने लिखा है:—

"यह निश्चित है कि नैतिक निष्कर्ष के समर्थन में कुछ बातों का महत्व है और कुछ का नहीं है; जिस प्रकार कोई व्यक्ति आर्थिक मुद्रा-स्फीति अथवा मस्तिष्क के फोड़े के विषय में प्रमाण का स्वयं निर्णय नहीं कर सकता उसी प्रकार वह उचित तथा अनुचित के लिए प्रमाण के संबंध में भी स्वयं अपनी इच्छानुसार निर्णय नहीं कर सकता।·· मैं यह कहना चाहती हूं कि यह भी प्रमाणित नहीं किया गया है कि तथ्यात्मक अथवा वर्णनात्मक आधारवाक्यों से अनिवार्यतः नैतिक निष्कर्ष नहीं निकाले जा सकते।···प्रायः यह कहा जाता है कि वर्णनात्मक आधारवाक्यों से मूल्यात्मक निष्कर्ष नहीं निकाला जा सकता; परन्तु इसे प्रमाणित कैसे किया जा सकता है?"[29] इस प्रकार श्रीमती फ़ुट निश्चित रूप से यह मानती हैं कि तथ्यात्मक कथनों और नैतिक निर्णयों में कोई अलंघ्य दूरी या अंतराल नहीं है, अतः हम किन्हीं विशेष तथ्यों से अनिवार्यतः कुछ विशेष नैतिक निष्कर्ष ही निकाल सकते हैं।

तथ्यात्मक कथनों तथा नैतिक निर्णयों के उपर्युक्त अनिवार्य संबंध को प्रमाणित करने के लिए श्रीमती फ़ुट ने एक विस्तृत उदाहरण दिया है जिसका यहाँ उल्लेख कर देना आवश्यक है। इस कथन पर विचार कीजिए कि "अमुक व्यक्ति ने अशिष्ट व्यवहार किया है"। श्रीमती फ़ुट के मतानुसार 'अशिष्ट' शब्द निश्चय ही मूल्यात्मक है जिसका प्रयोग हम सभी प्रकार के आचरण के लिए नहीं कर सकते। सार्थक रूप से इस शब्द का प्रयोग हम एक विशेष प्रकार के आपत्तिजनक तथा असम्मानपूर्ण व्यवहार के लिए ही कर सकते हैं। यह शब्द

29. वही पुस्तक, पृ० 177, 179

वक्ता के अननुमोदन की भावना को अभिव्यक्त करता है और जिस व्यवहार के लिए इसका प्रयोग किया जाता है उसकी निंदा करता है तथा भविष्य में उस व्यवहार की पुनरावृत्ति को निरुत्साहित करता है। स्पष्टतः इसका अर्थ यही है कि 'अशिष्ट' शब्द का प्रयोग केवल ऐसे व्यवहार के लिए ही किया जा सकता है जिसके फलस्वरूप किसी व्यक्ति का अपमान होता है अथवा उसकी भावनाओं को आघात पहुंचता है, जिसकी हम निंदा करना चाहते हैं और भविष्य में जिसकी पुनरावृत्ति को हम रोकना चाहते हैं। ये सभी तत्त्व 'अशिष्ट' शब्द के अर्थ में ही अनिवार्यतः निहित हैं जिनके अभाव में हम इस शब्द का सार्थक प्रयोग नहीं कर सकते। हम यों ही अपनी इच्छानुसार मनुष्य के किसी आचरण को 'अशिष्ट व्यवहार' नहीं कह सकते। परन्तु यदि किसी व्यक्ति का व्यवहार धृष्टतापूर्ण, दूसरों की भावनाओं को आघात पहुंचाने वाला तथा असम्मानपूर्ण है तो हम यह भी नहीं कह सकते कि उसका व्यवहार 'अशिष्ट व्यवहार' नहीं है। इससे यह पूर्णतः स्पष्ट है कि 'अशिष्ट' शब्द के सार्थक प्रयोग के लिए कुछ विशेष शर्तों का पूरा होना अनिवार्य है। हम किसी भी स्थिति में मनमाने ढंग से इस शब्द का सार्थकतापूर्वक प्रयोग नहीं कर सकते। यदि कोई व्यक्ति इस तथ्य को स्वीकार करता है कि "क ने ख का अपमान किया है और उसकी भावनाओं को आघात पहुंचाया है" तो वह तार्किक दृष्टि से इस मूल्यात्मक निर्णय को अस्वीकार नहीं कर सकता कि "क ने अशिष्ट व्यवहार किया है"। यदि वह ऐसा करता है तो हम उससे यह पूछ सकते हैं कि वह किस प्रकार के व्यवहार को 'अशिष्ट व्यवहार' की संज्ञा देना चाहेगा। इस प्रश्न के उत्तर में वह निश्चय ही यह नहीं कह सकता कि वह सभ्य तथा सम्मानपूर्ण व्यवहार को 'अशिष्ट व्यवहार' की संज्ञा देगा। इससे हम यही निष्कर्ष निकाल सकते हैं कि 'अशिष्ट व्यवहार' की कुछ निश्चित कसौटियां हैं जिन्हें स्वीकार करना उन सभी व्यक्तियों के लिए अनिवार्य है जो इन शब्दों का प्रयोग करते हैं। तथ्यात्मक शब्दों के प्रयोग की भांति इन दोनों शब्दों का प्रयोग भी वे मनमाने ढंग से नहीं कर सकते। जो तथ्य किसी आचरण को अशिष्ट बनाते हैं उन्हें स्वीकार करते हुए कोई भी व्यक्ति उसे 'शिष्ट व्यवहार' की संज्ञा नहीं दे सकता।[30] इस प्रकार उपर्युक्त उदाहरण द्वारा श्रीमती फ़ुट ने यह सिद्ध करने का प्रयास किया है कि किन्हीं विशेष तथ्यों के आधार पर अनिवार्यतः कुछ विशेष मूल्यात्मक निष्कर्ष ही निकाले जा सकते हैं, क्योंकि इन दोनों में कोई दूरी या अंतराल न होकर वस्तुतः अनिवार्य संबंध होता है।

30. वही पुस्तक, पृ० 180-182

यहां यह स्पष्ट कर देना आवश्यक है कि 'अशिष्ट' शब्द के अर्थ के विषय में श्रीमती फ़ुट ने ऊपर जो कुछ कहा है उसे वे 'शुभ', 'उचित' आदि नैतिक शब्दों के अर्थ के संबंध में भी पूर्णत: सत्य मानती हैं। उनका विचार है कि प्रत्येक नैतिक शब्द के सार्थक प्रयोग की कुछ पूर्वनिश्चित अनिवार्य कसौटियां होती हैं जिन्हें कोई भी व्यक्ति अपनी इच्छानुसार अस्वीकार नहीं कर सकता। वस्तुत: अपनी इसी मान्यता के आधार पर उन्होंने यह मत व्यक्त किया है कि नैतिक तर्क तथ्यात्मक तर्कों के समान ही वस्तुपरक होते हैं, अत: उन सभी व्यक्तियों के लिए इन तर्कों को स्वीकार करना अनिवार्य है जो नैतिक समस्याओं के संबंध में विचार-विमर्श करते हैं। यदि दो व्यक्ति किसी नैतिक समस्या से संबंधित सभी आवश्यक तथा प्रासंगिक तथ्यों से भलीभांति अवगत हैं तो वे उन तथ्यों के आधार पर उसके विषय में एक-दूसरे से भिन्न या विरोधी नैतिक निर्णय नहीं दे सकते। इससे स्पष्ट है कि नैतिक तर्क वास्तव में तथ्यात्मक तर्कों से मूलत: भिन्न प्रकार के नहीं होते। तथ्यात्मक तर्कों की भाँति नैतिक तर्क भी उन निर्णयों को अनिवार्यत: सत्य अथवा मिथ्या प्रमाणित करते हैं जिनके पक्ष या विपक्ष में वे प्रस्तुत किए जाते हैं। यही कारण है कि नैतिक विवेचना में भाग लेने वाला कोई भी व्यक्ति तथ्यात्मक तर्कों के समान ही नैतिक तर्कों को भी अपनी इच्छानुसार स्वीकार या अस्वीकार नहीं कर सकता। नैतिक तर्कना के विषय में अपनी इसी मान्यता को स्पष्ट करते हुए श्रीमती फ़ुट कहती हैं कि "जो व्यक्ति नैतिक शब्दों का प्रयोग करता है— चाहे वह इनका प्रयोग किसी नैतिक कथन का समर्थन करने के लिए करे अथवा विरोध करने के लिए—उसे इन शब्दों के प्रयोग से संबंधित नियमों का पालन अवश्य करना पड़ेगा जिनमें वे नियम भी सम्मिलित हैं जो हमें बताते हैं कि संबद्ध नैतिक निर्णय के पक्ष या विपक्ष में किन बातों को प्रमाण माना जाएगा।...जो मनुष्य उन बातों को अस्वीकार करता है जिन्हें कोई कर्म करने अथवा किसी विशेष अभिवृत्ति को अपनाने के लिए अनिवार्य माना जाता है उसके लिए एकमात्र विकल्प यही है कि वह नैतिक विचार-विमर्श तथा नैतिक शब्दों का प्रयोग करना पूर्णत: त्याग दे।"[31]

यहां यह प्रश्न उठाया जा सकता है कि वे कौन-से तथ्य हैं जिनके आधार पर हम किसी व्यक्ति को अच्छा या बुरा मनुष्य और किसी कर्म तथा अभिवृत्ति को उचित अथवा अनुचित कहते हैं। इस प्रश्न का उत्तर देते हुए श्रीमती फ़ुट कहती हैं कि अंतत: हम मनुष्य के हित, अहित, हानि, लाभ आदि से संबंधित तथ्यों के आधार पर ही नैतिक निर्णयों का समर्थन या विरोध कर सकते हैं। इन मूल तथ्यों पर विचार किए बिना हम 'शुभ', 'उचित', 'कर्तव्य',

31. वही पुस्तक, पृ० 183

'सद्गुण' आदि नैतिक अवधारणाओं का अर्थ कभी नहीं समझ सकते, क्योंकि ये सभी अवधारणाएं इन तथ्यों के साथ अनिवार्यतः संबद्ध रहती हैं। इससे भी यही प्रमाणित होता है कि कोई व्यक्ति नैतिक निर्णयों का समर्थन अथवा खंडन करने के लिए मनमाने कारण या तर्क प्रस्तुत नहीं कर सकता।[32] संक्षेप में नैतिक तर्कना के विषय में श्रीमती फ़ुट का निष्कर्ष यह है कि नैतिक निर्णयों के समर्थन में दिए जाने वाले तर्क स्वरूप तथा उद्देश्य की दृष्टि से मूलतः उसी प्रकार के होते हैं जिस प्रकार के तर्क हम अपने वर्णनात्मक अथवा तथ्यात्मक कथनों की पुष्टि के लिए प्रस्तुत करते हैं।

अब विचारणीय प्रश्न यह है कि नैतिक तर्कों के संबंध में श्रीमती फ़ुट के उपर्युक्त मत की प्रतिक्रिया के रूप में हेयर तथा अन्य परामर्शवादी क्या कह सकते हैं। यह स्पष्ट है कि परामर्शवादी श्रीमती फ़ुट के इस मत को स्वीकार नहीं कर सकते, क्योंकि यह उनके सिद्धान्त के विरुद्ध है। जैसा कि हम सातवें अध्याय में देख चुके हैं, हेयर तथा नावलस्मिथ नैतिक निर्णयों के लिए प्रस्तुत किए जाने वाले तर्कों को तथ्यात्मक कथनों के समर्थन में दिए जाने वाले तर्कों से भिन्न प्रकार के तर्क मानते हैं। इन दार्शनिकों के मतानुसार तथ्यों और मूल्यों में अनिवार्य अंतराल होता है, अतः हम केवल तथ्यों से किसी प्रकार के मूल्यात्मक निष्कर्ष नहीं निकाल सकते। स्पष्टतः इसका अर्थ यही है कि किसी नैतिक समस्या के संबंध में सभी प्रासंगिक तथ्यों से भलीभांति अवगत होते हुए भी दो व्यक्ति उसके विषय में परस्पर भिन्न या विरोधी नैतिक निर्णय दे सकते हैं और यदि वे ऐसा करते हैं तो इसके लिए उनमें से किसी को भी तार्किक व्याघात का दोषी नहीं माना जा सकता। उदाहरणार्थ व्यक्ति, परिवार एवं समाज पर गर्भ-निरोध के साधनों के सभी परिणामों को समान रूप से पूर्णतः स्वीकार करते हुए भी 'क' इन्हें नैतिक दृष्टि से वांछनीय तथा 'ख' नैतिक दृष्टि से अवांछनीय मान सकता है और उनके इन विरोधी नैतिक निर्णयों में कोई तार्किक व्याघात नहीं होगा। परन्तु तथ्यात्मक कथनों के प्रमाणीकरण के विषय में हम यह बात नहीं कह सकते। यदि दो व्यक्ति पृथ्वी के आकार के संबंध में सभी आवश्यक तथ्यों से परिचित हैं तो वे इन तथ्यों के आधार पर उसके आकार के विषय में भिन्न-भिन्न अथवा विरोधी निष्कर्ष नहीं निकाल सकते। इसका कारण यह है कि तथ्यात्मक शब्दों का अर्थ पूर्णतः निश्चित होता है और तथ्यों के संबंध में स्वयं व्यक्ति की अपनी भावनाओं या अभिवृत्तियों का भी कोई महत्व नहीं हो सकता। कोई व्यक्ति अपनी इच्छानुसार चौकोर वस्तु को गोल और गोल वस्तु को चौकोर नहीं कह सकता। परन्तु मूल्यों तथा मूल्यात्मक निर्णयों के संबंध में

32. वही पुस्तक, पृ० 184

यह निश्चयात्मकता और तटस्थता संभव नहीं है। इसी कारण इन निर्णयों के समर्थन में उसी प्रकार के वस्तुनिष्ठ तर्क नहीं दिए जा सकते जिस प्रकार के तर्क तथ्यात्मक कथनों के प्रमाणीकरण के लिए प्रस्तुत किए जाते हैं। ऐसी स्थिति में इन दोनों के समर्थन में दिए जाने वाले तर्कों को पूर्णतः समान मान लेना उचित नहीं होगा।

परामर्शवादी श्रीमती फ़ुट के इस मत को अवश्य स्वीकार करेंगे कि सामान्यतः कोई भी व्यक्ति सभ्य तथा सम्मानपूर्ण व्यवहार को 'अशिष्ट व्यवहार' नहीं कहेगा। परन्तु श्रीमती फ़ुट के विपरीत वे यह कहेंगे कि ऐसे व्यवहार को 'अशिष्ट व्यवहार' कहने में उस प्रकार का तार्किक व्याघात भी नहीं होगा जिस प्रकार का तार्किक व्याघात किसी गोल वस्तु को चौकोर कहने में होता है। अपनी इस मान्यता के समर्थन में वे यह तर्क दे सकते हैं कि विभिन्न समयों, स्थानों तथा समुदायों में 'अशिष्ट व्यवहार' की कसौटियां पर्याप्त सीमा तक भिन्न-भिन्न हो सकती हैं, किन्तु किसी वस्तु के गोल या चौकोर होने की कसौटियों के विषय में हम ऐसा नहीं कह सकते। इससे यही प्रमाणित होता है कि नैतिक तर्कना और तथ्यात्मक तर्कना के स्वरूप तथा उद्देश्य को पूर्णतः समान नहीं माना जा सकता जैसा कि नव्य प्रकृतिवादी मानते हैं।

इस समस्या के संबंध में मेरा अपना विचार यह है कि नव्य प्रकृतिवाद के विरुद्ध परामर्शवादियों का उपर्युक्त तर्क पर्याप्त सीमा तक उचित एवं विश्वसनीय है। मूल्यात्मक निर्णयों—जिनमें नैतिक-निर्णय भी सम्मिलित हैं—की पुष्टि के लिए हम जो तर्क देते हैं उनमें निश्चय ही वैसी वस्तुनिष्ठता नहीं पाई जाती जैसी तथ्यात्मक कथनों के समर्थन में दिए जाने वाले तर्कों में होती है। इसका मुख्य कारण यही है कि इन निर्णयों के साथ मनुष्य की अपनी भावनाएं या अभिवृत्तियां अवश्य संबद्ध रहती हैं जो इनके प्रमाणीकरण को अनिवार्यतः प्रभावित करती हैं। परन्तु इससे यह निष्कर्ष निकालना भी उचित नहीं होगा कि नैतिक निर्णय वैयक्तिक पसन्द संबंधी निर्णयों के समान ही व्यक्तिनिष्ठ होते हैं और उनकी पुष्टि के लिए किसी प्रकार के तर्क देना संभव नहीं है। जैसा कि हम पिछले अध्यायों में देख चुके हैं, नैतिक निर्णयों के समर्थन में तर्क देना आवश्यक है और ये तर्क पूर्णतः वस्तुनिष्ठ न होते हुए भी पर्याप्त सीमा तक निर्वैयक्तिक होते हैं, क्योंकि ये अंततः सार्वलौकिकता के नियम पर आधारित रहते हैं। इस प्रकार नैतिक तर्क एक ओर तथ्यात्मक तर्कों से और दूसरी ओर व्यक्तिगत पसन्द संबंधी कारणों से भिन्न प्रकार के होते हैं। नैतिक निर्णयों के समर्थन में जो तर्क दिए जाते हैं उनका आधार किसी व्यक्ति विशेष की पसंद या इच्छा नहीं, अपितु मनुष्य का विवेक होता है। कोई भी विवेकशील व्यक्ति

किसी विशेष कारण के बिना मनमाने ढंग से इन तर्कों का अस्वीकार नहीं कर सकता। इस संबंध में उसकी स्वतंत्रता निश्चय ही बहुत सीमित है। वस्तुत: नैतिक तर्कों की इसी विशेषता के कारण श्रीमती फ़ुट ने इन्हें तथ्यात्मक तर्कों की भांति पूर्णत: वस्तुनिष्ठ मान लिया है। उनके इस मत के संबंध में संभवत: यह कहना अनुचित न होगा कि यद्यपि यह पूर्णरूप से सत्य नहीं है, फिर भी इसमें आंशिक सत्य अवश्य विद्यमान है।

4. जी० जे० वारनॉक

पी० टी० गीच तथा श्रीमती फ़िलिपा फ़ुट की भांति जी० जे० वारनॉक ने भी नव्य प्रकृतिवाद का ही पूर्णत: समर्थन किया है। नैतिक भाषा और नैतिक तर्कना के अर्थ, स्वरूप एवं उद्देश्य के विषय में उन्होंने अपने विचार दो पुस्तकों—'कन्टेम्प्रेरी मॉरल फ़िलॉसॉफ़ी' तथा 'दि ऑब्जेक्ट ऑफ़ मॉरैलिटी'—में विस्तारपूर्वक व्यक्त किए हैं जो क्रमश: 1967 और 1971 में प्रकाशित हुई थीं। इन पुस्तकों का अध्ययन करने से स्पष्टत: ज्ञात होता है कि नैतिक निर्णयों के अर्थ और उद्देश्य के संबंध में उनके विचार श्रीमती फ़ुट तथा गीच के विचारों से अधिक भिन्न नहीं हैं। इन दोनों दार्शनिकों के समान ही वारनॉक भी संवेगवाद तथा परामर्शवाद का खंडन करते हैं और नैतिक निर्णयों को मुख्यत: वर्णनात्मक मानते हैं। यहां हम उनकी उपर्युक्त दोनों पुस्तकों के आधार पर इन निर्णयों के अर्थ और उद्देश्य तथा नैतिक तर्कना के स्वरूप के विषय में उनके मत की विवेचना करेंगे।

जैसा कि हम सातवें अध्याय में हेयर के परामर्शवाद की आलोचना करते हुए बता चुके हैं, वारनॉक नैतिक भाषा का कोई एक ही अर्थ और उद्देश्य नहीं मानते। उनका निश्चित मत है कि नैतिक भाषा बहुपक्षीय तथा विविधार्थक होती है, अत: उसे किसी एक ही क्रिया अथवा उद्देश्य तक सीमित कर देना नितांत अनुचित है। हम देख चुके हैं कि मुख्यत: अपनी इसी मान्यता के आधार पर उन्होंने संवेगवाद तथा परामर्शवाद इन दोनों अवर्णनात्मक सिद्धांतों का खंडन करने का प्रयास किया है। इन सिद्धान्तों के विरुद्ध उनकी मुख्य आपत्ति यही है कि ये नैतिक भाषा को किसी एक अर्थ एवं उद्देश्य तक सीमित करके उसकी विविधार्थकता और व्यापकता की उपेक्षा करते हैं। इन दोनों सिद्धान्तों के समर्थकों के विपरीत वारनॉक यह मानते हैं कि विभिन्न प्रसंगों में नैतिक भाषा भिन्न-भिन्न कार्य करती है। ऐसी स्थिति में यह कहना निश्चय ही अनुचित है कि नैतिक भाषा का उद्देश्य भावनाओं को अभिव्यक्त और जागृत करना अथवा परामर्श देना या मार्गदर्शन करना ही होता है। इस सबंध में वे

नावलस्मिथ के मत को अधिक युक्तिसंगत मानते हैं जो नैतिक भाषा की विविधार्थकता और व्यापकता को स्वीकार करते हैं। सातवें अध्याय के अंतिम खंड में हम नैतिक भाषा के विषय में वारनॉक के इस मत का उल्लेख कर चुके हैं, अतः यहां इसका अधिक विस्तृत विवेचन अनावश्यक है। परन्तु उनके इस मत के विषय में यह कहना संभवतः अनुचित न होगा कि यह नैतिक भाषा के विशेष स्वरूप तथा उद्देश्य को पूर्णतः स्पष्ट नहीं करता।

वस्तुतः वारनॉक का विचार है कि हमारे व्यावहारिक जीवन में ऐसी कोई भाषा नहीं है जिसे हम अन्य सभी प्रकार की भाषाओं से पृथक करके केवल 'नैतिक भाषा' की संज्ञा दे सकें। यह सत्य है कि हम 'शुभ', 'उचित', 'कर्तव्य', 'चाहिए', 'सद्गुण' आदि कुछ शब्दों का प्रयोग नैतिक प्रसंगों में करते हैं, परन्तु इसके साथ ही यह भी सत्य है कि इन सभी शब्दों का प्रयोग निर्नैतिक प्रसंगों में भी किया जाता है। इससे यह स्पष्ट है कि नैतिक शब्द अन्य शब्दों से पृथक नहीं होते और उनका अपना कोई विशेष अर्थ भी नहीं होता। अपनी इसी मान्यता की व्याख्या करते हुए वारनॉक ने लिखा है कि "वास्तव में ऐसा कुछ भी नहीं है जो विशेषतः नैतिक भाषा से संबंधित हो और जो उसे ही स्पष्ट करता हो।···इसमें संदेह नहीं है कि नैतिक भाषा की अपनी शब्दावली होती है; कुछ शब्दों के अर्थ के कारण हमें यह ज्ञात होता है कि जिस भाषा में उनका प्रयोग किया गया है उसका संबंध नैतिकता की समस्याओं से है। परन्तु इसके साथ ही यह भी अवश्य स्मरण रखना चाहिए कि जिस शब्दावली में नैतिक समस्याओं की विवेचना की जाती है वह वास्तव में केवल नैतिक समस्याओं से संबंधित नहीं होती। 'शुभ', 'अशुभ', 'उचित', 'अनुचित', 'चाहिए', 'कर्तव्य', 'सद्गुण' और 'दायित्व'—ये शब्द हमें अनिवार्यतः यह नहीं बताते कि नैतिक समस्याओं पर विचार किया जा रहा है, क्योंकि ऐसे सद्गुण भी हैं जो नैतिक सद्गुण नहीं हैं, ऐसे कर्त्तव्य भी हैं जो नैतिक कर्तव्य नहीं हैं और ऐसी शुभ वस्तुएं भी हैं जो नैतिक दृष्टि से शुभ नहीं हैं।···जिस प्रकार यह मान लेना स्पष्टतः मूर्खतापूर्ण है कि जो व्यक्ति नैतिक भाषा का प्रयोग करता है उसका सदा केवल एक ही उद्देश्य होता है उसी प्रकार निश्चय ही हम यह भी नहीं मान सकते कि भाषा संबंधी कोई एक ही कार्य है जिसे वह सदा संपन्न करता है"।[33] वारनॉक के इन विचारों से यह पूर्णतः स्पष्ट है कि वे नैतिक भाषा को तथ्यात्मक भाषा सहित अन्य किसी प्रकार की भाषा से पृथक नहीं मानते।

यहां यह भी उल्लेखनीय है कि गीच तथा श्रीमती फ़ुट की भांति वारनॉक भी तथ्यात्मक कथनों और नैतिक निर्णयों में किसी प्रकार के अनिवार्य अन्तराल

33. जी० जे० वारनॉक, 'दि ऑब्जेक्ट ऑफ मॉरैलिटी', पृ० 125, 130

को स्वीकार नहीं करते। उनका मत है कि नैतिक निर्णय तथ्यात्मक कथनों से अनिवार्यतः भिन्न नहीं होते जैसा कि परामर्शवादी मानते हैं। प्रायः यह कहा जाता है कि तथ्यात्मक कथन हमें किसी वस्तु के विषय में केवल सूचना देते हैं जबकि नैतिक निर्णय निर्णीत वस्तु का मूल्यांकन करते हैं। यह भी कहा जाता है कि किन्हीं तथ्यों का वर्णन मात्र करने के कारण तथ्यात्मक कथन हमारे आचरण को प्रभावित नहीं करते, अतः वे नैतिक निर्णयों से भिन्न होते हैं जिनका उद्देश्य हमारे आचरण को प्रभावित करना है। परन्तु वारनॉक के मतानुसार तथ्यात्मक कथनों और नैतिक निर्णयों के संबंध में ये दोनों मान्यताएं वास्तव में उचित नहीं हैं। जब कोई व्यक्ति किसी तथ्यात्मक कथन का प्रयोग करता है तो उसका उद्देश्य किन्हीं तथ्यों के वर्णन के अतिरिक्त श्रोताओं को सावधान करना, आश्चर्यचकित करना, चेतावनी देना, उनका अनुमोदन प्राप्त करना अथवा उन्हें मनाना भी हो सकता है। इसका अर्थ यह है कि तथ्यात्मक कथन भी हमारे आचरण को प्रभावित कर सकते हैं। उदाहरणार्थ यदि मैं किसी व्यक्ति से यह कहता हूं कि "अमुक वस्तु बहुत खतरनाक है" तो निश्चय ही मैं उसे एक तथ्यात्मक सूचना देता हूं, किन्तु मेरा यह कथन उसे सावधान होने तथा उस वस्तु से दूर रहने के लिए भी प्रोत्साहित करता है। इससे स्पष्ट है कि तथ्यात्मक कथन भी मनुष्य के आचरण पर प्रभाव डाल सकते हैं और डालते हैं।[34] हम पिछले खंड में देख चुके हैं कि मानवीय आचरण पर तथ्यात्मक कथनों के प्रभाव को स्पष्ट करने के लिए श्रीमती फ़ुट ने भी यही उदाहरण दिया है। इससे हम यही निष्कर्ष निकाल सकते हैं कि तथ्यात्मक कथनों और नैतिक निर्णयों में अनिवार्य अंतराल की समस्या के संबंध में वारनॉक तथा श्रीमती फ़ुट का मत पूर्णतः समान है। ये दोनों दार्शनिक नैतिक निर्णयों को तथ्यात्मक कथनों से मूलतः भिन्न नहीं मानते।

वारनॉक का मत है कि कुछ ऐसे तथ्य अवश्य होते हैं जिन्हें हम 'नैतिक तथ्य' कह सकते हैं और जिनसे संबंधित ज्ञान को 'नैतिक ज्ञान' की संज्ञा दी जा सकती है। सामान्य व्यक्ति जब नैतिक निर्णय देता है तो वह इन निर्णयों को तथ्यामत्क कथनों की भांति सत्य अथवा मिथ्या मानता है। वह इन निर्णयों के औचित्य या अनौचित्य के विषय में उतना ही आश्वस्त रहता है जितना तथ्यात्मक कथनों के सत्य अथवा मिथ्या होने के संबंध में। इसके अतिरिक्त व्याकरण की दृष्टि से भी नैतिक निर्णयों का स्वरूप तथा वाक्य-विन्यास तथ्यात्मक कथनों के स्वरूप और वाक्य-विन्यास के समान ही होता है। तथ्यामत्क कथन और नैतिक निर्णय दोनों ही हमारी अपनी पसंद तथा व्यक्तिगत रुचियों पर आधारित न होकर उनसे स्वतन्त्र होते हैं। इस अर्थ में ये दोनों समान रूप

34. वही पुस्तक, पृ० 136

से वस्तुपरक ही होते हैं, व्यक्तिनिष्ठ नहीं। यही कारण है कि नैतिक निर्णयों को उचित या अनुचित मानने के संबंध में हमारी स्वतन्त्रता उसी प्रकार सीमित है जिस प्रकार तथ्यामत्क कथनों को सत्य अथवा मिथ्या मानने के विषय में। हम तथ्यों और परिस्थितियों की उपेक्षा करते हुए किसी भी समस्या के संबंध में मनमाने ढंग से नैतिक निर्णय नहीं दे सकते। उदाहरणार्थ यदि कोई कर्म निर्दयतापूर्ण है और उसके कारण निर्दोष व्यक्तियों को हानि पहुंचती है तो हमारे लिए उस कर्म को 'अनुचित कर्म' कहना अनिवार्य है, ऐसे कर्म को हम मनमाने ढंग से 'उचित कर्म' नहीं कह सकते। यदि कोई व्यक्ति ऐसे कर्म को 'उचित' कहता है तो हम निश्चयपूर्वक यह कह सकते हैं कि वह वास्तव में 'उचित' शब्द का अर्थ नहीं जानता। वारनॉक के मतानुसार ऐसे कर्म को अनुचित न कहना उसी प्रकार अयुक्तिसगत है ज़िस प्रकार बर्फ़ को सफ़ेद न कहना।

नैतिक निर्णयों का निर्वैयक्तिकता और वस्तुनिष्ठता के विषय में अपनी उपर्युक्त मान्यता को स्पष्ट करते हुए वारनॉक कहते हैं कि "कुछ कर्म नैतिक दृष्टि से अनुचित होते हैं—इस बात को उसी प्रकार निर्णयात्मक रूप से तथा निर्विवाद रूप से सत्य प्रमाणित किया जा सकता है जिस प्रकार इस तथ्य को कि बर्फ़ सफेद होती है ···कुछ मामलों में हम नैतिक कथनों के सत्य होने को किसी भी अन्य वस्तु की भांति निश्चयपूर्वक जानते हैं—अर्थात् हम सामान्यतः यह जानते हैं कि किसी नैतिक शब्द के उचित प्रयोग के लिए क्या शर्तें होंगी और हमारे पास ऐसे उदाहरण हैं जिनमें हम जानते हैं कि वे शर्तें पूरी होती हैं। सामान्यतः हम इसी शैली में बात करते हैं और मैं इसके लिए कोई उचित कारण नहीं देखता कि हमें इस प्रकार बात क्यों नहीं करनी चाहिए।···यह अवश्य सत्य है कि 'नैतिक गुण' इस अर्थ में वस्तुपरक नहीं होते कि संसार में लोगों से उनका पूर्णतः स्वतन्त्र अस्तित्व है; यदि विवेकशील प्राणी न होते तो नैतिक तथ्य भी न होते।···परंतु यह सत्य नहीं है कि प्रत्येक नैतिक प्रश्न व्यक्ति के अपने मत; उसकी अपनी रुचि अथवा व्यक्तिगत पसंद या चुनाव पर निर्भर है। 'अपने व्यक्तिगत सुख के लिए झूठ बोलना, हत्या करना और हिंसा करना नैतिक दृष्टि से अनुचित है'—यह एक ऐसा कथन है जिसके प्रति मैं पूर्णतः उदासीन हो सकता हूं। मैं वह कर्म करना भी उचित मान सकता हूं जो नैतिक दृष्टि से अनुचित है।···परतु फिर भी उपर्युक्त नैतिक कथन निर्विवाद रूप से सत्य है। 'नैतिकता' कोई निरर्थक शब्द नहीं है और न ही यह ऐसा शब्द है जिसके साथ कोई व्यक्ति अपना मनमाना व्यक्तिगत अर्थ जोड़ने के लिए स्वतंत्र हो, अतः कुछ कर्म अनिवार्यतः नैतिक दृष्टि से अनुचित होते हैं।[35]" इस उद्धरण से यह पूर्णतः

35. वही पुस्तक, पृ० 121-125

स्पष्ट है कि वारनॉक तथ्यात्मक कथनों के समान ही नैतिक निर्णयों को भी निर्वैयक्तिक तथा वस्तुपरक मानते हैं जो वक्ता की अपनी व्यक्तिगत पसंद, रुचियों और इच्छाओं पर निर्भर नहीं होते।

हम ऊपर देख चुके हैं कि वारनॉक के मतानुसार नैतिक शब्दों के अर्थ में ऐसा कोई विशेष तत्त्व नहीं है जो इन शब्दों के अर्थ को अन्य शब्दों के अर्थ से पृथक कर सके। ऐसी स्थिति में स्वभावतः यह प्रश्न उठता है कि हम किस आधार पर किसी निर्णय या नियम को 'नैतिक' निर्णय अथवा नियम कहते हैं। वारनॉक के विचार में नैतिक दर्शन के लिए यह प्रश्न अत्यधिक महत्त्वपूर्ण है। इस प्रश्न का समुचित उत्तर देने के लिए यह जानना आवश्यक है कि 'नैतिक' शब्द का ठीक-ठीक अर्थ क्या है। इस शब्द के अर्थ को भलीभांति समझे बिना हम निश्चित रूप से यह नहीं कह सकते कि वास्तव में कौन-सी समस्या 'नैतिक' समस्या है और कौन-सा निर्णय, नियम या सिद्धान्त 'नैतिक' निर्णय, नियम अथवा सिद्धान्त है। इसी कारण वारनॉक यह मानते हैं कि "'नैतिक' शब्द का ठीक-ठीक अर्थ क्या है?" यह प्रश्न नीतिशास्त्र का मूल प्रश्न है जिसका समुचित एव संतोषप्रद उत्तर खोजना हमारे लिए बहुत आवश्यक है। जब तक हम इस प्रश्न का ठीक-ठीक उत्तर नहीं देते तब तक हम निश्चित रूप से यह नहीं जान सकते कि जिस निर्णय, नियम, सिद्धांत अथवा समस्या के विषय में हम विचार-विमर्श कर रहे हैं, वह वास्तव में 'नैतिक' निर्णय, नियम, सिद्धांत अथवा समस्या है या नहीं। नैतिक दर्शन के लिए इस प्रश्न के विशेष महत्त्व को ध्यान में रखते हुए वारनॉक ने अपनी पुस्तक 'कन्टैम्प्रेरी मॉरल फ़िलॉसॉफ़ी' में इस पर विस्तारपूर्वक विचार किया है। इस संबंध में उनका कथन है कि मुख्यतः चार ऐसे तत्त्व हैं जिनमें से किसी एक तत्त्व या एक से अधिक तत्त्वों के आधार पर किसी नियम अथवा निर्णय को 'नैतिक' नियम या निर्णय कहा जा सकता है। ये चार तत्त्व निम्नलिखित हैं :—

(1) कुछ दार्शनिकों का विचार है कि नैतिक नियम अथवा निर्णय वह है जिसके संबंध में वक्ता स्वयं विशेष प्रकार के अनुमोदन या अननुमोदन का अनुभव करता है। उदाहरणार्थ यदि वह कोई ऐसा कर्म करता है जो नैतिक दृष्टि से अनुचित है तो वह स्वयं अपराध या पश्चाताप की भावना का अनुभव करता है और यही भावना उस कर्म के विषय में उसके निर्णय को 'नैतिक' निर्णय बनाती है। यह भावना किसी बाह्य शक्ति के आदेश या दबाव का परिणाम न होकर पूर्णतः व्यक्ति की अपनी आंतरिक भावना होती है। हम तीसरे अध्याय में देख चुके हैं कि व्यक्तिनिष्ठवादी अनुमोदन या अननुमोदन की इसी भावना को विशेष महत्त्व देते हैं। नैतिक निर्णयों अथवा नियमों के संबंध में वारनॉक भी इस

भावना के महत्त्व को अवश्य स्वीकार करते हैं, किन्तु उनका विचार है कि यह भावना ही नैतिकता का अनिवार्य तथा पर्याप्त आधार नहीं हो सकती। यह संभव है कि कोई व्यक्ति किसी कर्म के प्रति अनुमोदन या अननुमोदन की भावना का अनुभव करे, परंतु फिर भी वह कर्म वास्तव में नैतिक दृष्टि से उचित अथवा अनुचित न हो। इसका तात्पर्य यह है कि मनुष्य के अनुमोदन या अननुमोदन की भावना अयुक्तिसंगत हो सकती है, अत: इसे नैतिकता का एकमात्र अनिवार्य और पर्याप्त आधार नहीं माना जा सकता।

(2) कुछ दार्शनिकों के मतानुसार नैतिक नियम वे नियम हैं जिन्हें मनुष्य अपने जीवन में अन्य सभी नियमों की अपेक्षा कहीं अधिक महत्त्व देता है। आवश्यकता पड़ने पर वह किसी अन्य नियम का उल्लंघन कर सकता है, किन्तु वह किसी भी स्थिति में नैतिक नियम का तब तक उल्लंघन नहीं करता जब तक अधिक महत्त्वपूर्ण नैतिक नियम का पालन करने के लिए ऐसा करना अनिवार्य न हो जाए। इसका अर्थ यह है कि वह सामान्यत: नैतिक नियमों को अनुल्लंघनीय तथा सर्वाधिक महत्त्वपूर्ण मानता है। उसके जीवन में नैतिक नियमों की यह महत्ता ही इन्हें अन्य सभी नियमों से पृथक करती है। हम सातवें अध्याय में देख चुके हैं कि हेयर नैतिक नियमों के सम्बन्ध में इस मत का समर्थन करते हैं। परंतु वारनॉक के विचार में यह मत पूर्णत: उचित और युक्तिसंगत नहीं है। हम किसी नियम या निर्णय को केवल इसलिए 'नैतिक' निर्णय अथवा नियम नहीं कह सकते कि उसको स्वीकार करने वाला व्यक्ति उसे सर्वाधिक महत्व देता है। वारनॉक के शब्दों में, "निश्चय ही ऐसे अनेक व्यक्ति तथा समुदाय रहे हैं जिनके विषय में हम यह कहना चाहेंगे कि उनके जीवन में नैतिक नियमों की कोई बड़ी भूमिका नहीं रही, उनके आचरण के आदर्श और उनका वास्तविक आचरण दोनों ही शायद ऐसे प्रतिमानों द्वारा निर्धारित होते रहे हैं जो नैतिक प्रतिमान बिल्कुल नहीं थे।"[36] इस प्रकार वारनॉक का मत है कि किसी नियम को सर्वाधिक महत्त्व देना ही उसे अनिवार्यत: 'नैतिक' नियम नहीं बना देता।

(3) कुछ दार्शनिक यह मानते हैं कि वास्तव में नैतिक निर्णय या नैतिक नियम वे हैं जिनका पालन करना मनुष्य सभी व्यक्तियों—जिनमें वह स्वयं भी सम्मिलित है—के लिए अनिवार्य समझता है। वह यह चाहता है कि अन्य सभी व्यक्ति भी उस नियम के अनुसार उसी प्रकार आचरण करें जिस प्रकार वह स्वयं करता है। किसी नियम को हम 'नैतिक' नियम तभी कह सकते हैं, जब हम समान रूप से सभी व्यक्तियों द्वारा उसके स्वीकार किए जाने की इच्छा करें। जैसा कि हम सातवें अध्याय में देख चुके हैं, नैतिक नियमों अथवा निर्णयों के

36. जी० जे० वारनॉक, 'कन्टेम्पोरेरी मॉरल फ़िलॉसॉफ़ी', पृ० 54

संबंध में हेयर ने इस मत का भी समर्थन किया है। कान्ट के सिद्धांत का अनुसरण करते हुए वे ऐसे निर्णय को ही 'नैतिक' निर्णय मानते हैं जिसे वक्ता स्वयं सार्वलौकिक बनाने की इच्छा करता है। परन्तु वारनॉक के विचार में यह मत भी पूर्णतः उचित एवं युक्तिसंगत नहीं है। इस सम्भावना को अस्वीकार नहीं किया जा सकता कि कोई व्यक्ति किसी नियम को सार्वलौकिक बनाने की इच्छा करता हो, किन्तु वास्तव में वह 'नैतिक' नियम न हो। इससे स्पष्ट है कि किसी व्यक्ति का यह इच्छा करना कि सभी व्यक्ति समान रूप से अमुक नियम का पालन करें उसे अनिवार्य रूप से 'नैतिक' नियम नहीं बना देता।

(4) कुछ दार्शनिकों का विचार है कि नैतिक नियम अथवा निर्णय वे हैं जिनका सम्बन्ध प्रत्यक्ष या परोक्ष रूप से अनिवार्यतः मनुष्य के हितों और उसकी इच्छाओं तथा आवश्यकताओं से है। ये दार्शनिक नैतिकता की परिभाषा उसकी विषयवस्तु के आधार पर करते हैं और यह विषयवस्तु मनुष्य की इच्छाएं तथा आवश्यकताएं हैं। स्वयं वारनॉक भी नैतिकता के सम्बन्ध में इसी दृष्टिकोण का समर्थन करते हैं। उन्होंने स्पष्ट कहा है कि नैतिक निर्णयों तथा नियमों का सम्बन्ध किसी न किसी रूप में अनिवार्यतः मनुष्य के सुख-दुःख, हित-अहित, उसकी आवश्यकताओं तथा इच्छाओं से ही है।[37] सुखवाद, उपयोगितावाद आदि सभी परिणाम सापेक्षवादी सिद्धांत मूलतः इसी विचारधारा को स्वीकार करते हैं। हम पिछले दो खंडों में देख चुके हैं कि गीच तथा श्रीमती फ़ुट ने भी इसी मत का समर्थन किया है। इन दोनों दार्शनिकों की भांति वारनॉक का भी यही विचार है कि जो सिद्धांत नैतिक निर्णयों तथा नियमों को मनुष्य के हितों और उसकी आवश्यकताओं एवं इच्छाओं से अनिवार्यतः संबद्ध मानते हैं वे पर्याप्त सीमा तक सत्य हैं। जो व्यक्ति किसी नैतिक नियम का प्रतिपादन या समर्थन करता है वह इस तथ्य को स्वीकार करेगा कि उसका पालन करने से अंततः मनुष्यों का हित होगा और उसका उल्लंघन करने से उनका अहित होगा। यदि हम किसी व्यक्ति से यह पूछें कि वह कुछ कर्मों को उचित और कुछ को अनुचित क्यों मानता है तो हमारे इस प्रश्न के उत्तर में वह संभवतः यही कहेगा कि जिन कर्मों के कारण मनुष्यों का हित होता है वे नैतिक दृष्टि से उचित तथा जिनके कारण उनका अहित होता है वे नैतिक दृष्टि से अनुचित हैं। व्यक्तियों तथा उनके आचरण की हम नैतिक दृष्टि से जो प्रशंसा अथवा निंदा करते हैं उसका मूल आधार भी यही है। वारनॉक यह मानते हैं कि मनुष्य और उसके आचरण का नैतिक दृष्टि से मूल्यांकन करने के लिए इसकी अपेक्षा अधिक संतोषप्रद तथा तर्कसंगत आधार नहीं है।

37. वही पुस्तक, पृ० 61

नैतिकता के आधार के रूप में ऊपर जिन चार तत्त्वों का उल्लेख किया गया है उनमें से वारनॉक के मतानुसार केवल अन्तिम तत्त्व ही हमें नैतिकता की विषय वस्तु प्रदान कर सकता है; प्रथम तीन तत्त्वों का उसकी विषयवस्तु से कोई सम्बन्ध नहीं है। हम किसी भी नियम—चाहे वह नैतिक हो या निर्नैतिक—के विषय में विशेष अनुमोदन अथवा अननुमोदन की भावना का अनुभव कर सकते हैं, उसे अपने जीवन में सर्वाधिक महत्त्वपूर्ण मान सकते हैं और उसे सार्वलौकिक नियम बनाने की इच्छा कर सकते हैं। इसी कारण ये तीनों तत्त्व किसी नियम या निर्णय को अनिवार्यत: 'नैतिक' नियम अथवा निर्णय नहीं बनाते। वारनॉक इन तीनों तत्त्वों में आंशिक सत्य अवश्य स्वीकार करते हैं, किन्तु उनका निश्चित मत है कि इनमें से कोई भी तत्त्व नैतिकता का एक मात्र तथा पर्याप्त आधार नहीं हो सकता, क्योंकि ये सभी तत्त्व नैतिकता की विषय वस्तु की उपेक्षा करते हैं। इस दृष्टि से अन्तिम तत्त्व इन तीनों तत्त्वों से बहुत भिन्न है। वस्तुत: यही तत्त्व नैतिकता की विषयवस्तु के आधार पर उसकी व्याख्या करता है। जैसाकि हम ऊपर देख चुके हैं, इस तत्त्व के अनुसार प्रत्येक नैतिक निर्णय या नियम का मनुष्य के हित-अहित, सुख-दु:ख तथा उसकी आवश्यकताओं और इच्छाओं से सम्बद्ध होना अनिवार्य है क्योंकि यही सम्बन्ध अंतत: उसे 'नैतिक' निर्णय अथवा नियम बनाता है। हम केवल उसे ही 'नैतिक नियम' की संज्ञा दे सकते हैं जिसका संबंध अनिवार्यत: इन प्रश्नों से है कि मनुष्यों के लिए शुभ या अशुभ क्या है, वे क्या चाहते हैं अथवा उनकी आवश्यकताएं क्या हैं और उनके आनन्द या हित में क्या सहायक अथवा बाधक है। वारनॉक यह मानते हैं कि ये प्रश्न ही नैतिकता की मूल विषय वस्तु हैं जिसके अभाव में हम किसी नियम अथवा निर्णय को 'नैतिक' नियम या निर्णय नहीं कह सकते। नैतिकता के विषय में अपनी इसी आधारभूत मान्यता को स्पष्ट करते हुए उन्होंने लिखा है :—"मेरा अपना विचार···यह है कि नैतिकता की कम से कम कोई विषयवस्तु अवश्य है जिसकी ओर हम संकेत कर सकते हैं।···यह कहना पर्याप्त सीमा तक उचित प्रतीत होता है कि जो व्यक्ति नैतिक निर्णय देता है उसे कम से कम यह अवश्य स्वीकार करना चाहिए कि इसमें जो मूल समस्या है वह मनुष्यों के लाभ अथवा उनकी हानि, उनके हित या अहित से सम्बन्धित है और जिसे वह नैतिक दृष्टि से अनुचित मानता है वह किसी न किसी रूप में हानिकारक तथा जिसे वह नैतिक दृष्टि से उचित मानता है वह किसी न किसी रूप में लाभदायक है।"[38] इस प्रकार यह स्पष्ट है कि वारनॉक मनुष्य के सुख-दु:ख, हित-अहित और उसकी इच्छाओं तथा आवश्यकताओं को ही नैतिकता की अनिवार्य विषयवस्तु मानते हैं जिसके

38. वही पुस्तक, पृ० 57

आधार पर हम किसी नियम या निर्णय को 'नैतिक' नियम अथवा निर्णय कह सकते हैं। यही कारण है कि नैतिकता की इस विषयवस्तु को उन्होंने विशेष महत्त्व दिया है।

नैतिकता के सम्बन्ध में अपने उपर्युक्त सिद्धांत के विरुद्ध उठाई जा सकने वाली कुछ सम्भावित आपत्तियों का वारनॉक ने स्वयं ही उल्लेख किया है जिनमें से मुख्य दो आपत्तियों पर हम यहां विचार करेंगे। वारनॉक का कथन है कि उनके सिद्धांत के विरुद्ध कुछ दार्शनिक यह आपत्ति उठा सकते हैं कि जिन अवधारणाओं के आधार पर वह नैतिकता की व्याख्या करता है वे स्वयं वास्तव में तथ्यात्मक न होकर मूल्यात्मक ही हैं। सुख, दुःख, लाभ, हानि, हित, अहित, इच्छा, आवश्यकता आदि अवधारणाओं का कोई स्पष्ट तथा निश्चित तथ्यात्मक अर्थ नहीं है, अतः ये नैतिकता की विषयवस्तु को तथ्यात्मक रूप से निर्धारित नहीं कर सकतीं। जो अवधारणाएं स्वयं मूल्यात्मक हैं उन्हें तथ्यात्मक मानकर उनके आधार पर नैतिकता की विषयवस्तु को निर्धारित करने का दावा उचित एवं तर्कसंगत नहीं है। वारनॉक के मतानुसार हेयर ने उपयोगितावाद के विरुद्ध यह आपत्ति उठाई है।[39] परन्तु अपने सिद्धान्त के विरुद्ध उपर्युक्त आपत्ति को वारनॉक उचित तथा युक्तिसंगत नहीं मानते। इस आपत्ति का खण्डन करने के लिए उन्होंने निम्नलिखित तर्क प्रस्तुत किया है। वारनॉक के मतानुसार हम सब निश्चित रूप से यह मानते हैं कि मनुष्यों के लिए क्या अच्छा या बुरा है, क्या लाभदायक अथवा हानिकारक है। वस्तुतः ये प्रश्न ऐसे प्रश्न हैं जिनका उत्तर किसी व्यक्ति की अपनी पसन्द या रुचि पर निर्भर नहीं है। यह कोई व्यक्तिगत विचार न होकर एक तथ्य है कि अत्याचार करना, भूखा मारना, अपमानित करना अथवा घायल करना अनुचित या बुरा है। इसी प्रकार यह भी कोई व्यक्तिगत विचार नहीं, अपितु एक तथ्य है कि मनुष्यों से प्रेम करना अथवा उनकी सेवा करना नैतिक दृष्टि से उचित या अच्छा है।[40] परन्तु वारनॉक का यह तर्क पूर्णतः संतोषप्रद प्रतीत नहीं होता। इसके विरुद्ध यह कहा जा सकता है कि मनुष्य के किसी कर्म को उचित या अनुचित कहना अथवा उसकी किसी स्थिति को अच्छी या बुरी कहना वास्तव में कोई तथ्य नहीं हैं; यह उस कर्म और स्थिति का मूल्यांकन है जो निश्चय ही उसका तथ्यपरक वर्णन मात्र नहीं है। किसी मनुष्य से प्रेम करना या उसकी सेवा करना अथवा किसी मनुष्य को कष्ट देना या उसे अपमानित करना आदि अवश्य ही अपने आप में तथ्य हैं, किन्तु इन्हें उचित या अनुचित और अच्छा या बुरा कहना कोई तथ्य नहीं, अपितु मूल्यात्मक

39. आर० एम० हेयर, 'फ्रीडम एण्ड रीज़न', पृ० 125-129
40. जी० जे० वारनॉक, 'कन्टेम्प्रेरी मॉरल फिलॉसॉफी' पृ० 60

निर्णय हैं। ऐसी स्थिति में वारनॉक के उपर्युक्त तर्क को उचित और युक्तिसंगत मानना बहुत कठिन है।

अपने सिद्धान्त के विरुद्ध उठाई जा सकने वाली दूसरी आपत्ति का उल्लेख करते हुए वारनॉक कहते हैं कि इस आपत्ति का सम्बन्ध प्रकृतिवादी दोष से है। उनके अनुसार अन्य अनेक सिद्धांतों की भांति इस सिद्धांत के विरुद्ध भी यह कहा जा सकता है कि यदि इसे स्वीकार कर लिया जाए तो नैतिक निर्णयों की हमारी व्याख्या में अनिवार्यतः प्रकृतिवादी दोष उत्पन्न हो जाएगा। हम देख चुके हैं कि वारनॉक का सिद्धांत मनुष्यों के हित-अहित और उनकी इच्छाओं तथा आवश्यकताओं के आधार पर नैतिक निर्णयों की व्याख्या करता है। इसका अर्थ यह है कि हम कुछ विशेष तथ्यों से नैतिक निर्णयों को निगमित कर सकते हैं। उदाहरणार्थ "अमुक कर्म करने से मनुष्यों की कुछ मूल आवश्यकताएं या इच्छाएं पूरी होती हैं" इस तथ्यात्मक कथन से हम यह नैतिक निर्णय निगमित कर सकते हैं कि "वह कर्म उचित है"। परन्तु इस मान्यता को स्वीकार कर लेने पर हमारी व्याख्या में अनिवार्यतः प्रकृतिवादी दोष आ जाता है, अतः यह उचित नहीं है।

उपर्युक्त आपत्ति का उत्तर देते हुए वारनॉक कहते हैं कि तथ्यात्मक कथनों और मूल्यात्मक निर्णयों में वस्तुतः कोई अनिवार्य अन्तराल या दूरी नहीं है जैसा कि प्रकृतिवाद के विरोधी दार्शनिक मानते हैं। तथ्यों और मूल्यों में निश्चय ही अनिवार्य सम्बन्ध होता है, अतः हम अपनी इच्छानुसार किसी भी मूल्यात्मक निर्णय को किसी भी कथन के साथ सम्बद्ध नहीं कर सकते। जैसा कि हम पहले बता चुके हैं, वारनॉक के विचार में तथ्यात्मक कथन और मूल्यात्मक निर्णय एक-दूसरे से स्वतन्त्र न होकर परस्पर अत्यन्त घनिष्ठ रूप से सम्बद्ध रहते हैं, अतः इन दोनों में अलंघ्य खाई या अनिवार्य अन्तराल की कल्पना करना अनुचित है। यदि परामर्शवादियों की इस मान्यता को उचित मान लिया जाए कि कोई भी व्यक्ति अपने किसी मूल्यात्मक निर्णय के लिए तार्किक दृष्टि से किसी विशेष कसौटी या प्रतिमान को स्वीकार करने के लिए बाध्य नहीं है तो भी इससे यह निष्कर्ष नहीं निकाला जा सकता कि हम मनमाने ढंग से किसी भी कसौटी को अपने मूल्यात्मक निर्णय के लिए स्वीकार कर सकते हैं। यदि कोई व्यक्ति किसी विशेष खाद्य पदार्थ को खाने के लिए बाध्य नहीं है तो इसका यह अर्थ नहीं हो सकता कि हम किसी भी वस्तु को खा सकते हैं।[41] वस्तुतः वारनॉक का मत है कि हम अपने नैतिक निर्णयों के लिए केवल उन्हीं प्रतिमानों या कसौटियों को स्वीकार कर सकते हैं जिनका मनुष्यों के सुख-दुःख, हित-अहित और उनकी इच्छाओं तथा आवश्यकताओं से अनिवार्य सम्बन्ध है। केवल ऐसी कसौटियां ही

41. वही पुस्तक, पृ० 66

हमारे नैतिक निर्णयों के लिए प्रासंगिक हो सकती हैं। इसका अर्थ यह है कि हम मनुष्यों की आवश्यकताओं और इच्छाओं को समझे बिना उनके विषय में सार्थक नैतिक निर्णय नहीं दे सकते। अपनी इस मान्यता को वारनॉक ने एक उदाहरण द्वारा इस प्रकार स्पष्ट किया है। यदि मंगल ग्रह से कुछ प्राणी पृथ्वी पर आएं तो हम यह नहीं बता सकेंगे कि वे किन वस्तुओं को अच्छी और किन वस्तुओं को बुरी कहेंगे, क्योंकि हम उनकी इच्छाओं तथा आवश्यकताओं को नहीं जानते। ऐसी स्थिति में हम यह भी नहीं बता सकते कि वे किस आधार पर और कौन-से नैतिक निर्णय देंगे। इससे स्पष्ट है कि जब तक हम मनुष्यों की आवश्यकताओं तथा इच्छाओं को नहीं जानते तब तक हम न तो उनके नैतिक निर्णयों के सम्बन्ध में कुछ कह सकते हैं और न स्वयं उनके विषय में कोई सार्थक नैतिक निर्णय दे सकते हैं।[42] इस प्रकार वारनॉक के मतानुसार मनुष्यों की मूल आवश्यकताएं और इच्छाएं ही हमारे नैतिक निर्णयों का एकमात्र अन्तिम आधार है।

यहां यह उल्लेखनीय है कि वारनॉक प्रकृतिवाद के विरुद्ध परामर्शवादियों के मत को अंशतः अवश्य उचित मानते हैं। इस सम्बन्ध में उन्होंने 'सामान्य मूल्यात्मक कथनों' तथा 'नैतिक निर्णयों' में भेद किया है। उनका विचार है कि सामान्य मूल्यात्मक कथनों के विषय में कोई भी व्यक्ति किन्हीं विशेष कसौटियों को स्वीकार करने के लिए तार्किक दृष्टि से बाध्य नहीं है। इसका अर्थ यह है कि सामान्य मूल्यात्मक कथनों और उनके सार्थक प्रयोग की कसौटियों में कोई अनिवार्य तार्किक संबंध नहीं है—ये दोनों तार्किक दृष्टि से एक-दूसरे से पूर्णतः स्वतन्त्र हैं। प्रकृतिवाद के विरोधियों का यह मत उचित है कि मूल्यांकन संबंधी क्रिया के लिए कुछ प्रतिमानों का होना आवश्यक है, किन्तु किसी भी मूल्यात्मक कथन के साथ कोई ऐसे प्रतिमान सम्बद्ध नहीं रहते जिन्हें स्वीकार करना तार्किक दृष्टि से सबके लिए अनिवार्य हो।[43] इस प्रकार यह स्पष्ट है कि सामान्य मूल्यात्मक कथनों के विषय में वारनॉक परामर्शवादियों के मत को स्वीकार करते हैं। परन्तु उनका कथन है कि नैतिक निर्णयों के सम्बन्ध में यह मत उचित नहीं है। इसका कारण यह है कि सामान्य मूल्यात्मक कथनों के विपरीत नैतिक निर्णयों के साथ कुछ विशेष कसौटियां तार्किक दृष्टि से अनिवार्यतः सम्बद्ध रहती हैं। इन कसौटियों को ऐसा कोई भी व्यक्ति मनमाने ढंग से अस्वीकार नहीं कर सकता जो नैतिक समस्याओं के सम्बन्ध में विचार-विमर्श करना चाहता है अथवा जो सार्थक नैतिक निर्णय देना चाहता है। जैसाकि हम ऊपर देख चुके हैं, वारनॉक

42. वही पुस्तक, पृ० 66-67
43. वही पुस्तक, पृ० 68

के मतानुसार ये कसौटियां मनुष्य के सुख-दु:ख, हित-अहित और उसकी मूल आवश्यकताओं तथा इच्छाओं से सम्बन्धित हैं।

नैतिकता के लिए उपर्युक्त कसौटियों को अनिवार्य मानते हुए वारनॉक कहते हैं कि "नैतिक विवाद के सन्दर्भ में मनुष्यों के हित से सम्बन्धित कारणों की प्रासंगिकता को अस्वीकार नहीं किया जा सकता। हम स्वयं इस बात का चुनाव नहीं करते कि ऐसा होना चाहिए, अपितु 'नैतिक' शब्द के अर्थ में ही यह बात अनिवार्यत: निहित रहती है।...यदि 'प्रकृतिवादी' होने का अर्थ यह मानना है कि कुछ विशेष तथ्य या विशेषताएं नैतिक मूल्यांकन की अनिवार्य प्रासंगिक कसौटियां हैं तो मेरा विचार है कि 'प्रकृतिवाद' सत्य है। यदि प्रकृतिवाद का विरोधी यह मानता है कि मूल्यांकन की ऐसी कोई कसौटियां नहीं हैं जिन्हें स्वीकार करने के लिए कोई व्यक्ति तार्किक दृष्टि से बाध्य है तो मेरा विश्वास है कि 'प्रकृतिवाद का विरोधी सिद्धांत' भी सत्य है।"[44] वारनॉक के इन विचारों से यह स्पष्ट है कि वे सामान्य मूल्यात्मक कथनों के विषय में परामर्शवादियों के मत को स्वीकार करते हैं, किन्तु नैतिक निर्णयों के सम्बन्ध में वे इसे उचित और युक्तिसंगत नहीं मानते।

परंतु वारनॉक की उपर्युक्त मान्यता के विरुद्ध यह आपत्ति उठाई जा सकती है कि उन्होंने 'सामान्य मूल्यात्मक कथनों' और 'नैतिक निर्णयों' में जो भेद किया है उसका औचित्य अत्यंत संदिग्ध है। हम सातवें अध्याय में देख चुके हैं कि हेयर नैतिक भाषा को सामान्य मूल्यात्मक भाषा से मूलत: भिन्न नहीं मानते, अत: वे 'सामान्य मूल्यात्मक कथनों तथा 'नैतिक निर्णयों' में वारनॉक द्वारा बताए गए उपर्युक्त भेद को स्वीकार नहीं करेंगे। ऐसी स्थिति में नैतिक निर्णयों के विषय में वारनॉक के मत को अस्वीकार करते हुए वे यही कहेंगे कि अन्य मूल्यात्मक कथनों की भांति इन निर्णयों के संबंध में भी ऐसी कोई अनिवार्य कसौटियां नहीं हो सकतीं जिन्हें स्वीकार करने के लिए प्रत्येक व्यक्ति तार्किक दृष्टि से बाध्य हो। हेयर की इस मान्यता को हम पिछले खंड में विस्तार से स्पष्ट कर चुके हैं, अत: यहां इतना कह देना ही पर्याप्त होगा कि वारनॉक के मत की अपेक्षा यह मान्यता अधिक तर्कसंगत और संतोषप्रद प्रतीत होती है।

नैतिक निर्णयों के अर्थ के साथ-साथ इन निर्णयों के समर्थन में दिए जाने वाले तर्कों के स्वरूप और उद्देश्य के विषय में भी वारनॉक ने अपना मत प्रस्तुत किया है जो गीच तथा श्रीमती फ़ुट के मत से अधिक भिन्न नहीं है। परामर्शवादियों के विपरीत इन दोनों दार्शनिकों की भांति वारनॉक भी यह मानते हैं कि नैतिक निर्णयों की पुष्टि के लिए पूर्णत: विश्वसनीय निदर्शनात्मक तर्क प्रस्तुत करना

44. वही पुस्तक, पृ॰ 68

संभव है। तथ्यात्मक कथनों के समान ही नैतिक निर्णयों को भी हम पूर्णत: विश्वसनीय तर्कों द्वारा सत्य अथवा मिथ्या प्रमाणित कर सकते हैं। इसका कारण यह है कि तथ्यात्मक कथन और नैतिक निर्णय दोनों ही अनिवार्यत: कुछ तथ्यों पर आधारित रहते हैं। इस दृष्टि से इन दोनों में कोई मूल अंतर नहीं है। उदाहरणार्थ यदि हम निश्चित रूप से यह जानते हैं कि किसी कर्म के कारण एक निर्दोष व्यक्ति अथवा समुदाय को गंभीर हानि पहुंचती है और उस कर्म के फलस्वरूप किसी का कोई हित नहीं होता तो हम निस्संदेह यह कह सकते हैं कि वह कर्म अवश्य ही नैतिक दृष्टि से अनुचित है। किसी निर्दोष व्यक्ति या समुदाय के लिए अत्यधिक हानिकारक होना तथा किसी के हित में सहायक न होना ये दोनों तथ्य उस कर्म को निश्चय ही नैतिक दृष्टि से अनुचित सिद्ध करते हैं। ऐसे कर्म के विरुद्ध यह तर्क निदर्शनात्मक तर्क के समान ही पूर्णत: विश्वसनीय है जिसमें संदेह का कोई स्थान नहीं है। अपनी इस मान्यता को स्पष्ट करने के लिए वारनॉक ने निम्नलिखित उदाहरण प्रस्तुत किया है। यह निश्चित रूप से प्रमाणित किया जा सकता है कि अपने बच्चों को अफ़ीम खिला कर उनमें इसे खाने का नशा उत्पन्न करना मेरे लिए नैतिक दृष्टि से अनुचित है। यदि कोई व्यक्ति निश्चित रूप से यह जानता है कि मैं स्वेच्छया अपने बच्चों को अफ़ीम खिलाकर उनमें इसके लिए नशा उत्पन्न करता हूं, किन्तु फिर भी वह इससे यह निष्कर्ष नहीं निकालता कि मेरा यह कर्म नैतिक दृष्टि से अनुचित है तो उसके विषय में यही कहा जा सकता है कि या तो उसने इस तर्क को समझा ही नहीं अथवा वह 'नैतिक दृष्टि से अनुचित' का अर्थ नहीं जानता।[45] इस प्रकार यह स्पष्ट है कि वारनॉक के विचार में तथ्यात्मक कथनों की भांति नैतिक निर्णयों को भी पूर्णत: विश्वसनीय निदर्शनात्मक तर्कों द्वारा सत्य अथवा मिथ्या प्रमाणित किया जा सकता है।

परंतु वारनॉक स्वयं यह स्वीकार करते हैं कि नैतिक निर्णयों की पुष्टि के लिए इस प्रकार के निदर्शनात्मक तर्कों की बहुत कम संभावना है। इन निर्णयों के समर्थन में सामान्यत: जो तर्क दिए जाते हैं वे प्राय: निदर्शनात्मक तर्कों के समान पूर्णत: निश्चयात्मक और विश्वसनीय नहीं होते। वारनॉक के मतानुसार इसके निम्नलिखित मुख्य पांच कारण हैं :—(1) 'मनुष्य के हित' का विचार यद्यपि पूर्णत: अनिश्चित नहीं है, फिर भी इस बात को अस्वीकार नहीं किया जा सकता कि यह विचार बहुत अस्पष्ट है। हम देख चुके हैं कि नैतिक तर्क अंतत: मनुष्य के हित संबंधी विचार पर ही आधारित हैं, किंतु निश्चित रूप से यह कहना अत्यंत कठिन है कि 'मनुष्य के हित' का ठीक-ठीक अर्थ क्या है। वस्तुत: इस सबंध

45. वही पुस्तक, पृ० 70

में विचारकों में बहुत मतभेद है कि मनुष्य का हित किस बात में निहित है। (2) किसी कर्म को नैतिक दृष्टि से उचित अथवा अनुचित सिद्ध करने के लिए अल्पकालीन हित या अहित की दीर्घकालीन अहित अथवा हित के साथ ठीक-ठीक तुलना करना आवश्यक है, किंतु यह तुलना असंभव न होते हुए भी अत्यंत कठिन अवश्य है। (3) इसी प्रकार कुछ व्यक्तियों के हित या अहित की कुछ अन्य व्यक्तियों के अहित अथवा हित के साथ भी ठीक-ठीक तुलना करना आवश्यक है जो निश्चय ही बहुत कठिन है। (4) नैतिक दृष्टि से किसी कर्म के औचित्य या अनौचित्य का निर्णय करने के लिए भविष्य में किसी एक व्यक्ति के संभावित हित अथवा अहित को भी भलीभांति जानना आवश्यक है, किंतु यह भी बहुत कठिन कार्य है। (5) किसी नैतिक समस्या के समुचित समाधान के लिए उसके भावी परिणामों का ठीक-ठीक ज्ञान होना आवश्यक है, किंतु हम निश्चित रूप से इस प्रकार का ज्ञान प्राप्त नहीं कर सकते। उपर्युक्त सभी कठिनाइयों के कारण हम अपने नैतिक निर्णयों के समर्थन में प्रायः निर्विवाद तथा पूर्णतः विश्वसनीय निदर्शनात्मक तर्क प्रस्तुत नहीं कर पाते।[46] इस प्रकार वारनॉक यह तो मानते हैं कि नैतिक निर्णयों की पुष्टि के लिए निदर्शनात्मक तर्कों की संभावना बहुत कम है, किंतु वे इस संभावना को अस्वीकार नहीं करते। जैसा कि हम ऊपर देख चुके हैं, उनके मतानुसार कुछ नैतिक निर्णयों के समर्थन में इस प्रकार के तर्क अवश्य दिए जा सकते हैं। वस्तुतः वारनॉक की यह मान्यता उनके सिद्धांत को परामर्शवादियों के सिद्धांत से पृथक करती है जो निश्चित रूप से यह मानते हैं कि नैतिक निर्णयों के लिए निर्विवाद तथा पूर्णतः विश्वसनीय निदर्शनात्मक तर्क प्रस्तुत करना संभव नहीं है।

हम पिछले खंड में देख चुके हैं कि हेयर के विचार में नैतिक निर्णयों को उसी प्रकार निश्चित रूप से सत्य अथवा मिथ्या प्रमाणित नहीं किया जा सकता जिस प्रकार तथ्यात्मक कथनों को प्रमाणित किया जा सकता है। जब हम किसी तथ्यात्मक कथन की प्रमाणिकता के लिए ऐसे विश्वसनीय तथ्य प्रस्तुत करते हैं जिन्हें निर्विवाद रूप से सत्य मान लिया गया है तो कोई भी व्यक्ति उन तथ्यों को जान लेने के पश्चात उनसे मनमाने निष्कर्ष नहीं निकाल सकता। मान लीजिए मैं किसी व्यक्ति से यह कहता हूं कि "एक कमरे में दस छात्र थे जिनमें से पांच बाहर चले गए हैं।" यदि वह व्यक्ति 'दस' और 'पांच' इन शब्दों का अर्थ जानता है तो वह मेरे उपर्युक्त कथन से केवल यही निष्कर्ष निकाल सकता है कि "उस कमरे में पांच छात्र विद्यमान है"; वह इसके अतिरिक्त अन्य कोई निष्कर्ष नहीं निकाल सकता। इसी प्रकार यदि मैं यह कहता हूं कि (1) "सभी मनुष्य मरणशील हैं"

46. वही पुस्तक, पृ० 69-70

तथा (2) "सोहन एक मनुष्य है" और यदि मैं 'सभी' एवं 'मरणशील' इन शब्दों का अर्थ जानता हूं तो मैं उपर्युक्त दोनों आधारवाक्यों से केवल यही निष्कर्ष निकाल सकता हूं कि "सोहन मरणशील है"; तार्किक दृष्टि से मेरे लिए इन आधारवाक्यों से इसके अतिरिक्त अन्य कोई निष्कर्ष निकालना संभव नहीं है। गणित और तर्कशास्त्र में इस प्रकार के निदर्शनात्मक तर्क पाए जाते हैं जो पूर्णतः विश्वसनीय तथा निर्विवाद होते हैं। इन तर्कों के पूर्णतः विश्वसनीय होने का कारण केवल यही है कि ये हमारे अनुभव पर आधारित न होकर कुछ शब्दों की परिभाषाओं अथवा उनके अर्थों पर ही आधारित होते हैं। इन निदर्शनात्मक तर्कों से जो निष्कर्ष निकलते हैं उनका कभी भी कोई अपवाद नहीं हो सकता। इसीलिए ये तर्क सदैव निर्विवाद तथा पूर्णतः विश्वसनीय होते हैं।

अब विचारणीय प्रश्न यह है कि क्या नैतिक निर्णयों के समर्थन में इस प्रकार के निदर्शनात्मक तर्क देना संभव है। हम ऊपर देख चुके हैं कि वारनॉक इस प्रश्न का उत्तर 'हां' में देते हैं। परंतु इस संबंध में उनके मत का तर्कसंगत रूप से समर्थन करना बहुत कठिन है। इसका कारण यह है कि नैतिक निर्णय गणित या तर्कशास्त्र के वाक्यों की भांति विश्लेषणात्मक कथन नहीं होते। वारनॉक स्वयं यह स्वीकार करते हैं कि इन निर्णयों का अंतिम आधार हमारा अनुभव ही है। इसका अर्थ यही है कि ये निर्णय वास्तव में संश्लेषणात्मक कथन हैं और ऐसे कथनों को सत्य अथवा मिथ्या प्रमाणित करने के लिए निदर्शनात्मक तर्क नहीं दिए जा सकते। जैसा कि हम ऊपर बता चुके हैं, निदर्शनात्मक तर्क अनिवार्यतः कुछ विशेष शब्दों के अर्थ पर ही आधारित रहते हैं, किंतु नैतिक निर्णयों के समर्थन में हम जो तर्क प्रस्तुत करते हैं वे किन्हीं विशेष शब्दों के अर्थ पर आधारित नहीं होते। ऐसी स्थिति में इन तर्कों को 'निदर्शनात्मक तर्क' नहीं कहा जा सकता। नैतिक तर्क कभी भी अपवादरहित नहीं होते; हम किसी नैतिक तर्क को कुछ विशेष परिस्थितियों में कोई तार्किक भूल किए बिना अस्वीकार कर सकते हैं। संभवतः ऐसा कोई भी नैतिक तर्क नहीं है जो निदर्शनात्मक तर्क के समान सभी स्थानों पर तथा सभी कालों और परिस्थितियों में सभी मनुष्यों को निर्विवाद रूप से अनिवार्यतः मान्य हो। सामान्य परिस्थितियों में जिन तथ्यों के आधार पर हम किसी कर्म को नैतिक दृष्टि से अनुचित कहते हैं कुछ विशेष परिस्थितियों में उन तथ्यों के होते हुए भी हम उस कर्म को नैतिक दृष्टि से उचित कह सकते हैं। झूठ बोलना, वचन भंग करना, किसी को कष्ट देना, चोरी करना, हत्या करना आदि नैतिक दृष्टि से अनुचित सभी कर्मों के विषय में यही बात कही जा सकती है, क्योंकि कुछ विशेष परिस्थितियों में इन सभी कर्मों के अपवाद अवश्य हैं। कोई भी कर्म सभी स्थानों पर तथा सभी कालों और परिस्थितियों में

सभी मनुष्यों के लिए सदैव नैतिक दृष्टि से अनिवार्यतः उचित या अनुचित नहीं हो सकता।

इसके अतिरिक्त नैतिक शब्दों तथा अवधारणाओं का अर्थ भी पूर्णतः स्पष्ट और निश्चित नहीं है जिसके कारण नैतिक निर्णयों के संबंध में मनुष्यों में पर्याप्त मतभेद पाया जाता है। हम ऊपर देख चुके हैं कि स्वयं वारनॉक भी इस तथ्य को स्पष्टतः स्वीकार करते हैं। इससे भी यही सिद्ध होता है कि गणित और तर्कशास्त्र के वाक्यों के विपरीत नैतिक निर्णयों को निर्विवाद तथा पूर्णतः विश्वसनीय निदर्शनात्मक तर्कों द्वारा सत्य अथवा मिथ्या प्रमाणित नहीं किया जा सकता। उपर्युक्त तथ्यों के अतिरिक्त एक अन्य तथ्य जो नैतिक निर्णयों की पुष्टि के लिए निदर्शनात्मक तर्क प्रस्तुत करने में कठिनाई उत्पन्न करता है यह है कि इन निर्णयों के संबंध में मनुष्य कभी भी पूर्णतः तटस्थ या उदासीन नहीं रह सकता। जैसा कि हम पिछले अध्यायों में स्पष्ट कर चुके हैं, इन निर्णयों पर मनुष्य की अपनी भावनाओं या अभिवृत्तियों का अनिवार्यतः प्रभाव पड़ता है। इस प्रभाव के कारण भी हम नैतिक निर्णयों के समर्थन में निदर्शनात्मक तर्क नहीं दे सकते। उक्त सभी तथ्यों के आधार पर हम यही निष्कर्ष निकाल सकते हैं कि नैतिक निर्णयों के प्रमाणीकरण के संबंध में वारनॉक ने जो मत व्यक्त किया है वह पूर्णतः उचित और युक्तिसंगत नहीं है। परंतु यहां यह स्पष्ट कर देना आवश्यक है कि उनके इस मत में आंशिक सत्य अवश्य विद्यमान है। उनकी यह मान्यता निश्चय ही उचित है कि नैतिक निर्णय व्यक्तिनिष्ठ वाक्य नहीं होते और इसी कारण कोई भी व्यक्ति इन निर्णयों के समर्थन में किन्हीं तथ्यों को मनमाने ढंग से तर्कों के रूप में प्रस्तुत नहीं कर सकता। वस्तुतः हम मनुष्य के सुख-दुःख तथा हित-अहित से संबंधित कुछ विशेष तथ्यों को ही नैतिक निर्णयों की पुष्टि के लिए तर्कों के रूप में स्वीकार कर सकते हैं। इस दृष्टि से वारनॉक का यह कथन उचित है कि इन निर्णयों के प्रमाणीकरण का अंतिम आधार मनुष्य की मूल आवश्यकताओं और इच्छाओं में ही निहित है, किसी व्यक्ति विशेष की पसंद अथवा रुचि में नहीं।

5. मूल्यांकन

पिछले खंडों में हमने नव्य प्रकृतिवाद की कुछ मुख्य आधारभूत मान्यताओं तथा इस सिद्धांत के तीन प्रमुख प्रतिनिधि विचारकों के मत का विस्तृत विवेचन किया है। अब संक्षेप में इस प्रश्न पर विचार करना आवश्यक है कि यह सिद्धांत नैतिक निर्णयों के अर्थ और प्रमाणीकरण की कहां तक उचित एवं संतोषप्रद व्याख्या करता है। इन निर्णयों के संबंध में गीच, श्रीमती फ़ुट तथा वारनॉक के विचारों को प्रस्तुत करते हुए हम इस सिद्धांत की कुछ प्रमुख कठिनाइयों का

उल्लेख पहले ही कर चुके हैं जिनकी पुनरावृत्ति अनावश्यक है। यहां हम ऐसी सामान्य मूल आपत्तियों पर विचार करेंगे जो इस सिद्धांत के विरुद्ध उठाई जा सकती हैं और जिनके कारण इसे पूर्णतः संतोषप्रद तथा युक्तिसंगत मानना संभव प्रतीत नहीं होता।

अन्य अधि-नैतिक सिद्धान्तों की भांति नव्य प्रकृतिवाद में भी आंशिक सत्य निश्चय ही विद्यमान है। इस सिद्धान्त की यह मान्यता उचित है कि नैतिक भाषा बहुपक्षीय अथवा विविधार्थक होती है, अतः नैतिक निर्णयों को केवल संवेगात्मक या परामर्शात्मक नहीं माना जा सकता। नैतिक भाषा का कोई एक ही अर्थ और उद्देश्य नहीं हो सकता, क्योंकि मानवीय आचरण से सम्बन्धित विभिन्न प्रसंगों में यह भाषा भिन्न-भिन्न प्रकार के कार्य करती है। नव्य प्रकृतिवाद के समर्थकों का यह मत भी अवश्य ही उचित है कि नैतिक निर्णयों का मनुष्य के सुख-दुःख, हित-अहित और उसकी मूल आवश्यकताओं तथा इच्छाओं से अनिवार्य सम्बन्ध है। इन निर्णयों को मानवीय इच्छाओं तथा आवश्यकताओं से पृथक करके हम इनके अर्थ और उद्देश्य की ठीक-ठीक व्याख्या नहीं कर सकते। जिस कथन का मनुष्य के सुख-दुःख या हित-अहित से कोई सम्बन्ध नहीं है उसे वास्तव में 'नैतिक निर्णय' की संज्ञा नहीं दी जा सकती। इस दृष्टि से नव्य प्रकृतिवादियों का यह कथन सत्य है कि नैतिक निर्णयों का अन्तिम आधार मानव-स्वभाव सम्बन्धी कुछ तथ्य ही हैं जिनके अभाव में हमारे लिए ये निर्णय सार्थक और बोधगम्य नहीं हो सकते। इसके अतिरिक्त इन दार्शनिकों की यह मान्यता भी पर्याप्त सीमा तक उचित है कि सामान्यतः नैतिक निर्णयों के प्रमाणीकरण की कसौटियां पूर्व निर्धारित होती हैं, अतः कोई भी विवेकशील व्यक्ति इन निर्णयों के पक्ष या विपक्ष में मनमाने ढंग से तर्क प्रस्तुत नहीं कर सकता। सामान्य परिस्थितियों में तथ्यात्मक कथनों के प्रमाणीकरण की भांति नैतिक निर्णयों के प्रमाणीकरण के विषय में भी हमारी स्वतन्त्रता बहुत सीमित है। हम अपनी इच्छानुसार उन प्रतिमानों अथवा कसौटियों को अस्वीकार नहीं कर सकते जो इन निर्णयों को उचित या अनुचित सिद्ध करने के लिए पहले से ही निश्चित हैं। इस अर्थ में नैतिक निर्णयों को 'वस्तुपरक निर्णय' कहा जा सकता है जो किसी व्यक्ति अथवा समुदाय विशेष की अपनी भावनाओं, इच्छाओं या रुचियों पर आधारित नहीं होते। हम मनमाने ढंग से किसी भी मनुष्य को अच्छा अथवा बुरा और उसके किसी भी कर्म को उचित या अनुचित नहीं कह सकते। ऐसा करने के लिए हमारे पास निर्वैयक्तिक पर्याप्त कारणों अथवा उचित तर्कों का होना आवश्यक है। इस प्रकार यह कहा जा सकता है कि नैतिक निर्णयों के सम्बन्ध में उपर्युक्त सभी महत्वपूर्ण तथ्यों की ओर विशेष रूप से हमारा ध्यान

आकृष्ट करके नव्य प्रकृतिवादियों ने इन निर्णयों के अर्थ और प्रमाणीकरण को भलीभांति समझने में हमारी बहुत सहायता की है, अतः इन दार्शनिकों के विचारों में आंशिक सत्य निश्चय ही विद्यमान है।

परन्तु अंशतः सत्य होते हुए भी नव्य प्रकृतिवाद नैतिक निर्णयों के अर्थ तथा प्रमाणीकरण की पूर्णतया संतोषप्रद और तर्कसंगत व्याख्या नहीं कर पाता। हम देख चुके हैं कि यह सिद्धान्त मूलतः प्रकृतिवाद का ही संशोधित रूप है, अतः तीसरे अध्याय में प्रकृतिवाद के विरुद्ध जिन आपत्तियों का उल्लेख किया गया है वे किसी न किसी रूप में इस सिद्धान्त के विरुद्ध भी उठाई जा सकती हैं। उदाहरणार्थ प्रकृतिवादियों की भांति नव्य प्रकृतिवाद के समर्थक भी नैतिक निर्णयों को किन्हीं विशेष तथ्यों का वर्णन करने वाले तथ्यात्मक कथनों से मूलतः भिन्न नहीं मानते। ऐसी स्थिति में उनके सिद्धान्त नव्य प्रकृतिवाद में भी उस प्रकृतिवादी दोष का आ जाना अनिवार्य है जिसकी विस्तृत विवेचना हम तीसरे और चौथे अध्यायों में कर चुके हैं। वारनॉक ने स्वयं यह स्वीकार किया है कि उनके सिद्धान्त के विरुद्ध कुछ दार्शनिक 'प्रकृतिवादी दोष' सम्बन्धी यह आपत्ति उठा सकते हैं। परन्तु उन्होंने इस आपत्ति का जो उत्तर दिया है वह उचित और संतोषप्रद प्रतीत नहीं होता। जैसाकि हम पिछले खंड में देख चुके हैं, इस आपत्ति के उत्तर में वे केवल यही कहते हैं कि नैतिक निर्णय अनिवार्यतः मानव-स्वभाव सम्बन्धी कुछ विशेष तथ्यों—सुख, दुःख, हित-अहित, इच्छाओं, आवश्यकताओं आदि—पर ही आधारित होते हैं। परन्तु वारनॉक के इस उत्तर को संतोषजनक मानना बहुत कठिन है, क्योंकि इससे यह सिद्ध नहीं होता कि तथ्यात्मक होते हुए भी नैतिक निर्णय प्रकृतिवादी दोष से मुक्त रह सकते हैं। यदि "क उचित है" इस नैतिक निर्णय का अर्थ केवल यही है कि "क मनुष्य की किसी मूल आवश्यकता या इच्छा की पूर्ति करता है" तो नैतिक निर्णयों की इस प्रकार की व्याख्या में प्रकृतिवादी दोष का आ जाना अनिवार्य है। हम यह पूछ सकते हैं कि क्या वह कर्म वास्तव में नैतिक दृष्टि से उचित है जो मनुष्य की किसी मूल आवश्यकता अथवा इच्छा की पूर्ति करता है। हमारा यह प्रश्न निश्चय ही सार्थक होगा। इस प्रकार नव्य प्रकृतिवाद के विरुद्ध भी वह 'सार्थक प्रश्न सम्बन्धी तर्क' प्रस्तुत किया जा सकता है जो मूर ने प्रकृतिवाद के विरुद्ध प्रस्तुत किया है और जिसकी विस्तृत विवेचना हम चौथे अध्याय में कर चुके हैं।

उपर्युक्त तर्क के अतिरिक्त नव्य प्रकृतिवाद के विरुद्ध वह गम्भीर आपत्ति भी उठाई जा सकती है जो हेयर ने प्रकृतिवाद के विरुद्ध उठाई है। यदि "क उचित है" और "क मनुष्य की किसी मूल आवश्यकता की पूर्ति करता है" इन दोनों कथनों को समान रूप से तथ्यात्मक मान लिया जाए जैसा कि नव्य प्रकृति-

वादी मानते हैं तो पहला कथन—जो वास्तव में नैतिक निर्णय है—परामर्श अथवा मूल्यांकन सम्बन्धी अपना मुख्य कार्य सम्पन्न नहीं कर सकता। प्रकृतिवाद के विरुद्ध हेयर की इस आपत्ति को हम सातवें अध्याय में पहले ही विस्तारपूर्वक स्पष्ट कर चुके हैं, अतः यहां इतना कह देना ही पर्याप्त होगा कि उनकी यह आपत्ति नव्य प्रकृतिवाद के विरुद्ध भी समान रूप से उठाई जा सकती है। यह सत्य है कि नैतिक निर्णय कुछ तथ्यों पर आधारित होते हैं, किन्तु इससे यह निष्कर्ष निकालना उचित नहीं होगा कि तथ्यात्मक कथन और नैतिक निर्णय समानार्थक होते हैं जैसाकि प्रकृतिवादी तथा नव्य प्रकृतिवादी मानते हैं। उपर्युक्त विवेचन से यह स्पष्ट है कि नव्य प्रकृतिवादियों ने जिस संशोधित रूप में अपने सिद्धान्त को प्रस्तुत किया है उस रूप में भी वह प्रकृतिवादी दोष से मुक्त नहीं है। वस्तुतः ऐसा कोई भी सिद्धान्त इस दोष से मुक्त नहीं रह सकता जो नैतिक निर्णयों एवं तथ्यात्मक कथनों को समानार्थक मानता है और इन दोनों में कोई मूल भेद स्वीकार नहीं करता।

नव्य प्रकृतिवादियों का यह मत भी उचित और युक्तिसंगत प्रतीत नहीं होता कि नैतिक निर्णयों को मानव-स्वभाव सम्बन्धी कुछ विशेष तथ्यों से निगमित किया जा सकता है। हम देख चुके हैं कि नव्य प्रकृतिवादी तथ्यात्मक भाषा तथा नैतिक भाषा में कोई मूल भेद स्वीकार नहीं करते; इसी कारण वे यह मानते हैं कि हम मनुष्य के हित-अहित और उसकी इच्छाओं तथा आवश्यकताओं से सम्बन्धित तथ्यात्मक कथनों से नैतिक निर्णयों को निगमित कर सकते हैं। परन्तु उनकी इस मान्यता का समर्थन करना बहुत कठिन है, क्योंकि वस्तुतः तथ्यात्मक कथनों और नैतिक निर्णयों में आधारभूत अन्तर होता है। जैसाकि हम पिछले अध्यायों में देख चुके हैं, तथ्यात्मक कथन निर्णीत वस्तुओं के कुछ गुणों या सम्बन्धों का वर्णन मात्र करते हैं, जबकि नैतिक निर्णय उनका मूल्यांकन करते हैं अथवा उनके सम्बन्ध में हमें कुछ करने या न करने का परामर्श देते हैं। उदाहरणार्थ "वह सेब लाल है" और "वह कर्म उचित है" ये दोनों कथन व्याकरण की दृष्टि से समान प्रतीत होते हुए भी वास्तव में अर्थ तथा उद्देश्य की दृष्टि से एक-दूसरे से बहुत भिन्न हैं। पहला कथन तथ्यात्मक है जो सेब के एक विशेष गुण का वर्णन मात्र करता है, अतः इसके साथ हम बिना किसी तार्किक असंगति के किन्हीं अन्य कथनों को संबद्ध कर सकते हैं। हम यह कह सकते हैं कि "वह सेब लाल है, अतः उसे खाओ; किन्तु उसे मत खाओ; उसका चित्र बनाओ; उसका चित्र मत बनाओ" इत्यादि। परन्तु दूसरा कथन नैतिक निर्णय है जो उस कर्म का वर्णन मात्र नहीं करता; यही कारण है कि हम इसके साथ कुछ कथनों को सार्थकतापूर्वक संबद्ध नहीं कर सकते।

उदाहरणार्थ हम यह नहीं कह सकते कि "वह कर्म उचित है, किन्तु उसे मत करो; उसे करने के कारण हमें पश्चाताप हुआ है; उसे करने वाले व्यक्ति की निन्दा की जानी चाहिए" इत्यादि। यदि हम ऐसा कहते हैं तो निश्चय ही हमारे कथन सार्थक और बोधगम्य नहीं होंगे। इस उदाहरण से उपर्युक्त दोनों कथनों में विद्यमान मूल भेद पूर्णत: स्पष्ट हो जाता है। परन्तु नव्य प्रकृतिवादी तथ्यात्मक कथनों तथा नैतिक निर्णयों में पाए जाने वाले इस आधारभूत अन्तर की उपेक्षा करते हैं और इसी कारण वे यह मानने की भूल करते हैं कि नैतिक निर्णयों को तथ्यात्मक कथनों से निगमित अथवा प्राप्त किया जा सकता है। यदि उनकी इस मान्यता को स्वीकार कर लिया जाए तो नैतिक निर्णयों को भी तथ्यात्मक कथनों के समान ही वर्णनात्मक मानना हमारे लिए अनिवार्य हो जाता है जिसके फलस्वरूप हम इन निर्णयों के परामर्श या मूल्यांकन संबंधी विशेष कार्य की समुचित व्याख्या नहीं कर सकते।

नव्य प्रकृतिवादियों का यह मत उचित है कि नैतिक निर्णयों का मनुष्य की आवश्यकताओं तथा इच्छाओं से अनिवार्य सम्बन्ध होता है, किन्तु प्रश्न यह है कि क्या यह सम्बन्ध ही किसी कथन को 'नैतिक निर्णय' बनाता है। हम देख चुके हैं कि नव्य प्रकृतिवादी इस प्रश्न का उत्तर 'हां' में देते हैं। वे यह मानते हैं कि मनुष्य के हित-अहित और उसकी इच्छाओं तथा आवश्यकताओं से सम्बन्धित होने के कारण ही किसी कथन को हम 'नैतिक निर्णय' की संज्ञा देते हैं। परन्तु मेरे विचार में उपर्युक्त प्रश्न का उत्तर नकारात्मक ही हो सकता है। यह सत्य है कि नैतिक निर्णय मनुष्य की इच्छाओं और आवश्यकताओं से अनिवार्यत: सम्बद्ध रहते हैं, किन्तु इससे यह निष्कर्ष निकालना उचित नहीं होगा कि केवल यह सम्बन्ध ही किसी कथन को 'नैतिक निर्णय' बना देता है। यह सम्भव है कि किसी कथन का मनुष्य की किसी इच्छा या आवश्यकता से सम्बन्ध हो किन्तु फिर भी वह 'नैतिक निर्णय' न हो। उदाहरणार्थ "मैं केला खाना चाहता हूं।" इस कथन का मेरी इच्छा से सम्बन्ध है, किन्तु वास्तव में यह 'नैतिक निर्णय' नहीं है। इस प्रकार के अन्य सभी व्यक्तिनिष्ठ कथनों के विषय में भी यही बात कही जा सकती है। ये कथन निश्चय ही मनुष्यों की भावनाओं तथा इच्छाओं को अभिव्यक्त करते हैं, किन्तु फिर भी हम इन्हें 'नैतिक निर्णय' नहीं मानते। वस्तुत: वारनॉक ने संवेगवाद और परामर्शवाद के विरुद्ध जो आपत्ति उठाई है वही आपत्ति स्वयं उनके अपने सिद्धांत के विरुद्ध भी उठाई जा सकती है। जिस प्रकार मनुष्यों की भावनाओं को अभिव्यक्त और जागृत करना अथवा उन्हें कुछ करने या न करने का परामर्श देना ही किसी कथन को 'नैतिक निर्णय' नहीं बनाता उसी प्रकार केवल मनुष्यों की इच्छाओं तथा आवश्यकताओं से संबद्ध होना भी हमारे

किसी कथन को 'नैतिक निर्णय' नहीं बना देता। नैतिक निर्णय निश्चय ही मानवीय इच्छाओं तथा आवश्यकताओं से संबद्ध रहते हैं, किन्तु यह कोई ऐसी विशेषता नहीं है जो इन निर्णयों को अन्य सभी प्रकार के कथनों से पृथक कर सके। जैसाकि हम ऊपर बता चुके हैं, बहुत-से निर्नैतिक कथन भी मनुष्यों की इच्छाओं तथा आवश्यकताओं से सम्बन्धित हो सकते हैं और होते हैं। इस प्रकार यह स्पष्ट है कि हम किसी कथन को केवल इसलिए 'नैतिक निर्णय' नहीं मान सकते कि उसका मनुष्य की किसी मूल आवश्यकता अथवा इच्छा से अनिवार्य सम्बन्ध है।

नैतिक निर्णयों के अर्थ की भांति इन निर्णयों के समर्थन में दिए जानें वाले तर्कों के स्वरूप के विषय में भी नव्य प्रकृतिवादियों का मत पूर्णतः उचित और सन्तोषप्रद प्रतीत नहीं होता। हम देख चुके हैं कि ये दार्शनिक तथ्यात्मक कथनों और नैतिक निर्णयों की पुष्टि के लिए प्रस्तुत किए जाने वाले तर्कों में कोई मूल भेद नहीं मानते। परन्तु नैतिक तर्कना के सम्बन्ध में उनकी इस मान्यता का समर्थन करना बहुत कठिन है। इसका कारण यह है कि नैतिक निर्णयों के समर्थन में ठीक उसी प्रकार के वस्तुपरक तर्क नहीं दिए जा सकते जिस प्रकार के वस्तुपरक तर्क हम तथ्यात्मक कथनों की पुष्टि के लिए देते हैं। नैतिक तर्कना के सम्बन्ध में श्रीमती फ़ुट तथा वारनॉक के मत की आलोचना करते हुए हम पिछले खण्डों में बता चुके हैं कि नैतिक निर्णयों को उस अर्थ में सत्य अथवा मिथ्या प्रमाणित नहीं किया जा सकता जिस अर्थ में तथ्यात्मक कथनों और गणित एवं तर्क शास्त्र के वाक्यों कों सत्य या मिथ्या प्रमाणित किया जाता है। तथ्यात्मक कथनों के समर्थन में हम प्रायः निर्विवाद तथा पूर्णतः विश्वसनीय तर्क दे सकते हैं। इसी प्रकार गणित और तर्क शास्त्र के वाक्यों को सत्य अथवा मिथ्या प्रमाणित करने के लिए हम ऐसे निदर्शनात्मक तर्क प्रस्तुत कर सकते हैं जिनमें सन्देह करना सम्भव नहीं है। परन्तु, जैसाकि हम पिछले खण्ड में देख चुके हैं, नैतिक निर्णयों की पुष्टि के लिए इस प्रकार के निर्विवाद तथा पूर्णतः विश्वसनीय निदर्शनात्मक तर्क नहीं दिए जा सकते। इसका मुख्य कारण यह है कि तथ्यात्मक कथनों तथा गणित एवं तर्कशास्त्र के वाक्यों के विपरीत नैतिक निर्णयों के प्रमाणीकरण के प्रतिमान अनिवार्यतः मानवीय भावनाओं या अभिवृत्तियों द्वारा प्रभावित होते हैं। इस प्रभाव के फलस्वरूप इन निर्णयों के सम्बन्ध में वह तटस्थता एवं निश्चयात्मकता सम्भव नहीं है जो तथ्यात्मक कथनों तथा गणित और तर्कशास्त्र के वाक्यों में पाई जाती है।

इसके अतिरिक्त नैतिक निर्णयों का मनुष्य के आचरण के साथ अनिवार्य सम्बन्ध होता है और मानवीय आचरण इतना जटिल है कि इसे कुछ निश्चित

नियमों द्वारा निर्धारित अथवा शासित नहीं किया जा सकता। मनुष्य के अपने मूल्यों तथा उसकी अभिवृत्तियों और देश-काल सम्बन्धी परिस्थितियों का उसके आचरण पर व्यापक प्रभाव पड़ता है जिसके कारण मानवीय आचरण के मूल्यांकन के विषय में कोई निश्चित या असंदिग्ध नियम नहीं बनाए जा सकते। जैसाकि हम पिछले खण्ड में स्पष्ट कर चुके हैं, मनुष्य का ऐसा कोई कर्म नहीं है जो सभी स्थानों, कालों तथा परिस्थितियों में सभी व्यक्तियों के लिए अनिवार्यतः नैतिक दृष्टि से उचित या अनुचित हो। यही बात सभी नैतिक निर्णयों तथा नियमों के सम्बन्ध में भी कही जा सकती है। हम अपने अनुभव द्वारा यह भली-भांति जानते हैं कि कुछ विशेष परिस्थितियों में सभी नैतिक निर्णयों तथा नियमों के अपवाद अवश्य हैं। उपर्युक्त सभी तथ्यों से हम यही निष्कर्ष निकाल सकते हैं कि तथ्यात्मक कथनों तथा गणित और तर्कशास्त्र के वाक्यों के विपरीत नैतिक निर्णयों एवं नियमों को निर्विवाद और पूर्णतः विश्वसनीय निदर्शनात्मक तर्कों द्वारा सत्य अथवा मिथ्या प्रमाणित करना संभव नहीं है। ऐसी स्थिति में नैतिक तर्कना के विषय में नव्य प्रकृतिवादियों के मत का समर्थन करना बहुत कठिन है। परन्तु उनकी यह मान्यता अवश्य ही उचित है कि नैतिक निर्णय व्यक्तिनिष्ठ कथन नहीं हैं, अतः उनके समर्थन में कोई भी व्यक्ति मनमाने ढंग से तर्क प्रस्तुत नहीं कर सकता।

संक्षेप में हम यह कह सकते हैं कि नैतिक निर्णयों के अर्थ और प्रमाणीकरण के सम्बन्ध में नव्य प्रकृतिवादियों का सिद्धान्त पूर्णतः उचित एवं संतोषप्रद न होते हुए भी अंशतः निश्चय ही सत्य है।

अध्याय 10

तथ्यात्मक कथनों से नैतिक निर्णयों के निगमन की समस्या

1. पृष्ठभूमि

पिछले अध्याय के प्रथम खण्ड में नव्य प्रकृतिवाद की आधारभूत मान्यताओं का विवेचन करते हुए हम समकालीन नैतिक दर्शन में तथ्यात्मक कथनों से नैतिक निर्णयों के निगमन की समस्या का संक्षिप्त उल्लेख कर चुके हैं। हम देख चुके हैं कि तथ्यात्मक कथनों एवं नैतिक निर्णयों के पारस्परिक सम्बन्ध के विषय में नव्य प्रकृतिवादियों तथा परामर्शवादियों में तीव्र मतभेद है जिसके फलस्वरूप 'है' और 'चाहिए' में अंतराल की समस्या की भी विस्तृत विवेचना हुई है। प्रस्तुत अध्याय में हम इस समस्या के विभिन्न पक्षों पर कुछ विस्तार से विचार करेंगे। इस समस्या के स्वरूप को भली-भांति समझने के लिए संक्षेप में इसकी ऐतिहासिक पृष्ठभूमि को जान लेना आवश्यक है। इस प्रसंग में यह उल्लेखनीय है कि समकालीन दर्शन की कुछ अन्य विधाओं की भांति अधिनीतिशास्त्र पर भी महान् अनुभववादी दार्शनिक डेविड ह्यूम के विचारों का व्यापक प्रभाव पड़ा है। 'चाहिए' और 'है' में अंतराल की समस्या भी वस्तुतः उन्हीं के विचारों की परस्पर विरोधी व्याख्याओं का ही परिणाम है। अपनी प्रसिद्ध पुस्तक 'ए ट्रिटाइज़ ऑफ़ ह्यूमन नेचर' में उन्होंने तथ्यात्मक कथनों तथा नैतिक निर्णयों के पारस्परिक संबंध के विषय में एक महत्वपूर्ण अनुच्छेद लिखा है जिसकी वर्तमान शताब्दी में विभिन्न दार्शनिकों ने भिन्न-भिन्न प्रकार से व्याख्या की है। ह्यूम के इसी अनुच्छेद की परस्पर विरोधी व्याख्याओं के फलस्वरूप ही समकालीन नैतिक दर्शन में 'है' और 'चाहिए' में अंतराल से संबंधित समस्या उत्पन्न हुई है जिसका सर्वमान्य तथा पूर्णतः संतोषप्रद समाधान अभी तक नहीं हो सका। आज भी इन प्रश्नों का कोई निश्चित तथा सर्वमान्य उत्तर देना संभव नहीं है कि 'है' और 'चाहिए' में क्या संबंध है और क्या हम तथ्यात्मक कथनों से नैतिक निर्णयों को निगमित कर सकते हैं। इस प्रकार उक्त समस्या के समुचित समाधान के विषय में अब भी दार्शनिकों में तीव्र मतभेद है।

ह्यूम के जिस महत्वपूर्ण अनुच्छेद की भिन्न-भिन्न अथवा परस्पर विरोधी व्याख्याओं के कारण 'है' और 'चाहिए' में अंतराल की समस्या का जन्म हुआ

है उसे यहां संक्षेप में प्रस्तुत करना आवश्यक है। इस अनुच्छेद का सारांश इस प्रकार है:—"प्रत्येक नैतिक सिद्धांत के संबंध में मैंने सदा यह देखा है कि लेखक पहले तो कुछ समय के लिए तर्कना की सामान्य विधि द्वारा ईश्वर के अस्तित्व को प्रमाणित करता है अथवा मानवीय समस्याओं के विषय में अपने विचार व्यक्त करता है। परन्तु यह देखकर मुझे आश्चर्य होता है कि सहसा वह 'है' तथा 'नहीं है' इन शब्दों के स्थान पर 'होना चाहिए' और 'नहीं होना चाहिए' शब्दों का प्रयोग करने लगता है। यह परिवर्तन अस्पष्ट होते हुए भी बहुत महत्वपूर्ण है। इसका कारण यह है कि 'चाहिए' अथवा 'नहीं चाहिए' ये शब्द एक नवीन संबंध को अभिव्यक्त करते हैं जिसे समझा जाना चाहिए और जिसकी व्याख्या की जानी चाहिए। इस बात का भी कारण स्पष्ट किया जाना चाहिए कि नितांत अचिंत्य प्रतीत होने वाले इस नवीन संबंध को उन संबंधों से किस प्रकार निगमित किया जा सकता है जो इससे पूर्णतः भिन्न हैं।"[1] ह्यूम के अनुच्छेद के उपर्युक्त सारांश से यह स्पष्ट है कि वे तथ्यात्मक कथनों तथा मूल्यात्मक निर्णयों को समान न मानकर इन दोनों में अंतर अवश्य स्वीकार करते हैं। वे स्पष्ट रूप से यह कहते हैं कि जब कोई विचारक समुचित कारण बताए बिना 'है'—अर्थात् तथ्यात्मक कथन—से 'चाहिए'—अर्थात् मूल्यात्मक निर्णय—का निगमन करता है तो उन्हें बहुत आश्चर्य होता है। इसका तात्पर्य यही है कि उनके विचार में सामान्यतः इस प्रकार का निगमन संभव नहीं है। दूसरे शब्दों में, वे यह मानते हैं कि तथ्यात्मक कथनों और मूल्यात्मक निर्णयों में कोई अनिवार्य तार्किक संबंध नहीं है। हम केवल तथ्यात्मक कथनों से मूल्यात्मक निर्णय प्राप्त नहीं कर सकते।

वर्तमान शताब्दी में कुछ दार्शनिकों ने ह्यूम के अनुच्छेद की उपर्युक्त व्याख्या को पूर्णतः स्वीकार किया है। इन दार्शनिकों में प्रिचर्ड, एयर, स्टीवेंसन, हेयर, नावलस्मिथ आदि के नाम विशेष रूप से उल्लेखनीय हैं। नैतिक निर्णयों के स्वरूप तथा प्रमाणीकरण के विषय में परस्पर मतभेद होते हुए भी ये सभी दार्शनिक इस मान्यता का पूर्णतः समर्थन करते हैं कि तथ्यात्मक कथनों और मूल्यात्मक निर्णयों में अनिवार्य अंतराल या अलंघ्य खाई है, अतः तार्किक दृष्टि से मूल्यात्मक निर्णयों को तथ्यात्मक कथनों से कभी भी निगमित नहीं किया जा सकता। अपनी इस मान्यता के समर्थन में ये दार्शनिक ह्यूम के उपर्युक्त अनुच्छेद को पूर्णतः या अंशतः उद्धृत करते हैं अथवा इसका उल्लेख करते हैं। उदाहरणार्थ प्रिचर्ड का कथन है कि 'चाहिए' से संबंधित निर्णय अद्वितीय होते

1. डेविड ह्यूम, 'ए ट्रिटाइज ऑफ़ ह्यूमन नेचर', बुक 3, पृ० 469-470

हैं, अतः तथ्यात्मक कथनों के आधारपर इन निर्णयों की परिभाषा अथवा व्याख्या नहीं की जा सकती।[2] इसी प्रकार अपनी पुस्तक 'फ़िलासॉफ़िकल एसेज़' में एयर कहते हैं कि उनका नैतिक सिद्धांत ह्यूम के इस युक्तिसंगत विचार पर आधारित है कि 'चाहिए' को 'है' से कभी भी निगमित नहीं किया जा सकता। स्टीवेंसन भी इसी मत को पूर्णतः स्वीकार करते हैं जिनके नैतिक सिद्धांत पर ह्यूम के प्रभाव का उल्लेख हम छठे अध्याय में कर चुके हैं। हेयर ने तो स्पष्ट रूप से यह कहा है कि उनका सिद्धांत परामर्शवाद मूलतः ह्यूम की इस मान्यता पर आधारित है कि हम तार्किक दृष्टि से 'चाहिए' को 'है' से निगमित नहीं कर सकते। इतना ही नहीं, वे इस मान्यता को 'ह्यूम का नियम' कहते हैं जिसे उनके विचार में स्वीकार करना हमारे लिए अनिवार्य है।[3] हम सातवें अध्याय में हेयर के इस नियम का उल्लेख कर चुके हैं कि "तथ्यात्मक आधार वाक्यों से आदेश को कभी भी प्राप्त नहीं किया जा सकता।" वे स्पष्टतः यह स्वीकार करते हैं कि उनका यह नियम ह्यूम के इस नियम पर आधारित है कि 'चाहिए' को 'है' से निगमित नहीं किया जा सकता। इस संबंध में नावलस्मिथ भी हेयर से पूर्णतः सहमत । वस्तुतः उपर्युक्त सभी दार्शनिक इस आधारभूत मान्यता का समर्थन करते नैतिक निर्णय अद्वितीय अथवा अनन्य होते हैं, अतः तथ्यात्मक कथनों के र पर इन निर्णयों की व्याख्या करना संभव नहीं है। अपनी इस मान्यता ये दार्शनिक ह्यूम के उपर्युक्त अनुच्छेद को ही मूल आधार मानते हैं जो नतानुसार पूर्णतः उचित एवं तर्कसंगत है। इन दार्शनिकों का विचार है ोंने ह्यूम के इस अनुच्छेद की जो व्याख्या की है उसके द्वारा नीतिशास्त्र त्रता की पुष्टि होती है, अतः यह व्याख्या निश्चय ही उचित और युक्ति-सगत है।

परन्तु, जैसा कि हम पिछले अध्याय में संकेत कर चुके हैं, कुछ समकालीन दार्शनिक ह्यूम के अनुच्छेद की उपर्युक्त व्याख्या को स्वीकार नहीं करते। इन दार्शनिकों में पी०टी० गीच, श्रीमती फ़िलिपा फ़ुट, जी०जे० वारनॉक, जी० हंटर, ए० सी० मैकिन्टायर तथा जे० आर० सर्ल के नाम विशेष रूप से उल्लेखनीय हैं। ये सभी दार्शनिक किसी-न-किसी रूप में नव्य प्रकृतिवाद का समर्थन करते हैं। इनमें से प्रथम तीन दार्शनिकों के मत की विवेचना हम पिछले अध्याय में कर चुके हैं। अंतिम तीन दार्शनिकों के मत पर प्रस्तुत अध्याय के अगले तीन खण्डों में क्रमशः विचार किया जाएगा। यहां संक्षेप में इस तथ्य का उल्लेख कर

2. एच० ए० प्रिचर्ड, 'मॉरल ऑब्लिगेशन', पृ० 89
3. आर० एम० हेयर, 'फ्रीडम एण्ड रीज़न', पृ० 108, 186

देना आवश्यक है कि ये सभी दार्शनिक ह्यूम के उपर्युक्त अनुच्छेद की उस व्याख्या का दृढ़तापूर्वक खण्डन करते हैं जो प्रिचर्ड, एयर, स्टीवेन्सन, हेयर, नावलस्मिथ आदि दार्शनिकों ने की है। हंटर, मैकिन्टायर, सर्ले आदि दार्शनिकों ने ह्यूम के अनुच्छेद की उपर्युक्त व्याख्या से भिन्न अथवा विरोधी व्याख्या की है। इन दार्शनिकों का विचार है कि वस्तुतः ह्यूम तथ्यात्मक कथनों और मूल्यात्मक निर्णयों में कोई अनिवार्य अंतराल या दूरी नहीं मानते थे। अपने उपर्युक्त अनुच्छेद में ह्यूम ने यह कहा है कि अन्य दार्शनिक इन दोनों में विद्यमान तार्किक संबंध को भली-भांति स्पष्ट नहीं कर पाए, जबकि स्वयं उन्होंने इस संबंध की ठीक-ठीक व्याख्या कर दी है। इसका अर्थ यही है कि इन दार्शनिकों के मतानुसार ह्यूम तथ्यात्मक कथनों तथा मूल्यात्मक निर्णयों में अनिवार्य तार्किक संबंध स्वीकार करते थे। वे यह मानते थे कि मूल्यात्मक निर्णय अंततः तथ्यात्मक कथनों पर ही आधारित रहते हैं, अतः 'चाहिए' को 'है' से अवश्य ही निगमित या प्राप्त किया जा सकता है। इन दार्शनिकों का दावा है कि स्वयं ह्यूम ने अपने सिद्धांत में नैतिक निर्णयों को कुछ विशेष तथ्यों से निगमित किया है। इस प्रकार नव्य प्रकृतिवादी ह्यूम के उपर्युक्त अनुच्छेद की जो व्याख्या करते हैं वह अंतःप्रज्ञावादियों, संवेगवादियों तथा परामर्शवादियों द्वारा की गई व्याख्या के ठीक विपरीत है। वस्तुतः, जैसा कि हम ऊपर बता चुके हैं, ह्यूम के अनुच्छेद की इन दोनों परस्पर विरोधी व्याख्याओं के कारण ही समकालीन नैतिक दर्शन में उस समस्या का जन्म हुआ है जिसे "'है' और 'चाहिए' में अंतराल की समस्या" कहा जाता है। गत 25-30 वर्षों में विभिन्न दार्शनिक इस महत्त्वपूर्ण समस्या पर गम्भीरतापूर्वक विचार-विमर्श करते रहे हैं, किन्तु अब भी इस समस्या का कोई सर्वमान्य समाधान नहीं खोजा जा सका है। जी० हंटर, ए० सी० मैकिन्टायर, जे० आर० सर्ले आदि दार्शनिकों ने इस समस्या की जो नवीन प्रकृतिवादी व्याख्या की है उसका ऐंटोनी फ़्ल्यू, आर० एम० हेयर आदि दार्शनिकों ने खण्डन किया है। अगले तीन खण्डों में हम इन सभी दार्शनिकों के मत पर विस्तारपूर्वक विचार करेंगे और अंतिम खण्ड में हम उपर्युक्त समस्या के समुचित समाधान के विषय में स्वयं अपना निष्कर्ष भी प्रस्तुत करेंगे।

2. जी० हंटर

पिछले खण्ड में हमने ह्यूम के जिस अनुच्छेद का उल्लेख किया है उसकी व्याख्या करते हुए जी० हंटर कहते हैं कि वस्तुतः ह्यूम 'है' और 'चाहिए' से संबंधित कथनों में कोई भेद नहीं मानते थे। संवेगवादियों तथा परामर्शवादियों ने इस अनुच्छेद की जो व्याख्या की है वह नितांत भ्रामक है, क्योंकि ह्यूम के

मतानुसार कुछ तथ्यात्मक कथनों से मूल्यात्मक निर्णयों को अवश्य ही निगमित किया जा सकता है। अपने उक्त अनुच्छेद में उन्होंने केवल यही कहा है कि इस प्रकार का निगमन असंभव प्रतीत होता है, किन्तु वास्तव में यह असंभव नहीं है। हंटर के विचार में ह्यूम स्वयं ही कुछ विशेष तथ्यात्मक कथनों से नैतिक निर्णयों को निगमित करते हैं। इस समस्या के संबंध में अपना यह मत उन्होंने एक संक्षिप्त लेख "ह्यूम ऑन 'इज़' एण्ड 'ऑट' " में प्रस्तुत किया है जो सर्वप्रथम 1963 में 'फ़िलॉसॉफ़ी' नामक पत्रिका में प्रकाशित हुआ था। अपने इस लेख में हंटर ने यह प्रमाणित करने का प्रयास किया है कि ह्यूम के अनुसार 'है' और 'चाहिए' से संबंधित कथन समानार्थक होते हैं, अतः इन दोनों प्रकार के कथनों में वस्तुतः कोई अंतराल या दूरी नहीं है। नैतिक निर्णय भी एक प्रकार के तथ्यात्मक कथन ही हैं जो मनुष्य और उसके कर्म के विषय में वक्ता की कुछ विशेष भावनाओं का वर्णन करते हैं।

ह्यूम के अनुच्छेद के विषय में अपनी उपर्युक्त व्याख्या को स्पष्ट करते हुए तथा इसके आधार पर परामर्शवादियों की व्याख्या का खण्डन करते हुए हंटर कहते हैं कि "ह्यूम 'चाहिए' से संबंधित कथनों को कुछ विशेष प्रकार की भावनाएं उत्पन्न करने वाले तथ्यात्मक कथनों का ही एक उपवर्ग मानते हैं। उनका मत है कि 'चाहिए' से संबंधित कथन तार्किक दृष्टि से 'है' संबंधी कुछ कथनों के समान ही होते हैं, अतः यह कहना मूर्खतापूर्ण है कि उनके विचार में 'है' संबंधी कथन से 'चाहिए' संबंधी कथन को निगमित नहीं किया जा सकता अथवा किसी तथ्यात्मक कथन से नैतिक निर्णय को निगमित नहीं किया जा सकता। इस प्रकार गत दस वर्षों में 'है' और 'चाहिए' से संबंधित ह्यूम के अनुच्छेद की प्रायः जो व्याख्या की गई है उससे पूर्णतः भिन्न व्याख्या करने की आवश्यकता है।...ह्यूम यह नहीं कहते कि 'चाहिए' को 'है' से निगमित नहीं किया जा सकता; वे केवल यही कहते हैं कि पूर्ववर्ती विचारक यह स्पष्ट करने में असफल रहे हैं कि यह निगमन कैसे संभव है। ह्यूम स्वयं यह स्पष्ट करने का प्रयास करते हैं कि यह निगमन किस प्रकार किया जा सकता है। इस व्याख्या के अनुसार ह्यूम निश्चय ही उन सभी सिद्धांतों का खण्डन नहीं करते जिनमें 'चाहिए' को 'है' से निगमित किया गया है, क्योंकि स्वयं उनका अपना सिद्धांत भी ऐसे ही सिद्धांतों में से एक है।...जो व्याख्याएं ह्यूम से यह कहलवाती हैं कि नैतिक निर्णय तथ्यात्मक कथन नहीं हैं अथवा नैतिक निर्णय और किसी तथ्यात्मक कथन में तार्किक अंतराल है वे मुझे नितांत असंभव प्रतीत होती

हैं।"[4] हंटर के उपर्युक्त विचारों से यह पूर्णतः स्पष्ट है कि उनके मतानुसार ह्यूम तथ्यात्मक कथनों और नैतिक निर्णयों में किसी प्रकार का भेद स्वीकार नहीं करते, अतः इस संबंध में अंतःप्रज्ञावादियों, संवेगवादियों तथा परामर्शवादियों की व्याख्या उचित एवं युक्तिसंगत नहीं है।

परन्तु कुछ दार्शनिकों ने ह्यूम के अनुच्छेद के सम्बन्ध में हंटर की उपर्युक्त प्रकृतिवादी व्याख्या को पूर्णतः अस्वीकार किया है। उदाहरणार्थ इस व्याख्या के विरुद्ध ऐंटोनी फ़्ल्यू का कथन है कि हंटर ने इसकी पुष्टि के लिए पर्याप्त और विश्वसनीय तर्क प्रस्तुत नहीं किए। उन्होंने अपने एक लेख 'ऑन दि इंटरप्रेटेशन ऑफ़ ह्यूम' में हंटर की उपर्युक्त व्याख्या की तीव्र आलोचना की है। यह लेख उन्होंने हंटर के पूर्वोल्लिखित लेख का उत्तर देने के लिए लिखा था और यह 1963 में 'फ़िलॉसॉफ़ी' नामक पत्रिका में ही प्रकाशित हुआ था। अपने इस लेख के प्रारम्भ में ही फ़्ल्यू कहते हैं कि ह्यूम के अनुच्छेद की परामर्शवादियों द्वारा की गई व्याख्या के विरुद्ध हंटर ने ऐसी कोई आपत्ति नहीं उठाई है जिसके आधार पर इस व्याख्या को अस्वीकार किया जा सके। हंटर हमें केवल यही बताते हैं कि ह्यूम तथ्यात्मक कथनों और नैतिक निर्णयों को एक-दूसरे से भिन्न न मान कर समानार्थक ही मानते थे, किन्तु उनका यह मत प्रामाणिक तथा युक्तिसंगत प्रतीत नहीं होता। फ़्ल्यू के मतानुसार ह्यूम के नैतिक सिद्धान्त की आधारभूत मान्यता यह है कि नैतिक निर्णय न तो विश्लेषणात्मक कथन हैं और न प्राकृतिक या अलौकिक तथ्यों का वर्णन करने वाले तथ्यात्मक कथन। नैतिक निर्णय निश्चय ही पुनरुक्तियां मात्र नहीं हैं और ये निर्णय मनुष्य या जगत के विषय में किन्हीं तथ्यों का केवल वर्णन भी नहीं करते, अतः किसी प्रकार के तथ्यात्मक कथनों के आधार पर इन निर्णयों की समुचित व्याख्या नहीं की जा सकती।[5] वस्तुतः फ़्ल्यू यह मानते हैं कि ह्यूम व्यक्तिनिष्ठवादी न होकर संवेगवादी हैं, क्योंकि उनके विचार में नैतिक निर्णय मनुष्य की भावनाओं का वर्णन करने के स्थान पर उन्हें अभिव्यक्त करते हैं। ऐसी स्थिति में यह कहना अधिक युक्तिसंगत होगा कि ह्यूम के अनुसार नैतिक निर्णय तथ्यात्मक कथनों से मूलतः भिन्न होते हैं। अपने पूर्वोल्लिखित अनुच्छेद में ह्यूम स्पष्ट रूप से यह कहते हैं कि जब कोई विचारक पर्याप्त कारण बताए बिना 'है' से 'चाहिए' को निगमित करता है तो उन्हें बहुत आश्चर्य होता है। यह समझना कठिन नहीं है कि यदि वे नैतिक

4. जी० हंटर का लेख "ह्यूम ऑन 'इज़' एण्ड 'ग्रॉट'", डब्ल्यू० डी० हडसन द्वारा संपादित 'दि इज़-ऑट क्वश्चन' में संकलित, पृ० 60-61

5. ऐंटोनी फ़्ल्यू का लेख 'ऑन दि इंटरप्रेटेशन ऑफ़ ह्यूम', वही पुस्तक, पृ० 66

निर्णयों और तथ्यात्मक कथनों को समानार्थक मानते, जैसा कि हंटर का मत है तो वे ऐसा कभी न कहते। इस प्रकार हम निष्कर्ष के रूप में यह कह सकते हैं कि हंटर ने ह्यूम के अनुच्छेद की जो व्याख्या की है वह उचित और तर्कसंगत प्रतीत नहीं होती।

3. ए० सी० मैकिन्टायर

हंटर की भांति ए० सी० मैकिन्टायर का भी यही विचार है कि ह्यूम तथ्यात्मक कथनों और नैतिक निर्णयों में कोई अंतराल या दूरी नहीं मानते थे। परन्तु उन्होंने 'है' और 'चाहिए' में अंतराल की समस्या पर हंटर की अपेक्षा अधिक विस्तार तथा गम्भीरता से विचार किया है। इस समस्या के सम्बन्ध में मैकिन्टायर ने अपने विचार "ह्यूम ऑन 'इज़' एण्ड 'ऑट' " नामक एक लेख में व्यक्त किए हैं जो सर्वप्रथम 1959 में 'फ़िलॉसॉफ़िकल रिव्यू' में प्रकाशित हुआ था। अपने इस लेख में उन्होंने यह प्रमाणित करने का प्रयास किया है कि संवेग-वादियों तथा परामर्शवादियों ने ह्यूम के अनुच्छेद की जो व्याख्या की है वह अपर्याप्त और भ्रामक है। उनका कथन है कि हेयर तथा अन्य परामर्शवादी इस संबंध में ह्यूम के जिस नियम की बात करते हैं उसे यदि सत्य मान लिया जाए तो सर्वप्रथम स्वयं ह्यूम ने ही इस नियम का उल्लंघन किया है। परामर्शवादियों द्वारा की गई ह्यूम के अनुच्छेद की व्याख्या निश्चय ही उनके नैतिक सिद्धांत के अनुरूप नहीं है। यह कहना बड़ा विचित्र होगा कि ह्यूम तथ्यों को नैतिक निर्णयों के लिए तार्किक दृष्टि से अप्रासंगिक मानते थे। वस्तुतः ह्यूम ने नैतिकता और समस्त नैतिक सद्‌गुणों की व्याख्या स्पष्ट रूप से कुछ विशेष तथ्यों के आधार पर ही की है।

अपने उपर्युक्त मत को प्रमाणित करने के लिए मैकिन्टायर ने ह्यूम द्वारा की गई न्याय और नैतिक कर्तव्य की व्याख्या का उदाहरण दिया है। उनके अनुसार ह्यूम ने स्पष्टतः यह कहा है कि न्याय संबंधी नियमों का औचित्य इसी तथ्य पर आधारित है कि इन नियमों का पालन करने के फलस्वरूप अंततः प्रत्येक व्यक्ति का हित होता है। उनका यह मत 'चाहिए' को 'है' से प्राप्त करने का स्पष्ट उदाहरण है। ह्यूम 'चाहिए' संबंधी अवधारणा की व्याख्या जन-हित की अवधारणा के आधार पर करते हैं जो तथ्यात्मक अवधारणा है। उनके अनुसार "हमें अमुक कर्म करना चाहिए" इस कथन का अर्थ यही है कि "वह कर्म समाज के हित में है।" मुख्यतः इसी आधार पर हम अपने नैतिक कर्तव्य को निश्चित करते हैं।[6] हम नैतिक नियमों का पालन केवल इसलिए करते हैं कि

6. ए० सी० मैकिन्टायर का लेख "ह्यूम ऑन 'इज' एंड 'ऑट' ", वही पुस्तक, पृ० 39-41

ऐसा करने से समाज का हित होता है। यदि हमें यह विश्वास हो जाए कि किसी नैतिक नियम का पालन करना समाज के हित में नहीं है तो हम निश्चय ही उस नियम के अनुसार आचरण नहीं करेंगे और हमारे लिए उसका महत्व समाप्त हो जाएगा। ह्यूम की इस मान्यता से भी यही प्रमाणित होता है कि उनके विचार में 'चाहिए' को 'है' से प्राप्त किया जा सकता है। इस प्रकार मैकिन्टायर यह मानते हैं कि ह्यूम के मतानुसार 'चाहिए' अथवा 'कर्तव्य' की अवधारणा अंततः जन-हित संबंधी तथ्यात्मक अवधारणा पर ही निर्भर है, अतः 'चाहिए' और 'है' में कोई दूरी या अंतराल नहीं है।

यहां यह प्रश्न किया जा सकता है कि ह्यूम 'है' से 'चाहिए' की ओर किस प्रकार अग्रसर होते हैं। इस प्रश्न के उत्तर में मैकिन्टायर का कथन है कि इच्छा, आवश्यकता, सुख, स्वास्थ्य आदि तथ्यात्मक अवधारणाओं के माध्यम से ही ह्यूम 'है' से 'चाहिए' को प्राप्त करते हैं। इन अवधारणाओं को मैकिन्टायर 'संपर्क-अवधारणाएं' कहते हैं, क्योंकि ये अवधारणाएं ही 'है' और 'चाहिए' में अनिवार्य संबंध स्थापित करती हैं। अपनी इसी मान्यता को स्पष्ट करते हुए उन्होंने लिखा है कि "हम उन अवधारणाओं की लंबी सूची दे सकते हैं जो 'है' और 'चाहिए' में संपर्क-स्थापना की अवधारणाओं का कार्य करती हैं। चाहना, आवश्यकता का अनुभव करना, इच्छा करना, सुख, आनंद, स्वास्थ्य आदि कुछ ऐसी ही अवधारणाएं हैं। मेरे विचार में यह कहने का सुदृढ़ आधार है कि ऐसी अवधारणाओं के बिना नैतिक अवधारणाएं अबोधगम्य हैं। जिस दार्शनिक ने इस समस्या को अस्पष्ट या धूमिल किया है वह कान्ट है जिसके द्वारा किए गए निरपेक्ष आदेश एवं सापेक्ष आदेश के वर्गीकरण ने शुभ तथा उचित और आवश्यकता तथा इच्छा में संबंध पूर्णतः समाप्त कर दिया है।...मैं जो कहना चाहता हूं वह यह है कि इस समस्या पर ह्यूम को कान्ट के समान न माना जाए।"[7] इस प्रकार मैकिन्टायर के विचार में ह्यूम का नैतिक सिद्धांत कान्ट के नैतिक सिद्धांत से मूलतः भिन्न है, क्योंकि कान्ट के विपरीत वे नैतिकता को कुछ विशेष अनुभवमूलक तथ्यों पर ही आधारित मानते हैं जिसका अर्थ यही है कि वे अनिवार्यतः 'चाहिए' को 'है' से प्राप्त करते हैं। ऐसी स्थिति में परामर्शवादियों द्वारा की गई ह्यूम के अनुच्छेद की व्याख्या निश्चय ही उचित और युक्तिसंगत नहीं है।

मैकिन्टायर का विचार है कि अपने उक्त 'अनुच्छेद में ह्यूम उन दार्शनिकों की आलोचना करते हैं जिन्होंने अनुचित ढंग से 'चाहिए' को 'है' से प्राप्त करने का प्रयास किया है। ह्यूम यह मानते हैं कि 'है' से 'चाहिए' को प्राप्त करना

7. वही पुस्तक, पृ० 46

कठिन कार्य है; अतः बहुत-से दार्शनिक इसे युक्तिसंगत रूप से नहीं कर पाते। इस संबंध में वे विशेषतः उन दार्शनिकों के सिद्धांत का खंडन करते हैं जो धर्म को ही नैतिकता का आधार मानते हैं। इन दार्शनिकों के विरुद्ध उनका कथन है कि ईश्वर की आज्ञा या इच्छा को नैतिकता का आधार नहीं माना जा सकता, क्योंकि नैतिकता का ईश्वर से कोई संबंध नहीं है। वस्तुतः मनुष्य की भावनाएं तथा इच्छाएं ही नैतिकता का मूल आधार हैं जिनके अभाव में हमारे लिए नैतिकता का कोई अर्थ नहीं हो सकता। ह्यूम के सिद्धांत के विषय में अपने इसी मत को स्पष्ट करते हुए मैकिन्टायर कहते हैं कि "ह्यूम सामान्य नैतिकता के विरुद्ध संघर्ष कर रहे हैं और अठारहवीं शताब्दी के लिए सामान्य नैतिकता धार्मिक नैतिकता है। वस्तुतः ह्यूम नैतिकता के लिए धार्मिक आधार का खंडन कर रहे हैं और इसके स्थान पर वे मानवीय आवश्यकताओं, हितों, इच्छाओं तथा आनन्द को नैतिकता का आधार बना रहे हैं।"[8] इस प्रकार मैकिन्टायर के अनुसार ह्यूम यह मानते हैं कि तथाकथित धार्मिक तथ्यों से नैतिक नियमों अथवा कर्तव्यों को प्राप्त नहीं किया जा सकता, अतः वे ऐसा करने वाले धर्म-परायण दार्शनिकों के नैतिक सिद्धान्तों का खंडन करते हैं। धार्मिक विश्वासों के स्थान पर वह मनुष्य की आवश्यकताओं, इच्छाओं तथा भावनाओं को ही नैतिकता का आधार स्वीकार करते हैं।

मैकिन्टायर के विचार में 'है' और 'चाहिए' से संबंधित ह्यूम के अनुच्छेद की व्याख्या करते समय इस बात का ध्यान रखना बहुत आवश्यक है कि यह व्याख्या ह्यूम के सम्पूर्ण नैतिक दर्शन के अनुरूप हो। उनका यह दावा है कि उन्होंने इस अनुच्छेद की जो व्याख्या की है वह ह्यूम के संपूर्ण नैतिक दर्शन की मूल विचारधारा को अभिव्यक्त करती है। अपने इस मत की पुष्टि करने के लिए मैकिन्टायर ने नैतिक दर्शन के इतिहास की संक्षिप्त विवेचना करते हुए उसकी दो मुख्य परम्पराओं का उल्लेख किया है। प्रथम परंपरा महान यूनानी दार्शनिक अरस्तू के विचारों का अनुसरण करते हुए नैतिकता को मूलतः मानव-स्वभाव पर ही आधारित मानती है। इस परंपरा के अनुसार शुभ और सुख में अथवा सद्गुण तथा आनन्द में अनिवार्य संबंध है। हम शुभ और सद्गुण को मनुष्य की इच्छा तथा उसके हित एवं आनन्द से पृथक करके नहीं समझ सकते। नैतिकता के अर्थ और स्वरूप को समझने के लिए मनुष्य के स्वभाव को जानना अनिवार्य है, क्योंकि मानव-स्वभाव ही उसका अंतिम आधार है। जिसका मनुष्य के हित या आनन्द से कोई संबंध नहीं है वह नैतिकता का विषय नहीं हो सकता। इस

8. वही पुस्तक, पृ० 46

यूनानी परंपरा को हम 'परिणामसापेक्षवादी परंपरा' कह सकते हैं। मैकिन्टायर का कथन है कि मध्य युग में भी मुख्यतः यही परंपरा बनी रही, किन्तु उस समय इसमें धार्मिक तत्त्व का समावेश हो गया। तब यह माना जाने लगा कि शुभ या उचित वह है जो ईश्वर की इच्छा अथवा आज्ञा के अनुरूप है। परन्तु इसके साथ ही यह भी माना जाता था कि ईश्वर के आदेश का पालन करना स्वयं मनुष्य के अपने स्वभाव के अनुरूप है, क्योंकि ईश्वर ही मानव का रचयिता है। इस दृष्टि से नैतिकता का अन्तिम आधार तब भी मानव-स्वभाव ही बना रहा।

ईसाई धर्म के प्रोटैस्टैंट सुधारवाद ने उपर्युक्त प्राचीन यूनानी परंपरा में आमूल परिवर्तन कर दिया। प्रोटैस्टैंट मत के समर्थक यह मानते थे कि मनुष्य पूर्णतः पतित और भ्रष्ट है, अतः उसका स्वभाव नैतिकता का आधार नहीं हो सकता। इसके अतिरिक्त स्वयं ईश्वर की रचना होने के कारण मनुष्य उसके शुभत्व के विषय में कोई निर्णय नहीं दे सकता। इस प्रोटैस्टैंट विचारधारा का अनिवार्य परिणाम यह हुआ कि मनुष्य के स्वभाव से नैतिकता का संबंध पूर्णतः समाप्त हो गया। तब यह माना जाने लगा कि हमें ईश्वर के आदेश का पालन इसलिए नहीं करना चाहिए कि ईश्वर शुभ है, अपितु केवल इसलिए करना चाहिए कि वह ईश्वर का आदेश है। इस प्रकार नैतिक आदेश ऐसा ईश्वरीय आदेश बन गया जिसका कोई कारण नहीं है और जिसका मनुष्य की इच्छाओं तथा आवश्यकताओं से कोई संबंध नहीं है। कान्ट का नैतिक दर्शन मूलतः इसी प्रोटैस्टैंट विचारधारा का परिणाम है। परंतु मैकिन्टायर का कथन है कि ह्यूम का नैतिक दर्शन इस विचारधारा के ठीक विपरीत है। इस विचारधारा को पूर्णतः अस्वीकार करते हुए ह्यूम यूनानी परम्परा का अनुसरण करते हैं और इसी परम्परा के अनुरूप नैतिकता को मानव-स्वभाव पर आधारित मानते हैं। अरस्तू के समान ही उनके नैतिक दर्शन की भी मूल विशेषता यह है कि इसे मानव-स्वभाव तथा मनोविज्ञान के संदर्भ में ही भली-भांति समझा जा सकता है। इस दृष्टि से ह्यूम का नैतिक दर्शन कान्ट के नैतिक दर्शन से मूलतः भिन्न है। परन्तु परामर्शवादियों ने ह्यूम के अनुच्छेद की जो व्याख्या की है उसके आधार पर उन्होंने यह प्रमाणित करने का प्रयास किया है कि कान्ट की भांति ह्यूम भी नीतिशास्त्र की स्वतन्त्रता में विश्वास करते थे। मैकिन्टायर का विचार है कि ह्यूम के विषय में परामर्शवादियों का यह मत निश्चय ही उचित और युक्तिसंगत नहीं है।[9]

उपर्युक्त विवेचन से स्पष्ट है कि ह्यूम के अनुच्छेद की मैकिन्टायर ने जो

9. वही पुस्तक, पृ० 48, 49

व्याख्या की है वह हंटर द्वारा की गई इस अनुच्छेद की व्याख्या से कुछ भिन्न है। हम पिछले खंड में देख चुके हैं कि हंटर के अनुसार ह्यूम मूल्यात्मक निर्णयों को कुछ विशेष तथ्यात्मक कथनों के समान ही मानते थे और इन दोनों में कोई भेद नहीं करते थे। परन्तु मैकिन्टायर ह्यूम के सम्बन्ध में हंटर के इस मत का समर्थन नहीं करते। वे यह मानते हैं कि ह्यूम तथ्यात्मक कथनों और मूल्यात्मक निर्णयों में भेद अवश्य स्वीकार करते हैं। ह्यूम यह नहीं कहते कि 'चाहिए' संबंधी कथन 'है' संबंधी कथनों के समान ही होते हैं और इन दोनों में कोई अन्तर नहीं है। मैकिन्टायर के विचार में ह्यूम यह मानते हैं कि 'इच्छा', 'आवश्यकता', 'हित', 'आनन्द' आदि अवधारणाओं के आधार पर 'चाहिए' संबंधी कथनों को 'है' 'संबंधी कथनों से प्राप्त या अनुमित किया जा सकता है। इस दृष्टि से इन दोनों प्रकार के कथनों में अनिवार्य तार्किक संबंध होता है। इस तार्किक संबंध को अस्वीकार करते हुए परामर्शवादी इन दोनों प्रकार के कथनों में अलंघ्य खाई या अनिवार्य अंतराल मान लेते हैं जो मैकिन्टायर के मतानुसार नितांत अनुचित और भ्रामक है। परामर्शवादियों के इस मत को हंटर और मैकिन्टायर दोनों ही समान रूप से पूर्णतः अस्वीकार करते हैं। इस दृष्टि से परामर्शवादियों के विरुद्ध इन दोनों विचारकों के मत को समान माना जा सकता है।

अब संक्षेप में इस प्रश्न पर विचार करना आवश्यक है कि मैकिन्टायर द्वारा की गई ह्यूम के अनुच्छेद की उपर्युक्त व्याख्या के संबंध में परामर्शवादियों की क्या प्रतिक्रिया हो सकती है। यह निश्चयपूर्वक कहा जा सकता है कि वे इस व्याख्या को स्वीकार नहीं कर सकते, क्योंकि यह तथ्यात्मक कथनों और मूल्यात्मक निर्णयों में अनिवार्य अन्तराल से संबंधित उनकी आधारभूत मान्यता के विरुद्ध है। मैकिन्टायर की इस व्याख्या का खंडन करने के लिए परामर्शवादी निम्नलिखित तर्क प्रस्तुत कर सकते हैं। मैकिन्टायर का यह मत उचित है कि "अमुक कर्म सब के हित में है" इस तथ्यात्मक कथन से ह्यूम के अनुसार यह नैतिक निष्कर्ष निकलता है कि "हमें वह कर्म करना चाहिए"। परन्तु यह निष्कर्ष केवल तभी निकल सकता है जब ह्यूम पहले से ही इस सामान्य नैतिक नियम को स्वीकार कर लें कि "जो कर्म सबके हित में है वह किया जाना चाहिए"। इस सामान्य नैतिक नियम को स्वीकार किए बिना हम उपर्युक्त निष्कर्ष नहीं निकाल सकते। ह्यूम यह अवश्य कहते हैं कि न्याय के मार्ग पर चलने से अन्ततः सबको लाभ होता है, अतः हमें न्याय के अनुरूप आचरण करना चाहिए। परंतु उनके ऐसा करने का कारण यही है कि वे पहले से ही इस सामान्य नैतिक नियम को मान लेते हैं कि "जो अंततः सबके लिए लाभदायक है उसके अनुसार हमें

आचरण करना चाहिए"। इससे यह स्पष्टतः सिद्ध होता है कि ह्यूम उपर्युक्त नैतिक निर्णय को किसी तथ्यात्मक कथन से नहीं, अपितु पूर्व स्वीकृत सामान्य नैतिक नियम से ही प्राप्त करते हैं। ऐसी स्थिति में मैकिन्टायर ने ह्यूम के अनुच्छेद की जो व्याख्या की है उसे उचित और तर्कसंगत नहीं माना जा सकता। मेरे विचार में मैकिन्टायर की व्याख्या के विरुद्ध परामर्शवादियों का उपर्युक्त तर्क बहुत प्रबल तथा विश्वसनीय है, अतः इस तर्क के आधार पर उनकी व्याख्या को अस्वीकार किया जा सकता है। परन्तु ह्यूम के विषय में मैकिन्टायर का यह मत निश्चय ही उचित है कि वे अरस्तू की परिणामसापेक्षवादी विचारधारा को स्वीकार करते हैं और इसी कारण उनका नैतिक दर्शन कान्ट के नैतिक दर्शन से मूलतः भिन्न है जो कर्मों की नैतिकता का निर्णय करने के लिए मानवीय इच्छाओं, आवश्यकताओं तथा भावनाओं को नितांत अप्रासंगिक मानते हैं।

4. जे० आर० सर्ल

हंटर तथा मैकिन्टायर की भांति जे० आर० सर्ल भी तथ्यात्क कथनों और मूल्यात्मक निर्णयों में अलंघ्य खाई या अनिवार्य अंतराल को अस्वीकार करते हैं। इस समस्या पर सर्ल ने अपने विचार एक लेख में विस्तारपूर्वक प्रस्तुत किए हैं जिसका शीर्षक है "हाउ टू डिराइव 'ऑट' फ्राम इज़ ?" उनका यह लेख सर्वप्रथम 1964 में 'फ़िलॉसॉफ़िकल रिव्यू' नामक दर्शन विषयक पत्रिका में प्रकाशित हुआ था। इस लेख के अतिरिक्त 'स्पीच ऐक्ट्स' नामक अपनी एक पुस्तक में भी सर्ल ने इस समस्या के संबंध में अपने विचार विस्तार से व्यक्त किये हैं। उनकी यह पुस्तक 1969 में प्रकाशित हुई थी। अपने उपर्युक्त लेख की भांति इस पुस्तक में भी उन्होंने यही प्रमाणित करने का प्रयास किया है कि 'है' और 'चाहिए' में वस्तुतः कोई दूरी या अंतराल नहीं है। इस समस्या पर अपने विचार प्रस्तुत करने से पूर्व हंटर और मैकिन्टायर के समान ही सर्ल ने भी ह्यूम के उस अनुच्छेद की चर्चा की है जिसका उल्लेख हम इस अध्याय के प्रथम खंड में कर चुके हैं। अपने लेख के आरम्भ में ही सर्ल स्पष्ट रूप से यह कहते हैं कि 'है' से 'चाहिए' को प्राप्त न कर सकने का विचार ह्यूम की पुस्तक 'ए ट्रिटाइज ऑफ़ ह्यूमन नेचर' के एक प्रसिद्ध अनुच्छेद पर आधारित है। इसी अनुच्छेद की व्याख्या करते हुए कुछ दार्शनिकों ने यह दावा किया है कि मूल्यात्मक कथनों को तथ्यात्मक कथनों से निगमित या प्राप्त नहीं किया जा सकता, क्योंकि ये दोनों प्रकार के कथन तार्किक दृष्टि से एक-दूसरे से पूर्णतः भिन्न होते हैं। यह माना जाता है कि जो दार्शनिक तथ्यात्मक कथनों के आधार पर मूल्यात्मक कथनों की परिभाषा अथवा व्याख्या करते हैं उनके सिद्धान्तों में अनिवार्यतः प्रकृतिवादी

दोष उत्पन्न हो जाता है। परन्तु इस मान्यता को अस्वीकार करते हुए सर्ल कहते हैं कि कुछ स्थितियों में 'है'—अर्थात् तथ्यामक कथनों—से 'चाहिए'—अर्थात् मूल्यात्मक कथनों—को निश्चय ही प्राप्त किया जा सकता है। वस्तुत: उनके उपर्युक्त लेख का मुख्य उद्देश्य अपने इसी मत को सोदाहरण प्रमाणित करना है। उन्होंने एक विस्तृत उदाहरण द्वारा यह सिद्ध करने का प्रयास किया है कि हम 'है' से 'चाहिए' को किस प्रकार प्राप्त कर सकते हैं। सर्ल का यह दावा है कि अपने इस उदाहरण में उन्होंने एक तथ्यात्मक कथन से 'चाहिए' संबंधी कथन को सफलतापूर्वक निगमित किया है। उनका यह उदाहरण इस प्रकार है :—

सर्ल का कथन है कि निम्नलिखित पांच वाक्यों पर विचार कीजिए— (1) जोन्स ने ये शब्द कहे कि 'स्मिथ', मैं तुम्हें पांच डालर देने का वादा करता हूं। (2) जोन्स ने स्मिथ को पांच डालर देने का वादा किया। (3) जोन्स ने स्मिथ को पांच डालर देने के लिए अपने आपको कर्त्तव्यबद्ध किया। (4) जोन्स स्मिथ को पांच डालर देने के लिए कर्तव्यबद्ध है। (5) जोन्स को स्मिथ को पांच डालर देने चाहिएं। सर्ल का मत है कि उपर्युक्त पांचों वाक्यों में परस्पर अनिवार्य संबंध है जिसके आधार पर हम पहले तथ्यात्मक वाक्य से पांचवें मूल्यात्मक या परामर्शात्मक वाक्य को प्राप्त कर सकते हैं।[10] इस अनिवार्य संबंध को उन्होंने अपने लेख में विस्तारपूर्वक स्पष्ट किया है। सर्वप्रथम वे पहले और दूसरे वाक्य में विद्यमान संबंध की व्याख्या करते हैं। उनका कथन है कि कुछ परिस्थितियों में पहले वाक्य का अनिवार्य अर्थ यह है कि वक्ता श्रोता से वादा करता है। इस वाक्य में उद्धरण चिह्नों के अन्तर्गत जो शब्द कहे गए हैं उनके अर्थ के फलस्वरूप वादा करने का कार्य कुछ विशेष शर्तों के पूरा होने पर अनिवार्यत: सम्पन्न होता है। इस संबंध में सर्ल ने निम्नलिखित शर्तों का विशेष रूप से उल्लेख किया है :—श्रोता वक्ता की बात सुन और समझ सकता है; दोनों एक ही भाषा बोलते और समझते हैं; वक्ता भली-भांति सोच-समझकर अपनी बात कह रहा है; वह सम्मोहित अथवा नशे में नहीं है; वह मज़ाक नहीं कर रहा है अथवा किसी नाटक में अभिनय नहीं कर रहा है; वह किसी अन्य व्यक्ति द्वारा कथित शब्दों की पुनरावृत्ति मात्र नहीं कर रहा है। सर्ल का मत है कि इन सभी शर्तों के पूरा होने पर उद्धरण चिह्नों में कहे गए शब्दों का अनिवार्य अर्थ वक्ता द्वारा श्रोता को वचन देना है। दूसरे वाक्य में वचन देने की इसी

10. जे० म्रार० सर्ल का लेख ''हाउ टु डिराइव 'ऑट' फ्राम' 'इज़' ? '', केनथ पहल तथा मार्विन शिलर द्वारा सम्पादित 'रीडिंग्ज इन कन्टेम्प्रेरी ऐथिकल थ्योरी' में संकलित, पृ० 156-157

बात को स्पष्ट रूप से कहा गया है, अतः इस वाक्य को हम प्रथम वाक्य से अनिवार्यतः निगमित कर सकते हैं। इससे इन दोनों वाक्यों का अनिवार्य संबंध स्वतः स्पष्ट हो जाता है।

अब प्रश्न यह है कि दूसरे और तीसरे वाक्य में क्या संबंध है। इस प्रश्न का उत्तर देते हुए सर्ल कहते हैं कि वादा करने का अर्थ भविष्य में कोई कार्य करने या न करने के लिए अनिवार्यतः अपने आप को कर्तव्यबद्ध करना है। वस्तुतः वादा करने की अवधारणा में ही उस व्यक्ति के कर्तव्यबद्ध होने की अवधारणा अवश्य निहित रहती है जो वादा करता है, अतः तीसरे वाक्य को दूसरे वाक्य से अनिवार्यतः निगमित किया जा सकता है।

इसी प्रकार सर्ल का कथन है कि तीसरे और चौथे वाक्य में भी अनिवार्य निगमनात्मक संबंध है। यदि कोई व्यक्ति अपने आप को कर्तव्यबद्ध करता है तो स्पष्टतः इसका अर्थ यही है कि अन्य बातों के समान रहने पर वह अवश्य ही कर्तव्यबद्ध है। सर्ल के विचार में इस दृष्टि से चौथा वाक्य वस्तुतः तीसरे वाक्य की पुनरावृत्ति मात्र है—अर्थात् ये दोनों वाक्य पूर्णतः समानार्थक हैं। यहां यह स्पष्ट कर देना आवश्यक है कि 'अन्य बातों के समान रहने पर' इस वाक्यांश का विशेष महत्व है। यह सत्य है कि जब कोई व्यक्ति अपने आप को कर्तव्यबद्ध करता है तो वह अवश्य ही कर्तव्यबद्ध है, किन्तु कुछ ऐसी परिस्थितियां उत्पन्न हो सकती हैं जो उसे अपने कर्तव्य से मुक्त कर सकती हैं। इन विशेष परिस्थितियों के फलस्वरूप वह अपने कर्तव्य की पूर्ति के दायित्व से मुक्त हो जाता है। उपर्युक्त वाक्यांश हमें बताता है कि ऐसी विशेष परिस्थितियों के अभाव में ही व्यक्ति अपने उस कर्तव्य का पालन करने के लिए नैतिक दृष्टि से बाध्य है जिसके लिए उसने अपने आप को कर्तव्यबद्ध किया है। ये विशेष परिस्थितियां प्रसंगानुसार भिन्न-भिन्न प्रकार की हो सकती हैं, अतः इनके संबंध में निश्चय-पूर्वक कुछ कहना संभव नहीं है। परन्तु सर्ल का निश्चित मत है कि वे सभी व्यक्ति जिन्होंने अपने आप को कर्तव्यबद्ध किया है अन्य बातों के समान रहने पर अपने कर्तव्य का पालन करने के लिए नैतिक दृष्टि से बाध्य हैं। इस प्रकार चौथा वाक्य तीसरे वाक्य की केवल पुनरावृत्ति करता है—अर्थात् इन दोनों वाक्यों के अर्थ में कोई भेद नहीं है।

सर्ल का कथन है कि चौथे और पांचवें वाक्य में भी वही पुनरुक्त्यात्मक संबंध है जो तीसरे तथा चौथे वाक्य में है। दूसरे शब्दों में, पांचवां वाक्य चौथे वाक्य की पुनरुक्ति मात्र है। हम निश्चयपूर्वक यह कह सकते हैं कि अन्य बातों के समान रहने पर मनुष्य को वही करना चाहिए जिसे करने के लिए उसने अपने आप को कर्तव्यबद्ध किया है। यहां 'अन्य बातों के समान रहने पर' इस

वाक्यांश का अर्थ यह है कि जब तक मनुष्य के पास उस कर्तव्य का उल्लंघन करने के लिए उचित अथवा पर्याप्त कारण न हो जिसका पालन करने के लिए उसने अपने आप को कर्तव्यबद्ध किया है तब तक उसे अपने कर्तव्य का पालन अवश्य करना चाहिए। इससे स्पष्ट है कि पांचवें वाक्य का अर्थ भी वही है जो चौथे वाक्य का है। इस प्रकार सर्ल का यह दावा है कि वे उपर्युक्त संपूर्ण प्रक्रिया द्वारा 'है' से 'चाहिए' को निगमित अथवा प्राप्त करने में पूर्णतः सफल हुए हैं।[11] उनका कथन है कि इस उदाहरण द्वारा 'है' और 'चाहिए' में अनिवार्य अंतराल के संबंध में परामर्शवादियों के मत का निश्चय ही खंडन होता है। इस उदाहरण में हमने प्रथम तथ्यात्मक वाक्य से 'चाहिए' संबंधी पांचवें वाक्य को सफलतापूर्वक प्राप्त किया है जिससे यह प्रमाणित होता है कि वस्तुतः तथ्यात्मक कथनों और मूल्यात्मक अथवा परामर्शात्मक कथनों में कोई मूल भेद नहीं है।

सर्ल का कथन है कि ऊपर जो पांच वाक्य दिए गए हैं उनमें से पहले और दूसरे वाक्य के संबंध का विशेष महत्व है. अतः इस संबंध को कुछ विस्तार से स्पष्ट करना आवश्यक है। पहला वाक्य तथ्यात्मक कथन है जिसमें उद्धरण चिन्हों के अन्तर्गत दिए गए "मैं वादा करता हूं" इस वाक्यांश का एक विशिष्ट अर्थ है। इस विशिष्ट अर्थ के परिणामस्वरूप हम यह मानते हैं कि कुछ विशेष परिस्थितियों में यह वाक्यांश कहना अनिवार्यतः वादा करना या वचन देना है। वास्तव में इसी अर्थ के कारण हम पहले वाक्य से दूसरे वाक्य को निगमित करते हैं जिस पर 'है' से 'चाहिए' के निगमन की शेष संपूर्ण प्रक्रिया निर्भर है। यदि इस तथ्य को स्वीकार कर लिया जाए तो पहले वाक्य को छोड़ कर शेष चारों वाक्यों के पारस्परिक अनिवार्य संबंध की व्याख्या करना कठिन नहीं है। जैसा कि हम ऊपर देख चुके हैं, इन चारों वाक्यों का पारस्परिक संबंध 'वादा करना', 'कर्तव्यबद्ध होना' तथा 'चाहिए' इन शब्दों की परिभाषाओं और इनमें विद्यमान अनिवार्य संबंध पर ही निर्भर है। इसी अनिवार्य सम्बन्ध के कारण हम 'है' से 'चाहिए' को प्राप्त करने में अंततः सफल होते हैं। परंतु यहां यह उल्लेखनीय है कि 'है' से 'चाहिए' को प्राप्त करने के संबंध में सर्ल का उपर्युक्त संपूर्ण प्रयास उनके इस दावे के औचित्य पर निर्भर है कि प्रथम वाक्य केवल तथ्यात्मक कथन है। यदि उनके इस दावे को स्वीकार न किया जाए तो यह सिद्ध करना असंभव हो जाता है कि वे 'है' से 'चाहिए' को प्राप्त करने के अपने प्रयास में सफल हुए हैं। हम आगे देखेंगे कि हेयर ने सर्ल के इस दावे के औचित्य को अस्वीकार किया है कि पहला वाक्य केवल तथ्यात्मक कथन है।

11. वही पुस्तक, पृ० 158-160

'है' से 'चाहिए को प्राप्त करने के विषय में सर्ल के उपर्युक्त मत के विरुद्ध हेयर की आपत्तियों पर विचार करने से पूर्व यहां इस बात का उल्लेख कर देना आवश्यक है कि स्वयं सर्ल ने अपने सिद्धांत के विरुद्ध उठाई जा सकने वाली कुछ संभावित आपत्तियों की चर्चा की है और उन्होंने इन आपत्तियों का उत्तर भी दिया है। वे कहते हैं कि उनके सिद्धान्त के विरुद्ध पहली आपत्ति यह उठाई जा सकती है कि 'है' से 'चाहिए' को प्राप्त करने के लिए उन्होंने जो पांच वाक्य प्रस्तुत किए हैं उनमें से प्रथम आधार-वाक्य वर्णनात्मक है और अन्तिम निष्कर्ष मूल्यात्मक, अत: उन परिस्थितियों के वर्णन में कोई मूल्यात्मक आधार-वाक्य अवश्य निहित होगा जिनमें यह निष्कर्ष निकाला गया है। इस आपत्ति के उत्तर में सर्ल का कथन है कि कुछ परिस्थितियों में पहले वाक्य को कहने का अनिवार्य अर्थ है वादा करना या वचन देना, किन्तु ये परिस्थितियां पूर्णत: तथ्यात्मक हैं और इनमें कोई मूल्यात्मक तत्त्व विद्यमान नहीं हैं। कुछ विशेष परिस्थितियों में किसी मनुष्य ने कुछ शब्द कहे और इन शब्दों का एक विशेष अर्थ है—ये दोनों बातें निश्चय ही वस्तुपरक तथ्य हैं। यदि इन दोनों वस्तुपरक तथ्यों से दूसरे वाक्य को निगमित किया जा सकता है जिसे आपत्ति करने वाले दार्शनिक मूल्यात्मक कथन मानते हैं तो इससे यह स्पष्टत: सिद्ध हो जाता है कि केवल तथ्यात्मक कथन से मूल्यात्मक कथन का निगमन संभव है और इसके लिए हमें अन्तिम तीन वाक्यों की सहायता लेने की भी आवश्यकता नहीं है। इस तर्क के आधार पर सर्ल ने अपने सिद्धान्त के विरुद्ध उपर्युक्त प्रथम आपत्ति को अस्वीकार किया है।

परन्तु सर्ल का कथन है कि उनके सिद्धान्त के विरुद्ध एक अन्य आपत्ति भी उठाई जा सकती है जो इस प्रकार है। 'है' से 'चाहिए' को प्राप्त करने का उपर्युक्त सम्पूर्ण प्रयास अन्तत: इस नियम पर आधारित है कि "मनुष्य को अपने वचन का पालन करना चाहिए" और यह नियम 'नैतिक नियम' होने के कारण अनिवार्यत: मूल्यात्मक है। इसका अर्थ यह है कि 'चाहिए' को वस्तुत: एक मूल्यात्मक नियम से ही प्राप्त किया गया है, तथ्यात्मक कथन से नहीं। इस आपत्ति का उत्तर देते हुए सर्ल कहते हैं कि वे यह नहीं जानते कि उपर्युक्त नियम 'नैतिक नियम' है या नहीं, किन्तु इतना निश्चित है कि यह नियम एक पुनरुक्ति मात्र है। यह स्वीकार करना कि किसी व्यक्ति ने वचन दिया है अनिवार्यत: यह मानना है कि अन्य बातों के समान रहने पर उसे अपने वचन का पालन करना चाहिए। यह प्रश्न कि 'क्या मनुष्य को अपने वचन का पालन करना चाहिए ?" उसी प्रकार निरर्थक है जिस प्रकार यह प्रश्न कि "क्या त्रिभुज की तीन भुजाएं होती हैं ?" वस्तुत: वचन देने की

अवधारणा में वचन का पालन करने का कर्तव्य अनिवार्यतः निहित रहता है। इस प्रकार "मनुष्य को अपने वचन का पालन करना चाहिए" इस नियम को सर्ल मूल्यात्मक नियम न मानकर केवल पुनरुक्ति मानते हैं और इसी आधार पर वे अपने सिद्धान्त के विरुद्ध उपर्युक्त आपत्ति का खंडन करते हैं।

परन्तु सर्ल के इस तर्क के विरुद्ध यह कहा जा सकता है कि नैतिक अवधारणाओं की गणित संबंधी अवधारणाओं के साथ तुलना करना अनुचित और अयुक्तिसंगत है। हम त्रिभुज की अवधारणा के साथ वचन पालन करने की अवधारणा की ठीक-ठीक तुलना नहीं कर सकते। जीवन रक्षा, देश रक्षा, शारीरिक या मानसिक असमर्थता आदि से सम्बन्धित कुछ विशेष परिस्थितियों में हम यह कह सकते हैं कि "हमें अपने वचन का पालन नहीं करना चाहिए," किन्तु स्वतोव्याघात से मुक्त रहते हुए हम किसी भी स्थिति में यह नहीं कह सकते कि "त्रिभुज की तीन भुजाएं नहीं होतीं।" ऐसी स्थिति में सर्ल का यह कथन उचित प्रतीत नहीं होता कि "क्या मनुष्य को अपने वचन का पालन करना चाहिए?" यह प्रश्न उसी प्रकार निरर्थक है जिस प्रकार यह प्रश्न कि "क्या त्रिभुज की तीन भुजाएं होती हैं?" जैसा कि हम ऊपर देख चुके हैं, सर्ल स्वयं यह स्वीकार करते हैं कि कुछ ऐसे कारण हो सकते हैं जो मनुष्य को उसके नैतिक कर्तव्य से मुक्त करते हैं और इसीलिए हमें 'अन्य बातों के समान रहने पर' इस वाक्यांश का प्रयोग करना पड़ता है। परन्तु गणित संबंधी अवधारणाओं के विषय में हम ऐसा नहीं कर सकते। ये अवधारणाएं नैतिक अवधारणाओं के विपरीत अनिवार्यतः सार्वभौमिक तथा सार्वकालिक होती हैं। इस प्रकार अपने सिद्धान्त के विरुद्ध उपर्युक्त आपत्ति का खंडन करने के लिए सर्ल ने जो तर्क दिया है वह प्रबल तथा विश्वसनीय प्रतीत नहीं होता।

यहां एक महत्वपूर्ण प्रश्न के विषय में सर्ल के मत का उल्लेख कर देना आवश्यक है जिस पर उन्होंने अपने लेख के अन्तिम भाग में विस्तारपूर्वक विचार किया है। यह प्रश्न इस प्रकार है: किसी मनुष्य के संबंध में मेरे द्वारा इस तथ्य को स्वीकार करना कि उसने कुछ शब्द कहे अथवा उसने वादा किया मुझे यह मानने के लिए प्रतिबद्ध क्यों करता है कि उसे कोई कर्म करना चाहिए? इस प्रश्न का उत्तर देने के लिए सर्ल सर्वप्रथम उस प्रचलित मान्यता की व्याख्या करते हैं जिसके अनुसार तथ्यात्मक या वर्णनात्मक कथन तथा परामर्शात्मक अथवा मूल्यात्मक कथन एक-दूसरे से पूर्णतः भिन्न होते हैं और इन दोनों प्रकार के कथनों में अनिवार्य अन्तराल विद्यमान रहता है। उनके द्वारा की गई इस मान्यता की व्याख्या लगभग वैसी ही है जैसी श्रीमती फ़ुट ने की है। परन्तु

वर्णनात्मक और मूल्यात्मक कथनों में पाए जाने वाले अनिवार्य अंतराल का खंडन करने के लिए सर्ल ने जो तर्क दिया है वह श्रीमती फ़ुट के तर्क से कुछ भिन्न है। वे सर्वप्रथम कुछ उदाहरणों द्वारा यह स्पष्ट करते हैं कि वर्णनात्मक कथनों तथा मूल्यात्मक कथनों को किस आधार पर एक-दूसरे से पूर्णत: भिन्न माना जाता है। प्राय: यह कहा जाता है कि वर्णनात्मक कथनों का कार्य किन्हीं वस्तुओं का वर्णन करना अथवा उनके विषय में हमें कुछ तथ्यों का बोध कराना ही होता है। उदाहरणार्थ "मेरी कार 80 मील प्रति घंटा चलती है", "मोहन 6 फ़ुट लम्बा है", "सोहन के बाल घुंघराले हैं" आदि वाक्य वर्णनात्मक कथन हैं। स्पष्ट है कि ये कथन किन्हीं विशेष तथ्यों का वर्णन मात्र करते हैं। परन्तु मूल्यात्मक कथनों का कार्य इन वर्णनात्मक कथनों के कार्य से पूर्णत: भिन्न माना जाता है। यह कहा जाता है कि मूल्यात्मक कथन किन्हीं वस्तुओं का वर्णन करने के स्थान पर उनका मूल्यांकन करते हैं—अर्थात् उन्हें अच्छी या बुरी कहकर उनकी प्रशंसा अथवा निन्दा करते हैं। उदाहरणार्थ "मेरी कार अच्छी है", "मोहन को अपने वचन का पालन करना चाहिए", "सोहन बुरा मनुष्य है" आदि वाक्य मूल्यात्मक कथन हैं जो हमारी भावनाओं को अभिव्यक्त और जागृत करते हैं।

सर्ल के मतानुसार वर्णनात्मक तथा मूल्यात्मक कथनों में अनिवार्य अन्तराल को स्वीकार करने वाले दार्शनिक यह मानते हैं कि इन दोनों कथनों के अर्थ और प्रमाणीकरण में आधारभूत अन्तर होता है। वर्णनात्मक कथनों में जिन शब्दों का प्रयोग किया जाता है उनका अर्थ स्पष्ट तथा निश्चित होता है जिसके आधार पर हम इन कथनों के सत्य अथवा मिथ्या होने की वस्तुपरक रूप से परीक्षा कर सकते हैं। इसी कारण इन कथनों के अर्थ और प्रमाणीकरण के विषय में सामान्यत: मतभेद नहीं पाया जाता। यह भी कहा जाता है कि वर्णनात्मक कथन मनुष्य की भावनाओं को अभिव्यक्त तथा जागृत नहीं करते और इन कथनों का उसके आचरण पर भी कोई प्रभाव नहीं पड़ता, अत: इनके संबंध में वक्ता एवं श्रोता दोनों ही तटस्थ या उदासीन रहते हैं। परन्तु मूल्यात्मक कथनों के विषय में स्थिति पूर्णत: भिन्न है, क्योंकि इन कथनों में वर्णनात्मक कथनों की उपर्युक्त विशेषताएं नहीं पाई जातीं। मूल्यात्मक शब्दों का अर्थ पूर्णत: निश्चित नहीं होता; यही कारण है कि मूल्यात्मक कथनों को वस्तुपरक रूप से सत्य अथवा मिथ्या प्रमाणित नहीं किया जा सकता। इन कथनों के समर्थन में वक्ता जो तर्क देता है वे अनिवार्यत: उसकी अपनी भावनाओं, अभिवृतियों, मूल्यांकन सम्बन्धी कसौटियों अथवा उसके नैतिक सिद्धान्तों पर आधारित होते हैं। इन कथनों का कार्य भी वर्णनात्मक कथनों

के कार्य से पूर्णतः भिन्न होता है। मूल्यात्मक कथनों का कार्य किन्ही वस्तुओं का वर्णन मात्र करना नहीं, अपितु वक्ता की भावनाओं तथा अभिवृत्तियों को व्यक्त करना, निर्णीत वस्तुओं की प्रशंसा या निन्दा करना, किसी को कुछ करने या न करने का परामर्श देना अथवा उसका मार्ग दर्शन करना भी होता है। वर्णनात्मक और मूल्यात्मक कथनों के इन भिन्न-भिन्न कार्यों को ध्यान में रखते हुए यह कहा जाता है कि इन दोनों प्रकार के कथनों में अन्तराल का होना अनिवार्य है। यदि वर्णनात्मक कथनों और मूल्यात्मक कथनों को समान मान लिया जाए तो निश्चय ही मूल्यात्मक कथन अपना कार्य भली-भांति सम्पन्न नहीं कर सकते। इसी कारण यह कहा जाता है कि वर्णनात्मक कथनों के आधार पर मूल्यात्मक कथनों की व्याख्या अथवा परिभाषा नहीं की जा सकती—अर्थात् 'चाहिए' को 'है' से कभी भी प्राप्त नहीं किया जा सकता, अतः ऐसा करने का प्रयास करना केवल अपना समय नष्ट करना है।

वर्णनात्मक कथनों की भिन्नता के सम्बन्ध में प्रचलित मान्यता की उपर्युक्त विस्तृत व्याख्या करने के पश्चात सर्ल स्पष्ट रूप से यह कहते हैं कि यह मान्यता अनुचित और भ्रामक है। इस मान्यता के विरुद्ध उनका कथन है कि यह 'कर्तव्य', 'प्रतिबद्धता', 'उत्तरदायित्व' आदि अवधारणाओं की समुचित एवं सन्तोषप्रद व्याख्या नहीं कर पाती, क्योंकि इसके समर्थक सभी वर्णनात्मक कथनों को समान मान लेते हैं। सर्ल का विचार है कि वस्तुतः वर्णनात्मक कथनों को दो भिन्न-भिन्न वर्गों में विभाजित किया जा सकता है। कुछ वर्णनात्मक कथन केवल 'सामान्य तथ्यों' का वर्णन करते हैं। "पुस्तक मेज़ पर है", "सोहन का रंग काला है", "बर्फ़ सफ़ेद होती है" आदि वाक्य ऐसे ही वर्णनात्मक कथन हैं। इस प्रकार के वर्णनात्मक कथनों को हम 'सामान्य वर्णनात्मक कथन' कह सकते हैं। परन्तु कुछ अन्य वर्णनात्मक कथन इन सामान्य वर्णनात्मक कथनों से भिन्न प्रकार के होते हैं। ये वर्णनात्मक कथन सामान्य तथ्यों के स्थान पर कुछ विशेष तथ्यों का वर्णन करते हैं। जिन्हें सर्ल 'संस्थागत तथ्य' कहते हैं। उदाहरणार्थ निम्नलिखित कथनो पर विचार कीजिए :—"मोहन ने विवाह किया"; "सोहन के पास दस रुपए हैं"; "राम ने वादा किया"। सर्ल के मतानुसार ये कथन उपर्युक्त सामान्य वर्णनात्मक कथनों की भांति निश्चय ही वर्णनात्मक हैं, क्योंकि ये भी कुछ तथ्यों का वर्णन करते हैं। परन्तु ये कथन सामान्य वर्णनात्मक कथनों के समान नहीं हैं। इसका कारण यह है कि ये कथन ऐसे तथ्यों का वर्णन करते हैं जिनका अस्तित्व अनिवार्यतः किन्हीं संस्थाओं के अस्तित्व पर ही निर्भर है। उपर्युक्त तीनों कथन क्रमशः 'विवाह', 'सम्पत्ति' तथा 'वचन-पालन' इन तीन सामाजिक संस्थाओं पर आधारित हैं और

इन्हीं से सम्बन्धित तथ्यों का वर्णन करते हैं। इन संस्थाओं के अभाव में ये कथन हमारे लिए निरर्थक हो जाते हैं। इसी तथ्य को ध्यान में रखते हुए सर्ल यह कहते हैं कि ये तथा ऐसे अन्य सभी कथन 'संस्थागत तथ्यों' का वर्णन करते हैं, अतः ये उन वर्णनात्मक कथनों से भिन्न प्रकार के हैं जो केवल 'सामान्य तथ्यों' का वर्णन करते हैं। जब हम यह कहते हैं कि "अमुक व्यक्ति ने वादा किया है", "उसके पास दस रुपए हैं" अथवा "उसने विवाह किया है" तो हम केवल कुछ तथ्यों का ही वर्णन नहीं करते, अपितु हम पहले से ही क्रमशः 'वचन-पालन', 'सम्पत्ति' तथा 'विवाह' नामक सामाजिक संस्थाओं के अस्तित्व को स्वीकार कर लेते हैं जिनके बिना हमारे इन कथनों का कोई अर्थ नहीं हो सकता और वे निरर्थक शब्द मात्र रह जाते हैं। परन्तु वर्णनात्मक और मूल्यात्मक कथनों की भिन्नता के विषय में प्रचलित मान्यता को स्वीकार करने वाले दार्शनिक उपर्युक्त दोनों प्रकार के वर्णनात्मक कथनों में पाए जाने वाले इस अन्तर को स्पष्ट नहीं कर पाते।[12]

यहां यह उल्लेखनीय है कि सर्ल ने दो प्रकार के वर्णनात्मक कथनों में ऊपर जो अंतर बताया है उसका 'है' और 'चाहिए' में अन्तराल की समस्या के लिए विशेष महत्व है। वे यह स्वीकार करते हैं कि सामान्य तथ्यों का वर्णन करने वाले वर्णनात्मक कथनों से मूल्यात्मक कथनों को प्राप्त नहीं किया जा सकता। परंतु उनका मत है कि संस्थागत तथ्यों का वर्णन करने वाले वर्णनात्मक कथनों से हम अवश्य ही मूल्यात्मक कथनों को प्राप्त कर सकते हैं। वस्तुतः पांच वाक्यों के उपर्युक्त विस्तृत उदाहरण द्वारा उन्होंने अपनी इसी मान्यता को सत्य प्रमाणित करने का प्रयास किया है। यह कहना कि "अमुक व्यक्ति ने अमुक कर्म करने का वादा किया है" अनिवार्यतः एक संस्थागत तथ्य का वर्णन करना है जिससे हम यह मूल्यात्मक निष्कर्ष निकाल सकते हैं कि "उसे वह कर्म करना चाहिए।" अपने लेख के अंत में सर्ल ने इस प्रकार के कुछ अन्य उदाहरण भी प्रस्तुत किए हैं। उनके मतानुसार यह कहना कि "कोई वस्तु किसी व्यक्ति की संपत्ति है" एक संस्थागत तथ्य का वर्णन करना है जिससे हम यह मूल्यात्मक निष्कर्ष प्राप्त कर सकते हैं कि "उस वस्तु को चुराया नहीं जाना चाहिए।" इसी प्रकार यह कहना है कि "क ने ख से ऋण लिया है" निश्चय ही एक संस्थागत तथ्य का वर्णन करना है जिससे हम यह मूल्यात्मक निष्कर्ष निकाल सकते हैं कि "क को उस ऋण का भुगतान करना चाहिए"। सर्ल के विचार में इन सभी उदाहरणों से कुछ दार्शनिकों की यह मान्यता मिथ्या

12. वही पुस्तक, पृ० 164-165

प्रमाणित हो जाती है कि 'है' से 'चाहिए' को कभी भी प्राप्त नहीं किया जा सकता।[13]

यहां यह स्पष्ट कर देना आवश्यक है कि सर्ल जब 'वचन-पालन', 'विवाह', 'सम्पत्ति' आदि को 'संस्थाएं' कहते हैं तो इससे उनका तात्पर्य यह है कि ये शब्द विशेष सामाजिक व्यवस्थाओं के द्योतक हैं और इन शब्दों के अर्थ में ही हमारी कुछ प्रतिबद्धताएं तथा हमारे कुछ कर्तव्य एवं उत्तरदायित्व अनिवार्यतः निहित रहते हैं जिन्हें स्वीकार किए बिना हम इन शब्दों का सार्थक प्रयोग नहीं कर सकते। इन शब्दों के सार्थक प्रयोग के लिए कुछ विशेष नियम होते हैं जो हमारे कर्तव्यों तथा उत्तरदायित्वों और हमारी प्रतिबद्धताओं को निश्चित करते हैं। इन्हीं नियमों के कारण ये शब्द कुछ संस्थागत तथ्यों का वर्णन करते हैं जिनसे हम मूल्यात्मक निष्कर्ष निकाल सकते हैं। इस प्रकार यह स्पष्ट है कि सर्ल के विचार में 'है' से 'चाहिए' को प्राप्त करने के लिए संस्थागत तथ्यों का विशेष महत्व है और ये तथ्य 'विवाह', 'सम्पत्ति', 'वचन-पालन' आदि सामाजिक संस्थाओं पर ही आधारित रहते हैं। इन्हीं संस्थागत तथ्यों का वर्णन करने वाले विशेष तथ्यात्मक कथनों से मूल्यात्मक निष्कर्ष प्राप्त करके सर्ल ने 'है' और 'चाहिए' में अंतराल के विषय में परामर्शवादियों तथा कुछ अन्य दार्शनिकों की मान्यता का खंडन करने का प्रयास किया है।

अब इस प्रश्न पर विचार करना आवश्यक है कि 'है' और 'चाहिए' में अनिवार्य अंतराल की समस्या के संबंध में सर्ल ने ऊपर जो कुछ कहा है उसके विषय में परामर्शवादियों का क्या मत है। यह स्पष्ट है कि वे सर्ल के उपर्युक्त मत को स्वीकार नहीं कर सकते, क्योंकि यह मत उनके मूल सिद्धान्त के विरुद्ध है। इसी कारण फ़्ल्यू, हेयर आदि दार्शनिकों ने सर्ल के मत की आलोचना की है। इसका खंडन करने के लिए फ़्ल्यू ने निम्नलिखित तर्क प्रस्तुत किया है। वे कहते हैं कि 'वादा' शब्द का प्रयोग दो भिन्न-भिन्न अर्थों में किया जा सकता है। इस शब्द का एक अर्थ यह हो सकता है कि इसका प्रयोग करने वाला व्यक्ति स्वयं पूर्णतः तटस्थ रह कर किसी अन्य व्यक्ति को कोई तथ्यात्मक सूचना मात्र दे रहा है। इस अर्थ में 'वादा' शब्द का प्रयोग करने वाला व्यक्ति स्वयं केवल तटस्थ प्रेक्षक होता है जो उस वादे को पूरा करने के कर्तव्य से पूर्णतः मुक्त है। स्पष्ट है कि इस अर्थ में 'वादा' शब्द के साथ वक्ता द्वारा उसके अनुरूप आचरण करने के कर्तव्य का कोई सम्बन्ध नहीं है। फ़्ल्यू का कथन है कि वास्तव में यह अर्थ ही 'वादा' शब्द का वर्णनात्मक अर्थ है; परन्तु इस अर्थ में उक्त शब्द

13. वही पुस्तक, पृ० 167

का प्रयोग करके हम इससे कोई मूल्यात्मक निष्कर्ष प्राप्त नहीं कर सकते। इसका कारण यह है कि इस वर्णनात्मक अर्थ में 'वादा' शब्द का प्रयोग करने वाला तटस्थ प्रेक्षक स्वयं इसे पूरा करने के कर्तव्य के सम्बन्ध में किसी प्रकार की प्रतिबद्धता का अनुभव नहीं करता। फ़्ल्यू के अनुसार इस वर्णनात्मक अर्थ में प्रयुक्त 'वादा' शब्द से 'चाहिए' को प्राप्त करना सर्ल के लिए संभव नहीं है।

परन्तु फ़्ल्यू का कथन है कि 'वादा' शब्द का एक अन्य अर्थ भी है जो इस शब्द के उपर्युक्त वर्णनात्मक अर्थ से पूर्णतः भिन्न है। इस दूसरे अर्थ में उक्त शब्द का प्रयोग करने वाला व्यक्ति एक तटस्थ प्रेक्षक न होकर स्वयं अपने आपको एक विशेष प्रकार का आचरण करने के लिए कर्तव्यबद्ध अनुभव करता है। वस्तुतः इस अर्थ में प्रयुक्त होने पर ही 'वादा' शब्द वक्ता को कोई कर्म करने या न करने के लिए कर्तव्यबद्ध करता है। इस अर्थ को हम 'मूल्यात्मक अर्थ' कह सकते हैं। इसी मूल्यात्मक अर्थ में प्रयुक्त होने पर 'वादा' शब्द से 'चाहिए' को प्राप्त किया जा सकता है। परन्तु इससे सर्ल की यह मान्यता उचित सिद्ध नहीं होती कि 'है' से 'चाहिए' को प्राप्त करना संभव है। इसका कारण यह है कि उपर्युक्त दूसरे अर्थ में 'वादा' शब्द को पहले से ही मूल्यात्मक शब्द मान लिया गया है और किसी मूल्यात्मक शब्द से 'चाहिए' को प्राप्त करना सर्ल के मत को सत्य प्रमाणित नहीं करता। संक्षेप में इसी तर्क के आधार पर फ़्ल्यू ने सर्ल के मत का खंडन करने का प्रयास किया है। परन्तु उनके इस तर्क के उत्तर में सर्ल यह कह सकते हैं कि फ़्ल्यू ने 'वादा' शब्द का जो प्रथम अर्थ बताया है उसे स्वीकार करना संभव नहीं है। हम 'वादा' शब्द का प्रयोग तटस्थ प्रेक्षक के रूप में नहीं कर सकते, क्योंकि इस शब्द के अर्थ में ही यह निहित है कि सार्थक रूप से इसका प्रयोग करने वाला व्यक्ति अपने आपको कोई कर्म करने या न करने के लिए अनिवार्यतः कर्तव्यबद्ध करता है। इस कर्तव्यबद्धता के तत्त्व के अभाव में यह शब्द हमारे लिए निरर्थक हो जाता है। सर्ल फ़्ल्यू द्वारा बताए गए 'वादा' शब्द के दूसरे अर्थ को अवश्य स्वीकार करते हैं किन्तु उनके विचार में यह अर्थ मूल्यात्मक न होकर वस्तुतः वर्णनात्मक ही है। इस अर्थ के वर्णनात्मक होने का कारण यह है कि 'वादा' शब्द अनिवार्यतः एक संस्थागत तथ्य का वर्णन करता है। वह तथ्य यह है कि वादा करने वाला प्रत्येक व्यक्ति अन्य बातों के समान रहने पर उसका पालन करने के लिए अपने आपको कर्तव्यबद्ध करता है। परंतु सर्ल का यह तर्क उचित और संतोषप्रद प्रतीत नहीं होता, क्योंकि 'वादा' शब्द वचन-पालन संबंधी सामान्य नैतिक नियम पर आधारित होने के कारण वर्णनात्मक न होकर वस्तुतः मूल्यात्मक ही है।

फ़्ल्यू के अतिरिक्त हेयर ने भी 'है' और 'चाहिए' में अंतराल की समस्या के

विषय में सर्ल के मत का खंडन किया है। इस समस्या के संबंध में हेयर ने अपने विचार 'दि प्रोमिसिंग गेम' नामक एक लेख में अभिव्यक्त किए हैं। इसी लेख के आधार पर हम यहां उनके मत को संक्षेप में प्रस्तुत करेंगे। अपने इस लेख में हेयर ने यह प्रमाणित करने का प्रयास किया है कि वस्तुत: सर्ल 'है' से 'चाहिए' को प्राप्त करने में सफल नहीं हुए। इस सम्बन्ध में सर्ल की मान्यता के विरुद्ध उनकी मुख्य आपत्ति यह है कि 'वादा' शब्द वर्णनात्मक न होकर मूल्यात्मक है, क्योंकि इस शब्द के अर्थ में ही यह सामान्य नैतिक नियम अनिवार्यत: निहित रहता है कि "अन्य बातों के समान रहने पर प्रत्येक व्यक्ति को अपने वचन का पालन करना चाहिए"। अपनी इस मान्यता की व्याख्या करते हुए हेयर कहते हैं कि हमारी भाषा में बहुत से शब्द ऐसे हैं जिनका हम सार्थकतापूर्वक तब तक प्रयोग नहीं कर सकते जब तक उन शब्दों का प्रयोग करने वाले अधिकतर व्यक्ति उनमें सम्बन्धित कुछ सामान्य नियमों के अनुरूप आचरण करना स्वीकार नहीं कर लेते। यह बात उन शब्दों के सम्बन्ध में विशेष रूप से कही जा सकती है जो 'सम्पत्ति', 'वचन-पालन' आदि किन्हीं सामाजिक संस्थाओं से संबद्ध हैं। 'वादा' शब्द निश्चित रूप से ऐसा ही शब्द है। यदि इस शब्द का प्रयोग करने वाले अधिकतर व्यक्ति यह सामान्य नैतिक नियम स्वीकार न करें कि कि "हमें अपने वचन का पालन करना चाहिए" तो यह शब्द हमारे लिए निरर्थक हो जाएगा। यदि हम यह मान लें कि किसी भी व्यक्ति को अपने वचन का पालन नहीं करना चाहिए तो निश्चिय ही 'वादा' शब्द हमारे लिए एक निरर्थक ध्वनि मात्र रह जाएगा, फलत: वादा करने की सामाजिक क्रिया अथवा वचन-पालन सम्बन्धी सामाजिक संस्था समाप्त हो जाएगी। ऐसी स्थिति में हम सार्थक रूप से 'वादा' शब्द का प्रयोग नहीं कर सकेंगे।

हेयर यह स्वीकार करते हैं कि कुछ व्यक्ति वचन-पालन से सम्बन्धित उपर्युक्त सामान्य नैतिक नियम में विश्वास न करते हुए भी अपनी स्वार्थ-सिद्धि के लिए इस शब्द का प्रयोग कर सकते हैं। परन्तु इन व्यक्तियों के लिए ऐसा करना केवल इसलिए संभव होता है कि अधिकतर अन्य व्यक्ति वचन-पालन सम्बन्धी नैतिक नियम को स्वीकार करते हैं। इसी कारण हेयर ने इन व्यक्तियों को परोपजीवी की संज्ञा दी है। ये व्यक्ति दूसरों के इस विश्वास का अनुचित लाभ उठाते हैं कि जो मनुष्य वचन देता है वह उसका अवश्य पालन करेगा। वचन भंग करने वाले व्यक्तियों की सफलता समाज में प्रचलित इसी विश्वास पर निर्भर है। यदि कोई भी व्यक्ति उन पर विश्वास न करे तो वे दूसरों के साथ छल करके अपनी स्वार्थसिद्धि में कभी सफल नहीं हो सकते। यही बात झूठ बोलने

वाले व्यक्तियों के विषय में भी कही जा सकती है।[14] इस प्रकार हेयर यह मानते हैं कि 'वादा' शब्द के अर्थ में ही वचन-पालन से सम्बन्धित नैतिक नियम अनिवार्यतः निहित रहता है, अतः यह शब्द निश्चय ही मूल्यात्मक है। ऐसी स्थिति में सर्ल द्वारा इस मूल्यात्मक शब्द से 'चाहिए' को प्राप्त करना यह सिद्ध नहीं करता कि वे 'है' से 'चाहिए' को प्राप्त करने में सफल हुए हैं।

यहां यह उल्लेखनीय है कि हेयर उन तथ्यों के अस्तित्व और महत्व को स्वीकार करते हैं जिन्हें सर्ल ने 'संस्थागत तथ्य' कहा है। परन्तु हेयर का मत है कि इन तथ्यों से 'चाहिए' को प्राप्त करना वास्तव में यह प्रमाणित नहीं करता कि 'है' से 'चाहिए' को प्राप्त किया जा सकता है। इसका कारण यह है कि ये संस्थागत तथ्य कुछ संस्थाओं के अस्तित्व पर निर्भर हैं और स्वयं ये संस्थाएं समाज द्वारा सामान्यतः स्वीकृत कुछ परामर्शात्मक अथवा नैतिक नियमों पर ही आधारित रहती हैं। इन नियमों के अभाव में संस्थाओं का अस्तित्व संभव नहीं है और ऐसी स्थिति में इन संस्थाओं पर आधारित संस्थागत तथ्यों का भी कोई अर्थ एवं महत्त्व नहीं रह जाता। उदाहरणार्थ यदि चोरी न करने तथा अपने वचन का पालन करने से संबंधित सामान्य नैतिक नियमों को स्वीकार न किया जाए तो 'सम्पत्ति' एवं 'वचन-पालन' सम्बन्धी संस्थाएं स्वतः समाप्त हो जाती हैं और इन संस्थाओं की समाप्ति के साथ ही इन पर आधारित संस्थागत तथ्यों का भी अंत हो जाता है। इस प्रकार यह स्पष्ट है कि संस्थागत तथ्य तभी बने रह सकते हैं जब सामान्य परामर्शात्मक या नैतिक नियमों पर आधारित संस्थाएं बनी रहें। इससे यही प्रमाणित होता है कि संस्थागत तथ्यों का अंतिम आधार कुछ सामान्य परामर्शात्मक अथवा नैतिक नियम ही हैं, अतः इन तथ्यों से 'चाहिए' को प्राप्त करना वास्तव में 'है' से 'चाहिए' को प्राप्त करना नहीं है। इस विधि द्वारा 'चाहिए' को प्राप्त करना उसे केवल मूल्यात्मक नियमों से प्राप्त करना है जिससे सर्ल के सिद्धान्त की पुष्टि नहीं होती।

अपने उपर्युक्त तर्क को हेयर ने निम्नलिखित उदाहरण द्वारा इस प्रकार स्पष्ट किया है। मान लीजिए मैं यह कहता हूँ कि "यह भूमि मेरी सम्पत्ति है।" मेरा यह कथन सम्पत्ति पर आधारित संस्थागत तथ्य का वर्णन करता है। अपने इस कथन की पुष्टि के लिए मैं यह तर्क दे सकता हूं कि "मेरे पूर्वज बहुत दीर्घ-काल से इस भूमि का उपयोग करते रहे हैं।" स्पष्ट है कि मेरा यह तर्क एक सामान्य तथ्य का वर्णन करता है। इस तर्क के आधार पर मैं उस भूमि को अपनी

14. आर० एम० हेयर का लेख, 'दि प्रोमिसिंग गेम', श्रीमती फ़िलिपा फुट द्वारा सम्पादित 'थ्योरीज ऑफ़ ऐथिक्स' में संकलित, पृ० 124-125

सम्पत्ति मानता हूं और समाज द्वारा स्वीकृत 'सम्पत्ति' नामक संस्था के कारण मैं यह कहता हूं कि "मुझे इस भूमि से वंचित नहीं किया जाना चाहिए।" यह निश्चयपूर्वक कहा जा सकता है कि मेरा यह नैतिक निष्कर्ष 'सम्पत्ति' नामक संस्था की स्वीकृति पर निर्भर है और स्वयं यह संस्था इस सामान्य नैतिक नियम पर आधारित है कि "किसी व्यक्ति को उसकी सम्पत्ति से वंचित नहीं किया जाना चाहिए।" इससे यही सिद्ध होता है कि मैंने अपना उक्त नैतिक निष्कर्ष अंततः एक सामान्य नैतिक नियम से ही प्राप्त किया है, किसी तथ्यात्मक कथन से नहीं। हम देख चुके हैं कि यही बात सर्ल के वचन-पालन संबंधी उदाहरण के विषय में भी कही जा सकती है। वे यह मानते हैं कि किसी व्यक्ति द्वारा कुछ शब्दों का उच्चारण करना एक 'सामान्य तथ्य' है जिससे हम यह संस्थागत तथ्य प्राप्त करते हैं कि "उसने वादा किया" और इस संस्थागत तथ्य से हम यह नैतिक निष्कर्ष निकालते हैं कि "उसे अमुक कर्म करना चाहिए।" इसी प्रक्रिया द्वारा सर्ल ने 'है' से 'चाहिए' को प्राप्त करने का दावा किया है। परन्तु उनके इस दावे को अस्वीकार करते हुए हेयर कहते हैं कि इस प्रक्रिया द्वारा हम 'है' से 'चाहिए' को तभी प्राप्त कर सकते हैं जब हम पहले से ही इस सामान्य नैतिक नियम को स्वीकार कर लें कि "प्रत्येक मनुष्य को अपने वचन का पालन करना चाहिए।"[15] इस सामान्य नैतिक नियम को स्वीकार किए बिना हमारे लिए वचन-पालन से संबंधित संस्थागत तथ्य का कोई महत्त्व नहीं हो सकता, अतः हम इस संस्थागत तथ्य से कोई नैतिक निष्कर्ष नहीं निकाल सकते। इस प्रकार अपने उपर्युक्त तर्क द्वारा हेयर ने सर्ल के इस मत का खंडन किया है कि हम कुछ विशेष तथ्यात्मक कथनों से मूल्यात्मक निष्कर्ष प्राप्त कर सकते हैं। सर्ल के सिद्धांत के विरुद्ध उनका यह तर्क उचित और विश्वसनीय प्रतीत होता है।

5. निष्कर्ष

पिछले खंडों में हमने तथ्यात्मक कथनों से नैतिक निर्णयों के निगमन की समस्या के उद्गम तथा स्वरूप और इसके संबंध में कुछ प्रमुख दार्शनिकों के मत की विवेचना की है। अब संक्षेप में इस प्रश्न पर विचार करना आवश्यक है कि तथ्यात्मक कथनों और नैतिक निर्णयों में वस्तुतः परस्पर क्या संबंध है। हम देख चुके हैं कि यह प्रश्न सर्वप्रथम डेविड ह्यूम ने उठाया था जिनके एक विशेष अनुच्छेद की परस्पर विरोधी व्याख्याओं के फलस्वरूप समकालीन नैतिक दर्शन में 'है' और 'चाहिए' में अंतराल से संबंधित समस्या का जन्म हुआ है। इस अनुच्छेद की इन

15. वही पुस्तक, पृ० 125-126

परस्पर विरोधी व्याख्याओं का विवेचन करते हुए हम यह स्पष्ट कर चुके हैं कि ह्यूम ने उपर्युक्त प्रश्न का जो उत्तर दिया है उसके विषय में समकालीन दार्शनिकों में तीव्र मतभेद है। ऐसी स्थिति में हमारे समक्ष दो मूल प्रश्न उपस्थित होते हैं जिनका समुचित और संतोषप्रद उत्तर देना आवश्यक है। पहला प्रश्न यह है कि ह्यूम के अनुच्छेद की जो परस्पर विरोधी व्याख्याएं की गई हैं उनमें से कौन-सी व्याख्या उचित तथा युक्तिसंगत है और दूसरा प्रश्न यह है कि 'है' और 'चाहिए' में अंतराल की समस्या का समुचित एवं संतोषप्रद समाधान क्या है। हम यहां इन दोनों प्रश्नों पर संक्षेप में विचार करेंगे और यह भी स्पष्ट करने का प्रयास करेंगे कि इनका संतोषजनक तथा युक्तिसंगत उत्तर किस प्रकार दिया जा सकता है।

ह्यूम के पूर्वोल्लिखित अनुच्छेद से यह पूर्णतः स्पष्ट है कि वे 'है' और 'चाहिए'—अर्थात् तथ्यात्मक कथनों तथा मूल्यात्मक निर्णयों—के पारस्परिक संबंध की समस्या को बहुत महत्वपूर्ण मानते हैं और इस पर गंभीरता से विचार करना चाहते हैं। अपने इस अनुच्छेद में उन्होंने जिस भाषा का प्रयोग किया है उसे ध्यान में रखते हुए यह कहा जा सकता है कि वे तथ्यात्मक कथनों और मूल्यात्मक निर्णयों को निश्चय ही एक-दूसरे से भिन्न मानते हैं। यह कहना उचित नहीं होगा कि उनके मतानुसार तथ्यात्मक कथन तथा मूल्यात्मक निर्णय समानार्थक हैं। जैसा कि हम प्रथम खंड में देख चुके हैं, वे स्पष्ट रूप से यह कहते हैं कि जब कोई विचारक उचित और पर्याप्त कारण बताए बिना 'है' से 'चाहिए' को निगमित करता है तो उन्हें बहुत आश्चर्य होता है। इसका अर्थ यही है कि वे 'चाहिए' संबंधी कथनों को 'है' संबंधी कथनों से निश्चय ही भिन्न मानते हैं। ऐसी स्थिति में हंटर का यह मत उचित प्रतीत नहीं होता कि ह्यूम के अनुसार मूल्यात्मक निर्णयों और तथ्यात्मक कथनों में वस्तुतः कोई भेद नहीं है। परन्तु इसके साथ ही हमें यह भी स्वीकार करना पड़ेगा कि ह्यूम 'चाहिए' और 'है' से संबंधित कथनों में उस प्रकार का स्पष्ट तथा निश्चित भेद नहीं करते जैसा कुछ समकालीन दार्शनिकों ने इन दोनों प्रकार के कथनों में किया है। वस्तुतः यही कारण है कि आधुनिक दार्शनिकों ने उनके मत की भिन्न-भिन्न अथवा परस्पर विरोधी व्याख्याएं की हैं।

ह्यूम यह अवश्य मानते हैं कि नैतिक निर्णय हमारी उन इच्छाओं पर आधारित रहते हैं जिनका संबंध मनुष्यों के सुख या हित से है, किंतु निश्चित रूप से यह कहना बहुत कठिन है कि उनके विचार में इन इच्छाओं तथा नैतिक निर्णयों में किस प्रकार का संबंध है। उनके नैतिक दर्शन का अध्ययन करने से यह स्पष्टतः ज्ञात होता है कि वे मनुष्य की इच्छाओं तथा आवश्यकताओं के साथ

नैतिकता का अनिवार्य संबंध स्वीकार करते हैं। परन्तु इसके आधार पर हम यह नहीं कह सकते कि उनके अनुसार नैतिक निर्णयों को कुछ विशेष तथ्यात्मक कथनों से निगमित किया जा सकता है। इसका अर्थ यह है कि वे तार्किक दृष्टि से 'चाहिए' को 'है' से भिन्न मानते हुए कहते हैं कि 'है' के आधार पर 'चाहिए' की ठीक-ठीक परिभाषा नहीं की जा सकती। इस दृष्टि से ह्यू म के नैतिक दर्शन पर विचार करने से ऐसा प्रतीत होता है कि अंत:प्रज्ञावादियों, संवेगवादियों तथा परामर्शवादियों ने उनके पूर्वोल्लिखित अनुच्छेद की जो व्याख्या की है वह नव्य प्रकृतिवादियों द्वारा की गई इस अनुच्छेद की व्याख्या की अपेक्षा संभवत: अधिक युक्तिसंगत है। परन्तु जैसा कि हम पहले ही संकेत कर चुके हैं, इस संबंध में कोई पूर्णत: स्पष्ट तथा निश्चित मत व्यक्त करना संभव नहीं है। इसका कारण यह है कि ह्यू म के समय में 'है' और 'चाहिए' की अवधारणाओं में वैसा स्पष्ट भेद नहीं किया गया था जैसा आधुनिक युग में किया गया है। ऐसी स्थिति में हम ह्यू म से यह आशा नहीं कर सकते कि वे हमारे इस प्रश्न का स्पष्ट तथा ठीक-ठीक उत्तर दें कि 'है' और 'चाहिए' में किस प्रकार का संबंध है। वस्तुत: उन से ऐसी आशा करना उन्हें स्वयं अपने युग का दार्शनिक न मानकर आधुनिक युग का दार्शनिक मानना होगा जो निश्चय ही उचित तथा न्यायसंगत नहीं है।

अभी तक हमने उन दो प्रश्नों में से प्रथम का ही उत्तर दिया है जिनका उल्लेख ऊपर किया गया है। अब संक्षेप में दूसरे प्रश्न पर भी विचार करना आवश्यक है जिसका संबंध 'है' और 'चाहिए' में अंतराल की समस्या के समुचित एवं संतोषप्रद समाधान से है। हमारे समक्ष मूल समस्या यह है कि तथ्यात्मक कथनों और नैतिक निर्णयों में किस प्रकार का संबंध है। पिछले अध्यायों में हम देख चुके हैं कि इस समस्या के समाधान के विषय में दार्शनिकों में बहुत मतभेद है। कुछ दार्शनिक यह मानते हैं कि वास्तव में नैतिक निर्णय तथ्यात्मक कथनों से भिन्न नहीं हैं, अत: तथ्यात्मक कथनों के आधार पर इन निर्णयों की ठीक-ठीक व्याख्या की जा सकती है। प्रकृतिवादी तथा नव्य प्रकृतिवादी दोनों ही इसी मान्यता को स्वीकार करते हैं। परन्तु प्रकृतिवाद और नव्य प्रकृतिवाद के विरुद्ध जो गंभीर आपत्तियां उठाई गई हैं उनसे यह पूर्णत: स्पष्ट है कि यह मान्यता उचित तथा युक्तिसगत नहीं है। इन दोनों सिद्धान्तों की आलोचना करते हुए हम देख चुके हैं कि नैतिक निर्णयों को तथ्यात्मक कथनों की भांति केवल वर्णन करने वाले कथन नहीं माना जा सकता, क्योंकि इन दोनों में कुछ महत्त्वपूर्ण असमानताएं स्पष्ट रूप से देखी जा सकती हैं। इन असमानताओं का हम पिछले अध्यायों में यथास्थान सविस्तार विवेचन कर चुके हैं। यहां इतना कह देना ही

पर्याप्त होगा कि प्रकृतिवाद तथा नव्य प्रकृतिवाद ने उपर्युक्त समस्या का जो समाधान प्रस्तुत किया है वह पूर्णत: संतोषप्रद नहीं है।

इन दोनों सिद्धांतों के विपरीत परामर्शवादियों का मत है कि नैतिक निर्णय तथ्यात्मक कथनों से मूलत: भिन्न होते हैं, अत: तार्किक दृष्टि से इन निर्णयों को तथ्यात्मक कथनों से निगमित नहीं किया जा सकता। यह निश्चयपूर्वक कहा जा सकता है कि हम केवल तथ्यात्मक या वर्णनात्मक कथनों के आधार पर नैतिक निर्णयों की ठीक-ठीक और पूर्णत: संतोषप्रद व्याख्या नहीं कर सकते। अपनी इसी मान्यता के कारण परामर्शवादी तथ्यात्मक कथनों तथा नैतिक निर्णयों में अलंघ्य खाई या अनिवार्य अंतराल स्वीकार करते हैं। वे यह मानते हैं कि इस अंतराल के कारण तार्किक दृष्टि से हम अपने किसी नैतिक निर्णय को किसी भी तथ्यात्मक कथन के साथ संबद्ध कर सकते हैं जिसका अर्थ यह है कि किन्हीं विशेष तथ्यात्मक कथनों और नैतिक निर्णयों में कोई अनिवार्य तार्किक संबंध नहीं है। उदाहरणार्थ "यह वस्तु मोहन की सम्पत्ति है" इस तथ्यात्मक कथन से हमारे लिए यह निष्कर्ष निकालना तार्किक दृष्टि से अनिवार्य नहीं है कि "मोहन को इस वस्तु से वंचित नहीं किया जाना चाहिए।" कुछ विशेष परिस्थितियों में हम उपर्युक्त तथ्यात्मक कथन से इसके विपरीत निष्कर्ष भी निकाल सकते हैं। इस संबंध में हम हेयर के मत का उल्लेख पहले ही कर चुके हैं। इस प्रकार यह स्पष्ट है कि परामर्शवादियों के मतानुसार तथ्यात्मक कथनों और नैतिक निर्णयों में कोई ऐसा अनिवार्य तार्किक संबंध नहीं है जिसके आधार पर निश्चित रूप से यह कहा जा सके कि अमुक तथ्यात्मक कथन से अमुक नैतिक निर्णय को ही निगमित अथवा प्राप्त किया जा सकता है। हम देख चुके हैं कि परामर्शवादियों की इसी मान्यता की नव्य प्रकृतिवादियों ने तीव्र आलोचना की है। परामर्शवाद के विरुद्ध उनकी मुख्य आपत्ति यही है कि इस सिद्धांत के समर्थक नैतिक निर्णयों को यों ही मनमाने ढंग से किन्हीं तथ्यात्मक कथनों के साथ संबद्ध कर देते हैं जो निश्चय ही उचित तथा युक्तिसंगत नहीं है। नव्य प्रकृतिवादियों की इस आपत्ति के उत्तर में परामर्शवादियों का कथन है कि वे (परामर्शवादी) स्वयं यह स्वीकार करते हैं कि सामान्य परिस्थितियों में कुछ विशेष तथ्यात्मक कथनों के साथ किन्हीं नैतिक निर्णयों का संबंध अवश्य होता है। परन्तु नव्य प्रकृतिवादियों के विपरीत उनका मत है कि यह संबंध अनिवार्य तार्किक संबंध नहीं है। वस्तुत: इन दोनों सिद्धांतों के समर्थकों में यही मूल मतभेद है जिसके कारण ये दोनों एक-दूसरे के सिद्धांत की तीव्र आलोचना करते हैं।

मेरे विचार में नव्य प्रकृतिवादियों का यह मत उचित है कि हम नैतिक निर्णयों को अपनी इच्छानुसार किन्हीं तथ्यात्मक कथनों अथवा तथ्यों के साथ संबद्ध नहीं कर सकते। इस संबंध में वारनॉक ठीक कहते हैं कि लोगों को कष्ट

देना, भूखा मारना, अपमानित करना आदि कर्म नैतिक दृष्टि से अनुचित कर्म हैं। इसके विपरीत मनुष्यों से प्रेम करना, उनकी सेवा करना, उनके दुःख का निवारण करना आदि कर्म नैतिक दृष्टि से उचित हैं। हम इन कर्मों को मनमाने ढंग से उचित या अनुचित नहीं कह सकते; इस संबंध में हमारी स्वतंत्रता निश्चय ही बहुत सीमित है। अपनी इस मान्यता के समर्थन में वारनॉक तथा श्रीमती फ़ुट ने जो तर्क दिए हैं वे पर्याप्त सीमा तक विश्वसनीय हैं, अतः उनकी उपेक्षा नहीं की जा सकती। इस प्रकार हम यह कह सकते हैं कि तथ्यात्मक कथनों और नैतिक निर्णयों के पारस्परिक संबंध के विषय में नव्य प्रकृतिवादियों के सिद्धांत में आंशिक सत्य अवश्य विद्यमान है।

परन्तु नव्य प्रकृतिवादियों की यह मान्यता उचित प्रतीत नहीं होती कि तार्किक दृष्टि से नैतिक निर्णयों को किन्हीं विशेष तथ्यात्मक कथनों से 'निगमित' किया जा सकता है। हम पिछले अध्याय में विस्तार से यह स्पष्ट कर चुके हैं कि नैतिक निर्णयों तथा वर्णनात्मक या तथ्यात्मक कथनों में वैसा तार्किक अथवा निगमनात्मक संबंध नहीं होता जैसा तर्कशास्त्र या गणित संबंधी वाक्यों में पाया जाता है। तर्कशास्त्र तथा गणित के वाक्य पुनरुक्तियां मात्र होते हैं जिनका कोई अपवाद संभव नहीं है। इसके विपरीत नैतिक निर्णय अनिवार्यतः संश्लेषणात्मक कथन होते हैं और ऐसा कोई नैतिक निर्णय नहीं हो सकता जिसका किन्हीं विशेष परिस्थितियों में कोई अपवाद न हो। इसी कारण हमें किसी नैतिक निर्णय की अनिवार्यता को अभिव्यक्त करते समय 'अन्य बातों के समान रहने पर' इस वाक्यांश का प्रयोग अवश्य करना पड़ता है। यह इस बात का स्पष्ट तथा निश्चित प्रमाण है कि नैतिक निर्णयों और तथ्यात्मक कथनों में अनिवार्य निगमनात्मक संबंध नहीं होता। ऐसी स्थिति में वारनॉक के इस मत का तर्कसंगत रूप से समर्थन करना संभव नहीं है कि किन्हीं विशेष कर्मों को नैतिक दृष्टि से उचित या अनुचित न कहना उसी प्रकार अयुक्तिसंगत है जिस प्रकार वर्फ़ को सफ़ेद न कहना। वस्तुतः हम तथ्यात्मक कथनों और नैतिक निर्णयों में इस प्रकार का निगमनात्मक संबंध स्वीकार करके इन निर्णयों की समुचित एवं संतोषप्रद व्याख्या नहीं कर सकते। ऐसा करने का प्रयास करना नैतिक निर्णयों के विशेष परामर्शात्मक अथवा मूल्यात्मक तत्त्व की उपेक्षा करना होगा जो निश्चय ही अनुचित है।

'चाहिए' और 'है' में अनिवार्य अन्तराल को स्वीकार करके परामर्शवादियों ने उपर्युक्त महत्वपूर्ण तथ्य की ओर हमारा ध्यान आकृष्ट किया है। उनका यह मत उचित ही प्रतीत होता है कि तार्किक दृष्टि से हम किन्हीं तथ्यात्मक कथनों से कोई भी नैतिक निष्कर्ष निकाल सकते हैं, क्योंकि इन दोनों में कोई अनिवार्य

निगमनात्मक संबंध नहीं है। अपने इस मत के समर्थन में हेयर ने जो तर्क प्रस्तुत किये हैं उनका उल्लेख हम पिछले अध्याय में कर चुके हैं। उनके इन तर्कों से यह प्रमाणित होता है कि तथ्यात्मक कथनों और नैतिक निर्णयों में अनिवार्य निगमनात्मक संबंध स्वीकार करना संभव नहीं है। परन्तु इसके साथ ही हेयर तथा अन्य परामर्शवादी यह भी नहीं कहते कि नैतिक निर्णयों को हम किन्हीं तथ्यात्मक कथनों के साथ मनमाने ढंग से संबद्ध कर सकते हैं। वे स्पष्टत: यह स्वीकार करते हैं कि सामान्यत: किन्हीं नैतिक निर्णयों का कुछ विशेष तथ्यात्मक कथनों के साथ संबंध होता है। और अन्य बातों के समान रहने पर यह सम्बन्ध सदैव बना रहता है। किसी कर्म से सम्बन्धित तथ्यों की उपेक्षा करते हुए हम यों ही अपनी इच्छानुसार उसे नैतिक दृष्टि से उचित या अनुचित नहीं कह सकते। इस दृष्टि से परामर्शवादी भी नव्य प्रकृतिवादियों के इस मत का समर्थन करते हैं कि नैतिक निर्णयों के संबंध में हमारी स्वतन्त्रता बहुत सीमित है।

इस प्रकार निष्कर्ष के रूप में हम यह कह सकते हैं कि नैतिक निर्णयों और तथ्यात्मक कथनों में निगमनात्मक संबंध न होते हुए भी ये निर्णय अनिवार्यत: कुछ तथ्यों पर ही आधारित रहते हैं अत: हम यों ही मनमाने ढंग से इन निर्णयों का प्रयोग नहीं कर सकते। यह समझना कठिन नहीं है कि हमारे इस निष्कर्ष में परामर्शवाद तथा नव्य प्रकृतिवाद इन दोनों विरोधी सिद्धांतों की कुछ मूल विशेषताओं का समुचित समावेश है।

अध्याय 11

उपसंहार

पिछले अध्यायों में हमने अधि-नीतिशास्त्र के स्वरूप, क्षेत्र, उदय तथा विकास, उसकी मूल समस्याओं और इन समस्याओं के समाधान के लिए विभिन्न दार्शनिकों द्वारा प्रस्तुत प्रमुख अधि-नैतिक सिद्धांतों पर विस्तारपूर्वक विचार किया है। हम देख चुके हैं कि अधि-नीतिशास्त्र नैतिक दर्शन की नवीनतम विधा है जिसका उदय तथा विकास वर्तमान शताब्दी में हुआ है और जिसका मुख्य उद्देश्य नैतिक शब्दों एवं निर्णयों के अर्थ तथा स्वरूप का तार्किक विश्लेषण करना और नैतिक निर्णयों के लिए प्रस्तुत किये जाने वाले तर्कों के स्वरूप एवं उनकी विशेष विधियों का स्पष्टीकरण करना है। इस दृष्टि से अधि-नीतिशास्त्र मानकीय नीतिशास्त्र से भिन्न है जो हमें बताता है कि मनुष्य के लिए परम शुभ और उसके जीवन का अन्तिम ध्येय क्या है, उसके कौन-से कर्म उचित या अनुचित हैं तथा उनके मूल्यांकन का तर्कसंगत आधार क्या है, उसे अपने व्यावहारिक जीवन में किन कर्तव्यों का पालन करना चाहिए और उसके इन कर्तव्यों का निर्धारण किन सिद्धांतों द्वारा किया जा सकता है। मानकीय नीतिशास्त्र के इन मूल प्रश्नों पर प्राचीन काल से अनेक महान दार्शनिक गम्भीरतापूर्वक विचार करते रहे हैं। वस्तुतः वर्तमान शताब्दी से पूर्व नैतिक दर्शन के विकास का सम्पूर्ण इतिहास मानकीय नीतिशास्त्र की उपर्युक्त मूल समस्याओं के दार्शनिक विवेचन का सतत प्रयास है।

परन्तु, जहां तक मुझे ज्ञात है, बीसवीं शताब्दी से पूर्व नैतिक भाषा एवं तर्कना के अर्थ, स्वरूप तथा उद्देश्य के विश्लेषण और स्पष्टीकरण का कोई सुव्यवस्थित प्रयास नहीं किया गया। वर्तमान शताब्दी के प्रथम दशक में जी०ई० मूर ने सर्वप्रथम इस दिशा में प्रयास आरम्भ किया जिसके परिणामस्वरूप एक नवीन दार्शनिक विधा के रूप में अधि-नीतिशास्त्र का विकास हुआ। जैसा कि हम प्रथम अध्याय में सविस्तार स्पष्ट कर चुके हैं, यह अधि-नीतिशास्त्र मानकीय नीतिशास्त्र की मूल समस्याओं को भली-भांति समझने तथा उनका समाधान करने में बहुत सहायक सिद्ध हो सकता है, अतः मानकीय नीतिशास्त्र के पूरक के रूप में इसका विशेष महत्त्व है। हम अपने नैतिक निर्णयों में जिन

शब्दों का प्रयोग करते हैं और इन निर्णयों की पुष्टि के लिए जो विशेष तर्क देते हैं उनके अर्थ, स्वरूप तथा उद्देश्य को स्पष्ट करके अधि-नीतिशास्त्र मानकीय नीतिशास्त्र के उपर्युक्त मूल प्रश्नों के समुचित एवं सन्तोषप्रद उत्तर देने में हमारी बहुत सहायता करता है। परन्तु ऐसा करते समय वह स्वयं तटस्थ रहता है—अर्थात् वह किसी विशेष मानकीय नैतिक सिद्धांत का समर्थन या खण्डन नहीं करता। यह तटस्थता अथवा निष्पक्षता अधि-नीतिशास्त्र की मूल विशेषता है जो उसे मानकीय नीतिशास्त्र से पृथक करती है और जिसकी विस्तृत विवेचना हम इस पुस्तक के प्रथम अध्याय में कर चुके हैं। वस्तुतः इस मूल विशेषता और विश्लेषणात्मक विधि के कारण ही अधि-नीतिशास्त्र का नैतिक दर्शन की सुव्यवस्थित विधा के रूप में आविर्भाव एवं विकास हुआ है।

अधि-नीतिशास्त्र की मूल समस्याओं का उल्लेख करते हुए हम प्रथम अध्याय में बता चुके हैं कि इन समस्याओं का संबंध नैतिक निर्णयों के अर्थ, स्वरूप तथा प्रमाणीकरण से है। अधि-नीतिशास्त्र हमें बताता है कि हमारे नैतिक निर्णयों का ठीक-ठीक अर्थ तथा स्वरूप क्या है और इन निर्णयों के प्रमाणीकरण के लिए हम किस प्रकार के तर्क प्रस्तुत कर सकते हैं। पिछले अध्यायों में हम यह देख चुके हैं कि वस्तुतः इन्हीं प्रश्नों का उत्तर देने के लिए विभिन्न दार्शनिकों ने भिन्न-भिन्न प्रकार के अधि-नैतिक सिद्धांतों का प्रतिपादन किया है। प्रकृतिवाद, निर्प्रकृतिवाद, धर्मशास्त्रीय और तत्वमीमांसीय सिद्धांत, संवेगवाद, परामर्शवाद, उचित तर्क संबंधी सिद्धांत तथा नव्य प्रकृतिवाद—ये सभी अधि-नैतिक सिद्धांत अपने-अपने ढंग से अधि-नीतिशास्त्र की उपर्युक्त मूल समस्याओं का समाधान करने का प्रयास करते हैं। इन सिद्धांतों के गुण दोषों का विस्तृत विवेचन करते हुए हम पिछले अध्यायों में यह स्पष्ट कर चुके हैं कि इनमें आंशिक सत्य अवश्य विद्यमान है, किन्तु कोई भी सिद्धांत नैतिक निर्णयों के अर्थ, स्वरूप तथा प्रमाणीकरण की सर्वमान्य और पूर्णतः संतोषप्रद व्याख्या नहीं कर पाता। इसका कारण यह है कि प्रत्येक सिद्धांत नैतिक निर्णयों के किसी एक पक्ष या तत्त्व को ही महत्त्व देता है और उनके अन्य सभी या अधिकतर पक्षों अथवा तत्त्वों की उपेक्षा करता है। इस तथ्य को ध्यान में रखते हुए हम यह कह सकते हैं कि अभी तक प्रतिपादित किसी भी अधि-नैतिक सिद्धांत को सभी दृष्टियों से दोष रहित और पूर्णतया संतोषप्रद नहीं माना जा सकता। हां, यह अवश्य कहा जा सकता है कि कोई एक सिद्धांत—यथा, परामर्शवाद,—अन्य सिद्धांतों की अपेक्षा कुल मिलाकर अधिक युक्तिसंगत और संतोषजनक है। परन्तु ऐसा कोई सिद्धांत नहीं है जो कठिनाइयों, दोषों अथवा आपत्तियों से मुक्त हो।

हम तीसरे और नौवें अध्याय में देख चुके हैं कि प्रकृतिवाद तथा नव्य प्रकृतिवाद के अनुसार नैतिक निर्णयों के अर्थ, स्वरूप एवं प्रमाणीकरण की व्याख्या कुछ विशेष मनोवैज्ञानिक, समाजशास्त्रीय अथवा जीवशास्त्रीय प्राकृतिक तथ्यों के आधार पर की जा सकती है, अत: इन निर्णयों और तथ्यात्मक या वर्णनात्मक कथनों में वस्तुत: कोई मूल भेद नहीं है। प्रकृतिवाद के समर्थक चाहे व्यक्तिनिष्ठवादी हो या वस्तुनिष्ठवादी, वे अपनी इसी मान्यता के आधार पर नैतिक निर्णयों की परिभाषा अथवा व्याख्या करते हैं, अत: वे इन निर्णयों को वर्णनात्मक कथनों के समान ही तथ्यपरक और संज्ञानात्मक मानते हैं। इन दार्शनिकों के मतानुसार नीतिशास्त्र कोई स्वतन्त्र विधा न होकर मनोविज्ञान, समाजशास्त्र या जीवशास्त्र की एक शाखा मात्र है। तथ्यात्मक कथनों की भांति नैतिक निर्णय भी किसी व्यक्ति या समुदाय की किन्हीं मनोदशाओं अथवा निर्णीत वस्तुओं के कुछ विशेष प्राकृतिक गुणों का वर्णन मात्र करते हैं। इस दृष्टि से नैतिक निर्णय तथ्यपरक संज्ञानात्मक कथनों से मूलत: भिन्न नहीं हैं।

परन्तु, जैसा कि हम तीसरे और नौवें अध्याय में विस्तारपूर्वक स्पष्ट कर चुके हैं, प्रकृतिवाद अपने किसी भी रूप में नैतिक निर्णयों के अर्थ, स्वरूप तथा प्रमाणीकरण की पूर्णतया संतोषप्रद व्याख्या नहीं कर पाता। इस सिद्धांत के सभी रूपों—व्यक्तिनिष्ठवाद, वस्तुनिष्ठवाद तथा नव्य प्रकृतिवाद—के विरुद्ध अनेक गम्भीर आपत्तियां उठाई जा सकती हैं जिनकी विस्तृत विवेचना हम इस पुस्तक में यथास्थान कर चुके हैं। प्रकृतिवाद के उपर्युक्त विभिन्न तीनों रूपों में भिन्न-भिन्न प्रकार के दोष हैं जो इस सिद्धांत को असंतोषप्रद बना देते हैं और जिन पर हम पहले ही विस्तार से विचार कर चुके हैं। यहां प्रकृतिवाद के विरुद्ध उठाई जा सकने वाली पूर्वोल्लिखित सभी आपत्तियों की पुनरावृत्ति न करते हुए इतना कह देना पर्याप्त होगा कि यह सिद्धांत नैतिक निर्णयों को तथ्यात्मक या वर्णनात्मक कथनों के समान मान कर बहुत बड़ी भूल करता है जिसके कारण इसके द्वारा की गई इन निर्णयों की व्याख्या दोषपूर्ण तथा असंतोषप्रद हो जाती है। जैसा कि हम तीसरे अध्याय में देख चुके हैं, यदि इस सिद्धांत को स्वीकार कर लिया जाए तो हम नैतिक निर्णयों के उस विशेष कार्य की व्याख्या नहीं कर सकते जिसे 'मूल्यांकन संबंधी कार्य' कहा जाता है। नैतिक निर्णय किन्हीं तथ्यों का वर्णन मात्र नहीं करते; वे निर्णीत वस्तुओं का मूल्यांकन करते हैं, इन वस्तुओं के विषय में वक्ता की कुछ विशेष अभिवृत्तियों को व्यक्त तथा दूसरों में इन्हीं अभिवृत्तियों को जागृत करते हैं और हमें कोई कर्म करने या न करने का परामर्श देते हैं। परन्तु प्रकृतिवाद नैतिक निर्णयों को केवल तथ्यात्मक कथन

मान कर इन निर्णयों के भावनात्मक, परामर्शात्मक तथा मूल्यांकन संबंधी तत्त्वों की उपेक्षा करता है, अतः इस सिद्धांत को पूर्णतः संतोषप्रद नहीं माना जा सकता।

प्रकृतिवाद की भांति निर्प्रकृतिवाद या अन्तःप्रज्ञावाद भी नैतिक निर्णयों को तथ्यात्मक अथवा संज्ञानात्मक कथन ही मानता है जो किन्हीं विशेष तथ्यों का वर्णन मात्र करते हैं। परन्तु इस सिद्धांत के अनुसार ये निर्णय किन्हीं प्राकृतिक तथ्यों का वर्णन करने के स्थान पर कुछ विशेष निर्प्राकृतिक गुणों अथवा संबंधों का वर्णन करते हैं जो निर्णीत वस्तुओं में पाए जाते हैं। इन निर्प्राकृतिक गुणों या संबंधों का ज्ञान हम इंद्रियजन्य अनुभव अथवा तर्कबुद्धि द्वारा नहीं, अपितु अपनी एक विशेष मानसिक शक्ति 'अन्तःप्रज्ञा' द्वारा ही प्रत्यक्षतः प्राप्त करते हैं। यह अन्तःप्रज्ञा सभी मनुष्यों में विद्यमान रहती है जो उन्हें शुभ-अशुभ, उचित-अनुचित और कर्तव्य-अकर्तव्य का साक्षात ज्ञान प्रदान करती है। यह साक्षात ज्ञान अनुभव और तर्कबुद्धि पर आधारित न होकर स्वतः सिद्ध होता है, अतः यह अनुभवमूलक तथा बौद्धिक ज्ञान से मूलतः भिन्न प्रकार का होता है। निर्प्रकृतिवाद के अनुसार नैतिक निर्णय अनन्य या अद्वितीय होते हैं, क्योंकि प्राकृतिक तथा अन्य किसी प्रकार के निर्नैतिक निर्णयों के आधार पर इन निर्णयों की परिभाषा अथवा व्याख्या नहीं की जा सकती। इस दृष्टि से नीतिशास्त्र का अन्य सभी विज्ञानों से पृथक और स्वन्तत्र अस्तित्व है; वह किसी विशेष विज्ञान की शाखा मात्र नहीं है। नीतिशास्त्र को मनोविज्ञान, समाजशास्त्र, जीवशास्त्र अथवा अन्य किसी विज्ञान की शाखा मात्र मानना प्रकृतिवाद की बहुत बड़ी भूल है जिसके कारण यह सिद्धांत नैतिक निर्णयों की समुचित एवं सन्तोषप्रद व्याख्या नहीं कर पाता। अन्तःप्रज्ञा द्वारा प्रत्यक्षतः ज्ञात कुछ विशेष निर्प्राकृतिक गुणों या संबंधों का वर्णन करना इन निर्णयों की मूल विशेषता है जो इन्हें अन्य सभी प्रकार के निर्णयों से पृथक करती है। इस प्रकार यह स्पष्ट है कि प्रकृतिवाद की भांति संज्ञानात्मक सिद्धांत होते हुए भी निर्प्रकृतिवाद या अन्तःप्रज्ञावाद इस सिद्धांत से भिन्न है।

परन्तु, जैसा कि हम ऊपर देख चुके हैं, निर्प्रकृतिवाद भी प्रकृतिवाद के समान ही नैतिक निर्णयों को केवल तथ्यपरक कथन मानता है, अतः यह भी इन निर्णयों के भावनात्मक, परामर्शात्मक तथा मूल्यांकन संबंधी तत्त्वों को कोई महत्त्व नहीं देता। इस दृष्टि से निर्प्रकृतिवाद के विरुद्ध भी वे सभी आपत्तियां उठाई जा सकती हैं जो प्रकृतिवाद के विरुद्ध उठाई गई हैं। इन आपत्तियों के अतिरिक्त निर्प्रकृतिवाद के विरुद्ध एक अन्य गंभीर आपत्ति यह है कि यह सिद्धांत नैतिक निर्णयों को केवल अंतःप्रज्ञा पर आधारित मान कर उन्हें अंततः

व्यक्तिनिष्ठ निर्णय बना देता है जिन्हें सत्य अथवा मिथ्या प्रमाणित करने के लिए हमारे पास कोई वस्तुनिष्ठ और तर्कसंगत कसौटी या उपाय नहीं है। ऐसी स्थिति में निर्प्रकृतिवाद उस व्यक्तिनिष्ठवाद से मूलतः भिन्न सिद्धांत नहीं रह जाता जिसका निर्प्रकृतिवादी स्वयं दृढ़तापूर्वक खंडन करते हैं। निर्प्रकृतिवाद में एक अन्य गंभीर दोष यह है कि इस सिद्धांत के समर्थक जिन विशेष निर्प्राकृतिक गुणों अथवा संबंधों की कल्पना करते हैं उनके स्वरूप को वे भली-भांति स्पष्ट नहीं कर पाते। वे इस प्रश्न का कोई संतोषप्रद उत्तर नहीं देते कि ये निर्प्राकृतिक गुण या संबंध प्राकृतिक गुणों अथवा संबंधों से किस प्रकार भिन्न हैं। निर्प्रकृतिवाद में विद्यमान उपर्युक्त सभी दोषों तथा इस सिद्धांत के विरुद्ध उठाई जा सकने वाली अन्य अनेक गंभीर आपत्तियों की विस्तृत विवेचना हम चौथे अध्याय में कर चुके हैं, अतः यहां इनकी पुनरावृत्ति न करते हुए इतना कह देना ही पर्याप्त होगा कि प्रकृतिवाद की भांति निर्प्रकृतिवाद भी नैतिक निर्णयों के अर्थ, स्वरूप तथा प्रमाणीकरण की पूर्णतः संतोषप्रद और युक्तिसंगत व्याख्या करने में असमर्थ है।

उपर्युक्त दोनों सिद्धांतों की कठिनाइयों के कारण इन से असंतुष्ट होकर कुछ दार्शनिकों ने नैतिक निर्णयों की व्याख्या के लिए अलौकिक या अतींद्रिय सत्ता संबंधी सिद्धांतों का प्रतिपादन किया है। इन सिद्धांतों में धर्मशास्त्रीय सिद्धांत और तत्त्वमीमांसीय सिद्धांत विशेष रूप से उल्लेखनीय हैं। प्रकृतिवाद तथा निर्प्रकृतिवाद की भांति ये दोनों सिद्धांत भी मूलतः संज्ञानात्मक सिद्धांत हैं, क्योंकि इन सिद्धांतों के समर्थक भी नैतिक निर्णयों को कुछ विशेष तथ्यों का वर्णन करने वाले तथ्यात्मक कथन ही मानते हैं। परंतु उनके मतानुसार ये निर्णय किन्हीं प्राकृतिक तथ्यों अथवा निर्प्राकृतिक गुणों या संबंधों का वर्णन करने के स्थान पर किसी अतींद्रिय सत्ता से संबंधित तथ्यों का वर्णन करते हैं। उदाहरणार्थ हम ईश्वरादेश अथवा आत्मसिद्धि के आधार पर नैतिक निर्णयों की व्याख्या कर सकते हैं। इस दृष्टि से धर्मशास्त्रीय और तत्त्वमीमांसीय ये दोनों संज्ञानात्मक सिद्धांत प्रकृतिवाद तथा निर्प्रकृतिवाद से भिन्न प्रकार के हैं। ये सिद्धांत नैतिक निर्णयों की व्याख्या अनुभव तथा अंतःप्रज्ञा के आधार पर नहीं, अपितु ईश्वर, आत्मा आदि कुछ अतींद्रिय सत्ताओं से संबंधित विशेष अलौकिक तथ्यों के आधार पर ही करते हैं। इन सिद्धांतों के अनुसार नैतिक निर्णयों तथा धार्मिक या तत्त्वमीमांसीय कथनों में कोई मूल भेद नहीं है, अतः हम इन कथनों द्वारा नैतिक निर्णयों की ठीक-ठीक परिभाषा अथवा व्याख्या कर सकते हैं। इस प्रकार यह स्पष्ट है कि इन सिद्धांतों के समर्थक नीतिशास्त्र को पृथक और

स्वतंत्र विज्ञान न मान कर धर्मशास्त्र अथवा तत्त्वमीमांसा की एक शाखा मात्र मानते हैं।

परंतु प्रकृतिवाद तथा निर्प्रकृतिवाद की भांति उपर्युक्त आलौकिक या अतींद्रिय सत्ता संबंधी सिद्धांत भी नैतिक निर्णयों के अर्थ, स्वरूप और प्रमाणीकरण की संतोषजनक व्याख्या नहीं कर पाते। अन्य संज्ञानात्मक सिद्धांतों के समान ये सिद्धांत भी नैतिक निर्णयों को केवल तथ्यात्मक या वर्णनात्मक कथन मान कर इन निर्णयों के उन सभी अनिवार्य मूल तत्त्वों की उपेक्षा करते हैं। जिनका उल्लेख हम ऊपर कर चुके हैं। प्रकृतिवाद तथा निर्प्रकृतिवाद की भांति ये सिद्धांत भी नैतिक निर्णयों के भावनात्मक, परामर्शात्मक और मूल्यांकन संबंधी तत्त्वों को कोई महत्व नहीं देते। इसके अतिरिक्त इन सिद्धांतों के विरुद्ध एक अन्य गंभीर आपत्ति यह है कि इनके समर्थक ईश्वर, आत्मा आदि जिन अलौकिक या अतींद्रिय सत्ताओं से संबंधित तथ्यों के आधार पर नैतिक निर्णयों की व्याख्या करते हैं उनका अस्तित्व अत्यंत संदिग्ध और स्वरूप अत्यधिक विवादास्पद है। हम दार्शनिक दृष्टि से पूर्णतः विश्वसनीय तथा वस्तुनिष्ठ तर्कों द्वारा ईश्वर एवं आत्मा के अस्तित्व को प्रमाणित नहीं कर सकते और न ही हम उनके वास्तविक स्वरूप के विषय में निर्विवाद रूप से निश्चयपूर्वक कुछ कह सकते हैं। ऐसी स्थिति में अलौकिक या अतींद्रिय सत्ता संबंधी सिद्धांतों का मूल आधार ही संदिग्ध और विवादास्पद हो जाता है। फिर यदि हम इस गंभीर आपत्ति पर ध्यान न देते हुए ईश्वर तथा आत्मा के अस्तित्व को स्वीकार कर लें तो भी ये प्रश्न शेष रह जाते हैं कि : (1) हम ईश्वर के आदेश को कैसे जान सकते हैं ? (2) हमें उसके आदेश का पालन क्यों करना चाहिए ? (3) ईश्वरादेश विषयक तथ्यात्मक ज्ञान हमारे नैतिक आचरण को किस प्रकार प्रभावित कर सकता है ? (4) क्या ईश्वर के शुभत्व की नैतिक अवधारणा उसके आदेश के पालन की वांछनीयता का आधार नहीं है ? (5) 'आत्मसिद्धि' या 'आत्मोपलब्धि' का ठीक-ठीक अर्थ क्या है और इसका हमारे आचरण के साथ क्या संबंध है ? जैसाकि हम पांचवें अध्याय में विस्तार से बता चुके हैं, अलौकिक या अतींद्रिय सत्ता संबंधी सिद्धांतों के समर्थक इन प्रश्नों तथा ऐसे ही अन्य अनेक प्रश्नों का कोई संतोषप्रद उत्तर नहीं दे पाते। इस प्रकार हम यह कह सकते हैं कि उपर्युक्त सभी कठिनाइयों के कारण इन संज्ञानात्मक सिद्धांतों को भी नैतिक निर्णयों के अर्थ, स्वरूप और प्रमाणीकरण की व्याख्या के लिए संतोषजनक सिद्धांत नहीं माना जा सकता।

संज्ञानात्मक सिद्धांतों के विषय में ऊपर जो कुछ कहा गया है उससे यह स्पष्ट है कि इन सिद्धांतों द्वारा हम नैतिक निर्णयों की पूर्णतः सतोषप्रद तथा युक्तिसंगत व्याख्या नहीं कर सकते। इसी कारण कुछ दार्शनिकों ने संवेगवाद,

परामर्शवाद आदि असंज्ञानात्मक सिद्धांतों का प्रतिपादन किया है। इन सिद्धांतों के अनुसार नैतिक निर्णय केवल वर्णनात्मक न होकर मुख्यत: संवेगात्मक, आदेशात्मक अथवा परामर्शात्मक होते हैं। ये निर्णय उस अर्थ में सत्य या मिथ्या नहीं होते जिस अर्थ में तथ्यात्मक कथन सत्य अथवा मिथ्या होते हैं। इसी कारण ये निर्णय हमें किसी प्रकार का वस्तुनिष्ठ ज्ञान प्रदान नहीं करते। नैतिक निर्णयों की इन्हीं विशेषताओं को ध्यान में रखते हुए उक्त सिद्धांतों के समर्थक इन निर्णयों को 'असंज्ञानात्मक निर्णय' कहते हैं। उनका मत है कि इन निर्णयों की पुष्टि के लिए हम जो तर्क देते हैं वे तथ्यात्मक कथनों के समर्थन में प्रस्तुत किए जाने वाले तर्कों से भिन्न प्रकार के होते हैं। इन तर्कों का नैतिक निर्णयों के साथ कोई अनिवार्य तार्किक संबंध नहीं होता, अत: हम इन निर्णयों को उस अर्थ में सत्य अथवा मिथ्या प्रमाणित नहीं कर सकते जिस अर्थ में हम तथ्यात्मक कथनों को सत्य या मिथ्या प्रमाणित करते हैं। इस प्रकार नैतिक निर्णयों के अर्थ, स्वरूप तथा प्रमाणीकरण के विषय में असंज्ञानात्मक सिद्धांतों के समर्थकों का मत संज्ञानात्मक सिद्धांतों के समर्थकों के मत से बहुत भिन्न है।

असंज्ञानात्मक सिद्धांतों में संवेगवाद का नाम सर्वप्रथम उल्लेखनीय है जिसे कुछ दार्शनिकों ने वर्तमान शताब्दी के चौथे और पांचवें दशक में प्रकृतिवाद, निर्प्रकृतिवाद आदि संज्ञानात्मक सिद्धांतों के विरुद्ध अपनी प्रतिक्रिया के रूप में प्रस्तुत किया था। इस सिद्धांत के समर्थकों के मतानुसार नैतिक निर्णय केवल वर्णनात्मक न होकर मुख्यत: संवेगात्मक या भावनात्मक होते हैं। ये निर्णय स्वयं वक्ता की अभिवृत्तियों या भावनाओं को अभिव्यक्त करते हैं और अन्य व्यक्तियों में इन अभिवृत्तियों अथवा भावनाओं को जागृत करते हैं। इस दृष्टि से इन निर्णयों का मुख्य अर्थ संवेगात्मक ही होता है, वर्णनात्मक नहीं। मुख्यत: संवेगात्मक होने के कारण नैतिक निर्णय सत्य अथवा मिथ्या नहीं होते और ये हमें किसी प्रकार का तथ्यपरक ज्ञान प्रदान नहीं करते। कुछ संवेगवादियों ने इन निर्णयों की तुलना विस्मयबोधक वाक्यों तथा आदेशों के साथ की है। उनका विचार है कि इन निर्णयों के पक्ष या विपक्ष में हम कोई वस्तुनिष्ठ तर्क प्रस्तुत नहीं कर सकते, क्योंकि ये निर्णय निर्णीत वस्तुओं के विषय में कुछ न कह कर स्वयं निर्णयकर्ता की भावनाओं या अभिवृत्तियों को व्यक्त करते हैं और अन्य व्यक्तियों में इन भावनाओं अथवा अभिवृत्तियों को जागृत करते हैं। इस प्रकार संवेगवादियों के अनुसार मुख्यत: संवेगात्मक तथा असंज्ञानात्मक होने के कारण नैतिक निर्णय तथ्यात्मक या वर्णनात्मक कथनों से मूलत: भिन्न होते हैं।

परंतु प्रकृतिवाद, निर्प्रकृतिवाद आदि सिद्धांतों की भांति संवेगवाद भी पूर्णत: संतोषप्रद सिद्धांत नहीं है। जैसाकि हम छठे अध्याय में देख चुके हैं, इस सिद्धांत

के विरुद्ध भी अनेक गंभीर आपत्तियां उठाई जा सकती हैं। यह सत्य है कि नैतिक निर्णयों का हमारी भावनाओं या अभिवृत्तियों के साथ अनिवार्य संबंध है, किंतु इसका अर्थ यह नहीं है कि ये निर्णय मुख्यतः भावनात्मक अथवा संवेगात्मक होते हैं। वस्तुतः संवेगात्मक वाक्यों के विपरीत नैतिक निर्णय मनुष्यों तथा उनके कर्मों का मूल्यांकन करते हैं, उनका मार्गदर्शन करते हैं अथवा उन्हें कुछ करने या न करने का परामर्श देते हैं। इसके अतिरिक्त इन निर्णयों को निर्वैयक्तिक तर्कों अथवा युक्तियों द्वारा उचित या अनुचित सिद्ध किया जा सकता है। परंतु नैतिक निर्णयों के इन सभी अनिवार्य तत्त्वों की उपेक्षा करते हुए संवेगवादी इन्हें मुख्यतः 'संवेगात्मक अभिव्यक्तियां' मान लेते हैं जो निश्चय ही उचित नहीं है। कुछ संवेगवादियों की यह मान्यता अनुचित और भ्रामक है कि संवेगात्मक वाक्यों की भांति नैतिक निर्णय भी निर्णीत वस्तुओं के विषय में कुछ न कह कर केवल हमारी अभिवृत्तियों या भावनाओं को अभिव्यक्त तथा जागृत करते हैं। संवेगवादियों का यह दावा है कि वे उसी रूप में नैतिक निर्णयों का विश्लेषण करते हैं जिस रूप में सामान्य व्यक्ति इन निर्णयों का अर्थ समझता है और अपने व्यावहारिक जीवन में इनका प्रयोग करता है। परंतु उनका यह दावा उचित और तर्कसंगत नहीं है, क्योंकि कोई भी सामान्य व्यक्ति नैतिक निर्णयों को मुख्यतः संवेगात्मक नहीं मानता। वस्तुतः संवेगात्मकता—अर्थात् संवेगों या भावनाओं को अभिव्यक्त और जागृत करने की क्षमता—नैतिक निर्णयों की कोई ऐसी विशेषता नहीं है जो उन्हें अन्य प्रकार के कथनों से पृथक कर सके। प्रचार तथा विज्ञापनों से संबंधित कथन, राजनैतिक एवं धार्मिक भाषण, स्नेह, करुणा, ईर्ष्या, घृणा, क्रोध आदि हमारे संवेगों को अभिव्यक्त करने वाले कथन निश्चय ही संवेगात्मक होते हैं, किंतु कोई भी सामान्य व्यक्ति इन्हें 'नैतिक निर्णय' नहीं मानता। इस तथ्य से यही प्रमाणित होता है कि संवेगवादियों द्वारा किया गया नैतिक निर्णयों के अर्थ और स्वरूप का विश्लेषण दोषपूर्ण है। इसी प्रकार इन निर्णयों के प्रमाणीकरण के विषय में भी उनका मत उचित तथा युक्तिसंगत नहीं है। आज अधिकतर दार्शनिक इस तथ्य को स्वीकार करते हैं कि नैतिक निर्णयों के समर्थन में हम जो तर्क देते हैं उनका उद्देश्य निर्णीत वस्तुओं के विषय में मनुष्यों की अभिवृत्तियों को परिवर्तित अथवा प्रभावित करना ही नहीं होता जैसाकि संवेगवादी मानते हैं। वास्तव में हम अपने तर्कों द्वारा इन निर्णयों को निष्पक्ष रूप से उचित या अनुचित सिद्ध करने का प्रयास करते हैं, अतः इस दृष्टि से हमारे ये तर्क व्यापक अर्थ में वस्तुनिष्ठ होते हैं। परंतु संवेगवादी नैतिक निर्णयों के प्रमाणीकरण के संबंध में इस महत्वपूर्ण तथ्य की उपेक्षा करते हैं जिसके कारण उनका सिद्धांत बहुत दोषपूर्ण हो जाता है। इस प्रकार संज्ञानात्मक सिद्धांतों की भांति संवेगवाद

भी नैतिक निर्णयों के अर्थ, स्वरूप तथा प्रमाणीकरण की पूर्णतः संतोषप्रद व्याख्या करने में सफल नहीं हो सका।

वस्तुतः संवेगवाद की कठिनाइयों तथा इसके दोषों से बचने के लिए ही कुछ दार्शनिकों ने इसके स्थान पर एक अन्य असंज्ञानात्मक सिद्धांत का प्रतिपादन किया है जिसे 'परामर्शवाद' की संज्ञा दी गई है और जिसका विस्तृत विवेचन हम इस पुस्तक के सातवें अध्याय में कर चुके हैं। इस सिद्धांत के समर्थक नैतिक निर्णयों को भावनात्मक या संवेगात्मक न मानकर मुख्यतः मार्गदर्शक अथवा परामर्शात्मक मानते हैं। उनके मतानुसार नैतिक निर्णयों का मुख्य उद्देश्य संवेगों या भावनाओं को अभिव्यक्त तथा जागृत करना नहीं, अपितु मनुष्य का मार्गदर्शन करना अथवा उसे कोई कर्म करने या न करने का परामर्श देना ही है। इस दृष्टि से ये निर्णय संवेगात्मक वाक्यों से मूलतः भिन्न प्रकार के होते हैं। संवेगात्मक वाक्यों के विपरीत ये निर्णय व्यावहारिक जीवन में तर्कसंगत रूप से हमारा मार्गदर्शन करते हैं—अर्थात् ये हमें बताते हैं कि हमें क्या करना चाहिए और क्या नहीं करना चाहिए। परामर्श देने अथवा मार्गदर्शन करने की यह क्रिया वस्तुतः बौद्धिक क्रिया है, अतः इसे संपन्न करने वाले नैतिक निर्णय भी बौद्धिक या तर्कसंगत होते हैं। इन निर्णयों में परामर्शात्मकता के साथ-साथ सार्वलौकिकता का तत्त्व भी अनिवार्यतः विद्यमान रहता है जो इन्हें निर्वैयक्तिक, निष्पक्ष और तर्कसंगत निर्णय बनाता है। परामर्शात्मकता—तथा सार्वलौकिकता ये दोनों तत्त्व नैतिक निर्णयों को एक ओर तो वर्णनात्मक या तथ्यात्मक कथनों से पृथक करते हैं और दूसरी ओर ये तत्त्व इन निर्णयों को व्यक्तिनिष्ठ कथनों एवं संवेगात्मक वाक्यों से भी अलग करते हैं। अपनी इसी मान्यता के आधार पर परामर्शवादी संज्ञानात्मक सिद्धांतों तथा संवेगवाद का खंडन करते हुए नैतिक निर्णयों को न तो केवल तथ्यात्मक कथन मानते हैं और न केवल संवेगात्मक वाक्य। उनका विचार है कि नैतिक निर्णय इन दोनों से भिन्न, मुख्यतः मार्गदर्शक अथवा परामर्शात्मक कथन होते हैं। संवेगात्मक वाक्यों के विपरीत नैतिक निर्णयों को हम सार्वलौकिकता के नियम पर आधारित निर्वैयक्तिक तथा निष्पक्ष तर्कों द्वारा उचित या अनुचित सिद्ध कर सकते हैं, अतः इन निर्णयों की तुलना हमारी भावनाओं को अभिव्यक्त और जागृत करने वाले संवेगात्मक वाक्यों के साथ नहीं की जा सकती। परामर्शवाद के इस विवेचन से यह स्पष्ट है कि यह सिद्धांत प्रकृतिवाद, निर्प्रकृतिवाद, संवेगवाद आदि सभी सिद्धांतों की कठिनाइयों तथा उनके दोषों से बचने का प्रयास करता है, अतः इसे अपेक्षाकृत अधिक संतोषप्रद सिद्धांत माना जा सकता है।

परंतु अन्य सिद्धांतों की अपेक्षा अधिक संतोषजनक होते हुए भी परामर्शवाद पूर्णतः दोषरहित सिद्धांत नहीं है। जैसा कि हम सातवें अध्याय में देख चुके हैं, इस सिद्धांत की भी कुछ कठिनाइयां हैं जो इसे पूर्णतया संतोषप्रद सिद्धांत मानने में बाधक सिद्ध होती हैं। परामर्शवाद—विशेषतः हेयर के मत—के विरुद्ध मुख्य आपत्ति यह है कि यह सिद्धांत नैतिक भाषा के क्षेत्र और उद्देश्य को बहुत सीमित कर देता है। सभी परिस्थितियों तथा प्रसंगों में नैतिक निर्णयों का उद्देश्य केवल परामर्श देना अथवा मार्गदर्शन करना नहीं होता जैसा कि परामर्शवाद के प्रणेता हेयर मानते हैं। जिन नैतिक निर्णयों में हम 'उचित', 'अनुचित', 'कर्तव्य', 'चाहिए' आदि शब्दों का प्रयोग करते हैं वे अवश्य ही स्वयं हमारा अपना अथवा अन्य व्यक्तियों का मार्गदर्शन करते हैं, अतः ऐसे निर्णयों को निश्चय ही 'परामर्शात्मक निर्णय' कहा जा सकता है। परंतु नैतिक भाषा को केवल मार्गदर्शन या परामर्श की क्रिया तक सीमित मान कर उसके अर्थ और उद्देश्य की व्याख्या करना उचित नहीं है, क्योंकि यह भाषा कहीं अधिक व्यापक तथा विविधार्थक होती है। हम विभिन्न परिस्थितियों तथा प्रसंगों में नैतिक भाषा का प्रयोग भिन्न-भिन्न प्रकार के कार्यों के लिए करते हैं। सातवें अध्याय में हम देख चुके हैं कि परामर्शवाद का समर्थन करते हुए भी नॉवलस्मिथ ने नैतिक भाषा की व्यापकता और और विविधार्थकता से संबंधित इस तथ्य को स्पष्टतः स्वीकार किया है। इस दृष्टि से नैतिक भाषा के अर्थ और उद्देश्य के विषय में उनका मत हेयर के मत की अपेक्षा अधिक संतोषप्रद प्रतीत होता है। वस्तुतः अनेक प्रसंगों में हमारे नैतिक निर्णय किसी व्यक्ति का मार्गदर्शन न करके निर्णीत वस्तुओं का केवल मूल्यांकन करते हैं—अर्थात् उनके मूल्य के विषय में हमारे मत को अभिव्यक्त करते हैं। जब हम यह कहते हैं कि "अमुक व्यक्ति अच्छा मनुष्य है" तो हमारा उद्देश्य उस व्यक्ति की प्रशंसा करना ही होता है; हमारे इस नैतिक निर्णय में परामर्श या मार्गदर्शन के तत्त्व का होना अनिवार्य नहीं है। परंतु हेयर इस महत्वपूर्ण तथ्य की ओर समुचित ध्यान न देते हुए नैतिक भाषा की इस व्यापकता और विविधार्थकता की उपेक्षा करते हैं। इसी कारण कुछ दार्शनिकों ने उनके सिद्धांत की आलोचना करते हुए उसे एकांगी माना है। इसके अतिरिक्त हेयर के सिद्धांत के विरुद्ध यह आपत्ति भी उठाई जा सकती है कि उनके सार्वलौकिकता के नियम के आधार पर हम किसी भी नैतिक निर्णय को तार्किक दृष्टि से उचित सिद्ध कर सकते हैं—फिर चाहे वह निर्णय नैतिक दृष्टि से कितना ही अवांछनीय तथा आपत्तिजनक क्यों न हो। इसका कारण यह है कि सार्वलौकिकता के नियम के अनुसार ऐसा प्रत्येक निर्णय उचित और तर्कसंगत है जिसमें कोई तार्किक असंगति विद्यमान नहीं है—अर्थात् जिसे मनुष्य समान परिस्थितियों में सभी

समान व्यक्तियों पर—जिनमें वह स्वयं भी सम्मिलित है—लागू करने के लिए उद्यत है। स्पष्ट है कि सार्वलौकिकता के नियम को नैतिक दृष्टि से निर्णयों की वांछनीयता की परीक्षा करने के लिए एकमात्र और पूर्णतः संतोषप्रद आधार नहीं माना जा सकता। सातवें अध्याय में हम देख चुके हैं कि इस आधार पर भी वारनॉक ने हेयर के सिद्धांत की आलोचना की है। इस प्रकार परामर्शवाद के विरुद्ध उपर्युक्त आपत्तियों को ध्यान में रखते हुए यही कहा जा सकता है कि यह सिद्धांत भी सभी दृष्टियों से दोष रहित और पूर्णतः संतोषप्रद सिद्धांत नहीं है।

यहां यह उल्लेखनीय है कि उपर्युक्त सभी संज्ञानात्मक तथा असंज्ञानात्मक अधि-नैतिक सिद्धांत नैतिक निर्णयों के प्रमाणीकरण की उपेक्षा न करते हुए भी इन निर्णयों और नैतिक शब्दों के अर्थ को विशेष महत्व देते हैं। हम पिछले अध्यायों में देख चुके हैं कि इन सभी सिद्धांतों के समर्थकों ने 'शुभ', 'उचित', 'कर्तव्य', 'चाहिए' आदि नैतिक शब्दों के अर्थ पर विस्तारपूर्वक विचार किया है। परंतु इस दृष्टिकोण को स्वीकार न करते हुए एस० ई० टूलमिन, कर्ट बेयर आदि कुछ समकालीन दार्शनिक नैतिक निर्णयों के अर्थ और स्वरूप की अपेक्षा इन निर्णयों के प्रमाणीकरण को अधिक महत्वपूर्ण मानते हैं। इन दार्शनिकों के मतानुसार नैतिक निर्णयों के संबंध में हमारे समक्ष सर्वाधिक महत्वपूर्ण समस्या यह है कि इन निर्णयों के समर्थन में किस प्रकार के तर्क दिए जा सकते हैं और इन तर्कों का स्वरूप तथा उद्देश्य क्या है। जैसा कि हम आठवें अध्याय में बता चुके हैं, टूलमिन ने अपने 'उचित तर्क संबंधी सिद्धांत' में नैतिक तर्कना की इसी समस्या के विभिन्न पक्षों की विस्तृत विवेचना की है। उनका मत है कि नैतिक निर्णयों की पुष्टि के लिए प्रस्तुत किए जाने वाले 'उचित तर्कों' की खोज करना, इन तर्कों के स्वरूप को निर्धारित करना और इनकी प्रामाणिकता की परीक्षा करने के लिए समुचित विधियों का पता लगाना अधि-नीतिशास्त्र का प्रमुख कार्य है। नैतिक तर्कना की इस मूल समस्या के संतोषप्रद समाधान के अभाव में हम नैतिक निर्णयों के अर्थ और स्वरूप की ठीक-ठीक व्याख्या नहीं कर सकते। अपनी इसी मान्यता के कारण टूलमिन ने उक्त समस्या को अधि-नीतिशास्त्र की सर्वाधिक महत्वपूर्ण समस्या माना है और इसी मान्यता के आधार पर उन्होंने नैतिक निर्णयों के अर्थ, स्वरूप तथा उद्देश्यों की व्याख्या करने का प्रयास किया है। उनका विचार है कि नैतिक निर्णयों का उद्देश्य किसी व्यक्ति या समुदाय की मनोदशाओं, किन्हीं प्राकृतिक तथ्यों अथवा निर्प्राकृतिक गुणों या संबंधों का वर्णन करना तथा मनुष्यों की भावनाओं को अभिव्यक्त एवं जागृत करना नहीं, अपितु किसी समुदाय के सदस्यों के हितों, उनकी आवश्यकताओं तथा इच्छाओं में यथासंभव अधिकतम सामंजस्य स्थापित करना ही है। इसी उद्देश्य के आधार पर नैतिक निर्णयों

अथवा नियमों को उचित या अनुचित सिद्ध किया जा सकता है। इस प्रकार टूलमिन के मतानुसार नैतिक तर्कना की समस्या का अधि-नीतिशास्त्र के लिए विशेष महत्व है।

जैसा कि हम आठवें अध्याय में देख चुके हैं, टूलमिन का यह उचित तर्क संबंधी सिद्धांत अंशतः अवश्य ही सत्य है। नैतिक निर्णयों के प्रमाणीकरण के लिए टूलमिन ने उचित तर्कों की जो आवश्यकता बताई है और उन्हें जो विशेष महत्व दिया है उसकी उपेक्षा नही की जा सकती। हम पिछले अध्यायों में सविस्तार यह स्पष्ट कर चुके हैं कि नैतिक निर्णयों के समर्थन में दिए जाने वाले उचित तथा वस्तुनिष्ठ तर्क ही इन निर्णयों को व्यक्तिनिष्ठ कथनों और संवेगात्मक अभिव्यक्तियों से पृथक करते हैं। जिन कथनों के लिए हम कोई तर्क नहीं दे सकते अथवा नहीं देना चाहते उन्हें 'नैतिक निर्णय' नहीं कहा जा सकता। टूलमिन ने अपने उचित तर्क संबंधी सिद्धांत द्वारा नैतिक निर्णयों के संबंध में इस महत्वपूर्ण तथ्य की ओर हमारा ध्यान आकृष्ट किया है। परंतु उनका यह सिद्धांत अंशतः सत्य होते हुए भी कठिनाइयों तथा दोषों से मुक्त नहीं है। इस सिद्धांत के विरुद्ध प्रमुख आपत्ति यह है कि इसके प्रणेता टूलमिन नैतिक निर्णयों के अर्थ और स्वरूप से संबंधित अधि-नीतिशास्त्र की सभी मूल समस्याओं को समुचित तथा पर्याप्त महत्व नहीं देते। वे इन निर्णयों के अर्थ की व्याख्या भी इनके समर्थन में दिए जाने वाले तर्कों के आधार पर ही करते हैं जो निश्चय ही उचित और युक्तिसंगत नहीं है। किसी नैतिक निर्णय के अर्थ को भली-भांति समझे बिना हम उसके पक्ष या विपक्ष में तर्क नहीं दे सकते, अतः नैतिक निर्णयों के लिए प्रस्तुत किए जाने वाले तर्कों के स्वरूप तथा उद्देश्य को निश्चित करने से पूर्व इन निर्णयों के अर्थ पर विचार करना अनिवार्य है। वस्तुतः यही कारण है कि नैतिक निर्णयों के प्रमाणीकरण के साथ-साथ इनके अर्थ की समस्या को भी अधि-नीतिशास्त्र की मूल समस्या माना जाता है। परन्तु इस महत्वपूर्ण तथ्य की उपेक्षा करते हुए टूलमिन अपने सिद्धांत को नैतिक निर्णयों के प्रमाणीकरण की समस्या तक ही सीमित कर देते हैं। वे नैतिक निर्णयों के अर्थ और इन निर्णयों के संबंध में सहमति तथा असहमति की व्याख्या भी उन तर्कों के आधार पर करते हैं जो इनके पक्ष या विपक्ष में दिए जाते हैं। यह समझना कठिन नहीं है कि इस संकुचित दृष्टिकोण के कारण टूलमिन का उचित तर्क संबंधी सिद्धांत दोषपूर्ण तथा एकांगी हो गया है। यह सिद्धांत नैतिक निर्णयों की संपूर्ण रूप से व्याख्या न करके केवल उनके एक पक्ष—प्रमाणीकरण—की ही व्याख्या करता है और इस पक्ष को आवश्यकता से कहीं अधिक महत्व देता है। ऐसी स्थिति में इसे निश्चय ही पूर्णतः संतोषप्रद सिद्धांत नहीं माना जा सकता। इसके अतिरिक्त टूलमिन ने मनुष्य के

विशेष कर्मों तथा सामाजिक नियमों अथवा प्रथाओं के औचित्य की परीक्षा करने के लिए जो कसौटियां प्रस्तुत की हैं वे भी सीमित और एकांगी हैं। इन कसौटियों की सीमाओं तथा कठिनाइयों की विस्तृत विवेचना हम आठवें अध्याय में कर चुके हैं, अतः यहां उनकी पुनरावृत्ति अनावश्यक है। इस प्रकार टूलमिन के उचित तर्क संबंधी सिद्धांत की अनेक कठिनाइयों तथा सीमाओं को ध्यान में रखते हुए हम यही निष्कर्ष निकाल सकते हैं कि अन्य अधि-नैतिक सिद्धांतों की भांति यह सिद्धांत भी नैतिक निर्णयों के अर्थ, स्वरूप और प्रमाणीकरण की पूर्णतः संतोषप्रद तथा युक्तिसंगत व्याख्या करने में असमर्थ है।

ऊपर जिन संज्ञानात्मक तथा असंज्ञानात्मक अधि-नैतिक सिद्धांतों की संक्षिप्त समीक्षा प्रस्तुत की गई है उनके समर्थकों में नैतिक निर्णयों और तथ्यात्मक कथनों के पारस्परिक संबंध के विषय में तीव्र मतभेद है। इन सिद्धांतों के समर्थकों के समक्ष एक मूल प्रश्न यह रहा है कि नैतिक निर्णय तथ्यात्मक कथनों के समान किन्हीं तथ्यों का वर्णन मात्र करते हैं अथवा ये निर्णय तथ्यात्मक कथनों से मूलतः भिन्न प्रकार के होते हैं। समकालीन नैतिक दर्शन में यह प्रश्न बहुत विवादास्पद रहा है और आज भी इसका कोई स्पष्ट, निश्चित तथा सर्वमान्य उत्तर देना संभव नहीं है। जैसा कि हम पिछले दो अध्यायों में देख चुके हैं, समकालीन दार्शनिकों ने इस प्रश्न का उत्तर दो पूर्णतः भिन्न अथवा परस्पर विरोधी दृष्टि-कोणों के आधार पर दिया है। प्रकृतिवादियों तथा नव्य प्रकृतिवादियों का विचार है कि नैतिक निर्णयों को तथ्यात्मक निर्णयों से प्राप्त या निगमित किया जा सकता है, क्योंकि इन दोनों प्रकार के निर्णयों में कोई आधारभूत अंतर नहीं है। हम कुछ विशेष तथ्यात्मक कथनों के आधार पर नैतिक निर्णयों की ठीक-ठीक व्याख्या कर सकते हैं। इससे यह स्पष्ट है कि इन दोनों में वस्तुतः अनिवार्य तार्किक संबंध है। यह कहना अनुचित तथा भ्रामक है कि नैतिक निर्णयों और तथ्यात्मक कथनों में अलंघ्य दूरी अथवा अनिवार्य अंतराल है जिसके कारण हम इन निर्णयों को तथ्यात्मक कथनों से कभी भी प्राप्त या निगमित नहीं कर सकते। इस प्रकार प्रकृतिवादी तथा नव्य प्रकृतिवादी नैतिक निर्णयों और तथ्यात्मक कथनों में निगमनात्मक संबंध स्वीकार करते हैं। इन दार्शनिकों ने अपनी इसी मान्यता के आधार पर नैतिक निर्णयों और तथ्यात्मक कथनों के पारस्परिक संबध की व्याख्या की है जिस पर हम तीसरे, नौवें तथा दसवें अध्याय में विस्तारपूर्वक विचार कर चुके हैं।

परन्तु संवेगवादी तथा परामर्शवादी नैतिक निर्णयों और तथ्यात्मक कथनों के सम्बन्ध की उपर्युक्त व्याख्या को स्वीकार नहीं करते। इन दार्शनिकों का मत है कि नैतिक निर्णय तथ्यात्मक कथनों से मूलतः भिन्न प्रकार के होते हैं,

क्योंकि इन दोनों का कार्य अथवा उद्देश्य एक-दूसरे से बहुत भिन्न है। तथ्यात्मक कथन किन्हीं वस्तुओं तथा स्थितियों से सम्बन्धित तथ्यों का वर्णन मात्र करते हैं जिनके प्रति हम तटस्थ या उदासीन रहते हैं—अर्थात् जिनकी हम प्रशंसा अथवा निंदा नहीं करते। इसके विपरीत नैतिक निर्णयों का मुख्य उद्देश्य निर्णीत वस्तुओं से संबंधित किन्हीं तथ्यों का वर्णन मात्र न होकर मानवीय भावनाओं या अभिवृत्तियों को व्यक्त और जागृत करना, निर्णीत वस्तुओं का मूल्यांकन करना अथवा किसी को कोई कर्म करने या न करने का परामर्श देना ही होता है। नैतिक निर्णयों के इस भावनात्मक, मूल्यात्मक अथवा परामर्शात्मक तत्त्व के कारण हम इन निर्णयों को तथ्यात्मक कथनों से कभी भी निगमित नहीं कर सकते। वस्तुतः इन दोनों में ऐसी खाई अथवा दूरी पाई जाती है जिसे समाप्त करना असम्भव है। इसी कारण हम तथ्यात्मक कथनों के आधार पर नैतिक निर्णयों की ठीक-ठीक व्याख्या कभी नहीं कर सकते। इस प्रकार संवेगवादी तथा परामर्शवादी प्रकृतिवादियों और नव्यप्रकृतिवादियों की इस मान्यता को पूर्णतः अस्वीकार करते हैं कि नैतिक निर्णयों को तथ्यात्मक कथनों से निगमित किया जा सकता है। नैतिक निर्णयों और तथ्यात्मक कथनों के संबंध के विषय में इन दार्शनिकों के उपर्युक्त मतभेद के कारण ही समकालीन नैतिक दर्शन में 'है' और 'चाहिए' में अन्तराल से संबंधित समस्या का जन्म हुआ है जिसकी विवेचना हम पिछले अध्याय में कर चुके हैं। हम यह भी सविस्तार स्पष्ट कर चुके हैं कि डेविड ह्यूम के एक महत्वपूर्ण अनुच्छेद की परस्पर विरोधी व्याख्याओं के फलस्वरूप यह समस्या उत्पन्न हुई है जिसका पूर्णतः संतोषप्रद और सर्वमान्य समाधान अभी तक नहीं खोजा जा सका है। इस समस्या के समुचित समाधान के संबंध में आज भी दार्शनिकों में तीव्र मतभेद है। वस्तुतः इसी मतभेद के कारण समकालीन नैतिक दर्शन में परामर्शवाद तथा नव्य प्रकृतिवाद इन दो विरोधी अधि-नैतिक सिद्धांतों का विकास हुआ है।

हमारे समक्ष मूल प्रश्न यह है कि तथ्यात्मक कथनों और नैतिक निर्णयों में परस्पर क्या संबंध है। इसी प्रश्न को दूसरे शब्दों में इस प्रकार प्रस्तुत किया जा सकता है कि क्या तथ्यात्मक कथन तथा नैतिक निर्णय समानार्थक होते हैं और क्या हम 'चाहिए' को 'है' से निगमित कर सकते हैं। इस संबंध में मेरा अपना विचार यह है कि नैतिक निर्णय निश्चय ही कुछ तथ्यों पर आधारित रहते हैं, अतः हम उन्हें मनमाने ढंग से किन्हीं तथ्यात्मक कथनों के साथ सम्बद्ध नहीं कर सकते। उदाहरणार्थ हम किसी कर्म से संबंधित तथ्यों—अर्थात् उसके वास्तविक या सम्भावित परिणामों तथा उसे करने वाले व्यक्ति की अभिप्रेरणा अथवा अभिप्रेरणाओं—की उपेक्षा करके उस कर्म को अपनी इच्छानुसार 'उचित'

या 'अनुचित' नहीं कह सकते। इसी प्रकार किसी व्यक्ति के आचरण तथा चरित्र से संबंधित तथ्यों की उपेक्षा करते हुए हम उसे यों ही मनमाने ढंग से अच्छा' या 'बुरा' मनुष्य नहीं कह सकते। इन उदाहरणों से यह स्पष्ट है कि हमारे नैतिक निर्णयों का आधार अनिवार्यत: कुछ विशेष तथ्य होते हैं, अत: इन निर्णयों और तथ्यात्मक कथनों में निश्चय ही बहुत घनिष्ठ सम्बन्ध है।

परन्तु इसका अर्थ यह नहीं है कि तथ्यात्मक कथनों तथा नैतिक निर्णयों में वैसा ही निगमनात्मक संबंध होता है जैसा तर्कशास्त्र अथवा गणित के वाक्यों में पाया जाता है। किसी नैतिक निर्णय का कुछ तथ्यों पर आधारित होना इस बात को प्रमाणित नहीं करता कि तार्किक दृष्टि से उस निर्णय को तथ्यात्मक कथनों से निगमित किया जा सकता है। हम पिछले अध्यायों में यथास्थान विस्तारपूर्वक यह बता चुके हैं कि नैतिक निर्णयों के विशेष स्वरूप एवं उद्देश्य तथा उनमें पाए जाने वाले मूल्यात्मक अथवा परामर्शात्मक तत्त्व के कारण इन निर्णयों और तथ्यात्मक कथनों में निगमनात्मक संबंध स्वीकार करना सम्भव नहीं है। इस दृष्टि से नैतिक निर्णयों और तथ्यात्मक कथनों के संबंध के विषय में परामर्शवादियों की व्याख्या प्रकृतिवादियों तथा नव्य प्रकृतिवादियों की व्याख्या की अपेक्षा अधिक तर्कसंगत प्रतीत होती है। तर्कशास्त्र तथा गणित के सर्वदा सत्य एवं पूर्णत: निश्चित वाक्यों के विपरीत नैतिक निर्णय हमारी भावनाओं या अभिवृत्तियों और देश-काल संबंधी परिस्थितियों से अनिवार्यत: प्रभावित होते हैं, अत: ये निर्णय कभी भी अपवादरहित नहीं हो सकते। नैतिक निर्णयों से संबंधित इन तथ्यों को ध्यान में रखते हुए यही कहा जा सकता है कि इन निर्णयों को किन्हीं तथ्यात्मक कथनों से निगमित करना सम्भव नहीं है। ऐसी स्थिति में जो दार्शनिक नैतिक निर्णयों और तथ्यात्मक कथनों में निगमनात्मक संबंध का दावा करते हैं उनके मत का तर्कसंगत रूप से समर्थन करना बहुत कठिन है। इन दार्शनिकों के सिद्धांत का सबसे बड़ा दोष यह है कि वे नैतिक निर्णयों के विशेष स्वरूप तथा उद्देश्य की उपेक्षा करते हुए इन निर्णयों को कुछ तथ्यों का वर्णन मात्र करने वाले तथ्यात्मक कथनों के समान ही मान लेते हैं। तीसरे अध्याय तथा पिछले दो अध्यायों में हम इस दोष की विस्तृत विवेचना कर चुके हैं, अत: यहां इसकी और अधिक चर्चा करना आवश्यक नहीं है। इस संबंध में यहां इतना कह देना ही पर्याप्त होगा कि यद्यपि नैतिक निर्णय कुछ विशेष तथ्यों पर आधारित होते हैं, फिर भी इन निर्णयों को तथ्यात्मक कथनों से 'निगमित' नहीं किया जा सकता।

उपर्युक्त अधि-नैतिक सिद्धांतों का संक्षिप्त मूल्यांकन करते हुए इस अध्याय में अभी तक जो कुछ कहा गया है उससे यह स्पष्ट है कि नैतिक निर्णय न तो

केवल वर्णनात्मक होते हैं और न केवल संवेगात्मक अथवा परामर्शात्मक। हम देख चुके हैं कि ये निर्णय किन्हीं तथ्यों का वर्णन मात्र नहीं करते और न ही ये केवल भावनाओं अथवा संवेगों को अभिव्यक्त तथा जागृत करते हैं। इसी प्रकार नैतिक निर्णय सदैव और अनिवार्यत: परामर्शात्मक भी नहीं होते—अर्थात् ये निर्णय सभी परिस्थितियों में किसी व्यक्ति को कोई कर्म करने या न करने का परामर्श नहीं देते। स्पष्टत: इसका अर्थ यह है कि नैतिक निर्णय तथ्यात्मक कथनों संवेगात्मक अभिव्यक्तियों तथा आदेशात्मक या परामर्शात्मक वाक्यों से भिन्न प्रकार के होते हैं। इन्हीं तथ्यों को ध्यान में रखते हुए हम पिछले अध्यायों तथा प्रस्तुत अध्याय में यह स्पष्ट कर चुके हैं कि कोई भी अधि-नैतिक सिद्धांत नैतिक निर्णयों के अर्थ, स्वरूप और प्रमाणीकरण की पूर्णत: संतोषप्रद एवं युक्तिसंगत व्याख्या नहीं कर पाता। हमने जिन अधि-नैतिक सिद्धांतों का विवेचन किया है उनमें से प्रत्येक सिद्धांत नैतिक निर्णयों के किसी एक तत्त्व को आवश्यकता से अधिक महत्त्व देकर उनके अन्य तत्त्वों की उपेक्षा करता है। उदाहरणार्थ प्रकृतिवाद, निर्प्रकृतिवाद आदि संज्ञानात्मक सिद्धांत नैतिक निर्णयों के भावनात्मक, परामर्शात्मक तथा मूल्यात्मक तत्त्वों की उपेक्षा करते हुए इनके वर्णनात्मक तत्त्व को ही महत्त्व देते हैं। इसके विपरीत संवेगवाद नैतिक निर्णयों के वर्णनात्मक तथा मूल्यात्मक तत्त्वों को पर्याप्त एवं समुचित महत्त्व न देकर उनके भावनात्मक और आदेशात्मक तत्त्वों को आवश्यकता से अधिक महत्त्व देता है। इसी प्रकार परामर्शवाद इन निर्णयों के वर्णनात्मक तथा भावनात्मक तत्त्वों को स्वीकार करते हुए भी इनके परामर्शात्मक तत्त्व को आवश्यकता से कहीं अधिक महत्त्व प्रदान करता है। टूलमिन के उचित तर्क संबंधी सिद्धांत का मुख्य दोष यह है कि यह सिद्धांत नैतिक निर्णयों के अर्थ और स्वरूप की उपेक्षा करते हुए उनके प्रमाणीकरण को ही उनकी एकमात्र मूल विशेषता मानता है। वस्तुत: इन्हीं सीमाओं तथा कठिनाइयों के कारण ये सभी अधि-नैतिक सिद्धांत अपूर्ण अथवा एकांगी हो जाते हैं और नैतिक निर्णयों की ठीक-ठीक व्याख्या करने में पूर्णत: सफल नहीं हो पाते।

अभी तक प्रतिपादित अधि-नैतिक सिद्धांतों की उपर्युक्त समीक्षा से एक ऐसे व्यापक अधि-नैतिक सिद्धांत की आवश्यकता स्पष्ट है जो नैतिक निर्णयों के सभी अनिवार्य तथा महत्त्वपूर्ण तत्त्वों अथवा पक्षों की ओर समुचित ध्यान देते हुए इन निर्णयों के अर्थ, स्वरूप और प्रमाणीकरण की संतोषप्रद एवं युक्तिसंगत व्याख्या कर सके। प्रकृतिवाद, निर्प्रकृतिवाद, संवेगवाद, परामर्शवाद आदि सभी अधि-नैतिक सिद्धांतों की अपूर्णता एक ऐसे ही व्यापक एवं संतुलित अधि-नैतिक सिद्धांत की अनिवार्यता तथा उपादेयता की ओर संकेत करती है और ऐसे सिद्धांत का

प्रतिपादन एवं तर्कसंगत समर्थन ही वास्तव में अधि-नीतिशास्त्र का अन्तिम लक्ष्य है जिसकी प्राप्ति के लिए आज भी अनेक समकालीन दार्शनिक निरन्तर प्रयास कर रहे हैं। यहां संक्षेप में इस प्रश्न पर विचार करना आवश्यक है कि ऐसा नवीन संतुलित एवं व्यापक अधि-नैतिक सिद्धांत नैतिक निर्णयों की सन्तोषप्रद व्याख्या किस प्रकार कर सकता है। इस प्रश्न के उत्तर में सम्भवतः यही कहा जा सकता है कि ऐसे सिद्धांत के लिए इन निर्णयों के वर्णनात्मक, भावनात्मक, परामर्शात्मक तथा मूल्यात्मक इन सभी तत्त्वों या पक्षों को समुचित महत्त्व देना आवश्यक है। दूसरे शब्दों में, ऐसे व्यापक अधि-नैतिक सिद्धांत के समर्थक को नैतिक निर्णयों की उन सभी मूल विशेषताओं की ओर समुचित ध्यान देना होगा जो इन निर्णयों को 'नैतिक निर्णय' बनाती हैं और इन्हें अन्य सभी प्रकार के कथनों से पृथक करती हैं। मेरे विचार में नैतिक निर्णयों की ये अनिवार्य मूल विशेषताएँ निम्नलिखित हैं :—

(1) नैतिक निर्णयों का मुख्य उद्देश्य निर्णीत वस्तुओं का निष्पक्ष एवं वस्तुनिष्ठ मूल्यांकन करना ही होता है और यह मूल्यांकन इन वस्तुओं से संबंधित कुछ विशेष तथ्यों पर अनिवार्यतः आधारित रहता है। इसका अर्थ यह है कि इन तथ्यों की उपेक्षा करके हम निर्णीत वस्तुओं का समुचित मूल्यांकन कभी नहीं कर सकते। उदाहरणार्थ जब हम यह कहते हैं कि "अमुक व्यक्ति एक अच्छा मनुष्य है" तो हम उसके कुछ विशेष गुणों—स्नेह, सहानुभूति, सेवा, परोपकार, उदारता, ईमानदारी, कर्तव्यनिष्ठा आदि—के आधार पर ही उसका यह मूल्यांकन करते हैं। इसी प्रकार जब हम यह कहते हैं कि "अमुक कर्म उचित है" तो हम उस कर्म से संबंधित तथ्यों—अर्थात् उसके वास्तविक तथा संभावित परिणामों, उसे करने वाले मनुष्य की अभिप्रेरणाओं और उसकी परिस्थितियों—को ध्यान में रखते हुए उसका मूल्यांकन करते हैं। इस प्रकार यह स्पष्ट है कि नैतिक निर्णयों के लिए निर्णीत वस्तुओं से संबंधित तथ्यों का बहुत महत्त्व है। वस्तुतः इन्हीं तथ्यों में नैतिक निर्णयों का वर्णनात्मक अर्थ निहित रहता है जो इन निर्णयों को संवेगात्मक अभिव्यक्तियों तथा आदेशात्मक वाक्यों से पृथक् करता है और इन्हें वस्तुनिष्ठ एवं सार्वलौकिक निर्णय बनाता है। इसके अतिरिक्त नैतिक निर्णयों की इसी विशेषता के कारण हम उनके समर्थन में निष्पक्ष और वस्तुनिष्ठ तर्क दे सकते हैं। ये तर्क हमारी अपनी भावनाओं तथा इच्छाओं पर आधारित न होकर निर्णीत वस्तुओं से संबंधित तथ्यों पर ही आधारित रहते हैं, अतः इनके द्वारा हम नैतिक निर्णयों को वस्तुनिष्ठ रूप से उचित या अनुचित सिद्ध कर सकते हैं। संक्षेप में नैतिक निर्णयों की उपर्युक्त विशेषता उन्हें वर्णनात्मक अर्थ प्रदान करके ऐसे वस्तुनिष्ठ एवं तर्कसंगत निर्णय बनाती है जो व्यक्तिनिष्ठ

कथनों, संवेगात्मक अभिव्यक्तियों और आदेशों अथवा आज्ञाओं से भिन्न प्रकार के होते हैं।

(2) इस विशेषता के अतिरिक्त नैतिक निर्णयों की दूसरी महत्त्वपूर्ण विशेषता यह है कि ये निर्णय अनिवार्यतः सार्वलौकिक होते हैं। जैसा कि हम सातवें अध्याय में विस्तार से स्पष्ट कर चुके हैं, प्रत्येक नैतिक निर्णय का सार्वलौकिकता के नियम पर आधारित होना अनिवार्य है। इसका अर्थ यह है कि नैतिक निर्णय देने वाला व्यक्ति समान परिस्थितियों में सभी समान व्यक्तियों पर इस निर्णय को लागू करने के लिए तार्किक दृष्टि से अपने आपको प्रतिबद्ध करता है। यदि वह इस तार्किक प्रतिबद्धता को स्वीकार नहीं करता तो निश्चय ही उसके निर्णय को 'नैतिक निर्णय' नहीं कहा जा सकता। इसका कारण यह है कि सार्वलौकिकता के अभाव में उसका यह निर्णय केवल व्यक्तिनिष्ठ कथन हो जाता है जो उसकी अपनी मनोदशा का वर्णन मात्र करता है। इस प्रकार नैतिक निर्णयों की यह सार्वलौकिकता भी उन्हें निर्वैयक्तिक, निष्पक्ष तथा वस्तुनिष्ठ निर्णय बनाती है और उन्हें व्यक्तिनिष्ठ कथनों एवं संवेगात्मक वाक्यों से पृथक् करती है। वस्तुतः अपने नैतिक निर्णयों द्वारा हम निर्णीत वस्तुओं का जो निष्पक्ष तथा वस्तुनिष्ठ मूल्यांकन करते हैं वह इन निर्णयों के लिए सार्वलौकिकता के उक्त नियम को स्वीकार किए बिना संभव नहीं है। इसके अतिरिक्त सार्वलौकिकता के नियम द्वारा हम इन निर्णयों को उचित और युक्तिसंगत सिद्ध कर सकते हैं। हम सातवें अध्याय में देख चुके हैं कि हेयर तथा नॉवलस्मिथ के मतानुसार इस सार्वलौकिकता के नियम के आधार पर ही हमारे लिए नैतिक निर्णयों के समर्थन में निष्पक्ष तर्क प्रस्तुत करना संभव है। स्पष्ट है कि इन निर्णयों के अर्थ के साथ-साथ इनके प्रमाणीकरण के लिए भी सार्वलौकिकता के नियम का विशेष महत्त्व है। इस प्रकार नैतिक निर्णयों की सार्वलौकिकता उन्हें वस्तुनिष्ठ प्रामाणिकता प्रदान करती है जिसके कारण ये निर्णय व्यक्तिनिष्ठ कथनों और संवेगात्मक वाक्यों से भिन्न माने जाते हैं, अतः परामर्शवादियों ने इन निर्णयों की व्याख्या के लिए इस सार्वलौकिकता को जो विशेष महत्त्व दिया है वह उचित एवं युक्तिसंगत है।

(3) नैतिक निर्णयों की तीसरी प्रमुख विशेषता यह है कि इन निर्णयों का मनुष्य की भावनाओं या अभिवृत्तियों से अनिवार्य संबंध है। जब कोई व्यक्ति नैतिक निर्णय देता है तो उसके इस निर्णय में निर्णीत वस्तु के प्रति उसकी अपनी कोई अभिवृत्ति अथवा भावना अवश्य व्यक्त होती है। इसी कारण वह निर्णीत वस्तु के प्रति उदासीन या तटस्थ नहीं रह पाता। इस वस्तु का नैतिक दृष्टि से मूल्यांकन करते हुए वह अनिवार्यतः इसकी प्रशंसा अथवा निंदा करता है। नैतिक

निर्णयों की यह विशेषता उन्हें तथ्यात्मक कथनों तथा गणित और तर्कशास्त्र के वाक्यों से पृथक् करती है जो भावनात्मक दृष्टि से तटस्थ होते हैं। हम छठे अध्याय में देख चुके हैं कि संवेगवादियों ने नैतिक निर्णयों की इस विशेषता को सर्वाधिक महत्त्व दिया है और इसी के आधार पर इन निर्णयों को सभी प्रकार के वर्णनात्मक कथनों से मूलतः भिन्न माना है। परंतु उन्होंने इस महत्त्वपूर्ण तथ्य की उपेक्षा की है कि नैतिक निर्णयों में मनुष्य की जो अभिवृत्तियां व्यक्त होती हैं वे व्यक्तिनिष्ठ न होकर निष्पक्ष तथा वस्तुपरक होती हैं। इसका कारण यह है कि व्यक्तिनिष्ठ मनोदशाओं के विपरीत ये अभिवृत्तियां अनिवार्यतः निर्वैयक्तिक, सार्वलौकिक तथा वस्तुनिष्ठ तर्कों पर ही आधारित रहती हैं। नैतिक निर्णयों में अभिव्यक्त मनुष्य की इन अभिवृत्तियों के लिए हम उससे निष्पक्ष तथा वस्तुनिष्ठ तर्कों की मांग कर सकते हैं जिनके अभाव में उसके किसी निर्णय को 'नैतिक निर्णय' मानना संभव नहीं है। वस्तुतः इन अभिवृत्तियों की यह निष्पक्षता ही नैतिक निर्णयों को व्यक्तिनिष्ठ कथनों तथा संवेगात्मक वाक्यों से पृथक् करती है। हम किसी व्यक्तिनिष्ठ कथन अथवा संवेगात्मक वाक्य को 'नैतिक निर्णय' नहीं कहते, क्योंकि उसमें अभिव्यक्त मानवीय भावना या मनोदशा व्यक्तिनिष्ठ ही होती है। इस प्रकार यद्यपि नैतिक निर्णयों की उपर्युक्त विशेषता का संबंध मनुष्य की भावनाओं या अभिवृत्तियों से है, फिर भी यह इन निर्णयों को संवेगात्मक वाक्य अथवा व्यक्तिनिष्ठ कथन नहीं बनाती। यहां यह भी उल्लेखनीय है कि नैतिक निर्णयों की यही विशेषता उन्हें अनिवार्यतः मनुष्य के आचरण से संबद्ध करती है। हम पिछले अध्यायों में देख चुके हैं कि गणित और तर्कशास्त्र के वाक्यों के विपरीत नैतिक निर्णय मनुष्य के आचरण के साथ किसी-न-किसी रूप में अवश्य संबद्ध रहते हैं। हम ऐसे किसी कथन को 'नैतिक निर्णय' की संज्ञा नहीं दे सकते जिसका मानवीय आचरण से कोई संबंध नहीं है और जो उसे किसी भी रूप में प्रभावित नहीं करता। वास्तव में यही नैतिक निर्णयों का व्यावहारिक पक्ष है जिसे संवेगवादियों तथा परामर्शवादियों ने अपने-अपने ढंग से विशेष महत्त्व दिया है। मुख्यतः इसी व्यावहारिक पक्ष को ध्यान में रखते हुए वे इन निर्णयों को वर्णनात्मक कथनों से भिन्न मानते हैं और इनकी तुलना आदेशों अथवा परामर्शात्मक वाक्यों के साथ करते हैं। इस प्रकार नैतिक निर्णयों की संतोषप्रद व्याख्या करने के लिए उनके इस व्यावहारिक पक्ष पर भी समुचित ध्यान देना बहुत आवश्यक है।

(4) उपर्युक्त विशेषताओं के अतिरिक्त नैतिक निर्णयों की एक अन्य विशेषता है मनुष्य के सुख-दुःख, हित-अहित और उसकी इच्छाओं तथा आवश्यकताओं के साथ इन निर्णयों का अनिवार्य संबंध। पिछले अध्यायों में हम

यथास्थान यह स्पष्ट कर चुके हैं कि नैतिक निर्णय मनुष्य के चरित्र तथा उसके कर्मों का मूल्यांकन करते हैं और इस मूल्यांकन का अंतिम आधार स्वयं मानव का सुख, आनंद अथवा हित ही होता है। जिन कथनों का मनुष्य के सुख-दुःख अथवा हित-अहित से कोई संबंध नहीं है उन्हें निश्चय ही 'नैतिक निर्णय' नहीं कहा जा सकता। हम सामान्यतः व्यक्ति के उन गुणों और कर्मों को नैतिक दृष्टि से शुभ तथा उचित मानते हैं जो किसी-न-किसी रूप में अंततः मानव-समाज के लिए हितकर होते हैं। इसी प्रकार व्यक्ति के जो गुण तथा कर्म मानव-समाज के लिए हानिकारक या अहितकर हैं उन्हें हम सामान्यतः नैतिक दृष्टि से अशुभ और अनुचित मानते हैं। इससे यह स्पष्ट है कि हमारे नैतिक निर्णयों का मनुष्य के हित-अहित से प्रत्यक्ष तथा अनिवार्य संबंध है। हम पिछले दो अध्यायों में देख चुके हैं कि गीच, श्रीमती फ़ुट, वारनॉक, मैकिन्टायर आदि नव्य प्रकृतिवादी दार्शनिकों ने नैतिक निर्णयों की इस विशेषता को सर्वाधिक महत्त्व दिया है। वारनॉक ने तो इस विशेषता को नैतिक निर्णयों की ऐसी मूल विशेषता माना है जिसके आधार पर इन निर्णयों को अन्य सभी प्रकार के कथनों से पृथक् किया जा सकता है। इस संबंध में टूलमिन भी वारनॉक से सहमत हैं। जैसा कि हम आठवें अध्याय में बता चुके हैं, टूलमिन भी नैतिक निर्णयों की उपर्युक्त विशेषता को बहुत महत्त्वपूर्ण मानते हैं और मुख्यतः इसी के आधार पर इन निर्णयों की व्याख्या करते हैं। नैतिक निर्णयों की इस विशेषता के संबंध में इन सभी दार्शनिकों का मत निश्चय ही उचित और युक्तिसंगत है। वस्तुतः हम इन निर्णयों की समुचित एवं संतोषप्रद व्याख्या मनुष्य के सुख-दुःख, हित-अहित तथा उसकी इच्छाओं और आवश्यकताओं के संदर्भ में ही कर सकते हैं। इस महत्त्वपूर्ण तथ्य की उपेक्षा करके हम नैतिक निर्णयों के अर्थ, स्वरूप तथा प्रमाणीकरण को कभी भी भली-भांति स्पष्ट नहीं कर सकते। इस प्रकार पूर्वोल्लिखित अन्य तीन विशेषताओं की भांति उपर्युक्त चौथी विशेषता भी नैतिक निर्णयों की अनिवार्य विशेषता है।

ऊपर हमने संक्षेप में उन मूल विशेषताओं का उल्लेख किया है जो अनिवार्यतः नैतिक निर्णयों में पाई जाती हैं और जिनके आधार पर हम इन निर्णयों के अर्थ, स्वरूप तथा प्रमाणीकरण की संतोषप्रद व्याख्या कर सकते हैं। यहां यह स्पष्ट कर देना आवश्यक है कि उपर्युक्त विशेषताओं में से किसी एक विशेषता के अभाव में भी हम किसी कथन को 'नैतिक निर्णय' की संज्ञा नहीं दे सकते। ऐसी स्थिति में यह कहना अनुचित न होगा कि ये सभी विशेषताएं नैतिक निर्णयों के लिए समान रूप से महत्त्वपूर्ण तथा अनिवार्य हैं। इस तथ्य को ध्यान में रखते हुए निष्कर्ष के रूप में हम यह कह सकते हैं कि 'नैतिक निर्णय' वह कथन या वाक्य

है जो निर्णीत वस्तु के कुछ विशेष गुणों अथवा उससे संबंधित कुछ विशेष तथ्यों के आधार पर उसका निष्पक्ष मूल्यांकन करता है, जिसके समर्थन में निर्वैयक्तिक तर्क प्रस्तुत किए जा सकते हैं, जो निर्णयकर्ता की किसी भावना या अभिवृत्ति को अभिव्यक्त करता है, जो मनुष्य के आचरण का मार्गदर्शन करता है, जो अनिवार्यतः सार्वलौकिक होता है और जिसका मनुष्य के सुख-दुःख, हित-अहित अथवा उसकी इच्छाओं एवं आवश्यकताओं के साथ अनिवार्य संबंध होता है। वस्तुतः इन अनिवार्य विशेषताओं के कारण ही नैतिक निर्णय अन्य सभी प्रकार के कथनों से भिन्न होते हैं। इस दृष्टि से विचार करने पर हम तर्कसंगत रूप से यह कह सकते हैं कि नैतिक भाषा का अपना पृथक् और स्वतंत्र महत्त्व है, अतः उसकी संतोषप्रद व्याख्या किसी प्रकार की निर्नैतिक भाषा के आधार पर नहीं की जा सकती।

इस उपसंहार को समाप्त करने से पूर्व नैतिक दर्शन की उस नवीनतम विधा 'अधि-नीतिशास्त्र' के महत्त्व के विषय में कुछ शब्द कह देना आवश्यक है जिसके मुख्य सिद्धांतों की विस्तृत विवेचना हमने प्रस्तुत पुस्तक के पिछले अध्यायों में की है। अधि-नीतिशास्त्र के स्वरूप, क्षेत्र, उदय तथा विकास पर विचार करते हुए हम प्रथम अध्याय में बता चुके हैं कि इसकी मूल समस्याएं क्या हैं और यह मानकीय नीतिशास्त्र से भिन्न होते हुए भी किस प्रकार उसका सहायक अथवा पूरक है। अधि-नीतिशास्त्र की मूल समस्याओं तथा इसके प्रमुख सिद्धांतों के संबंध में पिछले अध्यायों में जो कुछ कहा गया है उससे यह पूर्णतः स्पष्ट है कि नीतिशास्त्र की यह नवीनतम विधा अपने आप में संपूर्ण नैतिक दर्शन नहीं है। इसका उद्देश्य मनुष्य का मार्गदर्शन करने के लिए नैतिक सिद्धांतों का प्रतिपादन करना नहीं, अपितु दैनिक जीवन में उसके आचरण तथा चरित्र का मूल्यांकन करने के लिए प्रयुक्त नैतिक भाषा के सभी पक्षों अथवा आयामों का स्पष्टीकरण और विश्लेषण करना है। हम अपने व्यावहारिक जीवन में मनुष्यों तथा उनके कर्मों के विषय में जो नैतिक निर्णय देते हैं, अधि-नीतिशास्त्र उनके अर्थ, स्वरूप और प्रमाणीकरण की ठीक-ठीक व्याख्या करने का प्रयास करता है। इस दृष्टि से हम अधि-नीतिशास्त्र को 'नैतिक भाषा का विज्ञान' कह सकते हैं, क्योंकि यह इस भाषा के सभी पक्षों अथवा आयामों का क्रमबद्ध तथा व्यवस्थित विश्लेषण करता है। अन्य सभी प्रकार के वैज्ञानिक विश्लेषणों की भांति नैतिक भाषा के इस विश्लेषण में भी अधि-नीतिशास्त्री यथासंभव निष्पक्ष और तटस्थ रहता है। नैतिक निर्णयों के अर्थ, स्वरूप और प्रमाणीकरण का विश्लेषण करते हुए वह किसी विशेष मानकीय नैतिक सिद्धांत का समर्थन या खंडन नहीं करता। वह स्वयं

निष्पक्ष और तटस्थ रहकर इन निर्णयों की उसी रूप में व्याख्या करने का प्रयास करता है जिस रूप में हम अपने व्यावहारिक जीवन में इनका प्रयोग करते हैं ।

यहां यह उल्लेखनीय है कि नैतिक निर्णयों की निष्पक्ष एवं व्यवस्थित व्याख्या के कारण ही हमारे लिए अधि-नीतिशास्त्र का विशेष महत्त्व है । वर्तमान वैज्ञानिक युग में मनुष्य के चरित्र तथा आचरण की समस्याएं अत्यन्त जटिल हो गई हैं, अतः इन समस्याओं को भली-भांति समझने और इनका समुचित समाधान करने के लिए नैतिक भाषा के अर्थ एवं स्वरूप को ठीक-ठीक जानना आवश्यक है जिसके माध्यम से हम इन समस्याओं को अभिव्यक्त करते हैं । यदि हम नैतिक भाषा के उद्देश्यों तथा इसके सभी आयामों को स्पष्ट रूप से नहीं समझते तो हम अपने व्यावहारिक जीवन में उत्पन्न होने वाली नैतिक समस्याओं के संतोषप्रद समाधान की आशा नहीं कर सकते । इस प्रकार नैतिक भाषा का स्पष्टीकरण तथा विश्लेषण केवल सैद्धांतिक दृष्टि से ही नहीं, अपितु व्यावहारिक दृष्टि से भी अत्यंत आवश्यक है । अधि-नीतिशास्त्र इस भाषा के सभी पक्षों का सूक्ष्म एवं निष्पक्ष विश्लेषण करके इसी आवश्यकता की पूर्ति करता है, अतः इसका महत्त्व स्वतः सिद्ध तथा निर्विवाद है ।